Max Weber
Wirtschaft und Gesellschaft

Die Wirtschaft und die gesellschaftlichen Ordnungen und Mächte. Nachlaß

Teilband 3:

Recht

Studienausgabe
der Max Weber-Gesamtausgabe
Band I/22–3

herausgegeben von

Werner Gephart und Siegfried Hermes

J. C. B. Mohr (Paul Siebeck) Tübingen

Zitiervorschlag:
Max Weber, Recht, MWS I/22–3, S. 1

ISBN 978-3-16-152328-1

Die Deutsche Nationalbibliothek verzeichnet diese Publikation in der Deutschen Nationalbibliographie; detaillierte bibliographische Daten sind im Internet über *http://dnb.d-nb.de* abrufbar.

Das Buch wurde von Gulde-Druck in Tübingen gesetzt auf alterungsbeständiges Werkdruckpapier gedruckt und gebunden.

Zu dieser Ausgabe

Die *Max Weber-Studienausgabe* (MWS) will die Schriften und Reden Max Webers auf der gesicherten Textgrundlage der *Max Weber-Gesamtausgabe* (MWG) allgemein zugänglich machen, unter Verzicht auf den editorischen Apparat. Doch ist sie so angelegt, daß dem Benutzer der Rückgriff auf die MWG jederzeit möglich ist. Deshalb folgt die Studienausgabe in Textkonstitution und Anordnung der Texte durchgängig der MWG. Um dem Leser darüber hinaus das Aufsuchen von Fundstellen zu erleichtern, sind am Fuß jeder Seite die entsprechenden Seitenzahlen der MWG angegeben. Außerdem wird auf die gängigen Ausgaben verwiesen, die bisher in der Sekundärliteratur gebräuchlich sind. Dabei werden in diesem Band die folgenden Abkürzungen verwendet:

MWG I/22-3 = *Max Weber-Gesamtausgabe,* Abt. I: Schriften und Reden, Bd. 22: Wirtschaft und Gesellschaft. Die Wirtschaft und die gesellschaftlichen Ordnungen und Mächte. Nachlaß. Teilband 3: Recht, hrsg. von Werner Gephart und Siegfried Hermes.

WuG = *Wirtschaft und Gesellschaft* (Grundriß der Sozialökonomik, Abteilung III), Tübingen 1921.

Im Anschluß an den Text Max Webers enthält diese Ausgabe in zusammengefaßter Form Verständnis- und Erschließungshilfen auf der Grundlage der MWG.

Das *Nachwort* beleuchtet den Stellenwert des Rechts in der wissenschaftlichen Sozialisation und im Werk Max Webers sowie die Auseinandersetzung mit dem Recht im Kontext von Webers Beitrag für den „Grundriß der Sozialökonomik".

Der *Anhang* bietet ausführliche Informationen über die Textgrundlage dieser Ausgabe und über die Entstehung der Schrift. In dem Abschnitt *Zur Textkonstitution* werden die editorischen Grundsätze der MWG dargelegt und ihre für die Studienausgabe notwendigen Ergänzungen. Insbesondere wird mitgeteilt, wann und in welcher Weise Emendationen an den Texten vorgenommen wurden. Unter der Überschrift *Zur Entstehung und Überlieferung des Textes* berichten die Herausgeber eingehend über die Genese und den wahrscheinlichen Entstehungszeitraum der Arbeit sowie den ungewissen Status des nachgelassenen Textes. Schließlich folgen Verzeichnisse und Register, die dem Leser die Benutzung des Bandes erleichtern sollen.

Inhalt

I. Die Wirtschaft und die Ordnungen.

1. Rechtsordnung und Wirtschaftsordnung

Wenn von „Recht", „Rechtsordnung", „Rechtssatz" die Rede ist, so muß besonders streng auf die Unterscheidung juristischer und soziologischer Betrachtungsweise geachtet werden. Die erstere fragt: was als Recht ideell gilt. Das will sagen: welche Bedeutung, und dies wiederum heißt: welcher *normative Sinn*, einem als Rechtsnorm auftretenden sprachlichen Gebilde logisch *richtiger* Weise zukommen *sollte*. Die letztere dagegen fragt: was innerhalb einer Gemeinschaft *faktisch* um deswillen *geschieht*, weil die *Chance* besteht, daß am Gemeinschaftshandeln beteiligte Menschen, darunter insbesondere solche, in deren Händen ein sozial relevantes Maß von faktischem Einfluß auf dieses Gemeinschaftshandeln liegt, bestimmte Ordnungen als geltend *subjektiv* ansehen und praktisch behandeln, also ihr eigenes Handeln an ihnen orientieren. – Darnach bestimmt sich auch die prinzipielle Beziehung zwischen *Recht und Wirtschaft*.

Die juristische, genauer: die rechtsdogmatische, Betrachtung stellt sich die Aufgabe: Sätze, deren Inhalt sich als eine Ordnung darstellt, welche für das Verhalten eines irgend wie bezeichneten Kreises von Menschen maßgebend sein soll, auf ihren *richtigen* Sinn und das heißt: auf die Tatbestände, welche ihr, und die Art, wie sie ihr unterliegen, zu untersuchen. Dabei verfährt sie dergestalt, daß sie die verschiedenen einzelnen Sätze jener Art, ausgehend von ihrer unbezweifelten empirischen Geltungsart, in ihrem logisch richtigen Sinn derart zu bestimmen trachtet, daß sie dadurch in ein logisch in sich widerspruchsloses System gebracht werden. Dies System ist die „Rechtsordnung" im juristischen Sinn des Wortes. – Die Sozialökonomik dagegen betrachtet dasjenige tatsächliche Handeln der Menschen, welches durch die Notwendigkeit der Orientierung am „wirtschaftlichen Sachverhalt" bedingt ist, in seinen tatsächlichen Zusammenhängen. Die durch die Art des Interessenausgleichs jeweils *einverständnismäßig* entstandene Verteilung der faktischen Verfügungsgewalt über Güter und ökonomische Dienste und die Art, wie beide kraft jener auf Einverständnis ruhenden faktischen Verfügungsgewalt dem gemeinten Sinn nach faktisch verwendet werden, nennen wir „Wirtschaftsordnung". Es liegt auf der Hand, daß beide Betrachtungsweisen sich gänzlich heterogene Probleme stellen und ihre „Objekte" direkt gar nicht in Berührung miteinander geraten können, daß die ideelle „Rechtsordnung" der Rechtstheorie direkt mit dem Kosmos des faktischen wirtschaftlichen Handelns nichts zu schaffen hat, da beide in verschiedenen Ebenen liegen: die eine in der des ideellen Geltensollens, die andere in der des realen Geschehens. Wenn nun trotzdem Wirtschafts- und Rechtsordnung in höchst intimen Beziehungen zueinander stehen, so ist eben diese letztere dabei nicht in juristischem, sondern in soziologischem Sinne verstanden: als *empirische* Geltung. Der Sinn des Wortes „Rechtsordnung" ändert sich dann völlig. Sie bedeutet dann nicht einen Kosmos logisch als „richtig" erschließbarer Normen, sondern einen Komplex von faktischen Bestimmungsgründen realen menschlichen Handelns. Dies bedarf der näheren Interpretation.

Daß irgend welche Menschen sich in einer bestimmten Art verhalten, *weil* sie dies als durch Rechtssätze so vorgeschrieben ansehen, ist allerdings eine wesentliche Komponente des realen *empirischen* Inslebentretens und auch des Fortbestandes einer „Rechtsordnung". Aber natürlich – wie das früher über die Bedeutung der „Existenz" rationaler Ordnungen Gesagte ergiebt – gehört keineswegs dazu: daß *alle* oder auch nur die Mehrzahl der an jenem Verhalten Beteiligten dies Verhalten aus jenem Motiv heraus einschlagen. Das pflegt vielmehr niemals der Fall zu sein. Die breiten Schichten der Beteiligten verhalten sich der Rechtsordnung entsprechend, entweder, weil die Umwelt dies billigt und das Gegenteil mißbilligt, oder nur aus dumpfer Gewohntheit an die als Sitte eingelebten Regel*mäßigkeiten* des Lebens, nicht aber aus einer als Rechtspflicht gefühlten Obödienz. Wäre diese letztere Haltung universell, dann würde allerdings das Recht seinen subjektiven Charakter als solches gänzlich einbüßen und subjektiv als bloße Sitte beachtet werden. So lange objektiv die Chance besteht, daß der Zwangsapparat gegebenenfalls jene Normen erzwingt, so würden sie uns dennoch als „Recht" gelten müssen. Unnötig ist ebenfalls – nach dem früher Gesagten –, daß alle, welche die Überzeugung von einer bestimmten Art der Normiertheit eines bestimmten Handelns durch einen Rechtssatz teilen, dem nun auch wirklich immer nachleben. Das ist ebenfalls nie der Fall und, da nach unsrer allgemeinen Definition die Thatsache einer „Orientiertheit" des Handelns an einer Ordnung, nicht aber: deren „Befolgen", über die „Geltung" entscheidet, nicht nötig. „Recht" ist für uns eine „Ordnung" mit gewissen spezifischen Garantien für die Chance ihrer empirischen Geltung. Und zwar soll unter „garantiertem objektivem Recht" der Fall verstanden werden: daß die Garantie in dem Bestehen eines „Zwangsapparats" im früher definierten Sinn besteht –, also einer oder mehrerer sich eigens zur Durchsetzung der Ordnung durch speziell dafür vorgesehene Zwangsmittel (Rechtszwang) bereit haltender Personen. Die Zwangsmittel können psychischer oder physischer Art, direkt oder indirekt wirkend sein, sich im Einzelfall gegen die an der Einverständnisgemeinschaft oder Vergesellschaftung, dem Verband oder der Anstalt, für welche die Ordnung (empirisch) gilt, Beteiligten oder auch nach außen richten. Sie sind die „Rechtsordnungen" der betreffenden Vergemeinschaftung. Bei weitem nicht alle Ordnungen, welche einverständnismäßig für eine Vergemeinschaftung gelten, sind – wie später zu erörtern – „Rechtsordnungen". Auch nicht alles geordnete „Organhandeln" der den Zwangsapparat einer Vergemeinschaftung bildenden Personen geht auf Rechtszwang. Sondern nur jenes wollen wir darunter begreifen, dessen geltender Sinn dahin geht: die Befolgung einer Ordnung durchzusetzen lediglich *als solche*, also rein formal *um deswillen, weil* sie als verbindlich *geltend* in Anspruch genommen wird, nicht aber – dem geltenden Sinn nach – je nach Zweckmäßigkeits- oder anderen materialen Bedingungen. Es versteht sich, daß die Durchsetzung der Geltung einer Ordnung faktisch im Einzelfall durch die allermannigfachsten Motive bedingt sein kann: als garantiertes „Recht" wollen wir sie aber nur da bezeichnen, wo die Chance besteht, es werde gegebenenfalls „um ihrer selbst willen" Zwang, „Rechtszwang", eintreten.

Nicht jedes (objektive) „Recht" ist – wie wir noch mehrfach sehen werden – „garantiertes" Recht. Wir wollen von Recht – „indirekt garantiertem" oder „ungarantiertem" Recht – auch überall da sprechen, wo die Bedeutung der Geltung einer Norm darin besteht: daß die Art der Orientierung des Handelns an ihr überhaupt irgend welche „Rechtsfolgen" hat. Das heißt: wo irgendwelche andren Normen gelten, welche an die „Befolgung" oder „Verletzung" jener ersten bestimmte, ihrerseits durch Rechtszwang garantierte Chancen eines Einverständnishandelns knüpfen. Wir werden diesen für ein sehr breites Gebiet des Rechtslebens zutreffenden Fall gelegentlich durch Beispiele zu illustrieren haben, wollen aber zur Vereinfachung a potiori, wenn von „Recht" geredet wird, an direkt durch Rechtszwang garantierte Normen denken. – Bei weitem nicht jedes garantierte (objektive) Recht ist ferner durch „Gewalt" (Inaussichtstehen von physischem Zwang) garantiert. Diese oder gar die der heutigen Prozeßtechnik angehörige Art der Geltendmachung von Privatrechtsansprüchen: „Klage" vor einem „Gericht" mit darauf folgender Zwangsvollstreckung, ist uns nicht das soziologisch entscheidende Merkmal des Rechts oder auch nur des „garantierten Rechts". Das Gebiet des heutigen sogenannten „öffentlichen" Rechts, das heißt: der Normen für das Organhandeln und für das anstaltsbezogene Handeln in der Staatsanstalt, kennt heute zahlreiche subjektive Rechte und objektive Rechtsnormen, gegen deren Verletzung nur im Weg einer „Beschwerde" oder nur durch Remonstration von dazu berufenen Personenkreisen ein Zwangsapparat in Bewegung gesetzt werden kann, sehr oft ein solcher, dem jedes Mittel eventuellen physischen Zwangs gänzlich fehlt. Die Frage, ob dann ein garantiertes „Recht" vorliegt, entscheidet sich für die Soziologie darnach, ob der Zwangsapparat für diese nicht gewaltsame Ausübung von Rechtszwang *geordnet* ist und ob er faktisch ein solches Gewicht besitzt, daß durchschnittlich eine *Chance*: die geltende Norm werde infolge jenes Rechtszwangs Nachachtung finden, in praktisch relevantem Maße besteht. Heute ist der gewaltsame Rechtszwang Monopol der Staatsanstalt. In bezug auf den gewaltsamen Rechtszwang gelten heute alle andren, einen solchen ausübenden Vergemeinschaftungen als heteronom und meist auch heterokephal. Dies ist aber eine Eigenart bestimmter Entwicklungsstufen. Von „staatlichem", das heißt: staatlich garantiertem, Recht wollen wir da und insoweit sprechen, als die Garantie dafür, der Rechtszwang, durch die spezifischen, im Normalfall also: direkt *physischen* Zwangsmittel der politischen Gemeinschaft geübt wird. Im Sinne des „staatlichen" Rechts bedeutet also das empirische Bestehen eines „Rechtssatzes ": daß für den Fall des Eintritts bestimmter Ereignisse auf Grund eines Einverständnisses mit Wahrscheinlichkeit darauf gezählt werden kann, daß ein Verbandshandeln von Organen des politischen Verbands eintritt, welches durch die bloße Thatsache, daß es eventuell in Aussicht steht, geeignet ist, den aus jenem Rechtssatz, nach der *gangbaren* Art seiner Deutung, zu entnehmenden Anordnungen Nachachtung oder, wo dies unmöglich geworden ist, „Genugthuung" und „Entschädigung" zu verschaffen. Jenes Ereignis, an welches sich diese Folge: der staatliche Rechtszwang, knüpft, kann in einem bestimmten menschlichen Verhalten (Vertragsschluß, Vertragsverletzung, Delikt) bestehen. Doch ist dies nur ein Sonderfall. Denn auch z.B. für den Fall des Steigens eines Flusses über einen bestimmten Pegelstand kann kraft empirisch geltender Rechtssätze die Anwendung der spezifischen Zwangsmittel der politischen Gewalt gegen Personen und Sachen in Aussicht stehen. Ganz und gar *nicht* zum Begriffe der Geltung eines „Rechtssatzes" in diesem normalen Sinne gehört: daß etwa diejenigen, welche sich der Ordnung, die er enthält, fügen, dies vorwiegend oder auch nur überhaupt um deswillen thun, *weil* ein Zwangsapparat (im erörterten Sinn) dafür zur Verfügung steht. Davon ist – wie bald noch zu erörtern – keine Rede. Vielmehr können die Motive der Fügsamkeit gegenüber dem Rechtssatz die denkbar verschiedensten sein. In ihrer

Mehrzahl haben sie – je nachdem – mehr utilitarischen oder mehr ethischen oder subjektiv conventionellen, die Mißbilligung der Umwelt scheuenden Charakter. Die jeweils vorwaltende Art dieser Motive ist von sehr großer Wichtigkeit für die Geltungsart und die Geltungschancen des Rechts selbst. Aber für seinen formalen soziologischen Begriff, so wie wir ihn verwenden wollen, sind diese psychologischen Thatbestände irrelevant, es kommt vielmehr – beim garantierten Recht – nur drauf an, daß eine hinlänglich starke Chance des Eingreifens eines eigens hierauf eingestellten Personenkreises auch in Fällen, wo *nur* der Thatbestand der Normverletzung rein als solcher vorliegt, also auf Grund der Geltendmachung lediglich dieses formalen Anlasses thatsächlich besteht.

Durch das empirische „Gelten" einer Ordnung als eines „Rechtssatzes" werden die Interessen der Einzelnen in mannigfachem Sinn berührt. Insbesondre können Einzelpersonen daraus *berechenbare Chancen* erwachsen, ökonomische Güter in ihrer Verfügung zu behalten oder künftig, unter bestimmten Voraussetzungen, die Verfügung über solche zu erwerben. Solche Chancen zu eröffnen oder zu sichern, ist bei gesatztem Recht naturgemäß normalerweise der Zweck, den die eine Rechtsnorm Vereinbarenden oder Oktroyierenden damit verbinden. Die Art der Zuwendung der Chance aber kann doppelten Charakter haben. Entweder sie ist bloße „Reflexwirkung" der empirischen Geltung der Norm: der einverständnismäßig geltende Sinn dieser geht nicht dahin, dem *Einzelnen* die thatsächlich ihm zufallenden Chancen zu *garantieren*. Oder umgekehrt, der einverständnismäßig geltende Sinn der Norm geht grade dahin, dem Einzelnen eine solche Garantie: ein „subjektives Recht", zu geben. Daß Jemand kraft staatlicher Rechtsordnung ein (subjektives) „Recht" hat, bedeutet also im Normalfall, den wir hier zunächst zu Grunde legen, für die soziologische Betrachtung: er hat die durch den einverständnismäßig geltenden Sinn einer Rechtsnorm faktisch garantierte *Chance*, für bestimmte (ideelle oder materielle) Interessen die Hülfe eines dafür bereit stehenden „Zwangsapparats" zu erlangen; die Hülfe besteht, im Normalfall wenigstens, darin, daß bestimmte Personen sich dafür bereithalten, falls jemand sich in den dafür üblichen Formen an sie wendet und geltend macht, daß ein „Rechtssatz" ihm jene Hülfeleistung garantiere, sie zu leisten. Und zwar rein infolge jener „Geltung", ohne Rücksicht darauf, ob bloße Zweckmäßigkeitsgründe dafür sprechen, und auch nicht nach freiem Belieben, aus Gnade oder Willkür. Rechtsgeltung besteht, wo die Rechtshülfe in diesem Sinn des Worts in einem relevanten Maße funktioniert, sei es auch ohne alle physischen oder andre drastischen Zwangsmittel. Oder (ungarantiertes Recht) wenn ihre Mißachtung (z.B. die Nichtachtung von Wahlrechten bei Wahlen) kraft einer empirisch geltenden Norm Rechts*folgen* (z.B. Ungültigkeit einer Wahl) hat, für deren Durchführung eine entsprechende Instanz mit Rechtszwang besteht. Wir lassen die nur in Form von „Reflexwirkungen" gewährten Chancen hier der Einfachheit halber zunächst ganz bei Seite. Ein subjektives Recht im „staatlichen" Sinn des Worts steht unter der Garantie der Machtmittel der politischen Gewalt. Wo andere Zwangsmittel einer andren als der politischen Gewalt in Aussicht stehen – z.B. die einer hierokratischen Gewalt – und die Garantie eines „Rechtes" bilden, soll von „außerstaatlichem" Recht gesprochen werden, dessen verschiedene Kategorien zu erörtern hier nicht die Aufgabe ist. Hier ist zunächst nur dran zu erinnern, daß es auch *nicht* gewaltsame Zwangsmittel gibt, welche mit der gleichen oder unter Umständen mit stärkerer Gewalt wirken wie jene. Die Androhung eines Ausschlusses aus einem Verband, eines

Boykotts oder ähnlicher Mittel und ebenso das Inaussichtstellen diesseitiger magisch bedingter Vorteile oder Unannehmlichkeiten oder jenseitiger Belohnungen oder Strafen für den Fall eines bestimmten Verhaltens wirken unter gegebenen Culturbedingungen häufig – für ziemlich große Gebiete: regelmäßig – sehr viel sicherer, als der in seinen Funktionen nicht immer berechenbare politische Zwangsapparat. Der gewaltsame Rechtszwang durch die Zwangsapparate der politischen Gemeinschaft hat sehr häufig gegenüber den Zwangsmitteln andrer, z. B. religiöser Mächte den Kürzeren gezogen, und überhaupt ist es durchaus Frage des Einzelfalls, wie weit sich ihre faktische Tragweite erstreckt. Sie bleiben als „Rechtszwang" in ihrer soziologischen Realität trotzdem bestehen, solange ihre Machtmittel eine sozial *relevante* Wirkung ausüben. Davon, daß ein „Staat" nur dann und da „bestehe", wo die Zwangsmittel der politischen Gemeinschaft faktisch gegenüber *jeder* andren die stärkeren sind, weiß die Soziologie nichts. Das „Kirchenrecht" ist „Recht" auch da, wo es mit dem „staatlichen" Recht in Conflikt gerät, was wieder und wieder der Fall gewesen ist und z. B. bei der katholischen – aber auch bei andren – Kirche dem modernen Staat gegenüber unvermeidlich immer wieder geschehen wird. Die slawische „Zadruga" in Österreich entbehrte nicht etwa nur der staatlichen Rechtsgarantie, sondern ihre Ordnungen standen zum Teil sogar im Widerspruch mit dem offiziellen Recht. Da das sie constituierende Einverständnishandeln für seine Ordnungen einen eignen Zwangsapparat besitzt, stellen diese letzteren dennoch „Recht" dar, welches nur im Fall der Anrufung des staatlichen Zwangsapparats von diesem nicht anerkannt, sondern zerbrochen wurde. Besonders außerhalb des europäisch-kontinentalen Rechtskreises ist es andrerseits gar nichts Seltenes, daß das moderne staatliche Recht auch die Normen andrer Verbände ausdrücklich als „gültig" behandelt und konkrete Entscheidungen dieser überprüft. So schützt das amerikanische Recht vielfach die „label" der Gewerkschaften, normiert die Bedingungen, unter denen ein Wahlkandidat einer Partei als „gültig" aufgestellt zu betrachten ist; greift der englische Richter auf Anrufen in die Gerichtsbarkeit der Clubs ein, untersucht selbst der deutsche Richter in Beleidigungsprozessen die „Commentmäßigkeit" der Ablehnung einer Forderung zum Zweikampf, obwohl doch dieser gesetzlich verboten ist usw. Wir gehen hier in die Casuistik: inwieweit dadurch jene Ordnungen zu „staatlichem Recht" werden, nicht ein. Aus all diesen Gründen, außerdem aber aus der hier festgehaltenen Terminologie heraus, wird es von uns selbstredend abgelehnt, wenn man von „Recht" nur da spricht, wo kraft Garantie der politischen Gewalt Rechtszwang in Aussicht steht. Dazu besteht für uns kein praktischer Anlaß. Wir wollen vielmehr überall da von „Rechtsordnung" sprechen, wo die Anwendung irgend welcher, physischer oder psychischer, Zwangsmittel in Aussicht steht, die von einem Zwangs*apparat*, d. h. von einer oder mehreren Personen ausgeübt wird, welche sich zu diesem Behuf für den Fall des Eintritts des betreffenden Tatbestandes bereit halten, wo also eine spezifische Art der Vergesellschaftung zum Zweck des „Rechtszwanges" existiert. Der Besitz eines solchen Apparats für die Ausübung physischen Zwanges war nicht immer ein Monopol der politischen Gemeinschaft. Für psychischen Zwang besteht ein solches Monopol – wie die Bedeutung des nur kirchlich garantierten Rechts zeigt – auch heute nicht. Es wurde ferner schon gesagt, daß direkte Garantie objektiven Rechts und subjektiver Rechte durch einen Zwangsapparat nur einen Fall des Bestehens von „Recht" und „Rechten" bildet. Selbst innerhalb dieses engeren Gebiets aber kann der Zwangsapparat sehr verschieden geartet sein. Im Grenzfall kann er in der einverständnismäßig geltenden Chance der Zwangshilfe *jedes* an einer Vergemeinschaftung Beteiligten im Fall der Bedrohung einer geltenden Ordnung bestehen. Als „Zwangsapparat" kann er alsdann freilich nur in dem Fall noch gelten, wenn die Art der Verbindlichkeit zu dieser Zwangshilfe fest geordnet ist. Der Zwangsapparat und die Art des Zwanges kann auch bei Rechten, welche die politische Anstalt durch ihre Organe verbürgt, außerdem durch die Zwangsmittel von Interessentenverbänden verstärkt werden: die scharfen Zwangsmaßregeln der Creditoren- und Hausbesitzerverbände: organisierter Credit- bzw. Wohnungs-Boykott (schwarze Listen) gegen unzuverlässige Schuldner, wirken oft stärker als die Chance der gerichtlichen Klage. Und natürlich kann sich dieser Zwang auch auf staatlich gar nicht garantierte Ansprüche erstrecken: dann sind diese trotzdem subjektive Rechte, nur mit andren Gewalten. Das Recht der Staatsanstalt stellt sich Zwangsmitteln andrer Verbände nicht selten in den Weg: so macht die englische „libel act" schwarze Listen durch Ausschluß des Wahrheitsbeweises unmöglich. Aber nicht immer mit Erfolg. Die auf dem „Ehrenkodex" des Duells als Mittel des Streitaustrages beruhenden, dem Wesen nach meist ständischen Verbände und Gruppen mit ihren Zwangsmitteln: im Wesentlichen Ehrengerichte und Boykott, sind im Allgemeinen die stärkeren und erzwingen meist mit spezifischem Nachdruck (als „Ehrenschulden") grade staatsanstaltlich nicht geschützte oder perhorreszierte, aber für ihre Gemeinschaftszwecke unentbehrliche Verbindlichkeiten (Spielschulden, Duellpflicht). Die Staatsanstalt hat vor ihnen teilweise die Segel gestrichen. Es ist zwar juristisch schief, wenn das Verlangen gestellt wird, ein spezifisch besondertes Delikt, wie der Zweikampf, solle einfach als „Totschlagsversuch" oder als „Körperverletzung" bestraft werden – Delikte, deren Merkmale es nicht teilt –; aber die Thatsache bleibt bestehen, daß die Zweikampfbereitschaft, trotz des Strafgesetzes, in Deutschland für den Offizier noch heute staatliche *Rechts*pflicht ist, weil staatliche Rechtsfolgen an ihr Fehlen geknüpft sind. Anders steht es außerhalb des Offizierstandes. Das typische Rechtszwangsmittel „privater" Gemeinschaften gegen renitente Mitglieder ist der Ausschluß aus dem Verband und seinen materiellen oder ideellen Vorteilen. Bei Berufsverbänden von Ärzten und Anwälten ebenso wie bei geselligen und politischen Clubs ist es die ultima ratio. Der moderne politische Verband hat sehr vielfach die Controlle dieser Zwangsmittel usurpiert. So ist den Ärzten und Anwälten jenes äußerste Mittel auch bei uns abgesprochen, in England die Überprüfung des Ausschlusses aus Clubs, in Amerika selbst für politische Parteien, ferner die Prüfung der Rechtmäßigkeit der „label"-Führung auf Anrufung den staatlichen Gerichten zugewiesen. Dieser Kampf zwischen den Zwangsmitteln verschiedener Verbände ist so alt wie das Recht. Er hat in der Vergangenheit sehr oft nicht mit dem Siege der Zwangsmittel des politischen Verbands geendet, und auch heut ist dies nicht immer der Fall. So ist eine Handhabe, die Unterbietungs-Concurrenz gegen einen Kartellbrüchigen zu unterbinden, heut nicht gegeben. Ebenso sind die schwarzen Listen der Börsenhändler gegen solche, die den Differenzeinwand erheben, bei uns nicht antastbar, während im Mittelalter die entsprechenden Statutenbestimmungen der Kaufleute gegen die Anrufung der geistlichen Gerichte sicher kanonischrechtlich nichtig waren, dennoch aber fortbestanden. Und auch da muß das staatliche Recht heut die Zwangsmacht der Verbände weitgehend dulden, wo sie nicht nur gegen Mitglieder, sondern auch oder gerade gegen Außenstehende sich wendet und diese ihren Normen zu unterwerfen trachtet (Kartelle nicht nur gegen Mitglieder, sondern gegen solche, die sie zum Eintritt zu zwingen beabsichtigen, Gläubigerverbände gegen Schuldner und Miether).

Es stellt einen wichtigen solchen Grenzfall des soziologischen Begriffs von zwangsgarantiertem „Recht" dar, wenn seine Garanten nicht, wie in den modernen politischen (und ebenso den, eignes „Recht" anwendenden religiösen) Gemeinschaften durchweg, den Charakter eines „Richters" oder anderen „Organs", also prinzipiell eines *nicht* durch „persönliche" Beziehungen mit dem Prätendenten des subjektiven Rechts verknüpften, sondern eines „unparteiischen" und persönlich „uninteressierten" Dritten haben, sondern wenn grade umgekehrt *nur* die durch bestimmte nahe persönliche Beziehungen mit dem Rechtsprätendenten verknüpften Genossen, also z. B. seine „Sippe", ihm die Zwangsmittel zur Verfügung halten und wenn also, wie der „Krieg" im modernen Völkerrecht, so hier die „Rache" und „Fehde" des Interessenten und seiner Blutsfreunde die einzige oder normale Form zwangsweiser Geltendmachung subjektiver Rechte ist. In diesem Fall besteht das subjektive „Recht" des oder der einzelnen für die soziologische Betrachtung lediglich vermöge der Chance, daß die Sippengenossen ihrer (primär ursprünglich durch die Scheu vor dem Zorn übersinnlicher Autoritäten garantierten) Pflicht der Fehdehilfe und Blutrache nachkommen und daß sie auch die Macht besitzen, einem prätendierten Recht Nachdruck, wenn auch nicht notwendig endgültigen Sieg, zu verleihen. – Den Sachverhalt: daß die „Beziehungen", das heißt: das aktuelle oder potentielle Handeln konkreter oder nach Merkmalen konkret angebbarer Personen, den Inhalt subjektiver Rechte bilden, wollen wir die Existenz eines „Rechtsverhältnisses" zwischen den betreffenden Personen nennen. Sein Inhalt an subjektiven Rechten kann je nach dem stattfindenden faktischen Handeln wechseln. In diesem Sinne kann auch ein konkreter „Staat" als „Rechtsverhältnis" bezeichnet werden, auch dann, wenn (im theoretischen Grenzfall) der Herrscher allein als subjektiv – zum Befehlen – berechtigt gilt und also die Chancen aller andren Einzelnen nur als Reflexe seiner „Reglements" bestehen.

2. Rechtsordnung, Convention und Sitte

Ein Gebiet, in welches die Rechtsordnung in lückenloser Stufenleiter übergeht, ist dasjenige der „*Konvention*" und weiterhin – was wir begrifflich davon scheiden wollen – der „*Sitte*". Wir wollen unter „Sitte" den Fall eines typisch gleichmäßigen Verhaltens verstehen, welches *lediglich* durch seine „Gewohntheit" und unreflektierte „Nachahmung" in den überkommenen Geleisen gehalten wird, ein „Massenhandeln" also, dessen Fortsetzung dem Einzelnen von niemandem in irgend einem Sinn „zugemuthet" wird. Unter „Convention" wollen wir dagegen den Fall verstehen, daß auf ein bestimmtes Verhalten zwar eine Hinwirkung stattfindet, aber durch keinerlei physischen oder psychischen Zwang, und überhaupt zum mindesten normalerweise und unmittelbar durch gar keine andere Reaktion als durch die bloße Billigung oder Mißbilligung eines Kreises von Menschen, welche eine spezifische „Umwelt" des Handelnden bilden. Streng zu scheiden ist die „Konvention" von dem Fall des „Gewohnheitsrechts". Diesen wenig brauchbaren Begriff selbst kritisieren wir hier nicht. Die Geltung als Gewohnheitsrecht soll nach der üblichen Terminologie ja grade die Chance bedeuten, daß für die Realisierung einer nicht kraft Satzung, sondern nur kraft Einverständnis geltenden Norm ein

Zwangsapparat sich einsetzen wird. Bei der Convention dagegen fehlt gerade der „Zwangsapparat“: der (wenigstens relativ) fest abgegrenzte Umkreis von Menschen, welche sich für die spezielle Aufgabe des Rechtszwangs (bedient sich dieser nun auch nur „psychischer“ Mittel) ein für allemal bereit halten. Schon der Thatbestand der bloßen nackten conventionsfreien „Sitte“ kann auch ökonomisch von weittragender Bedeutung sein. Der ökonomische Bedürfnisstand insbesondre, die Grundlage aller „Wirtschaft“, ist in der umfassendsten Weise durch bloße „Sitte“ bestimmt, welche der Einzelne, in gewissem Umfang wenigstens, ohne irgend welche Mißbilligung zu finden, abschütteln könnte, der er aber sich faktisch meist sehr schwer entzieht und deren Alterationen gewöhnlich nur langsam, auf dem Wege der Nachahmung irgend einer andren „Sitte“ eines andren Menschenkreises sich vollziehen. Wir sahen schon, daß Gemeinsamkeiten bloßer „Sitten“ für die Entstehung sozialer Verkehrsgemeinschaften und für das Connubium wichtig werden können und daß sie auch einen gewissen, allerdings in seiner Tragweite schwer bestimmbaren, Einschuß in die Bildung von „ethnischen“ Gemeinsamkeitsgefühlen zu geben pflegen und dadurch gemeinschaftsbildend wirken können. Vor Allem aber ist die Innehaltung des faktisch „gewohnten“ Gewordenen als solchen ein so überaus starkes Element alles Handelns und folglich auch alles Gemeinschaftshandelns, daß der Rechtszwang da, wo er aus einer „Sitte“ (z. B. durch Berufung auf das „Übliche“) eine „Rechtspflicht“ macht, ihrer Wirksamkeit oft fast nichts hinzufügt und, wo er sich gegen sie wendet, sehr oft in dem Versuch, das faktische Handeln zu beeinflussen, gescheitert ist. Erst recht aber kann der Thatbestand der „Convention“, da der einzelne in unzähligen Lebensbeziehungen auf durchaus freiwilliges, durch keinerlei diesseitige oder jenseitige Autorität garantiertes, Entgegenkommen seiner Umwelt angewiesen ist, für sein Verhalten oft weit bestimmender werden, als die Existenz eines Rechtszwangsapparates.

Der Übergang von bloßer „Sitte“ zur „Konvention“ ist natürlich gänzlich flüssig. Je weiter rückwärts, desto umfassender ist die Art des Handelns und speziell auch des Gemeinschaftshandelns ausschließlich durch die Eingestelltheit auf das „Gewohnte“ rein als solches bestimmt, und scheinen Abweichungen davon ähnlich beunruhigend auf den Durchschnittsmenschen zu wirken wie Störungen organischer Funktionen und hierdurch garantiert zu sein. Der Fortschritt von hier zu dem zunächst zweifellos vage und dumpf empfundenen „Einverständnis“-Charakter des Gemeinschaftshandelns, d. h. zur Conzeption einer „Verbindlichkeit“ bestimmter gewohnter Arten des Handelns, ist nach Umfang und Inhalt des Gebiets, das er ergreift, heute aus den Arbeiten der Ethnographie meist höchst unbestimmt erkennbar und kümmert uns deshalb hier nicht. Es wäre absolut Frage der Terminologie und Zweckmäßigkeit, in welchem Stadium dieses Prozesses man dann die subjektive Conzeption einer „Rechtspflicht“ annehmen will. Objektiv gab es die Chance des faktischen Eintritts gewaltsamen Reagierens gegen bestimmte Arten des Handelns, wie bei den Thieren, so bei den Menschen von jeher, ohne daß man aber im Mindesten behaupten könnte: daß in solchen Fällen subjektiv so etwas wie eine „Einverständnisgeltung“ vorliege oder überhaupt ein deutlich erfaßter „gemeinter Sinn“ des betreffenden Handelns. Rudimente einer „Pflicht“-Conzeption bestimmen das Verhalten mancher Haustiere in vielleicht größerem Umfang als das eines „Urmenschen“ – wenn wir diesen höchst bedenklichen Begriff hier einmal als in diesem Fall unmißverständlich zulassen. Wir kennen aber die subjektiven Vorgänge im „Urmenschen“ nicht, und mit den stets wiederkehrenden Redensarten von der angeblichen absoluten Urtümlichkeit oder gar „Apriorität" des „Rechts" oder der „Convention" kann keine empirische Soziologie etwas anfangen. Nicht weil eine „Regel" oder „Ordnung" als „verbindlich" gilt, zeigt das Sichverhalten des „Urmenschen" nach außen, insbesondere zu seinesgleichen, faktische „Regelmäßigkeiten", sondern umgekehrt: an die von uns in ihrer psychophysischen Realität hinzunehmenden, organisch bedingten Regelmäßigkeiten knüpft sich die Conzeption „verbindlicher Regeln" an. Daß die innere seelische „Eingestelltheit" auf jene Regelmäßigkeiten fühlbare „Hemmungen" gegen Neuerungen in sich schließt – wie Jeder das auch heute in seinem Alltag an sich erfahren kann –, das, müssen wir annehmen, ist für den Glauben an jene „Verbindlichkeit" eine sehr starke Stütze. Wir fragen bei diesem Anlaß: Wie entstehen in dieser Welt der Eingestelltheit auf das „Regelmäßige" als das „Geltende" irgendwelche „Neuerungen"? Von außen her: durch Änderung der äußeren Lebensbedingungen, das ist kein Zweifel. Aber diese geben nicht die geringste Gewähr, daß nicht der Untergang des Lebens statt einer Neuordnung ihnen antwortet; und vor Allem sind sie keineswegs die unentbehrliche, grade bei vielen höchst weittragenden Fällen von Neuordnungen nicht einmal eine mitwirkende Bedingung. Sondern nach allen Erfahrungen der Ethnologie scheint die wichtigste Quelle der Neuordnung der Einfluß von Individuen zu sein, welche bestimmt gearteter „abnormer" (vom Standpunkt der heutigen Therapie nicht selten – aber auch: nicht etwa immer oder regelmäßig – als „pathologisch" gewertheter) Erlebnisse und, durch diese, bedingter Einflüsse auf Andre fähig sind. Wir sprechen hier nicht von der Art, wie die infolge ihrer „Abnormität" als „neu" erscheinenden Erlebnisse entstehen, sondern von der Art ihrer Wirkung. Diese Einflüsse, welche die „Trägheit" des Gewohnten überwinden, können auf verschiedenem psychologischem Wege vor sich gehen. Zwei Formen in ihrer, bei allen Übergängen, Gegensätzlichkeit terminologisch klar herausgehoben zu haben, ist ein Verdienst von Hellpach. Die eine ist: plötzliche Erweckung der Vorstellung eines Handelns des Beeinflußten als eines „*gesollten*", durch drastisch wirkende Mittel: „Eingebung". Die andre: Miterleben eignen inneren Verhaltens des Beeinflussenden durch die Beeinflußten: „Einfühlung". Die Art des durch diese Vermittlung entstehenden Handelns kann im Einzelfall die allerverschiedenste sein. Sehr häufig aber entsteht ein auf den Beeinflussenden und sein Erleben bezogenes massenhaftes „Gemeinschaftshandeln", aus dem sich dann „Einverständnisse" entsprechenden Inhalts entwickeln können. Sind diese den äußeren Lebensbedingungen „angepaßt", so überdauern sie. Die Wirkungen von „Einfühlung" und namentlich „Eingebung" – meist unter dem vieldeutigen Namen „Suggestion" zusammengefaßt – gehören zu den Hauptquellen der Durchsetzung von faktischen Neuerungen, deren „Einübung" als Regelmäßigkeiten dann bald wieder das Gefühl der „Verbindlichkeit" stützt, von dem sie – eventuell – begleitet sind. Jenes „Verbindlichkeitsgefühl" selbst aber kann – sobald auch nur die Rudimente einer solchen sinnhaften Conzeption vorhanden sind – unzweifelhaft auch bei Neuerungen als das originäre und primäre auftreten, insbesondre als ein psychologischer Bestandteil der „Eingebung". Es ist verwirrend, wenn als primärer und grundlegender Vorgang die „Nachahmung" eines neuartigen Verhaltens als Weg seiner Verbreitung angesehen wird. Diese ist gewiß von ganz außerordentlicher Wichtigkeit. Aber sie ist in der Regel sekundär und immer nur ein Spezialfall. Es ist doch nicht eine „Nachahmung" des Menschen, wenn der Hund – sein ältester Gefährte – sich sein Verhalten von ihm „eingeben" läßt. Genau so aber ist in einem sehr breiten Umkreis von Fällen die Beziehung zwischen Beeinflussenden und Beeinflußten geartet. In andren dürfte sie sich mehr dem Typus der „Einfühlung“, in noch anderen dem der „Nachahmung“ – der zweckrationalen oder der „massenpsychologisch“ bewirkten – annähern. In jedem Fall aber befindet sich die entstehende Neuerung dann am meisten auf dem Wege dazu, „Einverständnis“ und schließlich „Recht“ entstehen zu lassen, wenn eine nachhaltige „Eingebung“ oder eine intensive „Einfühlung“ ihre Quelle war. Sie schafft dann „Convention“ oder, unter Umständen, direkt einverständnismäßiges Zwangshandeln gegen Renitente. Aus der „Convention“, der Billigung oder Mißbilligung der Umwelt heraus entwickelt sich nach aller historischen Erfahrung, solange religiöser Glaube stark ist, immer wieder die Hoffnung und Vorstellung, daß auch die übersinnlichen Mächte jenes von der Umwelt gebilligte oder mißbilligte Verhalten belohnen und bestrafen werden. Weiterhin – in geeigneten Fällen – die Annahme, daß nicht nur der Nächstbeteiligte, sondern auch seine Umwelt unter der Rache jener übersinnlichen Gewalten zu leiden haben könnte, also diese, entweder Jeder Einzelne oder durch einen Zwangsapparat eines Verbandes, zu reagieren habe. Oder die infolge stets wiederholter Innehaltung einer bestimmten Art von Handeln erwachsende Vorstellung der speziellen Ordnungsgaranten, daß es sich schon jetzt nicht nur um eine Sitte oder Convention, sondern um eine zu erzwingende Rechtspflicht handle: eine derart praktisch geltende Norm nennt man Gewohnheitsrecht. Oder schließlich das rational erwogene Verlangen von Interessenten, daß die conventionelle oder auch die gewohnheitsrechtliche Pflicht, um sie gegen Erschütterungen zu sichern, ausdrücklich unter die Garantie eines Zwangsapparates gestellt, also ein gesatztes Recht werde. Vor allem gleitet erfahrungsgemäß auf dem Gebiet der internen Gewaltverteilung zwischen den „Organen“ eines anstaltsmäßigen Zweckverbandes fortwährend der Inhalt von nur konventionell garantierten Regeln des Verhaltens in das Gebiet des rechtlich geforderten und garantierten hinüber: die Entwicklung der englischen „Verfassung“ ist ein Hauptbeispiel dafür. Und endlich kann jede Auflehnung gegen die Convention dazu führen, daß die Umwelt gegen den Rebellen von ihren zwangsmäßig garantierten subjektiven Rechten einen ihm lästigen Gebrauch macht, z.B. der Hausherr gegen jemanden, der die rein konventionellen Regeln des geselligen Zusammenseins verletzt, von seinem Hausrecht, der Kriegsherr gegen Verletzungen des Ehrenkodex vom Recht der Dienstentlassung. Dann ist die Konventionalregel tatsächlich indirekt durch Zwangsmittel gestützt. Der Unterschied vom „ungarantierten *Recht*“ beruht dann darin, daß der Eintritt dieser Zwangsmittel zwar eventuelle faktische, aber nicht „Rechtsfolge“ der Conventionsverletzung ist: das „Hausrecht“ hat der Hausherr rechtlich ohnehin, während ein direkt garantieloser Rechtssatz seine Bedeutung als solcher dadurch empfängt, daß seine Nichtachtung irgendwie kraft einer *garantierten* „*Rechts*norm“ Folgen hat. Wo andrerseits ein Rechtssatz auf die „guten Sitten“, d.h. auf billigenswerthe Conventionen, Bezug nimmt, ist die Innehaltung der conventionellen Pflichten zugleich Rechtspflicht (indirekt garantiertes Recht) geworden. Es existieren ferner in nicht ganz geringer Zahl solche Zwischenbildungen, wie etwa die s. Z. in der Provence mit „Gerichtsbarkeit“ in erotischen Dingen betrauten „Liebeshöfe“ der Trobadors, ferner der „Richter“ in seiner ursprünglichen, schiedsrichterlichen, nur Vermittelung zwischen den Fehdeparteien übernehmenden, gegebenenfalls einen Wahrspruch abgebenden, aber jeder eigenen Zwangsgewalt entbehrenden Stellung oder etwa heute die internationalen

„Schiedsgerichte“. In solchen Fällen ist aus der rein amorphen Billigung oder Mißbilligung der Umwelt ein autoritär formuliertes Gebieten, Verbieten und Erlauben geworden, also ein conkret organisierter psychischer Zwang, und man wird in solchen Fällen daher wenigstens dann von „Recht“ sprechen, wenn es sich nicht – wie bei den „Liebeshöfen“ – um bloßes Spiel handelt und wenn hinter dem Urteil mehr als nur die unmaßgebliche Ansicht des Urteilenden steht, also zum Mindesten die irgendwie von einem Apparat von Personen getragene Boykott-„Selbsthilfe“ (der Sippe oder des verletzten Staats) als normale Folge zu erwarten ist, wie in den beiden zuletzt genannten Fällen. Für den Begriff der „Convention“ ist nach unserer Begriffsbestimmung nicht genügend, daß ein Handeln bestimmter Art überhaupt, sei es auch von noch so vielen Einzelnen, „gebilligt“, ein entgegengesetztes „mißbilligt“ wird, sondern: daß in einer „spezifischen Umwelt“ – worunter natürlich nicht eine örtliche Umwelt gemeint ist – des Handelnden die Chance einer solchen Stellungnahme bestehe. Das heißt: es muß irgend ein Merkmal angebbar sein, welches den betreffenden Umkreis von Personen, der diese „Umwelt“ ausmacht, begrenzt, sei jenes nun beruflicher, verwandtschaftlicher, nachbarschaftlicher, ständischer, ethnischer, religiöser, politischer oder welcher Art immer und sei die Zugehörigkeit eine noch so labile. Dagegen ist für die Convention in unsrem Sinn nicht Voraussetzung, daß jener Umkreis einen „Verband“ (in unsrem Sinne) bildet; das Gegenteil ist vielmehr grade bei ihr sehr häufig. Die Geltung von „Recht“ in unsrem Sinne ist dagegen, weil es nach unsrer Definition einen „Zwangsapparat“ voraussetzt, stets ein Bestandteil eines (aktuellen oder potentiellen) „Verbandshandelns“ – was, wie wir wissen, natürlich nicht etwa bedeutet, daß lediglich „Verbandshandeln“ (oder selbst nur: lediglich „Gemeinschaftshandeln“) durch den Verband rechtlich geregelt: „verbandsgeregeltes“ Handeln wird. In diesem Sinn kann man den „Verband“ als „Träger“ des Rechts bezeichnen. Andrerseits aber ist Gemeinschaftshandeln, Einverständnis- oder Gesellschaftshandeln, Verbandshandeln, Anstaltshandeln – welches ja seinerseits schon nur einen Ausschnitt aus dem soziologisch *relevanten* Geschehen, Sichverhalten, Handeln darstellt – außerordentlich weit davon entfernt, sich subjektiv nur an „*Rechts*regeln“ im hier angenommenen Sinn des Worts zu orientieren, wie wir immer wieder an Beispielen sehen werden. Wenn man unter der „Ordnung“ eines Verbandes alle thatsächlich feststellbaren Regelmäßig*keiten* des Sichverhaltens versteht, welche für den faktischen Verlauf des ihn constituierenden oder von ihm beeinflußten Gemeinschaftshandelns charakteristisch oder als Bedingung wesentlich sind, dann ist diese „Ordnung“ nur zum verschwindenden Teil die Folge der Orientierung an „Rechtsregeln“. Soweit sie überhaupt bewußt an „Regeln“ orientiert sind – und nicht bloßer dumpfer „Gewöhnung“ entspringen –, sind es teils solche der „Sitte“ und „Convention“, teils aber, und sehr oft gänzlich überwiegend, Maximen subjektiv *zweckrationalen* Handelns im eignen Interesse jedes der daran Beteiligten, auf dessen Wirksamkeit der oder die Andren zählen und oft auch ohne Weiteres, sehr häufig aber überdies noch kraft spezieller, aber nicht rechtszwanggeschützter, Vergesellschaftungen oder Einverständnisse objektiv zählen können. Die Chance des Rechtszwangs, welche, wie schon erwähnt, das „rechtmäßige“ Verhalten des Handelnden nur in geringem Grad bestimmt, steht als eventuelle Garantie auch objektiv nur hinter einem Bruchteil des thatsächlichen Ablaufs des Einverständnishandelns.

Ersichtlich ist für die Soziologie der Übergang von bloßer „Sitte" zu „Convention" und von dieser zum „Recht" flüssig.

1. Es ist sogar außerhalb der soziologischen Betrachtungsweise unrichtig, wenn der Unterschied von „Recht" und „Sittlichkeit" darin gesucht wird, daß die Rechtsnorm „äußeres" Verhalten und nur dies, die sittliche Norm dagegen „nur" die Gesinnung reguliere. Das Recht behandelt die Art der Gesinnung, aus der ein Handeln resultiert, zwar keinswegs immer als relevant, und es gibt und gab Rechtssätze und ganze Rechtsordnungen, welche Rechtsfolgen, auch Strafen, nur an den äußeren Kausalzusammenhang knüpfen. Aber dies ist nicht im mindesten das Normale. Rechtsfolgen knüpfen sich an die „bona" oder „mala fides", die „Absicht" oder die aus dem Gesinnungstatbestand zu ermittelnde „Ehrlosigkeit" eines Verhaltens und an zahlreiche andere rein gesinnungsmäßige Tatbestände. Und die „sittlichen" Gebote richten sich ja gerade darauf, daß die als Bestandteil der „Gesinnung" faktisch ebenfalls vorhandenen normwidrigen Gelüste im praktischen Handeln, also in etwas normalerweise sich äußerlich Realisierendem, „überwunden" werden. Die normative Betrachtung hätte für die Unterscheidung von Sittlichkeit und Recht gewiß nicht von „äußerlich" und „innerlich", sondern von den Unterschieden der normativen Dignität beider auszugehen. Für die soziologische Betrachtung aber ist normalerweise „sittlich" mit aus „religiösen Gründen" oder kraft „Konvention" geltend identisch. Als eine im Gegensatz dazu „ausschließlich" ethische Norm könnte ihr nur die subjektive Vorstellung von einem abstrakten, aus letzten Axiomen des Geltenden zu entfaltenden Maßstab des Sichverhaltens gelten, sofern diese Vorstellung praktische Bedeutung für das Handeln gewinnt. In oft weitgehendem Maße haben derartige Vorstellungen in der That reale Bedeutung gehabt. Sie waren aber überall, wo dies der Fall war, ein relativ junges Produkt philosophischer Denkarbeit. In der Vergangenheit wie in der Gegenwart sind in der Realität des Alltags „sittliche Gebote" im Gegensatz zu „Rechtsgeboten", soziologisch betrachtet, normalerweise entweder religiös oder konventionell bedingte Maximen des Verhaltens und ist ihre Grenze gegenüber dem Recht flüssig. Es gibt kein sozial wichtiges „sittliches" Gebot, welches nicht irgend einmal irgendwo ein Rechtsgebot gewesen wäre.

2. Ganz unbrauchbar ist Stammlers Scheidung der „Konvention" von der Rechtsnorm darnach: ob die Erfüllung der Norm in den freien Willen des Einzelnen gestellt sei oder nicht. Es ist unrichtig, daß die Erfüllung konventioneller „Pflichten", z.B. einer gesellschaftlichen Anstandsregel, dem Einzelnen *nicht* „zugemutet", ihre Nichterfüllung *nur* die Folge des dadurch ipso facto herbeigeführten freiwilligen, jederzeit freistehenden Ausscheidens aus einer freiwilligen Vergesellschaftung zur Folge habe. Zugestanden, daß es Normen dieses Charakters gebe – aber keineswegs nur auf dem Boden der „Konvention", sondern auch des Rechts (die „clausula rebus sic stantibus" hat faktisch oft diesen Sinn) –, so findet jedenfalls das, was Stammlers eigene Soziologie als Konventionalregeln von den Rechtsnormen scheiden muß, ganz gewiß nicht in derartigem seinen Schwerpunkt. Nicht nur eine theoretisch konstruierbare anarchistische Gesellschaft, deren „Theorie" und „Kritik" Stammler mit Hilfe seiner scholastischen Begriffe entwickelt hat, sondern zahlreiche in der realen Welt existierende Vergesellschaftungen verzichten auf den Rechtscharakter ihrer conventionellen Ordnungen einfach deshalb, weil angenommen wird: die bloße Tatsache der sozialen Mißbilligung ihrer Verletzung mit ihren oft höchst realen indirekten Konsequenzen für den Verlet-

zenden werde und müsse als Sanktion genügen. Rechtsordnung und konventionelle Ordnung sind also für die Soziologie – auch ganz abgesehen von den selbstverständlichen Übergangserscheinungen – keinswegs grundsätzliche Gegensätze, da auch die Konvention teils durch psychischen, teils sogar, wenigstens indirekt, durch physischen Zwang gestützt ist. Sie scheiden sich nur in der soziologischen *Struktur* des Zwanges durch das Fehlen der eigens für die Handhabung der Zwangsgewalt sich bereit haltenden Menschen (des „Zwangsapparats": „Priester", „Richter", „Polizei", „Militär" usw.).

Vor Allem aber geht bei Stammler zunächst die *ideelle*, vom Rechtsdogmatiker oder Ethiker wissenschaftlich deduzierbare „Geltung" einer „Norm" mit der zum Objekt einer empirischen Betrachtung zu machenden *realen* Beeinflussung des empirischen Handelns durch *Vorstellungen* vom Gelten von Normen durcheinander. Und weiterhin dann gar noch die *normative* „Geregeltheit" eines Verhaltens durch Regeln, welche als „gelten*sollend*" von einer Vielheit von Menschen faktisch behandelt werden, mit den *faktischen* Regelmäßigkeiten des menschlichen Verhaltens. Beides ist begrifflich streng zu scheiden.

Konventionelle Regeln sind normalerweise der Weg, auf welchem bloß faktische Regelmäßigkeiten des Handelns: bloße „Sitte" also, in die Form verbindlicher, meist zunächst durch psychischen Zwang garantierter, „Normen" überführt werden: der *Traditions*bildung. Schon die bloße Tatsache der regelmäßigen Wiederkehr von Vorgängen, und zwar sowohl von Naturereignissen wie von organisch oder durch unreflektierte Nachahmung oder Anpassung an die äußeren Lebensumstände bedingten Handlungen, verhilft diesen Vorgängen äußerst leicht zur Dignität von etwas normativ Gebotenem, mag es sich um den von göttlichen Mächten vorgeschriebenen gewohnten Gang der Gestirne oder etwa der Nilüberschwemmung oder um die gewohnte Art der Entlohnung von rechtlich bedingungslos der Gewalt des Herrn überlieferten unfreien Arbeitskräften handeln. Sobald die Konvention sich der Regelmäßigkeiten des Handelns bemächtigt hat, aus einem „Massenhandeln" also ein „Einverständnishandeln" geworden ist – denn das ist ja die Bedeutung des Vorgangs, in unsere Terminologie übersetzt –, wollen wir von „Tradition" sprechen. Schon die bloße Eingeübtheit der gewohnten Art des Handelns und die Eingestelltheit auf die Erhaltung dieser Gewöhnung, erst recht aber die Tradition, wirkt, wie immer wieder gesagt werden muß, im ganzen stärker auf den Fortbestand auch einer durch Satzung entstandenen, eingelebten, Rechtsordnung als die Reflexion auf die zu gewärtigenden Zwangsmittel und andere Folgen, zumal diese mindestens einem Teil der nach der „Norm" Handelnden gar nicht bekannt zu sein pflegen. Der Übergang von der bloßen dumpf hingenommenen Gewöhnung an ein Handeln zur Aneignung der bewußten Maxime normgemäßen Handelns ist überall flüssig. Wie derart die bloße faktische Regelmäßigkeit eines Handelns sittliche und Rechtsüberzeugungen entsprechenden Inhalts zur Entstehung bringt, so läßt andererseits der Umstand, daß physische und psychische Zwangsmittel ein bestimmtes Verhalten oktroyieren, faktische Gewöhnungen und dadurch Regelmäßigkeiten des Handelns entstehen.

Das Recht und die Konvention sind als Ursache und Wirkung verflochten in das Mit-, Neben- und Gegeneinanderhandeln der Menschen. Es ist gröblich irreführend, wenn man es – wie Stammler thut – dem „Inhalt" dieses Handelns (der „Materie" desselben) als dessen „Form" gegenüberstellt. Vielmehr ist der Glaube an das rechtliche oder konventionelle Gebotensein eines bestimmten Verhaltens, soziologisch angesehen, zunächst nur ein Superadditum, welches dem Grade von Wahrscheinlichkeit, mit welchem der Handelnde auf bestimmte *Folgen* seines Handelns zählen kann, hinzugefügt wird. Die ökonomische Theorie wenigstens sieht daher von der Analyse des Charakters der Normen zunächst mit Recht gänzlich ab. Daß jemand etwas „besitzt", bedeutet für sie lediglich: er kann darauf zählen, daß seiner faktischen Verfügung darüber seitens anderer nichts in den Weg gelegt wird. Warum diese gegenseitige Respektierung der Verfügungsmacht stattfindet, ob mit Rücksicht auf eine konventionelle oder Rechtsnorm oder aus irgend welchen Erwägungen des eigenen Vorteils seitens aller Beteiligten, ist ihr primär gleichgültig. Daß jemand einem anderen ein Gut „schuldet", bedeutet soziologisch: das Bestehen der Chance, daß der eine der durch einen bestimmten Vorgang: Versprechen, schuldhafte Schädigung oder was immer, nach dem üblichen Verlauf der Dinge begründeten Erwartung des anderen: er werde diesem zu einem bestimmten Zeitpunkt jenes Gut in die faktische Verfügung geben, entsprechen werde. Aus welchen psychologischen Motiven dies geschieht, ist für die Ökonomik primär gleichgültig. Daß Güter „getauscht" werden, bedeutet: daß nach Vereinbarung das eine aus der faktischen Verfügung des einen in die des anderen um deswillen gegeben wird, weil nach dem vom ersteren gemeinten Sinn das andere aus der Verfügung des anderen in die des einen überführt wird oder werden soll. Die am Schuldverhältnis oder am Tausch Beteiligten hegen jeder die Erwartung, daß der *andere* Teil sich in einer *der eigenen* Absicht entsprechenden Art verhalten werde. Irgend eine außerhalb ihrer beiderseitigen Personen liegende „Ordnung", welche dies garantiert, anbefiehlt, durch einen Zwangsapparat oder durch soziale Mißbilligung erzwingt, ist dabei begrifflich weder notwendig vorhanden, noch auch ist die subjektive Anerkennung irgend welcher Norm als „verbindlich" oder der Glaube daran, daß der Gegenpart dies tue, bei den Beteiligten irgendwie notwendig vorausgesetzt. Denn der Tauschende kann sich z.B. beim Tausch auf das der Neigung zum Bruch des Versprechens entgegenwirkende egoistische *Interesse* des Gegenparts an der künftigen Fortsetzung von Tauschbeziehungen mit ihm verlassen (wie dies in plastischer Deutlichkeit beim sogenannten „stummen Tausch" mit wilden Völkerschaften und übrigens im allerweitesten Umfang in jedem modernen Geschäftsverkehr, speziell der Börse, geschieht) oder auf irgend welche anderen dahin wirkenden Motive. Der Tatbestand liegt im Fall reiner Zweckrationalität so, daß jeder der Beteiligten darauf zählt und normalerweise mit Wahrscheinlichkeit darauf zählen kann: der Gegenpart werde sich so verhalten, *„als ob"* er eine Norm des Inhalts: daß man das gegebene Versprechen „halten" müsse, als für sich „verbindlich" anerkenne. Begrifflich genügt das völlig. Aber selbstverständlich ist es von *unter Umständen* großer faktischer Tragweite, ob die Beteiligten für jenes Zählen auf ein solches Verhalten des Gegenparts Garantien besitzen: 1) dadurch, daß der subjektive Glaube an die objektive Geltung solcher Normen tatsächlich in ihrer Umwelt verbreitet ist (Einverständnis), 2) noch weiter dadurch, daß die Rücksicht auf soziale Billigung oder Mißbilligung eine konventionelle oder die Existenz eines Zwangsapparats eine „Rechtsgarantie" schafft. Ohne die Rechtsgarantie ist ein gesicherter privater wirtschaftlicher Verkehr moderner Art zwar nicht einfach „undenkbar". Im Gegenteil fällt es bei der Mehrzahl aller geschäftlichen Transaktionen Niemandem ein, an die Frage der Klagbarkeit auch nur zu denken. Und die Börsenabschlüsse z.B. spielen sich auf der Börse selbst zwischen den Berufshändlern in Formen ab, welche in einer ganz überwältigenden

Mehrzahl der Fälle jeden „Beweis" bei Böswilligkeit gradezu ausschließen: mündlich oder durch Zeichen und Notizen im (eignen) Notizbuch. Es kommt praktisch gleichwohl nicht vor, daß eine Bestreitung versucht wird. Ebenso gibt es *Verbände*, die rein ökonomische Zwecke verfolgen und deren Ordnungen dennoch des staatlichen Rechtsschutzes ganz oder fast ganz entbehren. Gewisse Kategorien von „Kartellen" gehörten s. Z. dahin; besonders oft lag andrerseits die Sache so, daß auch die getroffenen, an sich gültigen privatrechtlichen Abreden jedenfalls mit Auflösung des Verbands dahinfielen, weil dann kein formal legitimierter Kläger mehr da war. Hier war also dieser Verband mit seinem Zwangsapparat Träger eines „Rechts", welchem der gewaltsame Rechtszwang gänzlich fehlte oder nur so lange er bestand zur Seite stand. Den Kartellverträgen fehlte aber oft, aus Gründen, welche in der eigenartigen inneren Haltung der Beteiligten lagen, selbst eine wirksame Conventionalgarantie, und die betreffenden Vergesellschaftungen funktionierten dennoch lange Zeit höchst wirksam infolge des convergierenden Interesses aller Beteiligten. – Aber natürlich ist trotzdem die gewaltsame, speziell die staatliche Rechtsgarantie selbst für solche Bildungen nicht gleichgültig. Der Tauschverkehr ist heute ganz überwiegend zwangsrechtlich garantiert. Es wird normalerweise beabsichtigt, durch den Tauschakt subjektive „Rechte", also, soziologisch ausgedrückt: die Chance der Unterstützung des staatlichen Zwangsapparats für Verfügungsgewalten, zu erwerben. Die „wirtschaftlichen Güter" sind heute normalerweise zugleich *legitim erworbene subjektive Rechte*, die „Wirtschaftsordnung" baut ihren Kosmos aus diesem Material. Dennoch besteht auch heute nicht die Gesamtheit der Tauschobjekte daraus. Auch solche ökonomische Chancen, welche nicht durch die Rechtsordnung garantiert sind und deren Garantierung sie sogar grundsätzlich ablehnt, sind Gegenstände des Tauschverkehrs, und zwar nicht etwa eines „illegitimen", sondern eines ganz legitimen Tauschverkehrs. Dahin gehört z.B. die entgeltliche Übertragung der „Kundschaft" eines Geschäftsmannes. Der Verkauf einer Kundschaft hat zur privatrechtlichen Folge normalerweise heute nur bestimmte Ansprüche des Käufers gegen den Verkäufer: daß er sich gewisser Handlungen enthalte, eventuell auch andre („Einführung" des Käufers) leiste. Aber er gewährt Ansprüche gegen Dritte nicht. Es gab und gibt aber Fälle, in welchen die Zwangsapparate der politischen Gewalt sich zur Verfügung halten, um einen direkten Zwang (z.B. beim „Zunftbann" oder rechtlich geschützten „Monopol") zugunsten des Besitzers und Erwerbers von Absatzchancen auszuüben. Es ist bekannt, wie Fichte im „Geschlossenen Handelsstaat" das Spezifische der modernen Rechtsentwicklung gerade darin fand, daß im Gegensatz dazu heute im Prinzip nur noch Ansprüche auf konkrete nutzbare Sachgüter oder Arbeitsleistungen Gegenstand des staatlichen Rechtsschutzes sind: die sog. „freie Konkurrenz" drückt sich, rechtlich betrachtet, in der Tat eben hierin aus. Obwohl also hier die gegen Dritte nicht mehr rechtlich geschützte Chance trotzdem ökonomisches Verkehrsgut geblieben ist, hat die Versagung der Rechtsgarantie ersichtlich dennoch weittragende ökonomische Folgen. Prinzipiell aber – das ist begrifflich festzuhalten – bleibt für die soziologische und ökonomische Betrachtung ihr Eingreifen zunächst lediglich eine Steigerung der Sicherheit, mit welcher auf das Eintreten des ökonomisch relevanten Ereignisses gezählt werden kann.

Die rechtliche Geordnetheit eines Sachverhalts, d.h. immer: das Vorhandensein einer menschlichen Instanz, wie immer geartet sie sei, welche im Fall des Eintritts der betreffenden Tatsache als (prinzipiell) in der Lage befindlich gilt, nach irgend welchen Normvorstellungen anzugeben: was nun „von Rechts wegen" zu geschehen habe, ist aber überhaupt nirgends bis in die letzten Konsequenzen durchgeführt. Und zwar soll nicht davon hier die Rede sein: daß jede rationale Vergesellschaftung, und also auch: Ordnung, des Gemeinschafts- und Einverständnishandelns diesen selbst gegenüber das posterius zu sein pflegt, wie wir früher sahen. Auch nicht davon, daß die Entwicklung des Gemeinschafts- und Einverständnishandelns fortwährend einzelne ganz neue Sachlagen entstehen läßt, welche mit den als geltend anerkannten Normen und den üblichen logischen Mitteln der Jurisprudenz gar nicht oder nur scheinbar und gewaltsam zu entscheiden sind (These der „freirechtlichen" Bewegung). Sondern davon, daß oft gerade „grundlegende" Fragen einer sonst sehr stark durchrationalisierten Rechtsordnung rechtlich überhaupt gar nicht geregelt zu sein pflegen. Um zwei spezifische Typen dieses Sachverhalts durch Beispiele zu illustrieren, so ist z.B. 1) die Frage: was „von Rechts wegen" zu geschehen habe, falls ein „konstitutioneller" Monarch seine verantwortlichen Minister entläßt, aber es unterläßt, an ihrer Stelle irgend welche anderen zu ernennen, so daß also niemand zur Gegenzeichnung seiner Akte vorhanden ist, nirgends wo in irgend einer „Verfassung" der Welt rechtlich geregelt. Feststeht nur: daß dann gewisse Regierungsakte „gültig" nicht möglich sind. Das Gleiche gilt – in den meisten Verfassungen wenigstens – 2) für die Frage: was zu geschehen habe, wenn ein nur durch freiwillige Vereinbarung der betreffenden Faktoren festzustellendes „Staatsbudget" nicht zustande kommt. Die erstere Frage erklärt Jellinek mit Recht für praktisch „müßig", – aber das uns hier Interessierende muß gerade sein: *warum* sie denn eigentlich „müßig" ist. Die zweite Art von „Verfassungslücke" dagegen ist bekanntlich sehr praktisch geworden. Man kann geradezu die These aufstellen: daß es für jede „Verfassung" im soziologischen Sinn, d.h. für die Art der faktischen, die Möglichkeit, das Gemeinschaftshandeln durch Anordnungen zu beeinflussen, bestimmenden Machtverteilung in einem Gemeinwesen, charakteristisch ist, wo und welcher Art derartige, grade die Grundfragen betreffende, „Lücken" seine „Verfassung" im juristischen Sinne des Worts aufweist. Solche Lücken des zweiten Typus werden daher zuweilen bei der rationalen Satzung einer Verfassung durch Vereinbarung oder Oktroyierung durchaus absichtsvoll bestehen gelassen. Deshalb natürlich, weil der oder die im Einzelfall bei der Schaffung der Verfassung ausschlaggebenden Interessenten die Erwartung hegen, daß gegebenenfalls er oder sie dasjenige Maß von Macht besitzen werden, um das, rechtlich angesehen, alsdann der gesatzten „Ordnung" entbehrende, dennoch aber unvermeidlich weiter ablaufende Gemeinschaftshandeln *nach ihrem Willen* zu lenken, im Beispiel also: budgetlos zu regieren. Lücken des *ersten* oben illustrierten Typus aber pflegt man um deswillen nicht auszufüllen, weil die begründete Überzeugung besteht: das eigene Interesse des oder der Betreffenden, im Beispiel also: des Monarchen, werde jederzeit ausreichen, sein Handeln so zu bestimmen, daß der rechtlich mögliche „absurde" Tatbestand des Fehlens verantwortlicher Minister thatsächlich eben nie eintreten werde. Es gilt trotz jener „Lücke" einverständnismäßig zweifellos als eine „Pflicht" des Monarchen, Minister zu ernennen. Und zwar als eine „indirekt garantierte" Rechtspflicht. Denn es giebt Rechtsfolgen: die Unmöglichkeit, gewisse Akte „gültig" zu vollziehen, also dafür die Chance der Garantie des Zwangsapparats zu erlangen, welche die Consequenz davon sind. Aber im Übrigen ist nicht geregelt, weder rechtlich noch konventionell, was geschehen soll, um die Staatsverwaltung fortzuführen, wenn er dieser Pflicht nicht nachlebt, und da der Fall noch niemals eingetreten ist, so fehlt auch eine „Sitte", welche Quelle einer Entscheidung werden könnte. Dies zeigt wiederum besonders deutlich, daß Recht, Konvention und Sitte keineswegs die einzigen Mächte sind, auf welche man als Garanten eines von einem anderen erwarteten, von ihm zugesagten oder sonst für ihn als pflichtmäßig geltenden Verhaltens zählt und zählen kann, sondern daneben vor Allem: das *eigene Interesse* des anderen an dem Fortlaufen eines bestimmten Einverständnishandelns als solchem. Die Sicherheit, mit der man darauf rechnet: daß der Monarch jene als geltend vorausgesetzte Pflicht erfüllen werde, ist gewiß größer, aber doch nur graduell größer, als die Sicherheit, mit welcher in unsrem früheren Beispiel der eine Tauschpartner bei einem gänzlich jeder Normierung und Zwangsgarantie entbehrenden Verkehr auf ein seinen Intentionen entsprechendes Verhalten des andern zählt und, bei fortgesetztem Verkehr, auch ohne alle Rechtsgarantie gewöhnlich zählen kann. Worauf es hier ankam, war nur die Feststellung: daß die rechtliche und ebenso die konventionelle Ordnung eines Einverständnis- oder Gesellschaftshandelns prinzipiell und unter Umständen ganz bewußt nur Fragmente desselben erfaßt. Die Orientierung des Gemeinschaftshandelns an einer Ordnung ist zwar konstitutiv für jede Vergesellschaftung, aber der Zwangsapparat ist es nicht für die Gesammtheit alles perennierenden und anstaltsmäßig geordneten Verbandshandelns. Träte der absurde Fall des Beispieles Nr. 1 ein, so würde er sicherlich sofort die juristische Spekulation in Bewegung setzen und vielleicht eine konventionelle oder auch rechtliche Regelung eintreten. Aber inzwischen hätte irgend ein, je nach der Lage vielleicht sehr verschiedenes Gemeinschafts- oder Einverständnis- oder Gesellschaftshandeln den konkreten Fall bereits praktisch erledigt. Die normative Regelung ist eine wichtige, aber nur eine causale *Komponente* des Einverständnishandelns, nicht aber – wie Stammler möchte – dessen universelle „*Form*".

3. Bedeutung und Grenzen des Rechtszwangs für die Wirtschaft

Die Rechtsgarantien und also diejenigen Normvorstellungen, auf denen sie als Motiv ihrer Schaffung, Auslegung, Anwendung beruhen oder mitberuhen, kommen für eine nach empirischen Regelmäßigkeiten und Typen forschende Disziplin, wie die Soziologie es ist, in Betracht sowohl als Folge, wie, vor Allem, als Ursache oder Mitursache von Regelmäßigkeiten, sowohl des soziologisch direkt relevanten Handelns von Menschen wie, dadurch hervorgerufen, der soziologisch indirekt relevanten Naturgeschehnisse. Faktische Regelmäßigkeiten *des* Verhaltens („Sitte") können, sahen wir, Quelle der Entstehung von Regeln *für* das Verhalten („Convention", „Recht") werden. Ebenso aber umgekehrt. Nicht nur solche Regelmäßigkeiten werden durch die (conventionellen oder) Rechtsnormen erzeugt oder miterzeugt, welche direkt den Inhalt ihrer Anordnungen ausmachen, sondern auch andere. Daß z.B. ein Beamter täglich regelmäßig auf seinem Büro erscheint, ist direkt Folge der Anordnung einer praktisch als „geltend" behandelten rechtlichen Norm. Daß dagegen der „Reisende" einer Fabrik sich jährlich regelmäßig zur Entgegennahme von Aufträgen bei den „Detaillisten" einstellt, ist nur indirekt, durch die faktische Zulassung der Konkurrenz um die Kundschaft und die durch diese Zulassung mitbedingte Nötigung dazu, von Rechtsnormen mitbestimmt. Daß weniger Kinder zu sterben pflegen, wenn das Fernbleiben der stillenden Mütter von der Arbeit als conventionelle oder rechtliche „Norm" gilt, ist gewiß Folge des Geltens jener Norm, und wenn sie eine gesatzte Rechtsnorm ist, auch einer der rationalen Zwecke von deren Schöpfern. Aber „anordnen" können sie natürlich nur dieses Fernbleiben, nicht jenes Wenigersterben. Und auch für das direkt befohlene oder verbotene Handeln ist die praktische Wirksamkeit der Geltung einer Zwangsnorm natürlich problematisch: ihre Befolgung ist nur ihre „adäquate", nicht ihre ausnahmslose Folge. Starke Interessen können vielmehr dazu führen, daß trotz des Zwangsapparats nicht nur vereinzelt, sondern überwiegend und dauernd der durch diesen „geltenden" Rechtsnorm ungestraft zuwidergehandelt wird. Die garantierende Zwangsgewalt pflegt, wenn ein Zustand dieser Art konstant geworden ist und die Beteiligten infolgedessen die Überzeugung von der Normgemäßheit ihres Tuns, statt des durch die prätendierend geltende Rechtsregel geforderten, gewonnen haben, schließlich diese letztere nicht mehr zu erzwingen, und der Rechtsdogmatiker spricht dann von „Derogation durch Gewohnheitsrecht".

Allein auch ein Zustand chronischen Conflikts zwischen neben einander „geltenden" Rechtsnormen, die der Zwangsapparat der politischen Gewalt garantiert, und conventionellen Regeln ist – wie auf dem Gebiet des Zweikampfs als einer conventionellen Umbildung der Privatrache – möglich und bereits früher besprochen worden. Und während es allerdings nichts Seltenes ist, daß Rechtsnormen rational gesatzt werden, um bestehende „Sitten" und Conventionen zu ändern, ist dennoch der normale Sachverhalt der: daß die Rechtsordnung nicht etwa infolge des Bestehens der Zwangsgarantie in der Realität empirisch „gilt", sondern deshalb, weil ihre Geltung als „Sitte" eingelebt und „eingeübt" ist und die Convention die flagrante Abweichung von dem ihr entsprechenden Verhalten meist mißbilligt. Für den Rechtsdogmatiker ist die (ideelle) Geltung der Rechtsnorm das begriffliche prius; ein Verhalten, welches rechtlich nicht direkt normiert ist, ist ihm rechtlich „erlaubt" und also insofern von der Rechtsordnung (ideell) dennoch mitbetroffen. Für den Soziologen ist umgekehrt die rechtliche, und insbesondre die rational gesatzte, Regelung eines Verhaltens empirisch nur eine Componente in der Motivation des Gemeinschaftshandelns und zwar eine historisch meist spät auftretende und sehr verschieden stark wirkende. Die überall im Dunkel liegenden Anfänge faktischer Regelmäßigkeiten und „Sitten" des Gemeinschaftshandelns betrachtet er, wie wir sahen, als entstanden durch die auf Trieben und Instinkten ruhende Einübung eines den gegebenen Lebensnotwendigkeiten „angepaßten" Sichverhaltens, welches zunächst jedenfalls nicht durch eine gesatzte Ordnung bedingt war und auch nicht durch eine solche verändert wurde. Das zunehmende Eingreifen gesatzter Ordnungen aber ist für unsere Betrachtung nur ein besonders charakteristischer Be standteil jenes Rationalisierungs- und Vergesellschaftungsprozesses, dessen fortschreitendes Umsichgreifen in allem Gemeinschaftshandeln wir auf allen Gebieten als wesentlichste Triebkraft der Entwicklung zu verfolgen haben werden.

Zusammenfassend ist über die hier allein zu erörternden allgemeinsten Beziehungen von Recht und *Wirtschaft* zu sagen:

1. Das Recht (immer im soziologischen Sinn) garantiert keineswegs nur ökonomische, sondern die allerverschiedensten Interessen, von den normalerweise elementarsten: Schutz rein persönlicher Sicherheit bis zu rein ideellen Gütern wie der eigenen „Ehre" und derjenigen göttlicher Mächte. Es garantiert vor allem auch politische, kirchliche, familiäre oder andere Autoritätsstellungen und überhaupt

soziale Vorzugslagen aller Art, welche zwar in den mannigfachsten Beziehungen ökonomisch bedingt und relevant sein mögen, aber selbst nichts Ökonomisches und auch nichts notwendig oder vorwiegend aus ökonomischen Gründen Begehrtes sind.

2. Eine „Rechtsordnung" kann unter Umständen unverändert bestehen bleiben, obwohl die Wirtschaftsbeziehungen sich radikal ändern. Theoretisch – und in der Theorie operiert man zweckmäßig mit extremen Beispielen – könnte ohne die Änderung auch nur eines einzigen Paragraphen unserer Gesetze eine „sozialistische" Produktionsordnung durchgeführt werden, wenn man einen successiven Erwerb der Produktionsmittel durch die politische Gewalt im Wege freier Verträge sich durchgeführt denkt, – ein gewiß höchst unwahrscheinlicher, aber (was theoretisch genügt) keineswegs sinnloser Gedanke. Die Rechtsordnung würde dann mit ihrem Zwangsapparat nach wie vor bereit stehen müssen für den Fall, daß zur Erzwingung der für die privatwirtschaftliche Produktionsordnung charakteristischen Verpflichtungen ihre Hilfe angerufen würde. Nur würde dieser Fall tatsächlich nie eintreten.

3. Die rechtliche Ordnung eines Thatbestandes kann vom Standpunkt der juristischen Denkkategorieen aus betrachtet fundamental verschieden sein, ohne daß die Wirtschaftsbeziehungen dadurch in irgend erheblichem Maß berührt werden, wenn nämlich nur in den ökonomisch der Regel nach relevanten Punkten der praktische *Effekt* für die Interessenten der gleiche ist. Das ist, obwohl an *irgend* einem Punkte wohl jede Verschiedenheit der Rechtsconstruktion irgend welche ökonomischen Folgen zeitigen kann, in sehr weitem Maße möglich und auch der Fall. Je nachdem etwa eine „Bergwerkspacht" juristisch als „Pacht" oder als „Kauf" zu construieren wäre, hätte man in Rom ein gänzlich verschiedenes Klageschema verwenden müssen. Aber der praktische Effekt des Unterschiedes für die Wirtschaftsordnung wäre sicher sehr gering gewesen.

4. Natürlich steht die Rechtsgarantie in weitestem Umfang direkt im Dienst ökonomischer Interessen. Und soweit dies scheinbar oder wirklich nicht direkt der Fall ist, gehören ökonomische Interessen zu den allermächtigsten Beeinflussungsfaktoren der Rechtsbildung, da jede eine Rechtsordnung garantierende Gewalt irgendwie vom Einverständnishandeln der zugehörigen sozialen Gruppen in ihrer Existenz getragen wird und die soziale Gruppenbildung in hohem Maße durch Konstellationen materieller Interessen mitbedingt ist.

5. Das Maß von Erfolgen, welches durch die hinter der Rechtsordnung stehende Eventualität des Zwanges erzielt werden kann, speziell auf dem Gebiet des wirtschaftlichen Handelns, ist außer durch andere Umstände auch durch dessen Eigenart begrenzt. Zwar ist es bloßer Wortstreit, wenn man versichert: das Recht könne überhaupt „Zwang" zu einem bestimmten wirtschaftlichen Handeln nicht ausüben, weil für alle seine Zwangsmittel der Satz bestehe: coactus tamen voluit. Denn das gilt für ausnahmslos allen Zwang, welcher den zu Zwingenden nicht lediglich wie ein totes Naturobjekt behandelt. Auch die drastischsten Zwangs- und Strafmittel versagen, wo die Beteiligten sich ihnen schlechterdings nicht fügen. Dies heißt aber innerhalb eines weiten Bereichs immer: wo sie nicht zu dieser Fügsamkeit „erzogen" sind. Die Erziehung zur Fügsamkeit in das jeweils geltende Recht ist im Allgemeinen mit steigender Befriedung stark gestiegen. Also müßte, scheint es, auch die Erzwingbarkeit des Wirtschaftshandelns prinzipiell gestiegen sein. *Trotzdem* aber ist gleichzeitig die Macht des Rechts über die Wirtschaft in

vieler Hinsicht nicht stärker, sondern schwächer geworden, als sie es unter anderen Verhältnissen war. Preistaxen z.B. sind zwar stets in ihrer Wirksamkeit prekär gewesen, sie haben aber unter den heutigen Bedingungen im ganzen noch weit weniger Chancen des Erfolgs als jemals früher. Der Grad der Möglichkeit, das wirtschaftliche Verhalten der Menschen zu beeinflussen, ist also nicht einfach Funktion der generellen Fügsamkeit gegenüber dem Rechtszwang. Die Schranken des faktischen Erfolgs des Rechtszwangs auf dem Gebiet der Wirtschaft ergeben sich vielmehr teils aus den Schranken des ökonomischen Könnens der Betroffenen: nicht nur der Gütervorrat selbst ist jeweils beschränkt, sondern auch seine jeweils möglichen Verwendungsarten sind begrenzt durch die eingeübten Arten der Verwendung und des Verkehrs der Wirtschaften untereinander, welche sich heteronomen Ordnungen, wenn überhaupt, dann nur nach schwierigen Neuorientierungen aller ökonomischen Dispositionen und meist mit Verlusten, jedenfalls also unter Reibungen fügen können, welche um so stärker werden, je entwickelter und universeller eine spezifische Form des Einverständnishandelns: die Marktverflechtung der Einzelwirtschaften, und also ihre Abhängigkeit von fremdem Handeln ist. Zum anderen Teil liegen sie auf dem Gebiet des relativen Stärkeverhältnisses zwischen den privaten ökonomischen und den an der Befolgung der Rechtsvorschriften engagierten Interessen. Die Neigung, ökonomische Chancen preiszugeben, nur um legal zu handeln, ist naturgemäß gering, wo nicht eine sehr lebendige Konvention die Umgehung des formalen Rechtes stark mißbilligt, und das wird, wenn die von einer gesetzlichen Neuerung benachteiligten Interessen sehr verbreitet sind, nicht leicht der Fall sein, Umgehungen eines Gesetzes sind gerade auf ökonomischem Gebiet oft leicht verhehlbar. Ganz besonders unzugänglich aber sind erfahrungsgemäß dem Einfluß des Rechts die direkt aus den letzten Quellen ökonomischen Handelns fließenden Wirkungen: die ökonomischen Güterwertschätzungen, und damit die Preisbildung. Besonders dann, wenn ihre Determinanten in Produktion und Konsum nicht innerhalb eines vollkommen übersehbaren und direkt beherrschbaren Kreises von Einverständnishandelnden liegen. Ferner aber ist die rationale Kenntnis der Markt- und Interessenlage generell naturgemäß weit größer bei den am Marktverkehr mit ihren eigenen ökonomischen Interessen kontinuierlich Beteiligten, als bei den nur ideell interessierten Schöpfern und ausführenden Organen von Rechtsvorschriften. In einer auf universeller Marktverschlungenheit ruhenden Wirtschaft entziehen sich namentlich die möglichen und ungewollten Nebenerfolge einer Rechtsvorschrift weitgehend der Voraussicht der Schöpfer der letzteren, weil sie ja in der Hand der privaten Interessenten liegen. Grade sie können aber den beabsichtigten Zweck der Vorschrift im Erfolg bis zur Umkehrung ins gerade Gegenteil entstellen, wie dies oft geschehen ist. Wie weit diesen Schwierigkeiten gegenüber in der Realität jeweils die faktische Macht des Rechts in bezug auf die Wirtschaft reicht, ist nicht generell, sondern nur für die einzelnen Fälle zu ermitteln und also bei den Einzelproblemen der Sozialökonomik zu erörtern. Generell läßt sich nur sagen, daß, rein theoretisch betrachtet, die vollkommene Monopolisierung und also Übersichtlichkeit eines Markts auch die Beherrschung des betreffenden Ausschnitts der Wirtschaft durch Rechtszwang normalerweise technisch erleichtert. Wenn sie trotzdem faktisch dessen Chancen keineswegs immer erhöht, so liegt dies regelmäßig an dem Partikularismus des Rechts infolge des Bestehens concurrierender politischer Verbände – wovon noch zu reden sein wird – und daneben an der Macht der durch die Monopolisten beherrschbaren privaten Interessen, welche sich seiner Anwendung widersetzen.

6. Die *„staatliche"* Garantie der Rechte ist rein theoretisch betrachtet für keine grundlegende ökonomische Erscheinung unentbehrlich. Besitzesschutz leistet auch die Sippenhülfe. Den Schutz der Schuldverpflichtungen haben zuweilen religiöse Gemeinschaften (durch Androhung von Kirchenbann) wirksamer als politische dargeboten. Und auch „Geld" hat es, in fast allen seinen Formen, ohne staatliche Garantie seiner Annahme als Zahlungsmittel gegeben. Auch „chartales", d.h. nicht durch den Stoffgehalt, sondern durch die Zeichnung von Stücken des Zahlungsmittels geschaffenes Geld ist ohne sie denkbar. Und gelegentlich kommt trotz staatlichen Rechtsschutzes chartales Geld *nicht* staatlichen Ursprungs vor: die „Münze" im Sinn eines durch die politische Gewalt mit Zwangskurs für Schulden versehenen Zahlungsmittels fehlt der altbabylonischen Zeit; aber es scheinen sich Kontrakte zu finden, wonach z.B. Fünftelschekelstücke mit dem Stempel einer bestimmten „Firma" (wie wir sagen würden) zur Zahlung zu verwenden sind; die „proklamatorisch" in Aussicht gestellte staatliche Garantie also fehlt, auch die gewählte „Werteinheit" ist nicht staatlichen, sondern kontraktlichen Ursprungs, – dennoch aber ist das Zahlungsmittel von „chartaler" Qualität und steht die staatliche Zwangsgarantie wenigstens hinter der getroffenen konkreten Vereinbarung. Rein „begrifflich" notwendig ist der „Staat" für die Wirtschaft also nirgends. Aber allerdings ist speziell eine Wirtschaftsordnung moderner Art ohne eine Rechtsordnung von sehr besonderen Eigenschaften, wie sie praktisch nur als „staatliche" Ordnung möglich ist, zweifellos nicht durchführbar. Die heutige Wirtschaft beruht auf durch Contrakte erworbenen Chancen. So weit auch das eigene *Interesse* an der „Vertragslegalität" und die gemeinsamen Interessen der Besitzenden am gegenseitigen Besitzschutz reichen und so stark Convention und Sitte den Einzelnen im gleichen Sinne auch heute noch bestimmen, so hat doch der Einfluß dieser Mächte infolge der Erschütterung der Tradition – einerseits der traditionsgeordneten Verhältnisse und andrerseits des Glaubens an ihre Heiligkeit – auch außerordentlich an Bedeutung eingebüßt, sind die Interessen der Klassen so scharf wie je von einander geschieden, verlangt die moderne Verkehrsgeschwindigkeit ein prompt und sicher funktionierendes, das heißt: ein durch die stärkste Zwangsgewalt garantiertes Recht und hat, vor Allem, die moderne Wirtschaft kraft ihrer Eigenart die andren Verbände, welche Träger von Recht und also Rechtsgarantie waren, vernichtet. Dies ist das Werk der Marktentwicklung. Die universelle Herrschaft der *Markt*vergesellschaftung verlangt einerseits ein nach rationalen Regeln *kalkulierbares* Funktionieren des Rechts. Und andrerseits begünstigt die Marktverbreiterung, die wir als charakteristische Tendenz jener kennen lernen werden, kraft der ihr immanenten Consequenzen die Monopolisierung und Reglementierung aller „legitimen" Zwangsgewalt durch *eine* universalistische Zwangsanstalt, durch die Zersetzung aller partikulären, meist auf ökonomischen Monopolen ruhenden ständischen und andren Zwangsgebilde. –

[Die Entwicklungsbedingungen des Rechts]

§ 1. Die Differenzierung der sachlichen Rechtsgebiete

„Öffentliches" und „Privatrecht". [S. 22] – „Anspruchsverleihendes Recht und Reglement". [S. 24] „Regierung" und „Verwaltung" – „Criminalrecht" und „Zivilrecht". [S. 24] „Unrechtmäßigkeit" und „Delikt". [S. 26] – „Imperium". „Gewaltenbegrenzung" und „Gewaltenteilung". [S. 27] – „Recht" und „Prozeß". [S. 28] – Die Kategorien des rationalen Rechtsdenkens. [S. 33]

Die heutige Rechtstheorie und Rechtspraxis kennt als eine der wichtigsten Scheidungen diejenige von „öffentlichem" und „Privatrecht". Zwar über das Prinzip der Abgrenzung herrscht Streit.

1. Das öffentliche Recht einfach, der soziologischen Scheidung entsprechend, als den Inbegriff der Normen für das seinem von der Rechtsordnung zu unterstellendem Sinne nach staatsanstaltsbezogene, d. h.: dem Bestande, der Ausdehnung und der direkten Durchführung der jeweiligen, kraft Satzung oder einverständnismäßig geltenden Zwecke der Staatsanstalt als solcher dienende Handeln zu definieren, das Privatrecht aber als den Inbegriff der Normen für das, seinem von der Rechtsordnung unterstelltem Sinne nach, nicht staatsanstaltsbezogene, sondern nur von der Staatsanstalt durch Normen geregelte Handeln anzusehen, scheint durch den unformalen Charakter dieser Scheidung technisch erschwert. Dennoch liegt diese Art der Unterscheidung letztlich fast allen Grenzabsteckungen zugrunde.

2. Diese Scheidung verschlingt sich oft mit einer anderen: Man könnte „öffentliches" Recht identifizieren mit der Gesamtheit der „Reglements", also: der ihrem richtigen juristischen Sinn nach nur Anweisungen an die Staatsorgane enthaltenden, nicht aber erworbene subjektive Rechte einzelner begründenden Normen, im Gegensatz zu den „Anspruchsnormierungen", welche solche subjektiven Rechte begründen. Der Gegensatz müßte aber zunächst richtig verstanden werden. Auch öffentlichrechtliche Normen, z. B. diejenigen über eine Präsidentenwahl, können subjektive und dabei dennoch „öffentliche" Rechte einzelner begründen, im Beispiel: das Recht zu wählen. Aber dieses öffentliche Recht des einzelnen gilt heute allerdings dem juristischen Sinne nach nicht als ein erworbenes Recht im gleichen Sinn wie etwa das Eigentum, welches prinzipiell als für den Gesetzgeber selbst unantastbar gilt und eben deshalb von ihm anerkannt wird. Denn die subjektiven öffentlichen Rechte der Einzelnen gelten dem juristischen Sinne nach in Wahrheit als subjektive Zuständigkeiten der Einzelnen, für bestimmt begrenzte Zwecke als Organe der Staatsanstalt zu handeln. Sie können also trotz der Form des subjektiven Rechts, die sie annehmen, in Wahrheit dennoch als bloße Reflexe eines Reglements, nicht als Ausfluß einer objektiven Anspruchsnormierung angesehen wer-

den. Allein auch bei weitem nicht alle jeweils in einer Rechtsordnung bestehenden, in dem oben unter 2. bezeichneten Sinn privatrechtlichen Ansprüche sind „erworbene" subjektive Rechte. Selbst der jeweils zugelassene Inhalt des Eigentumsrechts kann als „Reflex" der Rechtsordnung gelten, und die Frage, ob ein Recht als „erworben" gilt, reduziert sich oft praktisch nur auf die Frage: ob seine Beseitigung Entschädigungsansprüche nach sich ziehe. Man könnte also vielleicht behaupten, daß alles öffentliche Recht dem juristischen Sinne nach nur Reglement sei, nicht aber, daß jedes Reglement nur öffentliches Recht schaffe. In Rechtsordnungen aber, wo die Regierungsgewalt als erworbenes patrimoniales Recht eines Monarchen gilt, oder wo umgekehrt gewisse subjektive Bürgerrechte als schlechthin in gleichem Sinn wie das „erworbene" Privatrecht unentziehbar gelten (z.B. kraft „Naturrecht"), träfe auch nicht einmal dies zu.

3. Und endlich könnte man die Scheidung so vornehmen, daß man alle die Rechtsangelegenheiten, bei denen einander mehrere, dem juristischen Sinne nach als „gleichgeordnet" geltende Parteien gegenübertreten, deren Rechtssphären abzugrenzen der juristisch „richtige" Sinn der Tätigkeit, sei es des Gesetzgebers, sei es des Richters, sei es der betreffenden Parteien selbst (durch Rechtsgeschäft) sei, als „privatrechtliche" von dem öffentlichrechtlichen scheidet, bei welchem ein, dem juristischen Sinne nach, präeminenter Gewaltenträger mit autoritärer Befehlsgewalt anderen ihm, dem juristischen Sinn der Normen nach, „unterworfenen" Personen gegenübertritt. Allein nicht jedes Organ der Staatsanstalt hat Befehlsgewalt und das öffentlichrechtlich geregelte Handeln der staatlichen Organe ist nicht immer ein Befehl. Sodann ist offenkundig grade die Regulierung der Beziehungen zwischen mehreren Staatsorganen, also gleichmäßig präeminenten Gewaltenträgern, die eigentlich interne Sphäre des „öffentlichen" Rechts. Und ferner müssen nicht nur die unmittelbar zwischen Gewaltenträgern und Gewaltunterworfenen bestehenden Beziehungen, sondern auch dasjenige Handeln der Gewaltunterworfenen, welches der Bestellung und Kontrolle des oder der präeminenten Gewaltenträger dient, zur Sphäre des „öffentlich-rechtlich" regulierten Handelns geschlagen werden. Dann aber führt diese Art der Scheidung offenbar weitgehend in die Bahnen der oben zuerst angegebenen zurück. Sie behandelt nicht jede autoritäre Befehlsgewalt und deren Beziehungen zu den Gewaltunterworfenen als öffentlich-rechtlich. Diejenige des Arbeitgebers offenbar deshalb nicht, weil sie durch „Rechtsgeschäfte" zwischen formal „Gleichgeordneten" entsteht. Aber auch diejenige des Hausvaters wird als privatrechtliche Autorität behandelt, offenbar nur deshalb, weil die Staatsanstalt allein als Quelle legitimer Gewalt gilt und daher nur dasjenige Handeln, welches seinem von der Rechtsordnung zu unterstellendem Sinn nach auf die Erhaltung der Staatsanstalt und die Durchführung der von ihr sozusagen in eigene Regie genommenen Interessen bezogen ist, als „öffentlich"-rechtlich relevant gilt. Welche Interessen nun jeweils als von der Staatsanstalt selbst wahrzunehmende gelten, ist bekanntlich auch heute wandelbar. Und vor allem kann ein Interessengebiet durch gesatztes Recht absichtlich derart geregelt werden, daß die Schaffung von Privatansprüchen einzelner und von Befehlsgewalten oder anderen Funktionen von Staatsorganen sogar für ein- und denselben Sachverhalt konkurrierend nebeneinander stehen.

Auch heute also ist die Abgrenzung der Sphäre von öffentlichem und privatem Recht nicht überall eindeutig. Noch weit weniger war dies in der Vergangenheit der Fall. Die Möglichkeit der Scheidung kann gradezu fehlen. Dann nämlich, wenn alles Recht und alle Zuständigkeiten, insbesondere auch alle Befehlsgewalten gleichmäßig den Charakter des persönlichen Privilegs (beim Staatsoberhaupt meist „Prärogative" genannt) an sich tragen. Dann ist die Befugnis, in einer bestimmten Sache Recht zu sprechen oder jemanden zum Kriegsdienst aufzubieten oder von ihm sonst Gehorsam zu verlangen, genau so ein „erworbenes" subjektives Recht und eventuell ganz ebenso Gegenstand eines Rechtsgeschäfts, einer Veräußerung oder Vererbung, wie etwa die Befugnis, ein bestimmtes Stück Acker zu nutzen. Die politische Gewalt hat dann eben juristisch keine anstaltsmäßige Struktur, sondern wird durch konkrete Vergesellschaftungen und Kompromisse der verschiedenen Inhaber und Prätendenten subjektiver Befehlsbefugnisse dargestellt. Die politische Befehlsgewalt gilt dann als von derjenigen des Hausvaters, Grundherrn, Leibherrn nicht wesensverschieden: der Zustand des „Patrimonialismus". Soweit eine solche Struktur des Rechts jeweils reicht – und sie war niemals in alle letzten Konsequenzen durchgeführt –, soweit ist juristisch alles, was unserem „öffentlichen" Recht entspricht, Gegenstand von subjektivem Recht konkreter Gewalthaber, genau wie ein Privatrechtsanspruch.

Die Gestaltung des Rechts kann aber auch den grad entgegengesetzten Charakter annehmen und das in dem zuletzt verwendeten Sinn „private" Recht auf weiten Gebieten, die ihm heut zufallen, gänzlich fehlen. Dann nämlich, wenn alle Normen fehlen, welche den Charakter *anspruchs*verleihenden objektiven Rechts haben, wenn also der gesamte überhaupt geltende Normenkomplex juristisch den Charakter des „Reglements" hat, das heißt also: alle privaten Interessen nicht als garantierte subjektive Ansprüche, sondern nur als Reflexe der Geltung jener Reglements die Chance des Schutzes besitzen. Soweit dieser Zustand reicht – und auch er hat nie universell geherrscht –, soweit löst sich alles Recht in einen Zweck der Verwaltung: die *„Regierung"* auf. *„Verwaltung"* ist kein Begriff nur des öffentlichen Rechts. Es gibt private Verwaltung, etwa des eigenen Haushalts oder eines Erwerbsbetriebs, und öffentliche, d.h. durch die Anstaltsorgane des Staats oder anderer, durch ihn dazu legitimierter, also heteronomer öffentlicher Anstalten, geführte Verwaltung. Der Kreis der „öffentlichen" Verwaltung umfaßt nun in seinem weitesten Sinne dreierlei: Rechtsschöpfung, Rechtsfindung und das, was an öffentlicher Anstaltstätigkeit nach Abzug jener beiden Sphären übrig bleibt: „Regierung", wollen wir hier sagen. Die „Regierung" kann an Rechtsnormen gebunden und durch erworbene subjektive Rechte beschränkt sein. Dies teilt sie dann mit der Rechtsschöpfung und Rechtsfindung. Aber darin liegt nur zweierlei: 1. *positiv*: der Legitimitätsgrund ihrer eigenen Zuständigkeit: eine moderne Regierung entfaltet ihre Tätigkeit kraft legitimer „Kompetenz", welche juristisch letztlich stets als auf der Ermächtigung durch die „Verfassungs-"Normen der Staatsanstalt beruhend gedacht wird. Und ferner ergibt jene Gebundenheit an geltendes Recht und erworbene Rechte 2. *negativ*: die Schranken ihrer freien Bewegung, mit denen sie sich abzufinden hat. Ihr spezifisches eigenes Wesen aber besteht positiv grade darin, daß sie nicht *nur* die Respektierung oder Realisierung von geltendem objektivem Recht, lediglich deshalb, weil es einmal als solches gilt und erworbene Rechte darauf beruhen, zum Objekt hat, sondern die Realisierung von anderen, materialen, Zwecken: politischen, sittlichen, utilitarischen oder welchen Charakters immer. Der Einzelne und seine Interessen sind für die „Regierung", dem juristischen Sinn nach, grundsätzlich Objekt, nicht Rechtssubjekt. Grade im modernen Staat besteht allerdings die Tendenz, Rechtsfindung und „Verwaltung" (im

Sinn von „Regierung") einander formal anzunähern. Innerhalb der Rechtspflege nämlich wird dem heutigen Richter teils durch positive Rechtsnormen, teils durch Rechtstheorien nicht selten zugemutet, nach materialen Grundsätzen, Sittlichkeit, Billigkeit, Zweckmäßigkeit, zu entscheiden. Und gegenüber der „Verwaltung" gibt die heutige Staatsorganisation dem einzelnen, der im Prinzip nur ihr Objekt ist, dennoch Mittel der Wahrung seiner Interessen an die Hand, welche mindestens formell denjenigen der Rechtsfindung gleichartig sind: die „Verwaltungsgerichtsbarkeit".

Aber alle diese Garantien vermögen dennoch den erwähnten letzten Gegensatz von Rechtspflege und „Regierung" nicht zu beseitigen. Der Rechtsschöpfung andererseits nähert sich die „Regierung" überall da an, wo sie, auf die ganz freie Verfügung von Fall zu Fall verzichtend, generelle Reglements für die Art der Erledigung typischer Geschäfte schafft, und zwar in einem gewissen Grad selbst dann, wenn sie selbst sich an diese nicht gebunden hält. Denn immerhin wird diese Bindung als das Normale auch dann von ihr erwartet und das Gegenteil als „Willkür" normalerweise zum mindesten konventionell mißbilligt.

Der urwüchsige Träger aller „Verwaltung" ist die Hausherrschaft. In ihrer primitiven Schrankenlosigkeit gibt es subjektive Rechte der Gewaltunterworfenen dem Hausherrn gegenüber nicht und objektive Normen für sein Verhalten ihnen gegenüber nur allenfalls als heteronomen Reflex sakraler Schranken seines Handelns. Urwüchsig ist demgemäß auch das Nebeneinanderstehen der prinzipiell ganz schrankenlosen Verwaltung des Hausherrn innerhalb der Hausgemeinschaft auf der einen Seite und des auf Sühne- und Beweisvertrag beruhenden Schiedsverfahrens zwischen den Sippen andererseits. Nur hier wird über „Ansprüche", subjektive Rechte also, verhandelt und ein Wahrspruch abgegeben. Nur hier finden sich – wir werden sehen weshalb – feste Formen, Fristen, Beweisregeln, kurz die Anfänge einer „juristischen" Behandlung. Das Verfahren des Hausvaters im Umkreis seiner Gewalt weiß von alledem nichts. Es ist ebenso die primitive Form der „Regierung", wie jenes die der Rechtsfindung. Beide scheiden sich auch der Sphäre nach von einander. An der Schwelle des Hauses machte noch die antike römische Justiz unbedingt Halt. Wir werden sehen, wie das Hausherrschaftsprinzip über seinen ursprünglichen Umkreis hinaus auch auf gewisse Arten der politischen Gewalt: das Patrimonialfürstentum, und dadurch auch der Rechtsfindung übertragen worden ist. Wo immer dies der Fall ist, wird die Schranke zwischen Rechtsschöpfung, Rechtsfindung und Regierung durchbrochen. Die Folge kann aber eine doppelte sein: entweder die Rechtsfindung nimmt formal und sachlich den Charakter von „Verwaltung" an, vollzieht sich wie diese ohne feste Formen und Fristen, nach Zweckmäßigkeits- und Billigkeitsgesichtspunkten durch einfache Bescheide und Befehle des Herrn an die Unterworfenen. In voller Durchführung findet sich dieser Zustand nur in Grenzfällen, Annäherungen daran aber bietet der „Inquisitions"-Prozeß und jede Anwendung der „Offizialmaxime". Oder umgekehrt: „Verwaltung" nimmt die Form eines Prozeßverfahrens an – dies war sehr weitgehend in England der Fall und ist es teilweise noch. Das englische Parlament verhandelt über „private bills", d.h. reine Verwaltungsakte (Conzessionen und dergl[eichen]) im Prinzip ganz so wie über „Gesetzentwürfe", und die Nichtscheidung beider Sphären ist dem älteren Parlamentsverfahren durchweg eigentümlich, für die Stellung des Parlaments gradezu entscheidend gewesen: es war eben als eine Gerichtsbehörde entstanden und wurde in Frankreich ganz zu einer solchen. Politische Umstände bedingten diese Verwischung der Grenzen. Aber auch bei uns wird das Budget, eine Verwaltungsangelegenheit, nach englischem Muster und aus politischen Gründen, als „Gesetz" behandelt. Flüssig wird andrerseits der Gegensatz von „Verwaltung" gegenüber dem „Privatrecht" da, wo das Organhandeln der Verbandsorgane die gleichen Formen wie die Vergesellschaftung zwischen Einzelnen annimmt: wenn also Verbandsorgane kraft ihrer Pflicht als solche eine „Vereinbarung" (Contrakt) mit Einzelnen, sei es Verbandszugehörigen oder Andren, schließen über Leistungen und Gegenleistungen zwischen Verbandsvermögen und Vermögen der Einzelnen. Diese Beziehungen werden dann nicht selten den Normen des „Privatrechts" entzogen und, abweichend sowohl inhaltlich wie in der Art ihrer Garantie geordnet, den Normen der „Verwaltung" unterstellt. Dadurch hören die Ansprüche der beteiligten Einzelnen, falls sie nur durch Zwangschancen garantiert sind, nicht auf, „subjektive Rechte" zu sein und die Unterscheidung ist insoweit nur technischer Natur. Als solche kann sie freilich praktisch erhebliche Tragweite gewinnen. Aber es bedeutet doch eine völlige Verkennung der Gesammtstruktur des römischen (antiken) „Privatrechts", wenn man zu diesem nur die mittelst des ordentlichen Geschworenenverfahrens auf Grund der „lex" zu verfolgenden Ansprüche und nicht die durch magistratische Cognition zu erledigenden Rechte einbezieht, welchen zeitweilig eine praktisch ungeheuer überwiegende ökonomische Bedeutung zukam.

Ähnlich frei von Beschränkungen durch subjektive Rechte und objektive Normen wie die primitive Macht des Hausherrn kann die Autorität von Magiern und Propheten und unter Umständen auch die Macht der Priester sein, soweit ihre Quelle konkrete Offenbarung ist. Davon ist teils schon gesprochen, teils wird davon noch zu reden sein. Der magische Glaube ist aber auch eine der urwüchsigen Quellen des „Strafrechts" im Gegensatz zum *„Zivilrecht"*. Die uns heute geläufige Sonderung: daß in der Strafjustiz ein öffentliches, sei es sittliches oder utilitarisches Interesse an der Sühnung eines Verstoßes gegen objektive Normen durch Strafe von seiten der Organe der Staatsanstalt gegen den Verdächtigen unter den Garantien einer geordneten Prozedur wahrgenommen wird, während die Wahrnehmung privater Ansprüche dem Verletzten überlassen bleibt und nicht Strafe, sondern Herstellung des vom Recht garantierten Zustandes zur Folge hat, ist selbst heute nicht ganz eindeutig durchgeführt. Der urwüchsigen Rechtspflege ist sie fremd. Wir werden sehen, daß bis tief in sonst sehr entwickelte Rechtszustände hinein ursprünglich schlechthin *jede* Klage eine Klage ex delicto war, „Verpflichtungen" und „Verträge" dem Recht ursprünglich gänzlich unbekannt waren. Ein Recht wie das chinesische zeigt noch heute die Nachwirkungen dieses in allen Rechtsentwicklungen sehr wichtigen Thatbestandes. Jede Verletzung der Prätentionen der eignen Sippe auf Unverletzlichkeit von Person und beanspruchtem Besitz durch Sippenfremde erheischt im Prinzip Rache oder Sühne und diese sich zu verschaffen ist Sache des Verletzten unter dem Beistand seiner Sippe. Das Sühneverfahren zwischen den Sippen kennt zunächst eine Scheidung des racheheischenden Frevels von bloßen restitutionspflichtigen Unrechtmäßigkeiten nicht oder nur in Ansätzen. Die Ungeschiedenheit von bloßer, nach unsren Begriffen „civilrechtlicher" Anspruchsverfolgung und der Erhebung einer auf „Strafe" antragenden Anklage in dem einheitlichen Begriff der „Sühne" für geschehenes Unrecht findet ihre Stütze in zwei Eigentümlichkeiten des primitiven Rechts und Rechtsgangs: 1) dem Fehlen der Berücksichtigung der „Schuld" und also auch des durch die „Gesinnung" definierten Schuldgrades. Der Rachedurstige fragt nicht nach dem subjektiven Motiv, sondern nach dem sein Gefühl beherrschenden objektiven Erfolg des sein Rachebedürfnis erregenden fremden Handelns. Sein Zorn wüthet gegen tote Naturobjekte, an denen er sich unerwartet beschädigt, gegen Tiere, die ihn unerwartet verletzen (so auch im ursprünglichen Sinn der römischen actio de pauperie! – Haftung dafür, daß das Tier sich anders verhält als es sollte! – und der noxae datio von Tieren zur Rache) und gegen Menschen, die ihn unwissentlich, fahrlässig, vorsätzlich kränken, ganz gleichmäßig. Jedes Unrecht ist daher sühnepflichtiges „Delikt" und kein Delikt ist etwas mehr als ein sühnepflichtiges „Unrecht". Ferner aber 2) wirkt die Art der „Rechtsfolgen" des „Urteils", der „Exekution" – wie wir sagen würden –, im Sinn der Erhaltung dieser Ungeschiedenheit. Denn sie ist die gleiche, mag es sich um den Streit um ein Grundstück oder um Totschlag handeln. Eine Exekution des Urteils „von Amtswegen" giebt es ursprünglich, oft auch bei schon leidlich fest geordnetem Sühneverfahren, nicht. Man erwartet von dem unter Benutzung von Orakeln und Zaubermitteln, eidlicher Anrufung der magischen oder göttlichen Gewalten zu stande gekommenen Wahrspruch, daß seine durch Scheu vor bösem Zauber geschützte Autorität sich Geltung verschaffe, weil seine Verletzung ein schwerer Frevel ist. Da, wo – infolge bestimmter bald zu erwähnender militärischer Entwicklungen – dies Sühneverfahren die Form eines Rechtsgangs vor einer Dinggenossenschaft angenommen hat und diese als „Umstand" an der Entstehung des Urteils beteiligt ist – wie bei den Germanen in historischer Zeit –, darf überdies auch als Folge dieser Assistenz gewärtigt werden, daß kein Dinggenosse dem Vollzug des einmal gesprochenen und nicht oder nicht mit Erfolg gescholtenen Urteils etwas in den Weg legen werde. Aber mehr als dies passive Verhalten hat der obsiegende Teil nicht zu erwarten. Es ist an ihm und seiner Sippe, durch Selbsthilfe dem ihnen günstigen Urteil Nachachtung zu verschaffen, wenn diese nicht alsbald von selbst erfolgt, und bei den Germanen wie in Rom erfolgt diese Selbsthülfe normalerweise – einerlei ob Streit um ein Sachgut oder um Totschlag vorlag – durch Pfandnahme der Person des Verurteilten bis zur Begleichung der durch den Wahrspruch festgesetzten oder aber nunmehr erst zu vereinbarenden Sühne. Das imperium des Fürsten oder Magistrats erst schreitet im politischen Interesse der Befriedung gegen den ein, der die Vollstreckung stört, und bedroht von sich aus den Widerstand des Verurteilten mit Rechtsnachteilen bis zur völligen Friedloslegung, stellt schließlich direkt amtliche Apparate zur Vollstreckung zur Verfügung. Alles aber zunächst ohne Scheidung „zivilrechtlicher" von „criminellen" Prozeduren. Diese ursprüngliche völlige Ungeschiedenheit wirkt in denjenigen Rechten, welche, unter dem Einfluß spezifischer Rechtshonoratioren, wie wir sehen werden, am längsten gewisse Elemente der Continuität der Entwicklung aus der alten Sühnejustiz bewahrten und am wenigsten „bürokratisiert" wurden: dem römischen und dem englischen, z.B. auch noch in der Ablehnung der Realexekution zur Wiedererlangung konkreter Objekte.

Die Verurteilung erfolgt grundsätzlich, bei einer Eigentumsklage um ein Grundstück z.B., in Geld. Dies ist nicht etwa Folge einer vorgeschrittenen Marktentwicklung, die Alles in Geld abzuschätzen gelehrt hat, sondern Consequenz des urwüchsigen Prinzips, daß Unrechtmäßigkeit, auch unrechtmäßiger Besitz, Sühne und nur Sühne heischt und der Einzelne dafür mit seiner Person einzustehen hat. Die Realexekution ist auf dem Continent im frühen Mittelalter, entsprechend der schnell steigenden Macht des fürstlichen imperium, relativ früh durchgeführt worden. Dagegen ist bekannt, durch welche eigentümlichen Fiktionen sich der englische Prozeß bis in die neueste Zeit half, um sie bei Grundstücken zu ermöglichen. In Rom war die allgemeine Minimisierung der Offizialthätigkeit – wie wir später sehen werden, eine Folge der Honoratiorenherrschaft – der Grund für das Fortbestehen der Geldcondemnation statt der Realexekution.

Der gleiche Umstand: daß grundsätzlich eine Klage ursprünglich stets nicht nur ein objektiv bestehendes Unrecht, sondern einen Frevel des Verklagten voraussetzte, hat auch das materielle Recht sehr tiefgehend beeinflußt. Alle „Obligationen" ohne Ausnahme waren ursprünglich Delikt-Obligationen; die Contraktobligationen sind daher, wie wir noch sehen werden, durchweg zuerst deliktartig konstruiert worden, in England noch im Mittelalter formell an fiktive Delikte angeknüpft worden. Daß Schulden ursprünglich nicht auf den „Erben" als solchen übergehen, hat, neben dem Fehlen der Vorstellung von einem „Erbrecht" überhaupt, auch darin seinen Grund, und nur auf dem Wege über die Mithaftung zuerst der Sippengenossen, dann der Hausgenossen und Gewaltunterworfenen oder Gewalthaber für Unrecht ist, mit höchst verschiednem Resultat, wie wir sehen, die Erbenhaftung für Contraktschulden construiert worden. Ein solcher Rechtssatz ferner, wie das dem heutigen Handelsverkehr angeblich unentbehrliche Prinzip „Hand muß Hand wahren" – der Schutz des gutgläubigen Erwerbers von Sachen gegen den Zugriff des Eigentümers – folgte ursprünglich ganz direkt aus dem Grundsatz, daß man eine Klage nur ex delicto gegen den Dieb oder Hehler hatte, hat dann freilich mit der Entwicklung der Contraktsklagen und der Scheidung „dinglicher" und „persönlicher" Klagen in den einzelnen Rechtssystemen sehr verschiedene Schicksale durchgemacht. So hatte ihn sowohl das antik römische, wie das englische, wie das, im Gegensatz zum chinesischen, relativ rational entwickelte indische Recht, zu Gunsten der Vindikation beseitigt, und er ist in den beiden letzteren dann erst wieder, und zwar nun rational, im Interesse der Verkehrssicherheit, zu Gunsten des Kaufs auf dem offenen Markt, neu geschaffen worden. Seine Nichtgeltung im römischen und englischen im Gegensatz zum deutschen Recht ist wiederum ein Beispiel für die Möglichkeit der Anpassung der Verkehrsinteressen an sehr verschieden geartetes materielles Recht und die weitgehende Eigengesetzlichkeit der Rechtsentwicklung. Auch das „malo ordine tenes" der Grundstücksklage in den fränkischen Formeln hat man – unbestimmt mit welchem Recht – auf das Erfordernis eines Delikts für den Prozeß gedeutet. Immerhin lassen die doppelseitige römische Vindikation und die hellenische Diadikasie ebenso wie die germanischen, ganz anders construierten Grundbesitzklagen darauf schließen, daß hier, wo es sich ursprünglich um Status-Klagen handelte: um die Frage der Zugehörigkeit zur Gemeinschaft der kraft Bodenbesitzes vollberechtigten Genossen („Fundus" heißt „Genosse", κλῆρος Genossenanteil), besondre Rechtsgrundsätze obwalteten. –

Ebensowenig wie eine eigentliche amtliche Exekution von Urteilen gibt es ursprünglich eine Verfolgung von Delikten „von Amtswegen". Innerhalb der Hausherrschaft andererseits erfolgt jede Züchtigung kraft der Hausgewalt des Herrn. Conflikte unter Sippengenossen entscheiden die Sippenältesten. Da aber Grund, Art und Maß in all diesen Fällen im freien Ermessen der Gewalthaber stehen, gibt es kein „Strafrecht". Ein solches entwickelte sich in primitiver Form außerhalb des Hauses, und zwar da, wo das Handeln eines einzelnen einen nachbarschaftlichen oder sippenmäßigen oder politischen Verband, dem er zugehört, in der *Gesamtheit* seiner Mitglieder gefährdete. Dies konnte vor allem durch zwei Arten von Handeln geschehen: Religions- und Militärfrevel. Einmal also dadurch, daß eine magische, z.B. eine Tabunorm verletzt wurde und dies den Zorn der magischen Gewalten, Geister oder Götter, außer auf den Frevler selbst auch auf die Gemeinschaft, welche ihn in ihrer Mitte duldete, in Gestalt bösen Zaubers herabziehen konnte. Dann reagierten auf Veranlassung der Magier oder Priester die Genossen dagegen durch Verstoßung (Friedlosigkeit) oder durch Lynchjustiz (wie es die Steinigung der Juden war) oder durch ein sakrales Sühneverfahren. Der Religionsfrevel also war die eine Hauptquelle der „internen Strafe", wie man diese Prozedur im Gegensatz zur „Rache", die zwischen den Sippen stattfindet, nennen kann. Die zweite Hauptquelle der „internen" Strafe war politischen, ursprünglich also: militärischen, Ursprungs. Wer durch Verrat oder, nach dem Aufkommen des disziplinierten Kampfs, durch Disziplinbruch oder durch Feigheit die Sicherheit des Wehrverbandes gefährdete, setzte sich der strafenden Reaktion von Kriegsführer und Heer nach einer meist sehr summarischen Feststellung des Tatbestandes aus.

Vornehmlich von der Rache aus aber führt direkt ein Weg zu einem „Kriminalverfahren", welches – wir werden sehen, aus welchen Gründen – an feste Formen und Regeln gebunden war. Die hausväterliche, religiöse, militärische Reaktion auf Frevel weiß prinzipiell von Formen und Regeln zunächst nichts. Bei der hausväterlichen Gewalt bleibt dies im allgemeinen so. Sie wird zwar durch das Eingreifen anderer Gewalten – zunächst: Sippengewalt, dann religiöser und militärischer Gewalt – unter Umständen in Schranken gebannt, aber innerhalb ihres Bereichs nur sehr vereinzelt an Rechtsregeln gebunden. Dagegen die primitiven außerhäuslichen Gewalten mit Einschluß der auf außerhäusliche Beziehungen übertragenen husherrschaftsartigen („patrimonialfürstlichen") Gewalt, alle jene nicht innerhäuslichen Gewalten also, die wir unter dem gemeinsamen Namen „imperium" zusammenfassen wollen, verfielen, nur in verschiednem Grade, allmälich der Bindung an Regeln. Welcher Provenienz diese Regeln waren, inwieweit sie sich der Träger des imperium im eigenen Interesse setzte oder mit Rücksicht auf die faktischen Schranken der Obödienz setzen mußte oder durch andere Gewalten gesetzt erhält, lassen wir vorläufig dahingestellt: es gehört in die Erörterung der Herrschaft. Die Macht zu strafen, insbesondre Ungehorsam nicht nur durch direkte Gewalt zu brechen, sondern auch durch Androhung von Nachteilen, ist – in der Vergangenheit fast noch mehr als jetzt – ein normaler Bestandteil jedes imperium. Sie kann sich gegen andre, dem betreffenden Träger eines imperium untergeordnete „Organe" wenden (Disziplinargewalt) oder gegen die „Unterthanen" (Bußgewalt). An diesem Punkt berührt sich das „öffentliche Recht" direkt mit dem „Strafrecht". Jedenfalls aber entsteht ein „öffentliches Recht" ebenso wie ein „Strafrecht", „Strafprozeßrecht", „Sakralrecht" als gesondertes Objekt wissenschaftlicher Betrachtung auch im Keime erst da, wo wenigstens irgend welche derartige Regeln als Komplex von faktisch verbindlich geltenden Normen feststellbar sind.

Stets bedeuten solche Normen ebenso viele Schranken des betreffenden imperium, obwohl andrerseits nicht jede Schranke desselben „Norm"-Charakter hat. Die Art dieser Schranken kann nun aber eine doppelte sein: 1. Gewalten*begrenzung*, – 2. Gewalten*teilung*. Entweder (1) stößt ein konkretes imperium kraft heilig geltender Tradition oder durch Satzung auf die subjektiven Rechte der ihm Unterworfenen: daß dem Gewalthaber nur Befehle einer bestimmten Art oder auch Befehle aller mit Ausnahme bestimmter Arten und nur unter bestimmten Voraussetzungen zustehen, also nur dann legitim und verbindlich sind. Für die Frage: ob es sich dabei um eine „rechtliche“ oder um eine „konventionelle“ oder nur „gewohnheitsmäßige“ Begrenzung handle, ist entscheidend: ob ein Zwangsapparat die Innehaltung dieser Schranken irgend wie garantiert, einerlei mit welchen noch so prekären Zwangsmitteln, oder nur die konventionelle Mißbilligung oder ob endlich eine einverständnismäßige Schranke ganz fehlt. Oder aber (2) das imperium stößt auf ein anderes, ihm gleich oder in bestimmten Hinsichten übergeordnetes imperium, an dessen Geltung es seine Schranken findet. Beides kann zusammentreffen und auf dieser Kombination beruht die Eigentümlichkeit der modernen, nach „Kompetenzen“ gegliederten Staatsanstalt. Sie ist ihrem Wesen nach: eine anstaltsmäßige Vergesellschaftung der, nach bestimmten Regeln ausgelesenen, Träger bestimmter, ebenfalls durch allgemeine Regeln der Gewaltenteilung nach außen gegeneinander abgegrenzten imperia, welche zugleich auch sämtlich durch gesatzte Gewaltenbegrenzung innere Schranken der Legitimität ihrer Befehlsgewalt haben. Beide: sowohl die Gewaltenteilung als die Gewaltenbegrenzung können nun aber eine von der für die moderne Staatsanstalt charakteristischen Form höchst verschiedene Struktur haben. Speziell gilt dies auch für die Gewaltenteilung. Sie ist im antik römischen Intercessionsrecht der „par majorve potestas“, im patrimonialen, ständischen, feudalen politischen Gebilde absolut verschieden geartet, wie später zu erörtern sein wird. Durchweg aber gilt allerdings, richtig verstanden, Montesquieu's Satz: daß erst die Gewaltenteilung die Conzeption eines „öffentlichen Rechts“ möglich mache, nur nicht notwendig eine solche von der Art, wie er sie in England vorzufinden glaubte. Andererseits schafft aber auch nicht jede Art von Gewaltenteilung schon den Gedanken eines öffentlichen Rechts, sondern erst die der rationalen Staatsanstalt spezifische. Eine wissenschaftliche Lehre vom öffentlichen Recht hat nur der Occident entwickelt, weil nur hier der politische Verband ganz den Charakter der Anstalt mit rational gegliederten Kompetenzen und Gewaltenteilung angenommen hat. Die Antike kennt genau soviel von wissenschaftlichem Staatsrecht, als rationale Gewaltenteilung vorhanden war: die Lehre von den imperia der einzelnen römischen Beamten ist wissenschaftlich gepflegt worden. Alles andere war wesentlich Staatsphilosophie, nicht Staatsrecht. Das Mittelalter kennt die Gewaltenteilung nur als Konkurrenz subjektiver Rechte (Privilegien oder feudaler Ansprüche) und daher keine gesonderte Behandlung eines Staatsrechts. Was es davon gab, steckt im „Lehen“- und „Dienstrecht“. Erst die Kombination von mehreren Momenten: in der Welt der Tatsachen die Vergesellschaftung der Privilegierten zur öffentlichen Korporation im Ständestaat, welcher Gewaltenbeschränkung und Gewaltenteilung zunehmend mit anstaltsmäßiger Struktur verbindet, auf dem Boden der Theorien der römische Korporationsbegriff, das Naturrecht und schließlich die französische Doktrin schufen die entscheidenden juristischen Konzeptionen des modernen öffentlichen Rechts. Wir werden von der Entwicklung desselben, soweit sie uns angeht, bei Besprechung der Herrschaft zu reden kommen. Daher soll im Nachfolgenden vorwiegend von der Rechtsschöpfung und Rechtsfindung auf den ökonomisch direkt relevanten Gebieten, welche heut dem „Privatrecht“ und „Zivilprozeß“ überlassen sind, gehandelt werden.

Unsren heutigen juristischen Denkgepflogenheiten zerfällt die Thätigkeit der öffentlichen Verbände auf dem Gebiet des „Rechts“ in zweierlei: „Rechtsschöpfung" und „Rechtsfindung", an deren letztere sich, als rein technisch, die „Vollstreckung" anschließt. Unter „Rechtsschöpfung" aber stellen wir uns heute vor die Satzung genereller Normen, deren jede in der Sprache der Juristen den Charakter eines oder mehrerer rationaler „Rechtssätze" annahmen. Und die „Rechtsfindung" denken wir uns als „Anwendung" jener gesatzten Normen und der durch die Arbeit des juristischen Denkens aus ihnen abzuleitenden einzelnen „Rechtssätze" auf konkrete „Thatbestände", welche unter sie „subsumiert" werden. Keineswegs alle Epochen der Rechtsgeschichte haben so gedacht. Der Unterschied zwischen Rechtsschöpfung: Schaffung von „Rechtsnormen", und Rechtsfindung: deren „Anwendung" auf den Einzelfall, besteht überall da nicht, wo alle Rechtspflege freie, von Fall zu Fall entscheidende „Verwaltung" ist. Hier fehlt die Rechtsnorm sowohl wie das subjektive Recht auf ihre „Anwendung". Ebenso aber auch da, wo das objektive Recht als subjektives „Privileg" gilt und also der Gedanke einer „Anwendung" objektiver Rechtsnormen als der Grundlagen der subjektiven Rechtsansprüche nicht konzipiert ist. Außerdem aber überall da und soweit, als die Rechtsfindung nicht durch Anwendung von generellen Rechtsnormen auf den konkreten Fall, durch dessen Subsumtion unter die Norm also, stattfindet. Dies ist bei aller irrationalen Rechtsfindung der Fall, welche, wie wir gesehen haben, die ursprüngliche Art der Rechtsfindung überhaupt darstellt und, wie wir noch sehen werden, die ganze Vergangenheit, außerhalb des Anwendungsgebietes des römischen Rechts, teils gänzlich, teils mindestens in Rudimenten beherrscht hat.

Ebenso ist auch die Scheidung zwischen Normen des (durch Rechtsfindung zur Anwendung zu bringenden) Rechts und solchen des Hergangs der Rechtsfindung selbst nicht immer so klar vollzogen worden, wie heut der Unterschied zwischen materiellem und Prozeßrecht. Wo z.B. der Rechtsgang auf dem Einfluß des imperiums auf die Prozeßinstruktion beruhte, wie z.B. im älteren römischen Recht und, in technisch ganz anderer Art, auch im englischen Recht, liegt die Auffassung nahe, daß der materielle Rechtsanspruch mit dem Recht auf Benutzung eines prozessualen Klageschemas: der römischen „actio", des englischen „writ", identisch sei. In der Tat scheidet daher die ältere römische Rechtssystematik Prozeßrecht und Privatrecht nicht in der Art wie wir. Aus ganz anderen formalen Gründen konnte eine wenigstens ähnliche Mischung von, nach unseren Begriffen, prozessual- und materiellrechtlichen Fragen da entstehen, wo die Rechtsfindung auf irrationalen Beweismitteln: Eid und Eideshülfe und ihrer ursprünglichen magischen Bedeutung oder auf Ordalien ruhte. Dann erscheint Recht oder Pflicht zu diesem magisch bedeutsamen Akt als Teil des materiellen Rechtsanspruchs oder, sehr leicht, als mit ihm identisch. Immerhin ist trotzdem die Scheidung von Normen für den Rechtsgang und materiellen Rechtsnormen in der Sonderung der Richtsteige von den Rechtsbüchern anders, aber in ihrer Art ungefähr ebenso klar durchgeführt, wie in der älteren römischen Systematik.

Wie das Gesagte zeigt, ist die Art der Herausdifferenzierung der einzelnen uns heute geläufigen Grundkonzeptionen von Rechtssphären in hohem Maße teils von rechtstechnischen Momenten, teils von der Art der Struktur des politischen Verbandes abhängig und kann daher nur indirekt als ökonomisch bedingt gelten. Ökonomische Momente spielen insofern hinein, als die Rationalisierung der Wirtschaft auf der Basis der Marktvergemeinschaftung und der freien Contrakte und damit die immer weitere Kompliziertheit der durch Rechtsschöpfung und Rechtsfindung zu schlichtenden Interessenkonflikte sowohl die Entwicklung der fachmäßigen Rationalisierung des Rechtes als solcher wie die Entwicklung des Anstaltscharakters des politischen Verbandes auf das allerstärkste beförderte, wie wir stets erneut sehen werden. Alle andern rein ökonomischen Einflüsse sind konkret bedingt und nicht auf allgemeine Regeln zu bringen. Andererseits werden wir immer erneut auch sehen, daß die von intern rechtstechnischen und politischen Momenten bedingten Eigenschaften des Rechts stark auf die Gestaltung der Wirtschaft zurückwirken. Im nachfolgenden sollen nun die wichtigsten der auf die allgemeinen formellen Qualitäten des Rechts, der Rechtsschöpfung und Rechtsfindung einwirkenden Umstände kurz betrachtet werden. Und zwar kommt es uns unter diesen Qualitäten speziell an auf Maß und Art der *Rationalität* des Rechts, vor allem natürlich: des ökonomisch relevanten Rechts (des heutigen „Privatrechts").

Ein Recht kann aber in sehr verschiedenem Sinne „rational" sein, je nachdem, welche Richtungen der Rationalisierung die Entfaltung des Rechtsdenkens einschlägt. Zunächst: im Sinn der (scheinbar) elementarsten Denkmanipulation: des *Generalisierens*, was in diesem Fall bedeutet: der Reduktion der für die Entscheidung des Einzelfalles maßgebenden Gründe auf ein oder mehrere „Prinzipien": diese sind die „Rechtssätze". Diese Reduktion ist normalerweise bedingt durch eine vorhergehende oder gleichzeitige Analyse des Thatbestandes auf diejenigen letzten Bestandteile hin, welche für die rechtliche Beurteilung in Betracht kommen. Und umgekehrt wirkt die Herausläuterung immer weiterer „Rechtssätze" wieder auf die Abgrenzung der einzelnen, möglicherweise relevanten Merkmale der Thatbestände zurück: sie beruht auf *Casuistik* und fördert sie ihrerseits. Allein keineswegs jede entwickelte Casuistik verläuft in der Richtung oder parallel mit der Entwicklung von logisch hoch sublimierten „Rechtssätzen". Vielmehr giebt es auch auf dem Boden bloßen parataktischen und anschaulichen Assoziierens, der „Analogie", sehr umfassend Rechtscasuistiken. Hand in Hand mit der analytischen Gewinnung von „Rechtssätzen" aus den Einzelfällen geht bei uns die synthetische Arbeit der „juristischen Construktion" von „Rechtsverhältnissen" und „Rechtsinstituten", das heißt: die Feststellung: was an einem in typischer Art verlaufenden Gemeinschafts- oder Einverständnishandeln *rechtlich* relevant sei und in welcher in sich logisch widerspruchslosen Weise diese relevanten Bestandteile *rechtlich* geordnet, also als ein „Rechtsverhältnis", zu denken seien. So eng die Manipulation mit den früheren zusammenhängt, so kann doch eine sehr hochgradige Sublimierung der Analyse mit sehr geringer konstruktiver Erfassung der rechtlich relevanten Lebensverhältnisse parallel gehen und umgekehrt eine Synthese eines „Rechtsverhältnisses" praktisch relativ befriedigend trotz sehr geringer Entwicklung der Analyse, zuweilen sogar infolge Einschränkung der Pflege der reinen Analyse, gelingen. Dieser letztere Widerspruch ist die Folge davon, daß aus der Analyse eine weitere logische Aufgabe zu entspringen pflegt, welche sich mit der synthetischen „Konstruktions"-Arbeit zwar prinzipiell verträgt, faktisch aber nicht selten in Spannungen zu ihr steht: die *Systematisierung*. Sie ist in jeder Form ein Spätprodukt. Das urwüchsige „Recht" kennt sie nicht. Nach unserer heutigen Denkgewohnheit bedeutet sie: die Inbeziehungsetzung aller durch Analyse gewonnenen Rechtssätze derart, daß sie unter einander ein logisch klares, in sich logisch widerspruchsloses und, vor Allem, prinzipiell lückenloses System von Regeln bilden, welches also beansprucht: daß alle denkbaren Thatbestände unter einer seiner Normen müssen logisch subsumiert werden können, widrigenfalls ihre Ordnung der rechtlichen Garantie entbehre. Einen solchen Anspruch erhebt selbst heute nicht jedes Recht (z.B. das englische nicht), und noch viel weniger regelmäßig haben ihn die Rechte der Vergangenheit erhoben. Auch wo sie ihn erhoben, da war sehr oft die logische Sublimierung des Systems äußerst unentwickelt. In aller Regel aber war die Systematisierung vorwiegend ein äußeres Schema der Ordnung des Rechtsstoffes und nur von geringem Einfluß auf die Art der analytischen Bildung der Rechtssätze sowohl wie auf die Construktion der Rechtsverhältnisse.

Die spezifisch moderne (am römischen Recht entwickelte) Systematisierung geht eben von „logischer Sinndeutung" sowohl der Rechtssätze wie des rechtlich relevanten Sichverhaltens aus; die Rechtsverhältnisse und die Casuistik dagegen sträuben sich dieser Manipulation gegenüber nicht selten, da sie ihrerseits zunächst von „anschaulichen" Merkmalen aus erwachsen sind.

Mit all diesen Gegensätzen teils zusammenhängend, teils sie kreuzend aber gehen die Verschiedenheiten der rechtstechnischen Mittel einher, mit welchen die Rechtspraxis im gegebenen Fall zu arbeiten hat. Folgende einfachste Fälle ergeben sich: Rechtsschöpfung und Rechtsfindung können entweder rational oder irrational sein. Irrational sind sie formell dann, wenn für die Ordnung von Rechtsschöpfung und Rechtsfindungsproblemen andere als verstandesmäßig zu kontrollierende Mittel angewendet werden, z.B. die Einholung von Orakeln oder deren Surrogaten. Materiell sind sie irrational insoweit, als ganz konkrete Wertungen des Einzelfalls, seien sie ethische oder gefühlsmäßige oder politische, für die Entscheidung maßgebend sind, nicht aber generelle Normen. „Rationale" Rechtsschöpfung und Rechtsfindung können wieder in formeller oder in materieller Hinsicht rational sein. Formell mindestens relativ rational ist jedes formale Recht. „Formal" aber ist ein Recht insoweit, als ausschließlich eindeutige generelle Tatbestandsmerkmale materiellrechtlich und prozessual beachtet werden. Dieser Formalismus aber kann wieder doppelten Charakter haben. Entweder nämlich können die rechtlich relevanten Merkmale sinnlich anschaulichen Charakter besitzen. Das Haften an diesen äußerlichen Merkmalen: z.B. daß ein bestimmtes Wort gesprochen, eine Unterschrift gegeben, eine bestimmte, ein für alle mal in ihrer Bedeutung feststehende symbolische Handlung vorgenommen ist, bedeutet die strengste Art des Rechtsformalismus. Oder die rechtlich relevanten Merkmale werden durch logische Sinndeutung erschlossen und darnach feste Rechtsbegriffe in Gestalt streng abstrakter Regeln gebildet und angewendet. Bei dieser logischen Rationalität ist zwar die Strenge des anschaulichen Formalismus abgeschwächt, da die Eindeutigkeit des äußeren Merkmals schwindet. Aber der Gegensatz gegen die *materiale* Rationalität ist damit nur gesteigert. Denn diese letztere bedeutet ja gerade: daß Normen anderer qualitativer Dignität als logische Generalisierungen von abstrakten Sinndeutungen auf die Entscheidung von Rechtsproblemen Einfluß haben sollen: ethische Imperative oder utilitarische oder andere Zweckmäßigkeitsregeln oder politische Maximen, welche sowohl den Formalismus des äußeren Merkmals wie denjenigen der logischen Abstraktion durchbrechen. Eine spezifisch fachmäßige juristische Sublimierung des Rechts im heutigen Sinne ist aber nur möglich, soweit dieses *formalen* Charakter hat. Soweit der absolute Formalismus des sinnlichen Merkmals reicht, ist sie auf Kasuistik beschränkt. Erst die sinndeutende Abstraktion läßt die spezifisch systematische Aufgabe entstehen: die einzelnen anerkanntermaßen geltenden Rechtsregeln durch die Mittel der Logik zu einem in sich widerspruchslosen Zusammenhang von abstrakten Rechtssätzen zusammenzufügen und zu rationalisieren. Wir wollen nun sehen, wie die an der Rechtsbildung beteiligten Mächte auf die Entfaltung der formellen Qualitäten des Rechts einwirken. Die heutige juristische Arbeit, wenigstens diejenige ihrer Formen, welche den Höchstgrad methodisch-logischer Rationalität erreicht hatte: die von der gemeinrechtlichen Jurisprudenz geschaffene, geht von den Postulaten aus 1) daß jede konkrete Rechtsentscheidung „Anwendung" eines abstrakten Rechtssatzes auf einen konkreten „Thatbestand" sei, – 2) daß für jeden konkreten Thatbestand mit den Mitteln der Rechtslogik eine Entscheidung aus den geltenden abstrakten Rechtssätzen zu gewinnen sein müsse, – 3) daß also das geltende objektive Recht ein „lückenloses" System von Rechtssätzen darstellen oder latent in sich enthalten oder doch als ein solches für die Zwecke der Rechtsanwendung behandelt werden müsse, – 4) daß das, was sich juristisch nicht rational „konstruieren" lasse, auch rechtlich nicht relevant sei, – 5) daß das Gemeinschaftshandeln der Menschen durchweg als „Anwendung" oder „Ausführung" von Rechtssätzen oder umgekehrt „Verstoß" gegen Rechtssätze gedeutet werden müsse (diese Consequenz ist namentlich von Stammler – wenn auch nicht expressis verbis – vertreten), da, entsprechend der „Lückenlosigkeit" des Rechtssystems, ja auch die „rechtliche Geordnetheit" eine Grundkategorie alles sozialen Geschehens sei.

Wir kümmern uns zunächst gar nicht um diese Postulate des Denkens, sondern wollen einige der für das Funktionieren des Rechts wichtigen allgemeinen formalen Qualitäten desselben untersuchen.

§ 2. Die Formen der Begründung subjektiver Rechte.

Logische Kategorien der „Rechtssätze". „Freiheitsrechte" und „Ermächtigungssätze". Die „Vertragsfreiheit". S. [35] – Die Entwicklung der Vertragsfreiheit. „Status-Contrakte" und „Zweck-Contrakte". Die rechtsgeschichtliche Herkunft der Zweck-Contrakte. S. [38] – Die verschiedenen praktischen Bedeutungen und die Grenzen der „Vertragsfreiheit". S. [47] – Vertragsfreiheit, Autonomie und Rechtspersönlichkeit der Verbände. S. [56] – Freiheit und Zwang S. [81]

Die Einschmelzung aller andren Verbände, welche Träger einer „Rechtsbildung" waren, in die eine staatliche Zwangsanstalt, welche nun für sich in Anspruch nimmt, Quelle jeglichen „legitimen" Rechts zu sein, äußert sich charakteristisch in der formellen Art, wie das Recht in den Dienst der Interessen der Rechtsinteressenten, speziell auch der ökonomischen Interessen, tritt. Wir haben früher das Bestehen eines konkreten Rechts a potiori nur betrachtet als die Gewährung eines Superadditum von Chance dafür: daß bestimmte Erwartungen nicht enttäuscht werden, zu Gunsten der durch das „objektive" Recht mit „subjektiven Rechten" ausgestatteten Individuen. Wir nehmen auch weiterhin die Schaffung eines solchen „subjektiven Rechts" des einzelnen Rechtsinteressenten a potiori als den Normalfall, der durch, soziologisch betrachtet, gleitende Übergänge mit dem Fall verbunden ist: daß die rechtlich gesicherte Chance dem Einzelnen nur in der Form eines „Reflexes" eines „Reglements" zugewendet ist, ihm also kein „subjektives Recht" gewährt. Der faktisch im Besitz der Verfügungsgewalt über eine Sache oder Person Befindliche gewinnt also durch die Rechtsgarantie eine spezifische

Sicherheit für deren Dauer, derjenige, welchem etwas versprochen ist, dafür, daß die Vereinbarung auch erfüllt werde. Dies sind in der Tat die elementarsten Beziehungen zwischen Recht und Wirtschaft. Aber nicht die einzig möglichen. Das Recht kann vielmehr auch so funktionieren – soziologisch ausgedrückt: das Handeln des Zwangsapparats durch empirisch geltende Ordnungen derart gestaltet sein –, daß es die Entstehung bestimmter Wirtschaftsbeziehungen: Ordnungen der ökonomischen Verfügungsgewalt oder der auf Vereinbarung beruhenden ökonomischen Erwartungen, überhaupt erst mit Zwangswirkung ermöglicht, indem eigens zu diesem Zweck objektives Recht rational geschaffen wird. Dies setzt freilich einen sehr spezifischen Zustand des „Rechts" voraus und über diese Voraussetzung ist zunächst einiges zu sagen.

Juristisch angesehen, besteht ein modernes Recht aus „*Rechtssätzen*", das heißt: abstrakten Normen mit dem Inhalt, daß ein bestimmter Sachverhalt bestimmte Rechtsfolgen nach sich ziehen solle. Die geläufigste Einteilung der „Rechtssätze" ist, wie bei allen Ordnungen, die in „gebietende", „verbietende" und „erlaubende" Rechtssätze, denen die subjektiven Rechte der Einzelnen entspringen, anderen ein Tun zu gebieten oder zu verbieten oder zu erlauben. Dieser rechtlich garantierten und begrenzten Macht über deren Tun entsprechen soziologisch die Erwartungen: 1. daß andere etwas Bestimmtes tun oder 2. daß sie etwas Bestimmtes lassen werden – die beiden Formen der „Ansprüche" – oder 3. daß man selbst ohne Störung durch Dritte etwas tun oder nach Belieben auch lassen dürfe: „Ermächtigungen". Ein jedes subjektive Recht ist eine Machtquelle, welche durch die Existenz des betreffenden Rechtssatzes im Einzelfall auch dem, der ohne ihn gänzlich machtlos wäre, zufallen kann. Schon dadurch ist er Quelle gänzlich neuer Situationen innerhalb des Gemeinschaftshandelns. Aber nicht davon ist hier die Rede, sondern von der qualitativen Ausweitung der Verfügungssphäre des Einzelnen durch Rechtssätze eines bestimmten Typus. Die soeben zuletzt genannte Art von rechtlich garantierten Erwartungen, die „Ermächtigungen", ihr Umfang und ihre Art, sind heute ganz allgemein für die Entwicklung der Wirtschaftsordnung besonders wichtig. Sie begreifen zweierlei unter sich. Einerseits die sogen[annten] „Freiheitsrechte", d.h. die einfache Sicherstellung gegen bestimmte Arten von Störungen durch Dritte, insbesondere auch: durch den Staatsapparat, innerhalb des Bereichs des rechtlich erlaubten Verhaltens (Freizügigkeit, Gewissensfreiheit, freies Schalten mit einer im Eigentum besessenen Sache usw.). Ferner aber stellen ermächtigende Rechtssätze es in das Belieben der einzelnen, durch Rechtsgeschäfte ihre Beziehungen zu einander innerhalb bestimmter Grenzen autonom zu regeln. So weit dies Belieben von einer Rechtsordnung zugelassen wird, soweit reicht das Prinzip der „*Vertragsfreiheit*". Das Maß der Vertragsfreiheit, d.h. der von der Zwangsgewalt als „gültig" garantierten Inhalte von Rechtsgeschäften, die relative Bedeutung also der zu solchen rechtsgeschäftlichen Verfügungen „ermächtigenden" Rechtssätze innerhalb der Gesamtheit einer Rechtsordnung ist natürlich Funktion in erster Linie der Marktverbreiterung. Bei vorherrschender tauschloser Eigenwirtschaft hat das Recht naturgemäß weit stärker die Funktion, durch gebietende und verbietende Sätze diejenigen Situationen, in welche die einzelnen hineingeboren oder hineinerzogen oder durch andre als rein ökonomische Vorgänge hineingestellt werden, als einen Komplex von Rechtsverhältnissen nach außen abzugrenzen und dem einzelnen dergestalt eine „angeborene" oder durch außerökonomische Momente bestimmte Freiheitssphäre zuzuweisen. „Freiheit" heißt im

Rechtssinn: Rechte haben, aktuelle und potentielle, die aber in einer marktlosen Gemeinschaft naturgemäß vorwiegend nicht auf „Rechtsgeschäften", welche er abschließt, sondern eben direkt auf gebietenden und verbietenden Sätzen des Rechts beruhen. Tausch dagegen ist, unter der Herrschaft einer Rechtsordnung, ein „Rechtsgeschäft": Erwerb, Abtretung, Verzicht, Erfüllung von Rechtsansprüchen. Mit jeder Erweiterung des Markts vermehren und vervielfältigen sich diese. Die Vertragsfreiheit ist dabei in keiner Rechtsordnung eine schrankenlose, dergestalt, daß das Recht für jeden beliebigen Inhalt einer Vereinbarung seine Zwangsgarantie zur Verfügung stellte. Charakteristisch für die einzelne Rechtsordnung ist vielmehr: für welche Vertragsinhalte dies geschieht und für welche nicht. Auf diese Frage haben, je nach der Struktur der Wirtschaft, sehr verschiedene Interessenten den ausschlaggebenden Einfluß. Mit zunehmender Marktverbreiterung aber zunächst und vor allem die Marktinteressenten. Deren Einfluß vornehmlich bestimmt daher heute die Art derjenigen Rechtsgeschäfte, welche das Recht durch Ermächtigungssätze ordnet.

Der heute normale Zustand weitgehender „Vertragsfreiheit" hat keineswegs immer bestanden. Und soweit Vertragsfreiheit bestand, hat sie sich keineswegs immer auf dem Gebiet entwickelt, welches sie heute vornehmlich beherrscht, sondern zum sehr wesentlichen Teil auf solchen Gebieten, wo sie heute nicht mehr oder doch in sehr viel eingeschränkterem Maße als früher besteht. Wir wollen in kurzer Skizze die Entwicklungsstadien durchgehen. Die wesentlichste materielle Eigentümlichkeit des modernen Rechtslebens, speziell des Privatrechtslebens, gegenüber dem älteren ist vor Allem die stark gestiegene Bedeutung des Rechts*geschäfts*, insbesondre des *Contrakts*, als Quelle zwangsrechtlich garantierter Ansprüche. Der Privatrechtssphäre ist dies derart charakteristisch, daß man die heutige Art der Vergemeinschaftung, soweit jene Sphäre reicht, a potiori geradezu als „Contraktgesellschaft" bezeichnen kann. Rechtlich angesehen, bestimmt sich die legitime ökonomische Lage, das heißt: die Summe der im Rechtssinne legitim erworbenen Rechte und legitimen Verpflichtungen des Einzelnen heute einerseits durch Erbanfälle, die ihm kraft familienrechtlicher Beziehungen zufallen, andrerseits – direkt oder indirekt – durch Contrakte, welche er abschließt oder die in seinem Namen abgeschlossen werden. Derjenige Rechtserwerb, welcher dem Erbrecht entstammt, bildet nun in der heutigen Gesellschaft das wichtigste Überlebsel jener Art von Besitzgrund legitimer Rechte, die einst – grade auch in der ökonomischen Sphäre – ganz oder nahezu alleinherrschend war. Denn in der Sphäre des Erbrechts kamen und kommen, wenigstens dem Schwergewicht nach, für den Einzelnen Thatbestände zur Geltung, auf welche sein eignes Rechtshandeln, prinzipiell wenigstens, keinen Einfluß übt, die für jenes vielmehr in weitem Umfang die von vornherein gegebene Grundlage darstellen: seine Zugehörigkeit zu einem Personenkreise, welche in aller Regel durch „Geburt" als Glied einer Familie, also durch die ihm vom Recht zugerechneten Naturbeziehungen, begründet wird und daher innerhalb der sozialen und ökonomischen Ordnung wie eine ihm anhaftende soziale „Qualität" erscheint, als etwas also, was er privatrechtlich, unabhängig von seinem eignen Thun, kraft Einverständnisses oder oktroyierter Ordnung, originär „ist", nicht aber: welche privatrechtlichen „Beziehungen" er durch Akte der Vergesellschaftung absichtsvoll sich geschaffen hat.

Der Gegensatz ist selbstverständlich relativ, denn auch Erbansprüche können durch Contrakt (Erbvertrag) begründet werden und bei testamentarischer Erbfolge ist juristisch nicht die Zugehörigkeit zum Verwandtenkreise, sondern eine einseitige Verfügung des Erblassers der Rechtsgrund des Erwerbs. Allein Erbverträge sind heute nicht häufig und ihr normaler (nach manchen Gesetzgebungen – so der österreichischen – einziger) Anwendungsfall ist der Erbvertrag zwischen Ehegatten, meist bei Eingehung der Ehe unter gleichzeitiger Regelung der güterrechtlichen Verhältnisse der Nupturienten geschlossen, also im Zusammenhang mit dem Eintritt in eine Familienbeziehung. Und die große Mehrzahl aller Testamente bezweckt heute – neben Munifizenzen, die als Anstandspflicht empfunden werden – den Ausgleich der Interessen von Familiengliedern gegenüber ökonomischen Notwendigkeiten, welche entweder durch die Art der Zusammensetzung des Vermögens oder durch individuelle persönliche Verhältnisse bedingt sind, und ist überdies, außerhalb des angelsächsischen Rechtsgebiets, durch die Pflichtteilsrechte der nächsten Verwandten in der Bewegungsfreiheit eng begrenzt. Die weitergehende Testierfreiheit gewisser antiker und moderner Gesetzgebungen und die wesentlich größere Bedeutung der kontraktlichen Vereinbarungen auf dem Gebiet der Familienbeziehungen in der Vergangenheit sind in ihrer Bedeutung und den Gründen ihres Schwindens an andrer Stelle erörtert. Heut ist auf dem Gebiet des Familien- und Erbrechts die Bedeutung des im Einzelfall inhaltlich frei, nach Belieben der Parteien gestalteten Rechtsgeschäfts eine relativ begrenzte. Auf dem Gebiet der öffentlichen Rechtsbeziehungen ist zwar auch heute die Stellung kontraktlicher Vereinbarungen rein quantitativ keineswegs gering. Denn jede Beamtenanstellung erfolgt kraft Contrakts, und auch manche sehr wichtige Vorgänge der konstitutionellen Verwaltung: so vor Allem die Feststellung eines Budgets, setzen, wenn auch nicht der Form, so umsomehr der Sache nach, durchaus eine freie Vereinbarung zwischen mehreren selbständigen Organen der Staatsanstalt, von denen von Rechts wegen keines das andre zwingen kann, voraus. Allein juristisch pflegt heute der Anstellungsvertrag des Beamten nicht in dem Sinn als „causa" seiner gesetzlich festgestellten Pflichten angesehen zu werden, wie ein beliebiger privatrechtlicher Vertrag, sondern als ein Akt der Unterwerfung des Beamten unter die Dienstgewalt. Und die faktisch freie Vereinbarung des Budgets pflegt nicht als „Contrakt", die Vereinbarung überhaupt nicht als der rechtlich wesentliche Vorgang behandelt zu werden. Aus dem Grund, weil – aus guten juristischen Motiven – die „Souveränität" als wesentliches Attribut der heutigen Staatsanstalt, diese als eine „Einheit", die Akte ihrer Organe aber als Pflichtakte gelten. Der Ort freier Contrakte ist im Gebiet der öffentlich-rechtlichen Beziehungen heute wesentlich das – Völkerrecht. Diese Auffassung bestand nicht immer und würde auch den thatsächlichen Verhältnissen der politischen Verbände der Vergangenheit nicht gerecht werden. Zwar – um bei den Beispielen zu bleiben – die Beamtenstellung entsprach in der Vergangenheit wesentlich weniger als heut einem freien Contraktverhältnis als causa, ruhte vielmehr – wie wir später sehen werden – wesentlich mehr auf Unterwerfung unter eine ganz persönliche, familienartige Herrengewalt. Aber andre politische Akte, wie z. B. grade die Bereitstellung von Mitteln für öffentliche Zwecke, aber auch zahlreiche andre Verwaltungsakte, waren unter den Verhältnissen des ständischen politischen Gebildes gar nichts andres als Contrakte zwischen den kraft ihrer subjektiven Rechte: Privilegien und Prärogative, als Glieder des politischen Verbandes zusammengeschlossenen Mächten: Fürsten und Stände, und wurden auch rechtlich so aufgefaßt. Der Lehensnexus ist seinem innersten Wesen nach auf Contrakten aufgebaut. Und wenn sich die Feststellungen geltenden Rechts, wie sie die „leges barbarorum" enthalten – „Codifikationen von Gesetzen", nach unsrer Terminologie –, oft als „Pactus" bezeichnen, so war auch dies durchaus ernst gemeint: ein wirklich „neues" Recht konnte damals in der That nur durch freie Vereinbarung der Amtsgewalt mit den Dinggenossenschaften ins Leben treten. Und endlich ruhen grade die urwüchsigen rein politischen Verbände der Rechtsform nach oft auf freier Vereinbarung zwischen mehreren auch weiterhin intern selbständigen Gruppen („Häusern" bei den Irokesen). Auch die „Männerhäuser" sind primär freie Vergesellschaftungen; nur sind diese bereits auf die Dauer berechnet, gegenüber den urwüchsigen Gelegenheitsvergesellschaftungen zum Zweck der Aventiure, welche formal ganz und gar auf freier Vereinbarung beruhten. Nicht minder ist die freie Vereinbarung auf dem Gebiet der eigentlichen Rechtsfindung urwüchsig und gradezu der Anfang von Allem. Der aus den Sühneverträgen der Sippen hervorgegangene Schiedsvertrag: die freiwillige Unterwerfung unter den Rechtsspruch oder ein Gottesurteil, ist Quelle nicht nur alles Prozeßrechts, sondern, wie gleich zu erörtern, in sehr weitgehendem Sinn gehen auch die ältesten Typen der privatrechtlichen Verträge auf Prozeßverträge zurück. Und ferner sind die meisten der wichtigen technischen Fortschritte des Prozeßverfahrens, formal wenigstens, Produkte freier Vereinbarungen der Prozeßparteien, und die obrigkeitlichen Eingriffe in das Verfahren (durch den Lordkanzler oder Prätor) vollzogen sich in weitem Umfang in der sehr charakteristischen Form des Zwanges gegen die Parteien, gewisse Vereinbarungen abzuschließen, welche den Fortgang des Prozesses ermöglichten: als „Rechtszwang zum Contrahieren" also, – der übrigens, namentlich als „Leihezwang", auch auf dem Gebiet des politischen (Lehen-)Rechts eine erhebliche Rolle gespielt hat. Die Bedeutung des „Kontrakts" im Sinn einer freien Vereinbarung als Rechtsgrund der Entstehung von Ansprüchen und Pflichten ist also auch in früheren und frühesten Epochen und Stadien der Rechtsentwicklung weit verbreitet. Und zwar grade auf solchen Gebieten, auf welchen heute die Bedeutung der freien Vereinbarung geschwunden oder weit zurückgetreten ist: dem öffentlichen und Prozeßrecht, dem Familien- und Erbrecht. Dagegen ist von einer Bedeutung des Contrakts für den wirtschaftlichen Gütererwerb aus andren als familien- und erbrechtlichen Quellen in der Art, wie er heut grundlegend ist, in der Vergangenheit je weiter zurück, desto weniger die Rede. Die heutige Bedeutung des Contrakts auf diesem Gebiete ist in erster Linie Produkt der intensiven Steigerung der Marktvergesellschaftung und der *Geld*verwendung. Nicht nur also stellt der Aufstieg der Bedeutung des privatrechtlichen Contrakts im Allgemeinen die juristische Seite der Marktgemeinschaft, sondern der durch die Marktgemeinschaft propagierte Contrakt ist auch von innerlich andrem Wesen, als jener urwüchsige Contrakt, der auf dem Gebiet des öffentlichen und des Familienrechts früher eine so viel größere Rolle spielte als heute. Dieser tiefgreifenden Wandlung des allgemeinen Charakters der freien Vereinbarung entsprechend wollen wir jene urwüchsigen Contrakttypen als „Status"-Kontrakte, die dem Güterverkehr, also der Marktgemeinschaft, spezifischen dagegen als „Zweck"-Contrakte bezeichnen. Der Unterschied äußert sich folgendermaßen: Alle jene urwüchsigen Contrakte, durch welche z. B. politische oder andre persönliche Verbände, dauernde oder zeitweilige, oder Familienbeziehungen geschaffen wurden, hatten zum Inhalt eine Veränderung der rechtlichen Gesammtqualität, der universellen Stellung und des sozialen Habitus von Personen. Und zwar sind sie, um dies bewirken zu können, ursprünglich ausnahmslos entweder direkt magische oder doch irgendwie magisch bedeutsame Akte und behalten Reste dieses Charakters in ihrer Symbolik noch lange bei. Die Mehrzahl von ihnen (namentlich die soeben beispielsweise erwähnten) sind „Verbrüderungsverträge". Jemand soll fortan zu Kind, Vater, Frau, Bruder, Herr, Sklave, Sippengenosse, Kampfgenosse, Schutzherr, Client, Gefolgsmann, Vasall, Unterthan, Freund, mit dem weitesten Ausdruck: „Genosse", eines Andren werden. Sich derart miteinander „Verbrüdern" aber heißt nicht: daß man sich gegenseitig für konkrete Zwecke nutzbare bestimmte Leistungen gewährt oder in Aussicht stellt, auch nicht nur, wie wir es ausdrücken würden: daß man für fortan ein neues, in bestimmter Art sinnhaft qualifiziertes Gesammtverhalten zu einander in Aussicht stellt, sondern: daß man etwas qualitativ Andres „wird" als bisher – denn sonst wäre jenes neue Verhalten gar nicht möglich. Die Beteiligten müssen eine andre „Seele" in sich einziehen lassen. Das Blut oder der Speichel müssen gemischt und getrunken werden – ein schon relativ spätes Symbol – oder durch andre äquivalente Zaubermittel muß die animistische Prozedur der Schaffung einer neuen Seele vollzogen werden. Eine andre Garantie dafür, daß die Beteiligten wirklich ihr Gesammtverhalten zu einander dem Sinn der Verbrüderung entsprechend gestalten, ist dem magisch orientierten Denken gar nicht zugänglich. Oder zum mindesten – so wandelt sich der Vorgang mit zunehmender Herrschaft der Göttervorstellungen an Stelle des Animismus – muß jeder Beteiligte unter die Gewalt einer Alle gemeinsam schirmenden und im Fall des verbrüderungswidrigen Handelns bedrohenden „übersinnlichen" Macht gestellt werden: die ursprünglich magisch, als bedingte Selbst-Überlieferung an bösen Zauber, gedachte Gewalt des Eides nimmt etwa diesen Charakter der Selbstverfluchung und Herabrufung göttlichen Zornes an. Der Eid ist daher auch späterhin eine der universellsten Formen aller Verbrüderungsverträge. Aber nicht nur solcher. Denn er ist – im Gegensatz zu jenen genuin magischen Formen der Verbrüderung – technisch geeignet auch als Garantiemittel für „Zweck"-Contrakte, das heißt solche Vereinbarungen, welche nur die Herbeiführung konkreter, meist ökonomischer, Leistungen oder Erfolge zum Zweck haben, den „Status" der beteiligten Persönlichkeiten aber unberührt, also – wie z.B. der Tausch – keine neuen „Genossen"-Qualitäten derselben entstehen lassen. Urwüchsig ist das nicht. Der Tausch, der Archetypus aller bloßen Zweck-Contrakte, ist ursprünglich zwischen Genossen einer ökonomischen oder politischen Gemeinschaft typisch geordnete Massenerscheinung wohl nur auf nicht ökonomischem Gebiet: als Frauentausch zwischen exogamen Sippen, die also dabei in einer eigentümlichen Doppelstellung als teils Genossen, teils Ungenossen einander gegenüberstehen. Dieser Tausch erscheint im Fall der Exogamie zugleich auch als „Verbrüderungsakt", denn so sehr die Frau dabei, in aller Regel, nur als Objekt auftritt, so pflegt doch der Gedanke, daß eine magisch zu befördernde Statusänderung vorliegt, selten ganz zu fehlen. Denkbarerweise wird jene eigentümliche Doppelstellung, welche die Entstehung der geregelten Exogamie für die kartellierten exogamen Sippen im Verhältnis zu einander schafft, die viel erörterte Erscheinung erklären, daß zuweilen die Eingehung der Ehe mit der Hauptfrau formlos, dagegen diejenige mit Unterfrauen in festen Formen erfolgt: die Stellung der Hauptfrau wäre, weil urwüchsig und schon prä-exogam, der Form unbedürftig geblieben, weil der Tausch ursprünglich, vor der Exogamie, noch nichts mit Verbrüderungsakten zu schaffen hatte. Doch scheint es plausibler, daß vielmehr die Notwendigkeit der speziellen ökonomischen Sicherung der Nebenfrauen durch Contrakt gegenüber der generell feststehenden ökonomischen Stellung der Hauptfrau die festen Contraktformen bedingte. Der ökonomische Tausch ist nicht nur stets Tausch mit Nicht-Genossen des eignen Hauses, sondern auch, dem Schwerpunkt nach, Tausch nach außen, mit Fremden, Nichtversippten und auch nicht Verbrüderten, also Ungenossen schlechthin. Schon deshalb entbehrt er, in der früher erörterten Form des „stummen Tausches", jeden magischen Formalismus und wird erst allmälig, in Form des Marktrechts, auch sakralem Schutz unterstellt – was in geregelter Form im Allgemeinen erst möglich war, nachdem die Göttervorstellung neben die Magie getreten war, deren Mittel wenigstens direkt eigentlich nur „Status"-Contrakte zu garantieren geeignet waren. Es kam vor, daß auch der Tausch durch spezielle Verbrüderungsakte oder ihnen äquivalente Handlungen unter die Garantie der Statuscontrakte gestellt wurde. Im Allgemeinen aber nur, wo es sich um Grundbesitz handelt, von dessen Sonderstellung bald zu sprechen sein wird. Das Normale aber war die – wenigstens relative – Garantielosigkeit des Tausches und überhaupt das Fehlen aller Vorstellungen von der Möglichkeit der Übernahme einer „Verpflichtung", die nicht Ausfluß einer, naturgegebenen oder künstlichen, universellen Verbrüdertheit gewesen wäre. Dies bedingte es, daß der Tausch zunächst stets und ausschließlich als eine alsbaldige beiderseitige Besitzübergabe der Tauschgüter Wirkung erlangt. Der Besitz aber ist geschützt durch den Rache- und Sühneanspruch gegen den Dieb. Auch der „Rechtsschutz", den der Tausch genießt, ist also kein „Obligationen-Schutz", sondern Besitzschutz. Denn die spätere Gewährschaftspflicht wird, wo sie praktisch wird, ursprünglich nur indirekt (in Form der Diebstahlsklage gegen den unberechtigten Verkäufer) geschützt.

Eine eigentlich juristische Konstruktion formalistischen Charakters beginnt sich an den Tausch erst anzusetzen, wenn die Geldfunktion bestimmter Güter, und zwar speziell der Metalle, entfaltet und also der Kauf entstanden ist. Nicht erst mit dem Auftauchen des chartalen oder gar erst staatlichen Geldes geschieht dies, sondern, wie speziell auch das römische Recht zeigt, schon auf dem Boden pensatorischer Zahlungsmittel. Die Geschäfte per aes et libram sind die eine der beiden urwüchsigen Rechtsgeschäftsformen des alten römischen Zivilrechts. Diese Form des Barkaufs hat auf dem Boden der römischen Städteentwicklung gradezu universelle Funktionen für fast alle Arten privater Rechtsgeschäfte an sich gerissen, einerlei, ob sie familien- und erbrechtlichen oder eigentlich tauschhaften Inhaltes waren. Den stets auf universelle Qualitäten des sozialen Status der Person, ihrer Eingeordnetheit in einen die ganze Persönlichkeit umfassenden Verband abzielenden Verbrüderungs- oder anderen Statuskontrakten mit den, spezifische Gesinnungsqualitäten begründenden, universalen Rechten und Pflichten tritt eben hier der Geldkontrakt als die nach Wesen und Funktion spezifische, quantitativ begrenzte und bestimmte, ihrem Sinn nach qualitätsfremde, abstrakte und normalerweise rein ökonomisch bedingte Vereinbarung als Archetypus des Zweckkontrakts gegenüber. Als ein solcher anethischer Zweckkontrakt war der Geldkontrakt geeignet zum Mittel der Ausschaltung des magischen oder sakramentalen Charakters von Rechtsakten, also als Mittel der Rechtsprofanierung (so die römische Zivilehe in Form der coemtio gegenüber der sakramentalen confarreatio). Er war dazu nicht das einzige geeignete, aber das geeignetste Mittel. Ja, als spezifisches Bargeschäft, welches ursprünglich wenigstens keinerlei über den Akt selbst hinaus in die Zukunft weisendes Element promissorischen Charakters enthielt, war er sogar stark konservativer Natur. Denn auch er schuf nur gesicherten Besitz, garantierte erworbenes Gut, gab aber ursprünglich keine Garantien für die Erfüllung gegebener Versprechungen. Der Gedanke der Obligation durch Kontrakt war den urwüchsigen Rechten gänzlich fremd. Verpflichtungen zur Leistung und Forderungsrechte gab es in ihnen durchweg nur in einer einzigen Form: als Forderungen ex delicto. Der Anspruch des Verletzten war durch die Praxis des Sühneverfahrens und des daran anschließenden Herkommens fest tarifiert. Die vom Richter festgestellte Sühneschuld war die älteste wirkliche Schuld, und aus ihr sind alle anderen Schuldverhältnisse erwachsen. Und in diesem Sinne waren umgekehrt auch ursprünglich alle gerichtlich verfolgbaren Ansprüche nur Obligationenansprüche. Ein förmliches Prozeßverfahren, welches sich auf die Herausgabe von Sachen gerichtet hätte, gab es ursprünglich, soweit es sich um Streitigkeiten zwischen Angehörigen verschiedener Sippen handelte, nicht. Jede Klage stützte sich notwendig auf die Behauptung, daß der Verklagte persönlich dem Kläger persönlich ein zu sühnendes Unrecht zugefügt habe. Daher konnte es nicht nur keine Kontraktklage und keine reipersekutorische Klage, sondern auch keine Statusklage geben. Ob sich jemand mit Recht zu einem Hausverband, einer Sippe, einem politischen Verband zählte, ging diese Verbände als interne Angelegenheit allein an. Aber eben in dieser Hinsicht wandelten sich die Zustände. Denn zu den Grundnormen jeder Art von Verbrüderung oder Pietätsgemeinschaft gehörte, daß der Bruder den Bruder, der Sippegenosse den Sippengenossen, der Gildegenosse den Gildengenossen, der Patron den Klienten und umgekehrt nicht vor den Richter fordern und nicht gegen ihn zeugen konnte, sowenig wie zwischen ihnen Blutrache möglich war. Frevel unter ihnen zu rächen war Sache der Geister und Götter, der priesterlichen Banngewalt, der Hausgewalt oder der Lynchjustiz des Verbandes. Wenn nun aber der politische Verband sich als Wehrgemeinde konstituiert hatte und nun die Wehrfähigkeit und das politische Recht in Zusammenhang traten mit der Geburt in einer von ihm als vollwertig anerkannten Ehe, Unfreie und Unebenbürtige kein Wehrrecht und kein Beuteanteilsrecht haben sollten, so mußte ein Rechtsmittel gegeben werden, welches den umstrittenen Status einer Person festzustellen gestattete. Und in engem Zusammenhang damit steht daher die Entstehung von Klagen, welche Grundbesitz betrafen. Die Verfügung über bestimmte Gebiete nutzbaren Bodens wurde mit steigender Knappheit steigend wichtige Grundlage jedes Verbandes: des politischen Verbandes ebenso wie der Hausgemeinschaft. Die vollberechtigte Anteilnahme am Verband gab das Anrecht auf Teilnahme am Bodenbesitz und umgekehrt war nur der Bodenbesitzer Vollbürger des Verbandes. Streitigkeiten zwischen den Verbänden über Bodenbesitz mußten daher stets reipersekutorische Wirkung haben: der siegende Verband erhielt das strittige Land. Bei steigender Individualappropriation des Bodens aber war Kläger nicht mehr der Verband, sondern ein einzelner Genosse gegen den anderen Genossen und berief sich jeder von beiden Genossen darauf, daß er kraft Genossenrecht den Boden besitze. Einer von den Streitenden in einem Prozeß, der das Genossenrecht auf Land betraf, mußte das Streitobjekt, die Basis seiner ganzen politisch-sozialen Existenz, zugesprochen erhalten. Denn nur einer von beiden konnte als Genosse dazu berechtigt sein, ebenso wie jemand nur entweder Genosse oder Ungenosse, Freier oder Unfreier sein konnte. Zumal in den militaristischen Verbänden, wie der antiken Polis, mußte der Streit um den Fundus oder Kleros diese Form eines notwendig doppelseitigen Prozesses annehmen, bei welchem nicht einer als

Täter des Unrechts vom angeblich Verletzten verfolgt wurde und seine Unschuld zu erhärten suchte, sondern jeder von beiden bei Vermeidung der Sachfälligkeit behaupten mußte, der Berechtigte zu sein. Sobald es sich dergestalt um die Frage des Genossenrechtes als solchen handelte, war das Schema der Deliktsklage unanwendbar. Einen Fundus konnte man nicht stehlen, nicht etwa nur aus natürlichen Gründen, sondern weil man jemandem seine Qualität als Genosse nicht stehlen konnte. Daher trat, wo es sich um Statusfragen oder Grundbesitz handelte, neben die einseitige Deliktsklage die zweiseitige Klage, die hellenische Diadikasie und römische Vindicatio mit obligatorischer Gegenklage des Verklagten gegen die Inanspruchnahme seitens des Klägers. Hier, in den Statusstreitigkeiten, zu welchen der Streit über das Recht an der Hufe gehörte, war die Wurzel der Scheidung dinglicher von persönlichen Ansprüchen. Diese Unterscheidung war Entwicklungsprodukt und trat erst mit dem Zerfall der alten Personalverbände, vor allem der strengen Herrschaft der Sippe über den Güterbesitz auf. Man darf sagen: ungefähr auf dem Entwicklungsstadium der Markgenossenschaft und des Hufenrechts oder eines entsprechenden Stadiums der Besitzorganisation. Das urwüchsige Rechtsdenken kannte statt jenes Gegensatzes zweierlei grundlegende Sachverhalte: 1. Ich bin kraft Geburt oder Aufzucht im Hause des X, kraft Ehe oder Kindesannahme, Verbrüderung, Wehrhaftmachung, Jünglingsweihe Genosse des Verbandes Y und darf kraft dessen die Nutzung des Gutes Z für mich beanspruchen; – 2. X, der Genosse des Verbandes Y, hat mir, dem A, oder einem Genossen meines Verbandes B die Verletzung C zugefügt (die arabische Rechtssprache sagt nicht: das Blut des A ist vergossen, sondern unser, der Versippten Blut ist vergossen), dafür schulden er und seine Verbandsgenossen uns, den Verbandsgenossen des A, die Sühne. Aus dem ersten Tatbestand entwickelte sich mit fortschreitender Individualappropriation der dingliche Anspruch (vor allem Erbschafts- und Eigentumsklage) gegen jeden Dritten. Aus dem zweiten der persönliche Anspruch gegen den, dem irgendwelche, insbesondere auch durch Versprechen übernommene, ihm und nur ihm obliegende Leistungspflichten gegenüber dem Berechtigten und nur diesem gegenüber zu erfüllen zugemutet werden muß. Gekreuzt wird die Klarheit des ursprünglichen Tatbestandes und die Gradlinigkeit der Entwicklung von da aus durch den Dualismus der Rechtsbeziehung zwischen den Sippenverbänden und innerhalb der Sippenverbände. Zwischen Sippengenossen sahen wir, gab es keine Rache, also auch keinen Rechtsstreit, sondern nur Schlichtung durch die Sippenältesten und gegen den Widerstrebenden den Boykott. Alle magischen Rechtsförmlichkeiten des Verfahrens fehlen hier: die interne Streitschlichtung der Sippe war eine Verwaltungsangelegenheit. Rechtsgang und Recht im Sinne des durch Rechtsfindung und daran anschließenden Zwang garantierten Anspruchs gab es nur zwischen verschiedenen Sippenverbänden und deren Angehörigen, welche dem gleichen politischen Verband angehörten. Zerfiel nun aber die Sippe zu Gunsten des Nebeneinanderbestehens von Hausgemeinschaften, Ortsgemeinden und politischem Verband, so fragte es sich, inwieweit nunmehr der Rechtsgang des politischen Verbandes auch auf die Beziehungen zwischen Sippengenossen und schließlich Hausgenossen übergriff. Soweit dies der Fall war, wurden nun die individuellen Bodenansprüche der einzelnen auch Gegenstand von Prozessen unter den Genossen selbst vor dem Richter. Zunächst in der erwähnten Form der doppelseitigen Vindikation. Andererseits aber konnte die politische Gewalt patriarchalen Charakter annehmen und also die Methode der Streitschlichtung mehr oder minder allgemein dem ursprünglich nur für die interne Streitschlichtung anwendbaren Typus der Verwaltung zugehören. Dann konnte dieser Typus sich auch dem Rechtsgang des politischen Verbandes mitteilen. Dadurch verwischte sich oft die klare Typik der alten sowohl wie der neuen Auffassung in der Scheidung der beiden Kategorien von Ansprüchen. Die technische Gestaltung der Abgrenzung beider soll uns hier nicht beschäftigen. Wir kehren vielmehr zu der Frage zurück, wie sich aus der Personalhaftung für Delikte die Kontraktsobligation entwickelt hat und wie aus dem deliktischen Verschulden als Klagegrund die kontraktliche Schuld entstand. Das Mittelglied war die im Rechtsgang festgestellte oder in ihm anerkannte Sühneschuldhaftung.

Einer der frühesten typischen Fälle, in welchem die Anerkennung der Zweckkontraktschuld ein ökonomisches Bedürfnis werden mußte, ist die Darlehensschuld. Grade hier aber zeigte sich die Langsamkeit der Emanzipation aus dem ursprünglichen Zustand der ausschließlichen Personalhaftung. Darlehen war ursprünglich nur unter Brüdern als stets zinslose Nothilfe typisch, wie wir sahen. Dafür konnte es also wie unter Brüdern, d.h. Sippen- und Gildegenossen, durch Klientel- oder sonstige Pietätsbeziehungen Verbundenen, gar keine Klage geben. Ein außerhalb des Verbrüderungsverbandes gegebenes Darlehen unterstand, wo es vorkam, dem Gebot der Unentgeltlichkeit rechtlich an sich nicht. Aber es war unter der Herrschaft der Personalhaftung ursprünglich klaglos. Als Zwangsmittel hatte der getäuschte Gläubiger nur magische Prozeduren zur Verfügung, zum Teil in einer uns grotesk erscheinenden Form, wie sie in Resten lange Zeit erhalten blieben. In China drohte der Gläubiger mit Selbstmord und beging diesen eventuell, in der Erwartung, den Schuldner dann nach dem Tode zu verfolgen. In Indien setzte sich der Gläubiger vor das Haus des Schuldners und verhungerte oder erhängte sich dort, hier aber deshalb, weil damit die Rachepflicht der Sippe gegen den Schuldner begründet war und wenn der Gläubiger Brahmane war, der Schuldner als Brahmanenmörder auch dem Einschreiten des Richters verfiel. In Rom war die Improbität der 12 Tafeln und die spätere infamia bei Fällen schweren Bruchs der Fides wohl ein Rest des im Fall der Nichtinnehaltung von Treu und Glauben anstelle des fehlenden Rechtszwanges eintretenden sozialen Boykotts. Die Entwicklung eines einheitlichen Schuldrechtes hat sicher an die Deliktsklage angeknüpft. Der Deliktshaftung der Sippe entstammt z.B. ursprünglich die Entwicklung der weit verbreiteten Solidarhaft aller Sippengenossen oder Hausgenossen beim Kontrakt eines von ihnen. Die Entwicklung der klagbaren Kontraktsobligation ist aber dann meist ihre eigenen Wege gegangen. Oft spielte der Eintritt des Geldes in das Wirtschaftsleben hier die entscheidende Rolle: das Nexum, der Schuldkontrakt per aes et libram, und die Stipulatio, der Schuldkontrakt durch symbolische Pfandgabe, die beiden urwüchsigen Kontraktformen des römischen ius civile, waren zugleich beide Geldkontrakte. Denn auch für die Stipulatio scheint mir wenigstens dies sicher. Beide verleugnen aber die Anknüpfung an den vorkontraktlichen Zustand des Rechts nicht. Beide waren streng formale, mündlich und nur persönlich vollziehbare Akte. Beide haben die gleiche Herkunft. Was die Stipulatio anlangt, so ist auf Grund der Analogie der auch im germanischen Recht bekannten Rechtsentwicklung mit Mitteis anzunehmen, daß sie aus dem Prozeß stammt, außerhalb dessen sie ursprünglich nur eine bescheidene Rolle, und zwar wesentlich zum Zweck von Nebenvereinbarungen (Zinsen und dergl[eichen]), gespielt zu haben scheint. Denn neben dem Tausch liegt ja der Sühnevertrag, auf dem der Prozeß beruht, schon insofern auch auf dem Wege zum Zweckkontrakt, als er ein Vertrag unter Feinden und kein Verbrüderungsvertrag ist, präzise Formulierung des Streitpunktes und vor allem des Beweisthemas erheischt. Der Prozeß selbst aber bot, je festere Form er annahm, desto mehr Anlässe zur Entwicklung von Rechtsgeschäften, welche Kontraktspflichten schufen. Dahin gehörte vor allem die Sicherheitsleistung der Prozeßpartei dem Prozeßgegner gegenüber. Der Prozeß, welcher die Selbsthülfe abwenden wollte, begann in vielen Rechten mit Akten der Selbsthülfe. Der Kläger schleppt den Verklagten vor Gericht und läßt ihn nur los, nachdem Sicherheit gegeben ist, daß er sich der Sühne, wenn der Richter ihn schuldig findet, nicht entziehen werde. Stets richtet sich dabei die Selbsthülfe gegen die Person des Gegners, denn die Klage gründete sich ja zunächst stets auf die Behauptung nicht nur objektiv unrechtmäßigen Handelns, sondern, was damit völlig identifiziert wurde, eines Frevels des Verklagten gegen den Kläger, für welchen er mit seiner Person einzustehen habe. Die Sicherheit, welche der Verklagte zu leisten hatte, um bis zum Richterspruch unbehelligt zu bleiben, leistete er durch einen Bürgen (Sponsor) oder durch Pfand. Diese beiden Rechtsinstitute tauchen hier im Prozeß zuerst als erzwingbare Rechtsgeschäfte auf. Anstelle der Bürgschaft eines Dritten wurde später dem Verklagten selbst gestattet, die Erfüllung des Urteils zuzusagen, und die rechtliche Auffassung davon war: daß er sein eigener Bürge sei, ebenso wie die älteste juristische Form des freien Arbeitsvertrages überall ein Selbstverkauf in die befristete Sklaverei war statt des normalen Verkaufs durch Vater oder Herrn. Die ältesten, rein auf Vertrag gegründeten Schuld-Obligationen waren Übernahmen prozessualer Vorgänge in das außerprozessuale Rechtsleben. Pfand- oder Geiselstellung waren auch im germanischen Recht die ältesten Mittel, Schulden zu kontrahieren, nicht nur ökonomisch, sondern grade dem Rechtsformalismus nach. Die Bürgschaft, aus welcher hier wie dort die Selbstbürgschaft abgeleitet wurde, lehnte sich aber für das Rechtsdenken zweifellos an die persönliche solidarische Haftung der Sippen und der Hausgenossen an. Das Pfand aber, die zweite Form der Sicherheitsleistung für künftige Verpflichtungen, war im römischen wie im deutschen Recht zunächst entweder genommenes Pfand (Exekutionspfand) oder Pfandbestellung, um der persönlichen Klage oder Exekutionshaftung zu entgehen, also nicht wie heute eine Sicherheit für eine gesondert daneben bestehende Forderung. Die Pfandbestellung enthält vielmehr eine Besitzverfügung über solche Güter, welche, solange die gesicherte Schuld nicht abgetragen wird, rechtmäßiger, nachdem sie rechtzeitig abgetragen worden ist, unrechtmäßiger Besitz des Gläubigers am Pfande sind, im letzteren Fall also einen Frevel gegen den früheren Schuldner ergab. Es fügte sich also in das dem Rechtsdenken geläufige Schema der ältesten Klagegründe: tatsächliche Verletzung der Person oder tatsächliche Verletzung ihres Besitzes, ebenfalls relativ zwanglos ein. Teils direkt an die mögliche Art der Exekution, teils an die aus dem Prozeß stammende Geiselstellung lehnte sich endlich das ebenfalls sehr universell verbreitete Rechtsgeschäft des bedingten Selbstverkaufs in die Schuldknechtschaft an. Der Leib des Schuldners selbst war hier das Pfand des Gläubigers und verfiel endgültig zu rechtmäßigem Besitz, wenn die Schuld nicht bezahlt wurde. Die Schuldhaftung aus Kontrakten war ebenso wie die Rache- und Sühnehaftung, an die sie anknüpfte, ursprünglich nicht nur eine in unserem Sinn persönliche Haftung mit dem Vermögen, sondern eine Haftung des Schuldners mit seiner physischen Person und nur mit dieser. Einen Zugriff auf das Vermögen des Schuldners gab es ursprünglich überhaupt nicht. Im Fall der Nichtzahlung konnte der Gläubiger sich nur an die Person halten. Er tötete ihn oder setzte ihn als Geisel in Gefangenschaft, behielt ihn als Schuldknecht, verkaufte ihn als Sklaven, mehrere Gläubiger mochten, wie die Zwölf Tafeln anheimstellten, ihn in Stücke schneiden, oder der Gläubiger setzte sich in das Haus des Schuldners und dieser mußte ihn bewirten (Einlager) – schon ein Übergang zur Vermögenshaftung. Diese selbst aber stellte sich sehr zögernd ein, und die Personalhaft als Folge der Zahlungsunfähigkeit ist in Rom erst im Verlauf des Ständekampfs, bei uns erst im 19. Jahrhundert verschwunden. Die ältesten rein obligatorischen Kontrakte, das Nexum und die Stipulatio, die wadiatio der Germanen, bedeuteten jedenfalls die freiwillige Unterwerfung unter eine für künftig versprochene Vermögensleistung, um der sofortigen persönlichen Haftbarmachung zu entgehen. Aber wenn sie nicht erfüllt wurde, war ursprünglich wiederum nur der Rückgriff auf die Person selbst die Folge.

Alle ursprünglichen Kontrakte waren Besitzwechselkontrakte. Daher waren auch alle Rechtsgeschäfte, welche wirklich alte Formen der kontraktlichen Schuldhaftung, namentlich die überall besonders streng formale Geldschuldhaftung, repräsentierten, stets mit einem rechtsförmlichen Besitzübergang symbolisch verbunden. Manche von diesen Symboliken beruhten zweifellos auf magischen Vorstellungen. Dauernd aber blieb maßgebend, daß das Rechtsdenken zunächst als relevant keine unsichtbaren Tatbestände nach Art bloßer Schuldversprechungen kannte, sondern nur Frevel, und das waren Verletzungen gegen Götter oder Leib und Leben oder den sichtbaren Besitzstand. Ein Vertrag, der rechtlich relevant sein sollte, mußte daher normalerweise eine Besitzverfügung über sichtbare Güter enthalten oder doch so gedeutet werden können. War dies der Fall, so konnte er im Verlauf der Entwicklung die allerverschiedensten Inhalte einbeziehen. Alle nicht in jene Form zu kleidenden Geschäfte aber waren zunächst nur als Bargeldgeschäfte rechtswirksam oder allenfalls insoweit, als ein Angeld als Teilleistung gegeben wurde, welches den Gesinnungswandel des Versprechenden ausschloß. Es hat sich daraus das in sehr vielen Rechten urwüchsige Prinzip: daß nur entgeltliche Zweckkontrakte dauernd bindend sein könnten, entwickelt. Diese Vorstellung wirkte so nachhaltig, daß noch zu Ende des Mittelalters (15. Jahrhundert, offiziell seit Heinrich VIII.) die englische Lehre von der consideration an jenes Bedürfnis anknüpft: wo ein realer Entgelt (consideration), sei es auch nur ein Scheinentgelt, real gezahlt worden war, da konnte der Kontrakt fast jeden nicht rechtlich verpönten Inhalt annehmen. Er war gültig, auch wenn es ohne jene Voraussetzung keinerlei Rechtsschema gäbe, dem er entspräche. Die in ihrem Sinn viel umstrittenen Zwölftafelsätze über die Manzipationsgeschäfte waren wohl der Sache nach eine freilich wesentlich primitivere Sanktionierung materieller Verfügungsfreiheit von allerdings begrenzterer Entwicklungsfähigkeit unter einer dem Prinzip nach ähnlichen formalen Voraussetzung.

Neben der Entwicklung der aus den rechtsförmlichen Geldgeschäften einerseits, den Prozeßbürgschaften andererseits überkommenen Schemata hat sich das Bedürfnis des Rechtslebens noch einer dritten Möglichkeit bedient, dem Zweckkontrakt die Garantie des Rechtszwangs zu verschaffen: künstlich neue Kontraktklagen aus Deliktsklagen zu entwickeln. Dies ist selbst in technisch schon hoch entwickelten Rechten, wie dem englischen, noch auf der Höhe des Mittelalters geschehen. Die ökonomische Rationalisierung des Rechts begünstigte die Entstehung der Vorstellung, daß die Sühnehaftung nicht sowohl Abkauf der Rache (die ursprüngliche Auffassung) wie Ersatz des Schadens sei. Nichterfüllung eines Kontrakts konnte nun ebenfalls als sühnepflichtige Schädigung qualifiziert werden. Die Anwaltspraxis und die Rechtsprechung der königlichen Gerichte in England nun qualifiziert seit dem 13. Jahrhundert die Nichterfüllung von immer mehr Kontrakten als einen trespass und schuf jenen dadurch Rechtsschutz (namentlich mittels des writ of assumpsit), ähnlich wie in freilich technisch ganz anderer Art die prätorische Rechtspraxis der Römer zunächst durch Erweiterung der Diebstahlsklage, dann durch den Dolusbegriff den Rechtsschutz über sein ursprüngliches Gebiet ausdehnte.

Mit der Schaffung klagbarer und ihrem Inhalt nach frei zu differenzierender Kontraktforderungen ist noch lange nicht derjenige Rechtszustand erreicht, welchen ein entwickelter, rein geschäftlicher Verkehr erfordert. Jeder rationale Betrieb insbesondere bedarf der Möglichkeit, durch Stellvertreter – solche für den Einzelfall sowohl wie dauernd angestellte – vertragsmäßig Rechte zu erwerben und Verpflichtungen einzugehen. Und ein entwickelter Verkehr bedarf darüber hinaus der Übertragbarkeit der Forderungsrechte, und zwar einer letzten und für den Erwerb rechtssicheren, die Nachprüfung der Berechtigung des Rechtsvorgängers ersparenden Übertragbarkeit. Wie die heutigen, für den modernen Kapitalisten unentbehrlichen Rechtsinstitutionen sich entwickelt haben, wird an anderer Stelle erörtert (G[erhard Alexander] Leist im Buch II dieses Werkes). Hier sei nur kurz des Verhaltens der früheren Vergangenheit gedacht. Die direkte Stellvertretung bei Rechtsgeschäften hat von den antiken Rechten das römische Recht im Gegensatz zum griechischen, dem sie wohl bekannt war, für die Eingehung von Obligationen fast unmöglich gemacht. Offenbar ermöglichten diese Rechtszustände, welche mit dem Formalismus der zivilrechtlichen Klage zusammenhingen, die Verwendung von Sklaven in den eigentlich kapitalistischen Betrieben, für welche die Stellvertretung praktisch weitgehend anerkannt war. Eine Zession der Forderungsrechte kannte infolge des streng persönlichen Charakters der Schuldbeziehung weder das antike römische noch das germanische Recht. Das römische Recht schuf dafür erst spät durch Vermittlung der indirekten Stellvertretung Ersatz und gelangte schließlich zu einem Zessionsrecht, dessen Brauchbarkeit für den eigentlichen Geschäftsverkehr aber durch die materialethischen Tendenzen der späteren Kaisergesetzgebung wieder durchkreuzt wurde. Ein hinlänglich starkes, praktisches Bedürfnis bestand für die Abtretbarkeit der Forderung bis an die Schwelle der Gegenwart in der Tat nur für diejenigen Forderungsrechte, welche Gegenstand regelmäßigen Umsatzes waren oder direkt dem Zweck der Übermittlung von Ansprüchen an Dritte dienten. Für diese Bedürfnisse wurde die Kommerzialisierung durch die Order- und Inhaberpapiere geschaffen, welche sowohl für die Übertragung von Forderungen, speziell Geldforderungen, wie für die Übertragung von Verfügungsgewalten über Handelsgut und über Anteile an Unternehmungen funktionieren. Dem römischen Recht waren sie durchaus unbekannt. Es ist noch heute unsicher, ob, wie Goldschmidt annimmt, irgendwelche von den hellenistischen und ebenso ob, wie Kohler glaubt, schon die in Hammurabis Zeit hinauf reichenden babylonischen, auf den Inhaber lautenden Urkunden echte Inhaberpapiere waren. In jedem Fall aber ermöglichten sie tatsächlich die Zahlung an und durch Dritte in einer Art, wie sie das offizielle römische Recht nur indirekt ermöglichen konnte. Das klassische römische Recht kannte eigentliche dispositive Beurkundung, wenn man nicht den Literalkontrakt, die Bankiersbuchung, so nennen will, gar nicht. Für das hellenistische und spätrömische Recht ist vielleicht durch den staatlichen Registerzwang, der zunächst wesentlich fiskalischen Steuerzwekken diente, die im Orient von ältester Zeit her entwickelte Urkundentechnik zur obligatorischen Beurkundung gewisser Geschäfte und zu wertpapierartigen Erscheinungen fortentwickelt worden. In den hellenischen und hellenistischen Städten war im Publizitätsinteresse die Urkundentechnik durch zwei den Römern unbekannte Institute: Gerichtsmerker und Notare, gehandhabt worden. Die Institution der Notare nun ist von der Osthälfte des Reichs her nach dem Westen übernommen worden. Aber erst das Urkundenwesen der nachrömischen Zeit seit dem 7. Jahrhundert brachte im Okzident eine Fortentwicklung der spätrömischen Urkundenpraxis, welche vielleicht durch die starke Einwanderung orientalischer, besonders syrischer Händler befördert worden war. Dann freilich hat sich die Urkunde als Rechtsträger, sowohl als Order- wie als Inhaberpapier, ungemein rasch entwickelt, überraschenderweise also grade in einer Zeit, deren Verkehrsintensität wir uns, verglichen mit der klassischen Antike, als äußerst begrenzt vorzustellen haben. Mithin scheint die Rechtstechnik hier wie sonst oft ihre eigenen Wege gegangen zu sein. Das Entscheidende war dabei freilich wohl, daß jetzt nach Fortfall des Einheitsrechts die Interessenten der Verkehrsmittelpunkte und ihre nur technisch geschulten Notare die Entwicklung bestimmten, überhaupt das Notariat als einziger Träger der Verkehrsrechtstradition der Antike übrigblieb und sich schöpferisch betätigte. Allein es haben dabei, wie schon angedeutet, grade im Urkundenwesen auch die irrationalen Denkformen des germanischen Rechts die Entwicklung begünstigt. Die Urkunde erschien der volkstümlichen Auffassung als eine Art von Fetisch, dessen rechtsförmliche Übergabe, zunächst vor Zeugen, spezifische Rechtswirkungen ebenso hervorbrachte wie andere ursprünglich halbmagische Symbole: der Gerwurf und die festuca des germanischen oder das dieser letzteren entsprechende bukannu des babylonischen Rechts. Nicht etwa mit der beschriebenen Urkunde, sondern mit dem unbeschriebenen Pergament wurde ursprünglich von den Beteiligten die symbolische Traditionshandlung vorgenommen und dann erst das Protokoll darauf geschrieben. Während aber das italienische Recht infolge des Zusammenwirkens der germanischen Rechtssymbolik mit der Notariatspraxis schon im frühen Mittelalter den Urkundenbeweis sehr stark begünstigte, kannte ihn das englische Recht noch lange Zeit nicht und spielte dort das Siegel die entscheidende rechtsbegründende Rolle. Die Entwicklung der Wertpapiertypen des modernen Handelsrechts aber ist zum erheblichen Teil unter arabischer Mitwirkung infolge teils kommerzieller, teils administrativer Bedürfnisse im Verlauf des Mittelalters vor sich gegangen. Der antike römische Handel hat sich anscheinend ohne diese wichtigen, uns heute unentbehrlich scheinenden technischen Mittel behelfen können und müssen.

Der heute grundsätzlich bestehende Zustand endlich: daß jeder beliebige Inhalt eines Vertrages, sofern ihm nicht Schranken der Vertragsfreiheit entgegenstehen, zwischen den Parteien Recht schafft und daß besondere Formen dabei nur soweit erforderlich sind, als das Recht dies aus Zweckmäßigkeitsgründen, insbesondere um der eindeutigen Beweisbarkeit der Rechte und also der Rechtssicherheit willen, zwingend vorschreibt, ist überall erst sehr spät erreicht worden, in Rom durch die allmähliche Internationalisierung des Rechts, in der Neuzeit durch den Einfluß der gemeinrechtlichen Doktrin und der Handelsbedürfnisse. Wenn nun trotz dieser heute generell bestehenden Vertragsfreiheit die moderne Gesetzgebung sich durchweg nicht mit der Feststellung: daß man vorbehaltlich besonderer Einschränkungen prinzipiell gültig vereinbaren könne, was immer man wolle, begnügt, sondern durch allerlei spezielle Ermächtigungssätze einzelne Typen von Vereinbarungen speziell derart regelt, daß die gesetzlichen Folgen eintreten, wo die Parteien nichts anderes vereinbaren (dispositives Recht), so sind dafür zwar zunächst und im allgemeinen reine Zweckmäßigkeitsgesichtspunkte entscheidend: die Parteien denken in aller Regel nicht daran, alle möglicherweise relevanten Punkte wirklich ausdrücklich zu regeln, und es entspricht auch einer Bequemlichkeit, sich an erprobte und vor allem bekannte Typen halten zu können. Ohne solche wäre ein moderner Rechtsverkehr kaum möglich. Aber damit ist die Bedeutung der Ermächtigungsnormen und der Vertragsfreiheit bei weitem nicht erschöpft. Sie können vielmehr eine noch prinzipiellere Bedeutung haben.

Die Ordnung durch Ermächtigungsnormen greift nämlich – und das soll uns hier beschäftigen – in gewissen Fällen notwendig über die Sphäre bloßer Abgrenzung des gegenseitigen individuellen Freiheitsbereichs grundsätzlich hinaus. Denn die zugelassenen Rechtsgeschäfte schließen in aller Regel die Ermächtigung zu Gunsten der Interessenten in sich, *auch Dritte*, an dem betreffenden Akt nicht Beteiligte, zu binden. In irgend einem Maß und Sinn wirkt fast jedes Rechtsgeschäft zwischen zwei Personen, indem es die Art der Verteilung der Verfügung der rechtlich garantierten Verfügungsgewalten verschiebt, auf die Beziehungen zu unbestimmt vielen Dritten zurück. Aber immerhin in sehr verschiedener Art. Soweit es nur zwischen denjenigen, welche es abschließen, Ansprüche und Verbindlichkeiten schafft, scheint dies rein äußerlich überhaupt nicht der Fall zu sein, denn hier scheint in der Tat nur die Chance, daß das Zugesagte erfüllt wird, rechtlich garantiert. Soweit es sich dabei – wie in aller Regel – um rechtsgeschäftliche Übertragungen von Besitz aus einer Hand in die andere handelt, erscheint das Interesse Dritter dadurch nur wenig berührt, daß jetzt ein anderer Inhaber des auch bisher für sie nicht zugänglichen Objekts von ihnen zu respektieren ist. In Wahrheit ist diese Unberührtheit der Interessen Dritter stets nur eine relative. So werden die Interessen der etwaigen Gläubiger eines jeden, der eine Schuldverpflichtung eingeht, durch dessen vermehrte Belastung mit Verbindlichkeiten berührt und die Interessen der Nachbarn bei einem Grundstücksverkauf z.B. durch jene Änderungen, die der neue Besitzer im Gegensatz zum bisherigen in der Art von dessen Benutzung vorzunehmen ökonomisch in der Lage oder umgekehrt nicht in der Lage ist. Dies sind faktisch mögliche *Reflex*wirkungen des generell vom Recht zugelassenen und garantierten subjektiven Rechts. Die Rechtsordnungen ignorieren sie keineswegs immer, wie z.B. das Verbot der Zession von Forderungen an „Mächtigere" im spätrömischen Recht beweist. Indessen nun gibt es Fälle, in welchen die Interessen Dritter durch Ausnutzung der Vertragsfreiheit in noch spezifisch anderer Art berührt werden können. Wenn z.B. durch Vertrag jemand sich in die „Sklaverei" verkauft oder ein Weib sich durch Ehevertrag in die „Ehegewalt" begibt, oder wenn ein Grundstück zum „Fideikommiß" erklärt wird, oder wenn eine Anzahl von Personen eine „Aktiengesellschaft" gründen – dann werden davon die Interessen Dritter zwar rein faktisch im Einzelfall dem Grade nach sehr verschieden und oft weniger als in den obigen Beispielen berührt, immer aber in *qualitativ* andrer Art als dort. Denn im Gegensatz zu dort werden hier die bis dahin für bestimmte Personen und Sachgüter *generell* geltenden Regeln des *Rechts-*

verkehrs, z.B. über die Gültigkeit von Verträgen und über den zwangsweisen Zugriff der Gläubiger auf Vermögensobjekte, infolge dieser Vereinbarungen zu Gunsten der Vertragsschließenden durch ganz neue und andersartige, auch jeden Dritten in seinen Ansprüchen und Chancen bindende rechtliche Spezial*normen* soweit ersetzt, als dem freien Belieben der Vertragsschließenden rechtliche Geltung und Zwangsgarantie zugestanden wird. Mindestens alle künftigen, oft aber auch die bisherigen Verträge des Sklaven, der Ehefrau, des zum Fideicommißherrn gewordenen Gutsbesitzers und gewisse Verträge der die neue Gesellschaft vertretenden Personen unterstehen fortan gänzlich andren Rechtssätzen, als bisher nach den generell geltenden Regeln anwendbar waren: einem *Sonderrecht*. Die juristische Ausdruckstechnik des Rechts verschleiert dabei die Art der Berührtheit der Interessen Dritter und den Sinn des Sonderrechts oft. Daß z.B. eine Aktiengesellschaft ein bestimmt anzugebendes „Kapital" gesetzlich haben muß und daß sie dies Kapital unter bestimmten Kautelen durch Beschluß der Generalversammlung „herabsetzen" kann, bedeutet praktisch: kraft Gesetzes muß von Leuten, welche einen Zweckverband dieser Art vereinbaren, zu Gunsten der Gläubiger und der später in jenen Verband eintretenden Gesellschafter ein bestimmter Überschuß des gemeinsamen Besitzes an Sachgütern und Forderungen über die Schulden als dauernd vorhanden deklariert werden; an diese ihre Deklaration sind die geschäftsleitenden und sonst beteiligten Gesellschafter bei der Berechnung des zur Verteilung kommenden „Gewinns" durch Androhung krimineller Rechtsfolgen derart gebunden, daß ein Gewinn nur verteilt werden darf, wenn dabei jener als „Kapital" deklarierte Betrag bei Anwendung der Regeln der ordnungsmäßigen Taxierung und Buchführung gedeckt bleibt; unter gewissen Cautelen sind aber die jeweils beteiligten Gesellschafter berechtigt, jene Deklaration zu widerrufen und also auch die entsprechende Garantie für die Gläubiger und später eintretenden Gesellschafter herabzusetzen, das heißt also: von nun an trotz Nichtdeckung des anfänglich deklarierten Betrages dennoch Gewinn zu verteilen. Es ist klar, daß die durch solche und ähnliche ermächtigende Sonderrechtssätze gegebene Möglichkeit der Schaffung einer „Aktiengesellschaft", die Interessen dritter, zu dem jeweiligen Bestande der Gesellschafter nicht gehöriger, Personen: Gläubiger oder späterer Erwerber von Aktien, in qualitativ sehr spezifischer Art berührt. Ebenso natürlich die mit einer Ergebung in die Sklaverei eintretende Beschränkung der Vertragsfähigkeit des Sklaven Dritten gegenüber oder z.B. die mit Eintritt einer Frau in eine Ehe entstehenden Generalhypotheken, welche diese nach manchen Rechten selbst auf Kosten älterer pfandgesicherter Verbindlichkeiten am Vermögen des Mannes erwirbt. Und es ist ferner klar, daß diese Art von Beeinflussung der Rechtslage Dritter über diejenigen „*Reflexwirkungen*", welche im Gefolge fast jeden Rechtsgeschäfts irgendwie über den Kreis der Beteiligten hinaus eintreten können, hinausgeht, weil sie von sonst geltenden *Rechts*regeln abweicht. In welchem Maße diese Gegensätze durch flüssige Übergänge verbunden sind, bleibt hier unerörtert. Jedenfalls bedeutet „Vertragsfreiheit" im Sinn der Ermächtigung zur gültigen und durch relativ wenige, das Interesse der „*Dritten*" schützende, Bestimmungen eingeengten Eingehung solcher über die interne Beziehung der Vertragsschließenden nicht nur reflexmäßig, sondern kraft spezifischen *Sonderrechts* hinausgreifenden Rechtsgeschäfte *mehr* als die bloße Einräumung eines „Freiheitsrechts" im Sinne einer bloßen Ermächtigung zum beliebigen Tun und Lassen konkreter Handlungen.

Auf der anderen Seite kann das Recht auch Vereinbarungen die rechtliche Gültigkeit versagen, welche direkt wenigstens Interessen Unbeteiligter gar nicht zu berühren scheinen, mindestens keinerlei Sonderregeln gegenüber dem sonst gültigen Recht in sich schließen oder welche Dritten nur Vorteile, aber keine Schädigung zu versprechen scheinen. Die Gründe für solche Einschränkungen der Vertragsfreiheit können die allerverschiedensten sein. So schloß das klassische römische Recht nicht nur alle die Interessen Dritter direkt in Sonderrechtsform berührenden und ein abnormes Recht konstituierenden Formen beschränkter Haftung (Aktiengesellschaft und ähnliche) und auch die Sondernormen der offenen Handelsgesellschaft (Solidarhaft und Sondervermögen) aus, sondern versagte z.B. auch die nur reflexmäßig auf Dritte wirkende Möglichkeit der Begründung ewiger Renten, also z.B. den Rentenkauf und die Erbpachtverhältnisse (wenigstens für Private – das Institut des ager vectigalis war ursprünglich nur den Kommunen, erst später auch den Grundherren zugänglich). Es kannte ferner die Inhaber- und Orderpapiere nicht und ließ ursprünglich nicht einmal die Cession von Forderungsrechten an Dritte zu. Und auch das spezifisch moderne Recht lehnt z.B. nicht nur die Anerkennung von Verträgen, welche eine Unterwerfung in ein sklavenartiges persönliches Verhältnis, also Sonderrecht, enthalten, ab, sondern schloß z.B. in Deutschland bis vor kurzem, ganz wie das römische Recht, auch jede Belastung von Grundstücken mit ewigen Renten aus (die jetzt unter bestimmten Voraussetzungen zulässig ist). Es stempelt ferner zahlreiche Verträge als „gegen die guten Sitten" verstoßend zu nichtigen Vereinbarungen, welche Dritte weder sonderrechtsmäßig noch reflexmäßig berühren und der Antike als ganz normal bekannt waren. Namentlich sind individuelle Vereinbarungen über sexuelle Beziehungen, für welche z.B. im antiken Ägypten fast völlige Vertragsfreiheit gegolten hatte, zu Gunsten der heute allein zugelassenen legalen Ehe ausgeschlossen, ebenso andere familienrechtliche Abmachungen, so die meisten der Antike bekannten Vereinbarungen über die väterliche und eheherrliche Gewalt.

Die Gründe für diese jeweilig verschiedenen Grenzen der Vertragsfreiheit nun sind sehr verschiedene. Das Fehlen bestimmter Ermächtigungen kann darin begründet sein, daß die rechtliche Anerkennung der betreffenden Institutionen der Verkehrstechnik der betreffenden Epoche noch kein unbedingtes Bedürfnis waren. So würde sich wohl das Fehlen der Inhaber- und Orderpapiere im antiken oder, vorsichtiger ausgedrückt: im offiziellen römischen Reichsrecht erklären. Denn unbekannt waren Urkunden rein äußerlich ähnlicher Art der Antike, schon der altbabylonischen Zeit, nicht. Ebenso das Fehlen der modernen kapitalistischen Vergesellschaftungsformen, für welche Parallelen nur in den staatskapitalistischen Assoziationen der Antike zu finden sind: weil der antike Kapitalismus seinem Schwerpunkt nach vom Staat lebte. Aber aus dem fehlenden ökonomischen Bedürfnis heraus ist das Fehlen eines Rechtsinstituts in der Vergangenheit durchaus nicht immer zu erklären. Die rationalen rechtstechnischen Verkehrsschemata, welchen das Recht seine Garantie gewähren soll, müssen vielmehr ganz ebenso wie gewerblich-technische Manipulationen erst einmal „erfunden" werden, um in den Dienst aktueller ökonomischer Interessen treten zu können. Daher ist die spezifische rechtstechnische Eigenart einer Rechtsordnung, die Art der Denkformen, mit denen sie arbeitet, für die Chance, daß ein bestimmtes Rechtsinstitut in ihrer Mitte erfunden werde, von weit erheblicherer Bedeutung, als man oft anzunehmen pflegt. Ökonomische Situationen gebären neue Rechtsformen nicht einfach automatisch aus sich, sondern enthalten nur eine Chance dafür, daß eine rechtstechnische Erfindung, wenn sie gemacht wird, auch Verbreitung finde. Daß so viele unserer spezifisch kapitalistischen Rechtsinstitute mittelalterlichen und nicht römischen Ursprungs sind – obwohl doch das römische Recht in logischer Hinsicht wesentlich stärker rationalisiert war als das mittelalterliche –, hat zwar auch einige ökonomische, daneben aber verschiedene rein rechtstechnische Gründe. Die Denkformen des okzidentalen mittelalterlichen Rechts: seine Auffassung z.B. der Urkunde nicht rein logisch als eines rationalen Beweismittels, sondern rein anschaulich (ursprünglich: magisch) als eines sinnlichen „Trägers" von Rechten – eine Art von juristischem „Animismus" –, seine aus der Rechtspartikularität folgende Gewöhnung ferner an Solidarhaftpflichten aller möglichen Gemeinschaftskreise für ihre Mitglieder nach außen hin, ferner seine Vertrautheit mit der Scheidung von Sondervermögensmassen auf den allerverschiedensten Gebieten – beides erklärlich nur aus bestimmten politischen Bedingungen –, diese „Rückständigkeiten" der logischen und staats*anstalt*lichen Rechtsentwicklung gestatteten dem Geschäftsverkehr die Entwicklung eines weit größeren Reichtums von praktisch brauchbaren rechtstechnischen Schemata, als sie dem weit mehr logisch und technisch-politisch rationalisierten römischen Recht zugänglich waren. Und ganz allgemein konnten jene Sonderbildungen, welche – wie namentlich die mittelalterlichen Handelsrechtsinstitute – dem entstehenden modernen Kapitalismus so besonders gut auf den Leib paßten, im allgemeinen leichter auf dem Boden einer aus politischen Gründen überhaupt zahlreiche, den Interessen ganz konkreter Interessentenkreise entsprechende, Sonderrechte erzeugenden Gesellschaft entwickelt werden. Aber allerdings spielte unter Andrem auch der Umstand mit, daß jenem noch nicht logisch rationalisierten Recht die Maxime der spezifisch „wissenschaftlichen" Behandlung des Rechts: daß, was der Jurist mit seinem Begriffsvorrath nicht „konstruieren", also nicht „denken" könne, auch rechtlich nicht zu existieren vermöge, noch fremd war. Der Rechtsrationalismus bedeutet in der That – so leicht dieser Gesichtspunkt heute übertrieben wird – unter Umständen eine „Verarmung" an Formenreichtum. –

Andre Schranken der Vertragsfreiheit sind, wie z.B. der Ausschluß oder die Begrenzung derselben in Familienangelegenheiten, welcher den meisten modernen Rechten eigentümlich ist, und wie auch die Ablehnung der vertragsmäßigen Ergebung in die Sklaverei, durch vorwiegend ethische oder politische Interessen und Vorstellungen bedingt.

Sexuelle Vertragsfreiheit ist nichts Primitives. Die von Werkzeugen am meisten entblößten und am wenigsten gesellschaftlich und ökonomisch differenzierten Stämme leben in faktisch lebenslänglicher patriarchaler Polygamie. Die Perhorreszierung der Endogamie begann offenbar in engstem Kreis innerhalb der Hausgemeinschaft, anschließend an die relative Herabsetzung des Geschlechtstriebes durch die gemeinsame Aufzucht. Der Austausch der eigenen Schwester gegen die Schwester des anderen Teiles dürfte der älteste Sexualkontrakt sein, aus dem sich dann der Eintausch von ihrer Sippe gegen Naturalien und schließlich die normale Eheform: der Kauf der Frau, entwickelte, der z.B. in Indien ebenso wie in Rom als spezifisch plebejische Form der Eheschließung neben der vornehmen Eheschließung: Raub- oder Sakramentalehe, sich behauptete. Die Raub- und Sakramentalehe aber sind beide Produkte sozialer Verbandsbildung: die erste die Folge der militärischen Männervergesellschaftung, welche den jungen Mann aus der Familiengemeinschaft riß und die Frau mit den Kindern als Muttergruppe zusammenschloß. Im Männerhaus wurde der Raub der Frau die heldenwürdige Art ihrer Gewinnung. Der Kauf von Weibern für die gemeinsam lebenden Männer von auswärts bestand daneben, und in Verbindung mit dem Raub von auswärts veranlaßte er die Bildung von Frauentauschkartellen und damit vermutlich die Entstehung der Exogamie. Diese wurde totemistisch geregelt da, wo animistische Vorstellungen bestimmter Art sich einbürgerten, ursprünglich namentlich bei Völkern, deren Phratrien zugleich Jägergruppen waren und nun magische Kultgemeinschaften mit Sakramentalriten wurden. Je weniger straff die Phratrien entwickelt wurden oder je mehr sie verfielen, desto mehr trat die patriarchale Ehe in den Vordergrund, bei den Häuptlingen der Beduinen als Polygynie mit oft ganz freiem Schalten des Hausherrn über alle Hausinsassen, die er beliebig entweder allein zu eigenem Nutzen oder, wo die Sippen stark blieben, unter Abgabe von Anteilen des Ertrages an die Sippengenossen durch Tauschgeschäfte verwertete. Schranken darin legte ihm zunächst die Sippe der Frau auf: angesehene Geschlechter verkauften ihre Töchter nicht als Arbeitstier und nicht zu freier Verfügung, sondern gaben sie nach auswärts nur gegen Sicherstellung ihrer Person und der Vorzugsstellung ihrer Kinder gegenüber den Kindern anderer Frauen und Sklavinnen. Dafür statteten sie die Tochter bei der Hingabe in die Ehe mit Mitgift aus: die legitime Hauptfrau und die legitimen Kinder, die rechtlichen Merkmale also der legitimen Ehe, waren entstanden. Die Mitgift und der schriftliche Kontrakt über die Dauerversorgung der Frau, ihr Witwengeld und ihre Verstoßungsgebühr sowie über die Rechtsstellung ihrer Kinder wurden nun Kennzeichen der vollwertigen Ehe im Gegensatz zu allen anderen Sexualverbindungen. Daneben aber entfaltete sich nun die sexuelle Vertragsfreiheit in den verschiedensten Formen und Graden. Dienstehe, Probeehe, Genußehe auf Zeit tauchen auf, und grade Mädchen aus vornehmen Familien suchten die Unterwerfung unter die patriarchale Mannesgewalt zu vermeiden und sich frei davon zu halten. Daneben existierten alle Formen der eigentlichen Prostitution, d.h. der Leistung erotischer Dienste gegen konkretes Entgelt im Gegensatz zu der ökonomischen Dauerversorgung, welche der Ehe spezifisch blieb. Die Prostitution, heterosexuelle wie homosexuelle, ist so alt wie die Möglichkeit, dafür Entgelt zu gewinnen. Es hat andererseits kaum irgendwo eine Gemeinschaft gegeben, in welcher dieser Erwerb nicht infamiert hätte. Die spezifisch ethische und politische Wertung der formgerechten Ehe um des militärisch und kultisch wichtigen Zweckes der legitimen Kindererzeugung willen hat diese Infamierung verstärkt, aber nicht erst geschaffen. Zwischen Ehe und Prostitution stand namentlich beim Adel der Konkubinat, die dauernde Sexualbeziehung zu Sklavinnen oder Nebenfrauen oder zu Hetären, Bajaderen und ähnlichen, in Freiheit von der Ehe lebenden Frauen, der groben oder sublimierten Ehe. Die Stellung der Kinder aus solchen Ehen war, soweit nicht das Monopolrecht der Kinder der Hauptfrau im Wege stand, meist dem Belieben des Vaters anheimgestellt. Engere Schranken zog hier der monopolistische Bürgerverband, welcher die politisch-ökonomischen Bürgervorrechte für die Söhne von Bürgern und Bürgerinnen reservierte, wie dies in besonders starkem Maße die Demokratie der Antike durchführte. Dann die prophetische Religion aus Gründen, die früher besprochen sind. Im Gegensatz zu der sexuellen Vertragsfreiheit des antiken Ägypten, welche durch die politische Rechtlosigkeit der Untertanen bedingt war, verwarf das altrömische Recht alle Sexualkontrakte außer der Ehe und, für bestimmte Situationen, dem Konkubinat als causae turpes. Der Konkubinat als konzessionierte Ehe minderen Rechts wurde im Okzident vom letzten Laterankonzil und dann von der Reformation endgiltig proskribiert. Die freie Verfügung des Vaters über die Kinder ist zunächst wesentlich sakralrechtlich, dann aus militärischen und politischen, schließlich aus ethischen Gründen zunehmend eingeschränkt und schließlich ganz beseitigt worden.

Irgend eine Rückkehr zur sexuellen Vertragsfreiheit ist heute ferner gerückt als je. Die Masse der Frauen würde gegen die Freiheit des sexuellen Konkurrenzkampfes um den Mann, welcher, nach den ägyptischen Quellen zu schließen, die ökonomischen Chancen der erotisch anziehendsten Frauen zu ungunsten anderer mächtig steigerte, protestieren, ebenso wie alle traditionell ethischen Mächte, vor allem die Kirche, sich dagegen auflehnen würden. Innerhalb der legitimen Ehe kann freilich ein ähnlicher Zustand durch völlige Freiheit oder sehr starke Erleichterung der Scheidung in Verbindung mit ökonomisch sehr freier und gesicherter Stellung im Ehegüterrecht herbeigeführt werden, wie sie in verschiedener Abstufung das spätrömische, islamische, jüdische und das moderne amerikanische Recht, zeitweise auch die von der Vertragstheorie des rationalistischen Naturrechts und von populationistischen Erwägungen beeinflußten Gesetzgebungen des 18. Jahrhunderts kannten. Der Erfolg war sehr verschieden. Nur in Rom und Amerika hat der rechtlich freien Scheidung auch faktisch eine zeitweilig starke Ehescheidungsbewegung entsprochen. Die Stellung der Frauen dazu ist charakteristisch verschieden. Wie die römischen haben auch die amerikanischen Frauen, diese auf Grund ihrer feststehenden sozialen Machtstellung im Haus und in der Gesellschaft, sowohl die ökonomische wie die Scheidungsfreiheit direkt erstrebt. Umgekehrt perhorreszierte die Traditionsgebundenheit der Mehrzahl der italienischen Frauen noch vor wenigen Jahren die Scheidungsfreiheit als Gefährdung ihrer ökonomischen Versorgung, namentlich für das Alter – etwa nach Art der brotlos werdenden älteren Arbeiter – und wohl auch aus Angst vor der Verschärfung des erotischen Konkurrenzkampfes um den Mann. Im übrigen pflegt bei Männern und Frauen die Vorliebe für die formale autoritäre Gebundenheit und namentlich für die formale Unauflösbarkeit der Ehe parallel zu gehen entweder mit libertinistischer Neigung der eigenen Sexualpraxis oder gerade umgekehrt, speziell bei Männern, mit einer aus Schwäche oder Opportunismus geduldeten zeitweisen Promiskuität. Für die bürgerliche öffentliche Meinung ist meist die wirkliche oder vermeintliche Gefährdung der Erziehungschancen der Kinder maßgebend für die Ablehnung der Scheidungsfreiheit, daneben, speziell bei den Männern, autoritäre Instinkte und, soweit die ökonomische Befreiung der Frau in Frage steht, auch einfache Geschlechtseitelkeit oder Sorge um die in Anspruch genommene Position in der Familie. Dazu treten die autoritären Interessen der politischen und hierokratischen Gewalten, verstärkt durch die gerade infolge der Rationalisierung des Lebens in der Kontraktgesellschaft gesteigerte Vorstellung: daß die formale Geschlossenheit der Familie Quelle gewisser, meist ziemlich dunkel vorgestellter, irrationaler Werte oder ein Halt überindividueller Gebundenheit des einzelnen, sich darnach sehnenden, schwachen Individuums sein könne. Aber diese ziemlich heterogenen Motive haben im ganzen in der letzten Generation eine Rückwärtsrevidierung der Scheidungsfreiheit und teilweise auch der innerehelichen ökonomischen Freiheit herbeigeführt.

Tendenzen zur Beseitigung oder Begrenzung hat in der Neuzeit auch die Verfügungsfreiheit auf dem Gebiete der ökonomischen, normalerweise intrafamilialen

Verfügungen: der Testamente, erfahren. Die formale Rechtsgeschichte der Entstehung letztwilliger Verfügungen soll hier nicht verfolgt werden. Nur zweimal ist historisch gänzliche oder fast gänzliche materielle Testierfreiheit bezeugt: für das republikanische Rom und für das englische Recht. In beiden Fällen also für stark expansive und zugleich von einer Schicht grundbesitzender Honoratioren regierte Völker. Ihr heutiges praktisches Hauptanwendungsgebiet ist das Gebiet optimaler ökonomischer Chancen: Amerika. In Rom wuchs die Testierfreiheit mit der kriegerischen Expansionspolitik, welche dem enterbten Nachwuchs die Chancen der Versorgung auf erobertem Land in Aussicht stellte und schwand durch die aus hellenischem Recht übernommene Inofficiositätspraxis, als die Kolonisationsepoche zu Ende ging. Im englischen Recht bezweckte sie die Sicherung des Vermögens in den großen Familien, welcher in anderer Art auch die formal gerade entgegengesetzten Institute: Lehnerbfolge in den Immobiliarbesitz, Anerbenrecht, Fideikommiß dienen konnten. Die Beseitigung oder die Einschränkung der Testierfreiheit durch hohe Pflichtteilsquoten sowohl wie die im französischen Code bis zum realen Teilungszwang sich steigernde Verhinderung der Anerbenfolge in Immobilien war und ist in den modernen demokratischen Gesetzgebungen vorzugsweise politisch bedingt. Bei Napoleon stand neben der Absicht, durch den Teilungszwang die alte Aristokratie zu zertrümmern, die der Errichtung von Lehen als Trägern der von ihm zu schaffenden neuen Aristokratie, und auf diese letztere Institution bezog sich seine bekannte Versicherung, daß die Einführung des Code die Art der sozialen Machtverteilung in die Hand der Regierung lege.

Die Unterdrückung der Sklaverei durch Ausschluß auch der freiwilligen Ergebung in formal sklavenartige Beziehungen war Produkt vor allem der Verschiebung des Schwerpunktes der ökonomischen Weltherrschaft in Gebiete hinein, in welchen die Sklavenarbeit infolge der Kostspieligkeit des Lebensunterhaltes unrentabel ist, und zugleich der Entwicklung des indirekten Arbeitszwanges, wie ihn das Lohnsystem mit seiner drohenden Chance der Entlassung und Arbeitslosigkeit bietet, als eines für qualitative Arbeitsleistungen gegenüber dem direkten Zwang wirksameren und zugleich das große Risiko der Sklavenvermögen vermeidenden Mittels, Arbeit aus dem Abhängigen herauszupressen. Die religiösen Gemeinschaften, speziell das Christentum, hatten in der Antike an der Zurückdrängung der Sklaverei sehr geringen Anteil, geringeren als z.B. die Stoa, im Mittelalter und in der Neuzeit einen etwas größeren, aber auch damals nicht den entscheidenden. Vielmehr schrumpfte die kapitalistische Sklaverei der Antike mit der Befriedung des Reiches nach außen, welche vorwiegend nur friedlichen Sklavenhandel als Quelle des Sklavenimports für den Westen offen ließ. Die kapitalistische Sklaverei der amerikanischen Südstaaten war zum Absterben verurteilt, nachdem der freie Boden zu Ende ging und die Schließung des Sklavenimports die Sklavenpreise monopolistisch steigerte. Die Vorwegnahme ihrer Beseitigung durch Bürgerkrieg wurde beschleunigt durch rein politische und soziale Gegnerschaften der Farmerdemokratie und bürgerlichen Plutokratie der Nordstaaten gegen die südliche Pflanzeraristokratie. In Europa führten rein ökonomische Evolutionen der Arbeitsorganisation, speziell der zünftigen Arbeit, dazu, daß die während des ganzen Mittelalters in Südeuropa nicht ganz verschwundene Sklaverei in das Gewerbe nicht eindrang. Innerhalb der Landwirtschaft hat die Entwicklung der Exportproduktion im Verlauf der Neuzeit noch einmal eine Verstärkung der persönlichen Unfreiheit der Arbeitskräfte des Gutsherrn erlebt, bis die Entwicklung der modernen Produktionstechnik die Unrentabilität der unfreien Arbeit auch hier endgültig machte. Maßgebend für die gänzliche Beseitigung der persönlichen Unfreiheit aber waren letztlich überall starke naturrechtliche ideologische Vorstellungen. Die patriarchale Sklaverei des Orients, des althistorischen und spezifischen Sitzes dieser in Ostasien und Indien relativ weit schwächer verbreiteten Institution, steht infolge der Unterbindung des afrikanischen Sklavenhandels auf dem Aussterbeetat. Nachdem ihre meist im ägyptischen Altertum ebenso wie noch im Spätmittelalter hohe militärische Bedeutung durch die Kriegstechnik schon der Söldnerheere obsolet geworden war, ist auch ihre von jeher nicht sehr große ökonomische Bedeutung in rapidem Rückgange. Eine solche Rolle wie die Plantagensklaverei im karthagischen und im spätrepublikanischen römischen Gutsbetrieb hat sie im Orient niemals gespielt. Sie ist hier wie ebenso im hellenischen und hellenistischen Gebiet teils Haussklaverei gewesen, teils stellte sie, in Babylonien und Persien ebenso wie in Athen, eine Form zinstragender Vermögensanlage in gewerblichen Arbeitern dar. Im Orient ganz ebenso wie noch jetzt in Innerafrika kam diese patriarchale Sklaverei einem freien Arbeitsverhältnis oft weit näher als die Rechtsform vermuten ließ. Daß der Ankauf eines Sklaven auf dem Markt ohne dessen Zustimmung zur Person des Herrn zu den Ausnahmen gehörte und daß starke Unzufriedenheit des Sklaven mit dem Herrn regelmäßig den Wiederverkauf durch diesen herbeiführte, war, wie Snouck Hurgronje in Mekka beobachtete, eine Folge der starken Abhängigkeit des Herrn von der Gutwilligkeit gerade der Haussklaven, ist allerdings wohl auch im Orient schwerlich allgemein gültig. Allein in Innerafrika weiß der Sklave noch heute den Herrn, mit welchem er unzufrieden ist, zur noxae datio an einen anderen, den er vorzieht, zu zwingen. Auch das ist gewiß nichts Allgemeingültiges. Aber die Natur der orientalischen theokratischen oder patrimonialen Herrschaft, ihre Neigung zur ethischen Ausgestaltung der patriarchalen Seite aller Abhängigkeitsverhältnisse, hat wenigstens im Orient eine so starke konventionelle Sicherung des Sklaven gegen den Herrn geschaffen, daß dessen freie Ausbeutung nach Art der spätrömischen Sklaverei faktisch ausgeschlossen ist. Schon im jüdischen Recht der Antike finden wir die Ansätze dazu, und gerade der Umstand, daß die alte Personalexekution und Schuldknechtschaft die Chancen der Versklavung auch über den eigenen Volksgenossen verhängten, bildete den entscheidenden Antrieb für dies Verhalten.

Endlich haben gewisse Schranken der Vertragsfreiheit ihren Grund in sozialen und ökonomischen Interessen maßgebender, grade „bürgerlicher" Schichten. So der Ausschluß aller feudalen und aller überhaupt eine dauernde Belastung eines Grundstücks zu Gunsten eines Privatmanns zulassenden Institutionen im republikanischen römischen Recht ebenso wie, seit den preußischen Ablösungsgesetzen, in Preußen: in beiden Fällen wirkten bürgerliche Klasseninteressen und mit diesen assoziierte ökonomische Vorstellungen. Denn die römische Gesetzgebung, welche in republikanischer Zeit Erbpacht nur als „ager vectigalis" auf Land von öffentlichen Körperschaften kennt, war ebenso wie die heutige thatsächliche Beschränkung der „Rentengüter" auf staatliche oder staatlich privilegierte Colonisation in Deutschland Produkt des Interesses der bürgerlichen Bodeninteressenten an der rechtlichen Mobilisierung des Bodens und dem Ausschluß des Entstehens grundherrschaftsartiger Gebundenheit.

Wie das römische, so erreicht auch das heutige rationalisierte Recht die aus dem Miteinanderwirken all dieser Motive sich ergebende Art der Reglementierung der

Vertragsfreiheit technisch in der Regel nicht dadurch, daß es Vereinbarungen der von ihm perhorreszierten Art durch besondere Verbotsgesetze entgegentritt, sondern einfach, indem es keine Vertragsschemata (in Rom: keine Klageschemata) für sie zur Verfügung stellt und indem es die in ihren Rechtsfolgen von ihm normierten Tatbestände so gestaltet, daß diese Normen mit Vertragsabreden der vom Recht nicht gebilligten Art logisch unvereinbar sind. Die technische Form andrerseits, in welcher Ermächtigungen zu solchen rechtlichen Verfügungen, welche, wie etwa die Gründung einer Aktiengesellschaft, die Interessen Dritter sonderrechtsmäßig berühren, gegeben werden, ist die Aufstellung entsprechender Vertragsschemata, deren Normen jede Vereinbarung von Interessenten als zwingend zugrunde legen muß, um rechtswirksam zu sein, und das heißt in diesem Fall: um vom Rechtszwang auch jedem *Dritten* gegenüber garantiert zu werden: Denn im Verhältnis unter den Vereinbarenden selbst kann sie, wenn nicht andre Gründe ihre Gültigkeit ausschließen, Rechtswirkungen enthalten, auch wo sie Dritte nicht bindet. Diese moderne Form, den Interessenten zu überlassen, durch Benutzung bestimmter Schemata von Vereinbarungen und Erfüllung der vom Recht geforderten *sachlichen* Voraussetzungen sich mit Wirkung gegen Dritte die Vorteile eines *Sonderrechtsinstituts* zu verschaffen, weicht nun von der Art, wie die Vergangenheit Sonderrecht gegenüber den allgemeinen Rechtsregeln zuließ, erheblich ab und ist Produkt der Vereinheitlichung und Rationalisierung des Rechts in Verbindung mit der offiziellen Monopolisierung der Rechtsschöpfung durch die modernen, *anstalts*mäßig organisierten politischen Verbände. Sonderrecht entstand in der Vergangenheit normalerweise in der Form „*gewillkürten*" Rechts, d.h. durch Tradition oder vereinbarte Satzung „ständischer" Einverständnisgemeinschaften oder vergesellschafteter „Einungen": in autonom gesatzten Ordnungen. Daß „Willkür" (gewillkürtes partikuläres Recht im eben erwähnten Sinn) das „Landrecht" (das gemeine, sonst gültige Recht) „bricht" (ihm vorgeht), war ein fast universell geltender Grundsatz und gilt bis heute in fast allen außeroccidentalen Rechtsgebieten und in Europa z.B. teilweise noch für die russische Bauernschaft. Die politische Anstalt hat freilich fast überall den Anspruch erhoben und meist durchgesetzt, daß diese Sonderrechte nur kraft ihrer Zulassung in Geltung bleiben und also auch nur soweit, als sie es erlaubt. Ganz ebenso wie sie die „Gemeinde" zu einem von der politischen Anstalt mit bestimmten Vollmachten ausgestatteten heteronomen Verband gestempelt hat. Allein dies war in beiden Fällen nicht der ursprüngliche Zustand. Die Summe alles innerhalb eines gegebenen Gebiets oder Personenkreises geltenden Rechts war vielmehr in großen Bestandteilen durch autonome Usurpationen verschiedener gegeneinander selbständiger Einverständnis-Gemeinschaften oder vergesellschafteter Einungen geschaffen und fortgebildet, zwischen denen der stets erneut erforderliche Ausgleich entweder durch gegenseitige Kompromisse geschaffen oder durch die Macht überragender politischer oder kirchlicher Gewalten oktroyiert wurde. Wir kehren damit zu Erscheinungen zurück, welche in andrem Zusammenhang schon zu Beginn dieses Paragraphen erörtert wurden.

Jede Einverständnisgemeinschaft oder Vergesellschaftung, welche Trägerin von Sonderordnungen war und hier fortan dieser ihrer Qualität nach „Rechtsgemeinschaft" heißen möge, war in der Epoche vor dem Siege des Zweckkontrakts, der Vertragsfreiheit im heutigen Sinn, und des Anstaltscharakters des politischen Verbandes entweder eine durch objektive Thatbestände: Geburt, politische, ethnische, religiöse Zugehörigkeit, Lebensführung oder Art des Erwerbs, oder durch ausdrückliche Verbrüderung entstandene *Personen*gruppe. Der urwüchsige Zustand, sahen wir schon oben, war der: daß ein „Rechtsgang", entsprechend unsrem „Prozeß", überhaupt nur in Gestalt eines Sühneverfahrens zwischen *verschiednen* Verbänden (Sippen) und ihren Zugehörigen stattfand. Innerhalb der Verbände, zwischen den Verbandsgenossen, herrschte patriarchale Streitschlichtung. Der Dualismus des Rechts der Verbände – vom Standpunkt der erstarkenden politischen Gewalt aus gesprochen: ihres „autonom" geschaffenen Rechts und der für die Streitschlichtung zwischen Verbandsgenossen geltenden Normen – steht also am Anfang aller Rechtsgeschichte. Aber auch bereits derjenige Umstand, der diesen scheinbar einfachen Sachverhalt trübte: der Einzelne gehört schon auf den frühesten uns zugänglichen Entwicklungsstufen oft *mehreren* Personalverbänden an, nicht nur einem. Allein trotzdem war die Unterstellung unter das Sonderrecht eine zunächst streng persönliche Qualität, ein durch Usurpation oder Verleihung erworbenes „*Privileg*" und also ein Monopol ihrer Teilhaber, welche durch den Anspruch auf seine Anwendung „Rechtsgenossen" wurden. Dem entsprechend war in politisch durch gemeinsame Herrengewalt zusammengefügten Verbänden, wie dem Perserreich, dem Römerreich, dem Frankenreich, den islamischen Reichen, das von den Rechtsfindungs-Instanzen der einheitlichen politischen Gewalt anzuwendende Recht ein je nach dem ethnischen oder religiösen oder dem unterworfenen politischen Teilverband (rechtlich als prekär autonomer Stadt- oder Stammesverband) verschiednes. Auch das römische Recht war im Römerreich zunächst ein Recht der römischen Bürger und im Verkehr mit den zum Reich gehörigen, ihm unterworfenen Nichtbürgern kommt es teils nicht zur Anwendung. Die nichtmoslemischen Unterworfenen der islamischen Reiche und ebenso die Angehörigen der vier orthodoxen Rechtsschulen leben nach ihren eignen Rechten – wenn allerdings sie nicht ihre eignen Instanzen, sondern den islamischen Richter anrufen, entscheidet dieser nach islamischem Recht, da er kein andres zu kennen verpflichtet ist: die Nichtmuselmanen sind eben bloße „Unterthanen". Die Angehörigen des mittelalterlichen Imperium dagegen hatten den positiven Anspruch, nach dem Recht des Stammes überall beurteilt zu werden, nach dem zu leben sie „bekennen" (profiteri). Der Einzelne trägt diese Rechtskonfession mit sich herum. Das Recht ist nicht eine „lex terrae" – wie sie das englische Recht der Königsgerichte alsbald nach der normannischen Eroberung wurde –, sondern ein Privileg eines Personenverbandes. In absoluter Consequenz galt freilich dieser Grundsatz der Rechtspersonalität damals ebensowenig wie heut der entgegengesetzte. Denn für den Streit zwischen den verschiedenen Personalrechtszugehörigen mußten sich bei jeder Art von Regelung dieses Falles Unzuträglichkeiten und das Bedürfnis gewisser gemeinsamer Rechtsgrundsätze herausstellen, welches mit steigender Verkehrsintensität schnell stieg. Entweder entsteht dann wie in Rom ein „jus gentium" unter dem nur den Verbandsgenossen zugänglichen „jus civile" jedes einzelnen Verbandes. Oder der politische oder hierokratische Herrscher oktroyiert ein seine Gerichte allein bindendes „Amtsrecht" kraft seines imperium (wie in England). Oder ein neuer, meist ein lokaler, politischer Verband verschmilzt die Personalrechte mit einander inhaltlich. Die ältesten italienischen Stadtrechte wissen zwar noch gut, daß die Bürger nach langobardischem Recht zu leben erklärt haben, aber, in charakteristischer Abweichung von den älteren Rechtsgedanken, ist es die „civitas", die Gesammtheit der Bürger, welche dies Recht und in sachlicher Ergänzung desselben römisches Recht (oder umgekehrt) als „Confession" angenommen hat. Andererseits erstrebten alle gewillkürten Einungen für die von ihnen gesatzten Rechte immer wieder die Anwendung des Personalitäts-Prinzips, freilich mit sehr verschiednem Erfolg. Jedenfalls aber war das Ergebnis die Existenz zahlreicher „Rechtsgemeinschaften", deren Autonomien sich kreuzten und von denen der politische Verband – sofern er sich überhaupt schon als Einheit darstellte – nur eine war. Wenn nun die Rechtsgenossen eines Sonderrechts kraft dieser Qualität bestimmte Objekte, z.B. Grundstücke bestimmter Art (Hofleihegüter, Lehen) monopolisierten, so konnte sich, wenn die persönliche Geschlossenheit der Gemeinschaft nach außen unter der Einwirkung der uns bekannten Interessen aufgegeben wurde und vor Allem mit Vermehrung der Verbände, dem ein Einzelner *zugleich* angehörte, das Sonderrecht derart an den Besitz dieser Objekte heften, daß nun umgekehrt etwa die Thatsache dieses Besitzes für die Teilhaberschaft am Sonderrecht entscheidend wurde. Es war dies freilich bereits eine Übergangsstufe zur heutigen formal allgemeinen Zugänglichkeit der einem Sonderrecht unterliegenden Beziehungen. Immerhin aber nur die Übergangsstufe dazu. Denn alles Sonderrecht jener älteren Art galt als eine rechtlich privilegierende Dauerqualität entweder gewisser, einem Personenverband zugehöriger Personen direkt als solcher oder bestimmter Objekte, deren Besitz diese Zugehörigkeit vermittelt. Gewisse rein technische oder ökonomische Qualitäten von Dingen oder Personen geben auch im heutigen Rechte zu Sonderbestimmungen Anlaß: z.B. für „Fabriken" etwa oder für „landwirtschaftliche Grundstücke" oder für „Anwälte", „Apotheker", „Gewerbetreibende" bestimmter Art. Natürlich finden sich in jedem Recht aller Zeiten auch solche an technische und ökonomische Thatbestände geknüpfte Sondernormen. Aber die hier gemeinten Sonderrechte waren anderen Charakters. Nicht ökonomische oder technische, sondern „ständische", d.h. durch Geburt oder Lebensführung oder Zugehörigkeit zu einem Verband bestimmte Qualitäten von Personen („Adlige" oder „ritterlich Lebende" oder „Gildegenossen") und durch bestimmte soziale Beziehungen von Sachen („Dienstlehen", „Rittergut") definierte – und zwar durch die Art ihrer Definition indirekt ebenfalls durch bestimmte ständische Verhältnisse bedingte – Qualitäten dieser waren es, welche die Geltung dieser Art von Sonderrecht für sie begründeten. Stets waren es daher individuelle Qualitäten von Personen und Beziehungen individueller Sachen, welche sich in dieser rechtlichen Sonderstellung befanden. Das „Privileg" konnte dabei im Grenzfall auch ein solches einer einzelnen Person oder Sache sein und war es oft genug. In diesem Fall aber fielen „subjektive" Rechte und „objektive" Normen praktisch in Eins: der individuell Privilegierte kann als sein *subjektives* Recht die Behandlung nach der ihm zuständigen *objektiven* Bestimmung verlangen. Aber auch wo ein bestimmter ständischer Personenkreis oder ein Kreis von ständisch bedeutsamen Sachen Träger des Sonderrechts war, ging die übliche Auffassung des Rechts ganz naturgemäß dahin: daß für die Beteiligten die Anwendung der Sonderrechtsnormen persönliches *subjektives* Recht der Interessenten sei. Der Gedanke generell „geltender" Normen fehlt zwar nicht, aber er bleibt unvermeidlich unentwickelt: alles „Recht" erscheint als „Privileg" von einzelnen Personen oder Sachen oder individuellen Complexen solcher. Zu dieser Auffassung nun stellte sich der Rechtsbegriff der staatlichen „Anstalt" als solcher in grundsätzlichen Gegensatz. Teilweise – namentlich in der ersten Zeit der aufkommenden „bürgerlichen" Schichten im antiken Rom und in der modernen Welt – in so schroffen Gegensatz, daß die Möglichkeit von „Privileg"-Recht völlig negiert wurde. Privilegien durch Volksschluß zu schaffen, galt in Rom als rechtlich unmöglich, und die Revolutionszeit des 18. Jahrhunderts sah eine Gesetzgebung, welche jegliche Vereinsautonomie und alle Rechtspartikularitäten zu vernichten sich anschickte. Das gelang nicht vollständig, und wir werden später sehen, daß und wie das moderne Recht sogar eine Fülle von Rechtspartikularitäten neu geschaffen hat. Aber freilich auf einer in wichtigen Punkten andren Basis als diejenige der alten Standesprivilegien.

Die zunehmende Einordnung aller einzelnen Personen und Thatbestände in eine heute wenigstens prinzipiell auf formaler „Rechtsgleichheit" beruhende Anstalt ist das Werk der beiden großen rationalisierenden Mächte: der Markterweiterung einerseits, der Bürokratisierung des Organhandelns der Einverständnisgemeinschaften andererseits. Sie ersetzen jene auf Eigenmacht oder verliehenem Privileg von monopolistisch abgegrenzten Personenverbänden ruhende, durchweg *individuelle* Entstehung gewillkürten Rechts – die Autonomie der dem Schwerpunkt nach ständischen Einungen – durch zweierlei: einerseits durch eine formal allgemein zugängliche, durch Rechtsregeln eng begrenzte Autonomie von „Vereinen", die von beliebigen Personen geschaffen werden können, und andrerseits durch Herstellung von schematischen Ermächtigungen für Jedermann, gewillkürtes Recht durch private sachliche Rechtsgeschäfte bestimmter Art zu schaffen. Die entscheidende Triebkraft für diese Veränderung der technischen Formen autonomer Rechtsschöpfung waren: politisch das Machtbedürfnis der Herrscher und Beamten der erstarkenden politischen Staatsanstalt, ökonomisch aber – zwar nicht ausschließlich, aber in stärkstem Maße – die Interessen der Marktmachtinteressenten, d.h. also: der durch Besitz als solchen („Klassenlage") im formal „freien" Preis- und Konkurrenzkampf auf dem Markt ökonomisch Privilegierten. Denn z.B. die einer formalen Rechtsgleichheit entsprechende allgemeine „Ermächtigung": daß „jedermann ohne Ansehn der Person" z.B. eine Aktiengesellschaft gründen oder etwa ein Fideikommiß stiften dürfe, bedeutet natürlich in Wahrheit die Schaffung einer Art von faktischer „Autonomie" der *besitzenden* Klassen *als solcher*, die ja allein davon Gebrauch machen können.

Diese amorphe Autonomie verdient freilich diesen Namen nur im bildlichen Sinn. Denn der Begriff der Autonomie ist, um nicht jeder Schärfe zu entbehren, an das Bestehen eines nach Merkmalen, sei es auch wechselnden, jeweilig irgendwie abgrenzbaren Personenkreises geknüpft, welcher kraft Einverständnis oder Satzung einem von ihm prinzipiell selbständig abänderbaren Sonderrecht untersteht. Wie dieser Personenkreis aussieht, ob er ein Verein oder eine Aktiengesellschaft oder eine Gemeinde oder ein Stand, eine Innung oder Gewerkschaft oder ein Vasallenstand ist, macht für den Begriff nichts aus. Stets ist dieser Begriff Produkt beginnender Monopolisierung der Rechtssatzung durch den politischen Verband. Denn er enthält stets den Gedanken: daß dieser Verband die Schaffung von objektivem Recht durch andere als die eigenen Organe dulde oder direkt gewährleiste. Die kraft Einverständnis oder gesatzter Ordnung einem Personenkreis zustehende Autonomie ist aber auch etwas qualitativ anderes als bloße Vertragsfreiheit. Die Grenze beider liegt da, wo die Grenze des Normbegriffs liegt, wo also die kraft Einverständnis oder rationaler Vereinbarung der Beteiligten geltende Ordnung nicht mehr als die einem Personenkreis auferlegte, objektiv geltende Regel, sondern als die Begründung gegenseitiger subjektiver Ansprüche aufgefaßt wird, so etwa die Vereinbarungen zweier Firmeninhaber über Arbeitsteilung, Gewinnteilung, Rechtsstellung nach innen und außen. Die Flüssigkeit des Begriffs des objektiven gegenüber dem subjektiven Recht tritt dabei auf das deutlichste hervor. Eine Grenze läßt sich für unsere am gesatzten Recht orientierten Denkgewohnheiten auch theoretisch nur so finden, daß auf dem Gebiet des Privatrechts, welches uns hier allein angehen soll, Autonomie da ausgeübt werde, wo die normale Herkunft der gesatzten Regel ein Beschluß ist, während da, wo eine Vereinbarung zwischen konkreten Einzelpersonen diese Rolle spielt, für uns ein Sonderfall der Regelung kraft Vertragsfreiheit vorliegt. Diese Scheidung war auch für die Vergangenheit, wie wir noch sehen werden, nicht bedeutungslos, aber doch nicht allein entscheidend. Solange die Unterscheidung von objektiver Norm und subjektivem Anspruch nur unvollständig entwickelt war und solange das Recht als eine durch Verbandszugehörigkeit bestimmte Qualität der Person galt, konnte vielmehr nur geschieden werden zwischen solchen Regeln, welche in einem auf Statusqualitäten der Teilhaber ruhenden Verbande oder Personenkreise galten, und solchen, welche kraft Zweckkontrakt und also für das Handeln der direkt Beteiligten maßgebend waren. Alles Sonderrecht war ja ursprünglich Recht eines durch Statusqualitäten abgegrenzten Personenkreises. Dies wandelte sich, wie schon kurz erwähnt wurde, mit zunehmender Differenzierung und ökonomischer Knappheit der von den einzelnen Personenkreisen monopolistisch appropriierten Güter, und zwar so stark, daß im Endresultat fast die umgekehrte Regel galt: Sonderrechte waren fast durchweg Rechte, welche je für eine soziale oder ökonomische Sonderbeziehung galten. Dieser Auffassung stand schon das Mittelalter ziemlich nahe, wie der, aber in der Leugnung von Standesrechten zu weitgehenden Auffassung Heuslers zugegeben werden muß. Das Lehenrecht war das Recht, welches für die Lehensbeziehung galt. Es war nie das Recht eines Vasallenstandes, denn diesen gab es nicht. Das Hofrecht galt für die Beziehungen grundherrlicher Höfe, das Dienstrecht für Dienstlehen, das Handelsrecht für Kaufmannsgut und Kaufmannsgeschäfte, das Recht der Handwerker für die Geschäfte und den Betrieb des Handwerks. Neben diesen Sonderrechten aber war der Lehensmann, Kaufmann, Ministeriale, Grundholde, Eigenhörige zugleich außerhalb jener rein sachlichen Beziehungen durchweg dem Landrecht unterworfen. Ein Mann konnte freie und grundherrliche Hufen nebeneinander besitzen und war dann für die einen dem Hofrecht, für die anderen dem Landrecht unterstellt. Ebenso unterstand ein Nichtkaufmann, der Geld in Commenda oder als Seedarlehen gab, hierfür und nur hierfür dem Handelsrecht allein. Diese rein sachliche Art der Behandlung war dennoch keineswegs die universelle. Fast alle jene Beziehungen, für welche solche Sonderrechte galten, hatten irgendwelche ständischen, d.h. die Gesamtrechtsstellung berührenden Konsequenzen, so z.B. meist der Besitz hofrechtlicher und dienstrechtlicher Güter. Manche von ihnen galten als miteinander in der gleichen Person unvereinbar, und der Tendenz zur Sprengung dieser ständischen Gebundenheit wirkte die Tendenz zur Abschließung des Rechtsgenossenkreises nach außen immer erneut entgegen. Welche von beiden Tendenzen die stärkere war, bestimmte sich durchaus nach der konkreten Konstellation der Interessen im Einzelfall. In Deutschland gibt auch Heusler für das Stadtrecht zu, daß es ein ständisches Recht der Bürger, nicht ein Recht für städtischen Bodenbesitz und andere sachliche Beziehungen war. In England aber sind die Städte fast rein private Korporationen geworden. Im ganzen ist allerdings richtig, daß die Tendenz zur Behandlung der Sonderrechte als Rechte für bestimmte Objekte und Tatbestände im ganzen überwog und daß dadurch die Einordnung der Sonderrechte als sachlicher Spezialrechtssätze in das Landrecht, die Lex terrae, sehr erleichtert wurde. Ob sie tatsächlich stattfand, hing aber vorwiegend von politischen Umständen ab. Soweit diese Einordnung nicht völlig durchgeführt wurde, regelte sich das Problem des Verhältnisses der verschiedenen Sonderrechte und der für sie bestehenden Sondergerichte zum Landrecht und den landrechtlichen Gerichten im Einzelfall höchst verschieden. Landrechtlich war der Grundherr und nicht der Hörige der Inhaber der Gewere am Gut. Aber schon beim Lehen regulierte sich die Beziehung nicht so einfach und war z.B. im Sachsenspiegel zwischen Spiegler und Glosse teilweise streitig. Auch im römischen Recht hat das Problem Spuren hinterlassen. Das römische ius civile war insofern das Recht der römischen Bürger, als niemand, der nicht entweder Bürger war oder kraft vertragsmäßiger Zulassung dem Bürger gleichgestellt war, vor den römischen Gerichten als Partei auftreten, die spezifischen Rechtsgeschäfte des Zivilrechts abschließen oder nach den Sätzen desselben beurteilt werden konnte. Keine römische Lex galt außerhalb des Kreises der Bürger. Der Satz, daß sie sich auf Nichtbürger gar nicht beziehen könne, war politisch von sehr bedeutender Tragweite, weil er für das gesamte unterworfene, nicht zugleich dem Recht einverleibte Gebiet die souveräne Macht der Beamten und des Senats etablierte. Andererseits wurde der römische Bürger, und zwar von jeher, keineswegs nur nach Zivilrecht beurteilt und hatte seinen Gerichtsstand nicht nur vor solchen Gerichten, welche Zivilrecht anwendeten. Für die historische Zeit vielmehr ist das ius civile als dasjenige Sonderrecht zu definieren, für welches jemand nur in seiner Eigenschaft als Bürger, also als Mitglied dieses spezifischen Statusverbandes rechtlich in Betracht kommt. Daneben aber existierten Rechtskreise, an welchen teils nicht nur Bürger, teils nicht alle Bürger teilnahmen und deren Recht teils als Recht von Statusverbänden, teils als sachliches Sonderrecht erscheint. Dahin gehörten zunächst alle verwaltungsrechtlich normierten Tatbestände, deren Zahl ungemein groß und praktisch wichtig war. Zivilrechtliches Bodeneigentum gab es bis zur Gracchenzeit nur auf dem Teil des Landes, welcher durch regelrechte Assignation dazu gemacht worden war. Die Besitzstände auf dem ager publicus waren weder zivilrechtlich geregelt noch ein möglicher Gegenstand zivilrechtlicher Klage, denn an ihnen nehmen nicht nur Bürger, sondern auch Bundesgenossen teil. Als in der Gracchenzeit die Bürgerschaft Miene machte, die Verhältnisse dieser Domänen durch Bürgerstatut (Lex) zu regeln, entstand sofort das Verlangen der Bundesgenossen, in den Bürgerverband aufgenommen zu werden. Diese Besitzbestände unterstanden also lediglich der magistratischen Cognition, welche nach Regeln verfuhr, die dem Zivilrecht fremd waren. Denn dieses kannte z.B. weder Erbpacht noch Reallasten noch Dienstland, während all dies dem Verwaltungsrecht des öffentlichen Landes wohl bekannt war. Ebenso kannte das staatliche Vermögensrecht im Verkehr mit Privaten Institute, die dem Zivilrecht fremd waren und, wo sie zivilrechtlichen Instituten rechtlich entsprachen, dennoch einen anderen Namen führten (praes für den Licitationsbürgen, praedium für das verwaltungsrechtliche Grundstückspfand). Die Zuständigkeit des Verwaltungsbeamten war hier der Träger dieses reinen sachlichen Sonderrechts. Ein Verband von Rechtsgenossen desselben existierte nicht, sondern wurde durch die jeweiligen Interessenten konstituiert. Einen Sonderrechtsbezirk konstituierte ferner die Zuständigkeit desjenigen Prätors, welcher zwischen Bürgern und Fremden

Recht sprach. Zivilrecht konnte er anwenden, aber nicht kraft Bürgerstatuts (Lex), sondern kraft seiner Amtsgewalt. Er wendete ein Recht anderer Provenienz und anderen Geltungsgrundes an: das ius gentium. Dieses Recht aber war nicht etwa erst mit der Einrichtung dieses Amtes entstanden. Sondern es war das internationale Verkehrsrecht, nach welchem von jeher die Streitigkeiten des Marktes geschlichtet wurden, welche ursprünglich vermutlich nur sakral durch Eid geschützt waren. Kein möglicher Gegenstand von Zivilprozessen waren ferner die der Sache nach lehenrechtlichen, praktisch in der Frühzeit höchst wichtigen Beziehungen zwischen Patron und Klient. Ganz wie im deutschen Recht bei der Gewere, berührte sich im römischen Recht die Sphäre des Zivilrechts mit der des Lehenrechts bei der Possessio (precarium). Das Zivilrecht kennt aber die Beziehung auch im übrigen und Strafbestimmungen nahmen von ihr Notiz. Aber sie war nicht zivilrechtlich geregelt. Eigentliches Sonderrecht innerhalb des Zivilrechts bildeten andererseits gewisse nur für Kaufleute und bestimmte Gewerbetreibende geltende Rechtsinstitute: die actio exercitoria, das Receptum, das Sonderrecht der Argentarii.

Sowohl dem Verkehrsrecht wie dem Klientelrecht gehört ein für die spätere Rechtsentwicklung sehr wichtiger Begriff an: die fides. Sie umfaßte in eigentümlicher Art einerseits die Pflichten, welche aus Pietätsbeziehungen folgten, andererseits, als fides bona, den guten Glauben und die Redlichkeit des reinen Geschäftsverkehrs. Das Zivilrecht wußte von ihr im Prinzip nichts. Aber dies wurde von Anfang an nicht streng festgehalten. Die Zwölf Tafeln drohen für gewisse fraudulente Akte die Qualität als improbus intestabilisque an. Zahlreiche Gesetze verhängten ausdrücklich die infamia. Deren private Rechtsfolgen waren im allgemeinen Ausschluß vom Zeugnis, Unfähigkeit also zu bezeugen oder sich etwas bezeugen zu lassen, was praktisch weitgehend mit Geschäftsboykott und Begrenzung des testamentarischen Erbschaftserwerbs identisch war. Außerdem die Versagung bestimmter Klagen durch den Prätor. Die Prinzipien der Fides stellten trotz ihres unformalen Charakters keineswegs vage Gefühlsprodukte dar, weder im Gebiete der Klientel noch vollends des Geschäftsverkehrs. Die ganze Serie scharf umrissener Kontrakte, auf deren ausgeprägter Eigenart das uns überlieferte römische Verkehrsrecht so wesentlich beruht, ist auf Grund von Prinzipien der Fides entwickelt. Sowohl so altertümliche Institute wie die Fiducia, wie noch in der Kaiserzeit das Fideicommissum ruhten ganz auf der Fides. Daraus, daß z.B. für diese letztgenannte Schöpfung der Grund in dem Fehlen zivilrechtlicher Klagen lag (bei Legaten an Nichtbürger oder an verbotene Personen) und daß zunächst nur konventionelle Regeln die Erfüllung garantierten, folgt keineswegs, daß die Fides von jeher nur ein Lückenbüßer des ius civile und also jünger als dieses gewesen sei. Das Rechtsinstitut der Klientel war sicher so alt wie der Rechtsbegriff des ius civile selbst, stand aber außerhalb desselben. Niemals also war das ius civile der Inbegriff alles geltenden Privatrechts. Aber allerdings war die Fides in keiner Weise ein einheitliches Prinzip der Regelung gesetzlicher Beziehungen. Was man der Fides zuliebe anderen schuldete, hing vielmehr von der sachlichen Natur der konkreten Beziehung ab und auch in dieser Spezialisierung fehlte der Fides im Fall der Verletzung die gleichmäßig geordnete Rechtsfolge, zunächst natürlich innerhalb der bürgerlichen Ordnung. Die Infamie war Folge bestimmter spezifischer Handlungen, nicht etwa aller Verstöße gegen die Fides. Die verschiedenen Arten der Reaktion gegen anstößiges Verhalten: z.B. zensorische Rüge und konsularische Versagung der Aufnahme unter die Amtskandidaten hatten eine jede ihre besonderen, weder mit den Fällen der Infamie noch mit den Prinzipien der Fides identische, überdies schwankende Voraussetzungen und waren niemals an Verletzungen der Fides rein als solche geknüpft. Verletzungen der klientelen Pflichten ahndete ursprünglich der Herr im Hausgericht. Später waren sie sakral oder konventional und schließlich bei der rein geschäftlichen Freigelassenenklientel auch zivilrechtlich geschützt. Wie es mit der Fides des Verkehrs ursprünglich stand, wissen wir nicht. Wir kennen die Mittel nicht, durch welche die bonae fidei-Kontrakte gesichert wurden, ehe sie vom Prätor kraft Amtsgewalt durch Klageschemata anerkannt waren, wie die anderen prätorisch geschützten Institute des ius gentium. Vermutlich traten individuell oder generell beschworene Schiedsverträge ein, deren Verletzung ebenso infamierte, wie dies später noch der Bruch eines eidlichen Vergleichsvertrages tat. Die Schaffung der Klageschemata für die Institute des ius gentium bedeutete keineswegs die Beseitigung der Scheidung vom ius civile. Dieses blieb nun reines Standesrecht der Bürger. Gelegentlich vollzog der Prätor in der Form: si civis romanus esset, Rezeptionen in die Klageschemata für Nichtbürger. Andere Institute gingen stillschweigend in das ius gentium über. Erst in der Kaiserzeit schwindet mit anderen Privilegien der Bürger der Unterschied ganz. Keiner der Interessentenkreise der Fides bildete einen geschlossenen ständischen Verband. Nicht die Klienten, die Mommsen, wie an anderer Stelle zu erörtern ist, mit Unrecht mit dem Verband der Plebs identifiziert hat, erst recht natürlich nicht die Interessenten der ständisch ganz indifferenten bonae fidei-Kontrakte oder des ius gentium. Endlich das prätorische Recht als solches ist natürlich weit entfernt davon, mit dem ius gentium identisch zu sein, und die Rezeption des ius gentium ist keineswegs nur durch prätorisches Recht, sondern weitgehend auch durch Hineinarbeiten seiner Grundsätze in das Zivilrecht durch die Juristen erfolgt. Ebenso entbehrten die eigentlichen Stände: Sklaven, Freigelassene, Ritter, Senatsgeschlechter, in der Republik wie in der Kaiserzeit einer Verbandsorganisation, welche Träger einer eigentlichen Autonomie hätte sein können. Die republikanische Zeit hatte aus politischen und polizeilichen Gründen immer wieder mit Schärfe gegen die Privatverbände einschreiten müssen. Perioden der Unterdrückung hatten mit Perioden der Duldung gewechselt. Die Zeit der Monarchie war den Privatverbänden an sich naturgemäß ungünstig. Die Demokratie hatte von Vereinigungen der sozialökonomisch Mächtigen, die Monarchie von jeder Art von unkontrollierten Verbänden politisch zu fürchten. Das römische Recht der republikanischen wie der Kaiserzeit kennt im Effekt eine Autonomie nur als Vereinsrecht oder Korporationsrecht im modernen Sinn. Soweit Vereine und Korporationen geduldet oder privilegiert bestanden, soweit bestand auch Autonomie. Wieweit sie bestanden, ist im Zusammenhang der allgemeinen Erörterungen eines anderen Problems: der Rechtsfähigkeit von Personenverbänden, zu besprechen.

Die allgemeine Umwandlung und Mediatisierung der eigenrechtlichen Personenverbände der Epoche der Rechtspersonalität zu Gunsten des Rechtsschöpfungsmonopols der Staatsanstalt drückt sich in dem Wandel der Form der juristischen Behandlung solcher Verbände als Träger subjektiver Rechte aus. Rechtstechnisch kann eine solche Behandlung jedenfalls dann nicht entbehrt werden, wenn einerseits monopolistisch appropriierte Vermögensobjekte vorhanden sind, welche nur den Rechtsgenossen als solchen, aber nur zu einer irgendwie gemeinsamen Nutzung, zur Verfügung stehen oder andrerseits rechtsgeschäftliche Akte über diese ökonomisch notwendig werden, die autonomen Personenverbände also innerhalb einer politischen Anstalt einem gemeinsamen, friedlich durch geordnete Rechtsfindung anzuwendenden Recht unterworfen sind. Solange und soweit dies nicht der Fall ist, erledigt sich das Problem einfach: die Glieder des einen Verbandes machen die des anderen solidarisch für das Tun jedes ihrer Mitglieder, also auch der Verbandsorgane verantwortlich. Neben der urwüchsigen Blutfehde steht daher als universelle Erscheinung die Repressalie, die Festhaltung von Person und Gütern eines Rechtsgenossen wegen Verbindlichkeiten einzelner oder aller anderen. Im Mittelalter ist die Verhandlung über Repressalien, ihre Vermeidung durch gegenseitige Zulassung bei den Gerichten und gegenseitige Rechtshülfe ein ständiger Gegenstand der Erörterung zwischen den Städten. Ebenso urwüchsig wie die Blutfehde ist ferner der Vergleich. Wer nun zum Abschluß eines solchen und zur Vertretung der Rechtsgenossen nach außen überhaupt als legitimiert gilt, richtet sich lediglich nach den Erfahrungen, welche die Außenstehenden darüber gemacht haben: wessen Anordnungen sich die Rechtsgenossen faktisch zu fügen pflegen. Die ursprüngliche Vorstellung war dabei auch im frühen mittelalterlichen Recht: daß alle, die nicht an einem Beschluß der Dorfgenossen, Gildebrüder, Markgenossen oder um welche Gesamtheit es sich sonst handelt, teilgenommen haben, dadurch nicht gebunden werden, daß das Auftreten des Verbandes nach außen kraft einer durch Beschluß erzielten Willenseinigung erfolge und erfolgen müsse, um spezifische Rechtswirkungen zu haben. Man wird also Heusler zustimmen dürfen, daß die Notwendigkeit eines Beschlusses und seine verbindliche Kraft ein rechtlich charakteristisches Entwicklungselement des Verbandsrechtes war. Dabei blieb die Scheidung zwischen Beschluß und Vertrag zweifellos vielfach flüssig wie die Scheidung der Begriffe objektiver Normen und subjektiver Ansprüche überhaupt. Satzungen auf Grund von Beschlüssen werden oft als pactus bezeichnet. Aber immerhin war der Keim der Scheidung vorhanden. Und zwar grade durch die überall urwüchsige Vorstellung: daß ein Beschluß nur den binde, der daran teilgenommen und sich ihm angeschlossen habe, daß also Einstimmigkeit erforderlich sei, was offenbar zunächst so aussieht, als ob ein Beschluß der Vorstellung nach nur als Vertrag zustande kommen könne. In Wahrheit war aber jene Vorstellung vielmehr durch den Offenbarungscharakter alles geltenden Rechts bedingt. Nur ein Recht konnte nach dieser Voraussetzung richtig sein. Schwanden die magischen und charismatischen Mittel zur Auffindung des richtigen Rechtes, so konnte die Vorstellung entstehen und entstand: daß die Mehrheit das richtige Recht bezeuge und also die Minderheit die Pflicht habe, sich dem durch die Mehrheit bezeugten anzuschließen. Aber ehe sie das getan hatte, wozu sie eventuell durch drastische Mittel genötigt wurde, war immerhin der Mehrheitsbeschluß noch nicht Recht und niemand dadurch gebunden: dies war die praktische Bedeutung jener Vorstellungsweise. Dagegen galt natürlich niemand für verpflichtet, einen beliebigen Kontrakt mit einem andren abzuschließen. In diesen Denkformen war also der Unterschied von Satzung als Schöpfung objektiven Rechts und Vertrag als Schöpfung subjektiver Rechte trotz aller Flüssigkeit der Übergänge auch den Vorstellungen der Frühzeit immerhin vertraut. Der Beschluß forderte dann als Komplementärbegriff das Organ zu seiner Ausführung. Die Art seiner Bestellung: Wahl im Einzelfall, Wahl auf Dauer, erbliche Appropriation der Organfunktion konnte dabei sehr verschieden aussehen. Sobald der Differenzierungs- und Appropriationsprozeß zwischen und in den verschiedenen Verbänden soweit fortgeschritten war, daß einerseits der einzelne verschiedenen Verbänden zugleich angehörte, andererseits auch im inneren Verhältnis zwischen den Rechtsgenossen selbst das Maß der Verfügungsgewalt der Verbandsorgane einerseits, der Einzelnen andererseits festen und zunehmend rationalen Regeln unterstellt wurde, und sobald ferner die Zunahme der Zweckkontrakte einerseits der einzelnen, andererseits der Gesamtheit der Verbandsgenossen nach außen hin – eine Folge zunehmender Tauschwirtschaft – eindeutige Bestimmtheit der Tragweite jeder Handlung jedes Mitgliedes und Verbandsorgans forderte, mußte die Frage der Stellung des Verbandes und der Legitimation seiner Organe im Kontraktverkehr und im Rechtsgang irgendwie auftauchen. Eine rechtstechnische Lösung dieses Problems war die Konzeption des Begriffs der juristischen Person. Juristisch betrachtet ist der Name eine Tautologie, denn der Rechtsbegriff der Person ist stets ein juristischer. Wenn ein Embryo ebenso wie ein Vollbürger als Träger subjektiver Rechte und Pflichten behandelt wird, ein Sklave aber nicht, so ist beides ein rechtstechnisches Mittel zur Erzielung bestimmter Effekte. In diesem Sinn ist die Rechtspersönlichkeit stets ebenso künstlich, wie die Frage, was im Rechtssinn „Sachen“ sein können, ausschließlich nach zweckvoll gewählten juristischen Merkmalen bestimmt wird. Die sehr viel reicheren Alternativen aber, welche für die rechtliche Stellung von Verbänden und Vergesellschaftungen zur Verfügung stehen, machten dies bei ihnen zu einem Problem.

Die rationalste Durchführung des Gedankens der Rechtspersönlichkeit von Verbänden ist die völlige Scheidung der Rechtssphäre der Mitglieder von einer gesondert konstituierten Rechtssphäre des Verbandes: bestimmte nach Regeln bezeichnete Personen gelten rechtlich allein als legitimiert, den Verband zu verpflichten und zu berechtigen; diese Rechtsbeziehungen aber berühren Personen und Vermögen der einzelnen gar nicht, gelten nicht als ihre Kontrakte, sondern werden rechtlich einem ganz gesonderten Verbandsvermögen zugerechnet. Ebenso sind, was die Mitglieder als solche (verbandsstatutenmäßig) zu fordern oder an ihn zu leisten haben, Ansprüche und Pflichten ihres vom Verbandsvermögen rechtlich völlig gesonderten Privatvermögens. Einzelne Mitglieder als solche können den Verband weder berechtigen noch verpflichten. Dies ist rechtlich nur den Organen und nur durch ein Handeln im Namen des Verbandes möglich, und nur die nach feststehenden Regeln berufene und beschließende Versammlung berechtigter Mitglieder kann, muß aber nicht, die Befugnis haben, bindende Beschlüsse daraus zu fassen. Der Rechtspersönlichkeitsbegriff kann von da aus noch weiter auch zur Unterstützung der Verfügung über solche ökonomischen Güter ausgedehnt werden, deren Nutzung einer nur nach Regeln bestimmten, aber nicht zu einem Verband vergesellschafteten Personenvielheit zustehen soll (Stiftung, Zweckvermögen), indem ein zur selbständigen Vertretung der Interessen jener Personenvielheit im Rechtsverkehr legitimierter, nach Regeln bestimmter Träger vom Recht anerkannt wird.

Ein rechtspersönlicher Verband kann rechtlich so konstruiert sein, daß ein fester, grundsätzlich nur entweder durch rein privatrechtliche Rechtsnachfolge oder durch Beschluß bestimmter Körperschaften zu erweiternder Kreis von Menschen als die allein berechtigten Mitglieder behandelt und die Verwaltung rechtlich kraft ihres Auftrags geführt wird: Korporation. Oder, der Stiftung im Prinzip verwandt, so, daß rechtlich nur Organe des Verbandes da sind, welche in seinem Namen handeln, die Mitglieder aber vorwiegend als verpflichtet zur Mitgliedschaft, der Eintritt neuer Mitglieder daher unabhängig vom Willen der schon vorhandenen entweder nach Willkür jener Organe oder nach bestimmten Regeln sich vollzieht und diese bloßen Mitglieder: etwa die Kunden einer Schule, als solche prinzipiell keinen Einfluß auf die Verwaltung haben: Anstalt im juristischen Sinn (mit dem sozialpolitischen Anstaltsbegriff nur teilweise zusammentreffend).

Der Übergang von der Anstalt einerseits zur Stiftung, andererseits zur Korporation ist auch juristisch flüssig. Ob die Anstalt autokephal oder heterokephal ist, kann nicht, wie Gierke will, entscheiden: eine Kirche ist Anstalt, kann aber autokephal sein.

Rechtstechnisch ganz entbehrlich ist nun der Rechtspersönlichkeitsbegriff überall da, wo einem Verband kein Vermögen zugewiesen ist, über welches in seinem Namen Kontrakte erforderlich werden. Inadäquat ist er für solche Gesellschaften, welche ihrem sachlichen Wesen nach eine engbegrenzte Zahl von Teilhabern umfassen und zeitlich begrenzt sind, wie etwa für einzelne Handelsgesellschaften. Hier wäre die absolute Sonderung der Rechtssphäre des einzelnen von derjenigen der Gesamtheit kreditschädlich, da die spezifische Kreditwürdigkeit zwar auch auf der Existenz eines gesonderten Vermögens, in erster Linie aber auf dem Einstehen aller Teilhaber für die Schulden der Gesamtheit beruht. Ebenso wäre die Schaffung besonderer Organe für die Vertretung der letzteren nicht immer zweckmäßig. Für derartige Verbände und Vergesellschaftungen war daher das wenigstens in der Vergangenheit den meisten Rechten irgendwie in Ansätzen bekannt gewesene Prinzip der Gesamthand, d.h. die Legitimation entweder nur aller Beteiligten durch gemeinsames Rechtshandeln oder auch jedes oder einiger oder eines einzelnen durch Handeln im Namen aller zur Vertretung der Gesamtheit und die Haftung aller mit ihrer Person und ihrem Vermögen, die gerade den kapitalistischen Kreditinteressen adäquate Form. Sie stammt aus der hausgemeinschaftlichen Solidarhaftung und gewinnt ihren spezifischen Charakter in der fortgesetzten Erbengemeinschaft, sobald eine rechtliche Sonderung des Gesamtvermögens von dem Einzelvermögen der Beteiligten, der Gesamthaftung von der Einzelhaftung derart beginnt, wie wir dies als Folge geschäftlicher Zersetzung der Brüderlichkeit früher kennen lernten. Von der Erbengemeinschaft her hat sie sich als Grundlage zahlreicher gewillkürter Gemeinschaften verbreitet, für welche die aus dem Verbrüderungscharakter der Hausgemeinschaft folgenden Innen- und Außenbeziehungen entweder urwüchsig waren oder aus rechtstechnischen Zweckmäßigkeitsgründen übernommen wurden. Das heutige Recht der offenen Handelsgesellschaft ist, wie wir sahen, direkt die rationale Fortbildung der hausgemeinschaftlichen Beziehung für Zwecke des kapitalistischen Betriebes. Die verschiedenen Formen der Kommanditen sind Kombinationen dieses Prinzips mit dem Recht der universell verbreiteten Commenda und Societas maris. Die deutsche Gesellschaft mit beschränkter Haftung ist eine rationale Neuerfindung zum Ersatz der für die Zwecke kleinerer und familienhafter, speziell erbengemeinschaftlicher Unternehmungen rechtlich nicht adäquaten, speziell durch den modernen Publizitätszwang unbequemen Aktiengesellschaft. Die Verbrüderung (agermanament im spanischen Recht) der Kaufleute, Schiffsbesitzer und Schiffsbesatzung war der gemeinsamen Unternehmung einer Seefahrt der Natur der Sache nach urwüchsig. Sie entwickelte sich – ganz entsprechend der Entstehung des Betriebes aus der Hausgemeinschaft – in der Reederei zu einer Gesamthandvergesellschaftung der Unternehmer, während sie nach der anderen Seite in der Bodmerei und in den Grundsätzen über den Seewurf in eine rein sachliche Gefahrengemeinschaft der Fahrtinteressenten ausmündete. In all jenen Fällen war das Typische die Verdrängung der Verbrüderungen durch Geschäftsbeziehungen, der Statuskontrakte durch Zweckkontrakte, unter Erhaltung aber der rechtstechnisch zweckmäßigen Behandlung der Gesamtheit als eines gesonderten Rechtssubjektes und der Sonderung des gemeinsam besessenen Vermögens. Andererseits ersparte man die formale Bürokratisierung des Organapparates, wie er bei der Konstituierung als Körperschaft technisch notwendig geworden wäre. In dieser Struktur sind die rational umgebildeten Gesamthandverhältnisse in keinem Rechtssystem so spezifisch entwickelt wie in denjenigen des Okzidents seit dem Mittelalter. Daß sie dem römischen Recht fehlten – das hellenische Handelsrecht, welchem z.B. im rhodischen manche Spezialinstitute des antiken internationalen Handelsrechts entlehnt sind, ist in seiner Entwicklung nicht genau bekannt –, hatte teilweise rechtstechnisch in der Eigenart des nationalen Zivilrechts begründete und noch zu besprechende, nicht aber ökonomische Gründe. Wohl aber hängt die relative Entbehrlichkeit dieses Formenreichtums mit der Eigenart des antiken Kapitalismus zusammen. Er war einerseits Sklavenkapitalismus, andererseits vorwiegend politischer, im Staat verankerter Kapitalismus. Die Verwendung von Sklaven als Erwerbsinstrumenten mit unbeschränkter Berechtigung und beschränkter Haftung des Herrn für ihre Kontrakte und mit einer begrenzten Behandlung des peculium nach Art einer Sondervermögensmasse ermöglichte es, wenigstens einen Teil der heute durch die verschiedenen Formen beschränkter Haftung erzielten Effekte zu erreichen. Dabei bleibt freilich die Tatsache bestehen, daß diese Einschränkung, verbunden mit dem völligen Ausschluß aller Gesamthandsprinzipien im Sozietätsrecht und mit der Zulassung von Solidarberechtigung und -verpflichtung nur auf Grund von speziellen Korrealsponsionen, zu jenen juristischen Symptomen des Fehlens kapitalistischer gewerblicher Dauerbetriebe mit stetigem Kreditbedarf gehört, welches der römischen Wirtschaftsverfassung spezifisch ist. Die Bedeutung der wesentlich politischen Verankerung des antiken Kapitalismus aber tritt darin hervor, daß die für den Privatverkehr fehlenden Rechtsinstitute für die Staatspächter (Pächter von Steuern, Bergwerken, Salinen: socii vectigalium publicorum) schon in der frühen Kaiserzeit auch privatrechtlich anerkannt waren. Die rechtliche und ökonomische Struktur dieser Gesellschaften war eine Kombination der heute bei der Emission von Wertpapieren durch unsere Banken üblichen Rechtsform der konsortialen Beteiligung von Unternehmern an der von einem oder mehreren führenden Unternehmern dem Emittierenden gegenüber übernommenen Kapitalbeschaffung mit bloßen Kommanditbeziehungen. Die im Interdikt de loco publico fruendo und sonst literarisch vorkommenden socii des Konsortialleiters (manceps) waren Unterkonsortialbeteiligte, die affines bloße Kommanditisten, die faktische Rechtslage nach innen und außen der heutigen sehr ähnlich.

Teils rechtstechnisch, teils politisch bedingt war auf der anderen Seite die Entscheidung der Frage: ob auch die Staatsanstalt selbst als Rechtspersönlichkeit im Sinne des Zivilrechts zu behandeln sei. Das hieß praktisch in erster Linie: daß die Rechtssphäre der Organe der staatlichen Herrschaft geschieden wird in eine persönliche Rechtssphäre mit Ansprüchen und Verpflichtungen, die ihnen persönlich zugerechnet werden, und in eine amtliche, deren vermögensrechtliche Beziehungen einem Sonderkomplex, dem Anstaltsvermögen, zugerechnet werden, daß aber ferner auch die Sphäre des amtlichen Auftretens der Organe des Staats ihrerseits geschieden ist in eine Sphäre herrschaftlicher und eine andere Sphäre privatrechtlicher Beziehungen, daß in dieser letzteren, ausschließlich vermögensrechtlichen Sphäre die allgemeinen Grundsätze des Rechts des Privatverkehrs maßgebend sind. Eine normale Konsequenz dieser Persönlichkeit des Staates ist es dann, daß er aktiv und passiv als gleichberechtigter Prozeßgegner eines Privatmannes im gewöhnlichen Rechtsgang aufzutreten und in Anspruch genommen zu werden qualifiziert ist. Die Frage der Rechtspersönlichkeit hat mit dieser letzteren Frage an sich, juristisch betrachtet, nichts zu schaffen. Denn die privatrechtliche Erwerbsfähigkeit des populus romanus z.B. aus Testamenten war zweifellos, prozeßfähig aber war er nicht. Beide Fragen sind auch praktisch verschieden. Im Sinne selbständiger Erwerbsfähigkeit pflegt aber die selbständige Rechtspersönlichkeit aller anstaltsmäßigen, also staatlichen, politischen Gebilde außer Zweifel zu stehen, auch wenn sie sich der Unterwerfung unter die ordentliche Rechtspflege entziehen. Ebenso kann die Rechtspersönlichkeit und die Zulässigkeit des Rechtsweges anerkannt sein, aber für die Kontrakte der Staatsanstalt können ganz andere Grundsätze gelten als für Privatkontrakte. Meist freilich pflegt dies letztere, wie in Rom, mit dem Ausschluß der ordentlichen Gerichte und der Entscheidung von Streitigkeiten aus Kontrakten mit dem Staat durch Verwaltungsbeamte zusammenzuhängen. Die Fähigkeit, prozessual als Partei aufzutreten, pflegt nicht nur den Rechtspersönlichkeiten, sondern auch vielen Gesamthandvergesellschaftungen verliehen zu sein. Dennoch aber taucht das Problem der Rechtspersönlichkeit rechtshistorisch meist in enger Verbundenheit mit dem Problem der Prozeßstandschaft auf. Dies gilt speziell für die öffentlichen Verbände, wo immer die politische Gewalt mit Privaten nicht als Herrscher zum Untertanen verhandeln konnte, sondern genötigt war, sich deren Leistungen durch freien Kontrakt zu beschaffen, also vor allem durch Verkehr mit Kapitalisten, deren Kredithilfe oder Unternehmerorganisation sie bedurfte und die sie infolge der Freizügigkeit des Kapitals zwischen mehreren konkurrierenden politischen Verbänden nicht leiturgisch zu erzwingen vermochte; ferner beim Verkehr mit freien Handwerkern und Arbeitern, gegen welche sie leiturgische Zwangsmittel nicht anwenden konnte oder wollte. In all diesen Fällen entstanden alle jene Probleme zugleich. Wenn die Frage der Rechtspersönlichkeit des Staats und zugleich der Zuständigkeit der ordentlichen Gerichte bejaht wurde, so bedeutete dies im allgemeinen eine Steigerung der Sicherung der privaten Interessen. Nicht aber mußte umgekehrt die Ablehnung eines von beiden Postulaten notwendig eine Minderung dieser Sicherung bedeuten. Denn es konnte anderweit die Innehaltung der Kontraktpflichten hinlänglich garantiert erscheinen. Daß man den König von England von jeher verklagen konnte, hat die Florentiner Bankiers nicht vor der Repudiation der riesigen Schuldenlast im 14. Jahrhundert geschützt. Das Fehlen jedes prozessualen Zwangsmittels gegen die römische Staatskasse hat deren Gläubiger im allgemeinen nicht gefährdet, und als dies im zweiten Punischen Kriege doch geschah, wußten sie sich Pfandsicherheiten geben zu lassen, deren Antastung nicht versucht worden ist. Gegen den französischen Staat blieb wenigstens die zivilrechtliche Anrufung des Rechtsweges auch nach der Revolution ausgeschlossen, ohne seinen Kredit zu gefährden. Die Versagung des Rechtswegs gegen die Staatskasse ist einerseits als Teilerscheinung der prinzipiellen Heraushebung des Staates aus den Kreisen der Verbände mit der Entwicklung des modernen Souveränitätsbegriffs entstanden. So in Frankreich. Auch Friedrich Wilhelm I. hat im Zusammenhang mit seinem Souveränitätsbewußtsein den Versuch gemacht, den „renitenten Adelsleuten" durch „allerhand Schikane" die Anrufung des Reichskammergerichts zu verleiden. Die Gewährung des Rechtsweges war andrerseits da und solange selbstverständlich, als die ständische Struktur des politischen Gebildes alle Beschwerde über die Verwaltung als Grenzstreit zwischen Privilegien und wohlerworbenen Rechten in die Form des Rechtsstreits verwies und der Fürst nicht als Souverän, sondern als Inhaber einer bestimmt begrenzten Prärogative, als ein Privilegienträger neben anderen im politischen Verband erschien. So in England und im römisch-deutschen Reich.

Die Versagung der Klage gegen den Staat konnte aber auch die Folge wesentlich rechtstechnischer Umstände sein. So war in Rom der Zensor die Instanz für die Entscheidung aller nach unseren Denkgewohnheiten privatrechtlichen Ansprüche einzelner an die Staatskasse und umgekehrt. Aber er war auch die zuständige Instanz für die Streitschlichtung zwischen Privaten, soweit es sich um Rechtsfragen handelte, welche aus den Beziehungen zum Staatsgut herrührten. Alle Besitzstände auf dem Ager publicus und alle Streitigkeiten zwischen den kapitalistischen Interessenten des Staatsgebietes und der Staatslieferungen (publicani) oder zwischen ihnen und den Untertanen waren der ordentlichen Geschworenenjustiz dadurch entzogen und dem einfachen verwaltungsrechtlichen Cognitionsverfahren überwiesen, sicherlich der Sache nach nicht ein negatives, sondern ein positives Privileg der ungeheuren staatskapitalistischen Interessen. Das fehlende Geschworenenverfahren und die Qualität der Staatsbeamten als Richter und Parteivertreter in einer Person blieb bestehen und ging im Effekt auch auf den Fiskus der kaiserlichen Verwaltung über, nachdem dieser nach kurzem Schwanken unter Tiberius seit Claudius zunehmend den Charakter eines Staatsgutes und nicht eines persönlichen Besitzes des Kaisers angenommen hatte. Ganz restlos ist dies freilich nicht geschehen und sowohl terminologisch (durch Fortfall der alten verwaltungsrechtlichen Ausdrücke: manceps, praes und ihren Ersatz durch zivilrechtliche) wie in dem Grundsatz: daß der Fiskus prozeßfähig sei, blieb der Unterschied bestehen. Schwankungen zwischen patrimonialer und anstaltsmäßiger Auffassung der Stellung des kaiserlichen Besitzes haben neben verwaltungstechnischen Erwägungen und rein ökonomischen Interessen der Dynastie auch die verschiedenen Umgestaltungen und Unterscheidungen kaiserlicher Vermögensmassen bedingt, welche alle in der Theorie als prozeßfähig galten. Im Effekt ist die Scheidung des Kaisers als Privatperson und als Magistrat trotz allem wohl nur unter den ersten Kaisern durchgeführt worden. Letztlich galt aller Besitz der Kaiser als Krongut und daher wurde es üblich, das Privatvermögen bei der Thronbesteigung den Kindern zu übertragen. Die Behandlung des Konfiskationserwerbs und der zahlreichen zur Stütze der Gültigkeit von Testamenten an die Kaiser hinterlassenen Vermächtnisse ist weder vom Standpunkt einer rein privat- noch einer rein staatsrechtlichen Auffassung ganz klar entwickelt worden.

Für die Stellung des ständischen Fürsten des Mittelalters versteht sich, nach der später noch näher zu erörternden Struktur ständischer Gebilde, die Ungeschiedenheit von Fürstengut, welches politischen Zwecken und solchem, welches privaten Zwecken diente, vom Fürst als Herrscher und Fürst als Privatmann, von selbst. Wie wir sahen, hatte diese Ungeschiedenheit zur Anerkennung der Möglichkeit von Prozessen gegen den englischen König und den deutschen Kaiser geführt. Der gerade umgekehrte Effekt aber trat dann ein, wenn die Souveränitätsansprüche den Staat der Unterstellung unter die Justiz seiner eigenen Organe entzogen. Immerhin hat auch hier die Rechtstechnik den politischen Interessen der Fürsten gegenüber ziemlich wirksamen Widerspruch geleistet. Der rezipierte römische Fiskusbegriff hat in Deutschland als Rechtskonstruktionsmittel für die Möglichkeit, den Staat zu verklagen, gedient und hat infolgedessen – freilich in Konsequenz der überkommenen ständischen Auffassung weit über privatrechtliche Streitigkeiten hinaus – auch der eigentlichen Verwaltungsrechtspflege als erste Unterlage dienen müssen. Der Fiskusbegriff hätte nun eigentlich schon in der Antike einen Anstaltsbegriff erzeugen können. Diese Konzeption ist jedoch von den klassischen Juristen nicht vollzogen worden, weil sie den gegebenen Kategorien des antiken Privatrechts fremd war. Nicht einmal die Auflage im Sinn des heutigen Rechts war derart entwickelt, daß sie einen Ersatz bilden konnte. Der Stiftungsbegriff vollends blieb dem römischen Recht der Konzeption nach infolgedessen ganz fremd, sodaß für diese Zwecke nur der inschriftlich nachweisbare Weg blieb, sie als Korporationsvermögen zu konstituieren. Die Konzeption des Stiftungsbegriffs ist der Sache wie der reinen Technik nach fast überall religiös bedingt gewesen. Die große Masse der Stiftungen war von jeher dem Totenkult oder Werken religiös verdienstlicher Barmherzigkeit gewidmet. Das Interesse an der juristischen Konstruktion hatten daher vorwiegend Priesterschaften, welche mit der Wahrnehmung der stiftungsmäßigen Leistungen betraut waren. Daher entstand ein Stiftungsrecht nur da, wo die Priesterschaften hinlängliche Unabhängigkeit von der Laiengewalt gewannen, um ein heiliges Recht zu entwickeln. In Ägypten sind deshalb die Stiftungen uralt. Rein weltliche, insbesondere Familienstiftungen waren rechtstechnisch und zweifellos auch aus rechtspolitischen Gründen fast überall unbekannt, wenn sie sich nicht der Form der Lehensauftragung oder ähnlicher Formen bedienten, also eine Abhängigkeit der privilegierten Familien vom Fürsten schufen. Innerhalb der Polis fehlten sie deshalb. Erstmalig im byzantinischen Recht wurde das unter rechtstechnischer Benutzung sakraler Normen anders, nachdem das spätrömische Recht in den Fideicommissa begrenzte Ansätze dazu entwickelt hatte. In Byzanz kleidete sich die Sicherung ewiger Renten für die eigene Familie aus Gründen, die noch zu erörtern sein werden, in die Form von Klostergründungen mit Vorbehalt von Verwaltung und Rentenrechten für die eigene Familie. Von da ging diese Art von Stiftungen in die Wakufs des islamischen Rechts über, welche dort eine ganz außerordentliche, auch ökonomisch sehr weittragende Rolle gespielt haben. Im Okzident aber wurde rechtstechnisch zunächst der Heilige als Eigentümer des Stiftungsgutes behandelt und begann sich ein weltlicher Stiftungsbegriff des Mittelalters zu entwickeln, nachdem das kanonische Recht ihn für kirchliche Zwecke vorbereitet hatte.

Die Konzeption des Anstaltsbegriffes ist, rein juristisch betrachtet, erst von der modernen Theorie vollzogen worden. Der Sache nach ist auch er kirchlichen Ursprungs und stammt aus dem spätrömischen Kirchenrecht. Ein Anstaltsbegriff mußte hier irgendwie entstehen, nachdem die charismatische Auffassung der Träger der religiösen Autorität auf der einen Seite und die rein voluntaristischen Organisationen der Gemeinden auf der anderen endgültig zurückgetreten waren zu Gunsten der Amtsbürokratie der Bischöfe und diese nun auch die rechtstechnische Legitimation zur Wahrnehmung kirchlicher Vermögensrechte zu erlangen strebten. Dem antiken Recht, welchem die Tempelgüter seit der Säkularisation des Kults durch die Polis rechtlich als deren Besitz galten, war ein kirchlicher Anstaltsbegriff ganz fremd. Die antike Rechtstechnik half daher der christlichen Kirche mit ihrem Körperschaftsbegriff, das frühe Mittelalter, soweit das Kirchengut nicht als eigenkirchlicher Besitz galt, in der erwähnten Art mit der Auffassung des Heiligen als Eigentümer und der Kirchenbeamten als seiner Vertreter aus. Das kanonische Recht aber entwickelte namentlich nach der Kriegserklärung an das Eigenkirchenrecht im Investiturstreit ein geschlossenes kirchliches Korporationsrecht, welches vermöge der soziologisch notwendigen herrschaftlichen und anstaltsmäßigen Struktur der Kirche unvermeidlich abwich von dem Korporationsrecht sowohl der Vereine wie der ständischen Verbände, seinerseits aber die Bildung des weltlichen Korporationsbegriffs im Mittelalter stark beeinflußte. Wesentlich verwaltungstechnische Bedürfnisse der modernen anstaltsmäßigen Staatsverwaltung haben dann zur rechtstechnischen Prokreation so massenhaft öffentlicher Betriebe: Schulen, Armenanstalten, Staatsbanken, Versicherungsanstalten, Sparkassen usw., geführt, welche der Konstruktion als Korporationen, da sie keine Mitglieder und Mitgliedschaftsrechte, sondern nur heteronome und heterokephale Organe aufwiesen, unzugänglich waren, daß der selbständige Rechtsbegriff der Anstalt konzipiert wurde.

Der rationale Korporationsbegriff des entwickelten römischen Rechts war ein Produkt der Kaiserzeit, und zwar stammt er aus dem politischen Gemeinderecht. Politische Gemeinden im Gegensatz zum Staat gab es als Massenerscheinung erst seit dem Bundesgenossen-Krieg, welcher bis dahin souveräne Städte massenhaft in den Bürgerverband trieb, aber ihre korporative Selbständigkeit bestehen ließ. Die Gesetze der ersten Kaiser regelten diese Beziehungen endgültig. Die Gemeinden verloren in Konsequenz ihrer Mediatisierung die Qualität politischer Anstalten: civitates privatorum loco habentur, heißt es schon im 2. Jahrhundert, und mit Recht weist Mitteis darauf hin, daß nun der Terminus commune statt publicum für das Gemeindevermögen auftaucht. Ihre Streitsachen waren teils administrative (so die controversia de territorio), teils private, aus Kontrakten entstandene, und für diese galt offenbar der gewöhnliche Prozeßweg. Die typische Form des Munizipalbeamtentums verbreitete sich über das Reich. Wir finden nun, daß in den privaten Korporationen der Kaiserzeit sich genau die Titel des Munizipalbeamtentums wiederfinden. Die Bürokratisierung des Korporationsbegriffs nach dem Muster der ursprünglich politischen Gemeindeanstalt, für welche die absolute Trennung von Gemeindegut und Einzelvermögen und der Satz: quod universitati debetur, singulis non debetur, selbstverständlich waren, geht wohl sicher hierauf zurück. Gleichzeitig waren in der Monarchie der Julier alle Vereinsgründungen dem Konzessionszwang unterstellt worden, zweifellos aus politischen Gründen. Ob mit der Konzessionierung allein die volle Rechtspersönlichkeit oder welche Teile davon erworben wurden, scheint fraglich, in der Spätzeit fiel beides zusammen. Wahrscheinlich, wenn auch nicht sicher, bezeichnet der Ausdruck corpus collegii habere die volle Rechtsfähigkeit. Der typische Ausdruck der Theorie war später universitas. Wenn die plausible Annahme von Mitteis zutrifft, daß die internen Verhältnisse der privaten Korporation grundsätzlich nur der administrativen Cognition unterworfen gewesen seien, so wäre auch dies eine bezeichnende Teilerscheinung jener Bürokratisierung des Korporationswesens, welche den gesamten Rechtszustand der Kaiserzeit durchzieht, und zugleich eine jener säkularisierenden Umbiegungen des vorher gültigen Zustandes, wie sie diese ganze Entwicklung charakterisieren. Denn in republikanischer Zeit war der Zustand offensichtlich ein anderer. Es ist nicht sicher, aber nicht unwahrscheinlich, daß die 12 Tafeln nach dem Muster des solonischen Gesetzes die Autonomie der bestehenden Korporationen anerkannten. Gemeinsame Kassen galten, wie gerade spätere Verbotsgesetze beweisen, für etwas Selbstverständliches. Andererseits fehlt für eine zivilrechtliche Klage die rechtstechnische Möglichkeit. Auch das Edikt kennt sie sicher erst in der Kaiserzeit. Zwischen den Mitgliedern als solchen über Mitgliedsrechte fehlt ein Klageschema. Der Grund liegt offenbar darin: daß die privaten Korporationen damals teils dem sakralen, teils dem Verwaltungsrecht, priesterlicher oder amtlicher Cognition unterlagen, und dies wieder hing mit den ständischen Verhältnissen der antiken Polis, welche den Sklaven und den Metöken wohl im Kollegium, nicht aber in der politischen Bürgerzunft duldeten, zusammen.

Wie die hellenischen Phratrien und gewillkürte Verbände der älteren Zeit und wie die meisten Dauervergesellschaftungen als Rechtsgebilde bis hinauf zu den Totemverbänden, waren auch die ältesten bekannten römischen Vereine durchweg Verbrüderungen (sodalicia, sodalitates) und als solche Kultgenossenschaften. Der Bruder aber konnte von dem Bruder so wenig wie irgend ein durch Pietätsbeziehungen Verbundener vor Gericht gezogen werden. Noch das Pandektenrecht bewahrt im Ausschluß der Kriminalklagen Spuren davon und für das Zivilrecht kam die Existenz der Verbrüderung grade in diesen negativen Konsequenzen, als Schranke also, in Betracht. Aus dem gleichen Grunde waren die Gilden und Berufsverbände, deren Existenz in alter republikanischer Zeit in Rom sicher bezeugt ist, als collegia cultorum konstituiert: wie die chinesischen und mittelalterlichen Verbände gleicher Art waren sie Verbrüderungen unter dem Schutz ihres Spezialgottes, der dann in Rom vom Staat durch Zulassung des Collegiums als legitim anerkannt wurde: so Merkur für das nach der Tradition sehr alte collegium mercatorum. Die gegenseitige Unterstützungspflicht in Notlagen und die Kultmahle, welche ihnen mit den germanischen Gilden ebenso wie mit allen anderen auf Verbrüderung ruhenden Verbänden urwüchsig waren, rationalisierten sich später zur Schaffung von Hilfs- und Sterbekassen, als welche zahlreiche dieser Collegia dann in der Kaiserzeit auftauchen. Mit dem Recht der Bürger hatten sie nichts zu tun. Solange die sakrale Organisation mehr als bloße Form war, ist ihr Vermögen vermutlich sakral geschützt gewesen und wurden Streitigkeiten unter den Genossen als solche durch Schiedsgerichte, Kollisionen nach außen vermutlich durch magistratische Cognition erledigt. Die Ingerenz der Magistrate verstand sich bei demjenigen Teile der Berufsverbände von selbst, welche Bedeutung für staatliche Leiturgien (munera) hatten. Daraus erklärt sich die zwanglose Überführung in die Bürokratisierung der Kaiserzeit. Vornehmlich außerhalb des ordentlichen Geschworenenverfahrens vollzog sich aber auch die Regelung der Verhältnisse derjenigen agrarischen Verbände, deren Fortbestand die Quellen nur vermuten lassen. Der ager compascuus war ein Rudiment der Allmende, und die von den Agrarschriftstellern erwähnten Arbitria waren Reste einer staatlich irgendwie geregelten, aber autonomen Streitschlichtung bei Streitfällen als Nachbarbeziehungen. Nachdem der für das Korporationsrecht zunehmend einflußreiche Typus des Municipium einmal entstanden war, vollzog sich dann offenbar in der Kaiserzeit die Nivellierung des Rechts der überhaupt noch zugelassenen Korporationen. Die Reste genossenschaftlicher Mitgliedschaftsrechte, soweit man von solchen sprechen darf, schwanden nun, und nur außerhalb des römischen Reichsrechts blieben Erscheinungen möglich wie die Handwerkerphylen hellenistischer Kleinstädte, deren Erwähnung nur beweist, daß aus dem römischen Reichsrecht ebensowenig auf die Nichtexistenz andrer Strukturformen von Verbänden geschlossen werden darf wie aus dem Fehlen der Erbpacht und des geteilten Eigentums im alten Zivilrecht auf das Fehlen dieser Institutionen an sich, welche auf dem für die Zensusrolle allein in Betracht kommenden Ager optimo iure privatus nicht möglich waren.

Das mittelalterliche Recht des Kontinents stand unter dem dreifachen Einfluß der germanischen Genossenschaftsformen, des kanonischen Rechtes und der Form, in welcher das römische Recht von der juristischen Praxis rezipiert wurde. Die germanischen Genossenschaftsformen sind in ihrem Reichtum und ihrer Entwicklung durch die großartigen Arbeiten Gierkes historisch neu entdeckt worden, und alle Einzelheiten gehören nicht hierher. Sie sind im Zusammenhang mit den einzelnen Wirtschaftsgebieten, speziell in der Agrargeschichte und in der Darstellung der Unternehmungsformen zu besprechen. Hier müssen diejenigen wenigen Bemerkungen genügen, welche die formalen Prinzipien der Behandlung, mit welchen wir es jetzt allein zu tun haben, aufklären. Von den einfachen Gesamthandsverhältnissen bis zur rein politischen Gemeinde, und das hieß im Mittelalter: der Stadtgemeinde, erstreckte sich in fast lückenlosen Übergängen eine Serie von Gebilden, welche rechtstechnisch gemeinsam die formale Prozeß- und Vermögensfähigkeit haben, bei denen dagegen die Art der Beziehungen zwischen Gesamtheit und einzelnen in den allermannigfachsten Typen geregelt erscheint. Ob der einzelne überhaupt nicht als Inhaber eines Anteils am Gesamtvermögen gilt, oder ob umgekehrt dieser Anteil sein freies, in Wertpapierform übertragbares Privateigentum ist, aber eben nur einen Anteil am Gesamtkomplex des Vermögens und nicht an dessen Einzelbestandteilen darstellt, oder ob umgekehrt die Einzelobjekte als zu geteiltem Eigentum von den Anteilhabern besessen gelten; inwieweit ferner die Gesamtheit die Rechte der einzelnen zu begrenzen und ihren Inhalt zu bestimmen oder inwieweit umgekehrt die Rechte der Einzelnen den Verfügungen der Gesamtheit im Wege stehen; ob ein Beamter oder ein bestimmtes Mitglied als solches oder in gewissem Umfang alle Mitglieder die Gesamtheit nach außen vertreten und nach innen verwalten; ob die Mitglieder mit ihrem eigenen Vermögen oder mit persönlichen Diensten beitragspflichtig sind oder nicht; ob die Mitgliedschaft prinzipiell offen oder prinzipiell geschlossen und nur kraft Beschlusses erwerbbar ist – dies war in der allerverschiedensten Art geregelt. Die Verwaltung näherte sich in sehr verschieden starkem Grade denjenigen Formen, welche auch den politischen Verbänden eigen waren, oft so weit, daß ihre eigene Zwangsgewalt nach innen und außen nur durch die Art der Zwangsmittel oder auch nur durch die Heteronomie gegenüber dem politischen Verband sich von dessen eigener Gewalt unterschied. Andererseits wurde die Gesamtheit aber auch als Trägerin persönlicher Rechte und Pflichten behandelt, wie irgend ein Privater. Sie konnte Namenrechte, Standesrechte, Erfinderrechte besitzen, war deliktfähig, d.h. bestimmte rechtswidrige Tatbestände, namentlich Handlungen und Unterlassungen ihrer Organe wurden ihr rechtlich ebenso zugerechnet und von ihr gebüßt, wie von einer Privatperson: dies letztere namentlich war so wenig eine Ausnahme, daß es speziell in England ganze Epochen gab, in welchen vorwiegend Gesamtpersönlichkeiten als Pflichtgemeinschaften und bei Nichthaltung der Pflichten als Schuldner der vom König verhängten Strafe auftreten. Die Verfassung der Verbandsgesamtheiten konnte fast jede Art von Verbandsform annehmen, welche wir weiterhin für politische Verbände kennenlernen werden: unmittelbare oder repräsentative, auf Gleichheit oder Ungleichheit der Rechte der Beteiligten beruhende Verwaltung im Namen der Beteiligten, mit reihum gehenden oder gewählten Amtsträgern oder ein durch Normen oder Tradition begrenztes, im übrigen aber autokratisches Herrenrecht eines einzelnen oder einer fest begrenzten Gruppe von Rechtsträgern, erworben durch periodische Wahl oder anderweitige Kreierung oder kraft Erbrechts oder kraft eines übertragbaren Rechtstitels, der auch an die Innehabung eines bestimmten Besitzobjekts geknüpft sein konnte. Die Struktur der Organe der Gesamtheit konnte mehr als eine aus fest begrenzten Rechten bestehende Prärogative, ein Bündel konkreter, nicht überschreitbarer Privilegien also zur Ausübung einzelner Herrschaftsbefugnisse als subjektiver Rechte, oder mehr als eine durch objektive Normen begrenzte, innerhalb dieser aber in ihren Mitteln freie Regierungsgewalt und diese wieder mehr vereinsmäßig oder mehr anstaltsmäßig gestaltet sein. Inhaltlich konnte sie streng zweckverbandsmäßig gebunden oder relativ frei beweglich sein. Danach richtete sich der Umfang der Autonomie. Sie konnte geradezu gänzlich fehlen, der Erwerb von Rechten und die Leistungspflicht sich automatisch nach festen Regeln verteilen, wie dies bei manchen leiturgischen Verbänden in England der Fall war. Oder es konnte autonome Satzung, in weitem Umfang nur durch elastische Normen, herkömmliche, gesetzte oder heteronome, begrenzt, stattfinden.

Welche von all diesen Alternativen im Einzelfall stattfand, war und ist auf dem Boden der freien Verbandsbildung noch heute zunächst durch die konkreten Zwecke und insbesondere die ökonomischen Mittel des Einzelverbandes bestimmt. Der Verband kann vorwiegend wirtschaftende Gemeinschaft sein. Dann bestimmt sich die Struktur wesentlich ökonomisch durch Maß und Art der Bedeutung des Kapitals und dessen innere Struktur einerseits, der Kreditbasis und des Risikos andererseits. Kapitalistischer Erwerb als Zweck (vor allem bei der Aktiengesellschaft, bergrechtlichen Gewerkschaft, Reederei, Staatsgläubiger- und Kolonialgesellschaft) bedingt, infolge der vorwiegenden Bedeutung des Kapitals für die Leistungsfähigkeit des Verbandes, der Gewinnanteilchancen für die Interessen der Einzelnen, prinzipielle Geschlossenheit der Mitgliedschaft und relativ feste Zweckgebundenheit, dabei aber formal unantastbare, vererbliche und meist frei veräußerliche Mitgliedschaftsrechte, bürokratische Verwaltung, unmittelbare oder repräsentative, dem Recht nach demokratisch, faktisch plutokratisch beherrschte, durch Debatten und Abstimmung nach Kapitalanteilen mitwirkende Mitgliederversammlung, fehlende, weil für die Kreditwürdigkeit an Bedeutung zurücktretende, Haftung der Mitglieder nach außen und im allgemeinen, außer bei der Gewerkschaft infolge der Struktur des Bergbaukapitals, auch nach innen. Naturalwirtschaftliche Eigenbedarfsdeckung andererseits bedingt, je universaler der Gemeinschaftszweck ist desto mehr, Überwiegen der Gewalt der Gesamtheit, Fehlen fester Mitgliedschaftsrechte, Annäherung an kommunistische Wirtschaft, sei es auf unmittelbar demokratischer oder auf patriarchaler Basis (Hausgemeinschaft, Gemeinderschaft, strenge Feldgemeinschaft). Mit zunehmender Geschlossenheit und Appropriation nach innen treten (Dorf- und Markgemeinschaft) die Mitgliedschaftsrechte zunehmend in den Vordergrund, während die in Gemeinschaftsverwaltung verbliebenen Nutzungen Pertinenzen der zu individuellem Besitz appropriierten Nutzungen werden, die Verwaltung aber je nachdem durch Turnus oder durch erbliche Organe oder herrschaftlich (durch Grundherren) geführt wird. Wo es sich endlich um gewillkürte Vergesellschaftungen zur gemeinwirtschaftlichen Ergänzung individueller Produktions- oder Konsumtionswirtschaften handelt, wie bei den sogen[annten] Genossenschaften des modernen Rechts, pflegt die Mitgliedschaft Folge zu sein, da Mitgliederrechte zwar fest appropriiert und ebenso wie die Mitgliedspflichten fest begrenzt, aber regelmäßig nicht frei veräußerlich sind; die persönliche Haftung pflegt dann an Bedeutung für die Kreditwürdigkeit des Verbandes wesentlich stärker hervorzutreten, aber entweder begrenzt oder, wo das Risiko übersehbar bleibt, unbegrenzt zu sein, die Verwaltung formell bürokratisch, faktisch nicht selten honoratiorenmäßig. Die individuellen Mitgliederrechte am Gesamtvermögen müssen ihre strukturgebende Bedeutung zunehmend verlieren, je mehr der Verband den Charakter einer Veranstaltung für eine unbestimmte Vielheit von Interessen und vollends von begünstigten Personen annimmt und die Kapitaleinlage zu Gunsten dauernder Beitragsleistungen oder Entgelts für die Leistungen der Gesamtheit seitens der Interessenten an Bedeutung zurücktritt. So schon bei den rein ökonomisch orientierten Versicherungsgesellschaften, vollends aber bei Anstalten, welche sozialpolitischen und caritativen Zwecken dienen. Je mehr endlich die Gemeinschaft nur eine wirtschaftende Gemeinschaft im Dienst primär außerökonomischer Zwecke ist, desto bedeutungsloser werden die garantierten Vermögensrechte der Mitglieder und desto weniger geben überhaupt ökonomische Bedingungen für die Struktur den Ausschlag.

Überhaupt aber ist die Entwicklung der Rechtsstruktur der Verbände im ganzen keineswegs vorwiegend ökonomisch bedingt gewesen. Dafür liefert in erster Linie schon der starke Gegensatz zwischen der mittelalterlichen und auch noch der neuzeitlichen englischen gegenüber der kontinentalen, vor allem der deutschen Entwicklung den Beweis. Das englische Recht seit der normannischen Eroberung kannte eine Genossenschaft im Sinne der Gierkeschen Terminologie überhaupt nicht. Einen Körperschaftsbegriff nach Art des kontinentalen hat es erst in der Neuzeit entwickelt. Es kannte weder Autonomie von Verbänden in dem Sinne und Umfang, wie sie dem deutschen Mittelalter selbstverständlich war – sondern nur Ansätze dazu –, noch andererseits eine durch Normen allgemein geregelte Rechtspersönlichkeit von Verbänden. Die Gierkesche Genossenschaftstheorie hat, wie Maitland und nach ihm Hatschek gezeigt haben, im englischen Rechtsgebiet fast keine Stätte gehabt außer in der von Gierke als Herrschaftsverband bezeichneten Form, welche aber leider mit anderen als mit den von Gierke geschaffenen Kategorien juristisch konstruierbar ist und in England auch konstruiert worden ist. Und dieses Fehlen der vermeintlich germanistischen Form des Verbandsrechts bestand dort nicht nur trotz der Nichtrezeption des römischen Rechts, sondern teilweise geradezu infolge derselben. Das Fehlen des römischen Korporationsbegriffs hatte es erleichtert, daß in England zunächst nur die kirchlichen Anstalten vermöge des kanonischen Rechts wirksame Korporationsrechte besaßen und daß allen englischen Verbänden zunächst die Tendenz innewohnte, einen ähnlichen Charakter aufgeprägt zu erhalten. Die Theorie von der corporation sole, der durch die Reihe der Amtsträger dargestellten dignitas, ermöglichte der englischen Jurisprudenz die Behandlung der staatlichen und kommunalen Verwaltung als einer Rechtspersönlichkeit in gleicher Art, wie es die kirchliche Behörde nach kanonischem Recht war. Der König galt bis in das 17. Jahrhundert als eine corporation sole, und wenn noch heut nicht der Staat und nicht der Fiskus, sondern die Krone als Träger aller Rechte und Pflichten des politischen Verbandes gilt, so ist das eine Folge des früheren, durch die politische Struktur des Ständestaates bedingten Fehlens des römisch-rechtlich beeinflußten deutschen Korporationsbegriffs und zugleich eine Folge des Einflusses des kanonischen Rechts. In der Neuzeit behielt die englische Korporation, nachdem sie überhaupt entstand, wesentlich Anstalts- und nicht Vereinscharakter und wurde jedenfalls keine deutschrechtliche Genossenschaft. Dies läßt vermuten, daß auf dem Kontinent das römische Recht bei dem Prozeß des Absterbens des mittelalterlichen Genossenschaftsrechts nicht die entscheidende Macht war, wie man oft geglaubt hat. In der Tat haben die romanistischen Juristen, so völlig fremd das justinianische Recht den mittelalterlichen Verbänden gegenüberstand, bei der Interpretation, die sie ihm gaben, den Tatsachen der sie umgebenden Praxis auf so vielen Punkten Rechnung tragen müssen, daß ihre Theorie, mochte sie mit noch so fragwürdigen Denkmitteln arbeiten, den mittelalterlichen Verbänden schwerlich die Existenz abgegraben hätte. Sie haben die Konzeption des Korporationsbegriffs an Stelle der immerhin sehr schwankenden deutschrechtlichen Denkform zwar nicht aus eigener Kraft vollzogen, aber doch sehr stark gefördert. Der Grund für die englische Entwicklung einerseits, die kontinentale, speziell deutsche, anderseits lag vielmehr sowohl im Mittelalter wie im Beginn der Neuzeit ganz vorwiegend in politischen Umständen. Der Unterschied beider war im wesentlichen durch die starke königliche Zentralgewalt und die technischen Verwaltungsmittel der Plantagenets und ihrer Nachfolger einerseits, durch das Fehlen einer starken politischen Zentralgewalt in Deutschland andererseits hervorgerufen. Daneben durch die Nachwirkung bestimmter feudaler Grundlagen des englischen common law auf dem Gebiete des Immobilienrechts.

Diese extrem anstaltsmäßige und herrschaftliche Struktur des Korporationsbegriffs in England blieb nun zwar nicht die einzige. Neben sie trat als Surrogat der festländischen Korporation die Behandlung bestimmter Personen oder Amtsträger als Treuhänder, denen bestimmte Rechte zu Gunsten entweder bestimmter Destinatäre oder zu Gunsten des Publikums im allgemeinen anvertraut sind: so wurde seit Ende des 17. Jahrhunderts der König zeitweilig als trustee des public aufgefaßt, ebenso die Kirchspiel- und Kommunalbehörden, und überall, wo bei uns heute der Begriff des Zweckvermögens auftaucht, ist im englischen Recht der trustee das technische Mittel. Das Spezifische dieser Anstaltskonstruktion ist: daß der Treuhänder nicht nur tun darf, sondern tun soll, was in seiner Kompetenz liegt: ein Surrogat des Amtsbegriffs. Der Ursprung der Trusts in diesem Sinn des Worts lag, etwa wie beim römischen Fideicommissum, zunächst in dem Bedürfnis der Umgehung bestimmter Verbotsgesetze, namentlich der Amortisationsgesetze und anderer Rechtsschranken des geltenden Rechts. Daneben in dem Fehlen eines Korporationsbegriffs im Mittelalter. Als das englische Recht einen solchen konzipierte, verwendete man jenes rechtstechnische Mittel für die nicht als Korporationen konstituierbaren Anstalten weiter. Aber ein ähnlicher Grundzug hat das ganze englische Korporationsrecht dauernd, auch außerhalb dieser Sphäre, grundlegend beherrscht.

Der zuletzt genannte Umstand bedingte es, daß die Markgenossenschaft im englischen Recht weit radikaler als in Deutschland herrschaftliches Gepräge trug, vor allem der Grundherr regelmäßig als Eigentümer des nicht aufgeteilten Landes, die Bauern nur als bewidmet mit Nutzungsrechten an fremder Sache galten. Daß ihnen die Königsgerichte offen standen, nutzte ihnen gegenüber dieser konsequent durchgeführten Auffassung nicht viel, und das Endresultat war die Anerkennung des fee simple als der grundlegenden Form englischen Bodeneigentums in einem weit radikaleren Maße, als der ager optimo iure privatus des römischen Rechts in der Realität der Dinge je geherrscht hat. Ganerbschaften und alle die Gestaltungen, welche im deutschen Recht an sie als Typus anknüpften, wurden dadurch schon infolge des feudalen Primogenitur-Prinzips ausgeschlossen. Und daß aller Bodenbesitz letztlich auf königliche Verleihung zurückzuführen war, mußte Konsequenzen für die Auffassung der Verfügungsgewalten auch aller Verbände als nur durch Privileg zu erwerbender Spezialrechtstitel bestimmter Personen und ihrer Rechtsnachfolger haben. Die englische Praxis hat, wie nach Maitlands Untersuchungen angenommen werden muß, vermöge der rein automatischen, der alten Hufenverfassung eigentümlichen Verteilung von Rechten und Pflichten an jeden einzelnen nach Maßgabe seines Anteils, welche sich auf alle ähnlichen Verbände übertrug, zunächst nur ein sehr geringes Bedürfnis nach rechtlicher Behandlung der Gesamtheit der an einer Gemeinschaft Beteiligten als eines selbständigen Rechtssubjektes empfunden. Das steigerte sich durch die teils feudale Teilung, teils spezifisch ständische Struktur des Staatswesens. Zunächst durch die Amortisationsgesetze, welche im Interesse des Königs und Adels jede Grundbesitzveräußerung an die tote Hand, einschließlich der Gemeinden, verboten. Eine Befreiung davon konnte nur durch speziales Privileg erlangt werden, und tatsächlich sind die Stadtprivilegien des 15. Jahrhunderts, welche für die betreffenden Städte Korporationsrechte mit positivem Inhalt schufen (zuerst das Privileg für Kingston 1439), mit unter dem Druck eben jener Verbote von den Städten erstrebt worden. Aber das Korporationsrecht blieb damit spezifisches Privilegienrecht und den allgemeinen Konsequenzen der ständischen Rechtsbildung unterstellt. Vom König und Parlament angefangen galt jede Herrschaftsgewalt als ein Komplex bestimmter Prärogativen und Privilegien. Wer immer ein nicht durch reinen Privatkontrakt erwerbbares Recht welcher Art immer ausübte, mußte es rechtlich kraft gültigen Privilegs und konnte es also nur in einem fest begrenzten Umfang besitzen. Nur unvordenkliche Gewohnheit konnte den ausdrücklichen Nachweis des Privilegs ersetzen. Auch nach Entstehung des Korporationsbegriffs blieb daher in der Neuzeit die Doktrin in aller Schroffheit bestehen, wonach jeder Verband, der durch Rechtshandlungen das Gebiet der ihm ausdrücklich eingeräumten Privilegien überschritt, ultra vires handelte, dadurch privilegbrüchig wurde und der Privilegienkassation verfiel, wie sie die Tudors und Stuarts massenhaft haben verfügen lassen. Alle Korporationsbildung, öffentliche wie privatrechtliche – ein dem englischen Recht eigentlich nicht bekannter Gegensatz –, wurde dadurch in die Bahn der speziell konzessionierten und konzessionspflichtigen, der Kontrolle und Aufsicht unterstellten und offiziell ausschließlich auf public utility abzustellenden Zweckverbandsbildung gedrängt. Alle Korporationen entstanden als politische oder politisch autorisierte Zweckanstalten. Dieser Rechtszustand war historisch offensichtlich in seinem letzten Ursprung Produkt des später zu besprechenden leiturgischen Charakters der normannischen Verwaltung. Der König sicherte sich die für Rechtspflege und Verwaltung erforderlichen Leistungen durch Bildung von Zwangsverbänden mit Kollektivpflichten, denen prinzipiell ähnlich, wie sie den chinesischen, hellenistischen, spätrömischen, russischen und anderen Rechten auch bekannt waren. Eine Gemeinde (communaltie) bestand ausschließlich im Sinn eines leiturgischen Pflichtenverbandes im Interesse der königlichen Verwaltung und hatte Rechte lediglich kraft königlicher Verleihung oder Duldung. Andernfalls blieben alle solche Gemeinschaften rechtlich auch in der Neuzeit bodies non corporate. Die Verstaatlichung des Verbandswesens stand also am Anfang der nationalen englischen Rechtsgeschichte infolge der straffen patrimonialen Zentralverwaltung auf dem Gipfel und hat von da aus allmähliche Abschwächungen erfahren, während für die kontinentale Rechtsgeschichte erst der bürokratische Fürstenstaat der Neuzeit die überkommenen korporativen Selbständigkeiten sprengte, Gemeinden, Zünfte, Gilden, Markgenossenschaften, Kirchen, Vereine aller denkbaren Art seiner Aufsicht unterwarf, konzessionierte, reglementierte und kontrollierte und alle nicht konzessionierten Rechte kassierte und so der Theorie der Legisten: daß alle Verbandsbildung selbständige Gesamtrechte und Rechtspersönlichkeit nur kraft der Funktion des Princeps haben könne, die Herrschaft über die Praxis überhaupt erst ermöglichte.

Die französische Revolution hat dann im Umkreis ihrer bleibenden Einwirkung jede Korporationsbildung nicht nur, sondern auch jede Art einer nicht für ganz eng begrenzte Zwecke ausdrücklich konzessionierten Vereinsbildung und alle Vereinsautonomie überhaupt zerstört. Vornehmlich aus den für jede radikale Demokratie typischen politischen Gründen, daneben aus naturrechtlich doktrinären Vorstellungen heraus, schließlich zu einem Teil auch aus bürgerlichen, ökonomisch bedingten, aber in ihrer Rücksichtslosigkeit ebenfalls stark doktrinär beeinflußten Motiven. Der Code schweigt von dem Begriff der juristischen Person überhaupt, um ihn damit auszuschließen. Erst die ökonomischen Bedürfnisse des Kapitalismus und, für die nichtkapitalistischen Schichten, der Marktwirtschaft einerseits, die politischen Agitationsbedürfnisse der Parteien andererseits und endlich die steigende sachliche Differenzierung der Kulturansprüche in Verbindung mit der persönlichen Differenzierung der Kulturinteressen unter den Individuen haben diese Entwicklung wieder rückwärts revidiert. Einen solchen schroffen Bruch mit der Vergangenheit hat das englische Korporationsrecht nicht erlebt. Seine Theorie begann seit dem 16. Jahrhundert zunächst für die Städte den Begriff des Organs und Organhandelns als rechtlich gesondert von der Privatsphäre zu entwickeln und bediente sich dabei des Begriffs des body politick (des römischen corpus), bezog die Zünfte in den Bereich der Korporationstypen ein, gab den Gemeinden im Fall des Besitzes eines Siegels die Möglichkeit prozessualer und kontraktlicher Selbständigkeit, gestattete den konzessionierten Korporationen bye-laws unter Zulassung des Majoritätsprinzips statt der Einstimmigkeit, also eine begrenzte Autonomie, verneinte im 17. Jahrhundert die Deliktsfähigkeit der Korporationen, behandelte zwar bis ins 18. Jahrhundert die Korporationen vermögensrechtlich nur als Trustee zu Gunsten der Einzelnen, deren Ansprüche gegen sie nach equity geltend zu machen waren, ließ erst Ende des 18. Jahrhunderts und sehr zögernd für die companies Übertragung der Aktien mit der Wirkung zu, daß die Haftung des Aktionärs für Schulden der Korporation damit, jedoch mit Ausnahme des Falls der Insolvenz, erlöschen sollte, und erst bei Blackstone findet sich unter Bezugnahme auf das römische Recht die wirkliche Scheidung zwischen Korporations- und Privatvermögen. In dieser Entwicklung macht sich der allmählich steigende Einfluß kapitalistischer Bedürfnisse geltend. Die großen Companies der merkantilistischen Tudor- und Stuartzeit waren juristisch noch Staatsanstalten. Nicht minder die Bank von England. Das mittelalterliche Erfordernis der Beurkundung durch Siegel für jede gültige Urkunde, welche die Korporation ausstellte, die Behandlung der Aktien als Immobilien, wenn irgend ein Bestandteil des Korporationsvermögens aus Grundbesitz bestand, die Begrenzung auf öffentliche oder gemeinnützige Zwecke war für diese Erwerbsgesellschaften undurchführbar und fiel daher im Lauf des 18. Jahrhunderts. Aber erst das 19. Jahrhundert sah die Einführung der Limited liability für die Handelskorporationen und die Schaffung von Normativbestimmungen für alle joint stock companies, dann die Schaffung von Spezialnormen für die friendly und benevolent societies, die wissenschaftlichen und Versicherungsgesellschaften und die Sparkassen, endlich für die Trade unions der Arbeiterschaft ziemlich parallel mit der entsprechenden kontinentalen Gesetzgebung. Keineswegs durchweg wurden die alten Formen verlassen. Die Stellung von Trustees ist für eine ganze Reihe der zugelassenen Vereine (so die friendly societies) noch heute die Vorbedingung gerichtlichen Auftretens, während für nichtinkorporierte Vereine (Clubs) einstimmig erteilte Vollmacht für jedes Rechtsgeschäft nötig ist. Das Verbot des ultra vires und außerhalb der gesetzlichen Schemata auch das Konzessionsprinzip stehen noch immer in Kraft. Praktisch weicht aber der Zustand nicht allzu sehr von demjenigen ab, welcher auch in Deutschland seit dem Bürgerlichen Gesetzbuch besteht.

Daß mit dem allzuviel gebrauchten Schlagwort vom individualistischen Charakter des römischen im Gegensatz zum sozialen Charakter des germanischen Rechts die starken Abweichungen der Rechtsentwicklung *nicht* erklärt sind, zeigt nicht nur diese kurze vergleichende Skizze, sondern auch jeder Blick auf die anderen großen Rechtsgebiete.

Der Reichtum des deutschen mittelalterlichen Genossenschaftswesens, bedingt durch höchst individuelle, und zwar vornehmlich rein politische Schicksale, steht und stand einzig in der Welt da. Das russische und das orientalische einschließlich des indischen Rechts kennen leiturgische Kollektivhaftung und entsprechende Kollektivrechte von Zwangsgenossenschaften, vor allen Dingen von Dorfgemeinden, aber auch von Handwerkern. Sie kennen ferner, nicht überall, aber meist, die Solidarhaftung der Familiengemeinschaft und vielfach, so in den russischen Artjels, der durch Verbrüderung geschaffenen familienartigen Arbeitsgemeinschaft. Aber ein differenziertes Genossenschaftsrecht nach Art des mittelalterlichen Okzidents ist ihnen unbekannt geblieben und erst recht der rationale Korporationsbegriff, wie ihn das römische und das mittelalterliche Recht zusammenwirkend erzeugt haben. Das Stiftungsrecht des islamischen Rechts ist, wie wir sahen, durch die altorientalische, namentlich ägyptische, und vor allem durch die byzantinische Rechtsentwicklung vorgebildet und enthielt keinen Ansatz zu einer Korporationstheorie. Endlich das chinesische Recht zeigt in typischer Art das Zusammenwirken der Erhaltung der Familien und Sippen in ihrer Bedeutung als Garantinnen der sozialen Stellung des Einzelnen mit der patrimonialen Fürstenherrschaft. Ein Staatsbegriff unabhängig von der Privatperson des Kaisers existiert nicht, ebensowenig ein privates Korporationsrecht, ein Vereinsrecht, abgesehen von den politisch bedingten Polizeiverboten gegen alle nicht entweder familienhaften oder fiskalischen oder speziell konzessionierten Verbände. Gemeinden existieren für das offizielle Recht nur als Familienhaftungsverbände für Steuern und Lasten. Daß sie tatsächlich, auf der Basis der Sippenverbände, noch immer ihren Mitgliedern gegenüber die denkbar stärkste Autorität üben, für die Wirtschaft gemeinsame Institutionen aller Art schaffen und nach außen eine Geschlossenheit zeigen, mit welcher die Organe der kaiserlichen Herrschaft als mit der stärksten lokalen

Gewalt zu rechnen haben, ist eine Tatsache, welche hier so wenig wie anderwärts in Rechtsbegriffen des offiziellen Rechts ausgeprägt ist, die Wirkung von solchen vielmehr gehemmt hat. Denn einen klar umschriebenen Inhalt konnte eine Autonomie, die sich nach außen in Blutfehden der Sippen und Gemeinden äußerte, von dem offiziellen Recht aber nie anerkannt wurde, nicht annehmen. Der Zustand der privaten Verbände aber außerhalb der Sippen und Familien, vor allem das stark entwickelte Darlehens- und Sterbekassenwesen und die Berufsverbände, entspricht teils dem Zustand der römischen Kaiserzeit, teils dem russischen Recht des 19. Jahrhunderts. Trotzdem fehlt der Begriff der Rechtspersönlichkeit im antiken Sinne völlig, und die leiturgische Funktion ist heute im wesentlichen abgestorben, soweit sie einmal existiert haben sollte, was nicht ganz sicher ist. Die kapitalistischen Vermögensgemeinschaften aber sind zwar, ähnlich wie im südeuropäischen Mittelalter, von der formalen Gebundenheit an die Hausgemeinschaft emanzipiert, aber trotz faktischen Gebrauchs solcher Einrichtungen wie der festen Firma doch nicht zu den Rechtsformen entwickelt, wie dort schon im 13. Jahrhundert. Die Gesamthaftung knüpft, dem Zustand des Obligationenrechts entsprechend, auch hier an die Deliktshaftung der Sippe an, welche überhaupt noch in einzelnen Resten besteht. Aber die Kontrakthaftung, welche noch reine Personalhaftung ist, besteht nicht solidarisch, sondern erschöpft sich in der Pflicht, flüchtige Gesellschafter zu gestellen, welche den übrigen obliegt, die aber sonst materiell nur pro rata der Anteile und nur persönlich haften. Nur das Fiskalrecht kennt die Solidarhaft der Familie und den Zugriff auf ihr Vermögen, während ein Gesamtvermögen der privaten Vergesellschaftungen rechtlich hier ebensowenig existiert wie in der römischen Antike, die modernen Handelsgesellschaften aber, ähnlich wie die antiken Publikanengesellschaften, rechtlich als Konsortial- und Kommanditbeteiligungen mit persönlich haftenden Direktoren behandelt werden. Die Fortdauer der Bedeutung der Sippe, innerhalb deren dem Schwerpunkt nach auch alle ökonomische Sozietätsbildung sich vollzieht, die Hemmung autonomer Korporationen durch den politischen Patrimonialismus und die Verankerung des eigenständigen Kapitals in fiskalischen Gewinnchancen und im übrigen nur im Handel hat hier wie in der Antike und im Orient diesen unentwickelten Zustand des privaten Verbandsrechts und des Rechts der Vermögensgesellschaften bedingt.

Daß die okzidentale mittelalterliche Entwicklung anders verlief, hatte seinen Grund zunächst und vor allem darin: daß hier der Patrimonialismus ständischen und nicht patriarchalen Charakter trug, was, wie später zu erörtern, wesentlich politisch, speziell militärisch und staatswirtschaftlich, bedingt war. Dazu trat ferner die Entwicklung und Erhaltung der dinggenossenschaftlichen Form der Justiz, deren historische Stellung bald zu besprechen sein wird. Wo sie fehlte, wie z.B. in Indien seit der übermächtigen Stellung der Brahmanen, da hat sich auch der tatsächliche Reichtum der Körperschafts- und Genossenschaftsformen nicht in einer entsprechend reichen Rechtsentwicklung niedergeschlagen. Das lange dauernde Fehlen rationaler und überhaupt starker Zentralgewalten, welches mit nur zeitweiligen Unterbrechungen immer wieder eintrat, hat zwar auch dort die Autonomie der kaufmännischen, beruflichen und landgemeindschaftlichen Verbände erzeugt, welche das Recht ausdrücklich anerkennt. Aber eine Rechtsbildung von der Art der deutschen ist daraus nicht entstanden. Die praktische Konsequenz der dinggenossenschaftlichen Justiz war der Zwang gegen den Herrn, den politischen wie den Grundherrn, Urteile und Weistümer nicht selbst und auch nicht durch Beamte, sondern durch Dingleute aus dem Kreise der Rechtsgenossen oder doch unter deren maßgebender Mitwirkung finden zu lassen, widrigenfalls sie nicht als wirklich objektiv verbindliche Rechtsweisung galten. Die Interessenten der einzelnen Rechtskreise also wirkten bei jeder derartigen Feststellung mit: die Grundholden, Hofhörigen, Dienstmannen, über Rechte und Pflichten, die aus ihrem ökonomischen und persönlichen, die Vasallen und Stadtbürger über solche, welche aus ihrem kontraktlichen oder politischen Abhängigkeitsverhältnis folgten. Dies stammte ursprünglich aus dem Wehrverbandscharakter der öffentlichen Gerichtsgemeinden, ist aber von da aus mit dem Zerfall der Zentralgewalt auf alle mit verliehener oder usurpierter Justiz ausgestatteten Verbände übernommen worden. Es ist klar, daß dies eine Garantie autonomer Rechtsbildung und zugleich körperschaftlicher und genossenschaftlicher Organisation darstellte, wie sie stärker nicht gefunden werden konnte. Das Entstehen dieser Garantie und damit auch der tatsächlichen Autonomie der einzelnen Rechtsinteressentenkreise in der Ausgestaltung ihres Rechtes, wie sie der Entwicklung des okzidentalen Genossenschafts- und Körperschaftsrechtes ebenso wie der spezifisch kapitalistischen Assoziationsformen erst die Möglichkeit bot, war aber wesentlich politisch und verwaltungstechnisch bedingt: der Herr war in aller Regel militärisch derart in Anspruch genommen und verfügte so wenig über einen rationalen, von ihm abhängigen Verwaltungsapparat zur Kontrolle seiner Untergebenen, daß er von deren Gutwilligkeit abhängig war und auf ihre Mitwirkung bei der Wahrung seiner eigenen Ansprüche, damit aber auch der traditionellen oder usurpierten Gegenansprüche der von ihm Abhängigen angewiesen blieb. Die Stereotypierung und Appropriation der Rechte dieser abhängigen Schichten zu Genossenrechten hatten hier ihre Quelle. Die aus den Formen der dinggenossenschaftlichen Rechtsweisung folgende Gepflogenheit, das geltende Verbandsrecht periodisch durch mündliche Zeugnisse festzustellen und weiterhin urkundlich in Weistümern niederzulegen, und die Gewöhnung der Abhängigen, diese Rechtszustände sich bei günstiger Gelegenheit durch Privileg bestätigen zu lassen, steigerte die Garantien der Verbandsnormen. Diese Vorgänge innerhalb der herrschaftlichen, politischen und ökonomischen Verbände steigerten naturgemäß die Chancen der Erhaltung genossenschaftlicher Autonomie auch für die nicht herrschaftlichen, freien vereinsmäßigen Einungen. Wo, wie in England, diese Situation fehlte, weil die Königsgerichte der starken patrimonialen Gewalt die alte dinggenossenschaftliche Justiz der Grafschaften, Gemeindeverbände usw. verdrängten, da ist auch die Entwicklung des Genossenschaftsrechts ausgeblieben, fehlen die Weistümer und Autonomieprivilegien oder sind seltener und haben nicht den Charakter der kontinentalen Erscheinungen. Und sobald in Deutschland die politischen und grundherrlichen Gewalten sich die Verwaltungsapparate schaffen konnten, um die Genossenjustiz zu entbehren, ging es mit der genossenschaftlichen Autonomie und mit dem Genossenschaftsrecht selbst auch dort schnell abwärts. Daß dies mit dem Eindringen grade des romanistisch gebildeten Herrschertums zusammenfiel, war natürlich nicht zufällig, aber das römische Recht als solches hat nicht die entscheidende Rolle gespielt. In England haben germanistische rechtstechnische Mittel das Genossenschaftsrecht nicht aufkommen lassen. Und übrigens wurden dort die nicht unter die Struktur der corporation sole oder der Trustkorporation oder der konzessionierten Schemata der Vergesellschaftung zu bringenden Verbände ganz ebenso als reine Kontraktbeziehungen der Mitglieder, die Statuten als gültig nur im Sinn einer durch den

Eintritt akzeptierten Vertragsofferte angesehen, wie dies einer romanistischen Konstruktion entsprechen würde. Die politische Struktur des rechtssetzenden Verbandes und die Eigenart der beruflichen Träger der Rechtsbildung, von der wir später zu sprechen haben werden, waren die entscheidenden Momente.

Die Entwicklung der rechtlich geordneten Beziehungen zur Kontraktgesellschaft und des Rechts selber zur Vertragsfreiheit, speziell zu einer durch Rechtsschemata reglementierten Ermächtigungsautonomie, pflegt man als Abnahme der Gebundenheit und Zunahme individualistischer Freiheit zu charakterisieren. In welchem relativen Sinn dies formal zutrifft, geht aus dem vorstehend Gesagten hervor. Die Möglichkeit, in Kontraktbeziehungen mit anderen zu treten, deren Inhalt durchaus individuell vereinbart wird, und ebenso die Möglichkeit, von einer wachsend großen Zahl von Schemata nach Belieben Gebrauch zu machen, welche das Recht für Vergesellschaftung im weitesten Sinne des Wortes zur Verfügung stellt, ist im modernen Recht wenigstens auf dem Gebiete des Sachgüterverkehrs und der persönlichen Arbeit und Dienstleistungen ganz außerordentlich gegenüber der Vergangenheit erweitert. Inwieweit dadurch nun auch im praktischen Ergebnis eine Zunahme der individuellen Freiheit in der Bestimmung der Bedingungen der eigenen Lebensführung dargeboten worden ist oder inwieweit trotzdem, und zum Teil vielleicht in Verbindung damit, eine Zunahme der zwangsmäßigen Schematisierung der Lebensführung eingetreten ist, dies kann durchaus nicht aus der Entwicklung der Rechtsformen allein abgelesen werden. Denn die formal noch so große Mannigfaltigkeit der zulässigen Kontraktsschemata und auch die formale Ermächtigung, nach eigenem Belieben unter Absehen von allen offiziellen Schemata Kontraktinhalte zu schaffen, gewährleistet an sich in keiner Art, daß diese formalen Möglichkeiten auch tatsächlich jedermann zugänglich seien. Dies hindert vor allem die vom Recht garantierte Differenzierung der tatsächlichen Besitzverteilung. Das formale Recht eines Arbeiters, einen Arbeitsvertrag jeden beliebigen Inhalts mit jedem beliebigen Unternehmer einzugehen, bedeutet für den Arbeitsuchenden praktisch nicht die mindeste Freiheit in der eigenen Gestaltung der Arbeitsbedingungen und garantiert ihm an sich auch keinerlei Einfluß darauf. Sondern mindestens zunächst folgt daraus lediglich die Möglichkeit für den auf dem Markt Mächtigeren, in diesem Falle normalerweise den Unternehmer, diese Bedingungen nach seinem Ermessen festzustellen, sie dem Arbeitsuchenden zur Annahme oder Ablehnung anzubieten und bei der durchschnittlich stärkeren ökonomischen Dringlichkeit seines Arbeitsangebots für den Arbeitsuchenden diesem zu oktroyieren. Das Resultat der Vertragsfreiheit ist also in erster Linie die Eröffnung der Chance, durch kluge Verwendung von Güterbesitz auf dem Markt diesen unbehindert durch Rechtsschranken als Mittel der Erlangung von Macht über andere zu nutzen. Die Marktmachtinteressenten sind die Interessenten einer solchen Rechtsordnung. In ihrem Interesse vornehmlich liegt insbesondere die Schaffung von „Ermächtigungsrechtssätzen", welche Schemata von gültigen Vereinbarungen schaffen, die bei formaler Freiheit der Benutzung durch alle doch tatsächlich nur den Besitzenden zugänglich sind und also im Erfolge deren und nur deren Autonomie und Machtstellung stützen.

Es ist auch deshalb notwendig, diesen Sachverhalt speziell hervorzuheben, um nicht in den geläufigen Irrtum zu verfallen: daß diejenige Art von „Dezentralisation der Rechtsschöpfung" (ein an sich guter Ausdruck Andreas Voigts), welche in Gestalt dieser modernen Form der schematisch begrenzten Autonomie der Interessenten durch Rechtsgeschäfte vorliegt, etwa identisch sei mit einer Herabsetzung des innerhalb einer Rechtsgemeinschaft geübten Maßes von *Zwang* im Vergleich mit anderen, z.B. „sozialistisch", geordneten Gemeinschaften. Die relative Zurückdrängung des durch Gebots- und Verbots-Normen angedrohten Zwanges durch steigende Bedeutung der „Vertragsfreiheit", speziell der Ermächtigungsgesetze, welche alles der „freien" Vereinbarung überlassen, ist formell gewiß eine Verminderung des Zwangs. Aber offenbar lediglich zu Gunsten derjenigen, welche von jenen Ermächtigungen Gebrauch zu machen ökonomisch in der Lage sind. Inwieweit dadurch materiell das Gesamtquantum von „Freiheit" innerhalb einer gegebenen Rechtsgemeinschaft vermehrt wird, ist aber durchaus eine Frage der konkreten Wirtschaftsordnung und speziell der Art der Besitzverteilung, jedenfalls aber ist es nicht aus dem Inhalt des Rechts abzulesen. In einer „sozialistischen" Gemeinschaft z.B. würden Ermächtigungsgesetze der hier erörterten Art sicherlich eine geringe Rolle spielen; es würden ferner die Stellen, welche Zwang üben, die Art des Zwanges und diejenigen, gegen welche er sich eventuell richtet, andere sein, als bei der privatwirtschaftlichen Ordnung. In dieser letzteren wird der Zwang zum erheblichen Teil durch den privaten Besitzer der Produktions- und Erwerbsmittel kraft dieses seines ihm vom Recht garantierten Besitzes und in der Form der Machtentfaltung im Marktkampf geübt. Diese Art von Zwang macht mit dem Satz „coactus voluit" insofern besonders consequent Ernst, als er sich aller *autoritären* Formen enthält. Es steht im „freien" Belieben der Arbeitsmarktinteressenten, sich den Bedingungen des kraft Rechtsgarantie seines Besitzes ökonomisch Stärkeren zu fügen. In einer sozialistischen Gemeinschaft würden formell die direkten Gebots- und Verbots-Anordnungen einer, wie immer zu denkenden, einheitlichen, die wirtschaftliche Tätigkeit regelnden Instanz weit stärker hervortreten. Diesen Anordnungen würde im Fall des Widerstrebens Nachachtung durch „Zwang" irgendwelcher Art, nur nicht durch Marktkampf, verschafft werden. Wo aber dabei im Ergebnis das Mehr an Zwang überhaupt und wo das Mehr an faktischer persönlicher Freiheitssphäre liegen würde, das ist jedenfalls nicht durch bloße Analyse des im einen und anderen Fall geltenden oder denkbaren formalen Rechts zu entscheiden. Soziologisch erfaßbar ist heute lediglich jener Unterschied der qualitativen Eigenart des Zwanges und dessen Verteilung unter die an der Rechtsgemeinschaft jeweils Beteiligten.

Eine (demokratisch) sozialistische Ordnung (im Sinn der heute gangbaren Ideologien) lehnt den Zwang nicht nur in der Form ab, wie er auf Grund des privaten Besitzes durch den Marktkampf geübt wird, sondern andrerseits auch den direkten Zwang kraft rein persönlicher Autoritätsansprüche. Sie könnte nur die Geltung vereinbarter abstrakter Gesetze (einerlei ob dieser Name gewählt wird) kennen. Die Marktgemeinschaft ihrerseits kennt formalen Zwang kraft persönlicher Autorität formal ebenfalls nicht. Sie gebiert an seiner Stelle aus sich heraus eine Zwangslage – und zwar diese prinzipiell unterschiedslos gegen Arbeiter wie Unternehmer, Produzenten wie Konsumenten – in der ganz unpersönlichen Form der Unvermeidlichkeit, sich den rein ökonomischen „Gesetzen" des Marktkampfs anzupassen, bei Strafe des (mindestens relativen) Verlustes an ökonomischer Macht, unter Umständen von ökonomischer Existenzmöglichkeit überhaupt. Sie macht, auf dem Boden der kapitalistischen Organisation, auch die thatsächlich bestehenden persönlichen und autoritären Unterordnungsverhältnisse im kapitalistischen „Betrieb" zu Objekten des „Arbeitsmarktverkehrs". Die Entleerung von allen normalen gefühlsmäßigen Inhalten autoritärer Beziehungen aber hindert dabei nicht, daß der autoritäre Charakter des Zwangs dennoch fortbesteht und unter Umständen sich steigert. Je umfassender die Gebilde, deren Bestand in spezifischer Art auf „Disziplin" ruht: die kapitalistischen gewerblichen Betriebe, anwachsen, desto rücksichtsloser kann unter Umständen autoritärer Zwang in ihnen geübt werden und desto kleiner wird der Kreis derjenigen, in deren Händen sich die Macht zusammenballt, Zwang dieser Art gegen Andere zu üben und diese Macht sich durch Vermittlung der Rechtsordnung garantieren zu lassen. Eine formell noch so viele „Freiheitsrechte" und „Ermächtigungen" verbürgende und darbietende und noch so wenig Gebots- und Verbotsnormen enthaltende Rechtsordnung kann daher in ihrer faktischen Wirkung einer quantitativ und qualitativ sehr bedeutenden Steigerung nicht nur des Zwangs überhaupt, sondern auch einer Steigerung des autoritären Charakters der Zwangsgewalten dienen.

§ 3. Die Form des objektiven Rechts.

Problem der Neuentstehung von Rechtsnormen. Das „Gewohnheitsrecht". S. [84] – Die thatsächlichen Componenten der Rechtsentwicklung. Interessentenhandeln und Rechtszwang. S. [85] – Irrationaler Charakter der urwüchsigen Streitschlichtung. S. [88] – Charismatische Rechtsschöpfung und Rechtsfindung. S. [90] – Dinggenossenschaftliche Rechtsfindung. S. [454] – Die „Rechtshonoratioren" als Träger der Rechtsschöpfung. S. [95]

Wie entstehen neue Rechtsregeln? Heute normalerweise durch Gesetz, d.h. menschliche Satzung in den dafür kraft gewohnter oder oktroyierter Verfassung eines Verbandes als legitim geltenden Formen. Daß dies nichts Urwüchsiges ist, versteht sich von selbst. Allein auch unter ökonomisch und sozial weitgehend differenzierten Verhältnissen ist es nicht das Normale. Das englische Common Law wird dem durch Satzung entstandenen Recht: „Statute Law", direkt entgegengesetzt. Bei uns pflegt man das nichtgesatzte Recht als „Gewohnheitsrecht" zu bezeichnen. Allein das ist ein relativ sehr moderner Begriff, der im römischen Recht erst spät auftaucht und bei uns Produkt der gemeinrechtlichen Jurisprudenz ist. Vollends sind die Voraussetzungen: – 1) faktische gemeinsame Übung, 2) gemeinsame Überzeugung von der Rechtmäßigkeit, 3) Rationabilität –, an welche die gemeinrechtliche Wissenschaft seine Geltung zu knüpfen pflegte, Produkt des theoretischen Denkens.

Auch alle seine heute üblichen Definitionen gelten als juristische Construktionen. Für diese ist allerdings der Begriff in der sublimierten Form, die etwa Zitelmann oder auch Gierke ihm gegeben haben, nicht entbehrlich, es sei denn durch die Beschränkung alles nicht statutarischen Rechts auf bindende Präjudizien. Auf juristischem Gebiet ist der heftige Kampf der Rechtssoziologen (Lambert, Ehrlich) gegen ihn m.E. durchaus unbegründet und bedeutet eine Vermischung juristischer und soziologischer Betrachtungsweise. Ganz anders, wenn es sich um die uns hier beschäftigende Frage handelt: inwieweit die überkommene juristische Construktion der Geltungsbedingungen des „Gewohnheitsrechts" etwas Richtiges über die *faktische* Entstehung der empirischen „Geltung" nicht durch Satzung geschaffenen Rechts aussagen. Das ist in der That nur in sehr geringem Maß der

Fall. Als Aussagen über die thatsächliche Entwicklung von Recht in der Vergangenheit, grade in den Zeiten ganz oder fast ganz fehlender „Gesetzgebung“ wären diese juristischen Begriffe unbrauchbar und historisch unwirklich. Zwar finden sie ihren Anhalt sowohl in spätrömischen wie in mittelalterlichen, continentalen sowohl wie englischen Aussprüchen über die Bedeutung und die Voraussetzungen der „consuetudo“ als Rechtsquelle. Allein dabei handelte es sich stets um das typische Problem des Ausgleichs zwischen einem universale Geltung beanspruchenden rationalen Recht und den vorgefundnen lokalen (oder nationalen) Rechten. Im spätrömischen Reich um den Gegensatz zwischen dem Reichsrecht und den nationalen Rechten der Provinzialen. In England um den Gegensatz zwischen dem Reichsrecht (lex terrae) des Common Law und den örtlichen Rechten, auf dem Continent um die Beziehung des rezipierten römischen Rechts zu den nationalen Rechten. Nur diese dem universalen Recht widerstrebenden Partikularrechte wurden von den Juristen unter jene Definition gebracht und in ihrer Geltung an jene Voraussetzungen gebunden, wie dies – da das universale Recht als allein legitim auftrat – nicht wohl anders sein konnte. Dagegen hat nie Jemand daran gedacht, etwa das englische Common Law, welches ganz gewiß kein „Gesetzesrecht“ ist, durch die übliche Definition des „Gewohnheitsrechts“ zu qualifizieren. Und die Definition des islamischen „idschma“ als „tacitus consensus omnium“ hat mit „Gewohnheitsrecht“ schon deshalb nichts zu thun, weil er ja „heiliges“ Recht zu sein prätendiert.

Die urwüchsige Konzeption von Rechtsnormen könnte – sahen wir früher – rein theoretisch am einfachsten so gedacht werden: daß anfangs rein faktische Gewohnheiten des Sich-Verhaltens infolge der psychologischen „Eingestelltheit“ 1) als „verbindlich“ empfunden und mit dem Wissen von ihrer überindividuellen Verbreitung 2) als „Einverständnisse“ in das halb oder ganz bewußte „Erwarten“ des sinnhaft entsprechenden Handelns andrer hineingehoben werden, denen dann 3) die sie gegenüber den „Conventionen“ auszeichnende Garantie von Zwangsapparaten zuteil wird. Allein schon rein theoretisch fragt es sich dann: wie kam Bewegung in eine träge Masse derart kanonisierter „Gewohnheiten“, welche ja aus sich heraus, gerade weil sie als „verbindlich“ galten, nichts Neues gebären zu können scheint? Die historische Schule der Juristen neigte dazu, Evolutionen eines „Volksgeistes“ anzunehmen, als deren Träger dann eine überindividuelle organische Einheit hypostasiert wurde. Dazu neigte z.B. auch Karl Knies. Mit dieser Auffassung ist wissenschaftlich nichts anzufangen. „Unbewußte“, das heißt von den Beteiligten nicht als Neuschöpfungen empfundene Entstehung von empirisch geltenden Regeln, auch Rechtsregeln, für das Handeln ist freilich zu jeder Zeit vor sich gegangen und geht noch vor sich. Vor Allem im Wege des unbemerkten Bedeutungswandels. Also durch Vermittlung des Glaubens, daß faktisch neuartige Thatbestände thatsächlich für die rechtliche Beurteilung nichts Neues enthielten. Aber auch so, daß auf alte oder neuartige Thatbestände thatsächlich neues Recht angewendet wurde, in dem Glauben, es habe immer so gegolten und sei immer so angewendet worden. Allein daneben steht von jeher die breite Schicht all derjenigen Fälle, in welchen beides: sowohl der Thatbestand als das auf ihn angewendete Recht, als – in verschiedenem Sinn und Grade – „neu“ gewerthet wurde. Woher stammt dies Neue? Man wird antworten: es entstand durch Änderung der äußeren Existenzbedingungen, welche Änderungen der bisher empirisch geltenden Einverständnisse nach sich ziehen. Die bloße Änderung der äußeren Bedingungen ist dafür aber weder ausreichend noch unentbehrlich. Entscheidend ist vielmehr stets ein neuartiges *Handeln*, welches zu einem Bedeutungswandel von geltendem Recht oder zur Neuschaffung von Recht führt. An diesem, im Erfolg, rechtumbildenden Handeln sind nun verschiedene Kategorien von Personen beteiligt. Zunächst die einzelnen Interessenten eines konkreten Gemeinschaftshandelns. Teils um unter „*neuen*" äußeren Bedingungen seine Interessen zu wahren, ganz ebenso aber auch um unter den alten Bedingungen sie besser als bisher zu wahren, ändert der einzelne Interessent sein Handeln, insbesondere sein Gemeinschaftshandeln. Dadurch entstehen neue Einverständnisse oder auch rationale Vergesellschaftungen mit inhaltlich neuem Sinngehalt, die dann ihrerseits wieder neue, rein faktische Gewohnheiten entstehen lassen. Allerdings können auch ganz ohne solche Neuorientierungen des Handelns durch veränderte Existenz-Bedingungen Änderungen im Gesammtzustand des Gemeinschaftshandelns entstehen. Es kann entweder von mehreren schon bestehenden Arten des Sich-Verhaltens diejenige, welche unter den veränderten Bedingungen die für die ökonomischen oder sozialen Chancen der betreffenden Interessenten günstigste Art des Gemeinschaftshandelns darstellt, zu ungunsten anderer, unter den bisherigen Bedingungen ebenso „angepaßt" gewesener Arten durch einfache „Auslese" überleben, um schließlich Gemeingut zu werden, ohne daß – im theoretischen Grenzfall – irgend ein Einzelner sein Handeln geändert hätte. Im Ausleseprozeß zwischen ethnischen oder religiösen, besonders zäh an ihren Sitten festhaltenden Gruppen kommt Derartiges wenigstens annäherungsweise wohl vor. Aber im Ganzen häufiger wird ein neuer Inhalt des Gemeinschaftshandelns und der Vergesellschaftungen von Einzelnen durch „Erfindung" geschaffen und verbreitet sich dann durch Nachahmung und Auslese. Dieser letztere Fall ist speziell als Quelle ökonomischer Neuorientierung auf allen auch nur mäßig rationalisierten Stufen der Lebensführung, nicht erst in moderner Zeit, von der hervorragendsten Bedeutung. Diese Vereinbarungen kümmern sich aber um die Frage, ob sie die Chance haben, durch Rechtszwang, wenigstens durch politischen Rechtszwang, garantiert zu sein, zunächst vielfach gar nicht. Den politischen Rechtszwang halten die Interessenten sehr oft entweder für unnötig oder für selbstverständlich, und noch häufiger hält jeder Beteiligte, je nachdem, mehr das Eigeninteresse oder mehr die Loyalität der anderen Beteiligten oder beides und daneben den Druck der Convention für eine ausreichende Bürgschaft. Thatsächlich ist eine „rechtliche" Garantie einer Norm vor dem Bestehen irgend eines Zwangsapparats, ja selbst vor geregelter Garantie durch die Sippenrachepflicht zweifellos dadurch ersetzt worden, daß der nach allgemeiner Convention für „im Recht" befindlich Angesehene die Chance hatte, Helfer gegen den Verletzer zu finden. Wo aber besondere Garantien erwünscht scheinen, ersetzte den Interessenten noch unter sehr differenzierten Verhältnissen in weitestem Umfang die magische Selbstverfluchung: der Eid, jede andere Garantie, auch die schon bestehende Rechtszwangsgarantie. Für die meisten Epochen vollzog sich wohl der überwiegende Teil der einverständnismäßigen Ordnung auch ökonomischer Dinge auf diese Art ohne Rücksicht wenigstens auf die Chancen eines staatlichen Rechtszwangs, ein erheblicher Teil ohne Rücksicht auf Zwangsmöglichkeiten überhaupt. Institute wie die südslawische „Zadruga" (Hauscommunion) freilich, an denen man die Entbehrlichkeit des Rechtszwangs zu demonstrieren pflegt, entbehrten in Wahrheit nur des staatlichen Rechtsschutzes, standen dagegen ohne Zweifel in der Zeit ihrer universellen Verbreitung unter einem höchst wirksamen Zwangsschutz der Dorfautorität. Jahrhunderte lang können derartige einmal eingelebte Formen des Einverständnishandelns ohne alle Rücksicht auf staatlichen Rechtszwang fortexistieren. Die Zadruga war dem gerichtlich anerkannten Recht Österreichs nicht nur unbekannt, sondern stand mit manchen seiner Normen direkt im Widerspruch, beherrschte aber dennoch das praktische Handeln der Bauernschaft. Solche Beispiele dürfen allerdings keineswegs zum Normalfall verallgemeinert werden. Zunächst ist selbst bei Anerkennung der völligen Gleichberechtigung mehrerer neben einander bestehenden und gleichmäßig für ihre Anhänger religiös legitimierten Rechtssysteme und bei Freistellung des Anschlusses an jedes derselben die Thatsache, daß einem von ihnen außer der religiösen Verbindlichkeit noch der staatliche Rechtszwang zur Verfügung steht, selbst bei streng traditionalistischen Bedingungen in Staat und Wirtschaft für ihre Chancen im Konkurrenzkampf ausschlaggebend. So galten die 4 orthodoxen Rechtsschulen des Islam offiziell als gleich geduldet, und es gilt unter ihnen der Grundsatz der Personalität des Rechts so, wie etwa im fränkischen Reich für die Stammesrechte, auch sind sie z.B. an der Universität in Kairo alle vier vertreten. Aber der Umstand, daß bei den weltlichen Behörden und Gerichten die persönliche Rechtsconfession der osmanischen Sultane: das Hanafitentum, den Zwangsschutz genießt, hat das früher einmal ebenso privilegierte, jetzt aber dieses Schutzes entbehrende Malekitentum und vollends die beiden andern Rechtssekten trotz des Fehlens aller und jeder sonstigen Störung ihrer Existenz doch zum langsamen Absterben verurteilt. Und die Unbekümmertheit der Interessenten um die Chance des politischen Rechtszwangs gilt auch in ziemlich geringem Maß für das eigentliche „Geschäfts"-Leben, das heißt für die Contrakte des Gütermarkts. Hier vollzieht und vollzog sich vielmehr von jeher grad die Neubildung von Formen der Vergesellschaftung ganz regelmäßig so, daß die Chancen des Rechtszwangs durch die Gerichte der politischen Gewalt sehr genau kalkuliert werden und der abzuschließende „Zweck-Contrakt" ihnen angepaßt wird, namentlich auch die Erfindung neuer Contraktschemata mit Rücksicht auf diese Chancen vor sich geht. Der Bedeutungswandel des geltenden Rechts wird dann also zwar durch die Thätigkeit der einzelnen Rechtsinteressenten – oder vielmehr regelmäßig durch die Thätigkeit ihrer berufsmäßigen Berather – herbeigeführt, aber dabei ganz bewußt und rational an die Erwartungen bezüglich der Rechtsfindung angepaßt. Die älteste Art der Thätigkeit eigentlich „berufsmäßiger" rational arbeitender „Juristen" besteht grad in dieser Thätigkeit (dem römischen „cavere"). Die Berechenbarkeit des Funktionierens der Zwangsapparate ist unter den Bedingungen sich entwickelnder Marktwirtschaft die technische Voraussetzung und eine der Triebkräfte für die Erfindungsgabe der „Cautelarjuristen", die wir als ein selbständiges Element der Rechtsneubildung durch private Initiative überall, am entwickeltsten und kontrollierbarsten im römischen und englischen Recht, thätig finden.

Andererseits wird natürlich überall die Chance des Rechtszwangs ihrerseits im stärksten Maße durch die Tatsache der Verbreitung von Einverständnissen und rationalen Vereinbarungen eines bestimmten Typus beeinflußt. Denn nur das Singuläre pflegt unter normalen Verhältnissen keine Garantie durch einen Zwangsapparat zu finden. Einmal universell verbreitete Gepflogenheiten und Einverständnisse werden dagegen von den Zwangsapparaten dauernd nur dann ignoriert, wenn bestimmte formale Gründe oder ein Eingreifen autoritärer Gewalten sie absolut dazu nötigen, oder wenn die Organe des Rechtszwanges, sei es, weil sie durch die Macht eines ethnisch oder politisch fremden Herrschers den Beherrschten aufgezwungen oder sei es, weil sie durch berufliche und sachliche Spezialisierung dem privaten Geschäftsleben entrückt sind, diesen fremd gegenüberstehen, wie dies namentlich unter Bedingungen weitgehender gesellschaftlicher Differenzierung der Fall sein kann. Der gemeinte Sinn von Vereinbarungen kann strittig oder ihre Verbreitung eine noch prekäre Neuerung sein. Dann ist der „Richter", wie wir hier a potiori den Rechtszwangsapparat nennen wollen, eine zweite selbständige Instanz. Aber auch davon abgesehen drückt er keineswegs nur sein Siegel auf die schon faktisch einverständnismäßig oder vereinbartermaßen geltenden Ordnungen. Sondern in allen Fällen beeinflußt er die Auslese des als Recht Überlebenden, oft sehr stark durch die über den Einzelfall hinauswirkenden Consequenzen einer einmal getroffenen Entscheidung. Wir werden zwar bald sehen, daß die Quelle „richterlicher" Entscheidungen zunächst entweder gar nicht oder doch nur für gewisse formale Vorfragen durch generelle Normen – „Entscheidungsnormen" – irgendwelcher Art gebildet wird, welche er auf den konkreten Fall „anwenden" könnte. Sondern gerade umgekehrt: indem der Richter in einem konkreten Fall aus noch so konkreten Gründen die Zwangsgarantie eintreten läßt, schafft er unter Umständen die empirische Geltung einer generellen Norm als „objektives Recht", weil seine Maxime über diesen Einzelfall hinaus Bedeutung gewinnt. Auch dies ist keineswegs etwas Urwüchsiges oder Allgemeines. Es fehlt ganz bei der urwüchsigen Entscheidung durch magische Mittel der Rechtsoffenbarung. Aber in aller noch nicht formaljuristisch rationalisierten Rechtsfindung, auch wo sie das Stadium des Gottesurteils verlassen hat, wirkt zunächst sehr stark die Irrationalität des Einzelfalls. Weder wird eine generelle „Rechtsnorm" auf ihn angewendet, noch gilt die Maxime der konkreten Entscheidung – soweit eine solche überhaupt vorhanden ist und bewußt wird – als eine, nachdem sie einmal „erkannt" ist, auch für künftige „Erkenntnisse" maßgebende Norm. Muhammed widerruft in den Suren mehrfach die früher gegebenen Anweisungen, obwohl diese doch göttlichen Ursprungs waren, und auch Jahweh „gereut" seine Entschlüsse. Auch in bezug auf Rechtsentscheidungen kommt dies vor. Ein Orakel Jahwehs ordnet das Töchtererbrecht (Num. 27). Aber auf Remonstration der Interessenten wird dies Orakel korrigiert (Num. 36). Hier sind also sogar Weistümer über generelle Regeln labil. Wo vollends der Einzelfall durch Loos (Urim und Tummim bei den Juden) oder Zweikampf oder andre Gottesurteile oder konkretes Orakel entschieden wird, da ist von „Regelhaftigkeit" der Entscheidung weder im Sinne von Regelanwendung noch von Regelschaffung die Rede. Aber auch die Rechtssprüche von Laienrichtern entwickeln sich recht schwer und spät zu der Vorstellung, daß dies Urteil eine „Norm" über den einzelnen Fall hinaus bedeute, wie z.B. Wladimirski-Budanow's Untersuchungen zeigen. Denn die Entscheidung ergeht, je mehr sie eine Angelegenheit von „Laien" ist, desto weniger „ohne", desto mehr vielmehr „mit Ansehen der Person" und der ganz konkreten Lage der Sache. Ein gewisses Maß von Stabilität und Stereotypierung zu Normen tritt immerhin ganz unvermeidlich ein, sobald die Entscheidung Gegenstand irgend einer Diskussion wird oder rationale Gründe dafür gesucht oder vorausgesetzt werden, also mit jeder Abschwächung des ursprünglichen rein irrationalen Orakelcharakters. Allerdings wirkt, wie wir sehen werden, zunächst innerhalb gewisser Grenzen grade auch der magische Charakter des Beweisrechts der Frühzeit: die Notwendigkeit „richtiger" Formulierung der zu stellenden Frage, mit. Zum andern Teil aber die Natur der

Sache. Denn offenbar ist es für einen Richter, dem eine bestimmte Maxime einmal bewußt und erkennbar als Entscheidungsnorm gedient hat, sehr erschwert, oft fast unmöglich, in anderen gleichartigen Fällen die in jenem Fall gewährte Zwangsgarantie zu versagen, ohne sich dem Verdacht der Befangenheit auszusetzen. Auch für andere Richter nach ihm gilt das Gleiche, und zwar je ungebrochener im allgemeinen die „Tradition" das Leben beherrscht, desto mehr. Denn gerade dann erscheint naturgemäß jede getroffene Entscheidung, einerlei wie sie zustande kam, als Ausfluß, also entweder als Ausdruck oder als Bestandteil der allein, also dauernd, richtigen Tradition, und wird so ein Schema, welches dauernde Geltung zum mindesten prätendiert. In diesem Sinn ist der subjektive *Glaube*, nur schon geltende Normen anzuwenden, in der That urwüchsig für jede dem prophetischen Zeitalter entwachsene Rechtsfindung und durchaus nichts „Modernes". Das Typischwerden bestimmter Einverständnisse und vor Allem: zweckrationaler Vereinbarungen, welche das Handeln der Einzelnen zunehmend bewußt schafft, indem sie ihre Interessensphären gegeneinander, unter Mithilfe des geschulten „Anwalts", abgrenzen, und die „Präjudizien" der „Richter" sind also primäre Quellen der Rechtsnormbildung. So ist in Wirklichkeit z.B. die breite Masse des englischen Common Law entstanden. Die weitgehende Mitwirkung rechtserfahrenener und geschulter, in zunehmendem Umfang „berufsmäßig" sich diesem Zweck widmender Experten als Anwälte und Richter stempeln die Masse des auf diesem Wege entstehenden Rechts zum „Juristenrecht". Die Mitwirkung rein „gefühlsmäßiger" Determinanten: des sogenannten „Billigkeitsgefühls", bei der Rechtsbildung ist damit keineswegs geleugnet. Aber die Beobachtung lehrt, wie außerordentlich labil das „Rechtsgefühl" funktioniert, soweit ihm nicht das feste Pragma einer äußeren oder inneren Interessenlage die Bahnen weist. Es ist, wie man noch heute leicht erfahren kann, jäher Umschläge fähig, und nur wenige sehr allgemeine und inhaltsleere Maximen sind ihm universell eigen: grade die Besonderheiten „nationaler" Rechtsentwicklungen dagegen lassen sich aus einer Verschiedenheit des Funktionierens „gefühlsmäßiger" Quellen, so viel bisher bekannt, nirgends ableiten. Stark emotional, ist grade das „Gefühl" sehr wenig geeignet, stabil sich behauptende Normen zu stützen, sondern vielmehr eine der verschiedenen Quellen irrationaler Rechtsfindung. Nur so kann vielmehr die Frage gestellt werden: inwiefern „volkstümliche", d.h. unter den Rechtsinteressenten verbreitete Anschauungen sich im *Gegensatze* zum „Juristenrecht" der ständig mit der Contraktserfindung und Rechtsfindung befaßten Rechtspraktiker („Anwälte" und „Richter") durchzusetzen vermögen. Das eben ist eine je nach der Art des Hergangs der Rechtsfindung, wie wir sehen werden, verschieden sich lösende Frage. Außer durch den Einfluß und (meist) das Zusammenwirken dieser verschiedenen Faktoren: durch eine um die Chance des Rechtszwangs zunächst ganz unbekümmerte Neuorientierung des Gemeinschaftshandelns von Rechtsinteressenten, welches dann die Rechtsfindung vor neue Situationen stellt, durch die an der Chance des Funktionierens der Rechtsfindung und der Zwangsapparate sich orientierende Thätigkeit (Rechtserfindung) der berufsmäßigen Parteiberather (Anwälte), durch die Consequenzen der Entscheidungen (Präjudizien) der Rechtsfindung (Richter), kann aber die Neubildung von Rechtsregeln auch durch spontane Oktroyierung von solchen (Rechtsschöpfung) erfolgen. Freilich geschieht diese zunächst in sehr andren Formen, als wir sie heute gewohnt sind. Denn überall fehlt ursprünglich der Gedanke: daß man Regeln für das Handeln, welche den Charakter von

„Recht“ besitzen, also durch „Rechtszwang“ garantiert sind, als *Normen* absichtlich schaffen könne, vollständig. Es fehlt den Rechtsentscheidungen zunächst, wie wir sahen, der Begriff der „Norm“ überhaupt. Sie geben sich durchaus nicht als „Anwendung“ feststehender „Regeln“, wie wir das heute für die Urteile als selbstverständlich ansehen. Wo aber die Vorstellung von für das Handeln „geltenden“ und für die Streit-Entscheidung *verbindlichen* Normen conzipiert ist, werden diese vielmehr zunächst nicht als Produkte oder auch nur als möglicher Gegenstand menschlicher Satzungen aufgefaßt. Sondern ihre „legitime“ Existenz beruht entweder auf der absoluten Heiligkeit bestimmter Gepflogenheiten als solcher, von denen abzuweichen bösen Zauber oder die Unruhe der Geister oder den Zorn der Götter hervorrufen kann. Sie gelten als „Tradition“ wenigstens theoretisch als unabänderlich. Sie müssen erkannt und richtig, den Gepflogenheiten entsprechend, interpretiert werden, aber man kann sie nicht schaffen. Sie zu interpretieren fällt denen zu, welche sie am längsten kennen, also den physisch „ältesten Leuten“ oder den Sippenältesten, oder – und besonders oft – den Zauberern und Priestern, weil sie allein kraft ihrer fachmäßigen Kenntnis der magischen Kräfte bestimmte Regeln: Kunstregeln für den Verkehr mit den übersinnlichen Mächten, kennen und kennen müssen. Trotzdem nun entstehen Normen auch bewußt als *oktroyierte* neue Regeln. Dies aber kann geschehen nur auf dem hierfür ausschließlich möglichen Wege einer neuen charismatischen *Offenbarung*. Entweder der Offenbarung einer nur individuellen Entscheidung, was im konkreten Einzelfall Rechtens sei. Das ist das Ursprüngliche. Oder auch einer generellen Norm, was künftig in allen ähnlichen Fällen zu geschehen habe. Die Rechtsoffenbarung in diesen Formen ist das urwüchsige revolutionierende Element gegenüber der Stabilität der Tradition und die Mutter aller „Satzung“ des Rechts. Die Eingebung neuer Normen kann den charismatisch Qualifizierten wirklich oder wenigstens scheinbar ganz unvermittelt durch konkrete Anlässe, insbesondere also ohne alle Änderung der äußeren Bedingungen, kommen. Derartiges hat sich thatsächlich oft ereignet. Die Regel aber ist, daß, wenn Verschiebungen der ökonomischen oder sonstigen Lebensbedingungen neue Normen für bisher *nicht* geordnete Probleme fordern, man sie künstlich sich verschafft durch Zaubermittel der verschiedenen möglichen Art. Normaler Träger dieser primitiven Form einer Anpassung von Ordnungen an neu entstandene Situationen ist der Zauberer oder der Priester eines Orakelgottes oder ein Prophet. Der Übergang von der Interpretation der alten Tradition zur Offenbarung neuer Ordnungen ist dabei natürlich flüssig. Denn auch für jene gibt es, sobald die Weisheit der Ältesten oder Priester versagt, nur den gleichen Weg. Der gleiche Weg aber ist auch im Rechtsgang für die *Tatsachen*feststellung, wo diese streitig ist, unentbehrlich.

Uns interessieren nun hier die Consequenzen dieser Wege der Rechtserfindung, Rechtsfindung und Rechtsschöpfung für die formalen Qualitäten des Rechts. Die Folge des Hineinragens der Magie in alle Schlichtung von Streitigkeiten und in alle Schaffung neuer Normen ist der allem primitiven Rechtsgang eigentümliche streng *formale* Charakter. Denn nur auf die formal richtig gestellte Frage geben ja die Zaubermittel die richtige Antwort. Und man kann nicht jede beliebige Frage nach Recht oder Unrecht jedem beliebigen Zaubermittel unterwerfen, sondern für jede Art von Rechtsfrage giebt es spezifische Mittel. Daher zunächst der aller urwüchsigen und dabei doch zu fester Regelung gelangten Justiz gemeinsame Grundsatz: daß jeder kleinste Fehler in der von der Partei zu vollziehenden Aussprache der irgend einen Prozeßakt begründenden feierlichen Formeln den Verlust des betreffenden Rechtsmittels, eventuell des ganzen Prozesses, zur Folge hat. Er gehört den römischen Legisaktionen ebenso wie dem frühmittelalterlichen Recht an. Der Prozeß aber war, sahen wir, das älteste „Rechtsgeschäft" (weil er auf einem Contrakt – Sühnevertrag – beruht). Daher besteht das entsprechende Prinzip in den in feierlicher Form vollzogenen privaten Rechtsgeschäften des strengen Rechts in Rom wie im frühen Mittelalter: sie sind nichtig, falls die geringste Abweichung von der (magisch) wirksamen Formel vorfällt. Vor allem aber steht am Anbeginn des Rechtsformalismus im Prozeß das formal gebundene *Beweis*recht. Einen prozessualen „Beweis" im heutigen Sinn reglementiert dasselbe überhaupt nicht. Man bringt nicht Beweismittel vor, durch welche eine „Thatsache" als „wahr" oder „falsch" erwiesen werden soll. Sondern es handelt sich darum: welche Partei und in welchen Formen sie die Frage über ihr *Recht* an die magischen Gewalten soll stellen dürfen oder müssen. Dem *formalen* Charakter der Prozedur selbst steht also der durchaus *irrationale* Charakter der Entscheidungsmittel gegenüber. Und auch das in den Wahrsprüchen sich realisierende „objektive Recht" ist daher, soweit nicht ganz strenge Traditionsnormen allgemein anerkannt sind, durchaus flüssig und biegsam. Es fehlen alle logisch rationalen Begründungen der konkreten Entscheidung. Dies auch da, wo nicht ein Gott oder ein magisches Beweismittel, sondern der Wahrspruch eines charismatisch qualifizierten Weisen oder, später, eines traditionskundigen Alten oder eines Sippen-Ältesten oder gewählten Schiedsrichters oder eines ein für alle Mal gewählten Rechtsweisers (Gesetzessprechers) oder eines vom politischen Herrn oktroyierten Richters entscheidet. Denn ein solcher Wahrspruch könnte immer nur entweder dahin lauten: so ist es immer gehalten worden, oder: so hat der Gott befohlen es diesmal, oder: es jetzt und in Zukunft bei solchen Fällen zu halten. Und ganz ähnlich steht es auch mit der bekannten großen Neuerung König Heinrichs II. von England: der Quelle der Jury im Zivilprozeß. Die „assisa novae disseisinae", welche durch königlichen „writ" auf Anrufung der Partei gewährt wird, bedeutet den Ersatz der Entscheidung von Grundbesitzklagen durch die alten magisch-irrationalen Beweismittel: Eideshilfe und Zweikampf insbesondere, durch die Befragung von 12 vereidigten Nachbarn über den Besitzstand. Indem die Parteien späterhin für alle möglichen Streitigkeiten sich freiwillig (faktisch aber bald: gezwungen) darauf einigten, statt der Extraktion der assisa und des alten irrationalen Verfahrens sich einem Spruch von 12 Geschworenen zu unterwerfen, wurde daraus die „jury". Sie tritt also gewissermaßen an Stelle der Befragung des Orakels und giebt so wenig wie dieses rationale Gründe ihrer Entscheidung an. Zwischen dem leitenden „Richter" und der jury teilt sich die Erledigung des Verfahrens. Daß die populäre Ansicht: die Geschworenen hätten dabei die „Thatfrage", der Richter die „Rechtsfrage" zu erledigen, irrig ist, steht fest. Was die Rechtspraktiker an der jury (grade in Zivilsachen) schätzen, ist vielmehr: daß sie auch gewisse konkrete Rechtsfragen entscheidet, *ohne* daß daraus aber ein künftige Urteile in andren Sachen bindendes „Präjudiz" entsteht, also der irrationale Charakter ihrer Entscheidungen über *Rechts*fragen. Im englischen Recht beruht auf dieser Bedeutung der Civiljury die sehr allmälige Entwicklung mancher praktisch längst geltenden Regeln zur Dignität von rechtlich „geltenden" Normen. Je nachdem nämlich der Richter Bestandteile des Wahrspruchs, welche, als ungeschieden von der Thatfrage, in ihrer Unerkennbarkeit vorhanden, aus diesem Incognito heraushob und zu Prinzipien des Urteils stempelte, wurden sie Bestandteile geltenden Rechts. Ein großer Teil des geltenden Handelsrechts ist so durch die Richterthätigkeit Lord Mansfield's präjudiziell formuliert und dadurch mit der Dignität eines Rechtssatzes ausgestattet worden, während man sich vorher auf das konkrete „Rechtsgefühl" der Jury verlassen hatte, welche die betreffenden Rechtsprobleme gleichzeitig mit der Thatfrage erledigte und, wenn sie erfahrene Geschäftsleute enthielt, auch ganz sachgemäß erledigen konnte. Im römischen Rechtsleben beruhte eben hierauf: auf der Beratung der Civilgeschworenen, die schöpferische Thätigkeit der respondierenden Juristen. Mit dem Unterschied, daß hier die Analyse der Rechtsfrage eben durch eine selbständige rechtskundige Instanz außerhalb des Gerichts erledigt wurde und daher die Tendenz zur Abwälzung der Arbeit von Geschworenen auf den Respondenten hier ebenso die Ausmünzung von „Gefühls"-Maximen zu rationalen Rechtssätzen beförderte, wie im englischen Verfahren die Versuchung, die Arbeit vom vorsitzenden Richter auf die jury abzuwälzen, den umgekehrten Effekt haben konnte und vielfach hatte. In der Form der jury ragt also die urwüchsige Irrationalität der Entscheidungsmittel und dadurch auch des „geltenden Rechts" selbst im englischen Prozeß bis in die Gegenwart hinein. – Auch soweit aber sich typische „Thatbestände", welche nach typischen Regeln beurteilt werden, aus dem Zusammenwirken der privaten Geschäftspraxis und der Präjudizien des „Richters" entwickelt haben, tragen diese nicht den rationalen Charakter eines von dem modernen Rechtsdenken herauspräparierten „Rechtssatzes" an sich.

Durchaus anschaulich, nach handgreiflichen Merkmalen, nicht aber nach dem durch Rechtslogik zu erschließenden Sinngehalt, werden dabei die rechtlich relevanten Tatbestände von einander geschieden, stets nur unter dem Gesichtspunkt: welche Frage und welcher Weg der Befragung der Götter oder der charismatischen Instanzen in jedem der Fälle zulässig sein solle und welcher von den interessierten Parteien das Recht und die Pflicht zukomme, das betreffende Beweismittel zur Anwendung zu bringen. Der primitive Rechtsgang mündet daher, wo er streng formal und consequent entwickelt ist, in ein „bedingtes Beweisurteil" aus, entsprechend am meisten den Fällen, wo heut auf einen Parteieid erkannt wird. Es wird einer von beiden Parteien ein bestimmter Beweis als Pflicht (und: Recht) zugesprochen und daran als Rechtsfolge (ausdrücklich oder stillschweigend) der Gewinn oder Verlust der Sache geknüpft. Sowohl das prätorische Formularverfahren in Rom wie der englische writ-Prozeß mit jury knüpfen mit ihrer Zweiteilung des Verfahrens (obwohl sie sonst technisch verschieden ist) an diese Grundlage an. Die Frage: was eigentlich für eine *Frage* an die magischen Instanzen zu richten ist, ist daher der erste Weg der Bildung von technischen „Rechtsbegriffen". Weder aber werden dabei Tatfrage und Rechtsfrage geschieden, noch objektive Normen und subjektiver, durch sie gewährter „Anspruch" des einzelnen, noch der Anspruch auf Erfüllung einer Verbindlichkeit von dem Verlangen nach Rache wegen eines Delikts – denn schlechthin Alles, was einen Grund zur Klage geben kann, ist ursprünglich Delikt –, noch öffentliche von privaten Rechten, noch Rechtsschöpfung von Rechtsanwendung, noch auch immer – trotz dem, was darüber früher gesagt worden ist – „Recht" im Sinne einer den einzelnen Interessenten „Ansprüche" zuweisenden Norm von „Verwaltung" im Sinn rein technischer Anordnungen, als deren „Reflex" den Einzelnen bestimmte Chancen zufließen. Alle diese Unterscheidungen finden sich zwar – wie es nicht anders sein kann – sozusagen „latent" und in Ansätzen. Aber wesentlich so, daß die verschiedene Art der

Zwangsmittel und eventuell die Verschiedenheit der zwingenden Instanzen sich, von uns aus gesehen, bis zu einem gewissen, sehr verschieden hohen Grade mit einigen von ihnen deckt. So entspricht – wie wir schon sahen – in einem begrenzten Sinn die religiöse Lynchjustiz der durch die Tat eines Genossen von magischen Übeln bedrohten Gemeinschaft in ihrem Verhältnis zum Sühneverfahren zwischen den Sippen der heutigen Scheidung krimineller Ahndung „von Amts wegen" von privater Rechtsverfolgung, und ebenso lernten wir die an formale Schranken und Grundsätze nicht gebundene hausherrliche Streitschlichtung als primitiven Sitz aller „Verwaltung" kennen im Gegensatz zum streng formalen Sühneverfahren beim Streit zwischen Sippen als dem Vorläufer der geordneten „Rechtspflege", welche nur einen Wahrspruch über das „Geltende" produziert. Wo ferner eine in ihren Funktionen spezifisch besonderte, also eine andre als die schrankenlose innerhäusliche Gewalt entsteht, ein „*imperium*", wollen wir sagen, scheint zwar im Prinzip der Unterschied zwischen „legitimem" Befehl und diesen „legitimierender" Norm conzipiert. Denn die geheiligte Tradition oder die konkrete charismatische Qualifikation ergeben ja dann *entweder* die sachliche *oder* die persönliche Legitimität der einzelnen Befehle und also auch die Schranken ihrer „Berechtigung". Aber in der Auffassung bleibt beides doch ungeschieden: das Imperium wird als eine konkrete rechtliche „Qualität" seines Trägers angesehen, nicht als eine sachliche „Competenz". Auch legitimer Befehl, legitimer Anspruch und beide legitimierende Norm scheiden sich also nicht wirklich deutlich. Die Abgrenzung der Sphäre der unabänderlichen Tradition gegen diejenige des Imperium ist ebenfalls durchaus schwankend, weil keine wichtige Entschließung von dessen Träger, wie „legitim" er auch zu herrschen beanspruchen möge, gefaßt wird, ohne nach Möglichkeit eine spezielle Offenbarung einzuholen.

Und auch innerhalb der „Tradition" bleibt das praktisch zur Anwendung gelangende Recht nicht etwa wirklich stabil. So lange wenigstens, als die Tradition noch nicht einer Schicht von spezifisch geschulten Trägern mit festen empirischen Kunstregeln anheimfällt – regelmäßig zunächst den Magiern und Priestern –, kann sie auf weiten Gebieten relativ labil sein. Als „Recht" gilt, was als solches „angewendet" worden ist. Die Entscheidungen der afrikanischen „Palaver" werden durch Generationen hindurch überliefert und als „geltendes Recht" behandelt, und Munzinger berichtet das Gleiche von den ostafrikanischen Rechtssprüchen („buthas"). Das Präjudizienrecht ist die älteste Form der Neubildung von „Gewohnheitsrecht". Inhalt dieser Rechtsbildung sind freilich zunächst, sahen wir, wesentlich bewährte Kunstregeln der magischen Befragung. Erst mit dem Zurücktreten der Bedeutung der Magie gewinnt die Tradition den Charakter, welchen sie z.B. im Mittelalter vielfach an sich trug: das Bestehen einer als Recht geltenden Übung kann Gegenstand eines „Beweises" durch die Parteien werden, ganz wie „Thatsachen". Von der charismatischen Offenbarung neuer Gebote führt über das Imperium hinweg der direkteste Weg der Entwicklung zur Rechtsschöpfung durch vereinbarte und oktroyierte „*Satzung*". Denn Träger solcher Vereinbarungen sind zunächst die Sippenhäupter oder lokalen Häuptlinge. Wo immer aus irgend welchen politischen oder ökonomischen Gründen neben Dorf und Sippe umfassendere politische Verbände oder Einverständnisgemeinschaften, welche weitere Gebiete beherrschen, bestehen, pflegen deren Angelegenheiten durch gelegentliche oder regelmäßige Zusammenkünfte jener Autoritäten geregelt zu werden. Die von ihnen getroffenen Verabredungen pflegen rein technischer und ökonomischer Natur zu sein, nach unseren Begriffen also bloße „Verwaltung" oder bloße private Abmachungen zu betreffen. Sie können aber von da aus auf die verschiedensten anderen Gebiete übergreifen. Die versammelten Autoritäten können vor Allem die Neigung gewinnen, ihren gemeinsamen Erklärungen eine erhöhte Autorität zur Interpretation der heiligen Tradition zuzusprechen, und es unter Umständen wagen, selbst in so streng magisch garantierte Normen, wie z.B. die der Sippenexogamie, interpretierend einzugreifen. Zunächst freilich geschieht dies in aller Regel so, daß charismatisch qualifizierte Zauberer oder Weise der Versammlung die Offenbarung der neuen Grundsätze, die ihnen in der Ekstase oder auch im Traum eingegeben wurden, vorlegen und die Mitglieder, weil sie die charismatische Qualifikation anerkennen, diese zur Nachachtung und Mitteilung an ihre Verbände mit nach Hause nehmen. Da aber die Grenzen zwischen technischer Anordnung, Interpretation der Tradition durch Rechtsspruch und Neuoffenbarung von Regeln nicht eindeutig sind und das Prestige der Zauberer labil ist, so kann – wie dies z.B. in Australien zu beobachten ist – die Säkularisierung der Rechtssatzung Fortschritte machen, die Offenbarung faktisch ausgeschaltet oder nur zur nachträglichen Legalisierung der Vereinbarungen angewendet werden, und so können schließlich weite Gebiete der ursprünglich nur durch Offenbarung möglichen Rechtsschöpfung der einfachen Vereinbarung der versammelten Autoritäten anheimfallen. Auch bei den afrikanischen Stämmen ist der Gedanke der „Satzung" von Recht nicht selten schon voll entwickelt. Zwar gelingt es den Ältesten und Honoratioren unter Umständen nicht, das zwischen ihnen vereinbarte neue Recht den Volksgenossen aufzuzwingen. An der Guinea-Küste fand Monrad, daß die Vereinbarungen der Honoratioren zwar den ökonomisch Schwachen gegenüber durch Geldbußen durchgeführt wurden, die Reichen und Angesehenen sich ihnen thatsächlich völlig entzogen, sofern sie ihnen nicht freiwillig zugestimmt hatten – ganz wie oft in den ständischen Gebilden des Mittelalters. Andrerseits pflegten die Ahantas und die Dahomey-Neger teils periodisch, teils nach Gelegenheit die alten Satzungen zu revidieren oder neue zu beschließen. Indessen dieser Zustand ist nichts Urwüchsiges mehr. In aller Regel fehlt die Rechtssatzung gänzlich oder, wo sie faktisch besteht, bringt die Ungeschiedenheit von Rechtsfindung und Rechtsschöpfung es mit sich, daß der Gedanke des „Gesetzes" als einer durch den Richter „anzuwendenden" Regel im Allgemeinen noch ganz fehlt. Der Rechtsspruch hat einfach die Autorität eines Präjudizes. Diesen Typus der Zwischenstufe von der Interpretation schon geltenden Rechts zur Neuschaffung von Recht weist z.B. noch das germanische „Weistum" auf, der Wahrspruch von Autoritäten, deren Legitimation auf persönlichem Charisma oder auf Alter oder auf Wissen oder auf Honoratiorenqualität ihres Geschlechts oder schließlich auf Amt ruht, über konkrete oder abstrakte Rechtsfragen. Auch das Weistum (wie beim nordgermanischen „Gesetzessprecher") scheidet zunächst weder objektives von subjektivem Recht, noch Rechtssatzung von Urteil, noch öffentliches von privatem Recht, noch sogar Verwaltungsanordnungen von normativer Regel. Nur der Sache nach ist es bald mehr das eine, bald mehr das andere. Auch der englische Parlamentsbeschluß hat bis fast an die Schwelle der Gegenwart einen ähnlichen Charakter bewahrt. Wie zunächst der Name assisa besagt, hatte er in der Zeit der Plantagenets und im Grunde bis ins 17. Jahrhundert nur den Charakter jedes anderen Rechtsspruchs. Der König selbst band sich an seine eigenen assisae nicht unbedingt. Die Parlamente suchten mit verschiedenen Mitteln dem zu steuern. Die Protokollierung und die Schaffung der verschiedenen rolls dienten dem Zweck, den königlich bestätigten Parlamentssprüchen Achtung als Präjudicien zu verschaffen. Dauernd aber blieb ihnen dadurch bis heute der Charakter eines bloßen Amendements des bestehenden Rechts anhaften im Gegensatz zu dem Kodifikationscharakter des modernen kontinentalen Gesetzes, welches im Zweifel beansprucht, seinen Gegenstand erschöpfend neu zu regeln unter Beseitigung des bisherigen Rechtes. Der Grundsatz, daß neu geschaffenes Recht das bisherige aufhebt, ist daher im englischen Recht noch heute nicht voll durchgedrungen.

Der materielle Gesetzesbegriff, welchen in England der Rationalismus der Puritaner und dann der Whigs protegierte, entstammt dem römischen Recht. In diesem selbst aber hatte er seine ursprüngliche Wurzel in dem Amtsrecht, und also in dem ursprünglich militärisch bedingten Imperium der Magistrate. Lex rogata war derjenige Erlaß des Magistrats, den die Zustimmung des Bürgerheeres für die Bürger und nur für diese bindend und um des willen auch für den Nachfolger im Amt des Magistrats unverbrüchlich gemacht hatte. Die Urquelle des heutigen Gesetzesbegriffs war also die römische Disziplin und die Eigenart der römischen Wehrgemeinde. Auf dem mittelalterlichen Kontinent haben nach den Ansätzen der Karolinger zuerst die Hohenstaufen (Friedrich I.) mit dem römischen Begriff des Gesetzes operiert. Aber auch jenes Stadium des frühmittelalterlichen, speziell englischen Gesetzesbegriffs als einer gesatzten Rechtsamendierung wurde keineswegs früh erreicht. Die charismatische Epoche der Rechtsschaffung und Rechtsfindung ragt vielmehr, wie wir schon mehrfach sahen, in zahlreichen Institutionen in die Zeit rein rationaler Rechtssatzung und Rechtsanwendung hinein und ist noch heute nicht überall ganz beseitigt. Noch Blackstone nennt die englischen Richter eine Art lebendes Orakel, und tatsächlich entspricht wenigstens die Rolle, welche die decisions als unentbehrliche und spezifische Form der Fleischwerdung des common law spielen, in diesem Sinn derjenigen des Orakels im alten Recht: „was vorher ungewiß war (die Existenz des Rechtsprinzips) ist nun (durch die Entscheidung) eine dauernde Regel geworden". Nur wenn die Entscheidung offenbar „absurd" oder „gegen Gottes Gebot" ist, entbehrt sie des charismatischen Charakters und kann man also ohne Gefahr von ihr abweichen. Nur durch das Fehlen rationaler Begründungen unterschied sich das echte Orakel vom englischen Präjudiz. Diese Eigenschaft aber teilt es mit dem Geschworenenverdikt. Historisch freilich sind die Geschworenen als solche nicht etwa Rechtsnachfolger charismatischer Rechtspropheten, sondern ganz im Gegenteil vielmehr ein Ersatz der irrationalen Beweismittel der dinggenossenschaftlichen Justiz durch das Zeugnis der Nachbarn (insbesondere über Besitzstände), im Königsgericht also ein Produkt fürstlichen Rationalismus. Eine wirkliche Deszendenz von der charismatischen Rechtsweisung liegt dagegen sowohl in der Stellung der germanischen Schöffen zum Richter wie in der Institution des Gesetzessprechers im nordischen Recht vor. Die auffallende, die Entwicklung der genossenschaftlichen und ständischen Autonomie im mittelalterlichen Okzident, wie wir sahen, so außerordentlich befördernde Tatsache: daß in aller Regel der Gerichtsherr oder seine Stellvertreter im Gericht nur den Vorsitz führen und Ordnung gebieten, das Urteil aber ohne ihre Beteiligung zustandekommt, durch charismatische Rechtsweiser oder später durch ernannte Schöffen aus dem Kreise derjenigen, innerhalb deren das Urteil Recht schaffen soll, geschaffen wird, dieser mit großer Konsequenz festgehaltene Grundsatz hat zwar zum Teil politische, schon erwähnte Gründe. Zu einem Teil aber führt er auf die Natur der charismatischen Rechtsfindung zurück. Der Richter, der das Gericht kraft seines Amts beruft und hegt, konnte gar nicht in den Bereich der Rechtsfindung eingreifen, weil nach der charismatischen Rechtsauffassung ihm sein Amt eben nicht auch den Verstand: das Charisma der Rechtsweisheit, gab. Seine Aufgabe war erschöpft, wenn er die Parteien dazu gebracht hatte, die Sühne der Rache, den gerichtlichen Frieden der Selbsthülfe vorzuziehen und diejenigen Formalitäten vorzunehmen, welche sie zur Innehaltung des Prozeßvertrages verbindlich machten und welche zugleich die Voraussetzung einer richtigen und wirksamen Befragung der Götter oder der durch ihr Charisma qualifizierten Weisen schufen. Diese Rechtswissenden aber waren ursprünglich durchweg magisch Qualifizierte, die nur im Einzelfall kraft ihrer charismatischen Autorität zugezogen wurden, weiterhin entweder Priester – wie die Brehons in Irland, die Druiden bei den Galliern – oder durch Wahl als Autoritäten anerkannte Rechtshonoratioren, wie die Gesetzessprecher bei den Nordgermanen oder die Rachinburgen bei den Franken. Der charismatische Gesetzessprecher wurde später ein durch periodische Wahl, schließlich auch durch tatsächliche Ernennung legitimierter Beamter, und an Stelle der Rachinburgen traten als königlich patentierte Rechtshonoratioren die Schöffen. Der Grundsatz aber: daß nicht die Obrigkeit als solche, sondern nur der durch sein Charisma Qualifizierte das Recht weisen könne, blieb bestehen. Der nordische Gesetzessprecher war seiner charismatischen Würde entsprechend, ebenso wie die Schöffen in Deutschland, ein auch politisch oft höchst wirksamer Vertreter der Gerichtsgemeinden gegen die Macht der Obrigkeit. So namentlich in Schweden. Stets gehörte er, ebenso wie die Schöffen in Deutschland, vornehmen Familien an, und naturgemäß wurde speziell das Schöffenamt sehr oft gentilcharismatisch an ein Geschlecht gebunden. Der Gesetzessprecher, seit dem 10. Jahrhundert nachweisbar, war nie ein Richter. Er hatte mit Vollstreckung nichts zu schaffen, besaß überhaupt ursprünglich gar keine, erst später in Norwegen eine begrenzte Zwangsgewalt. Der Zwang, soweit in Rechtssachen ein solcher bestand, lag vielmehr in den Händen der politischen Beamten. Aus dem im Einzelfall angerufenen Rechtsfinder war der Gesetzessprecher ein dauernder Beamter geworden und mit dem rationalen Bedürfnis nach Vorherberechenbarkeit, also Regelhaftigkeit des geltenden Rechts entwickelte sich seine Pflicht, jährlich einmal alle jene Normen, nach denen er Recht fand, der versammelten Gemeinde vorzusprechen, sowohl zu deren Kenntnis wie zu seiner eigenen Kontrolle. Bei aller Abweichung hat man mit Recht die Ähnlichkeit mit der jährlichen Publikation des prätorischen Ediktes hervorgehoben. Der Nachfolger war an die Lögsaga seines Vorgängers nicht gebunden. Denn kraft seines Charisma konnte jeder Gesetzessprecher neues Recht schaffen. Er konnte dabei Anregungen und Beschlüsse der Volksgemeinde berücksichtigen, aber er mußte es nicht, und solche Beschlüsse schufen solange kein Recht, als die Aufnahme in die Lögsaga nicht erfolgt war. Denn Recht konnte nur offenbart werden: diesen charakteristischen Grundsatz und die daraus folgende Art der Entstehung von Rechtsschöpfung und Rechtsweisung greift man hier mit Händen. Spuren ähnlicher Einrichtungen finden sich außer bei den Thüringern in den meisten germanischen Rechten, speziell in Friesland (der Asega), und es wird wohl mit Grund angenommen, daß die von der Vorrede der Lex salica erwähnten Redaktoren als solche Rechtspropheten zu denken sind und daß die Art der Entstehung der Capitula legibus addenda der fränkischen Königszeit mit der Verstaatlichung des Rechtsprophetentums zusammenhängt.

Spuren ähnlicher Entwicklung finden sich fast überall. Die ursprüngliche Entscheidung von Rechtshändeln durch Einholung eines Orakels ist massenhaft auch für sonst stark rationalisierte politische und soziale Zustände bezeugt. Z.B. auch für Ägypten (Ammons Orakel) und für Babylon. Sie bildete sicherlich auch einen der ursprünglichen Pfeiler der Machtstellung der hellenischen Orakel. Die israelitischen Rechtsorakel haben ähnliche Funktionen versehen. Die Herrschaft der Rechtsprophetie ist vermutlich eine ganz allgemeine Erscheinung. Die Macht der Priester beruhte überall zum sehr großen Teil auf ihrer Funktion als Spender von Orakeln oder Leitern der Prozedur bei Gottesurteilen, und deshalb stieg sie oft ganz gewaltig mit steigender Befriedung infolge des zunehmenden Ersatzes der Rache durch Sühne und schließlich Klageprozeduren. Obwohl in Afrika die Bedeutung der irrationalen Beweismittel durch die Häuptlingsprozedur relativ schon weit zurückgedrängt ist, ruht die oft furchtbare Macht der Fetischpriester bis heute auf dem verbliebenen Rest: dem sakralen Zaubereiprozeß mit Gottesurteil unter ihrer Leitung, der es ihnen gestattet, jeden ihnen selbst oder einem anderen, der sie zu gewinnen weiß, Mißliebigen durch Erhebung einer Zaubereiklage um Leben und Gut zu bringen. Aber auch rein weltliche Justizverwaltungen haben unter Umständen dauernd wichtige Züge der alten charismatischen Rechtsfindung behalten. Auch die Thesmotheten Athens deutet man wohl mit Recht als Produkt einer Reglementierung und Umwandlung ursprünglich charismatischer Rechtsprophetie in ein gewähltes Beamtenkolleg. Inwieweit in Rom die Beteiligung der Pontifices an der Rechtspflege ursprünglich in einer der sonstigen Rechtsprophetie ähnlichen Art geregelt war, entzieht sich der Feststellung. Der Grundsatz der Trennung von formaler Prozeßleitung und Rechtsweisung jedenfalls galt auch in Rom, wenn auch freilich in technisch stark von der germanischen Urteilsfindung abweichender Art. Was das prätorische und ädilizische Edikt anlangt, so tritt seine Verwandtschaft mit der Lögsaga auch darin hervor, daß seine den Beamten selbst bindende Kraft an die Stelle einer ursprünglich großen Ungebundenheit der Beamten trat. Rechtlich ist der Grundsatz: daß der Prätor sich an sein Edikt zu binden habe, endgültig erst in der Kaiserzeit durchgeführt, und es muß angenommen werden, daß die ursprünglich auf esoterischer Kunstlehre beruhende pontifikale Rechtsweisung sowohl wie die Prozeßinstruktionen des Prätors infolgedessen zunächst ziemlich stark irrationalen Charakter hatten. Die Tradition läßt das Verlangen der Plebs nach Kodifikation und Publizität des Rechts gegen beide sich richten.

Die Trennung von Rechtsfindung und Rechtszwang, welche man oft als Eigentümlichkeit der deutschen Rechtspflege und Quelle der Machtstellung der Genossenschaften anspricht, war an sich nichts nur Deutsches. Sondern das deutsche Schöffenkolleg trat an die Stelle der alten charismatischen Rechtsprophetie. Das Spezifische an der germanischen Entwicklung ist vielmehr die Erhaltung und die Art der technischen Ausgestaltung dieses Prinzips, und diese steht mit einigen anderen wichtigen Besonderheiten im Zusammenhang. Vor allem mit der ziemlich lange Zeit erhaltenen Bedeutung des „Umstandes", d.h. der Teilnahme der nicht zu den Rechtshonoratioren gehörigen Rechtsgenossen an der Rechtsfindung in der Form, daß die Ratifikation des von den Urteilern gefundenen Rechtsspruchs durch ihre Akklamation als unentbehrlich galt und daß prinzipiell das Recht zur Urteilsschelte einem jeden Rechtsgenossen zustand. Das erstere: die Beteiligung des Umstandes durch Akklamation, findet sich auch außerhalb des germanischen Rechtsgebietes: man darf annehmen, daß die Schilderung der Prozeßhergänge bei Homer auf dem Schilde des Achilleus Reste davon enthält, und auch anderwärts (Israel, Prozeß des Jeremia) finden sich Spuren. Spezifisch ist die Urteilsschelte. Diese reglementierte Teilnahme der Gemeinfreien am Urteil ist aber keineswegs notwendig als etwas Urwüchsiges anzusprechen, sondern sehr wahrscheinlich ein Produkt besonderer, und zwar militärischer Entwicklungen.

Von den Mächten, welche die Säkularisierung des Denkens über das Geltensollende, speziell seine Emanzipation von der magisch garantierten Tradition, befördern, ist eine der stärksten die *kriegerische* Umwälzung.

Das Imperium des erobernden Kriegsführers ist, mag seine Handhabung auch für alle wichtigen Fälle an die freie Zustimmung seines Heeres gebunden sein, unvermeidlich inhaltlich sehr umfassend und bezieht sich der Natur der Sache nach ungewöhnlich oft auf die Ordnung von Verhältnissen, welche in befriedeten Zeiten nur durch offenbarte Norm hätten geregelt werden können, die aber nun durch vereinbarte oder oktroyierte Satzung aus dem Nichts zu schaffen sind. Über Gefangene, Beute und vor allem erobertes Land wird von Kriegsfürst und Kriegsheer verfügt und dadurch werden sowohl Rechte einzelner wie unter Umständen geltende Regeln neu geschaffen. Und andrerseits muß der Kriegsfürst im Interesse der gemeinsamen Sicherheit auch gegen Disziplinbruch und Anzettelung inneren Unfriedens weit umfassendere Vollmachten haben als ein „Richter" in Friedenszeiten. Der Bereich des Imperium wächst also schon dadurch auf Kosten der Tradition. Und der Umsturz der bestehenden ökonomischen und sozialen Verhältnisse, welche der Krieg bringt, macht es jedem handgreiflich, daß das Gewohnte als solches nicht das schlechthin ewig Geltende und Heilige sein kann. Systematische Feststellungen schon geltenden oder neu gesetzten Rechtes finden sich daher auf den allerverschiedensten Entwicklungsstufen gerade im Anschluß an kriegerische Expansion besonders häufig. Rechtsschöpfung und Rechtsfindung aber zeigen dann unter dem Einfluß der zwingenden Bedürfnisse der Sicherheit gegen äußere und innere Feinde die Tendenz, rationaler gestaltet zu werden. Vor allem gewinnen auch die verschiedenen möglichen Träger des Rechtsgangs ein neues Verhältnis zu einander. Behält der auf dem Boden des Krieges und der Kriegsbereitschaft entstehende politische Verband dauernd militärischen Charakter, so behält auch der Wehrverband als solcher den entscheidenden Einfluß auf die Schlichtung von Streitigkeiten der ihm Zugehörigen und damit auch auf die Fortentwicklung des Rechts. Das Prestige des Alters und in gewissem Umfang auch das Prestige der Magie pflegen dann zu sinken. Der Ausgleich zwischen dem Imperium des Kriegsfürsten einerseits, den weltlichen oder geistigen Hütern der heiligen Tradition andererseits und endlich den Ansprüchen der Wehrgemeinde, welche der Tradition gegenüber relativ ungebunden dasteht, auch ihrerseits an der Kontrolle der Anordnungen beteiligt zu sein, vollzieht sich mit sehr verschiedenen Resultaten. Die Art der Militärverfassung ist dabei stets sehr wichtig. Die germanische Dinggemeinde des einzelnen Gaues ebenso wie die große Landesgemeinde des politischen Verbandes sind Aufgebote der wehrhaften und deshalb am Grundbesitz beteiligten Genossen, ebenso wie der römische populus ursprünglich das versammelte, in seinen taktischen Gliederungen „angetretene" Grundbesitzer-Heer ist. In der Zeit der großen Umwälzungen der Völkerwanderung scheint sich die germanische politische Landesgemeinde die Beteiligung an der Schöpfung neuen Rechts zugeeignet zu haben: – es ist ganz unwahrscheinlich, daß, wie Sohm annimmt, alles gesatzte Recht Königsrecht sei. An dieser Art von Satzung scheint vielmehr dem Träger des imperium keinerlei vorwiegender Anteil zugekommen zu sein. Sondern bei den mehr seßhaften Völkern bleibt die Gewalt der charismatischen Rechtsweisen ungebrochener bestehen, bei den durch kriegerische Wanderungen in neue Verhältnisse überführten (den Franken und Langobarden speziell) steigert sich dagegen das Machtgefühl der Wehrgemeinde, welche das Recht der aktiven beschließenden Teilnahme an Rechtssatzungen und Urteil in Anspruch nimmt und durchsetzt.

Im frühmittelalterlichen Europa war andrerseits die christliche Kirche mit ihrem Beispiel: der Machtstellung der Bischöfe, überall eine Stütze der Eingriffe des Fürsten in die Rechtspflege und Rechtssatzung, die sie oft ihrerseits im kirchlichen und ethischen Interesse direkt angeregt hat. Die Kapitularien der Frankenkönige gehen mit der Entwicklung der subtheokratischen Sendgerichte parallel. Und in Rußland ist sehr bald nach der Einführung des Christentums, in der zweiten Redaktion der Russkaja Prawda, die in der ersten noch ganz fehlende Ingerenz des Fürsten in Rechtsfindung und Rechtssatzung und sofort auch ein sehr umfangreiches neues materielles Fürstenrecht entwickelt. Immerhin stieß diese Tendenz des imperium im Occident auf das feste Gefüge der charismatischen und genossenschaftlichen Justiz innerhalb der Wehrgemeinde. Dagegen hat der römische populus, der Entwicklung der Disziplin des Hoplitenheeres entsprechend, nur anzunehmen oder zu verwerfen, was ihm der Träger des imperium vorschlägt, und das sind neben Rechtssatzungen nur Entscheidungen in Kapitalsachen im Fall der Provokation. In der germanischen Dinggemeinde gehörte zu einem gültigen Urteil die Akklamation des „Umstands". An den römischen populus dagegen gelangten zunächst lediglich die Gesuche um gnadenweise Cassation magistratischer Kapitalurteile. Der geringeren Entwicklung der militärischen Disziplin entsprach in der germanischen Dingversammlung das Recht aller Einzelnen zur Urteilsschelte: das Charisma der Rechtsfindung ist nicht exklusiv an seine beruflichen Träger gebunden, sondern jeder einzelne Dinggenosse kann im Einzelfall den Versuch machen, durch einen Gegenvorschlag gegen die Urteilsweisung jener sein besseres Wissen zur Geltung zu bringen. Der Austrag kann dann ursprünglich nur durch Gottesurteil zwischen den Vertretern der beiden Vorschläge erfolgen, oft mit Strafsanktionen für den Unterliegenden: denn falsches Urteil ist Frevel gegen die das Recht schützenden Götter. Thatsächlich fiel natürlich stets auch Akklamation oder Murren der Gemeinde (deren Stimme in diesem Sinn „Gottes Stimme" ist) ins Gewicht. Der straffen Disziplin der Römer entspricht die ausschließlich magistratische Prozeßinstruktion ebenso wie das ausschließliche Initiativrecht (agere cum populo) der verschiedenen mit einander konkurrierenden Kategorien von Beamten. Die germanische Scheidung von Rechtsfindung und Rechtszwang ist eine, die römische Concurrenz verschiedner, gegen einander mit dem Intercessionsrecht versehener Beamter und die Verteilung der Prozeßführung zwischen Beamten und judex ist eine andre Form der „*Gewaltenteilung*" in der Rechtspflege. Diese war aber vor Allem auch durch die, hier und dort in der geschilderten Art verschieden geordnete, Notwendigkeit des Zusammenwirkens von Beamten, Rechtshonoratioren und Wehr- und Dinggemeinde garantiert. Darauf beruht die Erhaltung des *formalistischen* Charakters des Rechts und der Rechtsfindung. Wo es dagegen „amtlichen" Gewalten, also entweder dem Imperium des Fürsten und seiner Beamten, oder der Macht der Priester als der amtlichen Hüter des Rechts gelungen ist, die selbständigen charismatischen Träger des Rechtswissens einerseits, die Beteiligung der Dinggemeinde oder ihrer Repräsentanten andrerseits gänzlich zu Gunsten ihrer eignen Omnipotenz auszuschalten, da hat die Rechtsbildung früh jenen theokratisch-patrimonialen Charakter angenommen, dessen Consequenzen für die formalen Qualitäten des Rechts wir bald kennen lernen werden. Anders, aber im formalen Erfolg für die Rechtsbildung, wie wir sehen werden, ähnlich verlief die Entwicklung da, wo die politisch allmächtig werdende Dinggemeinde, wie etwa in der hellenischen Demokratie, die alten magistratischen und charismatischen Träger der Rechtsfindung ihrerseits gänzlich bei Seite schob und sich selbst als alleinigen souveränen Träger von Rechtssatzung und, namentlich, Rechtsfindung an die Stelle setzte. Wir wollen den Zustand – der namentlich in der germanischen, in schon stark rational verändertem Sinn in der römischen Wehrgemeinde realisiert ist: –, daß die Gemeinde der Rechtsgenossen an der Rechtsfindung zwar beteiligt ist, aber die Rechtsfindung nicht souverän beherrscht, sondern nur den Urteilsvorschlag der charismatischen oder amtlichen Träger des Rechtswissens akzeptieren oder verwerfen kann, also auch, zuweilen durch besondre Mittel wie die Urteilsschelte, beeinflussen kann, die „dinggenossenschaftliche" Rechtsfindung nennen. Nicht entscheidend für ihre Existenz ist die Assistenz der Gemeinde bei der Rechtsfindung überhaupt. Denn diese findet sich sehr verbreitet, z.B. auch bei den Togo-Negern und ebenso bei den Russen zur Zeit der ersten vorchristlichen Redaktion der Russkaja Prawda. Und es findet sich in beiden Fällen auch ein dem Schöffencolleg entsprechender engerer Kreis von Urteilsfindern (bei den Russen: zwölf). Bei den Togo-Negern stellen diesen die Sippenältesten oder auch die Ortschaftsältesten, und dies dürfte sehr oft der Anfang der Entwicklung eines Urteilsfindergremiums gewesen sein. Eine Beteiligung des Fürsten fehlt in der Russkaja Prawda – wie früher erwähnt – noch ganz, bei den Togonegern ist er der Vorsitzende und das Urteil wird in gemeinsamer – aber hier schon geheimer – Beratung der Ältesten mit ihm gefunden. Was aber in beiden Fällen fehlt, ist die prinzipiell gleichberechtigte Mitwirkung des „Umstandes" bei der Rechtsfindung unter Wahrung des charismatischen Charakters dieser letzteren. Doch scheint in Afrika und auch sonst etwas Ähnliches gelegentlich vorzukommen. Wo die Beteiligung der Gemeinde als „Umstand" besteht, da wird einerseits der formale Charakter des Rechts und der Rechtsfindung weitgehend gewahrt: denn die Rechtsfindung ist nicht Sache des Beliebens oder der Gefühlsemotionen derjenigen, für die das Recht gelten soll, denen es nicht zu „dienen", sondern die es zu beherrschen prätendiert, sondern Produkt der Offenbarung der Rechtsweisen. Andrerseits steht deren Weisheit, wie jedes echte Charisma, unter dem Zwang, sich durch Überzeugungskraft „bewähren" zu müssen und kann indirekt, durch diese Notwendigkeit, das „Billigkeits"-Gefühl und die Alltagserfahrung der Rechtsgenossen sehr nachhaltig zur Geltung gelangen. Das geformte Recht ist auch dann formell „Juristenrecht", denn ohne spezifische Sachkunde nimmt es die Form der rationalen Regel nicht an. Aber es ist zugleich materiell „Volksrecht". Der Epoche „dinggenossenschaftlicher" Justiz – die übrigens, in ihrem hier gemeinten präzisen Sinne: als eine (verschiedenartig mögliche) Gewaltenteilung zwischen Autorität des Rechtscharisma und Ratifikation der Ding- und Wehrgemeinde, keineswegs universelle Verbreitung gehabt hat – dürfen wir wohl mit großer Wahrscheinlichkeit die Entstehung der „Rechtssprichwörter" zuschreiben. Ihr regelmäßiges Spezificum ist: daß sie die formalen Rechtsnormen zusammen mit einer anschaulich-populären Begründung enthalten, nach Art etwa des Satzes: „Wo Du deinen Glauben gelassen hast, mußt Du ihn suchen", oder kürzer: „Hand muß Hand wahren". Sie entspringen einerseits der durch die Beteiligung der Gemeinde bedingten Popularität und relativ großen Laienkenntnisse vom Recht, andrerseits ist ihre Formulierung Produkt einzelner, geschult oder dilettantisch über die Maximen häufig wiederkehrender Entscheidungen nachgrübelnder Köpfe, besonders oft sicherlich der Rechtspropheten. Sie sind fragmentarische „Rechtssätze" in Form von „Parolen". Ein formell irgendwie entwickeltes „Recht" dagegen, als Complex bewußter Entscheidungsmaximen, hat es ohne die maßgebende Mitwirkung geschulter Rechtskundiger nie und nirgends gegeben. Ihre Kategorien lernten wir schon kennen. Zusammen mit den beamteten Trägern der Rechtspflege bilden die „Rechtshonoratioren": Gesetzessprecher, Rachimburgen, Schöffen, eventuell Priester, die mit der Rechtsfindung befaßte Schicht der „Rechtspraktiker". Mit zunehmenden Ansprüchen der Rechtspflege an Erfahrung und schließlich an fachmäßige Kenntnis treten ihnen die privaten Berater und Sachwalter (Fürsprecher, Advokaten) der Rechtsinteressenten als eine weitere Kategorie von oft für die Rechtsgestaltung durch „Rechtserfindung" sehr einflußreichen Rechtspraktikern zur Seite, von deren Entwicklungsbedingungen wir noch zu reden haben werden. Der zunehmende Bedarf nach juristischer Fachkenntnis schuf den Berufsanwalt. Diese steigenden Ansprüche an Erfahrung und Fachkenntnis der Rechtspraktiker und damit der Anstoß zur Rationalisierung des Rechts im allgemeinen gehen aber fast immer aus von steigender Bedeutung des Güterverkehrs und derjenigen Rechtsinteressenten, welche an ihm beteiligt sind. Denn von hier erwachsen die immer neuen Probleme, für deren Erledigung fachmäßige und d.h. rationale Schulung unabweisbares Erfordernis wurde. Uns gehen hier speziell die Wege und Schicksale der *Rationalisierung* des Rechts, der Entwicklung seiner heutigen spezifisch „juristischen" Qualitäten also, an. Wir werden sehen, daß ein Recht in verschiedner Art, und keineswegs notwendig in der Richtung der Entfaltung seiner „juristischen" Qualitäten, rationalisiert werden kann. Die Richtung, in welcher diese formalen Qualitäten sich entwickeln, ist aber bedingt direkt durch so zu sagen „innerjuristische" Verhältnisse: die Eigenart der Personenkreise, welche auf die Art der Rechtsgestaltung *berufsmäßig* Einfluß zu nehmen in der Lage sind, und erst indirekt durch die allgemeinen ökonomischen und sozialen Bedingungen. Allen voran steht die Art der Rechts*lehre*, das heißt hier: der Schulung der Rechtspraktiker.

§4. Die Typen des Rechtsdenkens und die Rechtshonoratioren.

Für die Entwicklung eines „fachmäßigen" Rechtslehrgangs und damit auch eines spezifischen Rechtsdenkens gibt es zwei einander entgegengesetzte Möglichkeiten. Entweder: empirische Lehre des Rechts durch Praktiker, ausschließlich oder doch vorwiegend in der Praxis selbst, also „handwerksmäßig" im Sinn von „empirisch". – Oder: theoretische Lehre des Rechts in besonderen Rechtsschulen und in Gestalt rational systematischer Bearbeitung, also: „wissenschaftlich" in diesem rein technischen Sinn. Ein ziemlich reiner Typus der ersten Art von Behandlung war die *englische* zunftmäßige Rechtslehre durch die Anwälte. Das Mittelalter schied scharf den „Fürsprecher" vom „Anwalt". Ersterer entsprang den Eigentümlichkeiten des dinggenossenschaftlichen Prozesses, letzterer trat mit der Rationalisierung des Prozeßverfahrens in den fürstlichen Gerichten mit Jury-Verfahren und Beweiskraft der Protokolle (Records) auf. Namentlich in der Geschichte des französischen Prozesses tritt der Wortformalismus als Quelle des „Fürsprecher"-Instituts im Zusammenhang mit der strengen Verhandlungsmaxime des dinggenossenschaftlichen Prozesses deutlich hervor. Der Grundsatz: „Fautes valent exploits", und die strenge Gebundenheit der Parteien selbst sowohl wie der Urteiler an das einmal ausgesprochene rechtsförmliche Wort nötigten den Laien zur Zuziehung eines „avantparlier", „prolocutor", der aus dem Kreise der Urteiler der Partei vom Richter auf Antrag beigegeben wurde, um statt ihrer und in ihrem Namen die für den Fortgang des Rechtsgangs erforderlichen Worte „vorzusprechen", wodurch zugleich die Partei – da sie nicht selbst gesprochen hatte – als Vorteil u.a. die Möglichkeit der „Wandelung" (amendement) begangener Versehen gewann. Der Vorsprecher (counsel) steht ursprünglich neben der Partei vor Gericht. Er ist dadurch vom „Anwalt" (avoué, solicitor, attorney, procurator) durchaus geschieden; dieser übernimmt für die Partei den technischen Betrieb der Prozeßvorbereitung und der Herbeischaffung der Beweismittel. Er konnte in dieser Art erst funktionieren, nachdem der Prozeß weitgehend rationalisiert war. Ein „Anwalt" in der heutigen Funktion war ursprünglich im Prozeß gar nicht möglich. Als „Vertreter" der Partei konnte er erst auftreten, nachdem die königlichen Prozeßrechte in England und Frankreich die Prozeßvertretung ermöglicht hatten, und seine Bestellung beruht in aller Regel zunächst auf speziellem Privileg. Der Vorsprecher war durch seine Stellung nicht gehindert, bei der Urteilsfindung mitzuwirken; ja, um einen Urteilsvorschlag machen zu können, muß er sogar den Urteilern mit angehören. Der „Anwalt" dagegen ist Parteivertreter und nichts als dies. Die Anwälte rekrutierten sich in England in den königlichen Gerichten ursprünglich fast ganz aus den einzigen Schreibkundigen: den Clerikern, zu deren Haupterwerbsquelle diese Thätigkeit gehörte. Die Interessen des Kirchendienstes einerseits, die steigende Rechtsbildung der vornehmen Laien andrerseits führten zum steigenden Ausschluß der Cleriker vom Anwaltsberuf und dem Zusammenschluß der Laienanwälte in den vier Zünften der „Inns of Court", mit der ausgesprochenen Tendenz zur Monopolisierung der richterlichen und Rechtskunde erfordernden Beamtenstellen, welche tatsächlich im 15./16. Jahrhundert durchgesetzt wurde. Da die alten „prolocutores" mit dem rationalen Prozeßverfahren fortgefallen waren, so bestanden jetzt die vornehmen Rechtshonoratioren der „counsels", „advocates" aus „Anwälten". Aber der zur Parteivertretung von den Königsgerichten zugelassene Anwalt übernahm viele Züge der alten Stellung des Vorsprechers. Er unterlag der strengsten ständischen Etikette. Die technischen Betriebsdienste lehnte er ab, schließlich den persönlichen Verkehr mit der Partei überhaupt, die er nie zu sehen bekam. Der „Betrieb" lag in den Händen der „attorneys" und „solicitors", einer berufsmäßigen unzünftigen Schicht von Erwerbsgeschäftsleuten ohne zünftige juristische Bildung, welche mit den „advocates" verkehren, den status causae soweit vorbereiteten, daß der erstere sie juristisch vor Gericht vertreten konnte. Die wirklich praktizierenden advocates lebten, genossenschaftlich zusammengeschlossen, in den Zunfthäusern gemeinsam; die Richter gingen ausschließlich aus ihrer Mitte hervor und setzten die Lebensgemeinschaft mit ihnen fort. „Bar" und „bench" waren zwei Funktionsformen des geschlossenen Juristenstandes, der sich sehr stark, im Mittelalter vorwiegend, aus Adligen rekrutierte, zunehmend autonom die Aufnahme in die Zunft regelte – vierjähriges Noviziat, verbunden mit Unterricht an den Innungsschulen, dann „Berufung zur Barre", die das Recht des Plaidierens gab, im Übrigen rein praktische Schulung – und auf Innehaltung der Etikette (Minimalhonorar, durchaus freiwillig und unklagbar) hielt. Die Vorlesungen der Innungsschulen waren lediglich Produkt des Concurrenzkampfs gegen den Universitätsunterricht: sobald das Monopol erreicht war, begannen sie abzusterben und hörten schließlich ganz auf. Seitdem war die Vorbildung rein praktisch-empirisch und führte, wie in den gewerblichen Zünften, zu weitgehender Spezialisierung. Diese Art der Rechtslehre produzierte naturgemäß eine formalistische, an Präjudizien und Analogien gebundene Behandlung des Rechts. Schon die handwerksmäßige Spezialisierung der Anwälte hinderte den systematischen Überblick über die Gesammtheit des Rechtsstoffes. Die Rechtspraxis erstrebte aber auch an sich nicht rationale Systematik, sondern die Schaffung von praktisch brauchbaren, an typisch wiederkehrenden Einzelbedürfnissen der Rechtsinteressenten orientierten Schemata von Kontrakten und Klagen. Sie erzeugte daher das, was man auf römischem Boden „Cautelarjurisprudenz" nannte. Ferner z.B. die Verwendung von prozessualen Fiktionen, welche die Einordnung und Aburteilung neuer Fälle nach dem Schema schon bekannter erleichterte und ähnliche praktische Manipulationen. Aus den ihr immanenten Entwicklungsmotiven geht ein rational systematisiertes Recht nicht hervor. Auch nur in begrenztem Sinn eine Rationalisierung des Rechts überhaupt. Denn die Begriffe, die sie bildete, waren an handfesten, greifbaren, der Alltagserfahrung anschaulich geläufigen und in diesem Sinn formalen Tatbeständen orientiert, welche sie thunlichst nach äußeren eindeutigen Merkmalen gegeneinander abgrenzte und durch die vorhin erwähnten Mittel nach Bedarf erweiterte. Nicht aber waren sie Allgemeinbegriffe, welche durch Abstraktion vom Anschaulichen, durch logische Sinndeutung, durch Generalisierung und Subsumtion gebildet und syllogistisch als Normen angewendet wurden. Der rein empirische Betrieb der Rechtspraxis und der Rechtslehre schließt immer nur vom Einzelnen auf das Einzelne und strebt nie vom Einzelnen zu allgemeinen Sätzen, um dann aus diesen die Einzelentscheidung deduzieren zu können. Vielmehr ist er einerseits an das Wort gebannt, welches er nach allen Seiten wendet, deutet, dehnt, um es dem Bedürfnis anzupassen, andrerseits, soweit dies nicht ausreicht, auf die „Analogie" oder technische Fiktionen verwiesen. Waren einmal die von den praktischen Bedürfnissen der Rechtsinteressenten geforderten Kontrakt- und Klageschemata in hinlänglicher Elastizität geschaffen, so konnte daher das offiziell geltende Recht einen hochgradig archaischen Charakter bewahren und die stärksten ökonomischen Wandlungen formell unverändert überdauern. Die archaische Casuistik des Seisinerechts z.B., heimisch in den Bedingungen der Hufenverfassung und Grundherrschaft der Normannenzeit, hatte sich bis an die Schwelle der Gegenwart mit, theoretisch betrachtet, zuweilen ganz grotesken Konsequenzen in den Siedlungsgebieten der amerikanischen Zentralstaaten behauptet. Eine rationale Rechtsschulung und Rechtstheorie aber entsteht aus diesem Zustand heraus an sich überhaupt nicht. Denn wo die Rechtspraktiker, speziell die Anwälte, als Träger der Rechtslehre und des zünftigen Monopols der Zulassung zur Rechtspraxis sich behaupten, pflegt für die Stabilisierung des offiziellen Rechts, die Fortbildung seiner Anwendung nur ausschließlich auf empirischem Wege und die Verhinderung seiner legislatorischen oder wissenschaftlichen Rationalisierung auch ein ökonomisches Moment sehr stark ins Gewicht zu fallen: ihr Sportelinteresse. Jeder Eingriff in die überkommenen Formen des Rechtsgangs und damit in den Zustand, daß die Anpassung der Kontrakts- und Klageschemata an die formellen Normen einerseits, die Bedürfnisse der Interessenten andrerseits den Praktikern überlassen ist, bedroht deren materielle Interessen. Es war z.B. den englischen Rechtspraktikern, speziell der Anwaltschaft, in starkem Maße gelungen, eine systematisch rationale Rechtsschöpfung ebenso hintanzuhalten wie eine rationale Rechtsschulung nach Art unsrer Universitäten, und das Verhältnis zwischen „bar" und „bench" ist in den angelsächsischen Ländern noch heute radikal anders wie etwa bei uns. Insbesondere lag und liegt die Auslegung neuer Rechtsschöpfungen in den Händen von Richtern, die aus der Mitte der „bar" hervorgingen. Der englische Gesetzgeber mußte und muß sich daher noch heute bei jedem neuen Gesetz speziell bemühen, ausdrücklich allerhand mögliche „Konstruktionen" der Rechtspraktiker auszuschließen, welche, wie dies immer wieder geschah, seinen Intentionen direkt zuwider laufen können. Diese sozusagen intern und teilweise ökonomisch, im übrigen aber durch den Traditionalismus des Betriebspraktikers bedingte Tendenz hat die allererheblichsten praktischen Folgen gehabt. Das Fehlen des Grundbuchs z.B. und damit des rationalen Hypothekarkredits war durch ökonomische Anwaltsinteressen an den Sporteln, welche die bei der bestehenden Rechtsunsicherheit unumgängliche Prüfung der Besitztitel einbrachte, sehr wesentlich mitbedingt und hat die Grundbesitzverteilung Englands und speziell die Art der Gestaltung der Pacht („joint business") tiefgreifend beeinflußt. In Deutschland fehlte ein derart ständisch abgegrenzter und zünftig organisierter Anwaltstand. Es fehlte sehr lange selbst der Anwaltszwang, der übrigens auch in Frankreich nicht bestand. Der Formalismus der dinggenossenschaftlichen Prozedur hatte allerdings auch hier die Patronage durch „Fürsprecher" und eine Regulierung von deren Pflichten zu einem universellen Bedürfnis werden lassen, dessen ausdrückliche Regelung sich übrigens zuerst in Baiern 1340 fand. Aber die Scheidung von Vorsprecher und Anwalt ist hier früh erreicht worden, wesentlich unter dem Einfluß des Eindringens des römischen Rechts. Anforderungen an die Vorbildung der Anwälte finden sich erst spät, regelmäßig erst auf Beschwerden der Stände hin, in einer Zeit, als schon die römisch-rechtliche Universitätsbildung den Standard des vornehmen Rechtspraktikers bestimmte, und bei der Decentralisation der Rechtspflege konnte eine machtvolle Zunft gar nicht entstehen. Fürstliche Reglements, nicht Autonomie, bestimmten die Stellung der Anwälte.

Den reinsten Typus der *zweiten* Art von Schulung des Rechtsdenkens stellt die moderne rationale juristische Universitätsbildung dar. Wo nur derjenige zur Rechtspraxis zugelassen ist, welcher sie absolviert, besitzt sie das Monopol der Rechtslehre. Da sie heute durchweg durch Lehrjahre in der Praxis und daran anschließenden nochmaligen Befähigungsnachweis ergänzt wird – nur in den Hansestädten hatte sich in Deutschland der bloße Doktorgrad als Anwaltsqualifikation bis vor kurzem erhalten –, so ist sie jetzt überall mit der empirischen Rechtslehre kombiniert. Die Begriffe, welche sie bildet, haben den Charakter abstrakter Normen, welche, dem Prinzip nach wenigstens, streng formal und rational durch logische Sinndeutung gebildet und gegeneinander abgegrenzt werden. Ihr rational-systematischer Charakter kann das Rechtsdenken zu einer weitgehenden

Emanzipation von den Alltagsbedürfnissen der Rechtsinteressenten führen und auch der geringe Anschaulichkeitsgehalt. Die Gewalt der entfesselten rein logischen Bedürfnisse der Rechtslehre und der durch sie beherrschten Rechtspraxis kann die Konsequenz haben, daß Interessentenbedürfnisse als treibende Kraft für die Gestaltung des Rechts weitgehend gradezu ausgeschaltet werden. Es hat z.B. bekanntlich immerhin erheblicher Anstrengungen bedurft, um die Übernahme des aus den sozialen Machtverhältnissen der Antike übernommenen Satzes: daß Kauf Miete und Pacht bricht, in das deutsche Bürgerliche Gesetzbuch zu hindern, zu dessen Bestandteil eine rein logische Konsequenzmacherei ihn werden lassen wollte.

Eine eigentümliche Sonderform rationaler und doch nicht juristisch formaler Rechtslehre wird im reinsten Typus durch die Rechtslehre der *Priesterschulen* oder der an Priesterschulen angeschlossenen Rechtsschulen dargestellt. Wir werden sehen, daß ein Teil dieser Eigentümlichkeiten dadurch bedingt wird, daß die priesterliche (und jede ihr nahestehende) Rechtsbehandlung nicht formale, sondern materiale Rationalisierung des Rechts erstrebt. Hier aber bleiben wir zunächst bei gewissen allgemeinen Folgen, die durch formale Besonderheiten ihrer Existenzbedingungen hervorgerufen werden. Die Rechtslehre solcher Schulen, ausgehend regelmäßig von einem entweder durch ein heiliges Buch oder durch feste mündliche oder, später, litterarische Tradition fixierten heiligen Recht, pflegt rationalen Charakters in dem speziellen Sinn zu sein: daß sie mit Vorliebe eine rein theoretisch konstruierte, weniger an den praktischen Bedürfnissen der Rechtsinteressenten orientierte, als den Bedürfnissen frei bewegten Intellektualismus der Gelehrten entsprungene Kasuistik treibt. Im Fall der Anwendung der „dialektischen" Methode kann sie aber auch abstrakte Begriffe zeitigen und sich dadurch der rational systematischen Rechtslehre annähern. Allein andererseits ist sie traditionsgebunden, wie alle Priesterweisheit. Ihre Kasuistik ist daher, soweit sie praktischen und nicht intellektualistischen Bedürfnissen dient, formalistisch in dem speziellen Sinn, daß sie die traditionellen, für sie unantastbaren Normen gegenüber den sich verschiebenden Bedürfnissen der Rechtsinteressenten durch Umdeutung praktisch anwendbar erhalten muß, nicht dagegen in dem Sinn der Schaffung einer rationalen Rechtssystematik. Und sie schleppt sehr regelmäßig Bestandteile mit sich, welche nur ideale religiös-ethische Forderungen an die Menschen oder die Rechtsordnung bedeuten, nicht aber die logische Bearbeitung einer empirisch geltenden Ordnung.

Ähnlich pflegt es auch mit den von direkt priesterlicher Leitung ganz oder teilweise emanzipierten, aber an ein heiliges Recht gebundenen Rechtsschulen zu stehen.

Alle „heiligen" Rechte nähern sich in der Form, in welcher sie sich rein äußerlich darstellen, einem Typus, welchen namentlich das indische Recht sehr deutlich wiedergiebt. Soweit nicht, wie in der „Buchreligion", bestimmte Gebote durch eine schriftliche Offenbarung oder inspirierte Niederschrift von Offenbarungen fixiert sind, muß das heilige Recht „authentisch" überliefert sein, das heißt durch eine geschlossene Kette von Zeugen; bei den Buchreligionen aber muß sowohl die authentische Interpretation der heiligen Normen wie ihre Ergänzung durch anderweite Überlieferung ebenso garantiert sein. Dies ist einer der wesentlichen Gründe für die Ablehnung der schriftlichen Tradition, die z.B. dem hinduistischen mit dem islamischen Recht gemeinsam ist: die Tradition muß unmittelbar von Mund zu Mund durch verläßliche heilige Männer gegangen sein: ein Vertrauen auf schriftliche Aufzeichnungen würde bedeuten: daß man Pergament und Tinte glaubt statt den charismatisch qualifizierten Menschen, den Propheten und Lehrern. Daß der Koran selbst ein Schriftwerk war – schon die Suren wurden ja von Muhammed normalerweise in sorgsamer schriftlicher Fixierung nach Beratung mit Allah publiziert –, sucht daher die islamische Lehre gradezu durch ein Dogma von der physischen Erschaffung der einzelnen Koranexemplare durch Allah selbst zu rechtfertigen. Für die Hadiths galt Mündlichkeit. Erst in einem späteren Stadium pflegt die Schriftlichkeit im Interesse der durch rein mündliche Tradition gefährdeten Einheitlichkeit der Überlieferung vorgezogen zu werden. Dies verbindet sich dann regelmäßig mit der uns schon bekannten typischen Ablehnung neuer Offenbarungen mit der Motivierung: daß das charismatische Zeitalter längst zu Ende sei. Stets pflegt dabei der für den „Anstalts"-Charakter der religiösen Gemeinschaft grundlegende Satz festgehalten zu werden (den neuestens noch Fr[ei] h[err] v. Hertling gut formuliert hat): daß nicht die heiligen Schriften die Wahrheit der Tradition und der Kirchenlehre, sondern umgekehrt die Heiligkeit der als Fideicommiß der Wahrheit von Gott gestifteten Kirchen und ihrer Tradition die Echtheit der heiligen Schriften garantiere. Das ist consequent und praktisch: das umgekehrte (altprotestantische) Prinzip setzt ja die heiligen Quellen der historischen und philologischen Kritik aus. –

Für den Hinduismus sind die Veden die heiligen Bücher. „Recht" enthalten sie wenig, noch weit weniger als der Koran und namentlich die Thora. Die Veden galten als „sruti" (Offenbarung). Alle abgeleiteten heiligen Quellen als smeti („Erinnerung", Tradition). Die wichtigsten Kategorien der sekundären Litteratur, die Dharmasutras und Dharmasastras (letztere versifizierte, erstere prosaische, letztere durchweg zu den smetis gezählt, erstere eine Mittelstellung einnehmend), sind dagegen Kompendien der Dogmatik, Ethik und Rechtslehre und stehen als solche neben der Tradition über die als exemplarisch geltende Lebenspraxis und die Lehre heiliger Männer. Dieser letzten Quelle entsprechen genau die islamischen „hadiths": Tradition über exemplarisches Verhalten des Propheten oder seiner Genossen und nicht in den Koran aufgenommene Aussprüche des ersteren. Nur daß das prophetische Zeitalter des Islam als mit dem Leben des Propheten abgeschlossen gilt. Die indischen Dharma-Bücher dagegen konnten im Islam, dem Charakter der Buchreligion mit nur einer heiligen Schrift entsprechend, ebensowenig wie im Judentum und Christentum eine Analogie haben. Als „Rechtsbücher", das heißt Privatarbeiten von Rechtsgelehrten, sind sie, namentlich eines der späteren von ihnen – das Rechtsbuch des Manu –, lange Zeit in den Gerichten maßgebend gewesen, bis sie durch die systematischen Compilationen und Commentare der Gelehrtenschulen so völlig aus der Praxis verdrängt wurden, daß zur Zeit der englischen Eroberung eine solche tertiäre Quelle: die Mitaksara (aus dem 11. Jahrhundert), thatsächlich die Praxis bestimmte. Ähnlich ist es der islamischen „Sunna" durch die kanonisch gewordenen systematischen Compendien und die Commentare dazu ergangen, wie noch zu erwähnen sein wird; in geringerem Grad der Thora durch die Arbeiten der Rabbinen in der Antike (den Talmud) und im Mittelalter. Die rabbinische Rechtsbildung lag aber in der Antike und in gewissem Umfang bis heute, die islamische liegt in starkem Maße bis heute in der Hand respondierender theologischer Juristen, während weder der Hinduismus noch die christlichen Kirchen – nach dem Erlöschen der charismatischen Prophetie und Didaskalie, welche aber nicht rechtlichen, sondern ethischen Charakters war –, etwas Derartiges gekannt haben. Aus entgegengesetzten Gründen. Nach indischem Recht gehört der Hauspriester des Königs dessen Gericht an und büßt falsches Urteil durch Fasten. Alle wichtigen Sachen sind Königsgerichtssachen. Die Einheit der weltlichen und religiösen Justiz ist also gewahrt, und für einen konzessionierten Stand von respondierenden Rechtshonoratioren ist kein Raum. Die christliche Kirche des Abendlandes dagegen schuf sich in den Conzilien, dem Amtsapparat der Bischöfe und der Kurie und vor Allem der päpstlichen Jurisdiktionsgewalt und dem unfehlbaren Lehramt Organe zu rationaler Rechtsschöpfung, wie sie den sämtlichen anderen großen Religionen fehlen. Daher spielen hier neben Conzilsschlüssen und den Dekretalen der Päpste die Rechtsauskünfte und Verfügungen der kirchlichen Behörden die Rolle, welche im Islam dem Fetwa des Mufti und im Judentum dem Gutachten der Rabbinen zukommt. Die hinduistische Rechtsgegelehrsamkeit war daher sehr stark rein schulmäßig-theoretisch und systematisierend, in den Händen von Philosophen und Theoretikern liegend und trug die typischen Züge eines sacral gebundenen theoretischen und systematischen, aber sehr wenig an der Hand der Praxis sich entwickelnden Rechtsdenkens in besonders hohem Grad an sich, wesentlich stärker jedenfalls als das canonische Recht. Alle eigentlich typischen „heiligen" Rechte, also namentlich das indische, sind Produkte der Schullehre. In allen ihren Bearbeitungen wird daher eine Fülle von Kasuistik längst veralteter Institute vorgetragen (z.B. die Ordnung der vier Kasten bei Manu, alle veralteten Teile des Schariat in den islamischen Schulen). Nicht selten pflegt, infolge des Primats des Lehrzwecks und der rationalen Natur des priesterlichen Denkens, die Systematik derartiger Rechtsbücher eine rationalere zu sein, als diejenige von priesterfreien Schöpfungen ähnlicher Art. Indische Rechtsbücher sind wesentlich „systematischer" als etwa der Sachsenspiegel. Aber die Systematik ist keine juristische, sondern eine solche nach Ständen oder nach praktischen Lebensproblemen. Denn diese Rechtsbücher sind, da ihnen das Recht im Dienst heiliger Zwecke steht, Kompendien nicht nur des Rechts, sondern zugleich auch des Rituals, der Ethik und unter Umständen der gesellschaftlichen Konvention und Höflichkeitslehre. Kasuistische und deshalb unanschauliche und unkonkrete, dabei aber doch weitgehend juristisch *un*formale und nur relativ rational systematisierte Behandlung des Rechtsstoffs ist die normale Folge. Denn in allen diesen Fällen ist weder, wie beim reinen Rechtspraktiker, der Geschäftsbetrieb mit seinem konkreten Anschauungsmaterial und seinen Bedürfnissen, noch, wie beim reinen juristischen Doktrinär, die dogmatisch nur an fachmäßige Voraussetzungen gebundene Logik die treibende Kraft, sondern jene anderen, jedem Fachbetrieb der Rechtspflege heterogenen materialen Grundlagen.

Wiederum anders mußte sich dagegen der Effekt der Rechtsschulung gestalten, wo ihre Träger Honoratioren waren, welche zu der Praxis des Rechtsbetriebs Beziehungen beruflicher, aber nicht in der Art wie die englischen Anwälte spezifisch zünftiger und *erwerbs*beruflicher Art hatten. Eine solche spezifisch mit der Rechtspraxis befaßte Honoratiorenschicht ist im Ganzen nur dann möglich, wenn einerseits der Rechtsbetrieb von sakraler Beherrschung frei ist, andrerseits der Umfang der beruflichen Belastung noch nicht das durch städtische Verkehrsbedürfnisse bedingte Maß erreicht hat. Dahin gehören die mittelalterlichen empirischen Juristen des nordeuropäischen kontinentalen Okzidents. Zwar in den ökonomischen

Zentren des Verkehrs findet nur eine Verschiebung der Rechtshonoratiorenfunktion vom Consulenten auf den Cautelarjuristen statt. Und auch diese unter eigentümlichen Bedingungen. Nach dem Untergang des Römerreichs blieben in Italien als einzige Schicht, innerhalb deren sich die Traditionen eines entwickelten Verkehrsrechts fortpflanzen und umbilden konnten, die *Notare*. Sie wurden dort die spezifische und lange Zeit beherrschende Rechtshonoratiorenschicht. Innerhalb der schnell wachsenden Städte schlossen sie sich zu Zünften zusammen und waren ein sehr wichtiger Bestandteil des popolo grasso, also eine auch politisch mächtige Honoratiorenschicht. Gerade der kaufmännische Geschäftsverkehr bewegte sich hier von Anfang an in der Form notarieller Urkunden; die Prozeßordnungen der Städte, so z.B. Venedigs, bevorzugten den Urkundenbeweis als rationales Beweismittel gegenüber den irrationalen Beweisformen des alten dinggenossenschaftlichen Prozesses. Ihren Einfluß auf die Entwicklung der Wertpapiere lernten wir schon kennen. Die Notare waren aber überhaupt eine der für die Rechtsentwicklung maßgebendsten Schichten, bis zur Entwicklung des gelehrten Richterstandes in Italien wohl die maßgebende Schicht. Ebenso wie ihre Vorgänger im hellenistischen Osten der Antike haben sie an der interlokalen Rechtsausgleichung und vor Allem an der Rezeption des römischen Rechts, welche hier wie dort zuerst durch die Urkundenpraxis erfolgte, einen sehr entscheidenden Anteil gehabt. Die eigene Tradition, die langedauernde Verknüpfung mit den kaiserlichen Gerichten, die Notwendigkeit, schnell ein rationales Recht zur Hand zu haben, um den rapid wachsenden Verkehrsbedürfnissen zu genügen, und die soziale Macht der großen Universitäten ließ die italienischen Notare das römische Recht als eigentliches Verkehrsrecht rezipieren, zumal für sie nicht, wie für den nationalen englischen Juristenstand, zünftige und speziell Sportelinteressen im Wege standen. So sind die italienischen Notare eine der wichtigsten und ältesten, an der Schaffung des usus modernus des römischen Rechts interessierten und praktisch beteiligten Schichten von Rechtshonoratioren geworden, nicht aber, wie die englischen Anwälte, Träger eines nationalen Rechts. Denn sie hatten auf den Versuch, durch eine eigene zünftige Rechtslehre den Universitäten Konkurrenz zu machen, schon um deswillen verzichten müssen, weil sie, im Gegensatz zu den englischen Juristen, der nationalen Einheit, welche für diese aus der Conzentration der Justiz bei den Königsgerichten ermöglicht war, entbehrten. Eine Weltmacht blieb aber, dank den Universitäten, in Italien das römische Recht für die formale Struktur des Rechts und der Rechtslehre auch dann, als sein ursprünglicher politischer Interessent: der Kaiser, politisch nichts mehr bedeutete. Schon die Podestate der italienischen Städte waren sehr oft dem universitätsgebildeten Rechtshonoratiorenstand entnommen; die Signorien vollends stützten sich auf politische Doktrinen, welche aus ihm abgeleitet waren. Ebenso stand es mit den Notaren in den französisch-ostspanischen Seestädten.

Ganz anders war dagegen die Lage der deutschen und nordfranzösischen Rechtshonoratioren, welche, zunächst wenigstens, weit weniger auf dem Boden städtischer, weit stärker dagegen im Umkreise ländlich-grundherrlicher Rechtsbeziehungen mit der Handhabung des Rechts als Schöffen oder Beamte befaßt waren. Ihre einflußreichsten Typen, wie etwa Eike von Repgow, Beaumanoir und ihresgleichen, schufen eine auf der anschaulichen Problematik der Alltagspraxis und ihrer wesentlich empirischen, nur wenig durch Abstraktion raffinierten Begriffe ruhende Systematik des Rechts. Die von ihnen zusammengestellten Rechtsbücher wollten Feststellung der Tradition sein und enthielten zwar gelegentlich Raisonnement, aber wenig spezifisch juristische ratio. Statt dessen enthielt namentlich die bedeutendste dieser Leistungen, der Sachsenspiegel, nicht wenige Construktionen von Rechtsinstitutionen, welche in Wahrheit nicht geltendes Recht waren, sondern phantasievolle Ausfüllung von Lücken oder Unfähigkeiten des Rechts, die des Verfassers plastisches Bedürfnis oder seine Vorliebe für heilige Zahlen sich schuf. Formell waren ihre systematischen Rechtsaufzeichnungen Privatarbeiten ebenso wie diejenigen der indischen, römischen, islamischen Juristen. Auf die Rechtspraxis haben sie aber wie diese als bequeme Kompendien sehr erheblich gewirkt, und von den Gerichten sind einzelne von ihnen ganz direkt als maßgebliche Rechtsquellen anerkannt worden. Ihre Schöpfer waren einerseits Vertreter einer Honoratiorenjustiz, andrerseits aber bildeten sie nicht, wie die englischen Anwälte und die italienischen Notare, einen zu einer machtvollen Zunft vereinigten Stand, der, durch seine zünftigen Erwerbsinteressen und die Monopolisierung der Richterstellen einheitlich am Sitz der Centralgerichte zusammengeschlossen, eine auch durch König und Parlament nicht leicht zu beseitigende Macht in Händen hielt. Daher vermochten sie nicht, wie die englischen Anwälte, Träger einer zünftigen Rechtsschulung und deshalb auch nicht einer festen empirischen Tradition und Rechtsentwicklung zu werden, welche dem Rechtsdenken der rationalen Universitätslehre und den dort geschulten Juristen auf die Dauer hätte Widerstand leisten können. Formal war das empirische Rechtsbücherrecht des Mittelalters ziemlich entwickelt, systematisch und kasuistisch aber von geringer Rationalität, wenig an abstrakter Sinndeutung und Rechtslogik und statt dessen stark an anschaulichen Unterscheidungsmitteln orientiert.

Die Art des Einflusses der antik *römischen* Juristen auf das Recht beruhte zunächst auf dem später unter allgemeineren Gesichtspunkten zu erörternden Umstand, daß die römische Honoratiorenverwaltung mit ihrer Ersparnis an Beamten das Eingreifen des prozeßleitenden Beamten in die konkrete Prozeßleitung minimisierte. Die spezifischen Tendenzen der Honoratiorenherrschaft, welche Rom im Gegensatz z.B. zur hellenischen Demokratie kennzeichnen, schlossen aber auch die „Kadijustiz" der attischen Volksgerichte aus. Die amtliche Prozeßleitung und die Gewaltenteilung zwischen Beamten und Rechtssprecher blieb erhalten. – Dies zusammen schuf die spezifisch römische Praxis der Prozeßinstruktion: eine streng formale Anweisung des Magistrats an den aus der Richterliste ausgelesenen Bürger: unter welchen, rechtlichen und faktischen, Bedingungen er den erhobenen Anspruch als vorhanden anerkennen oder nicht anerkennen solle. Die Schemata dieser Prozeßinstruktionen begannen die Magistrate, speziell die Prätoren und Ädilen, schließlich bei Beginn ihres Amtsjahrs in ihrem „Edikt" niederzulegen, an dessen Inhalt sie übrigens, im Gegensatz zu der bindenden Kraft der nordischen lögsaga, erst spät gebunden wurden. Das Edikt aber wurde naturgemäß unter Mithülfe von Rechtspraktikern konzipiert und dadurch den jeweilig neu auftauchenden Bedürfnissen der Rechtsinteressenten angepaßt, im übrigen aber meist einfach vom Amtsvorgänger übernommen. Die große Mehrzahl der anerkannten Klagegründe mußte dabei naturgemäß nicht durch konkrete Thatbestände, sondern durch *Rechts*begriffe der Alltagssprache definiert werden. Der Gebrauch einer juristisch falschen Formel von Seiten der Partei, welche das Klageschema wählte, bedingte infolgedessen den Verlust des Prozesses im Gegensatz zu unserem Prinzip der „Klagesubstanzierung", bei welcher der Vortrag von Thatsachen zur Begründung der Klage genügt, falls sie unter irgend einem, einerlei welchem, rechtlichen Gesichtspunkt den erhobenen Anspruch rechtfertigen. Es ist klar, daß beim „Substanziierungsprinzip“ die Nötigung zu ganz scharfer juristischer Fixierung der Begriffe eine weit geringere ist, als sie im römischen Verfahren war, welches die Praktiker zu einer juristisch ganz strengen und scharfen Scheidung und Abgrenzung der juristischen Alltagsbegriffe nötigte. Und auch wo der instruierende Magistrat seine Prozeßanweisung an rein faktische Tatbestände knüpfte (actiones in factum), nahm infolge jener Technik des juristischen Denkens die Interpretation einen streng formal juristischen Charakter an. Die praktische Entwicklung der Rechtstechnik war bei diesem Zustand zunächst in sehr weitgehendem Maße der „Kautelarjurisprudenz“ überlassen, d.h. also der Tätigkeit von Rechtskonsulenten, welche die Vertragsschemata für die Parteien entwarfen, ebenso aber die Magistrate im „consilium“, dessen Zuziehung für jeden römischen Beamten typisch war, als Sachverständige bei der Herstellung ihrer Edikte und Klageschemata und endlich den zur Entscheidung berufenen Bürger bei der Behandlung der ihm vom Magistrat vorgelegten Fragen und der Interpretation seiner Prozeßinstruktion berieten.

Die konsultierende Tätigkeit in jeder dieser Bedeutungen lag nach der Tradition zunächst anscheinend in den Händen der pontifices, deren einer jährlich dafür ausgelesen sein soll. Unter diesem priesterlichen Einfluß hätte nun die Justiz trotz der Codifikation der Zwölftafeln an sich leicht einen Charakter annehmen können, ähnlich demjenigen, welchen die konsultierende Tätigkeit etwa des islamischen Mufti für das mohammedanische Recht erzeugte: sakral gebunden und irrational. Denn es scheint zwar festzustehen, daß für den materiellen Inhalt des altrömischen Rechts religiöse Einflüsse nur eine sehr sekundäre Rolle gespielt haben. Aber grade für die welthistorisch wichtigsten Qualitäten des römischen Rechts: die rein formalen, ist, wie Demelius wenigstens für wichtige Einzelbeispiele wahrscheinlich gemacht hat, der Einfluß des Sakralrechts offenbar beträchtlich gewesen. Solche wichtigen Institute der Rechtstechnik, wie die Prozeßfiktionen, scheinen unter dem Einfluß des sakralrechtlichen Grundsatzes: „simulata pro veris accipiuntur“, entstanden zu sein. Wir erinnern uns, welche Rolle das „Scheingeschäft“ im Totenkult vieler Völker spielte und speziell unter Verhältnissen spielen mußte, wo die rituellen Pflichten formal absolut feststanden, die Abneigung einer wesentlich bürgerlichen Gesellschaft aber gegen die materiale Erfüllung dieser ökonomisch höchst lästigen Verpflichtungen ganz besonders stark dazu drängen mußte, sie durch den Schein der Erfüllung abzuwälzen. Die materiale Säcularisierung des römischen Lebens und die politische Machtlosigkeit der Priesterschaft züchteten in dieser ein Mittel zu einer rein formalistischen und juristischen Behandlung religiöser Dinge. Die frühe Entwicklung der cautelarjuristischen Methodik im bürgerlichen Verkehr hat selbstverständlich ihrerseits diese Methode auch auf kultischem Gebiet weiter gesteigert. Aber wir dürfen getrost annehmen, daß in ziemlich weitgehendem Maße die Priorität auch auf sacralrechtlichem Gebiet lag. Eine der allerwichtigsten Eigentümlichkeiten schon des frührömischen Rechts war – das wenigstens bleibt an den sonst vielfach veralteten Formulierungen Ihering's bestehen – sein eminent analytischer Charakter. Speziell die Zerlegung der prozessualen Fragestellung und damit auch des rechtsgeschäftlichen Formalismus in die logisch „einfachsten“ Thatbestände. Ein Prozeß nur über eine Frage, über dieselbe Frage nur ein Prozeß, ein Rechtsgeschäft nur über eine Sache, ein Versprechen nur über eine Leistung, daher nur einseitig u.s.w.: die Zersetzung der plastischen Thatbestandskomplexe des Alltagslebens in lauter juristisch eindeutig qualifizierte Elementarakte ist in der That ganz unverkennbar die eine und methodisch überaus folgenreiche Tendenz grade des alten Civilrechts. Während die construktive Fähigkeit zur Synthese in der Erfassung plastischer Rechtsinstitute, wie sie als Produkte der nicht logisch zersetzten Rechtsphantasie entstehen, darunter empfindlich leidet. Diese Tendenz zur Analytik aber entspricht der ganz urwüchsigen Behandlung der rituellen Pflichten innerhalb der nationalrömischen Religion auf das Genaueste. Wir erinnern uns, daß die Eigentümlichkeit der genuinen römischen „religio", namentlich die begriffliche und abstrakte, durchaus „analytische" Scheidung der Competenzen der numina, ein erhebliches Maß von rationaler juristischer Behandlung religiöser Probleme geschaffen hatte. Nach der Tradition hätten schon die pontifices feste Schemata der zulässigen Klagen geschaffen. Dabei aber scheint diese pontificale Rechtskunstlehre ständisch monopolisierte Geheimlehre geblieben zu sein. Erst das 3. Jahrhundert brachte die Emanzipation von der sakralen Rechtsfindung. Ein Freigelassener des nach der Tyrannis strebenden Censors Ap[pius] Claudius soll nach der Tradition die pontificalen Klageschemata publiziert haben. Der erste plebejische Pontifex maximus, Ti[berius] Coruncanius, soll auch der erste öffentliche Respondent gewesen sein. Nunmehr erst konnten sich die Edikte der Beamten zu ihrer späteren Bedeutung entwickeln. Und zugleich traten nun Laien-Honoratioren als Konsulenten und Sachwalter in die Lücke. Der Bescheid des Rechtskonsulenten wurde den Parteien mündlich erteilt, der ersuchenden Behörde schriftlich, auch bis in die Kaiserzeit aber noch in der Form, wie das Orakel des charismatischen Rechtsweisen oder das Fetwa des Mufti: ohne Beifügung einer Begründung. Aber die zunehmende fachmäßige Schulung und berufsmäßige juristische Tätigkeit mit dem Wachsen des Bedarfs brachte die Entwicklung einer formalen Rechtslehre schon in republikanischer Zeit mit sich. Schüler (auditores) wurden zu den Konsultationen dieser Rechtspraktiker schon in republikanischer Zeit zugelassen. Daß das praktisch geltende Recht und seine prozessuale Behandlung dabei einen sehr hochgradig formalen und rationalen Charakter annehmen mußte, war, außer durch die schon erwähnten Momente, natürlich auch durch die Objekte der Rechtspraxis bestimmt, welche die *städtische*, in Zweckkontrakten sich vollziehende Geschäftstätigkeit darbot, im Gegensatz zu den vorwiegend ländlichen Verhältnissen des deutschen Mittelalters, unter denen das Interesse vorwiegend sich um den sozialen Rang, Immobiliarbesitz, Erb- und Familienrecht drehen mußte.

Dagegen fehlte dem römischen Rechtsleben bis in die Kaiserzeit nicht nur der synthetisch-constructive, sondern auch der rational systematische Charakter weit mehr, als dies zuweilen angenommen wird. Die Systematik hat dem praktisch geltenden Recht erst die byzantinische Bürokratie endgültig verliehen, welche dagegen in Bezug auf formale Strenge des juristischen Denkens außerordentlich weit hinter den Leistungen der Rechtskonsulenten der republikanischen und der Principatszeit zurückstand. Und innerhalb der Rechtsconsulentenlitteratur selbst fällt ins Auge, daß die systematisch brauchbarste Leistung, die Institutionen des Gajus, ein Kompendium zur Einführung in die Rechtsschulung, einen unbekannten, zu seinen Lebzeiten also sicher autoritätslosen und insbesondere außerhalb des juristischen Honoratiorenkreises stehenden Mann zum Autor hat und etwa die Stellung einnahm wie die modernen Kompendien der Einpauker neben den Produkten der Rechtsgelehrten. Nur daß eben die literarischen Produkte der römischen praktischen Juristen, neben denen es stand, nicht den Charakter eines rationalen Rechtssystems, wie es akademischer Unterricht entstehen läßt, besaßen, sondern meist mäßig rational geordnete Sammlungen von einzelnen Rechtssprüchen enthielten.

Die konsultierenden Juristen blieben eine spezifische Honoratiorenschicht. Sie waren für die besitzenden Schichten Roms die universellen „Beichtväter" in allen ökonomischen Angelegenheiten. Ob es in der älteren Zeit, wie eine Stelle bei Cicero vermuthen lassen könnte, eine förmliche Licenz zum Respondieren gegeben hat, bleibt unsicher. Später nicht mehr. Die respondierenden Juristen hatten sich mit zunehmendem logischen Raffinement des juristischen Denkens von der Methode der alten Kautelarjurisprudenz und offenbar auch von der persönlichen Identität mit den Urkundenconzipienten emanzipiert und schlossen sich zu Ende der Republik zu Schulen zusammen. Zwar zeigte die republikanische Zeit auch in Rom, soweit die spezifisch politischen Geschworenengerichte (Repetundengerichte) sich dem Charakter der Volksjustiz annäherten, die aus Athen wohlbekannte Tendenz der Gerichtsredner – wie etwa Cicero –, mehr emotional und „ad hominem" als rational zu wirken und dadurch zur Abschwächung präziser Begriffsbildung beizutragen. In Rom betraf dies aber wesentlich nur politische Prozesse. In der Kaiserzeit wurde die Justiz endgültig zur *Fach*angelegenheit. Ein Teil des Rechtskonsulentenstandes wurde von Augustus durch Verleihung des Privilegs, daß ihre responsa den Richter banden, in eine offizielle Stellung zur Rechtspflege gebracht. Diese Konsulenten waren nun nie mehr Sachwalter (causidici), vollends also nicht eine Anwaltszunft, deren Denkschulung an der Alltagspraxis und den Bedürfnissen der Rechtsinteressenten sich orientierte. Die Gutachten der Consulenten bezogen sich vielmehr auf die unter Abstreifung aller reinen Anwaltsbetriebsfragen ausschließlich zur rechtlichen Beurteilung vorgelegten, vom Anwalt und Richter oder einem von beiden vorpräparierten Thatbestände: sicherlich eine optimale Chance der Herauspräparierung einer streng abstrakten juristischen Begriffsbildung. Dergestalt trennte die Respondenten vom eigentlichen Rechtsbetrieb eine hinlängliche Distanz, um ihnen die Reduktion des Konkreten auf allgemeine Prinzipien durch wissenschaftliche Methodik nahezulegen. Diese Distanz war größer als die der englischen Advokaten, welche immerhin Parteivertreter blieben. Die Schulcontroversen aber waren das Mittel, sie dazu zu nötigen. Durch ihre bindenden Gutachten beherrschten sie die Rechtspflege. Die responsa wurden auch jetzt noch zunächst ebenso wie das Orakel eines Weisen oder das Fetwa eines Mufti ohne Begründung gegeben. Die Juristen begannen sie aber zu sammeln und, zunehmend mit Beifügung juristischer Gründe, herauszugeben. Schulmäßige Erörterung und Disputation von Rechtsfällen für die „auditores" entwickelte sich aus der Zulassung von solchen bei der Konsultationspraxis. Erst zu Ende der Republik entstand daraus ein fester Lehrgang. Wie für das juristische Denken die zunehmende formale Schulung an der hellenischen Philosophie immerhin eine gewisse Bedeutung gewann, so wurden offenbar auch für die äußere Einrichtung der Juristenschulen die hellenischen Philosophenschulen vielfach Muster. Aus dieser lehrenden und publizistischen Tätigkeit der Juristenschulen entwickelte sich die zunächst bei aller Präzision der Begriffe noch stark empirische, aber zunehmend rationale Technik des römischen Rechts und seine wissenschaftliche Sublimierung. Die durchaus sekundäre Stellung der theoretischen Rechtsschulung gegenüber der

Rechtspraxis erklärt es, daß mit hochgradiger Abstraktion des Rechtsdenkens doch eine sehr geringe Entwicklung von abstrakten Rechtsbegriffen überall da verbunden blieb, wo diese nicht praktischen Interessen, sondern wesentlich systematischen Bedürfnissen gedient hätten. Die einheitliche Zusammenfassung zahlreicher scheinbar heterogener Sachverhalte unter der Kategorie „locatio“ z.B. hatte gewichtige praktische Folgen. Dagegen die Bildung des Begriffs „Rechtsgeschäft“ hat sie direkt wenigstens nicht bewirkt: sie dient uns zunächst systematischen Bedürfnissen. Daher fehlt dieser Begriff, ebenso wie etwa der des „Anspruchs“, der „Verfügung“ und ähnliche, dem antiken römischen Recht und ist dessen Systematik überhaupt noch in justinianischer Zeit relativ in recht bescheidenem Maße rationalisiert. Die Sublimierung der Begriffe erfolgte eben durchweg im Anschluß an konkrete Klage- und Kontrakts-Schemata. Diese Sublimierung aber führte zu dem uns heut vorliegenden Ergebnis vornehmlich aus zwei Gründen: Zunächst war entscheidend die völlige Säkularisierung der Rechtspflege einschließlich vor allem des Konsulententums. Das Fetwa des islamischen Mufti ist durchaus eine Parallele des bindenden Responsum des römischen Juristen. Denn auch der islamische Mufti ist konzessionierter Rechtskonsulent. Seine Bildung aber empfängt er durch Unterricht an den islamischen Hochschulen, welche zwar nach dem Muster der späteren, offiziell anerkannten oströmischen Rechtsschulen sich entwickelt hatten und zeitweise, unter dem Einfluß der formalen Schulung an der antiken Philosophie, auch eine der antiken ähnliche Methodik entwickelt haben. Allein die Bildung blieb vorwiegend theologisch, die religiöse und Traditionsgebundenheit, die unklare und praktisch höchst unsichere Lage des heiligen Rechts, dessen Geltung weder zu beseitigen noch in der Praxis durchzuführen war, und die sonstigen Eigentümlichkeiten aller theokratischen, an heilige Bücher gebundenen Justiz haben diese Entwicklungsansätze immer wieder verkümmern lassen und die Rechtslehre auf eine stark mechanische und empirische Aneignung des Rechtsstoffs mit rein theoretischer, lebensfremder Kasuistik beschränkt. Die Art der Gerichtsorganisation und die politisch bedingten Schranken der Rationalisierung der Wirtschaft taten dazu das Ihrige: in diesen Umständen liegt der zweite Grund des Unterschieds. Der theologische Einschlag fehlte der römischen Rechtsentwicklung völlig. Der rein weltliche und zunehmend bürokratische spätrömische Staat war es, welcher aus den immerhin nur relativ rational systematisierten Produkten des höchst präzisen römischen Rechtsdenkens der Respondenten und ihrer Schüler jene in der Welt einzigartige Sammlung der „Pandekten“ auslas und systematisch durch eigene Rechtsschöpfungen ergänzte, die dann noch nach Jahrhunderten das Material für das Rechtsdenken der mittelalterlichen Universitätsbildung darbot. Schon während der Kaiserzeit war neben den im römischen Recht von alters her heimischen *analytischen* Grundzug ein weiteres Element getreten: der zunehmend *abstrakte* Charakter des Rechtsbegriffs. Dieser abstrakte Charakter lag teils vorgebildet im Wesen der römischen Klageformeln. Diese bezogen sich zwar jede auf einen Rechtsbegriff als Thatbestand. Aber diese Begriffe waren teilweise so gefaßt, daß sie es ermöglichten und also den Rechtspraktikern, zumal den Cautelarjuristen, Anwälten und Consulenten, den Anlaß gaben, außerordentlich verschiedene ökonomische Sachverhalte unter einem geeigneten Begriff unterzubringen. Die Anpassung an neue ökonomische Bedürfnisse vollzog sich also zum sehr bedeutenden Teil in der Art, daß die alten Begriffe rational interpretiert, gedehnt und erstreckt wurden. Damit aber wurde die rechtslogische und konstruktive Arbeit erst auf die

Höhe gehoben, deren sie, auf dem Boden der rein analytischen Methode, überhaupt fähig ist. Auf die außerordentliche Elastizität von Rechtsbegriffen wie locatio conductio, emtio venditio, mandatum (speziell auch der actio quod jussu), depositum und vor Allem auf die schrankenlose Aufnahmefähigkeit der stipulatio, des constitutum für die meisten, heut durch Wechsel oder andre formalen, auf feste Verträge lautenden Verpflichtungen hat Goldschmidt mit Recht hingewiesen. Das Spezifische der römischen Rechtslogik, wie sie aus den gegebenen formalen Bedingungen herauswuchs, wird besonders anschaulich, wenn man damit etwa die Art des Vorgehens der englischen Cautelarjurisprudenz vergleicht. Auch sie hat oft mit größter Kühnheit einzelne Rechtsbegriffe benutzt, um mit ihrer Hülfe höchst verschiedenen Sachverhalten die rechtliche Klagbarkeit zu verschaffen. Aber der Unterschied, der vorliegt, wenn etwa auf der einen Seite die römischen Juristen die Kategorie des „jussus" zur Construktion von Kreditbürgschaft und Anweisung benutzen oder auf der andern die englischen aus dem Deliktsbegriff des trespass die Klagbarkeit zahlreicher, unter einander ganz verschiedner Kontrakte gewinnen, liegt auf der Hand. Im letzten Fall wird juristisch Heterogenes zusammengeworfen, um auf einem Umweg den Rechtszwang zu erlangen, bei den Römern werden ökonomisch (äußerlich) verschiedene und neue Thatbestände einem ihnen adäquaten Rechtsbegriff unterstellt. Allerdings ist der abstrakte Charakter vieler heute als spezifisch „römisch" geltenden Rechtsbegriffe nichts Urwüchsiges, zum Teil nicht einmal etwas Antikes. Der viel besprochene römische Eigentumsbegriff z.B. war erst Produkt der Denationalisierung des römischen Rechts zum Weltrecht. Das nationale römische Eigentum war keineswegs ein besonders „abstrakt" geartetes, überhaupt kein einheitliches Institut. Erst Justinian hat die radikalen Unterschiede beseitigt oder doch auf wenige Formen reduziert, welche das Bodenrecht aufwies, und erst infolge des Absterbens der alten prozessualen und sozialen Bedingungen des Interdiktenschutzes blieben für die mittelalterliche Analyse des Begriffsgehalts der Pandekten die beiden Institute: dominium und possessio, als ganz abstrakte Thatbestände übrig. Nicht wesentlich anders steht es mit zahlreichen andren Instituten. Vollends der ursprüngliche Charakter der meisten genuinen römischen Rechtsinstitute war nicht wesentlich abstrakter als derjenige der germanischen. Die eigenartige Form der Pandekten aber entsprang den eigentümlichen Peripetien der römischen Staatsform. Die Sublimierung des juristischen Denkens selbst war, in ihrer Richtung, wie das früher Gesagte ergibt, zum Teil Konsequenz politischer Verhältnisse. Und zwar in verschiedener Art in republikanischer und in spätkaiserlicher Zeit. Die so überaus wichtige technische Eigenart der älteren Rechtspflege und des Consulententums war, wie wir sahen, zum wesentlichen Teil Produkt der republikanischen Honoratiorenherrschaft. Andererseits war aber diese Herrschaft einer eigentlich juristischen Fachschulung der gewählten kurzfristigen politischen vornehmen Beamten nicht unbedingt günstig gewesen. Die Kenntnis der XII Tafeln war von jeher Schulunterrichtsgegenstand. Die Kenntnis der Gesetze aber eignete sich der republikanische römische Beamte wesentlich nur praktisch an. Seine Consulenten besorgten ihm das Übrige. Dagegen wurde nun die Notwendigkeit systematischen juristischen Studiums durch die kaiserliche Verwaltung mit ihren ernannten Beamten, ihrer Rationalisierung und Bürokratisierung, vor allem im Provinzialdienst, sehr stark gefördert. Diese allgemeine Wirkung jeder Bürokratisierung der Herrschaft werden wir später noch in größerem Zusammenhang verstehen. Weil sie z.B. in England fehlte, blieb dort auch die systematische Rationalisierung des Rechtes weit stärker im Rückstande. So lange die Consulenten als juristische Honoratioren die römische Rechtspflege beherrschten, blieb auch dort das Streben nach Systematik schwach und blieb, vor Allem, das codifizierende und systematisierende Eingreifen der politischen Gewalt gänzlich aus. Der Sturz des Römeradels unter den Severen bezeichnet zugleich den Rückgang der Bedeutung des Respondentenstandes und geht parallel einer rasch zunehmenden Bedeutung kaiserlicher Reskripte für die Gerichtspraxis. Die Rechtsschulung, in der Spätzeit an staatlich conzessionierten Schulen dargeboten, wurde nun *litterarischer* Unterricht an der Hand der Werke der Juristen. Die Gerichtspraxis arbeitete mit diesen als autoritären Quellen, und die Kaiser stellten durch die sog. „Citiergesetze" für die Fälle des Dissenses Majoritätsentscheid und Rangfolge der juristischen Werke fest. Die Responsen-Sammlungen vertraten hier also jetzt die Stelle der Präjudizien-Sammlungen im Common Law. Diese Situation bedingte die Form der Pandekten und die Erhaltung wenigstens des in sie aufgenommenen Teils der klassischen juristischen Litteratur.

§5. Formale und materiale Rationalisierung des Rechts. Theokratisches und profanes Recht.

Wir sind mit diesen Erörterungen bei dem wichtigen, schon gelegentlich gestreiften Problem der Einwirkung der politischen Herrschaftsform auf die formalen Qualitäten des Rechts angelangt. Seine abschließende Erörterung setzt freilich die Analyse der Herrschaftsformen voraus, zu der wir erst weiterhin kommen. Aber einige allgemeine Bemerkungen sind schon hier zu machen. Die alte Volksjustiz, ursprünglich ein Sühneverfahren zwischen den Sippen, wird überall durch die Einwirkung der fürstlichen und magistratischen Gewalt (Bann, imperium) und, unter Umständen, der organisierten Priestergewalt aus ihrer primitiven formalistischen Irrationalität gerissen und zugleich auch der Rechtsinhalt von diesen Mächten nachhaltig beeinflußt. Und zwar verschieden je nach dem Charakter der Herrschaft. Je mehr der Herrschaftsapparat der Fürsten und Hierarchen ein rationaler, durch „Beamte" vermittelter war, desto mehr richtete sich auch ihr Einfluß (im ius honorarium und den prätorischen Prozeßmitteln in der Antike, in den Capitularien der Frankenkönige, in den prozessualen Schöpfungen der englischen Könige und des Lordkanzlers, in der kirchlichen Inquisitionsprozedur) darauf, der Rechtspflege nach Inhalt und Form rationalen – freilich in verschiedenem Sinn rationalen – Charakter zu verleihen, irrationale Prozeßmittel auszuschalten und das materielle Recht zu systematisieren, und das bedeutete zugleich stets irgendwie: zu rationalisieren. In eindeutiger Weise hatten aber jene Gewalten diese rationalen Tendenzen nur da, wo entweder die Interessen ihrer eigenen rationalen Verwaltung sie auf diesen Weg wiesen (wie das päpstliche Kirchenregiment) oder wo sie im Bunde mit mächtigen Gruppen von Rechtsinteressenten standen, welche an dem rationalen Charakter des Rechts und Prozesses ein starkes Interesse hatten, wie die bürgerlichen Klassen in Rom, im ausgehenden Mittelalter und in der Neuzeit. Wo dies

Bündnis fehlte, ist die Säkularisation des Rechts und die Herausdifferenzierung eines streng formal juristischen Denkens entweder in den Anfängen stecken geblieben oder es ist ihr gradezu entgegengewirkt worden. Dies liegt, allgemein gesprochen, darin, daß der „Rationalismus" der Hierarchen sowohl wie der Patrimonialfürsten *materialen* Charakters ist. Nicht die formal juristisch präziseste, für die Berechenbarkeit der Chancen und die rationale Systematik des Rechts und der Prozedur optimale, sondern die inhaltlich den praktisch-utilitarischen und ethischen Anforderungen jener Autoritäten entsprechendste Ausprägung wird erstrebt; eine Sonderung von „Ethik" und „Recht" liegt, wie wir schon sahen, gar nicht in der Absicht dieser, jeder selbstgenugsam und fachmäßig „juristischen" Behandlung des Rechts durchaus fremd gegenüberstehenden Faktoren der Rechtsbildung. Speziell gilt dies in aller Regel von der theokratisch beeinflußten Rechtsbildung mit ihrer Combination ethischer Anforderungen und juristischer Vorschriften. Aus den nichtjuristischen Bestandteilen einer von priesterlichen Einflüssen getragenen Rechtslehre konnten sich allerdings mit zunehmender Rationalisierung des Rechtsdenkens einerseits, der Vergesellschaftungsformen andererseits verschiedenerlei Konsequenzen ergeben. Entweder löste sich das heilige Gebot als „fas" von dem „jus" als dem gesatzten Recht für die Schlichtung der religiös indifferenten Interessenkonflikte der Menschen. Dann war diesem letzteren eine autonome Entwicklung zu einem je nachdem mehr logisch oder mehr empirisch gearteten rationalen und formalen Recht möglich und ist auch in Rom ebenso wie im Mittelalter eingetreten. In welcher Art die Beziehungen zwischen religiös gebundenem Recht und frei gesatztem Recht sich dabei regulierten, wird noch zu erörtern sein. Das religiöse Recht konnte dabei – wie wir noch sehen werden – mit wachsender Säcularisierung des Denkens einen Concurrenten oder Ersatz in einem philosophisch begründeten „Naturrecht" erhalten, welches neben dem positiven Recht teils als ideales Postulat, teils als eine verschieden stark die Rechtspraxis beeinflussende Doktrin herging. Oder jene Lösung der heiligen Gebote vom weltlichen Recht fand nicht statt und die spezifisch theokratische Vermischung von religiösen und rituellen mit rechtlichen Anforderungen blieb bestehen: Dann entstand ein verschwommenes Ineinanderschieben von ethischen und rechtlichen Pflichten, sittlichen Vermahnungen und Rechtsgeboten ohne formale Schärfe: spezifisch *unformales* Recht also. Welche Alternative eintrat, hing teils von der früher schon erörterten inneren Eigenart der betreffenden Religion und ihrem prinzipiellen Verhältnis zu Recht und Staat ab, teils – wovon später zu reden sein wird – von der Machtstellung der Priesterschaft im Verhältnis zur politischen Gewalt, teils endlich von der Struktur dieser letzteren. Es ist eine Folge der später zu erörternden Bedingungen der Herrschaftsstrukturen, daß in fast allen asiatischen Rechtsgebieten der zuletzt genannte Zustand eintrat und bestehen blieb.

Gewisse gemeinsame Züge in der logischen Struktur des Rechts können aber Produkt unter einander sehr verschiedener Herrschaftsformen sein. Unformales Recht insbesondere pflegen auf der einen Seite die auf *Pietät* gestützten autoritären Gewalten zu schaffen, die Theokratie sowohl wie der Patrimonialfürst. Auf der anderen Seite können aber auch bestimmte Formen der Demokratie formal sehr ähnliche Konsequenzen haben. Der Grund liegt darin, daß in all diesen Fällen es sich um Mächte handelt, deren Träger – der Hierarch, der Despot (gerade der „aufgeklärte"), der Demagoge – außer an solchen Normen, die von ihnen für schlechthin religiös heilig und daher absolut verbindlich angesehen werden müssen, an keinerlei formale Schranken, auch nicht an die von ihnen selbst gesetzten Regeln, *gebunden* sein wollen. Ihnen allen steht der unvermeidliche Widerspruch zwischen dem abstrakten Formalismus der Rechtslogik und dem Bedürfnis nach Erfüllung materialer Postulate durch das Recht im Wege. Denn indem der spezifische Rechtsformalismus den Rechtsapparat wie eine technisch rationale Maschine funktionieren läßt, gewährt er dem einzelnen Rechtsinteressenten das relative Maximum an Spielraum für seine Bewegungsfreiheit und insbesondere für die rationale Berechnung der rechtlichen Folgen und Chancen seines Zweckhandelns. Er behandelt den Rechtsgang als eine spezifische Form befriedeten Interessenkampfs, den er an feste, unverbrüchliche „Spielregeln" bindet. Das urwüchsige Sühneverfahren zwischen den Sippen ebenso wie die dinggenossenschaftliche Justiz haben ein streng formal gebundenes Beweisrecht. Seinem Ursprung nach war dies, wie wir sahen, durch magische Vorstellungen bedingt: die Beweisfrage muß richtig und von der richtigen Seite gestellt werden. Und auch weiterhin bleibt der Gedanke, daß man durch rationale Mittel eine „Thatsache" im Sinn des heutigen Prozesses „feststellen" könne, insbesondere durch das heute wichtigste Mittel der Vernehmung von „Zeugen" oder durch „Indizien", der Rechtspflege lange Zeit fremd. Der „Eideshelfer" des alten Prozesses schwört nicht, daß eine „Thatsache" wahr sei, sondern er bekräftigt das „Recht" seiner Partei durch Einsetzung seiner Person dem göttlichen Fluch gegenüber. Die Praxis selbst ist übrigens mindestens so realistisch wie die heutige: die Mehrzahl aller Zeugen auch im heutigen Prozeß faßt ihre Rolle kaum anders auf, als so: daß sie zu schwören haben, wer „recht" habe. Das alte Recht faßt demgemäß den „Beweis" nicht als eine „Pflicht", sondern mindestens sehr weitgehend als ein Recht der Partei auf, das es ihr zuweist. Der Richter aber ist streng an diese Regeln und an die traditionellen Beweismittel gebunden. Die moderne „Beweislast"-Theorie noch des „gemeinen" Prozesses unterscheidet sich davon nur durch die Auffassung des Beweises als „Pflicht". Im Übrigen aber bindet auch sie den Richter an die Beweisanträge und Beweismittel, welche die Parteien ihm darbieten. Nicht anders in der gesammten Behandlung des Prozeßbetriebs. Kraft der „Verhandlungsmaxime" wartet der Richter die Anträge der Parteien ab. Was diese nicht beantragen oder nicht verbürgen, existiert für ihn nicht, was mit den allgemein geordneten Beweismitteln, irrationalen oder rationalen, nicht ermittelt wird, ebenfalls nicht. Er erstrebt also nur diejenige relative Wahrheit, welche innerhalb der durch Prozeßakte der Parteien gegebenen Grenzen erreichbar ist. Genau dies war auch hier der Charakter der Rechtsfindung in deren ältester scharf ausgeprägter zugänglicher Form: dem Sühne- und Schiedsverfahren zwischen streitenden Sippen, mit Orakel oder Gottesurteil als Prozeßmittel. Streng formal, wie alle auf Anrufung magischer oder göttlicher Mächte ausgerichtete Thätigkeit, erwartete dieser Rechtsgang ein *material* „richtiges" Urteil durch den irrationalen, übernatürlichen Charakter der entscheidenden Prozeßmittel. Wenn aber die Autorität und der Glaube an diese irrationalen Mächte geschwunden ist und nun rationale Beweismittel und logische Urteilsbegründung an ihre Stelle treten müssen, so bleibt der formalen Rechtspflege lediglich der Charakter des in der Richtung einer wenigstens relativ optimalen Chance der Wahrheitsermittlung geregelten Interessenkampfs der Parteien. Deren Angelegenheit, nicht die der öffentlichen Gewalt, ist der Betrieb des Prozesses. Der Richter zwingt sie nicht, etwas zu thun, was sie nicht von sich aus verlangen. Eben deshalb kann er aber dem Bedürfnis nach optimaler Erfüllung *materialer* Anforderungen an eine dem konkreten Zweckmäßigkeits- oder Billigkeitsgefühl für den einzelnen Fall genügende Rechtspflege der Natur der Sache nach garnicht entsprechen, möge es sich bei jenen materialen Forderungen nun um politisch-zweckrational oder ethisch-gefühlsmäßig motivierte Zumutungen an die Rechtspflege handeln. Denn jene durch formale Justiz gewährte maximale Freiheit der Interessenten in der Vertretung ihrer formal legalen Interessen muß schon infolge der Ungleichheit der ökonomischen Machtverteilung, welche durch sie legalisiert wird, immer wieder den Erfolg haben, daß materiale Postulate der religiösen Ethik oder auch der politischen Räson verletzt erscheinen. Dies aber gibt allen autoritären Gewalten: der Theokratie wie dem Patriarchalismus, Anstoß schon deshalb, weil es die Abhängigkeit des Einzelnen von der freien Gnade und Macht der Autoritäten lockert, der Demokratie aber deshalb, weil es die Abhängigkeit der Rechtspraxis und damit der Einzelnen von Beschlüssen der Genossen mindert: es kann insbesondere die Chance einer zunehmenden Differenzierung der ökonomischen und sozialen Machtlage durch die Gestaltung des Prozesses zu einem friedlichen Interessenkampf noch gesteigert werden. In allen diesen Fällen verletzt sie inhaltliche Gerechtigkeitsideale durch ihren unvermeidlich abstrakten Charakter. In eben diesem abstrakten Charakter aber pflegen andererseits nicht nur die jeweils ökonomisch Mächtigen und daher an der freien Ausbeutung ihrer Macht Interessierten, sondern auch alle ideologischen Träger solcher Bestrebungen, welche gerade die Brechung autoritärer Gebundenheit oder irrationaler Masseninstinkte zu Gunsten der Entfaltung der individuellen Chancen und Fähigkeiten herbeiführen möchten, einen entscheidenden Vorzug der formalen Justiz, in der unformalen dagegen nur die Chance absoluter Willkür und subjektivistischer Unstätheit zu sehen. Ihnen werden alle diejenigen politischen und ökonomischen Interessenten zufallen, welchen die Stetigkeit und Kalkulierbarkeit des Rechtsganges wichtig sein muß, also speziell die Träger rationaler ökonomischer und politischer *Dauerbetriebe*. Vor allem den ersteren wird die formale und zugleich rationale Justiz als Garantie der „Freiheit" gelten, eben desjenigen Gutes, welches theokratische oder patriarchal-autoritäre ebenso wie unter Umständen demokratische, jedenfalls alle ideologisch an materialer Gerechtigkeit interessierten Mächte verwerfen müssen. Diesen allen ist nicht mit formaler, sondern mit „Kadijustiz" gedient. Die Volksjustiz in der unmittelbaren attischen Demokratie z.B. war eine solche in hohem Maße. Zwar nicht dem formalen Recht, wohl aber der Wirkung nach ist es nicht selten noch die moderne Geschworenenjustiz. Denn auch bei dieser immerhin stark formal eingeengten Form einer begrenzten Mitwirkung von Volksjustiz besteht die Neigung, sich an formale Rechtsregeln nur soweit zu binden, als der Rechtsgang dazu technisch direkt nötigt. Im übrigen urteilt jede Volksjustiz, je mehr sie dies ist, nach dem konkreten, ethisch oder – besonders in Athen, aber auch heutzutage – politisch oder sozialpolitisch bedingten „Gefühl". Darin begegnen sich die Tendenzen einer souveränen Demokratie mit den autoritären Mächten der Theokratie und des patriarchalen Fürstentums. Denn es ist das Gleiche, wenn, dem formalen Recht zuwider, französische Geschworene den Ehemann, der den ertappten Ehebrecher tötet, regelmäßig freisprechen oder wenn Friedrich II. „Kabinettsjustiz" zu Gunsten des Müllers Arnold übte.

Das ganze Wesen der theokratischen Justiz vollends besteht in dem Vorwalten konkreter ethischer Billigkeitsgesichtspunkte, deren unformale und antiformale Tendenz bei ihr nur in dem ausdrücklich festgelegten heiligen Recht ihre Schranke findet. Wo dessen Normen eingreifen, gebiert sie dagegen umgekehrt eine ungemein formalistische Kasuistik zwecks Anpassung an die Bedürfnisse der Rechtsinteressenten. Die weltliche patrimonial-autoritäre Justiz ist, auch wo sie sich ihrerseits an die Tradition binden muß, bei deren immerhin größerer Elastizität wesentlich freier gestellt. Die typische Honoratiorenjustiz endlich zeigt zuweilen ein doppeltes Gesicht, je nachdem es sich um die typischen Rechtsinteressen der Honoratiorenschicht selbst oder der von ihr beherrschten Schichten handelt. Die englische Justiz z.B. war in allen vor die Reichsgerichte gelangenden Angelegenheiten streng formale Justiz. Aber die Friedensrichterjustiz gegenüber den Alltagshändeln und Delikten der Massen war in einem Grade unformal und direkt „Kadijustiz", wie es für uns auf dem Continent völlig unbekannt ist. Und die Kostspieligkeit der Anwaltsjustiz bedeutete andrerseits für die Unbemittelten im Effekt hier ebenso wie aus andren Gründen die republikanische römische Justiz eine faktische Rechtsverweigerung, welche den Interessen der besitzenden, auch der kapitalistischen, Schichten weit entgegenkam. Wo ein solcher Dualismus der Rechtspraxis: formale Justiz für die Conflikte innerhalb der eignen Schicht, Willkür oder faktische Rechtsverweigerung gegenüber den ökonomisch Schwachen, nicht zu erreichen ist, da pflegen kapitalistische Interessenten natürlich bei universeller Durchführung streng formaler, auf der Verhandlungsmaxime ruhender Justiz am besten zu fahren. Und da die Honoratiorenjustiz mit ihrer unvermeidlich wesentlich empirischen Rechtspraxis, ihrem complizierten Prozeßmittelsystem und ihrer Kostspieligkeit auch ihren Interessen starke Hemmnisse bereiten kann: – nicht durch, sondern zum Teil auch trotz der Struktur seines Rechts gewann England den kapitalistischen Primat –, so pflegen die bürgerlichen Schichten im Allgemeinen am stärksten an rationaler Rechtspraxis, und dadurch auch an einem systematisierten, eindeutigen, zweckrational geschaffenen formalen Recht interessiert zu sein, welches Traditionsgebundenheit und Willkür gleichermaßen ausschließt und also subjektives Recht nur aus objektiven Normen hervorgehen läßt. Die englischen Puritaner haben ein solches systematisch codifiziertes Recht ebenso wie die römischen Plebejer und das deutsche Bürgertum des 19. Jahrhunderts verlangt. Bis dahin war aber ein weiter Weg.

Nicht nur bei der theokratisch, sondern auch bei der durch weltliche Honoratioren, im Wege der Rechtsprechung oder der privaten oder offiziell anerkannten Rechtskonsultation geleiteten Justiz und ebenso bei der auf dem Imperium und der Banngewalt der die Prozesse instruierenden Magistrate, Fürsten und Beamten, beruhenden Entwicklung des Rechts und Rechtsganges bleibt zunächst die Vorstellung unangetastet: daß das Recht grundsätzlich etwas von jeher gleichmäßig Geltendes, nur der eindeutigen Interpretation und Anwendung auf den Einzelfall Bedürftiges sei. Immerhin war, wie wir sahen, selbst bei ökonomisch sehr wenig differenzierten Verhältnissen ein Vordringen rational vereinbarter Normen an sich recht wohl möglich, sofern nur die Gewalt der magischen Stereotypierung gebrochen war. Die Existenz irrationaler Offenbarungsmittel als des einzigen Weges zu Neuerungen bedeutete immerhin faktisch oft eine weitgehende Beweglichkeit der Normen, ihr Fortfall nicht selten eine erhöhte Stereotypierung, weil nun die Macht der sacralen Tradition ganz allein als „heilig" auf dem Plan blieb und von den Priestern zu einem System sacralen Rechts sublimiert wurde.

In sehr verschiedenem Maß ist die Herrschaft sakralen Rechts und sakraler Rechtsschöpfung in die einzelnen geographischen und sachlichen Rechtsgebiete eingedrungen und aus ihnen wieder zurückgedrängt worden. Wir lassen hier das durch ursprünglich rein magische Normen begründete spezifische Interesse des heiligen Rechts an allen Straf- und Sühneproblemen, ebenso sein in anderem Zusammenhang zu erörterndes Interesse am politischen Recht und endlich die ebenfalls ursprünglich magisch bedingten Normen über die sakralrechtlich statthaften Zeiten, Orte und Beweismittel der Prozedur ganz beiseite und wollen im Wesentlichen nur das Gebiet des „Zivilrechts" im üblichen Sinn betrachten. Hier waren die Grundsätze über Zulässigkeit und Folgen der Eheschließung, das Familienrecht und das ihm dem Wesen nach zugehörige Erbrecht eine Hauptdomäne sakralen Rechts, in China und Indien ebenso wie im römischen fas, im islamischen Schariat und im kanonischen Recht des Mittelalters. Die alten magischen Inzestverbote waren Vorläufer der religiösen Kontrolle der Ehe. Die Wichtigkeit gültiger Ahnenopfer und anderer sacra der Familie traten hinzu und bedingten das Eingreifen des heiligen Rechts im Familien- und Erbrecht. Im Gebiet des Christentums, wo die letztgenannten Interessen teilweise fortfielen, wirkte dann das fiskalische Interesse der Kirche an der Gültigkeit der Testamente in der Richtung der Aufrechterhaltung der Erbrechtskontrolle. Mit dem profanen Verkehrsrecht konnten zunächst die religiösen Normen über die für religiöse Zwecke gewidmeten oder aus anderen Gründen heiligen oder umgekehrt magisch tabuierten Objekte und Örtlichkeiten in Konflikte gerathen. In das Gebiet des Kontraktrechts griff das sakrale Recht aus formalen Gründen dann ein, wenn – was ungemein häufig, ursprünglich wohl regelmäßig, geschah – eine religiöse Verpflichtungsform, z.B. Eid, gewählt worden war. Aus materialen Gründen dann, wenn zwingende Normen der religiösen Ethik, wie z.B. das Wucherverbot, in Frage standen. Über diesen letzten Punkt ist schon bei der Erörterung der ökonomischen Bedeutung der religiösen Ethik gesprochen worden. Aus dem dort Gesagten geht auch hervor, daß sich die Beziehung des profanen zum sakralen Recht ganz allgemein höchst verschieden gestaltete, je nach dem prinzipiellen Charakter der religiösen Ethik. Soweit diese im Stadium magischen und ritualistischen Formalismus verharrte, konnte sie unter Umständen durch raffinierte Rationalisierung der magischen Kasuistik mit Hülfe ihrer eigenen Mittel bis zur vollkommenen Wirkungslosigkeit paralysiert werden. Das römische fas ist im Lauf der republikanischen Zeit gänzlich diesem Schicksale verfallen. Es gab durchaus keine heilige Norm, für deren Ausschaltung nicht ein geeignetes sakraltechnisches Mittel oder eine Umgehungsform erfunden worden wäre. Die religiöse Cassationsgewalt des Augurencollegiums gegen Volksschlüsse – denn darauf lief der Einspruch wegen religiöser Formfehler und böser omina im Ergebnis hinaus – ist in Rom niemals, wie das ebenfalls sacral mitbedingte Cassationsrecht des Arriopags in Athen durch Ephialtes und Perikles, formell abgeschafft worden. Aber es diente bei der absoluten Herrschaft des weltlichen Amtsadels über die Priesterschaft wesentlich nur politischen Zwecken, und seine Casuistik wurde auch in dieser Funktion, ganz ebenso wie die des materialen fas, durch sacraltechnische Mittel so gut wie unschädlich gemacht. Das durchaus säkularisierte „ius" war daher ebenso wie das hellenische Recht der Spätzeit vor Eingriffen von dieser Seite trotz des ungeheuren Raumes, welchen im römischen Leben die Rücksicht auf die rituellen Pflichten einnahm, durchaus gesichert. Die Unterwerfung der priesterlichen unter die profane Gewalt auf dem Boden der antiken Polis entschied, nächst gewissen früher erwähnten Eigentümlichkeiten der römischen Götterwelt und ihrer Behandlung, diese Entwicklung. Ganz anders, wo eine herrschende Priesterschaft das gesamte Leben ritualistisch zu reglementieren vermochte und das gesammte Recht weitgehend unter ihrer Kontrolle behielt, wie namentlich in Indien. Dort ist der Theorie nach das gesammte Recht in den Dharmasastras enthalten. Die rein profane Rechtsbildung blieb daher auf die Entwicklung von Partikularrechten für die einzelnen Berufsstände: Kaufleute, Handwerker usw., beschränkt. Dies Recht der Berufsverbände und Kasten, sich ihr Recht selbst zu setzen, also der Satz: Willkür bricht Landrecht, war von Niemandem bezweifelt, und fast alles praktisch geltende profane Recht entstammt diesen Quellen. Da aber dies praktisch für die meisten profanen Lebensverhältnisse allein in Betracht kommende Recht nicht Gegenstand der Priesterlehre und der philosophischen Schullehre und also überhaupt gar keiner berufsmäßigen Pflege war, entbehrt es jeglicher Rationalisierung und, trotz praktisch oft weitgehender Unbekümmertheit um die sakralen, der Theorie nach auch hier absolut zwingenden Normen, doch in Abweichungsfällen der sicheren Geltungsgarantie. Die indische Rechtsfindung verleugnet die eigentümliche Mischung aus magischen und rationalen Elementen nicht, welche dem Charakter der Religiosität einerseits, der theokratisch-patriarchalen Lebensreglementierung andrerseits entspricht. Der Formalismus des Rechtsganges ist im Ganzen gering; dinggenossenschaftlichen Charakter besitzen die Gerichte nicht; die Bindung des Königs an das Urteil des Oberrichters und die Vorschrift der Zuziehung von Laienbeisitzern (Kaufleute und Schreiber in den älteren, Zunftmeister und Schreiber in den jüngeren Quellen) entstammt rationaler Ordnung. Der autonomen Rechtssetzung der Verbände entspricht die große Bedeutung der privaten Schiedsgerichte. Andrerseits ist aber von den organisierten Gerichten der Verbände prinzipiell die Berufung an die öffentlichen Gerichte zulässig. Die Beweismittel sind heute primär rational: Urkunden und Zeugen. Die Ordale waren für die Fälle der mangelnden Eindeutigkeit des rationalen Beweises reserviert; hier aber waren sie, speziell der Eid (Wartefrist auf die Folgen der Selbstverfluchung), in ihrer ungebrochenen magischen Bedeutung erhalten. Ebenso standen die magischen Zwangsvollstreckungsmittel (Verhungern des Gläubigers vor der Tür des Schuldners) neben der amtlichen Exekution und neben legalisierter Selbsthülfe. Ein ziemlich vollständiger Parallelismus sacralen und profanen Rechts bestand im Criminalverfahren; aber auch die Tendenz zur Verschmelzung beider fand sich entwickelt, und im ganzen waren sakrales und profanes Recht praktisch eine ungeschiedene Einheit geworden, welche die Reste des alten arischen Rechts überdeckten, ihrerseits aber wieder durch die autonome Justiz der Verbände, vor Allem aber durch die Kastenjustiz, die über das wirksamste aller Zwangsmittel: die Ausstoßung aus der Kaste, verfügte, durchbrochen wurde. Keineswegs gering war auch der legislatorische Einfluß *buddhistischer* Ethik innerhalb des Geltungsbereichs des Buddhismus als Staatsreligion (Ceylon, Hinterindien, namentlich Kambodscha und Birma). Die Gleichstellung von Mann und Weib (kognatisches Erbrecht, Gütergemeinschaft), die Elternpietät im Interesse des jenseitigen Elternschicksals (daher Schuldenhaftung der Erben), die gesinnungsethische Sublimierung des Rechts, der Sklavenschutz, die Milde des Strafrechts (mit Ausnahme des, im Kontrast dazu, oft höchst grausamen politischen Strafrechts), die Wohlverhaltens-Bürgschaft kommen auf seine Rechnung. Im Übrigen aber war selbst die relativierte Welt-Ethik des Buddhismus so durchaus auf die Gesinnung einerseits, rituellen Formalismus andrerseits abgestellt, daß ein eigentliches heiliges „Recht" als Objekt einer besonderen Doktrin auf diesem Boden schwer entstehen konnte. Immerhin hat sich doch eine Rechtsbuch-Litteratur hinduistischen Gepräges entwickelt und es ermöglicht, in Birma 1875 das „buddhistische Recht" (d.h. rein buddhistisch modifizierte Recht indischer Provenienz) zum offiziellen Recht zu proklamieren. In China hat umgekehrt die alleinherrschende Bürokratie die magischen und animistischen Pflichten auf das rein rituelle Gebiet beschränkt, von wo aus sie freilich, wie wir schon sahen und noch sehen werden, ziemlich tiefgreifende Einflüsse auch auf die Wirtschaft ausgeübt haben. Die Irrationalitäten der Justiz aber sind dort patrimonial, nicht theokratisch bedingt. Wie die Prophetie überhaupt, so ist auch die Rechtsprophetie in historischer Zeit in China unbekannt. Es findet sich auch keine Schicht respondierender Juristen und überhaupt, scheint es, keine spezifische Rechtsschulung, dem patriarchalen Charakter des politischen Verbandes entsprechend, welcher der Entwicklung eines formalen Rechts widerstrebte. Consulenten über magische Riten sind die „Wu" und „Hih" („taoistische" Zauberpriester), als Berather in ceremoniellen und rechtlichen Angelegenheiten fungieren für Familien, Sippe, Dorf die examinierten, also literarisch gebildeten Mitglieder aus ihrer Mitte.

Der Islam kennt der Theorie nach sogut wie kein Gebiet des Rechtslebens, auf welchem nicht Ansprüche heiliger Normen der Entwicklung profanen Rechts den Weg versperrten. Der Thatsache nach haben umfassende Rezeptionen hellenischen und römischen Rechts stattgefunden. Offiziell aber wird das gesamte bürgerliche Recht als Interpretation oder gewohnheitsrechtliche Fortbildung des Koran in Anspruch genommen. Dies geschah namentlich, nachdem der Sturz der Ommajaden und die Begründung der Abbasidenherrschaft unter dem Schlagwort der Rückkehr zur heiligen Tradition die cäsaropapistischen Prinzipien der zarathustrischen Sassaniden auf den Islam übertrug. Die Stellung des heiligen Rechts im Islam ist ein geeignetes Paradigma für die Wirkung heiliger Rechte in eigentlichen prophetisch geschaffenen „Buchreligionen". Der Koran enthält eine ganze Reihe rein positiver rechtlicher Vorschriften (etwa die Aufhebung des Eheverbots mit der Adoptiv-Schwiegertochter – Muhammed gab sich selbst diese Freiheit). Aber der Schwerpunkt der juristischen Vorschriften hat einen anderen Ursprung. Formell kleiden sie sich in aller Regel in die Gestalt des „hadith", exemplarischer Handlungen und Aussprüche des Propheten, deren Authentizität durch Sukzession der Garanten bis zu Zeitgenossen, ursprünglich bis zu besonders qualifizierten Lebensgefährten Muhammeds von Mund zu Mund sich zurückverfolgen läßt. Sie sind oder gelten um dieser unentbehrlichen Ununterbrochenheit der persönlichen Garantenreihe willen als ausschließlich mündlich überliefert und bilden die „Sunnah". Diese ist nicht etwa Koran-„Interpretation", sondern Tradition neben dem Koran; ihr ältester Bestand stammt zum sehr wesentlichen Teil aus der vorislamischen Zeit, speziell aus der Coutume von Medina, deren Redaktion als Sunnah auf Malik ibn Anas zurückgeführt wird. Aber weder Koran noch Sunnah sind als solche die unmittelbaren Rechtsquellen, welche der Richter benutzt. Sondern diese werden durch den „fiqh" gebildet, die Produkte der spekulativen Arbeit der Juristenschulen, Sammlungen von hadiths entweder nach Autoren geordnet (musnad) oder systematisch nach Gegenständen (mussunaf, von denen 6 den Traditions-Kanon bilden). Der fiqh umfaßt sittliche wie rechtliche Gebote und enthält, seit der Immobilisierung des Rechts, immer zahlreichere Partien völlig obsoleten Charakters. Die Immobilisierung aber vollzog sich offiziell dadurch, daß die charismatische, rechtsprophetische Kraft (itschtihad) der Rechtsauslegung für seit dem 7./8. Jahrhundert der Hedschra, dem 13./14. der christlichen Ära, erloschen galt, – ähnlich der uns bekannten Auffassung der christlichen Kirche und des Judentums über den Abschluß des prophetischen Zeitalters. Die Rechtspropheten: Mutschtehiden, des charismatischen Zeitalters galten noch als Träger der Rechtsoffenbarung, in vollem Umfang allerdings nur noch die Gründer der vier als orthodox anerkannten Rechtsschulen (madhab). Nach dem Erlöschen der Itschtihad dagegen giebt es nur noch muqallidin, Commentatoren, und ist die Stabilität des Rechts absolut. Der Kampf der vier Rechtsschulen war zunächst ein Kampf um die Qualitäten der orthodoxen Sunnah, wurde aber im Zusammenhang damit zum Kampf um die Auslegungsmethode, und auch ihr Gegensatz wurde seit der Immobilisierung des Rechts zunehmend stereotypiert. Während die kleine hanbalitische Schule alle „bida", alles neue Recht, alle neuen hadiths, alle rationalen Mittel der Rechtsauslegung ablehnt und sich auch durch den Grundsatz „coge intrare" von den anderen, prinzipiell gegeneinander toleranten Schulen scheidet, trennt diese wesentlich die Rolle, welche der juristischen Kunst für die Rechtsschöpfung zugewiesen wird. Die lange Perioden hindurch in Afrika und Arabien herrschende malekitische Schule war, ihrem Ursprung am ältesten politischen Sitz des Islam (Medina) entsprechend, besonders unbefangen in der Übernahme vorislamischen Rechts, gilt aber gegenüber der hanafitischen, aus dem Iraq stammenden, daher stark byzantinisch beeinflußten, am Hof des Khalifen maßgebenden und heute in der Türkei offiziell rezipierten und heute auch in Ägypten offiziell herrschenden Schule stärker traditionsgebunden. Die stärker höfisch adaptierte Jurisprudenz der Hanafiten scheint vornehmlich die empirische Technik der islamischen Juristen, die Verwertung der Analogie (qijas), entwickelt und daneben speziell auch das „raj", die wissenschaftliche Lehrmeinung als eine selbst den rezipierten Koran-Interpretationen gegenüber selbständige Quelle zu vertreten. Die schafiitische Schule endlich, von Bagdad ausgegangen, in Südarabien, Ägypten, Indonesien verbreitet, gilt als die wissenschaftliche Technik und die fremdrechtlichen Anleihen der Hanafiten ebenso wie die freie Stellung der Malekiten zur Tradition ablehnend, also traditionalistisch, scheint aber den gleichen Effekt durch massenhafte Rezeption von zweifelwürdigen hadiths in die Tradition zu erreichen. Der Kampf zwischen den Aschab-al-hadith, den konservativen Traditionalisten, und den Aschab-al Fiqh, den rationalistischen Juristen, durchzog die ganze islamische Rechtsgeschichte.

Das islamische heilige Recht ist durchweg spezifisches „Juristenrecht". Seine Geltung beruht auf dem „idschma" (idschmah-al-ammah = tacitus consensus omnium), der praktisch als Übereinstimmung der Rechtspropheten, der großen Juristen (fuqaha) also, definiert ist. Offiziell gilt neben der Infallibilität des Propheten selbst nur die Infallibilität des Idschma. Koran und Sunnah sind nur die historischen Quellen des letzteren. Nicht sie, sondern die Compilation des Idschma schlägt der Richter auf; die selbständige Interpretation der heiligen Schriften und Tradition ist ihm untersagt. Die Stellung der Juristen als solcher war an sich derjenigen der römischen ähnlich, an die ja auch die Schulorganisation erinnert: ein Nebeneinander von Consultationspraxis und Unterricht von Schülern, also Beziehung sowohl zu den praktischen Bedürfnissen der Rechtsinteressenten wie zu den, systematische Gliederung erheischenden, praktisch-pädagogischen Bedürfnissen. Allein die rechtliche Gebundenheit an die festgelegte Interpretations-Methode des Schulhauptes und an die gegebenen Commentare schloß, seit dem Abschluß der itschtihad-Periode, jede freie Bewegung aus, und in den offiziellen Universitäten, wie etwa der Akhbar in Kairo – die Vertreter jeder der vier orthodoxen Schulen als Lehrer umfaßt –, verwandelte sich die Lehre in ein äußerst mechanisches Vor- und Nachsprechen feststehender Sentiments. –

Wesentlich die Organisation des Islam: das Fehlen sowohl von Conzilien wie eines unfehlbaren Lehramts, bedingte diese Entwicklung des heiligen Rechts zu einem stereotypierten Juristenrecht. Im praktischen Effekt blieb die unmittelbare *Geltung* des heiligen Rechts auf bestimmte fundamentale Institutionen, und zwar im ganzen auf einen nicht sehr wesentlich größeren Umkreis sachlicher Rechtsgebiete beschränkt, wie z. B. das mittelalterliche canonische Recht. Nur hat der prinzipielle Universalismus der Herrschaft der heiligen Tradition die Konsequenz gehabt, daß unabweisliche Neuerungen regelmäßig sich auf ein für den Einzelfall eingeholtes oder erschlichenes Fetwa oder auf die strittige Kasuistik der verschiedenen konkurrierenden orthodoxen Rechtsschulen stützen konnten. Daraus ergab sich neben der früher erwähnten mangelnden formalen Rationalität des Rechtsdenkens vor allem auch die Unmöglichkeit einer systematischen Rechtsschöpfung zum Zweck der inneren und äußeren Vereinheitlichung des Rechts. Das heilige Recht konnte weder beseitigt noch, trotz aller Adaptierungen, wirklich in der Praxis durchgeführt werden. Die gegebenenfalls vom Kadi oder von den Interessenten, ganz nach römischer Analogie, einzuholenden maßgebenden Responsen der amtlich zugelassenen Juristen: Mufti's mit dem Sheikh-ül-Islam an der Spitze, sind ungemein stark opportunistisch bedingt, schwankend von Person zu Person, ergehen nach Art der Orakel ohne Angabe rationaler Gründe und haben nicht das Geringste zu einer Rationalisierung des Rechts beigetragen, vielmehr die Irrationalität des heiligen Rechts praktisch noch gesteigert. Und dabei gilt das heilige Recht nur als Standesrecht für die Rechtsgenossen des Islam, nicht für die unterworfenen Andersgläubigen. Die Folge war der Fortbestand der Rechtspartikularität in allen ihren Formen: sowohl als ständische für die verschiedenen geduldeten und teils positiv, teils negativ privilegierten Konfessionen, wie als Orts- oder Berufsgebrauch nach dem Satz: Willkür bricht Landrecht, so zweifelhaft hier wie anderwärts dessen Tragweite gegenüber den ihrem Anspruch nach unbedingt geltenden, dabei aber schwankend interpretierten, heiligen Normen sein mußte. Das islamische Geschäftsrecht speziell hat in Fortbildung der spätantiken Rechtstechnik für den Handel Institutionen entwickelt, welche der Occident teilweise direkt übernahm. Aber ihre Geltung war innerhalb des Islam zum erheblichen Teil nur durch die Verkehrsloyalität und den ökonomischen Einfluß der Kaufleute auf die Rechtsprechung garantiert, nicht durch Satzungen oder sichere Prinzipien eines rationalen Rechts; die heilige Tradition hätte den meisten dieser Institutionen eher bedrohlich werden können, als daß sie sie gefördert hätte. Sie bestanden praeter legem.

Die Hemmung der inneren und äußeren Rechtseinheit ist naturgemäß diejenige Erscheinung, welche überall eingetreten ist, wo mit der Geltung eines heiligen Rechts oder einer unabänderlichen Tradition überhaupt dauernd Ernst gemacht wurde, in China und Indien ebenso wie in den islamischen Rechtsgebieten. Selbst innerhalb des Islam gilt die Rechtspersonalität für die vier orthodoxen Schulen wie im Karolingerreich für die Volksrechte. Die Schaffung einer „lex terrae", wie es das englische common law von der Zeit der Eroberung an und ganz offiziell seit

Heinrich II. war, wäre ganz unmöglich gewesen. Praktisch besteht heute in den großen islamischen Reichen überall der Dualismus weltlicher und geistlicher Rechtspflege: neben dem Kadi steht der weltliche Beamte, neben dem Schariat das weltliche Amtsrecht: Qanun, welches, wie die Kapitularien der Karolinger, stets von Anfang an, schon seit der Ommajaden-Herrschaft, neben dem geistlichen Juristenrecht erwuchs und steigende Bedeutung gewann, je mehr das letztere sich stereotypierte. Es ist für den weltlichen Richter bindend, der in allen Angelegenheiten, außer über Tutel, Ehe, Erbrecht, Scheidung, unter Umständen Stiftungsgut und dadurch Grundbesitz überhaupt, entscheidet. Er fragt nach den Verboten des geistlichen Rechts überhaupt nicht, sondern entscheidet – da die Ingerenz des geistlichen Rechts jede systematische Geschlossenheit auch der weltlichen Gesetze ausschließt (der offizielle, von 1869 an publizierte türkische Codex ist keine „Codifikation", sondern eine Sammlung der hanafitischen Rechtsregeln) – in der Mehrzahl aller Fälle nach Ortsgebrauch. Eine logische Systematisierung des Rechts in formalen juristischen Begriffen ist durch diese Zustände ausgeschlossen. Die ökonomische Tragweite dieses Zustandes ist, wie wir sehen werden, nicht gering.

Im Schiitentum, welches in Persien die offizielle Confession ist, steigert sich die Irrationalität des heiligen Rechts noch weiter. Es fehlen die immerhin relativ festen Anhaltspunkte, welche die Sunnah giebt; der Glaube an den unsichtbaren, theoretisch mit Unfehlbarkeit ausgestatteten Imam ist dafür gewiß kein Ersatz. Die Zulassung der Richter erfolgt seitens des Schah, der Sache nach unter sehr starker – für ihn als religiös illegitimen Herrscher auch unbedingt gebotener – Rücksichtnahme auf die Ansichten der örtlichen Honoratioren. Sie ist auch der Sache nach keine amtliche „Anstellung", sondern nur eine Plazetierung der von den zünftigen Theologenschulen diplomierten Anwärter, und sie kennt zwar Sprengel, aber, wie es scheint, keine eindeutig feststehende Competenz des Einzelrichters. Vielmehr stehen oft mehrere von diesen konkurrierend neben einander zur Auswahl der Partei. Der charismatische Charakter dieser Rechtspropheten tritt auch darin deutlich hervor. Die streng sektiererische, durch zarathustrische Einflüsse in diesem Charakter noch gesteigerte Eigenart der Schia würde jeden ökonomischen Güterverkehr mit Ungläubigen als verunreinigend direkt rituell ausschließen, wenn nicht zahlreiche Fiktionen schließlich die praktisch vollständige Aufgabe dieser Ansprüche des heiligen Rechts und damit dessen fast gänzliches Zurückziehen aus der Sphäre des ökonomisch und – seit der Constitutionalismus durch Fetwa's auf Grund von Koranstellen „begründet" wurde – auch des politisch Relevanten herbeigeführt hätten. Allein selbst bis heute ist die Theokratie dennoch weit entfernt davon, ökonomisch eine quantité négligeable zu sein. Für die Wirtschaft war und ist – neben der später zu erörternden Eigenart des orientalischen Patrimonialismus als Herrschaftsform – der theokratische Einschlag in der Justiz trotz aller zunehmenden Begrenztheit ihrer Sphäre von recht erheblicher Bedeutung. Weit weniger – hier ebenso wie anderwärts – kraft der positiven Normen des heiligen Rechts als wegen der prinzipiellen „Gesinnung" der Rechtspflege. Diese erstrebt „materiale" Gerechtigkeit, nicht formale Regelung eines Interessenkampfes. Sie urteilt daher, auch z.B. in Grundbesitzprozessen, soweit diese unter ihre Zuständigkeit fallen, sehr weitgehend nach konkreten Billigkeitsgesichtspunkten, umso leichter, wo ein kodifiziertes Recht fehlt, und entzieht sich daher in ihren Chancen der Berechenbarkeit („Kadi-Justiz"). Die Folge war z.B.

für Tunis, solange und soweit die „Chara" (geistliches Gericht) für Grundbesitzprozesse zuständig blieb, die Unmöglichkeit kapitalistischer Ausbeutung des Bodens. Kapitalistischen Interessen gelang es, die Beseitigung dieser Zuständigkeit durchzusetzen. Der Vorgang ist typisch für die Wirkung, welche theokratische Rechtspflege der rationalen Wirtschaft überall, nur in verschieden fühlbarem Maß, entgegensetzt und kraft ihres immanenten Charakters entgegensetzen muß.

Das *jüdische* heilige Recht befand sich in einer dem islamischen formal ähnlichen, wenn schon gerade entgegengesetzt bedingten Lage. Auch hier galt die Thora und die interpretierende und ergänzende heilige Tradition als universelle, dem Anspruch nach den gesamten Umkreis des Rechtslebens beherrschende Norm. Auch hier galt wie im Islam das heilige Recht nur für die Glaubensgenossen: dagegen war nicht, wie im Islam, ein herrschender Stand, sondern ein Pariavolk der Träger. Der Verkehr nach außen war infolgedessen rechtlich Fremdverkehr. Für ihn galten, sahen wir, teilweise andere ethische Normen. Für das Recht aber paßte sich dabei der Jude dem in seiner Umwelt geltenden Recht soweit an, als ihm dies einerseits von jener Umwelt ermöglicht wurde und als nicht andrerseits auf seiner Seite rituelle Bedenken entgegenstanden. Das alte Landorakel (Urim und Tummim) war schon in der Königszeit durch die lebendige Rechtsprophetie ersetzt, welche hier wirksamer als im germanischen Recht dem König die Zuständigkeit zum Erlaß von Rechtsgeboten bestritten hatte. Nachdem die „Nabi's" – Wahrsager und sicherlich auch Rechtspropheten – der Königszeit nach dem Exil durch das „Schriftgelehrtentum" – anfänglich, wie wir sahen, durchaus eine vornehme Literatenschicht hellenistischen Gepräges, später daneben auch ein Nebenberuf von Kleinbürgern – abgelöst worden waren, entwickelte sich spätestens im letzten vorchristlichen Jahrhundert die schulmäßige Behandlung ritueller und rechtlicher Fragen und damit die juristische Technik der Thora-Ausleger und consultierenden Juristen an den beiden orientalischen Centren des Judentums: Jerusalem und Babylon. Sie waren, ganz ähnlich den islamischen und indischen Juristen, Träger einer die Thora teils interpretierenden, teils aber auch von ihr selbständigen Tradition – Gott hatte sie Moses während seines 40tägigen Verkehrs mit ihm auf dem Sinai mitgeteilt –, durch deren Inhalt die offiziellen Institute, etwa die Leviratsehe, ganz ähnlich stark umgewandelt wurden, wie im Islam und in Indien. Ebenso wie dort war sie zunächst strenge mündliche Tradition. Die schriftliche Fixierung durch die „Tannaim" begann mit zunehmender Zersplitterung der Diaspora und Entwicklung der Schulmäßigkeit seit dem Beginn der christlichen Zeitrechnung (Schulen Hillel's und Schammai's), zweifellos zur Sicherung der Einheitlichkeit, nachdem die Bindung der Richter an die Responsen der consultierenden Rechtsgelehrten und damit an die Präjudizien durchgeführt war. Wie in Rom und England pflegten die Gewährsmänner der einzelnen Rechtssprüche zitiert zu werden, und Lehre, Prüfung und Conzessionierung traten nun endgültig an die Stelle der formell freien Rechtsprophetie. Die Mischna ist noch Produkt der Thätigkeit der Respondenten selbst, gesammelt von dem Patriarchen Jehuda. Die offiziellen Commentare dazu (gemara) waren dagegen das Produkt der Thätigkeit *lehrender* Juristen, der amoraim, hervorgegangen aus den Interpreten, welche die hebräisch vom Vorleser dargebotene Stelle den Hörern ins Aramäische übersetzten und interpretierten. Sie führten in Palästina den Titel „Rabbi", in Babylon einen entsprechenden („mar"). Eine „dialektische" Behandlung nach Art der occidentalen Theologie fand sich wesentlich an der Pumbedita-„Akademie" in Babylon; aber diese Methode ist in der späteren Zeit der Orthodoxie grundsätzlich verdächtig geworden und heute verpönt: eine spekulative theologische Behandlung der Thora ist seitdem unmöglich. Deutlicher als in Indien und im Islam waren dogmatisch-erbauliche und juristische Bestandteile der Tradition – halacha und hagada – arbeitsteilig und auch litterarisch geschieden. Äußerlich rückte das Zentrum der Gelehrtenorganisation zunehmend nach Babylon. Seit der hadrianischen Zeit nachweislich und bis in das 11. Jahrhundert residierte dort der Resch Galuta (Exiliarch). Sein in der davidischen Familie erbliches Amt war von den parthischen und persischen, dann den islamischen Fürsten staatlich anerkannt, mit einem pontifikalen Hofhalt ausgestattet und mit Jurisdiktion, lange Zeit auch crimineller, zuletzt, unter den Arabern, mit geistlicher Excommunikationsgewalt ausgestattet. Die Träger der Rechtsentwicklung waren die beiden concurrierenden Akademien der Sura und der schon erwähnten Pumbedita – die erste die vornehmere –, deren Vorsitzende, die Gaonen, richterliche Thätigkeit als Sanhedrin-Mitglieder mit consultierender Praxis für die gesamte Diaspora und mit akademischer Rechtslehre verbanden. Der Gaon wurde teils von den zugelassenen Lehrern gewählt, teils vom Exiliarchen ernannt. Die äußere akademische Organisation glich den mittelalterlichen und orientalischen Schulen: ständige Studenten lebten im Internat; zu ihnen traten im Kallah-Monat massenhaft reifere Hörer, Reflektanten auf Rabbinenstellen, von auswärts, um den seminaristischen Talmud-Diskussionen beizuwohnen. Seine Responsen gab der Gaon teils direkt von sich aus, teils nach vorangegangener Diskussion im Kallah oder mit den Studenten. Rein äußerlich trat die litterarische Arbeit der Gaonen (etwa seit dem 6. Jahrhundert), als reiner Commentatoren, wesentlich bescheidener auf als die ihrer Vorgänger, der Amoraim, und selbst noch der Nachfolger der letzteren, der Saboraim, von denen die ersteren die Mischna schöpferisch ausgelegt, die letzteren noch relativ frei commentiert hatten, und vollends der Tannaim. Aber praktisch setzten sie vermöge der festen Organisation ihres Betriebs die Überlegenheit der Geltung des babylonischen gegenüber dem jerusalemitischen Talmud durch. Zwar galt diese Suprematie vornehmlich in den islamischen Ländern, aber bis ins 10. Jahrhundert fügte sich auch der Okzident. Erst seitdem und seit dem Erlöschen des Exiliarchenamts (durch Verfolgung) emanzipierte sich der Westen von dem östlichen Einfluß. Die fränkischen Rabbinen setzten in der Karolingerzeit z.B. den Übergang zur Monogamie durch und nach den von der Orthodoxie freilich als rationalistisch abgelehnten wissenschaftlichen Arbeiten des Maimonides und des Ascher gelang es schließlich dem spanischen Juden Josef Karo, im „Schulchan Arûch" ein im Vergleich mit den islamischen canonischen Systemen sehr handliches und kurzes Kompendium zu schaffen, welches der Sache nach die Autorität der talmudischen Responsen ersetzte und z.B. in Algier, aber vielfach auch im continentalen Europa wie ein Gesetzbuch die Praxis beherrschte. Formell zeigte die eigentlich talmudische Jurisprudenz jene typischen Eigenschaften heiliger Rechte, deren starkes Hervortreten hier aus der starken Schulmäßigkeit und der – grad in der Zeit der Entstehung der Mischna-Commentare – relativ, im Gegensatz zu früheren sowohl wie späteren Epochen, gelockerten Beziehung zur Gerichtspraxis folgen mußte: ein starkes Überwiegen rein theoretisch konstruierter, praktisch unlebendiger Casuistik, welche bei den engen Schranken rein rationaler Construktion doch nicht zu einer eigentlichen Systematik sich fortbilden konnte. Die casuistische Sublimierung des Rechts war an sich keineswegs gering. Lebendes und totes Recht aber wurden in einander verschlungen, juristisch bindende und ethische Normen nicht geschieden.

Inhaltlich waren schon in vortalmudischer Zeit massenhafte Rezeptionen vollzogen worden: aus der vorderasiatischen, zunächst vorwiegend babylonisch, dann hellenistisch und byzantinisch beeinflußten Umwelt. Aber nicht alles, was im jüdischen Recht dem gemeinen vorderasiatischen Recht entspricht, ist rezipiert, und andrerseits erscheint die gelegentliche moderne Hypothese, daß die Juden wichtige Rechtsinstitute des kapitalistischen Verkehrsrechtes auf dem Boden ihres eigenen Rechtes entwickelt und dann in den Okzident importiert hätten, etwa: das Inhaberpapier, wie behauptet worden ist, schon an sich unwahrscheinlich. Urkunden mit Inhaberclausel sind dem babylonischen Recht der Zeit Hammurabis bekannt, und fraglich kann nur sein, ob sie rechtlich Legitimations- oder echte Inhaberpapiere waren. Die ersteren kannte auch das hellenistische Recht. Aber die Rechtskonstruktion ist eine andere als bei den okzidentalen, durch die germanische Auffassung der Urkunde als „Trägers" des Rechts bedingten und dadurch im Sinn der „Commerzialisierung" ungleich wirksameren Inhaberurkunden, und auch die Provenienz der Vorfahren des okzidentalen Werthpapiers grad aus Interessen des frühmittelalterlichen *Prozesses* in dessen nationalen Formen ist zu evident, als daß hier ein Einfluß grade jüdischer Rechtspraxis besonders wahrscheinlich wäre. Denn die Clauseln, welche den „Werthpapier"-Charakter der Urkunde vorbereiteten, dienten ursprünglich keineswegs kommerziellen, sondern rein prozessualen Zwecken, vor Allem: die fehlende prozessuale Stellvertretung zu ersetzen. Bisher ist ein Import grade durch Juden für kein einziges Rechtsinstitut sicher nachweisbar. Nicht im Occident, sondern im Orient hat das jüdische Recht eine wirkliche Rolle als rezipiertes Recht fremder Völker gespielt. Wichtige Bestandteile des mosaischen Rechts sind mit der Christianisierung in das armenische Recht als eine der Componenten von dessen weiterer Entwicklung rezipiert worden. Im Chazarenreiche war das Judentum die offizielle Religion und dadurch gewann das jüdische Recht dort in aller Form Geltung. Und endlich scheint die Rechtsgeschichte der Russen wahrscheinlich zu machen, daß auf diesem Wege gewisse Bestandteile auch des ältesten russischen Rechts unter dem Einfluß jüdisch-talmudischer Rechtssätze entstanden sind. Dagegen der Occident kennt Ähnliches nicht. Soweit sich dort ein Import von Geschäftsformen unter Vermittlung der Juden vollzogen haben sollte – was gewiß nicht als unmöglich gelten kann –, wären dies wohl schwerlich nationaljüdische, sondern syrisch-byzantinische und möglicherweise auf dem Umweg über diese hellenistische und schließlich vielleicht gemeinorientalische, im Ursprung auf babylonisches Recht zurückgehende Institutionen gewesen. Es ist zu berücksichtigen, daß beim Import der orientalischen Handelstechnik in den Occident, wenigstens in der Spätantike, mit den Juden vor Allem die Syrer konkurrierten. Das genuin jüdische Recht als solches, grade auch das Obligationenrecht, ist schon seinem formalen Charakter nach, trotz einer freien Entwicklung der rechtsgeschäftlichen Typen, doch keineswegs ein besonders geeigneter Nährboden für solche Institute gewesen, wie sie der moderne Kapitalismus braucht. Umso mächtiger ist natürlich der Einfluß des jüdischen heiligen Rechts im internen Leben der Familie und Synagoge gewesen. Auch hier insbesondere soweit es „Ritus" war. Denn die ökonomischen Normen waren teils (wie das Sabbathjahr) auf das heilige Land beschränkt (auch hier ist es jetzt durch Dispens der Rabbinen beseitigt), teils wurden sie durch die Veränderung der Wirtschaftsverfassung obsolet oder konnten, wie überall, durch konstruktive Handlungen praktisch umgangen werden. Es war schon vor der Judenemanzipation von Ort zu Ort sehr verschieden, in welchem Umfang und Sinn das heilige Recht noch gültig war. Formal bot es keine Besonderheiten gegenüber andren seinesgleichen. Als Partikularrecht und als immerhin nur unvollkommen rational systematisiertes und rationalisiertes, kasuistisch und doch nicht rein logisch durchgebildetes Recht zeigt das jüdische heilige Recht vielmehr die allgemeinen Eigenarten eines unter der Kontrolle heiliger Normen und ihrer Bearbeitung durch Priester und theologische Juristen entwickelten Produkts. Wir haben hier, so interessant das Thema an sich ist, keinen Anlaß zu einer speziellen Betrachtung.

Das kanonische Recht des *Christentums* nahm gegenüber allen anderen heiligen Rechten eine mindestens graduelle Sonderstellung ein. Es war zunächst in beträchtlichen Partien wesentlich rationaler und stärker formal juristisch entwickelt als die anderen heiligen Rechte. Und es stand ferner von Anfang an in relativ klarem Dualismus mit leidlich deutlicher Scheidung der beiderseitigen Gebiete, wie sie in dieser Art anderwärts nirgends existiert hat, dem profanen Recht gegenüber. Dies letztere war zunächst die Konsequenz des Umstandes, daß die Kirche in der Antike Jahrhunderte lang jegliche Beziehung zu Staat und Recht abgelehnt hatte. Der relativ rationale Charakter aber ergab sich als Folge verschiedener Umstände. Als die Kirche ein Verhältnis zu den profanen Mächten zu suchen sich veranlaßt sah, legte sie sich, wie wir sahen, diese Beziehung mit Zuhilfenahme der stoischen Konzeptionen des „Naturrechtes" zurecht, eines rationalen Gedankengebildes also. In ihrer eigenen Verwaltung ferner lebten die rationalen Traditionen des römischen Rechtes weiter. Bei Beginn des Mittelalters suchte alsdann die occidentale Kirche bei der ersten eigentlich systematischen Rechtsbildung, welche sie schuf: den Bußordnungen, Anlehnung gerade an die am meisten formalen Bestandteile des germanischen Rechtes. Im Mittelalter sonderte dann die abendländische Universitätsbildung den Lehrbetrieb der Theologie auf der einen Seite und den des weltlichen Rechts auf der anderen Seite von der kanonischen Rechtslehre und hemmte so die Entstehung theokratischer Mischbildungen, wie sie überall sonst eingetreten sind. Die streng logische und fachjuristische Methodik, welche an der antiken Philosophie einerseits, an der antiken Jurisprudenz anderseits geschult war, mußte auch auf die Behandlung des kanonischen Rechts sehr stark einwirken. Die Sammlerthätigkeit der kirchlichen Rechtskundigen hatte sich daher hier nicht auf Responsen und Präjudizien – wie fast überall sonst –, sondern auf Conzilsschlüsse, amtliche Reskripte und Dekretalen zu richten und, was nur auf dem Boden dieses Kirchentums geschehen ist, solche eventuell zweckbewußt durch Fälschung zu schaffen (Pseudo-Isidor). Und schließlich und vor Allem wirkte auf den Charakter der kirchlichen Rechtssatzung der – nach Ablauf der charismatischen Epoche der alten Kirche – für die kirchliche Organisation charakteristische rationale bürokratische *Amt*scharakter ihrer Funktionäre, der, nach der feudalen Unterbrechung im frühen Mittelalter, seit der gregorianischen Zeit wieder auflebte und alleinherrschend wurde. Auch er war Folge der Anknüpfung an die Antike. In ungleich stärkerem Maße als irgend eine andre religiöse Gemeinschaft hat daher die occidentale Kirche den Weg der Rechtsschöpfung durch rationale Satzung beschritten. Und die streng rationale hierarchische Organisation der Kirche erleichterte ihr auch, im Wege von allgemeinen Verfügungen ökonomisch undurchführbare und daher lästige Satzungen als dauernd oder zeitweilig (temporum ratione habita) obsolet zu behandeln, wie wir dies für das Wucherverbot sahen. So wenig trotzdem das kanonische Recht in zahlreichen Einzelfällen die spezifische Eigenart theokratischer Rechtsbildung: Vermischung von materialen legislatorischen Motiven und materialen sittlichen Zwecken mit den formal juristisch relevanten Bestandteilen der Satzungen und die daraus folgende Einbuße an Präzision verleugnete, so war es doch von allen heiligen Rechten am meisten an streng formaler juristischer Technik orientiert. Es fehlte hier die Fortbildung durch respondierende Juristen, wie sie dem islamischen und jüdischen Recht eigen war, und das Neue Testament enthielt nur ein solches Minimum formal bindender Normen rituellen oder rechtlichen Charakters – eine Folge der eschatologischen Weltabgewandtheit –, daß eben dadurch die Bahn völlig frei war für rein rationale Satzung. Eine Analogie zu den Mufti's, Rabbinen und Gaonen stellten erst die gegenreformatorischen Beichtväter und directeurs de l'âme und, in den altprotestantischen Kirchen, die Pastoren dar, deren seelsorgerische Casuistik denn auch, wenigstens auf katholischem Boden, gewisse entfernte Ähnlichkeiten mit den talmudischen Produkten aufweist. Aber alles unterstand hier der Kontrolle der zentralen Behörden der Kurie, und nur durch deren, höchst elastische, Anordnungen erfolgte die Fortbildung der bindenden ethisch-sozialen Normen. Dadurch ist hier das zwischen sacralem und profanem Recht sonst nirgends bestehende Verhältnis entstanden: daß das kanonische Recht für das profane Recht gradezu einer der Führer auf dem Wege zur Rationalität wurde. Und zwar infolge des rationalen „Anstalts"-Charakters der katholischen Kirche, der sonst sich nirgends wiederfindet. Auf dem Gebiet des materiellen Rechts war – neben Einzelheiten, wie der Spolienklage und dem Summariissimum, der Anerkennung des formlosen Vertrages, vor Allem aber der Unterstützung der Testierfreiheit im Interesse letztwilliger frommer Stiftungen – prinzipiell von größter Bedeutung der kanonistische Corporationsbegriff: die Kirchen waren die ersten „Anstalten" im Rechtssinn und mit von da aus begann die juristische Construktion der öffentlichen Verbände als Corporationen. Davon wurde schon gesprochen. Die direkte praktische Tragweite des canonischen Rechts im Umkreise des uns hier vorwiegend interessierenden materiellen Zivilrechts, vor Allem des Geschäftsrechts, war im Übrigen schwankend, im ganzen aber, selbst im Mittelalter, gegenüber dem weltlichen Rechte relativ gering. In der Antike, selbst bis zu Justinian, hatte es nicht einmal die wirkliche rechtliche Beseitigung der freien Ehescheidung durchzusetzen vermocht und war die geistliche Gerichtsbarkeit rein freiwillig geblieben. Die prinzipielle Schrankenlosigkeit des Anspruchs auf materiale Beherrschung der gesamten Lebensführung, welche es mit allen theokratischen Rechten teilte, blieb im Occident für die juristische Technik um deswillen relativ unschädlich, weil in Gestalt des römischen Rechts ein formal zu ungewöhnlicher Vollendung gediehenes und durch die historische Kontinuität zum universalen Weltrecht gestempeltes profanes Recht ihm Konkurrenz machte: die alte Kirche selbst hatte das römische Imperium und sein Recht als für die Dauer der diesseitigen Welt endgültig bestehend behandelt. Gegen die Ansprüche des kanonischen Rechts aber reagierten einerseits die ökonomischen Interessen des Bürgertums, auch der mit dem Pabst verbündeten italienischen Städte, sehr energisch und im Resultat erfolgreich. Wir finden in den städtischen und Gildestatuten, in den ersteren auch in Deutschland, in beiden in Italien, scharfe Strafbestimmungen gegen Bürger, welche das geistliche Gericht anrufen, und daneben fast zynisch wirkende Reglements über die Pauschalablösung der wegen „Wucher" verwirkten geistlichen Strafen von Zunft wegen. Und daneben erhoben sich in den rationalen Advokatenzünften und Ständeversammlungen gegen das kirchliche Recht die gleichen materiellen und ideellen Klasseninteressen der Rechtsinteressenten und vor Allem auch der Rechtspraktiker, wie, teilweise, auch gegen das römische. Sein Einfluß auf die profane Justiz lag, von Einzelinstitutionen abgesehen, hauptsächlich auf dem Gebiet des Prozeßverfahrens. Hier hat das Streben aller theokratischen Justiz nach *materialer* und absoluter, nicht nur formaler, Wahrheit, im Gegensatz zu dem formalistischen und auf der Verhandlungsmaxime ruhenden Beweisrecht des profanen Prozesses, besonders frühzeitig eine rationale, aber freilich spezifisch materiale Methodik des Offizialverfahrens entwickelt. Eine theokratische Justiz kann die Wahrheitsermittlung nicht der Parteiwillkür überlassen, ebensowenig wie die Sühne geschehenen Unrechts. Sie verfährt „von Amts wegen" (Offizialmaxime) und schafft sich ein Beweisverfahren, welches ihr die Gewähr optimaler Feststellung des wirklich Geschehenen zu bieten scheint: im Occident den „Inquisitionsprozeß", den dann die weltliche Strafjustiz übernahm. Der Kampf um das materiale canonische Recht wurde im Occident späterhin eine wesentlich politische Angelegenheit und seine heute noch bestehenden Ansprüche liegen in ihrer praktischen Bedeutung nicht mehr auf Gebieten, welche ökonomisch relevant sind. –

In den orientalischen Kirchen wurde die Lage, infolge des Fehlens eines unfehlbaren Lehramts und conziliarer Gesetzgebung seit dem Ausgang der frühbyzantinischen Zeit, ähnlich derjenigen im Islam. Nur daß wenigstens der byzantinische Monarch wesentlich stärkere cäsaropapistische Prätensionen erhob, als die Sultane des Ostens sie nach der Loslösung des Sultanats vom abbasidischen Khalifat erheben konnten und als auch die Türkensultane sie, selbst nach der Übertragung des Khalifats von Mutawakkil auf Sultan Selim, geltend gemacht haben, von der prekären Legitimität der persischen Schahs gegenüber ihren schiitischen Unterthanen ganz zu schweigen. Immerhin hat weder der spätbyzantinische noch haben die russischen und sonstigen cäsaropapistischen Herrscher den Anspruch erhoben, neues heiliges Recht setzen zu können. Es fehlte daher dafür jedes Organ, auch fehlten Rechtsschulen nach Art der islamischen gänzlich, und die Folge war, daß das canonische Recht hier, auf seine ursprüngliche Sphäre beschränkt, gänzlich stabil, aber auch gänzlich einflußlos auf das ökonomische Leben blieb.

§ 6. Amtsrecht und patrimonialfürstliche Satzung. Die Codifikationen.

Das Imperium. S. 131 – „Ständische" oder „patriarchale" Struktur des patrimonialfürstlichen Rechts. S. 135 – Die treibenden Mächte der Codifikationen. S. 138 – Die Rezeption des römischen Rechts und die Entwicklung der modernen Rechtslogik. S. 143 – Typus der patrimonialen Codifikationen. S. 144 – Der code civil. S. 147 – Das Naturrecht und seine Typen. S. 148

Die zweite *autoritäre* Macht, welche in den Formalismus und Irrationalismus der alten dinggenossenschaftlichen Justiz eingreift, ist das *Imperium* (Banngewalt, Amtsgewalt) der Fürsten, Magistrate und Beamten. Es bleibt die Erörterung desjenigen Sonderrechts, welches der Fürst für seine persönliche Gefolgschaft, für seine beamteten Untergebenen und vor allem: für sein Heer schafft, und welches in recht wirksamen Resten auch bis heute weiter besteht, hier ganz bei Seite. Es haben diese Rechtsschöpfungen in der Vergangenheit zu höchst wichtigen Partikularrechtsbildungen: Clientelrecht, Dienstrecht, Lehenrecht, geführt, welche alle, in der Antike wie im Mittelalter, dem gemeinen Recht und der normalen Judikatur sich entzogen und in sehr verschiedener und komplizierter Art dagegen abgrenzten. Denn ungeachtet der politischen Wichtigkeit dieser Erscheinungen tragen sie keine eigne formale Struktur an sich. Je nach dem allgemeinen Charakter des Rechts unterstanden diese Partikularitäten entweder, wie die Klientel im Altertum, einer Mischung von sacralen Normen einerseits und konventionellen Regeln andererseits, oder trugen sie, wie das Dienst- und Lehenrecht im Mittelalter, ständischen Charakter, oder sind sie endlich, wie das heutige Beamten- und Militärrecht, teils Spezialnormen des Verwaltungs- und Staatsrechts, teils einfach materiellen und prozessualen Sonderinstanzen unterstellt. Für uns handelt es sich vielmehr um die Einwirkung des Imperium auf das *gemeine* Recht selbst, auf dessen Abänderung oder auf die Entstehung eines neben, statt oder gegen das gemeine Recht ebenfalls allgemein geltenden Rechtes und vor allem: um die Einwirkung dieses Zustands auf die formale Struktur des Rechts überhaupt. Nur das Eine ist allgemein festzustellen: das Maß der Entwicklung von Sonderrechten dieser Art ist allerdings eine Art von Maßstab für das gegenseitige Kräfteverhältnis des Imperium zu den Schichten, mit denen es als Trägern seiner Macht zu rechnen hat. Das englische Königtum hat durchgesetzt, daß ein Lehenrecht als Sonderrecht in der Art, wie in Deutschland, dort nicht entstand, sondern in der einheitlichen „lex terrae", dem Common Law, aufging. Dafür ist freilich das gesammte Bodenbesitz-, Familien- und Erbrecht stark feudal geprägt. Das römische Statutarrecht hat von der Clientel in einigen Einzelbestimmungen, wesentlich Verfluchungsformeln, Notiz genommen, im Übrigen aber dies für die soziale Stellung des römischen Adels wichtige Institut in das Gebiet der Regelung durch das bürgerliche Recht absichtlich nicht einbezogen. Die italienischen Statuten des Mittelalters haben, ähnlich dem englischen Recht, eine einheitliche lex terrae geschaffen. Auf dem mitteleuropäischen Continent hat derartiges erst der absolute Fürstenstaat unternommen, und zwar meist unter Schonung des materiellen Bestandes dieser Sonderrechte, welche erst durch die moderne Staats*anstalt* ganz aufgesogen wurden. –

Woher der Fürst oder Magistrat oder Beamte die Legitimation und faktische Macht zur Schaffung oder Beeinflussung des gemeinen Rechts nahm und wieweit diese Macht in den einzelnen geographischen und sachlichen Rechtsgebieten reichte, bleibt ebenso wie die Besprechung der Motive seines Eingreifens der Erörterung der Herrschaftsformen vorbehalten. Tatsächlich war jene Macht höchst verschieden geartet und hat dementsprechend auch verschiedene Resultate hervorgebracht. Ganz allgemein pflegt eine der ersten Schöpfungen der fürstlichen Banngewalt ein rationales Strafrecht zu sein. Militärische ebenso wie allgemeine „Ordnungs"-Interessen drängten zur Regelung gerade dieses Gebiets. Nach der religiösen Lynchjustiz ist die fürstliche Amtsgewalt die zweite Hauptquelle eines gesonderten „Strafprozesses". Sehr oft sind direkt priesterliche Einflüsse bei dieser Entwicklung beteiligt gewesen. So im Bereich des Christentums das Interesse an der Ausrottung der Blutrache und des Zweikampfs. Der russische Knjäs, der in der älteren Zeit bloße Schiedsrichterfunktionen beansprucht, schafft unter dem Einfluß der Bischöfe sofort nach der Christianisierung ein kasuistisches Strafrecht: der Begriff „Strafe" (prodascha) taucht auch terminologisch erst jetzt auf. Ähnlich im Occident; und auch im Islam und zweifellos in Indien sind die rationalen Tendenzen der Priesterschaft mitbeteiligt. Und es scheint plausibel, daß auch die detaillierten Wergeld- und Buß-Tarifierungen aller alten Rechtssatzungen stets entscheidend durch fürstliche Einflüsse bestimmt wurden. Das Ursprüngliche scheint, nachdem sich überhaupt typische Sühnebedingungen entwickelt hatten, überall – wie Binding für das deutsche Recht gezeigt hat – das Nebeneinander eines Hauptbußsatzes für den Totschlag und äquivalente, Blutrache heischende Verletzungen und eines weit kleineren Bußsatzes für unterschiedslos alle andren Frevel zu sein. Wohl unter fürstlichem Einfluß entstanden nun jene fast grotesken Taxen für alle nur erdenklichen Frevel, die jedermann gestatteten, sich sowohl vor Begehung der That wie vor Beschreitung des Rechtswegs zu überlegen, ob es sich „lohne". Das starke Vorwalten rein ökonomischer Betrachtung der Strafthaten und der Strafe ist allen bäuerlichen Schichten aller Zeiten gemeinsam. Der Formalismus der festen Abmessung der Bußen aber entspringt der Ablehnung der Willkür des Herrn. Dieser strenge Formalismus macht daher überall erst bei patriarchaler Entwicklung der Justiz einer elastischeren, schließlich zuweilen völlig arbiträren Strafzumessung Platz.

Auf dem Gebiet des „bürgerlichen" Rechts, dessen Sphäre der Banngewalt der Fürsten nirgends so zugänglich sein konnte, als die als Sache formaler Ordnungs- und Sicherheitsgarantie betrachtete Strafrechtspflege, zeigt sich überall ein viel späteres und in der Form sowohl wie im Ergebnis sehr verschiedenes Eingreifen des imperium. Teilweise entstand ein fürstliches oder magistratisches Recht, welches dem gemeinen Recht gegenüber ganz ausdrücklich auf die besondere Quelle, der es entstammte, Bezug nahm. So das römische „ius honorarium" des prätorischen Edikts, das „writ"-Recht des englischen Königs, die „equity" des englischen Lordkanzlers. Der Gerichtsbann der mit der Justizverwaltung betrauten Beamten schuf sie, gestützt auf die an den Bedürfnissen der Rechtsinteressenten orientierten Tendenzen der Rechtspraktiker, vor allem der Konsulenten (Rom) und Advokaten (England), also: der Rechtshonoratiorenschichten. Kraft ihrer Macht, entweder den entscheidenden Richter bindend zu instruieren (Prätor) oder den Parteien bindend Befehle (injunctions) zu erteilen – was in England im Streit mit den ordentlichen Gerichten durch Jac[ob I.] dem Lord-Kanzler (Fr[ancis] Bacon) generell zugestanden wurde – oder die Prozesse freiwillig oder zwangsweise an sich selbst oder an ein besonderes Gericht zu ziehen (in England an die Königsgerichte und später an den Chancery Court), schufen sie neue Rechtsmittel, welche im Effekt das geltende gemeine Recht (ius civile, common law) weitgehend außer Geltung setzten. Gemeinsam ist dabei diesen späteren amtsrechtlichen Neuschöpfungen von materiellem Recht, daß sie an das Bedürfnis nach rationaler Gestaltung des Prozesses anknüpften, welches vornehmlich von rational wirtschaftenden, d.h. von bürgerlichen, Schichten ausging. Der sehr alte Interdiktionsprozeß und die actiones in factum machen es sicher, daß der römische Prätor nicht erst seit der lex Aebutia seine beherrschende Stellung im Prozeß: die Instruktionsgewalt gegenüber den Geschworenen, innehatte. Aber wie ein Blick auf den materiell-rechtlichen Gehalt des Edikts zeigt: die Verkehrsbedürfnisse des Bürgertums mit zunehmender Verkehrsintensität schufen das Formularverfahren in seiner ediktmäßigen Geregeltheit. Und damit verbunden das Bedürfnis nach Beseitigung gewisser ursprünglich magisch bedingter Formalismen. In England und Frankreich war es (wie in Rom) die Entbindung vom Wortformalismus und (in England) von den Ladungsformalitäten (Ladung sub poena durch den König), die Zulassung der Vernehmung der Parteien unter Eid (sehr verbreitet im Occident), in England die jury und ferner, hier wie anderwärts, die Beweiskraft der Protokolle und der Ausschluß der für das Bürgertum unerträglichen irrationalen Beweismittel, speziell des Zweikampfs, was die Hauptanziehungskraft der Königsgerichte bildete. Materiellrechtliche Neuschöpfungen kamen auf dem Boden der Equity in England erst seit dem 17. Jahrhundert in größerem Umfang vor. Ludwig IX. ebenso wie Heinrich II. und seine Nachfolger (namentlich Edward III.) schufen daher vor Allem ein (relativ) rationales Beweisverfahren und beseitigten überhaupt die Reste des dinggenossenschaftlichen und magischen Formalismus. Die „Equity" des englischen Lordkanzlers endlich beseitigte für ihren Bereich prozessual die große Errungenschaft des königsgerichtlichen Prozesses: die jury, für den Umkreis der neuen Rechtsmittel wieder, so daß der heutige formale Unterschied des auch in Amerika noch bestehenden Rechtsdualismus zwischen „Common Law" und „Equity" – zwischen deren Rechtsbehelfen der Kläger in vielen Fällen die Wahl hat –, in dem Fehlen der jury hier, ihrer Mitwirkung dort, liegt. Da die technischen Mittel des Amtsrechts im Ganzen aber ebenfalls rein empirischen und durchaus formalistischen Charakter hatten (besonders oft, schon in fränkischen Kapitularien, Gebrauch von Fiktionen), ganz entsprechend dem Charakter jedes aus der Rechtspraxis direkt herausgewachsenen Rechtes, so blieb auch der technische Charakter des Rechtes dabei unverändert. Ja es erfuhr dessen Formalismus zuweilen noch eine Steigerung, obwohl – wie schon der Name „equity" zeigt – auch materiale ideologische Postulate an das Recht den Anstoß zum Eingreifen geben konnten. Es handelte sich hier eben um einen Fall, wo das imperium mit einer Rechtspflege in Konkurrenz trat, deren Legitimität ihm selbst unantastbar blieb und deren allgemeine Grundlagen es daher akzeptieren mußte, soweit nicht – wie beim Wortformalismus und der Beweisirrationalität – ihm sehr starke Tendenzen der Rechtsinteressenten entgegenkamen.

Eine Steigerung der Macht des imperium bedeuten demgegenüber jene Fälle, wo direkt eine Umgestaltung des geltenden Rechts durch neue, im gleichen Sinne als „gemeines" Recht geltende Anordnungen des Fürsten in Anspruch genommen wird, wie in einem Teil der fränkischen Kapitularien (den capitula legibus addenda), in den Ordonnanzen und Verfügungen der Signoren der italienischen Städte und in den späteren, vice legis geltenden Verfügungen des römischen Principats (die erste Kaiserzeit kannte nur Verfügungen, welche die Beamten banden). Freilich handelt es sich dabei meist um Bestimmungen, welche mit Zustimmung der Honoratioren (Senat, Reichsbeamtenversammlung), teilweise sogar mit Zustimmung der Vertreter der Dinggenossenschaften erlassen waren. Auch blieb, wenigstens beim fränkischen Stamm, dies Bewußtsein, daß diese Verfügungen nicht wirkliches „Recht" schaffen konnten, lange lebendig und eine sehr fühlbare Erschwerung der fürstlichen Rechtsschöpfung. Von da aus führen zahlreiche Übergänge bis zu dem faktisch ganz souveränen Schalten militärischer Diktatoren des Okzidents oder patrimonialer Fürsten des Orients über das geltende Recht.

Auch die patrimonialfürstliche Rechtsschöpfung freilich pflegt die Tradition normalerweise weitgehend zu respektieren. Aber je mehr es ihr gelungen ist, die dinggenossenschaftliche Rechtspflege ganz zu beseitigen – und die Tendenz dazu hat sie meist – desto freier bewegt sie sich und desto mehr kann sie dann die ihr spezifischen formalen Qualitäten dem Recht aufprägen. Diese aber können zweierlei sehr verschiedenen Charakter haben – wie wir später sehen werden –, entsprechend den verschiedenen politischen Existenzbedingungen der patrimonialen Fürstenmacht.

Entweder nämlich vollzieht sich die Rechtsschöpfung mehr in der Art, daß der Fürst, dessen eigene politische Macht als ein von ihm legitim erworbenes subjektives Recht gilt in gleicher Art, wie irgendwelche gewöhnlichen Vermögensrechte, von dieser Machtfülle etwas abveräußert, indem er Anderen: – Beamten, Untertanen, fremden Händlern oder wer sie seien, Einzelnen oder Verbänden – unter seiner Garantie ebenfalls *subjektive* Rechte (Privilegien) verleiht, deren Existenz dann von der fürstlichen Rechtspflege respektiert wird. So weit dies der Fall ist, fallen dann „objektives" und „subjektives" Recht, „Norm" und „Anspruch" in der Art in eins, daß die Rechtsordnung – denkt man sich den Zustand in seine letzten Konsequenzen aus – den Charakter eines Bündels von lauter Privilegien annehmen müßte. Oder gerade umgekehrt: Der Fürst verleiht niemandem Ansprüche, welche für ihn selbst und seine Justiz bindend wären. Sondern entweder gibt er nur Befehle von Fall zu Fall und nach seinem ganz freien Ermessen. Soweit dies der Fall ist, fehlt selbst der Begriff sowohl eines „objektiven" wie eines „subjektiven" Rechts. Oder er erläßt Reglements, welche generelle Anweisungen an seine Beamten enthalten. Der Inhalt geht, begrifflich gefaßt, dahin: die Angelegenheiten der Beherrschten und ihre Streitigkeiten in der generell bestimmten Art zu ordnen und zu schlichten, bis auf etwaige anderweite Verfügung. Dann ist die Chance des einzelnen Rechtsinteressenten, eine bestimmte Art von Entscheidung zu Gunsten seiner Wünsche und Interessen zu empfangen, nicht dessen „subjektives Recht", sondern nur der faktische, rechtlich ihm unverbürgte „Reflex" jener Bestimmungen der Reglements. Im gleichen Sinne, wie die Erfüllung der Wünsche eines Kindes durch seinen Vater, der sich an formale juristische Prinzipien und vollends an feste Formen einer Prozedur ebenfalls nicht bindet. Und in der Tat bedeuten die extremen Konsequenzen einer „landesväterlichen" Rechtspflege nur eine Übertragung des intrafamilialen Austrags von Streitigkeiten auf den politischen Verband. Die gesamte Rechtspflege würde sich, wenn man diesen Zustand in seine Konsequenzen getrieben denkt, in „Verwaltung" auflösen.

Wir wollen die erste der beiden Formen als die *„ständische"*, die zweite als die *„patriarchale"* Art der patrimonialfürstlichen Rechtspflege bezeichnen. Bei der ständischen Rechtspflege und Rechtsschöpfung ist die Rechtsordnung zwar streng formal, aber durchaus konkret und in diesem Sinne irrational. Es kann sich nur eine „empirische" Rechtsinterpretation entwickeln. Alle „Verwaltung" ist auf Schritt und Tritt: Verhandlung, Feilschen, Paktieren über „Privilegien", deren Bestand sie feststellen muß, und sie verläuft daher in der Art eines Gerichtsverfahrens, scheidet sich von der Rechtspflege formell nicht. So, wie schon früher erwähnt, das Verwaltungsverfahren des englischen Parlaments und ebenso der großen alten königlichen Behörden, die ursprünglich alle Verwaltungs- und Gerichtsbehörden zugleich waren. Denn das wichtigste und einzige voll entwickelte Beispiel des „ständischen" Patrimonialismus ist der occidentale politische Verband des Mittelalters. Bei der rein „patriarchalen" Rechtsverwaltung ist, gerade umgekehrt, soweit von einem „Recht" hier, wo das „Reglement" herrscht, überhaupt die Rede sein kann, dieses durchaus unformal. Die Rechtsverwaltung erstrebt materiale Wahrheitsermittlung und sprengt daher das formal gebundene

Beweisrecht. Sie geräth dadurch oft in Conflikt mit den alten magischen Prozeduren und das Verhältnis des profanen zum sacralen Prozeß gestaltet sich verschieden. So kann in Afrika der Kläger nicht selten vor dem Urteil des Fürsten an das Gottesurteil oder an die ekstatischen Urteilsvisionen der Fetischpriester oder Orghanghas, der Träger des alten sacralen Prozesses, appellieren. Auf der andren Seite vernichtet aber die streng patriarchale fürstliche Justiz auch die formalen Garantien der subjektiven Rechte und die strenge „Verhandlungsmaxime" zu Gunsten des Strebens, ein objektiv „richtiges", „Billigkeitsansprüchen" genügendes Resultat der Schlichtung von Interessenconflikten zu erreichen. Rational im Sinne der Innehaltung fester Grundsätze *kann* dabei die patriarchale Rechtspflege thatsächlich sehr wohl sein. Aber wenn sie es ist, dann nicht im Sinn einer logischen Rationalität ihrer juristischen Denkmittel, sondern vielmehr im Sinne der Verfolgung materialer Prinzipien der sozialen Ordnung, seien diese nun politischen oder wohlfahrtsutilitarischen oder ethischen Inhalts. Rechtspflege und Verwaltung gehen auch hier in Eins, aber nicht in dem Sinn, daß alle Verwaltung die Form der Rechtspflege, sondern in dem umgekehrten: daß alle Rechtspflege die Eigenart der Verwaltung annimmt. Fürstliche Verwaltungsbeamte sind zugleich die Richter, der Fürst selbst greift im Wege der „Cabinettsjustiz" nach Belieben in die Rechtspflege ein, entscheidet nach freiem Ermessen, nach Billigkeits-, Zweckmäßigkeits- und politischen Gesichtspunkten, behandelt die Rechtsgewährung als eine weitgehend freie Gnade, ein Privileg im Einzelfall, bestimmt ihre Bedingungen und Formen und beseitigt die irrationalen Formen und Beweismittel des Rechtsganges zu Gunsten freier amtlicher Wahrheitsermittlung (Offizialmaxime). Das Idealbild dieser rationalen Rechtspflege ist die „Kadijustiz" der „salomonischen" Urteile, wie sie der Held dieser Legende und – Sancho Pansa als Statthalter fällen. Alle patrimonialfürstliche Justiz hat an sich die Tendenz, diese Bahnen einzuschlagen. Die „writs" der englischen Könige wurden formell durch Anrufung ihrer freien Gnade erwirkt. Die „actiones in factum" lassen aber ahnen, wie weit selbst der römische Magistrat in der freien Klagegebung und Klageverweigerung (denegatio actionis) ursprünglich gegangen sein mag. Als „Equity" tritt auch die englische Amtsjustiz der Neuzeit auf. Die Reform Ludwigs IX. in Frankreich tritt durchaus in patriarchalen Formen auf. Die orientalische Rechtspflege ist, soweit sie nicht theokratischen Charakter hat, wesentlich patriarchal. Ebenso die indische. Endlich die chinesische Rechtspflege ist ein Typus patriarchaler Verwischung der Grenzen zwischen Justiz und Verwaltung. Erlasse der Kaiser, halb belehrenden, halb befehlenden Inhalts, greifen generell oder im Einzelfall ein. Die Urteilsfindung ist, soweit sie nicht magisch bedingt ist, an materialen, nicht an formalen Maßstäben orientiert und daher, an den letzteren oder an ökonomischen „Erwartungen" gemessen, stark irrationale und konkrete „Billigkeits"-Justiz. Diese Art von Eingreifen des imperium in die Rechtspflege und Rechtsbildung findet sich auf den verschiedensten „Kulturstufen", es ist nicht ökonomisch, sondern primär politisch bedingt. So ist in Afrika überall da, wo die Häuptlingsmacht entweder durch Vereinigung mit dem Zauberpriestertum oder durch die Bedeutung des Krieges oder endlich durch Handelsmonopolisierung stark entwickelt ist, der alte formalistische und magische Prozeß und die ausschließliche Herrschaft der Tradition oft fast völlig verschwunden und einerseits ein Gerichtsverfahren mit öffentlicher Ladung namens des Fürsten (oft durch „Anschwörung" des Geladenen) und Exekution und rationalen Beweismitteln durch Zeugen an Stelle der Ordalien, andererseits eine Rechtssetzung durch den Fürsten allein (Aschanti) oder durch ihn mit Akklamation der Gemeinde (Süd-Guinea) entstanden. Der Fürst oder Häuptling oder sein Richter aber entscheidet oft gänzlich nach freier Willkür und Billigkeit, ohne alle und jede formale Bindung an Regeln (so bei den Basuto, den Barolong, in Dahomey, im Reiche des Muata Cazembe, in Marokko – Gebieten von unter einander sehr verschiedener Culturentwicklung). Nur die Gefahr, bei allzu flagranter Beugung des Rechts, zumal der als heilig geltenden Traditionsnormen, auf denen letztlich die eigene „Legitimität" beruht, den Thron zu verlieren, schafft hier Schranken. Dieser antiformale, materiale Charakter der patriarchalen Verwaltung pflegt seinen Höhepunkt da zu erreichen, wo der (weltliche oder priesterliche) Fürst sich in den Dienst positiv religiöser Interessen stellt, und zwar speziell, wo nicht eine ritualistische, sondern eine *Gesinnungs*religiosität von ihm in ihren Postulaten propagiert wird. Alle antiformalen Tendenzen der Theokratie verbinden sich dann, und zwar in diesem Fall auch von den sonst geltenden Schranken ritualistischer und deshalb formaler heiliger Normen losgelöst, mit den Formlosigkeiten einer nur auf die Anerziehung des rechten *inneren* Habitus abzielenden patriarchalen Wohlfahrtspflege, deren Verwaltung dabei dem Charakter der „Seelsorge" sich annähert. Alle Schranken zwischen Recht und Sittlichkeit, Rechtszwang und väterlicher Vermahnung, legislatorischen Motiven und Zwecken und rechtstechnischen Mitteln sind niedergerissen. Die Edikte des buddhistischen Königs Açoka nähern sich diesem „patriarchalen" Typus am meisten. In aller Regel herrscht aber in der patrimonialfürstlichen Rechtspflege eine Kombination ständischer und patriarchaler Bestandteile mit einander und mit dem formalen Rechtsgang der Dinggenossenschaften. Wie weit das Eine oder das Andre überwiegt, ist – wie später im Zusammenhang der Analyse der „Herrschaft" zu erörtern ist – ganz wesentlich durch politische Umstände und Machtverhältnisse bedingt. Im Occident war neben diesen auch die (ebenfalls ursprünglich politisch bedingte) Tradition der dinggenossenschaftlichen Rechtspflege, welche dem König die Stellung als Urteiler prinzipiell absprach, von Bedeutung für das Vorwalten der „ständischen" Form der Rechtspflege.

Das Vordringen formalistisch-rationaler Elemente auf Kosten dieser typischen Zustände des patrimonialen Rechts, wie wir es im Occident in der Neuzeit beobachten, konnte dem eigenen internen Bedürfnis der patrimonialfürstlichen Verwaltung entspringen.

Dies ist namentlich der Fall, soweit es sich um die Beseitigung der Vorherrschaft *ständischer* Privilegien und des ständischen Charakters der Rechtspflege und Verwaltung überhaupt handelt. Diesen gegenüber gingen ja die Interessen an steigender Rationalität, und das heißt in diesem Fall: steigender Herrschaft formaler Rechtsgleichheit und objektiver formaler Normen, mit den Machtinteressen der Fürsten gegenüber den Privilegierten Hand in Hand. Das „Reglement" an Stelle des „Privilegs" dient beiden. Anders soweit umgekehrt die Einschränkung der ganz freien *patriarchalen* Willkür zu Gunsten 1) fester Regeln und 2) vollends der Schaffung fester Ansprüche der Beherrschten an die Justiz: Garantie „subjektiver Rechte" also, in Frage stand. Beides ist, wie wir wissen, an sich nicht identisch: eine nach festen Verwaltungsreglements verfahrende Streitschlichtung bedeutet noch nicht das Bestehen garantierter „subjektiver Rechte". Aber das letztere, die Existenz nicht nur objektiver fester Normen, sondern objektiven „Rechts" im strengen Sinn also, ist mindestens im privatrechtlichen Gebiet die einzig sichere Form der

Garantie jener Gebundenheit an objektive Normen überhaupt. Auf eine solche Garantie aber wirken ökonomische Interessengruppen hin, welche der Fürst unter Umständen zu begünstigen und an sich zu fesseln wünscht, weil dies seinen fiskalischen und politischen Machtinteressen dient. Vor allem natürlich: bürgerliche Interessenten, welche ein eindeutiges, klares, irrationaler Verwaltungswillkür ebenso wie den irrationalen Störungen durch konkrete Privilegien entzogenes, vor Allem die Rechtsverbindlichkeit von Kontrakten sicher garantierendes und infolge aller dieser Eigenschaften *berechenbar* funktionierendes Recht verlangen müssen. Ein Bündnis von fürstlichen und von Interessen bürgerlicher Schichten gehörte daher zu den wichtigsten treibenden Kräften formaler Rechtsrationalisierung. Nicht in dem Sinn, daß eine direkte „Kooperation" dieser Mächte immer erforderlich wäre. Denn dem privatwirtschaftlichen Rationalismus der bürgerlichen Schichten kommt als selbständiger Faktor der utilitarische Rationalismus jeder Beamtenverwaltung schon von sich aus weit entgegen. Und das fiskalische Interesse des Fürsten sucht, weit über das Gebiet der aktuellen Bedeutung schon bestehender kapitalistischer Interessen hinaus, diesen das Bett zu bereiten, schon ehe sie da sind. Aber eine Garantie von Rechten, die von Fürsten- und Beamtenwillkür unabhängig sind, liegt allerdings keineswegs in den genuinen *eignen* Entwicklungstendenzen der Bürokratie. Übrigens liegt sie auch nicht ohne Vorbehalt in der Richtung der kapitalistischen Interessen. Ganz im Gegenteil, soweit es sich um die älteren, wesentlich politisch orientierten Formen des Kapitalismus handelt, von denen im Gegensatz zum spezifisch modernen, „bürgerlichen" Kapitalismus wir noch oft zu reden haben werden. Und selbst die Anfänge des bürgerlichen Kapitalismus zeigen jene typische Interessiertheit an garantierten subjektiven Rechten noch nicht oder nur in begrenztem Maße, oft genug aber das Gegenteil. Denn nicht nur die großen Colonial- und Handels-Monopolisten, sondern auch die monopolistischen Großunternehmer der merkantilistischen Manufakturperiode stützen sich in aller Regel auf fürstliches Privileg, welches oft genug das geltende gemeine Recht, namentlich das Zunftrecht, durchbricht, den zornigen Widerstand des bürgerlichen Mittelstands herausfordert und also den Kapitalisten darauf hinweist, seine privilegierten Erwerbschancen durch eine dem Fürsten gegenüber prekäre Rechtsstellung zu erkaufen. Der politisch und monopolistisch orientierte und selbst noch der frühmerkantilistische Kapitalismus kann so zum Interessenten an der Schaffung und Erhaltung der patriarchalen Fürstenmacht gegenüber Ständen und auch gegenüber dem bürgerlichen Gewerbestand werden, wie er es in der Zeit der Stuarts war und wie er es heute auf breiten Gebieten wieder zunehmend geworden ist und noch weiter werden wird. Trotz alledem ist dem Eingreifen des imperium, speziell des fürstlichen imperium, in das Rechtsleben, je stärker und dauernder seine Gewalt sich gestaltete, desto mehr, überall ein Zug zur Vereinheitlichung und Systematisierung des Rechts eigen gewesen: zur „*Codifikation*". Der Fürst will „Ordnung". Und er will „Einheit" und Geschlossenheit seines Reichs. Und zwar auch aus einem Grund, der sowohl technischen Bedürfnissen der Verwaltung wie persönlichen Interessen seiner Beamten entspringt: die unterschiedslose Verwertbarkeit seiner Beamten im ganzen Gebiet seiner Herrschaft wird durch Rechtseinheit ermöglicht und ergiebt erweiterte Carrierechancen für die Beamten, die nun nicht mehr an den Bezirk ihrer Herkunft dadurch gebunden sind, daß sie dessen Recht allein kennen. Und allgemein streben die Beamten nach „Übersichtlichkeit" des Rechts, die bürgerlichen Schichten nach „Sicherheit" der Rechtsfindung.

Wenn so Interessen des Beamtentums, bürgerliche Erwerbsinteressen und fürstliche fiskalische und verwaltungstechnische Interessen in der That normale Träger von Codifikationen gewesen sind, so sind sie deshalb nicht die einzig möglichen. Auch andere politisch beherrschte Schichten als nur ein Bürgertum können ein Interesse an der eindeutigen Fixierung des Rechts haben und auch die herrschenden Gewalten, an welche sich ihr Verlangen danach richtet und die ihnen, gezwungen oder freiwillig, nachgeben, müssen nicht notwendig Fürsten sein.

Systematische Rechtskodifikationen können auch das Produkt einer universellen bewußten Neuorientierung des Rechtslebens sein, wie sie infolge äußerer politischer Neuschöpfungen oder von Stände- oder Klassenkompromissen, welche die innere soziale Einigung eines politischen Verbandes bezwecken, unter Umständen auch beider zugleich, notwendig wird. Entweder handelt es sich um planvolle Neuschöpfung von Verbänden auf Neuland: so bei den leges datae der antiken Kolonien. Oder um die Neugründung eines politischen Verbandes, wie etwa der israelitischen Eidgenossenschaft, welcher sich dabei in bestimmten Hinsichten einem einheitlichen Recht unterstellt. Oder um den Abschluß von Revolutionen durch ein Kompromiß von Ständen oder Klassen. So – angeblich – bei den XII Tafeln. Oder es wird wenigstens im Interesse der Rechtssicherheit nach sozialen Konflikten die systematische Rechtsaufzeichnung vorgenommen. Dabei pflegen die Interessenten der Aufzeichnung naturgemäß diejenigen Schichten zu sein, welche bisher unter dem Mangel eindeutig feststehender und allgemein zugänglicher, also zur Kontrolle der Rechtspflege geeigneter, Normen am meisten gelitten haben. Insbesondere also bäuerliche und bürgerliche Schichten gegenüber der adeligen oder von Adeligen beherrschten Honoratiorenjustiz oder der priesterlichen Rechtspflege: der in der Antike typische Zustand. Die systematische Rechtsaufzeichnung pflegt in diesen Fällen weitgehende Neusatzungen von Recht zu enthalten und wird daher sehr regelmäßig durch Propheten oder prophetenartige Vertrauensmänner (Aisymneten) als lex data kraft Offenbarung oder eingeholten Orakels oktroyiert. Die Interessen, um deren Sicherung es sich handelt, pflegen dabei einerseits den verschiedenen beteiligten Interessenten ziemlich eindeutig vorzuschweben und auch die möglichen Arten der rechtlichen Schlichtung pflegen durch Erörterung und Agitation weitgehend geklärt und für den prophetischen oder aisymnetischen Machtspruch reif geworden zu sein. Den Interessenten liegt andrerseits mehr an einem formalen und klaren, die gerade streitigen Punkte eindeutig schlichtenden, als an einem systematischen Recht. Die rechtliche Normierung pflegt daher einerseits in der gleichen charakteristischen epigrammatischen, und insoweit rechtssprichwortartigen Kürze zu erfolgen, wie sie Orakeln und Weistümern oder den Responsen von Rechtskonsulenten eignet. Wir finden sie denn auch sehr ähnlich in den Zwölf Tafeln – deren Provenienz aus einer uno actu erfolgten Gesetzgebung man deshalb sehr mit Unrecht bezweifelt – wie im Dekalog und im jüdischen Bundesbuch. Die charakteristische Form dieser beiden Complexe von Geboten und Verboten spricht allein schon für ihre echt rechtsprophetische und zugleich aisymnetische Provenienz. Beide teilen auch die Eigenschaft mit einander, zugleich religiöse und bürgerliche Gebote zu enthalten: die XII Tafeln schleudern das Anathema („sacer esto") gegen den Sohn, der den Vater schlägt und gegen den Patron, der dem Clienten die Treue nicht hält. Bürgerliche Rechtsfolgen waren in beiden Fällen ausgeschlossen. Nötig wurden die Gebote offenbar, weil die Hausdisziplin und Hauspietät in Verfall gerathen war. Nur ist der religiöse Inhalt der jüdischen Codifikation im Dekalog systematisiert, der des römischen Gesetzes besteht aus einzelnen Bestimmungen; das religiöse Recht als Ganzes stand fest und eine neue religiöse Offenbarung lag nicht vor. Eine ganz andre und nebensächliche Frage ist: ob die „12" Tafeln, auf welchen das römische, durch Rechtspropheten gesatzte, Stadtrecht aufgezeichnet gewesen sein soll und die im gallischen Brand zu Grunde gegangen sein sollen, sehr viel historischer sind als die beiden Tafeln des mosaischen Gesetzes. Aber weder sprachliche – grade bei nur mündlicher Überlieferung der Satzung gar nicht relevante – noch sachliche Gründe nötigen zur Verwerfung der Tradition über das Alter und die Einheitlichkeit der Gesetzgebung. Die Meinung, es könne sich um Collektionen von Rechtssprichwörtern oder von Produkten der Spruchpraxis der Rechtshonoratioren handeln, hat die innere Wahrscheinlichkeit gegen sich. Es handelt sich um generelle Normen ziemlich abstrakten Charakters, welche ferner zum einen Teil greifbar einen überaus tendenziösen, ihres Zwecks bewußten Charakter, zum andern den eines Compromisses zwischen ständischen Interessen an sich tragen. Es ist zum mindesten unwahrscheinlich, daß derartiges einer Spruchpraxis entstamme, noch mehr, daß das litterarische Produkt eines Sammlers von Rechtssprüchen: etwa des Sex[tus] Aelius Paetus Catus, in einer von rationalen Interessenkämpfen durchzogenen Zeit auf dem Raum einer Stadt eine solche Autorität habe gewinnen können. Auch die Analogie anderer aisymnetischer Leistungen ist eine zu augenfällige. – Eine „systematische" Kodifikation freilich ergeben die für aisymnetische Rechtssatzung typische Situation und die von ihr zu befriedigenden Bedürfnisse natürlich nur in rein formalem Sinn. Eine solche war ebensowenig der Dekalog für die Ethik wie die Zwölf Tafeln und die rechtlichen Anordnungen des Bundesbuchs für das Geschäftsleben. System und juristische „ratio" bringt erst – in begrenztem Umfang – die Arbeit der Rechtspraktiker hinein. Vor Allem die Bedürfnisse des Rechtsunterrichts. In vollem Maße erst die Arbeit fürstlicher Beamter. Sie sind die eigentlichen Codifikationssystematiker, denn sie sind naturgemäß die Interessenten einer für sie „übersichtlichen" Systematik als solcher und daher pflegen fürstliche Codifikationen einen in systematischer Hinsicht wesentlich rationaleren Charakter zu tragen als selbst die umfassendsten aisymnetischen oder prophetischen Satzungen.

Auf andrem Wege als durch fürstliche Codifikationen pflegt „Systematik" in das Recht nur durch didaktisch-litterarische Produkte, namentlich durch „Rechtsbücher" hineingebracht zu werden, die dann nicht selten zu einem canonischen, die Rechtspflege ebenso wie ein Gesetz beherrschenden Ansehen gelangen. Eine systematische Rechtsaufzeichnung pflegt aber in beiden Fällen zunächst nur als Zusammenstellung bereits geltenden Rechts zur Beseitigung entstandener Zweifel und Konflikte aufzutreten. Zahlreiche äußerlich als „Kodifikationen" auftretende, im Auftrag von Patrimonialfürsten geschaffene Sammlungen von obrigkeitlich gesatztem Recht und Reglements haben – wie etwa die offizielle chinesische Gesetzsammlung und was ihr ähnelt – trotz einer gewissen „Systematik" der Einteilung mit codifikatorischer Rechtssatzung gar nichts zu schaffen, weil sie nichts als mechanische Leistungen sind. Andre Codifikationen wollen nur das schon geltende Recht in eine geordnete und systematische Form bringen. So im Wesentlichen die lex Salica und die meisten ihr gleichartigen „Volksrechte" die Rechtspraxis der dinggenossenschaftlichen Justiz, die Assisen von Jerusalem mit ihrem weitreichenden Einfluß die in Präjudizien festgelegten Handelsgebräuche, die Siete Partidas und ähnliche Codifikationen bis zurück zu den „leges Romanae" die praktisch lebendig gebliebenen Teile des römischen Rechts. Dennoch bedeutet schon dies unvermeidlich in irgend einem Grade eine Systematisierung und in diesem Sinn: Rationalisierung des Rechtsstoffs, und die Interessenten daran sind also die gleichen wie an einer eigentlichen Codifikation im Sinne der systematischen inhaltlichen Revision bestehenden Rechts. Beides ist nicht scharf zu scheiden. An der durch Codifikation geschaffenen „Rechtssicherheit" pflegt schon als solcher ein starkes politisches Interesse zu bestehen. Bei allen politischen Neuschöpfungen pflegen daher Codifikationen besonders nahezuliegen. Die Schaffung des Mongolenreichs durch Dschingiz Khan sah solche Ansätze (Sammlung der Yasa) ebenso wie viele ähnliche Vorgänge bis herab zur Reichsgründung Napoleons. Für den Occident liegt daher eine Codifikationsepoche scheinbar gegen die historische Ordnung ganz am Beginn seiner Geschichte, in den leges der neugeschaffenen Germanenreiche auf römischem Boden. Die Befriedung der ethnisch gemischten politischen Gebilde erheischte hier unbedingt die Feststellung des wirklich geltenden Rechts, und der militärische Umsturz aller Verhältnisse erleichterte den formellen Radikalismus der Durchführung. Die Herstellung innerlicher Rechtssicherheit im Interesse eines präzisen Funktionierens des amtlichen Apparats, daneben (speziell bei Justinian) das Prestigebedürfnis des Monarchen hat die spätrömischen Gesetzsammlungen und schließlich die justinianische Rechtscodifikation motiviert und ebenso die fürstlichen rein römischrechtlichen Codifikationen des Mittelalters nach Art etwa der spanischen Siete Partidas. In all diesen Fällen sind ökonomische Interessen Privater schwerlich direkt im Spiel gewesen. Dagegen läßt grade die älteste einigermaßen vollständig überlieferte und in dieser Art einzigartige aller erhaltenen Kodifikationen: das Gesetzbuch Hammurabis, mit einiger Wahrscheinlichkeit darauf schließen, daß eine relativ starke Schicht von Güterverkehrsinteressenten vorhanden war und daß der König in seinem eigenen politischen und fiskalischen Interesse die Rechtssicherheit des Güterverkehrs zu stützen wünschte. Wir befinden uns eben hier auf dem Boden eines *Städte*-Königtums. Die erhaltenen Reste früherer Rechtssatzungen lassen durchaus vermuten, daß die für die antike Stadt typischen ständischen und klassenmäßigen Gegensätze auch dort am Werk gewesen waren, nur infolge der abweichenden politischen Struktur mit andren Ergebnissen. Von der Hammurabischen Codifikation ist, soweit es sich an der Hand älterer Urkunden nachprüfen läßt, festgestellt, daß sie kein eigentlich neues Recht setzte, sondern bestehendes Recht kodifizierte und auch nicht die erste ihrer Art war. Über den ökonomischen und den religiösen, in der eindringlichen Regelung der – hier wie überall dem Patriarchalismus sehr am Herzen liegenden – Familien- und namentlich Kindespietätspflichten zu Tage tretenden Interessen steht sicherlich bei dieser, wie bei den meisten anderen fürstlichen Codifikationen das politische Interesse an der Einheit des Rechts rein als solcher innerhalb des Reichs. Auch die meisten andren fürstlichen Codifikationen gehen aus den uns bekannten Motiven auf Beseitigung des Satzes „Willkür bricht Landrecht" aus. Diese Motive wirkten verstärkt bei den mit dem Entstehen des Beamtenstaats sich häufenden fürstlichen Kodifikationen der Neuzeit. Sie sind nur zum sehr geringen Teil wirkliche Neuschöpfungen. Vielmehr war, wenigstens in Central- und Westeuropa, die Geltung des römischen und canonischen Rechts als Universalrechte ihre Voraussetzung. Das canonische Recht beanspruchte für seine Vorschriften zwingende universelle Geltung, das römische Recht galt „subsidiär“, ließ also dem Satz: Willkür bricht Landrecht, den Vortritt. In Wahrheit stand es mit zahlreichen Leistungen des canonischen Rechts nicht anders. An Bedeutung für die Umwälzung des Rechtsdenkens und auch des geltenden materiellen Rechts konnte sich keine von ihnen mit der Rezeption des römischen Rechts messen. Deren Geschichte zu verfolgen wäre hier nicht der Ort, es muß vielmehr bei wenigen Bemerkungen darüber sein Bewenden haben. Die Rezeption des römischen Rechts war, soweit dabei die Kaiser (Friedrich I.) und später die Fürsten als mitwirkend in Betracht kamen, wesentlich durch die in der Codifikation Justinians hervortretende souveräne Stellung des Monarchen veranlaßt. Im Übrigen herrscht ungeschlichteter und vielleicht gar nicht einheitlich zu schlichtender Streit darüber: ob und welche ökonomischen Interessen hinter der Rezeption standen und durch sie gefördert wurden, und ebenso: wessen Initiative das Vordringen des gelehrten, d.h. des universitätsgebildeten, Richtertums, des Trägers sowohl des Romanismus wie der patrimonialfürstlichen Prozeduren, zu danken ist. Vor Allem: ob es wesentlich die Rechtsinteressenten waren, welche durch Schiedsvertrag die juristisch geschulten Verwaltungsbeamten der Fürsten statt der Gerichte anriefen und so die Entscheidung „von Amts wegen“ an Stelle der Entscheidung „von Rechts wegen“ einbürgerten und die alten Gerichte verdrängten (Stölzel) oder ob (wie namentlich Rosenthal eingehend nachzuweisen gesucht hat) die Gerichte selbst infolge der Initiative der Fürsten zunehmend Juristen statt der Honoratioren als Beisitzer in sich aufnahmen. Wie dem nun sei, soviel steht fest: da nach den Quellen auch diejenigen ständischen Schichten, welche dem Äußeren des römischen Rechts mit Mißtrauen gegenüberstanden, selbst im Allgemeinen die Teilnahme einiger „Doktoren“ als Beisitzer nicht anzufechten pflegten und nur deren Übergewicht und vor Allem die Zuziehung von Ausländern bekämpften, so ist es offenbar, daß jedenfalls *sachliche* Notwendigkeiten des Rechtsbetriebs: vor Allem die durch Fachschulung erworbene Fähigkeit, complizierte Thatbestände zu juristisch eindeutiger Fragestellung zu bearbeiten und, ganz allgemein gesprochen, die Notwendigkeit einer Rationalisierung des Prozeßverfahrens, das Vordringen der Fachjuristen bedingte. In soweit begegneten sich die Betriebsinteressen der Rechtspraktiker mit den Interessen der privaten Rechtsinteressenten, vor Allem der bürgerlichen, aber auch der adlichen. An der Rezeption der *materiellen* Bestimmungen des römischen Rechts waren dagegen grade die „modernsten“, also die bürgerlichen Rechtsinteressenten gar nicht interessiert; die Institute des mittelalterlichen Handels- und des städtischen Grundbesitzrechts entsprachen ihren Bedürfnissen weitaus besser. Nur die allgemeinen *formalen* Qualitäten des römischen Rechts waren es, welche ihnen mit unvermeidlich zunehmender Fachmäßigkeit des Rechtsbetriebs überall da zum Siege verhalfen, wo nicht, wie in England, eine eigne nationale Rechtsschulung bestand und durch starke Interessenten gehütet wurde. Diese formalen Qualitäten bedingten es auch, daß die patrimonialfürstliche Justiz des Occidents nicht in die Bahnen genuin patriarchaler Wohlfahrts- und materialer Gerechtigkeitspflege ausmündete, wie anderwärts. Sehr wesentlich auch die Thatsache der formalistischen Schulung der Juristen, auf die sie als Beamte angewiesen war, stand ihr dabei im Wege und erhielt damals der Rechtspflege des Occidents das Maß juristisch formalen Charakters, welches ihr im Gegensatz zu den meisten anderen patrimonialen Rechtsverwaltungen spezifisch ist. Der Respekt vor dem römischen Recht und der romanistischen Schulung beherrschte daher auch Alles, was die beginnende Neuzeit an fürstlichen Codifikationen – durchweg Schöpfungen des universitätsgebildeten Juristenrationalismus – erlebte.

Die Rezeption des römischen Rechts schuf – darin beruhte soziologisch seine Machtstellung – eine neuartige Schicht von Rechtshonoratioren: die auf Grund *litterarischer* Rechtsbildung mit dem Doktordiplom der Universitäten versehenen Rechtsgelehrten. Die Tragweite für die formalen Qualitäten des Rechts war eine sehr bedeutende. Schon in der römischen Kaiserzeit hatte das römische Recht begonnen, ein Gegenstand rein litterarischen Betriebs zu werden. Das bedeutete hier natürlich etwas Andres, als etwa die Schaffung von „Rechtsbüchern" durch die mittelalterlichen Rechtshonoratioren Deutschlands und Frankreichs oder von Grundrissen des geltenden Rechts von Seiten englischer Juristen – so bedeutend übrigens auch deren Einfluß war. Denn unter dem Einfluß der, sei es auch oberflächlichen, philosophischen Bildung der antiken Juristen nahm die Bedeutung des rein logischen Elements im Rechtsdenken bedeutend zu. Und zwar hier, wo keine Gebundenheit an ein heiliges Recht und keine theologischen oder material ethischen Interessen dies Denken banden und dadurch in die Bahn der rein spekulativen Casuistik drängten, mit wesentlich stärkeren Consequenzen für die Gestaltung der Rechtspraxis. Ansätze zu dem Grundsatz, daß, was der Jurist nicht „denken" und „konstruieren" könne, auch rechtswirksam nicht existieren könne, finden sich in der That bereits bei den römischen Juristen. Rein logische Sätze wie „quod universitati debetur, singulis non debetur" oder „quod ab initio vitiosum est, non potest tractu temporis convalescere" und ähnliche in großer Zahl gehören dahin. Nur handelte es sich dabei um unsystematische Gelegenheitsproduktionen abstrakter Rechtslogik, welche zur Begründung der im Einzelfall gegebenen, konkret motivierten Entscheidung beigefügt wurden, die eben in andren Fällen, zuweilen selbst vom gleichen Juristen, wieder achtlos bei Seite geworfen wurden. Der wesenhaft induktive, empirische Charakter des Rechtsdenkens wurde dadurch nicht oder wenig alteriert. Ganz anders aber wurde die Situation bei der Rezeption des römischen Rechts. Zunächst setzte sich der Prozeß des Abstraktwerdens der Rechtsinstitute selbst, welcher mit der Entwicklung des römischen Civilrechts zum Reichsrecht eingesetzt hatte, nun naturgemäß in gesteigertem Maße fort. Um überhaupt rezipiert werden zu können, mußten – wie namentlich Ehrlich mit Recht betont – die römischen Rechtsinstitute aller Reste nationaler Gebundenheit entkleidet und gänzlich in die Sphäre des logisch Abstrakten erhoben, das römische Recht zum „logisch richtigen" Recht schlechthin verabsolutiert werden. Dies ist im Verlauf der mehr als sechshundertjährigen Arbeit der gemeinrechtlichen Jurisprudenz thatsächlich geschehen. Zugleich aber verschob sich die Art des Rechtsdenkens weiter nach der formal logischen Seite. Die gelegentlichen glänzenden Aperçus der römischen Juristen von der Art der vorhin zitierten Sätze wurden, aus dem Zusammenhang mit dem konkreten Fall gerissen, wie sie in den Pandekten ohnehin sich vorfanden, zu letzten Rechtsprinzipien gesteigert, aus denen nun deduktiv argumentiert wurde. Was den römischen Juristen in starkem Maß gefehlt hatte: die rein systematischen Kategorien, wurde nun geschaffen. Begriffe wie etwa der des „Rechtsgeschäfts" oder der „Willenserklärung", für welche in der antiken Jurisprudenz selbst die einheitlichen Namen fehlten, wurden konstruiert. Vor Allem aber gewann jetzt der Satz, daß was der Jurist nicht denken kann, auch rechtlich nicht existiert, wirklich praktische Bedeutung. Bei den antiken Juristen hatte, bei der historisch bedingten analytischen Natur des römischen Rechtsdenkens, die eigentlich konstruktive Fähigkeit wenn nicht gefehlt, so doch eine geringe Bedeutung gehabt. Jetzt, bei der Übertragung dieses Rechts auf ganz fremdartige, der Antike unbekannte Thatbestände trat die Aufgabe: den Thatbestand widerspruchsfrei juristisch zu „konstruieren", fast alleinherrschend in den Vordergrund und damit wurde die heute vorherrschende Auffassung des Rechts als eines in sich logisch widerspruchslos und lückenlos geschlossenen Complexes von „Normen", die es „anzuwenden" gilt, allein maßgebend für das Rechtsdenken. Bei *dieser* spezifischen Art von Logisierung des Rechts waren aber keineswegs, wie bei der Tendenz zum formalen Recht an sich, Bedürfnisse des Lebens, etwa der bürgerlichen Interessenten nach einem „berechenbaren" Recht entscheidend beteiligt. Denn dieses Bedürfnis wird, wie alle Erfahrung zeigt, ganz ebenso gut und oft besser durch ein formales empirisches, an Präjudizien gebundenes Recht gewahrt. Die Consequenzen der rein logischen juristischen Construktion verhalten sich vielmehr zu den Erwartungen der Verkehrsinteressenten ungemein häufig gänzlich irrational und gradezu disparat: die vielberedte „Lebensfremdheit" des rein logischen Rechts hat hier ihren Sitz. Sondern es waren interne Denkbedürfnisse der Rechtstheoretiker und der von ihnen geschulten Doktoren: einer typischen Aristokratie der litterarischen „Bildung" auf dem Gebiet des Rechts, von welchen jene Entwicklung getragen wurde. Fakultätsgutachten waren auf dem Continent die letzte Autorität in zweifelhaften Rechtsfällen, die akademisch gebildeten Richter und Notare, daneben die Advokaten die typischen Rechtshonoratioren. – Wo immer ein organisierter nationaler Juristenstand fehlte, drang das römische Recht mit ihrer Hülfe siegreich vor: mit Ausnahme Englands, Nordfrankreichs und Skandinaviens eroberte es Europa von Spanien bis Schottland und Rußland. In Italien waren, anfänglich wenigstens, vorwiegend die Notare, im Norden vornehmlich die fürstlichen gelehrten Richter die Träger der Bewegung, hinter welcher fast überall das Fürstentum stand. Die Entwicklung keines occidentalen Rechts hat sich von diesen Einflüssen ganz frei zu halten vermocht. Auch nicht die des englischen. Nicht nur vieles in seiner Systematik und zahlreiche einzelne Rechtsinstitute weisen die Spuren davon auf, sondern auch die Definition der Quellen des Common Law: richterliche Präjudizien und „legal principles", zeugt davon, so ungeheuer allerdings der Unterschied in der inneren Struktur blieb. Die eigentliche Heimath freilich blieb Italien, namentlich unter dem Einfluß der Genueser und anderer gelehrter Gerichtshöfe (Rotae), deren gesammelte elegante und konstruktive Entscheidungen im 16. Jahrhundert in Deutschland gedruckt wurden, und Deutschland unter dem Einfluß des Reichskammergerichts und der gelehrten Landesgerichte.

Erst die Epoche des voll entwickelten „aufgeklärten Despotismus" suchte seit dem 18. Jahrhundert über diesen spezifisch formal rechtslogischen, in aller Welt nur hier entwickelten Charakter des gemeinen Rechts und seiner akademischen Rechtshonoratioren bewußt hinwegzukommen. Dabei spielte zunächst der allgemeine Rationalismus der Bürokratie in ihrer selbstherrlichsten Entfaltung und ihrem naiven Besserwissen die entscheidende Rolle. Die im Kern patriarchale politische Herrschaft hat den später zu erörternden Typus des Wohlfahrtsstaats angenommen und schreitet unbekümmert über das konkrete Wollen der Rechtsinteressenten ebenso wie über den Formalismus des geschulten juristischen Denkens hinweg. Dies fachmäßige Denken möchte sie am liebsten gänzlich unterdrücken. Denn das Recht soll seiner fachjuristischen Qualität entkleidet und so gestaltet werden, daß es nicht nur die Beamten, sondern vor Allem auch die Untertanen über ihre Rechtslage ohne fremde Beihilfe erschöpfend *belehrt*. Dies Verlangen nach einer von juristischen Spitzfindigkeiten und Formalismen gesäuberten, materiale Gerechtigkeit erstrebenden Rechtspflege ist an sich, sahen wir, jedem fürstlichen Patriarchalismus eigen. Aber er kann dieser Neigung nicht immer rückhaltlos nachgeben. Die justinianische Codifikation hatte für das sublimierte Juristenrecht, das sie codifizierend systematisierte, nicht an „Laien" als Lernende und Verstehende denken können. Zu einer Ausrottung der juristischen Fachlehre war sie den Leistungen der klassischen Juristen und ihrer durch das Zitiergesetz offiziell anerkannten Autorität gegenüber nicht in der Lage. Sie konnte sich selbst daher nur als die fortan allein maßgebende Citatensammlung geben, welche dem Unterrichtsbedürfnis der Studenten diente und deshalb als Einführung ein in die Form eines Gesetzes gekleidetes Lehrbuch („Institutionen") darzubieten hatte. Unumschränkter dagegen schaltete der Patriarchalismus in dem klassischen Denkmal des modernen „Wohlfahrtsstaats", dem „Allgemeinen Landrecht" Preußens. Grade umgekehrt wie im ständischen Kosmos „subjektiver Rechte" ist das „objektive Recht" hier vorwiegend ein Kosmos von Rechtspflichten: die Universalität der „verdammten Pflicht und Schuldigkeit" ist die beherrschende Qualität der Rechtsordnung, deren hervorstechendes Merkmal ein systematischer Rationalismus nicht sowohl formaler, als vielmehr, wie in solchen Fällen immer, materialer Art bildet. Wo das material „Vernünftige" gelten will, hat das bloß faktisch für Recht Gehaltene zu weichen. Daher vor Allem das „Gewohnheitsrecht". Alle modernen Codifikationen bis herab zum ersten Entwurf eines Bürgerlichen Gesetzbuchs haben ihm den Krieg erklärt. Die nicht auf ausdrücklicher Bestimmung des Gesetzgebers beruhenden Gepflogenheiten der Rechtspraxis und jede traditionelle Art der Rechtsinterpretation waren diesen, wie jedem rationalistischen Gesetzgeber, durchaus minderwertige Quellen für die Rechtsanwendung und höchstens so lange zu dulden, als das Gesetz noch nicht gesprochen hat. Die Kodifikation selbst sollte „erschöpfend" sein und glaubte es sein zu können. Für Zweifelsfälle war der preußische Richter, um jede Neubildung von Recht durch die verhaßte Jurisprudenz hintanzuhalten, auf Rückfrage bei einer eigens dafür gebildeten Commission hingewiesen. Die Folgen dieser allgemeinen Tendenzen zeigen sich in den formalen Qualitäten des geschaffenen Rechts. Der Versuch der Emanzipation von der Fachjurisprudenz durch direkte Belehrung des Publikums von Seiten des Gesetzgebers selbst mußte im preußischen Landrecht, gegenüber den an den römischen Rechtsbegriffen orientierten festen Denkgewohnheiten der Praxis, mit welchen zu rechnen war, eine höchst minutiöse Kasuistik zur Folge haben, welche aber dennoch, infolge des Strebens nach materialer Gerechtigkeit statt nach formaler Schärfe, sehr oft nur zu mangelnder Präzision führte. Dabei blieb die Gebundenheit an den Begriffsvorrat und die Methodik des römischen Rechts trotz noch so vieler Einzelabweichungen und trotz der hier zum ersten Mal in einem deutschen Gesetz unternommenen energischen Verdeutschung der Terminologie dennoch unentrinnbar. Die zahlreichen lehrhaften oder nur sittlich vermahnenden Sätze ließen oft Zweifel entstehen, in wieweit im Einzelfall eine erzwingbare Rechtsnorm wirklich gewollt sei. Da endlich die Systematik teilweise nicht von formal juristischen Begriffen, sondern von praktischen Beziehungen der Interessenten zum Recht ausging, zerriß sie vielfach die Erörterung der Rechtsinstitute und schuf dadurch trotz ihres Bestrebens nach Deutlichkeit Unklarheiten. Das Ziel der Ausschaltung der fachjuristischen Bearbeitung des Rechtes erreichte der Gesetzgeber in der Tat weitgehend. Freilich teilweise in anderem Sinn als er es gemeint hatte. Wirkliche Rechtskenntnis des Publikums konnte durch ein bändereiches Werk mit Zehntausenden von Paragraphen am allerwenigsten erreicht werden, und wenn darunter die Emanzipation von Anwälten und anderen fachjuristischen Praktikern verstanden wurde, so war dies Ziel auch der Natur der Sache nach unter den Bedingungen des modernen Rechtslebens an sich unerreichbar. Die Präjudizienautorität hat sich, nachdem das Obertribunal eine offiziöse Sammlung seiner Entscheidungen erscheinen zu lassen begann, in Preußen so stark entwickelt wie irgendwo außerhalb Englands. Dagegen die wissenschaftliche Behandlung eines Rechts, welches weder ganz präzise formale Normen noch plastische Rechtsinstitute schuf – und beides lag nicht auf dem Wege dieses utilitarischen Gesetzgebers –, konnte in der Tat niemanden reizen. Der patrimoniale materiale Rationalismus hat überhaupt naturgemäß nirgends formal juristisches Denken anregen können. Die Kodifikation trug daher an ihrem Teile dazu bei, daß die eigentlich wissenschaftliche Arbeit der Juristen sich teils erst recht dem römischen Recht, teils, unter dem Einfluß der nationalen Idee, den aus der Vergangenheit überkommenen plastischen Rechtsinstituten des alten deutschen Rechts zuwendete und nunmehr beide mit den Mitteln historischer Methodik in ihrem ursprünglichen, „reinen" Gehalt herauszupräparieren suchte. Für das *römische* Recht mußte dies zur Folge haben, daß es unter den Händen der fachmäßig historisch gebildeten Juristen diejenigen Umwandlungen wieder abstreifte, durch welche es bei seiner Rezeption den Bedürfnissen der Rechtsinteressenten angepaßt worden war: der „Usus modernus Pandectarum", das Produkt der gemeinrechtlichen Bearbeitung des justinianischen Rechts, geriet in Vergessenheit und wurde von dem wissenschaftlichen historischen Purismus ebenso verdammt, wie die Latinität des Mittelalters dereinst von Seiten der wissenschaftlichen Arbeit der humanistischen Philologen. Und wie hier als Folge der Untergang der lateinischen Gelehrtensprache eintrat, so dort der Verlust der Angepaßtheit des römischen Rechts an moderne Verkehrsinteressen. Nun erst wurde die Bahn für die abstrakte Rechtslogik ganz frei.

Es war also nur eine Verschiebung der Wirkung des wissenschaftlichen Rationalismus auf ein andres Gebiet eingetreten, nicht aber – wie die Historiker oft glauben – seine Überwindung. Eine rein logische Neusystematisierung des alten Rechts freilich gelang den historischen Juristen begreiflicherweise nicht in überzeugender Weise. Bekanntlich und nicht zufällig sind bis auf das Windscheid'sche Kompendium hinab fast alle Lehrbücher der Pandekten unvollendet geblieben. Eine streng formale juristische Sublimierung der nicht aus dem römischen Recht stammenden Institute gelang andrerseits der germanistischen Partei der historischen Rechtsschule ebensowenig. Denn was an ihnen den Historiker wissenschaftlich reizte, war grade das irrationale, der ständischen Rechtsordnung entstammende, also antiformale Element in ihnen. Nur die von den bürgerlichen Verkehrsinteressenten autonom an ihre Bedürfnisse angepaßten und durch die Praxis der Spezialgerichte empirisch rationalisierten Rechtspartikularitäten, vor allem also: das Wechsel- und Handelsrecht, gelang es wissenschaftlich und schließlich kodifikatorisch ohne Verlust an praktischer Angepaßtheit zu systematisieren, weil hier zwingende und eindeutige ökonomische Bedürfnisse im Spiel waren. Aber als nach sieben Jahrzehnten der Herrschaft der Historiker und einer in keinem andren Lande auch nur annähernd erreichten Entwicklung der rechtsgeschichtlichen Wissenschaft, infolge der Schöpfung des Deutschen Reichs eine Vereinheitlichung des bürgerlichen Rechts pathetisch als eine nationale Aufgabe hingestellt wurde, trat der deutsche Juristenstand, in sich gespalten und teilweise widerwillig, an dies Werk in einer höchst wenig dafür vorbereiteten Verfassung heran.

Dem gleichen Typus dieser patrimonialfürstlichen Kodifikationen gehörten auch noch andere, insbesondere das österreichische und russische Gesetzbuch an, das letztere freilich bedeutete im wesentlichen nur ein ständisches Recht der an Zahl geringen privilegierten Schichten und ließ die Rechtspartikularitäten der einzelnen Stände, insbesondere der Bauern, also der weitaus überwiegenden Mehrzahl der Unterthanen, ganz unberührt, beließ ihnen sogar ihre eigne Jurisdiktion in einem immerhin praktisch bedeutsamen Umfang. Ihren gegenüber dem preußischen Recht kompendiöseren Umfang erkauften beide Codifikationen durch eine oft wesentlich geringere Präzision der Bestimmungen, das österreichische Gesetzbuch auch durch weit geringere Originalität gegenüber dem römischen Recht. Wissenschaftliches Denken hat sich auch seiner erst nach Jahrzehnten (in Unger's Werk) bemächtigt, und dann fast ganz mit romanistischen Kategorien.

§ 7. Die formalen Qualitäten des revolutionär geschaffenen Rechts. Das Naturrecht.

Vergleichen wir mit diesen Produkten der vorrevolutionären Zeit das Kind der Revolution, den Code civil und die Nachahmungen, die er in ganz West- und Südeuropa gefunden hat, so ist der formale Unterschied bedeutend. Es fehlt jede Hineinmengung nichtjuristischer Bestandteile, jede belehrende und nur sittlich vermahnende Note und alle Casuistik. Zahlreiche Sätze des Code wirken epigrammatisch und plastisch in gleichem Sinn, wie Sätze der 12 Tafeln, und viele von ihnen sind ebenso volkstümlicher Besitz geworden wie etwa alte Rechtssprichwörter, was gewiß weder einem Satz des Allgemeinen Landrechts noch anderer deutscher Kodifikationen geschehen ist. Wenn neben dem angelsächsischen Recht, dem Produkt der *juristischen Praxis*, und dem gemeinen römischen Recht, dem Produkt der theoretisch-litterarischen *juristischen Bildung* (auf welchem die große Mehrzahl der ost- und mitteleuropäischen Codifikationen ruht) das Recht des Code, als das Produkt der *rationalen Gesetzgebung*, das dritte große Weltrecht geworden ist, so bildeten den Grund dafür eben diese formellen Qualitäten, welche eine außerordentliche Durchsichtigkeit und präzise Verständlichkeit der Bestimmungen teils wirklich enthalten, teils vortäuschen. Diese Plastik vieler seiner Sätze verdankt der Code der Orientierung zahlreicher Rechtsinstitutionen an dem Recht der coutumes. Ihr ist an formal juristischen Qualitäten und auch an Gründlichkeit der materialen Erwägung manches geopfert. Das Rechtsdenken aber wird durch die abstrakte Gesammtstruktur der Rechtssystematik und durch die axiomatische Art zahlreicher *andrer* Bestimmungen im ganzen doch nicht zu eigentlich konstruktiver Bearbeitung von Rechtsinstitutionen in ihrem pragmatischen Zusammenhang angeregt, sondern sieht sich meist darauf hingewiesen, jene nicht seltenen Formulierungen des Code, welche nicht den Charakter von Rechtsregeln, sondern von „Rechtssätzen" an sich tragen, eben als „Sätze" zu nehmen und an der Hand der Probleme der Praxis zu adaptieren; und die formalen Qualitäten der modernen französischen Jurisprudenz sind vielleicht teilweise dieser etwas widerspruchsvollen Eigenart des Gesetzes zuzuschreiben. Diese selbst aber ist der Ausdruck einer spezifischen Art von Rationalismus: des souveränen Bewußtseins, daß hier zum ersten Mal rein rational ein von allen historischen „Vorurteilen" freies Gesetz, Bentham's Ideal entsprechend, geschaffen werde, welches (vermeintlich) seinen Inhalt nur von dem sublimierten gesunden Menschenverstand in Verbindung mit der spezifischen Staatsräson der dem Genie, und nicht der Legitimität, ihre Macht verdankenden großen Nation empfängt. Die Art der Stellung zur Rechtslogik aber kommt, soweit sie der plastischen Gestaltung die juristische Sublimierung opfert, in einzelnen Fällen direkt auf Rechnung des persönlichen Eingreifens Napoleons. Ihre epigrammatische Theatralik aber entspricht der gleichen Art der Formulierung der „Menschen- und Bürgerrechte" in den amerikanischen und französischen Verfassungen. Bestimmte Axiome über den Inhalt von Rechtssätzen werden hier nicht in die Form nüchterner Rechtsregeln, sondern in Postulat-artige Spruchformen gebracht, mit dem Anspruch, daß ein Recht nur dann wirklich legitim sei, wenn es jenen Postulaten nicht zuwiderlaufe. Wir haben uns mit dieser besonderen Art der Bildung abstrakter Rechtssätze in Kürze zu befassen.

Soziologisch kommen die Vorstellungen über das „Recht des Rechtes" innerhalb einer rationalen und positiven Rechtsordnung nur soweit in Betracht, als aus der Art der Lösung dieses Problems praktische Konsequenzen für das Verhalten der Rechtsschöpfer, Rechtspraktiker und Rechtsinteressenten entstehen, wenn also die Überzeugung von der spezifischen „Legitimität" bestimmter Rechtsmaximen, von der durch keinerlei Oktroyierung von positivem Recht zu zerstörenden, unmittelbar verpflichtenden Kraft bestimmter Rechtsprinzipien, das praktische Rechtsleben wirklich fühlbar beeinflußt. Dies ist tatsächlich historisch wiederholt, speziell aber im Beginn der Neuzeit und in der Revolutionsepoche der Fall gewesen und ist es teilweise (in Amerika) noch. Die Inhalte solcher Maximen aber pflegt man als „*Naturrecht*" zu bezeichnen.

Wir lernten die „lex naturae" früher als eine wesentlich stoische Schöpfung kennen, die das Christentum übernahm, um zwischen seiner eigenen Ethik und den Normen der Welt eine Brücke zu finden. Es war das innerhalb der gegebenen Welt der Sünde und Gewaltsamkeit nach Gottes Willen legitime „Recht für Alle", im Gegensatz zu Gottes direkt für seine Bekenner offenbartem und nur dem religiös Auserwählten einleuchtendem Gebot. Jetzt sehen wir die lex naturae von der anderen Seite her. „Naturrecht" ist der Inbegriff der unabhängig von allem positiven Recht und ihm gegenüber präeminent geltenden Normen, welche ihre Dignität nicht von willkürlicher Satzung zu Lehen tragen, sondern umgekehrt deren Verpflichtungsgewalt erst legitimieren. Normen also, welche nicht kraft ihres Ursprungs von einem legitimen Gesetzgeber, sondern kraft rein immanenter Qualitäten legitim sind: die spezifische und einzig consequente Form der Legitimität eines Rechts, welche übrig bleiben kann, wenn religiöse Offenbarungen und autoritäre Heiligkeit der Tradition und ihrer Träger fortfallen. Das Naturrecht ist daher die spezifische Legitimitätsform der *revolutionär* geschaffenen Ordnungen. Berufung auf „Naturrecht" ist immer wieder die Form gewesen, in welcher Klassen, die sich gegen die bestehende Ordnung auflehnten, ihrem Verlangen nach Rechtsschöpfung Legitimität verliehen, sofern sie sich nicht auf positive religiöse Normen und Offenbarungen stützten. Zwar ist nicht jedes Naturrecht seinem gemeinten Sinn nach „revolutionär", derart, daß es bestimmten Normen die Berechtigung zuspräche, einer bestehenden Ordnung gegenüber durch gewaltsames Handeln oder durch passive Renitenz durchgesetzt zu werden. Nicht nur haben auch die verschiedensten Arten von autoritären Gewalten ihre „naturrechtliche" Legitimation erfahren. Sondern es gab auch ein einflußreiches „Naturrecht des historisch Gewordenen" als solches gegenüber dem auf abstrakte Regeln gegründeten oder solche produzierenden Denken. Ein naturrechtliches Axiom dieser Provenienz lag z.B. der Theorie der historischen Schule von der Präeminenz des „Gewohnheitsrechts" – ein erst von ihr klar ausgebauter Begriff – zugrunde. Ganz ausdrücklich dann, wenn behauptet wurde: ein Gesetzgeber „könne" durch Satzung den Geltungsbereich des Gewohnheitsrechts gar nicht rechtswirksam einschränken, vor allem dessen derogatorische Kraft gegenüber den Gesetzen nicht ausschließen. Denn man „könne" dem geschichtlichen Werden nicht verbieten, daß es sich vollziehe. Aber auch alle nicht bis zu dieser Consequenz gehenden, halb historischen, halb naturalistischen Theorien vom „Volksgeist" als der einzig natürlichen und daher legitimen Quelle, aus welchem Recht und Kultur emaniere, und speziell von dem „organischen" Wachstum alles echten, auf unmittelbarem „Rechtsgefühl" beruhenden und nicht „künstlichen", d.h. zweckrational gesatzten Rechtes, oder wie sonst sich diese der Romantik eigentümlichen Gedankenreihen geben mochten, enthielten jene das gesatzte Recht zu etwas „nur" Positivem deklassierende Voraussetzung.

Dem Irrationalismus dieser Axiome stehen nun die naturrechtlichen Axiome des Rechtsrationalismus kontradiktorisch gegenüber, und nur sie konnten Normen formaler Art überhaupt schaffen, so daß man unter Naturrecht a potiori mit Recht nur sie zu verstehen pflegt. Ihre Ausbildung in der Neuzeit war, neben den religiösen Grundlagen, welche sie bei den rationalistischen Sekten fanden, teils das Werk des Naturbegriffs der Renaissance, welche überall den Canon des von der „Natur" Gewollten zu erfassen strebte, teils entstanden sie in Anlehnung an den vor Allem in England heimischen Gedanken bestimmter angeborener nationaler Rechte jedes Volksgenossen. Dieser spezifisch englische Begriff des „birthright" entstand sehr wesentlich unter dem Einfluß der populären Auffassung gewisser in der Magna Carta ursprünglich lediglich den Baronen verbrieften ständischen Freiheiten als nationaler Freiheitsrechte der englischen Untertanen als solcher, an denen sich weder der König noch irgend eine andere politische Gewalt vergreifen dürfe. Der Übergang zu der Vorstellung von Rechten jedes Menschen als solchen dagegen ist, unter zeitweise sehr starker Mitwirkung religiöser, namentlich täuferischer Einflüße, im Wesentlichen erst durch die rationalistische Aufklärung des 17. und 18. Jahrhunderts vollzogen worden.

Die Naturrechtsaxiome können unter sich verschiedenen Typen angehören, von denen wir hier nur diejenigen betrachten wollen, welche besonders nahe zur Wirtschaftsordnung in Beziehung stehen. Die naturrechtliche Legitimität positiven Rechtes kann entweder mehr an formale Bedingungen geknüpft sein oder mehr an materiale. Der Unterschied ist graduell, denn ein ganz rein formales Naturrecht kann es nicht geben: es würde ja mit den ganz inhaltleeren allgemeinen juristischen Begriffen zusammenfallen müssen. Aber immerhin ist der Gegensatz praktisch sehr bedeutend. Der reinste Typus der ersten Gattung ist das Naturrecht, welches im 17. und 18. Jahrhundert zuerst unter den erwähnten Einflüßen entstand: vor Allem in Gestalt der „Vertragstheorie" und zwar speziell in deren individualistischer Form. Alles legitime Recht beruht auf Satzung und Satzung ihrerseits letztlich immer auf rationaler Vereinbarung. Entweder real, auf einem wirklichen Urvertrag freier Individuen, welcher auch die Art der Entstehung neuen gesatzten Rechts für die Zukunft regelt. Oder in dem ideellen Sinn: daß nur ein solches Recht legitim ist, dessen Inhalt dem Begriff einer vernunftgemäßen, durch freie Vereinbarung gesatzten Ordnung nicht widerstreitet. Die „Freiheitsrechte" sind der wesentliche Bestandteil eines solchen Naturrechts, und vor allem: die *Vertragsfreiheit*. Der freiwillige rationale Contrakt entweder als wirklicher historischer Grund aller Vergesellschaftungen einschließlich des Staats oder doch als regulativer Maßstab der Bewertung wurde eines der universellen Formalprinzipien naturrechtlicher Construktion. Dies wie jedes formale Naturrecht steht also prinzipiell auf dem Boden des Systems der legitim durch Zweckcontrakt erworbenen Rechte und also, soweit es sich um ökonomische Güter handelt, auf dem Boden der durch Vollentwicklung des Eigentums geschaffenen ökonomischen Einverständnisgemeinschaft. Das legitim durch freien Vertrag mit Allen (Urvertrag) oder mit Einzelnen Andern erworbene Eigentum und die Freiheit der Verfügung darüber, also prinzipiell freie Konkurrenz, gehört zu seinen selbstverständlichen Bestandteilen. *Formale* Schranken hat daher die Vertragsfreiheit nur insofern, als Verträge und Gemeinschaftshandeln überhaupt nicht gegen das sie legitimierende Naturrecht selbst verstoßen, also nicht die ewigen unverjährbaren Freiheitsrechte antasten dürfen, möge es sich nun um die privaten Abmachungen der einzelnen oder um das anstaltsbezogene Handeln der Verbandsorgane und die Fügsamkeit der Mitglieder ihm gegenüber handeln. Man kann sich gültig weder in die politische noch in die privatrechtliche Sklaverei begeben. Aber im Übrigen kann keine Satzung gültig die freie Verfügung des Einzelnen über seinen Besitz und seine Arbeitskraft beschränken. Zum Beispiel ist deshalb jeder gesetzliche „Arbeiterschutz", also jedes Verbot bestimmter Inhalte des „freien" Arbeitsvertrages, ein Eingriff in die Vertragsfreiheit, und die Judikatur des höchsten Gerichtshofs der Vereinigten Staaten hat daher bis in die jüngste Zeit daran festgehalten: daß solche Bestimmungen schon rein formal, auf Grund der naturrechtlichen Präambeln der Verfassungen nichtig seien. *Materialer* Maßstab aber für das, was naturrechtlich legitim ist, sind „Natur" und „Vernunft". Beide und die aus ihnen ableitbaren Regeln: allgemeine Regeln des Geschehens und allgemein geltende Normen also, werden als zusammenfallend angesehen; die Erkenntnisse der menschlichen „Vernunft" gelten als identisch mit der „Natur der Sache": der „Logik der Dinge", wie man das heute ausdrücken würde; das Geltensollende gilt als identisch mit dem faktisch im Durchschnitt überall Seienden; die durch logische Bearbeitung von Begriffen: juristischen oder ethischen, gewonnenen „Normen" gehören im gleichen Sinn wie die „Naturgesetze" zu denjenigen allgemein verbindlichen Regeln, welche „Gott selbst nicht ändern kann" und gegen welche eine Rechtsordnung sich nicht aufzulehnen versuchen darf. Der Natur der Sache und dem Grundsatz der Legitimität erworbener Rechte entspricht zum Beispiel nur die Existenz des auf dem Wege des freien Güteraustauschs zur Geldfunktion gelangten, also des metallischen Geldes. Eine Rechtsordnung hat daher z.B. die naturrechtliche Pflicht, den Staat – wie gelegentlich noch im 19. Jahrhundert von Fanatikern behauptet worden ist – lieber zugrunde gehen zu lassen, als den legitimen Bestand des Rechts durch die Illegitimität der „künstlichen" Schaffung von Papiergeld zu beflecken. Denn eine Verletzung legitimen Rechts hebt den „Begriff" des Staates auf.

Erweichungen dieses Formalismus entstanden im Naturrecht auf verschiedenem Wege. Zunächst mußte es, um mit der bestehenden Ordnung überhaupt Beziehungen zu gewinnen, legitime Erwerbsgründe von Rechten akzeptieren, welche aus der Vertragsfreiheit nicht ableitbar waren. Vor allem den Erwerb kraft *Erbrechts*. Da die mannigfachen Versuche, das Erbrecht naturrechtlich zu begründen, durchweg nicht formalrechtlichen, sondern rechtsphilosophischen Charakters sind, lassen wir sie hier ganz beiseite. Fast immer ragen letztlich materiale Motive hinein, noch öfter aber höchst künstliche Construktionen. Zahlreiche andere Institutionen des geltenden Rechts ferner waren lediglich praktisch utilitarisch, nicht aber formal, zu legitimieren. Durch deren „Rechtfertigung" glitt die naturrechtliche „Vernunft" leicht überhaupt auf die Bahn utilitarischer Betrachtungsweise und dies äußerte sich in der Verschiebung des Begriffs des „Vernünftigen". Beim rein formalen Naturrecht ist das Vernünftige das aus ewigen Ordnungen der Natur und der Logik – beides wird gern ineinandergeschoben – Ableitbare. Aber namentlich der englische Begriff des „reasonable" barg von Anfang an auch die Bedeutung: „rationell" im Sinn von „praktisch zuträglich" in sich. Darauf ließ sich der Schluß aufbauen: das praktisch zu absurden Konsequenzen Führende könne nicht das durch Natur und Vernunft gewollte Recht sein, und dies bedeutete das ausdrückliche Hineintragen materialer Voraussetzungen in den Begriff der Vernunft, die ja freilich der Sache nach latent von jeher in ihm lebendig gewesen waren. Tatsächlich hat mit Hülfe dieser Verschiebung jenes Begriffes z.B. der Supreme Court der Vereinigten Staaten sich in der neuesten Zeit sehr weitgehend der Gebundenheit an das formale Naturrecht zu entziehen gewußt und sich die Möglichkeit verschafft, z.B. die Gültigkeit gewisser Teile der sozialen Gesetzgebung anzuerkennen.

Prinzipiell aber wandelte sich das formale Naturrecht in ein materiales, sobald die Legitimität eines erworbenen Rechts nicht mehr an formal juristischen, sondern an material ökonomischen Merkmalen der Erwerbsart haftete. In Lassalles System der erworbenen Rechte wird noch versucht, ein bestimmtes Problem naturrechtlich mit formalen Mitteln, aber mit denen der Hegel'schen Entwicklungslehre, zu entscheiden. Die Unantastbarkeit der auf Grund einer positiven Satzung formal legitim erworbenen Rechte wird vorausgesetzt; aber an dem Problem der sogenannten rückwirkenden Kraft der Gesetze und der damit zusammenhängenden Frage der Entschädigungspflicht des Staates im Falle der Aufhebung von Privilegien tritt die naturrechtliche Schranke dieses Rechtspositivismus hervor. Der hier nicht interessierende Lösungsversuch ist durchaus formalen und naturrechtlichen Charakters.

Der entscheidende Umschlag zum materialen Naturrecht knüpft vornehmlich an sozialistische Theorien von der ausschließlichen Legitimität des Erwerbs durch eigene Arbeit an. Denn damit ist nicht nur dem entgeltlosen Erwerb durch Erbrecht oder garantierte Monopole, sondern dem formalen Prinzip der Vertragsfreiheit und der grundsätzlichen Legitimität aller durch Vertrag erworbenen Rechte überhaupt abgesagt, weil alle Appropriation von Sachgütern nun material daraufhin geprüft werden muß, wieweit sie auf Arbeit als Erwerbsgrund ruhe.

Natürlich haben ebenso das formale rationalistische Naturrecht der Vertragsfreiheit wie dies materiale Naturrecht der ausschließlichen Legitimität des Arbeitsertrags sehr starke Klassenbeziehungen. Die Vertragsfreiheit und alle Sätze über das legitime Eigentum, welche daraus abgeleitet wurden, waren selbstverständlich das Naturrecht der Marktinteressenten, als der an endgültiger Appropriation der Produktionsmittel Interessierten. Daß umgekehrt das Dogma von der spezifischen Unappropriierbarkeit des Grund und Bodens, weil ihn niemand durch seine Arbeit produziert habe, also: der Protest gegen die Schließung der Bodengemeinschaft, der Klassenlage ländlicher proletarisierter Bauern entspricht, deren verengerter Nahrungsspielraum sie unter das Joch der Bodenmonopolisten zwingt, ist klar, und ebenso, daß diese Parole speziell da pathetische Macht gewinnen muß, wo für den Ertrag der landwirtschaftlichen Gütererzeugung wirklich noch vorwiegend die natürliche Beschaffenheit des Bodens ausschlaggebend und zugleich die Bodenappropriation wenigstens nach innen noch nicht geschlossen ist, wo ferner ein rationaler „Großbetrieb" als Arbeitsorganisation in der Landwirtschaft fehlt, die Rente der Grundherren vielmehr entweder reine Pachtrente ist oder doch mit Bauerninventar und Bauerntechnik herausgewirtschaftet wird, wie sehr vielfach auf dem Gebiet der „schwarzen Erde". Positiv gewendet ist aber dieses kleinbäuerliche Naturrecht vieldeutig, denn es kann sowohl 1. ein Recht auf Bodenanteil im Ausmaß der vollen Ausnutzung der eigenen Arbeitskraft (russisch: „trudowaja norma"), wie 2. ein Recht auf Bodenbesitz im Ausmaß der traditionell unentbehrlichen Bedarfsdeckung (russisch: „potrebitelnaja norma") – also in der üblichen Terminologie entweder ein „Recht auf Arbeit" oder ein „Recht auf das Existenzminimum" – und, mit beiden verbunden, 3. das Recht auf den vollen Arbeitsertrag in sich schließen. Die nach heute absehbarer Wahrscheinlichkeit letzte naturrechtliche Agrarrevolution, welche die Welt gesehen haben wird: die russische des letzten Jahrzehnts, hat sich an den unaustragbaren Gegensätzen jener beiden möglichen Naturrechtsnormen unter einander und gegenüber den historisch oder realpolitisch oder praktisch-ökonomisch oder endlich – in hoffnungsloser Confusion, weil im Widerspruch mit den eignen Grunddogmen – marxistisch-evolutionistisch motivierten Bauernprogrammen in sich selbst auch rein ideell verblutet. Jene drei „sozialistischen" Individualrechte haben bekanntlich auch in der Ideenwelt des gewerblichen Proletariats ihre Rolle gespielt. Von ihnen sind das erste und zweite sowohl unter handwerksmäßigen wie unter kapitalistischen Existenzbedingungen der Arbeiterschaft theoretisch sinnvoll möglich, das dritte dagegen nur unter handwerksmäßigen, unter kapitalistischen gar nicht oder doch nur, wenn man sich eine streng traditionelle Innehaltung bestimmter Kostpreise beim Tausch universell durchgeführt (und durchführbar) denkt. Auf dem Boden der Landwirtschaft aber ebenso nur bei kapitalloser Produktion. Denn kapitalistische Produktionsteilung verschiebt sofort die Zurechnung des Ertrags des landwirtschaftlichen Bodens von der direkten landwirtschaftlichen Produktionsstätte hinweg in die Werkstätten landwirtschaftlicher Werkzeuge, künstlicher Düngemittel usw. und auf dem Gebiet des Gewerbes gilt das gleiche. Wo aber überhaupt Verwertung der Produkte auf einem Markt mit freier Conkurrenz den Ertrag bestimmt, verliert der Inhalt jenes Rechts des Einzelnen unvermeidlich den Sinn eines – gar nicht mehr existierenden – individuellen „Arbeitsertrags" und kann nur als Kollektivanspruch der in gemeinsamer Klassenlage Befindlichen Sinn behalten. Praktisch wird es dann zu einem Anspruch auf den „living wage", also zu einer Spielart des „Rechts auf das durch die *üblichen* Bedürfnisse bestimmte Existenzminimum", ähnlich dem von der kirchlichen Ethik geforderten „justum pretium" des Mittelalters, welches im Fall des Zweifels durch Prüfung (und eventuell: Probe): ob bei dem betreffenden Preise der betreffende Handwerker seinen standesgemäßen Lebensunterhalt finden könne, bestimmt wurde.

Das „justum pretium" selbst, der wichtigste naturrechtliche Einschlag der kanonistischen Wirtschaftslehre, ist ganz allgemein dem gleichen Schicksal verfallen. Man kann mit Fortschreiten der Marktvergemeinschaftung in der kanonistischen Literatur bei der Erörterung der Bestimmungsgründe des „justum pretium" die allmähliche Zurückdrängung dieses dem „Nahrungsprinzip" entsprechenden Arbeitswertpreises durch den Konkurrenzpreis als „natürlichen" Preis verfolgen. Schon bei Antonin von Florenz hat dieser das entschiedene Übergewicht. Bei den Puritanern dominiert er natürlich vollends. Der als „unnatürlich" verwerfliche Preis war nunmehr ein solcher, welcher nicht auf freier, d. h. durch Monopole oder andere willkürliche menschliche Eingriffe ungestörter, Marktkonkurrenz beruht. Dieser Satz hat in der ganzen puritanisch beeinflußten angelsächsischen Welt bis in die Gegenwart hinein seine Wirkungen geübt. Er hat sich, kraft seiner naturrechtlichen Dignität, als eine immerhin viel tragfähigere Stütze des Ideals der „freien Concurrenz" erwiesen, als die rein utilitarischen ökonomischen Theorien Bastiat'schen Gepräges auf dem Continent. –

Alle Naturrechtsdogmen haben die Rechtsschöpfung ebenso wie die Rechtsfindung mehr oder minder erheblich beeinflußt. Sie haben die ökonomischen Bedingungen ihrer Entstehung teilweise beträchtlich überdauert und bildeten eine selbständige Komponente der Rechtsentwicklung. Formal steigerten sie zunächst die Neigung zum logisch abstrakten Recht, überhaupt die Macht der Logik im Rechtsdenken. Material war ihr Einfluß überaus verschieden stark, überall aber bedeutend. Es ist hier nicht der Ort, dies und die Wandlungen und Kompromisse der verschiedenen naturrechtlichen Axiome im einzelnen zu verfolgen. Nicht nur die revolutionären, sondern auch schon die Kodifikationen des vorrevolutionären rationalistischen modernen Staats und Beamtentums waren von Naturrechtsdogmen beeinflußt und leiteten die spezifische Legitimität des von ihnen geschaffenen Rechts letztlich weitgehend aus seiner „Vernünftigkeit" ab. Wir sahen schon, wie leicht an der Hand eben dieses Begriffs der Umschlag aus dem ethisch und juristisch Formalen in das utilitarisch und technisch Materiale sich vollziehen konnte und vollzog. Dieser Umschlag lag freilich, aus Gründen, die wir kennen lernten, den vorrevolutionären patriarchalen Mächten besonders nahe, während umgekehrt die unter dem Einfluß der bürgerlichen Klassen sich vollziehenden Kodifikationen der Revolution die formalen naturrechtlichen Garantien des Individuums und seiner Rechtssphäre gegenüber der politischen Herrschaftsgewalt betonten und steigerten. Das Emporwachsen des Sozialismus bedeutete dann zwar zunächst die steigende Herrschaft materialer Naturrechtsdogmen in den Köpfen der Massen und mehr noch in den Köpfen ihrer der Intellektuellenschicht angehörigen Theoretiker. Einen direkten Einfluß auf die Rechtsprechung haben aber diese materialen Naturrechtsdogmen nicht erlangen können, schon weil sie, ehe sie überhaupt dazu befähigt gewesen wären, schon wieder durch die zunehmend rasch arbeitende positivistische und relativistisch-evolutionistische Skepsis eben dieser Intellektuellenschichten zersetzt wurden. Unter dem Einfluß dieses antimetaphysischen Radikalismus suchte die eschatologische Erwartung der Massen Anhalt an Prophetien statt an Postulaten. Auf dem Boden der revolutionären Rechtstheorien wurde infolgedessen die Naturrechtslehre zerstört durch die evolutionistische Dogmatik des Marxismus. Auf der Seite der offiziellen Wissenschaft wurde sie teils durch Comte'sche Entwicklungsschemata, teils durch die „organischen" Entwicklungs-Theoreme des Historismus vernichtet. Die gleiche Wirkung hatte auch der Einschlag von „Realpolitik", welchen unter dem Eindruck der modernen Machtpolitik vor Allem die Behandlung des öffentlichen Rechts annahm.

Die Methodik der publizistischen Theoretiker verfuhr von jeher und verfährt vollends heute in weitgehendem Maße so: daß sie als Konsequenz einer bekämpften juristischen Konstruktion praktisch-politisch absurd scheinende Folgerungen aus derselben aufzeigt und sie damit als erledigt betrachtet. Diese Methode ist derjenigen des formalen Naturrechts direkt entgegengesetzt. Sie enthält andererseits auch nichts von materialem Naturrecht in sich. Im Übrigen arbeitete die kontinentale Jurisprudenz mit dem bis in die jüngste Vergangenheit im Wesentlichen unangefochtenen Axiom von der logischen „Geschlossenheit" des positiven Rechts. Ausdrücklich verkündet ist es wohl zuerst von Bentham, im Protest gegen die Präjudizienwirtschaft und Irrationalität des Common Law. Gestützt wurde es indirekt durch alle jene Richtungen, welche alles überpositive Recht, insbesondre das Naturrecht, ablehnten, insofern also auch durch die historische Schule. Gänzlich auszurotten ist freilich der latente Einfluß naturrechtlicher, uneingestandener, Axiome auf die Rechtspraxis schwerlich. Aber nicht nur infolge der unausgleichbaren Kampfstellung formaler und materialer Naturrechtsaxiome gegeneinander und nicht nur infolge der Arbeit der verschiedenen Formen der Entwicklungslehre, sondern auch infolge der fortschreitenden Zersetzung und Relativierung aller metajuristischen Axiome überhaupt, teils durch den juristischen Rationalismus selbst, teils durch die Skepsis des modernen Intellektualismus überhaupt, ist die naturrechtliche Axiomatik heute in tiefen Mißkredit geraten und hat sie jedenfalls die Tragfähigkeit als Fundament eines Rechtes verloren. Verglichen mit dem handfesten Glauben an die positive religiöse Offenbartheit einer Rechtsnorm oder an die unverbrüchliche Heiligkeit einer uralten Tradition sind auch die überzeugendsten, durch Abstraktion gewonnenen Normen für diese Leistung zu subtil geartet. Der Rechtspositivismus ist infolgedessen in vorläufig unaufhaltsamem Vordringen. Das Schwinden der alten Naturrechtsvorstellungen hat die Möglichkeit, das Recht als solches kraft seiner immanenten Qualitäten mit einer überempirischen Würde auszustatten, prinzipiell vernichtet: es ist heute allzu greifbar in der großen Mehrzahl und grade in vielen prinzipiell besonders wichtigen seiner Bestimmungen als Produkt und technisches Mittel eines Interessenkompromisses enthüllt. Aber eben dieses Absterben seiner metajuristischen Verankerung gehörte zu denjenigen ideologischen Entwicklungen, welche zwar die Skepsis gegenüber der Würde der einzelnen Sätze der konkreten Rechtsordnung steigerten, eben dadurch aber die faktische Fügsamkeit in die nunmehr nur noch utilitarisch gewerthete Gewalt der jeweils sich als legitim gebarenden Mächte im *Ganzen* außerordentlich förderten. Vor allem innerhalb der Rechtspraktiker selbst. Die Berufspflicht der Wahrung bestehenden Rechts scheint die Rechtspraktiker generell in den Kreis der „conservativen" Mächte einzureihen. Das trifft vielfach auch zu, aber in dem doppelten Sinn, daß der Rechtspraktiker sowohl dem Ansturm materialer Postulate von „unten", im Namen „sozialer" Ideale, wie von „oben", im Namen patriarchaler Macht und Wohlfahrts-Interessen der politischen Gewalt, kühl gegenüberstehen wird. Indessen gilt dies nicht unbedingt. Den Anwälten speziell liegt, kraft ihrer direkten Beziehung zu den Interessenten und ihrer Qualität als erwerbender, sozial schwankend bewertheter Privatleute, die Rolle der Vertretung der Nichtprivilegierten und speziell der formalen Rechtsgleichheit nahe. – Schon in den Popolanen-Bewegungen der italienischen Communen, dann in allen bürgerlichen Revolutionen der

Neuzeit und weitgehend auch in den sozialistischen Parteien haben daher Advokaten und Juristen überhaupt eine hervorragende Rolle gespielt und in rein demokratischen politischen Verbänden (Frankreich, Italien, Vereinigte Staaten) sind sie, als die fachmäßig allein über die rechtlichen Möglichkeiten sachkundigen Techniker, als Honoratioren und als Vertrauensmänner ihrer Clientel die gegebenen Anwärter auf politische Carriere. Aber auch die Richter haben unter Umständen aus ideologischen Gründen, aus Standessolidarität, gelegentlich auch aus materiellen Gründen, eine sehr starke Opposition gegen die patriarchalen Mächte gebildet. Die feste, regelhafte Bestimmtheit aller äußeren Rechte und Pflichten wird ihnen als ein um seiner selbst willen erstrebenswertes Gut erscheinen und diese spezifisch „bürgerliche" Grundlage ihres Denkens bedingte ihre entsprechende Stellungnahme in den politischen Kämpfen, welche um die Eindämmung der autoritären patrimonialen Willkür und Gnade geführt wurden. Aber je nach dem dabei der Nachdruck mehr auf die Thatsache der „Ordnung" als solcher oder mehr auf die Garantie und Sicherheit, welche sie der Sphäre des Einzelnen verleiht, die „Freiheit", fiel (das Recht als „Reglement" oder als Quelle „subjektiven Rechts" gewerthet wurde) – um die Unterscheidung Radbruch's zu akzeptieren –, konnte dann weiterhin, nachdem die „Regelhaftigkeit" der sozialen Ordnung einmal durchgesetzt war, der Juristenstand mehr auf die Seite der autoritären oder der antiautoritären Gewalten treten. Aber nicht nur dieser Gegensatz, sondern vor Allem auch die alte Alternative zwischen formalen und materialen Rechtsidealen und das ökonomisch bedingte starke Wiedererwachen dieser letzteren, oben und unten, bedingten die Abschwächung der Oppositionsstellung der Juristen als solcher. Durch welche technischen Mittel es ferner den autoritären Gewalten gelingt, Widerstände innerhalb des Richtertums unschädlich zu machen, ist später zu erörtern. Unter den allgemeinen ideologischen Gründen der Änderung jener Haltung der Juristen aber spielt das Schwinden des Naturrechtsglaubens eine bedeutende Rolle. Soweit der Juristenstand heute überhaupt typische ideologische Beziehungen zu den gesellschaftlichen Gewalten aufweist, fällt er – verglichen sowohl mit den Juristen der englischen und französischen Revolutionszeit, wie überhaupt des Aufklärungszeitalters, auch innerhalb der patrimonialfürstlichen Despotien, der Parlamente und Gemeindekörperschaften, bis herab zum preußischen „Kreisrichterparlament" der 60er Jahre – viel stärker als je früher in die Wagschale der „Ordnung", und das heißt praktisch: der jeweils gerade herrschenden „legitimen" autoritären politischen Gewalten.

§ 8. Die formalen Qualitäten des modernen Rechts.

Die grundlegenden formellen Eigenarten der auf der Basis dieser rationalen und systematischen Rechtsschöpfungen entstandenen, spezifisch modernen okzidentalen Art der Rechtspflege sind nun, gerade infolge der neuesten Entwicklung, keineswegs eindeutig.

Die alten Prinzipien, welche für das Ineinanderfließen „subjektiven" und „objektiven" Rechts entscheidend waren: daß das Recht eine „geltende" Qualität der Glieder eines Personenverbandes darstellt, welche von diesen monopolisiert wird: die stammesmäßige oder ständische Personalität des Rechts und seine, durch genossenschaftliche Einung oder durch Privileg usurpierte oder legalisierte Partikularität sind verschwunden und mit ihnen die ständischen und Sonderverbandsprozeduren und Gerichtsstände. Allein weder alles partikuläre und personale Recht noch alle Sondergerichtsbarkeit ist damit beseitigt. Im Gegenteil hat gerade die Rechtsentwicklung der neuesten Zeit eine zunehmende Partikularisierung des Rechts gezeitigt. Nur das Prinzip der Abgrenzung der Geltungssphäre ist charakteristisch abgewandelt. Typisch dafür ist einer der wichtigsten Fälle moderner Rechtspartikularität: das Handelsrecht. Diesem Spezialrecht unterliegen z.B. nach dem deutschen Handelsgesetzbuch einerseits gewisse Arten von *Kontrakten*, deren wichtigster: Erwerb in der Absicht gewinnbringender Weiterveräußerung, ganz im Sinn rationalisierten Rechts nicht durch Angabe formaler Qualitäten, sondern durch Bezugnahme auf den gemeinten zweckrationalen *Sinn* des konkreten Geschäftsakts: „Gewinn" durch einen künftigen *anderen* Geschäftsakt, definiert ist. Andererseits unterliegen ihm bestimmte Gattungen von *Personen*, deren entscheidendes Merkmal darin besteht: daß jene Arten von Kontrakten von ihnen „gewerbsmäßig" vorgenommen werden. Entscheidend ist also für die Abgrenzung der Geltungssphäre dieses Rechts nicht der Wortfassung, wohl aber der Sache nach der Begriff des *„Betriebes"*. Denn ein Betrieb, der sich aus jenen Geschäftsakten als konstitutiven Bestandteilen zusammensetzt, ist Kaufmannsbetrieb, und alle *sachlich*, d.h. wieder: dem gemeinten Sinne nach, zu einem konkreten Kaufmannsbetrieb „gehörigen" Kontrakte, gleichviel welchen Charakters, sind – bestimmt das Gesetz weiter – „Handelsgeschäfte". Darüber hinaus unterstehen jene für den Kaufmannsbetrieb konstitutiven Geschäfte auch dann dem Spezialrecht, wenn sie als Gelegenheitsgeschäfte von Nichtkaufleuten geschlossen werden. Also entscheidet für die Abgrenzung der Geltungssphäre einerseits die sachliche Qualität (vor allem: der zweckrationale „Sinn") des Einzelgeschäftes und andererseits die sachliche (zweckrationale sinnhafte) Zugehörigkeit zum rationalen Zweckverband des Betriebs, nicht aber, wie in der Vergangenheit normalerweise, die Zugehörigkeit zu einem durch Einung oder Privileg rechtlich konstituierten Stande. Das Handelsrecht ist, soweit es personal abgegrenzt ist, Klassenrecht, nicht Standesrecht. Dieser Gegensatz gegen die Vergangenheit ist aber unzweifelhaft nur relativ. Gerade für dies Recht des Handels und der anderen rein ökonomischen „Berufe" hat das Prinzip der Abgrenzung von jeher einen in der äußeren Form oft abweichenden, in der Sache aber innerlich ähnlichen, rein sachlichen Charakter gehabt. Nur standen daneben mit quantitativ und qualitativ überragender Bedeutung die rein ständisch abgegrenzten Rechtspartikularitäten. Und auch die Abgrenzung der Geltungssphäre der Berufspartikularrechte erfolgte – soweit sie nicht an der Aufnahme in eine Einung hing – meist rein formal, durch Erwerb einer Lizenz oder eines Privilegs. In der im neuen deutschen Handelsgesetzbuch durchgeführten Kaufmannsqualität jedes ins Handelsregister Eingetragenen ist die personale Sphäre des Handelsrechts nach solchen rein formalen Merkmalen abgegrenzt, im übrigen aber nach dem ökonomischen Sinn der Geschäftsgebarung. Die Sonderrechte für andere Berufsklassen sind überwiegend ebenfalls nach solchen sachlichen Merkmalen und daneben nur unter Umständen formal abgegrenzt. – Den spezifisch modernen Partikularrechten entsprechen zahlreiche Partikulargerichte und partikuläre Sonderprozeduren.

Die Gründe der Entstehung dieser Partikularitäten sind wesentlich von zweierlei Art. Zunächst sind sie Folge der Berufsdifferenzierung und der steigenden Rücksichtnahme, welche die Interessenten des Güterverkehrs und der betriebsmäßigen gewerblichen Güterproduktion sich erzwungen haben. Sie erwarten von diesen Partikularitäten eine fachmäßig sachkundige Erledigung ihrer Rechtsangelegenheiten. Daneben aber spielt gerade in neuester Zeit ein anderer Grund der Partikularisierung eine zunehmende Rolle: der Wunsch, den Formalitäten der normalen Rechtsprozeduren zu entgehen im Interesse einer dem konkreten Fall angepaßteren und schleunigeren Rechtspflege. Praktisch bedeutet dies eine Abschwächung des Rechtsformalismus aus materialen Interessen heraus. Insoweit dies der Fall ist, gehört die Erscheinung in einen größeren Kreis ähnlicher moderner Vorgänge hinein.

Die allgemeine Entwicklung des Rechts und des Rechtsgangs führt, in theoretische „Entwicklungsstufen" gegliedert, von der charismatischen Rechtsoffenbarung durch *„Rechtspropheten"* zur empirischen Rechtsschöpfung und Rechtsfindung durch Rechts*honoratioren* (Kautelar- und Präjudizienrechtsschöpfung) weiter zur Rechtsoktroyierung durch weltliches Imperium und theokratische Gewalten und endlich zur systematischen Rechtssatzung und zur fachmäßigen, auf Grund literarischer und formallogischer Schulung sich vollziehenden „Rechtspfege" durch Rechts*gebildete* (Fachjuristen). Die formalen Qualitäten des Rechts entwickeln sich dabei aus einer Kombination von magisch bedingtem Formalismus und offenbarungsmäßig bedingter Irrationalität im primitiven Rechtsgang, eventuell über den Umweg theokratischer oder patrimonial bedingter materialer und unformaler Zweckrationalität zu zunehmender fachmäßig juristischer, also logischer Rationalität und Systematik und damit – zunächst rein äußerlich betrachtet – zu einer zunehmend logischen Sublimierung und deduktiven Strenge des Rechts und einer zunehmend rationalen Technik des Rechtsgangs. Daß die hier theoretisch konstruierten Rationalitätsstufen in der historischen Realität weder überall gerade in der Reihenfolge des Rationalitätsgrades aufeinander gefolgt, noch auch nur überall, selbst im Okzident, alle vorhanden gewesen sind oder auch nur heute sind, daß ferner die Gründe für die Art und den Grad der Rationalisierung des Rechts historisch – wie schon unsere kurze Skizze zeigte – wohl verschieden geartet waren, dies alles soll hier ad hoc ignoriert werden, wo es nur auf die Festellung der allgemeinsten Entwicklungszüge ankommen kann. Es sei nur daran erinnert, daß die großen Verschiedenheiten der Entwicklung im wesentlichen bedingt waren (und sind) 1. durch die Verschiedenheit politischer Machtverhältnisse – das Imperium hat, gegenüber sippenmäßigen, dinggenossenschaftlichen und ständischen Mächten, aus politischen Gründen, die später erörtert sind, sehr verschieden starke Macht erlangt –, 2. durch das Machtverhältnis der theokratischen zu den profanen Gewalten, 3. durch die in starkem Maß von politischen Konstellationen mitbedingte Verschiedenheit der Struktur der für die Rechtsbildung maßgebenden Rechtshonoratioren. Nur der Okzident kannte die voll entwickelte dinggenossenschaftliche Justiz und die ständische Stereotypierung des Patrimonialismus, nur er auch das Aufwachsen der rationalen Wirtschaft, deren Träger sich mit der Fürstenmacht zunächst zum Sturz der ständischen Gewalten verbünden, dann aber revolutionär gegen sie kehrten; nur der Okzident kannte daher auch das „Naturrecht";

nur er kennt die völlige Beseitigung der Personalität des Rechts und des Satzes „Willkür bricht Landrecht", nur er hat ein Gebilde von der Eigenart des römischen Rechts entstehen sehen und einen Vorgang wie dessen Rezeption erlebt. Alles dies sind zum sehr wesentlichen Teil konkret politisch verursachte Vorgänge, welche in der ganzen sonstigen Welt nur ziemlich entfernte Analogien hatten. Daher ist auch die Stufe des juristischen Fach*bildungs*rechts, wie wir sahen, in vollem Umfang nur im Okzident erreicht worden. Ökonomische Bedingungen haben dabei, sahen wir, überall sehr stark mitgespielt. Aber niemals allein ausschlaggebend, wie sich später noch bei Besprechung der politischen Herrschaft zeigen wird. Soweit sie bei der Bildung der spezifisch modernen Züge des heutigen okzidentalen Rechts beteiligt waren, lag die Richtung, in welcher sie wirkten, im ganzen in folgendem: Für die Gütermarktinteressenten bedeutete die Rationalisierung und Systematisierung des Rechts, allgemein und unter dem Vorbehalt späterer Einschränkung gesprochen, zunehmende Berechenbarkeit des Funktionierens der Rechtspflege: eine der wichtigsten Vorbedingungen für ökonomische Dauerbetriebe, speziell solche kapitalistischer Art, welche ja der juristischen „Verkehrssicherheit" bedürfen. Sondergeschäftsformen und Sonderprozeduren wie der Wechsel und der Wechselprozeß dienen diesem Bedürfnis nach rein *formaler* Eindeutigkeit der Rechtsgarantie. Auf der anderen Seite aber enthält nun die moderne (wie in gewissem Maße auch ebenso die antike römische) Rechtsentwicklung Tendenzen, welche eine Auflösung des Rechtsformalismus begünstigen. Wesentlich technischen Charakters erscheint auf den ersten Blick die Auflösung des formal gebundenen Beweisrechts zugunsten der „freien Beweiswürdigung". Wir sahen: die Sprengung der urwüchsigen, ursprünglich magisch bedingten formalen Bindung der Beweismittel war das Werk teils theokratischen, teils patrimonialen Rationalismus, welche beide „materielle Wahrheitsermittlung" postulierten, also ein Produkt materialer Rationalisierung. Heute aber ist Umfang und Grenze der freien Beweiswürdigung in erster Linie durch die „Verkehrsinteressen", also ökonomische Momente bestimmt. Es ist klar, daß ein ehemals sehr erhebliches Gebiet formal juristischen Denkens diesem durch die freie Beweiswürdigung zunehmend entzogen wird. Uns interessieren aber mehr die entsprechenden Tendenzen auf dem Gebiet des materiellen Rechts. Ein Teil von ihnen liegt auf dem Gebiet der internen Entwicklung des Rechtsdenkens. Seine zunehmende logische Sublimierung bedeutet ja überall den Ersatz des Haftens an äußerlich sinnfälligen formalen Merkmalen durch zunehmende logische Sinn*deutung*, sowohl bei den Rechtsnormen selbst, wie vor allem auch bei der Interpretation der Rechtsgeschäfte. Diese Sinndeutung beanspruchte in der gemeinrechtlichen Doktrin, den „wirklichen Willen" der Parteien zur Geltung zu bringen und trug schon dadurch ein individualisierendes und (relativ) materiales Moment in den Rechtsformalismus hinein. Darüber hinaus sucht sie nun aber durchweg – ganz parallel der uns bekannten Systematisierung der religiösen Ethik – die Beziehungen der Parteien zueinander auch auf den „inneren" Kern des Sichverhaltens: die „Gesinnung" (bona fides, dolus), aufzubauen und knüpft also Rechtsfolgen an unformale Tatbestände. Große Teile des Güterverkehrs sind durchweg, bei primitivem ebenso wie bei technisch differenziertem Verkehr, nur auf Grund weitgehenden persönlichen Vertrauens auf die materiale Loyalität des Verhaltens anderer möglich. Mit steigender Bedeutung des Güterverkehrs steigt daher in der Rechtspraxis das Bedürfnis nach Garantie für ein solches, der Natur der Sache nach nur unvollkommen formal zu umschreibendes Verhalten. Mithin kommt diese gesinnungsethische Rationalisierung durch die Rechtspraxis mächtigen Interessen entgegen. Aber auch über den Güterverkehr hinaus schiebt die Rationalisierung des Rechtes durchweg an die Stelle der Wertung nach dem äußeren Verlauf vielmehr die Gesinnung als das eigentlich Bedeutsame in den Vordergrund. Sie ersetzt im Kriminalrecht die Rache, für deren Bedürfnis der Erfolg im Vordergrunde steht, durch rationale, sei es ethische, sei es utilitarische „Strafzwecke" und trägt dadurch ebenfalls zunehmend unformale Momente in die Rechtspraxis hinein. Aber noch darüber hinaus führen die Konsequenzen. Die Berücksichtigung der Gesinnung enthält, auch auf dem privatrechtlichen Gebiet, der Sache nach deren Bewertung durch den Richter. „Treu und Glaube" und die „gute" Sitte des Verkehrs, in letzter Instanz also ethische Kategorien, entschieden nun über dasjenige, was die Parteien wollen „durften". Immerhin ist die Bezugnahme auf den „guten" Verkehrsbrauch hier, der Sache nach, die Anerkennung der Durchschnittsauffassung der Interessenten, also eines generellen und sachlich-geschäftlichen Merkmals wesentlich faktischer Art, als des von den Interessenten befugtermaßen durchschnittlich *erwarteten* und deshalb von der Justiz zu akzeptierenden Normalmaßstabs. Nun aber haben wir gesehen, daß die rein fachjuristische Logik, die juristische „Konstruktion" der Tatbestände des Lebens an der Hand abstrakter „Rechtssätze" und unter der beherrschenden Maxime: daß dasjenige, was der Jurist nach Maßgabe der durch wissenschaftliche Arbeit ermittelten „Prinzipien" nicht „denken" könne, auch rechtlich nicht existiere, unvermeidlich immer wieder zu Konsequenzen führen muß, welche die „Erwartung" der privaten Rechtsinteressenten auf das gründlichste enttäuschen. Die „Erwartungen" der Rechtsinteressenten sind an dem ökonomischen oder fast utilitarischen praktischen „Sinn" eines Rechtssatzes orientiert; dieser aber ist, rechtslogisch angesehen, irrational. Niemals wird ein „Laie" verstehen, daß es einen „Elektrizitätsdiebstahl" bei der alten Definition des Diebstahlsbegriffs nicht geben konnte. Es ist also keineswegs eine spezifische Torheit der modernen Jurisprudenz, welche zu diesen Konflikten führt, sondern in weitem Umfang die ganz unvermeidliche Folge der Disparatheit *logischer* Eigengesetzlichkeiten jedes formalen Rechtsdenkens überhaupt gegenüber den auf *ökonomischen* Effekt abzweckenden und auf ökonomisch qualifizierte Erwartungen abgestellten Vereinbarungen und rechtlich relevanten Handlungen der Interessenten. Immer erneut entsteht daraus heute der Protest der Interessenten gegen das juristische Fachdenken als solches. Und er findet heute Unterstützung auch bei dem Denken der Juristen selbst über ihren eigenen Betrieb. Allein ohne gänzlichen Verzicht auf jenen ihm selbst immanenten formalen Charakter ist ein Juristenrecht mit diesen Erwartungen niemals völlig zur Deckung zu bringen, noch auch je gebracht worden. Das heute in dieser Hinsicht bei uns oft glorifizierte englische so wenig wie das altrömische Juristenrecht wie die moderne kontinentalen juristischen Denkgepflogenheiten. Auch Versuche (wie der von Erich Jung), an Stelle des überwundenen „Naturrechts" als „natürliches Recht" die den (durchschnittlichen) „Erwartungen" der Interessenten entsprechende „Streitschlichtung" in Anspruch zu nehmen, würde daher auf gewisse immanente Grenzen stoßen. Im übrigen aber knüpft dieser Gedanke gewiß an Realitäten des Rechtslebens an. Diese Art von Geschäftssittlichkeit, welche sich an dem „durchschnittlich zu Erwartenden" orientiert, hat der Sache nach in der Tat schon das antike römische Recht der späteren republikanischen und namentlich der Kaiserzeit prinzipiell entwickelt. Es war dadurch im ganzen nur ein enger Kreis direkt als schmutzig oder betrügerisch geltender Manipulationen betroffen. In dieser Funktion konnte das Recht in der Tat nur das „ethische Minimum" garantieren. Trotz der bona fides galt auch der Satz: „caveat emptor". Nun aber entstehen mit dem Erwachen moderner Klassenprobleme materiale Anforderungen an das Recht von seiten eines Teils der Rechtsinteressenten (namentlich der Arbeiterschaft) einerseits, der Rechtsideologen andererseits, welche sich gerade gegen diese Alleingeltung solcher nur geschäftssittlicher Maßstäbe richten und ein soziales Recht auf der Grundlage pathetischer sittlicher Postulate („Gerechtigkeit", „Menschenwürde") verlangen. Dies aber stellt den Formalismus des Rechts grundsätzlich in Frage. Denn die Anwendung von Begriffen wie „Ausbeutung der Notlage" (im Wuchergesetz) oder die Versuche, Verträge wegen Unverhältnismäßigkeit des Entgeltes als gegen die guten Sitten verstoßend und daher nichtig zu behandeln, stehen grundsätzlich auf dem Boden von, rechtlich betrachtet, antiformalen Normen, die nicht juristischen oder konventionellen oder traditionellen, sondern rein ethischen Charakter haben, materiale Gerechtigkeit statt formaler Legalität beanspruchen.

Parallel mit diesen, namentlich durch soziale Forderungen der Demokratie einerseits, der monarchischen Wohlfahrtsbürokratie andererseits bedingten Einflüssen auf Recht und Rechtspraxis gehen nun auch interne Standesideologien der Rechtspraktiker. Die Situation des an die bloße Interpretation von Paragraphen und Kontrakten gebundenen Rechtsautomaten, in welchen man oben den Tatbestand nebst den Kosten einwirft, auf daß er unten das Urteil nebst den Gründen ausspeie, erscheint den modernen Rechtspraktikern subaltern und wird gerade mit Universalisierung des kodifizierten formalen Gesetzesrechts immer peinlicher empfunden. Sie beanspruchen „schöpferische" Rechtstätigkeit für den Richter, zum mindesten da, wo die Gesetze versagen. Die „freirechtliche" Doktrin unternimmt den Nachweis, daß dies Versagen das prinzipielle Schicksal aller Gesetze gegenüber der Irrationalität der Tatsachen, daß also in zahlreichen Fällen die Anwendung der bloßen Interpretation nur Schein sei und die Entscheidung nach konkreten Wertabwägungen, nicht nach formalen Normen, erfolge und erfolgen müsse. Der bekannte, in seiner praktischen Tragweite freilich oft überschätzte Art. 1 des Schweizerischen Bürgerlichen Gesetzbuches, wonach der Richter mangels eindeutiger Auskunft des Gesetzes nach der Regel entscheiden solle, welche er selbst als Gesetzgeber aufstellen würde, entspricht zwar formal bekannten kantischen Formulierungen. Der Sache nach würde aber eine Judikatur, welche den gedachten Idealen entspräche, angesichts der Unvermeidlichkeit von Wertkompromissen, von einer Bezugnahme auf solche abstrakten Normen oft ganz absehen und mindestens im Konfliktsfall ganz konkrete Wertungen, also nicht nur unformale, sondern auch irrationale Rechtsfindung, zulassen müssen. Tatsächlich ist denn auch neben die Doktrin von der unvermeidlichen Lückenhaftigkeit des Rechts und den Protest gegen die Fiktion seiner systematischen Geschlossenheit die weitergehende Behauptung getreten: daß Rechtsfindung überhaupt prinzipiell nicht „Anwendung" genereller Normen auf einen konkreten Tatbestand sei (oder doch nicht sein sollte) – so wenig der sprachliche Ausdruck „Anwendung" grammatischer Regeln sei –, daß vielmehr der „Rechtssatz" das Sekundäre, durch Abstraktion aus den konkreten Entscheidungen gewonnene sei, diese aber, die Produkte der Juristentätigkeit, der eigentliche Sitz des „geltenden" Rechts seien. Während auf der anderen Seite auch die quantitative Geringfügigkeit der zur kontradiktorischen Entscheidung gelangenden Rechtsfälle gegenüber der gewaltigen Fülle der das faktische

Verhalten bestimmenden Prinzipien zur Deklassierung der „nur“ als „Entscheidungsnormen“ in Betracht kommenden Gesetzesregeln gegenüber den im prozeßlosen Alltag faktisch „geltenden“ Regeln benutzt und daraus das Postulat der „soziologischen“ Fundamentierung der Jurisprudenz abgeleitet wird. Aus der historischen Tatsache: daß das Recht lange Epochen hindurch ein Produkt der Tätigkeit der zunehmend juristisch beratenen Rechtsinteressenten und der zunehmend juristisch gebildeten Richter gewesen ist und teilweise noch ist, daß, m. a. W., alles „Gewohnheitsrecht“ in Wahrheit Juristenrecht war und ist, im Zusammenhalt mit der ebenso unzweifelhaften Tatsache: daß noch jetzt die Gerichtspraxis, z. B. auch des deutschen Reichsgerichts, gerade nach dem Inkrafttreten des Bürgerlichen Gesetzbuchs, gelegentlich teils praeter, teils sogar contra legem ganz neue Rechtsprinzipien aufstellt, wird manchmal sowohl die Überlegenheit der Präjudizien gegenüber der rationalen Satzung objektiver Normen, wie die Überlegenheit des konkreten zweckrationalen Interessenausgleichs gegenüber der Schaffung und Anerkennung von „Normen“ überhaupt abgeleitet. Die moderne Rechtsquellenlehre hat sowohl den vom Historismus geschaffenen, halb mystischen Begriff des „Gewohnheitsrechts“ wie den ebenfalls historischen Begriff eines „Willens des Gesetzgebers“, der durch Studium der Entstehungsweise des Gesetzes (aus Kommissionsprotokollen und ähnlichen Quellen) zu ermitteln sei, zersetzt: mit dem „Gesetz“, nicht mit dem „Gesetzgeber“ habe es der Jurist zu tun. Das dergestalt isolierte „Gesetz“ aber wird dann zur Bearbeitung und Verwendung ihm, dem Juristen – bald mehr der „Wissenschaft“ (so sehr oft auch in den Motiven moderner Gesetzbücher), bald mehr dem Praktiker – überantwortet. Dabei wird die Bedeutung der gesetzgeberischen Fixierung eines Rechtsgebots unter Umständen bis zur Rolle eines bloßen „Symptoms“ der Geltung oder auch nur der gewünschten – aber bis zur Stellungnahme der Rechtspraxis problematischen – Geltung eines Rechtssatzes herabgesetzt. Der Vorliebe für die mit dem Rechtsleben, d. h. aber: mit dem Leben des Rechts*praktikers*, in Berührung gebliebenen Präjudizienrechte zuungunsten der Gesetzesrechte tritt nun aber wieder der Anspruch entgegen: daß auch die Präjudizien zugunsten der freien Abwägung zwischen den unvermeidlich stets konkreten Wertungsmöglichkeiten nicht über den Einzelfall hinaus bindend sein dürften. Im Kontrast zu diesen Konsequenzen des Wertirrationalismus erhebt sich andererseits der Versuch einer Retablierung eines objektiven Wertmessers. Je mehr sich der Eindruck aufdrängt, daß Rechtsordnungen als solche eine bloße „Technik“ darstellen, desto stärker wird naturgemäß eben diese Deklassierung von den Juristen perhorresziert. Eine rein technische Anordnung, wie die: daß beim Überschreiten einer Grenze von gewissen Gütern eine gewisse Abgabe zu entrichten sei, auf eine Stufe mit Rechtssätzen über die Ehe oder die väterliche Gewalt oder auch den Inhalt des Eigentumsrechts zu stellen, sträubt sich das Empfinden gerade des Rechtspraktikers, und es taucht jenseits des positiven, als wandelbar und weitgehend „technisch“ erkannten, Rechts der sehnsüchtige Gedanke an ein überpositives Recht auf. Zwar das alte „Naturrecht“ erscheint durch die historische und rechtspositivistische Kritik diskreditiert. Als Ersatz bietet sich teils ein religiös gebundenes Naturrecht der (katholischen) Dogmatiker an, teils der Versuch, durch Deduktionen aus dem „Wesen“ des Rechts objektive Maßstäbe zu gewinnen. Entweder auf apriorischem, am Neukantianismus orientierten Wege: das „richtige Recht“ als Ordnung einer „Gesellschaft frei wollender Menschen“, sowohl als legislativer Maßstab für die rationale Rechtsschöpfung, wie als Quelle der Rechtsfindung in den Fällen, wo das Gesetz den Richter auf scheinbar unformale Merkmale verweist, – in beiden Richtungen vorerst wesentlich eine Verheißung ohne wirkliche Erfüllung. Oder empirisch und daneben an Comte orientiert: durch Hinweis auf die Untersuchung der „Erwartungen", welche der Rechtsinteressent begründeterweise nach der Durchschnittsauffassung der Verbindlichkeiten anderer zu hegen pflege, als letzte, auch dem Gesetz gegenüber souveräne Entscheidungsnorm, welche den als unklar empfundenen Begriff der „Billigkeit" und ähnliche zu ersetzen habe. Die speziellere Erörterung und vollends eine „Kritik" dieser, wie schon die kurze Skizze zeigt, untereinander zu höchst widerstreitenden Resultaten gelangenden Bewegungen gehört nicht hierher. Die Existenz aller dieser Strömungen ist international, am stärksten aber machen sie sich in Deutschland und Frankreich bemerkbar. Einig sind sie im wesentlichen nur in der Ablehnung der überkommenen und bis vor kurzem herrschenden petitio principii der begrifflichen „Lückenlosigkeit" des Rechts. Im übrigen wenden sie sich gegen sehr verschiedene Gegner, z.B. in Frankreich gegen die Schule der Codeinterpreten, in Deutschland gegen die Methodik der Pandektisten. Je nach der Eigenart der Träger der Bewegung kommt sie in ihrem Ergebnis mehr zu Schlüssen, welche dem Prestige der „Wissenschaft", also der Theoretiker, oder dem der Rechtspraktiker zugute kommen. Durch die stetige Zunahme des formulierten Gesetzesrechts und namentlich der systematischen Kodifikationen fühlen sich die akademischen Juristen in ihrer Bedeutung und auch in den Chancen der Bewegungsfreiheit des wissenschaftlichen Denkens empfindlich bedroht, und die rapide Zunahme der sowohl antilogischen wie antihistorischen Bewegungen in Deutschland, wo man das Los der französischen Rechtswissenschaft nach dem Code, der preußischen nach dem Allgemeinen Landrecht fürchtet, ist dadurch leicht erklärlich und insofern Produkt einer historischen, intern intellektualistischen Interessenkonstellation. Alle, auch und gerade die irrationalistischen, Spielarten der Abkehr von der in der gemeinrechtlichen Wissenschaft entwickelten rein logischen Rechtssystematik sind aber andererseits auch wieder Konsequenzen der sich selbst überschlagenden wissenschaftlichen Rationalisierung und voraussetzungslosen Selbstbestimmung des Rechtsdenkens. Denn soweit sie nicht selbst rationalistischen Charakter haben, sind sie doch, als Form der Flucht in das Irrationale, eine Folge der zunehmenden Rationalisierung der Rechts*technik* – eine Parallelerscheinung der Irrationalisierung des Religiösen. Vor allem anderen aber ist – was nicht übersehen werden darf – dies aus dem Bestreben der zunehmend in Interessenverbänden zusammengeschlossenen modernen Rechtspraktiker nach Erhöhung des Standeswürdegefühls durch Erhöhung des Machtbewußtseins bedingt, wie in Deutschland z.B. die häufige Bezugnahme auf die „vornehme" Stellung des englischen, nicht an ein rationales Recht gebundenen, Richters zeigt.

Dieser Unterschied des kontinentalen gegenüber dem angelsächsischen Recht hat freilich vornehmlich in Umständen seinen Grund, welche mit Verschiedenheiten der allgemeinen Herrschaftsstruktur und der daraus folgenden Art der Verteilung sozialer Ehre zusammenhängen.

Davon war teils schon die Rede, teils wird in anderem Zusammenhang noch darüber zu reden sein. Jedenfalls handelt es sich, auch soweit ökonomische Determinanten mitspielen, um sehr stark intern, durch Verhältnisse und Existenzbedingungen des Juristenstandes, bestimmte Umstände und daneben um Gründe, die in der Verschiedenheit der politischen Entwicklung liegen. Als Resultat dieser Verschiedenheit der geschichtlichen Konstellationen aber – das geht uns hier an – steht die Tatsache vor uns, daß der moderne Kapitalismus gleichmäßig gedeiht und auch ökonomisch wesensgleiche Züge aufweist nicht nur unter Rechtsordnungen, welche, juristisch angesehen, höchst ungleichartige Normen und Rechtsinstitute besitzen – schon ein vermutlich so fundamentaler Begriff wie „Eigentum" nach Art des kontinentalen Instituts dieses Namens fehlt dem angelsächsischen Recht noch heute –, sondern welche auch in ihren letzten formalen Strukturprinzipien soweit als möglich auseinandergehen. Das englische Rechtsdenken ist 1. noch heute, trotz aller Beeinflussung durch die immer strengeren Anforderungen an die wissenschaftliche Schulung, in weitestgehendem Maße eine „empirische" Kunst. Das „Präjudiz" hat seine alte Bedeutung voll beibehalten, nur gilt es für „unfair", sich auf Präjudizien, die allzulange, etwa um mehr als ein Jahrhundert zurückliegen, zu beziehen. Nicht allein, aber allerdings wie es scheint, besonders stark in den Neuländern, namentlich den Vereinigten Staaten, ist dabei 2. der genuine „charismatische" Charakter der Rechtsfindung noch fühlbar erhalten. Die Präjudizien haben in der Praxis ein höchst verschiedenes Gewicht nicht etwa nur, wie überall, nach der hierarchischen Stellung der Instanz, sondern je nach der ganz persönlichen Autorität des einzelnen Richters. Für wichtige Neuschöpfungen von Rechtsmitteln – wie etwa diejenigen Lord Mansfields – gilt dies im ganzen angelsächsischen Rechtskreis. Aber der amerikanischen Anschauung ist das Urteil überhaupt eine persönliche Schöpfung dieses konkreten Richters, den man mit Namen zu bezeichnen pflegt, im Gegensatz zu dem unpersönlichen „Königlichen Amtsgericht" der europäisch-kontinentalen, bürokratischen Amtssprache. Und auch der englische Richter nimmt diese Stellung in Anspruch. Damit hängt es zusammen, daß 3. auch der Grad der Rationalität des Rechts ein wesentlich geringerer und die Art derselben eine andere ist als im kontinentalen europäischen Recht. Es fehlte bis in die jüngste Vergangenheit, jedenfalls aber bis Austin, eine englische Jurisprudenz, welche den Namen „Wissenschaft" verdient hätte, wenn man den kontinentalen Begriff zugrunde legt, fast ganz. Schon dies machte eine Kodifikation, wie sie Bentham gefordert hatte, fast unmöglich. Dieser Zug nun ist gerade derjenige, welcher die „praktische" Anpassungsfähigkeit des englischen Rechts, seinen „praktischen" Charakter vom Standpunkt der Interessenten aus vornehmlich bedingt. Das Rechtsdenken des „Laien" ist einerseits wortgebunden. Er pflegt vor allem ein Wortrabulist zu werden, wenn er „juristisch" zu argumentieren glaubt. Und daneben ist ihm das Schließen vom Einzelnen auf das Einzelne natürlich: die juristische Abstraktion des „Fachmanns" liegt ihm fern. In beiden Hinsichten aber ist ihm die Kunst der empirischen Jurisprudenz verwandt, wie wir sahen. Sie mag ihm unsympathisch sein – kein Land der Welt kennt so bittere Klagen und Satiren auf den Rechtsbetrieb der Anwälte wie England. Und die Konstruktionsformen des Kautelarjuristen mögen ihm ganz unverständlich sein: was wiederum im höchsten Grad in England der Fall ist. Aber ihre prinzipielle Eigenart ist ihm verständlich; er kann sie „nacherleben" und sich mit ihr abfinden, indem er sich ein für allemal – wie dies jeder englische Geschäftsmann tut – einen juristischen Beichtvater für alle Lebensverhältnisse anstellt und bezahlt. Er stellt daher keine Anforderungen und Erwartungen an das Recht, die durch rechtslogische Konstruktionen enttäuscht werden könnten. Und auch für den Rechtsformalismus gibt es Ventile. Zwar auf dem Gebiet des Privatrechts sind Common Law und heute auch Equity schon infolge der Präjudizienbindung in weitem Maße „formalistisch" in der praktischen Handhabung. Dafür sorgt schon die Traditionsgebundenheit des Anwaltsbetriebs. Allein schon das Institut der Civiljury bedingt Grenzen der Rationalität, welche als solche durchaus nicht nur als unvermeidlich hingenommen, sondern gerade wegen der Gebundenheit der Richter an die Präjudizien geschätzt werden, in der Sorge davor, daß ein Präjudiz eine formale bindende Regel (ein „bad law") auf Gebieten schaffen könnte, welche man der konkreten Wertabwägung zugänglich erhalten möchte. Die Darstellung der Art wie diese Teilung in ein Gebiet der Präjudiziengebundenheit und ein anderes der konkreten Wertabwägung praktisch funktioniert, gehört nicht hierher. Jedenfalls bedeutet sie eine Abschwächung der Rationalität der Rechtspflege. Dazu tritt die recht summarische, noch heute stark patriarchale und höchst irrationale Art der Behandlung aller alltäglichen Bagatellsachen in der friedensrichterlichen Einzeljurisdiktion in England, welche – wie man sich aus Mendelssohns Darstellung leicht überzeugen kann – in einer uns unbekannten Art den Charakter der „Kadi"-Justiz bewahrt hat. Alles in allem das Bild einer Rechtspflege, welche in der prinzipiellsten formellen Eigentümlichkeit des materiellen Rechts sowohl wie des Prozeßverfahrens, soweit als innerhalb eines weltlichen, von theokratischer Gebundenheit und patrimonialen Gewalten freien Betriebes der Justiz überhaupt möglich, abweicht von der Struktur des kontinentalen Rechts. Denn jedenfalls ist die englische Rechtsfindung dem Schwerpunkt nach nicht, wie die kontinentale, „Anwendung" von „Rechtssätzen", welche mit Hilfe der Logik aus dem Inhalt gesetzlicher Vorschriften sublimiert sind. Diese Abweichungen haben, auch ökonomisch und sozial, ziemlich fühlbare Konsequenzen gehabt, – durchweg aber Einzelkonsequenzen, nicht solche, welche die Gesamtstruktur der Wirtschaft beeinflußt hätten. Für die Entfaltung des Kapitalismus kam vielmehr daran nur ein Doppeltes begünstigend in Betracht: einmal der Umstand, daß die Rechtsbildung dem Schwerpunkt nach in der Hand der Anwälte lag, aus denen die Richter sich rekrutierten – also in der Hand einer Schicht, welche im Dienst der begüterten, speziell der kapitalistischen Privatinteressenten tätig wird und materiell direkt von ihnen lebt. Und ferner, in Verbindung damit, durch den Umstand, daß die Konzentration der Rechtspflege bei den Reichsgerichten in London und ihre gewaltige Kostspieligkeit der Sache nach einer Justizverweigerung für die Unbemittelten sehr nahe kam. Jedenfalls aber hat die im Wesen gleichartige kapitalistische Entwicklung diese außerordentlich starken Gegensätze der Eigenart des Rechts nicht auszugleichen vermocht. Und es besteht auch gar keine sichtbare Tendenz dazu, die Struktur des Rechts und der Rechtspflege aus Motiven der kapitalistischen Wirtschaft heraus in der Richtung der kontinentalen Verhältnisse umzuformen. Wo, im Gegenteil, beide Arten der Rechtspflege und Rechtsbildung Gelegenheit hatten miteinander zu konkurrieren, – wie in Kanada –, zeigte sich die angelsächsische Weise überlegen und verdrängte die uns gewohnte relativ rasch. Es liegt also im Kapitalismus als solchem kein entscheidendes Motiv der Begünstigung derjenigen Form der Rationalisierung des Rechts, welche seit der romanistischen Universitätsbildung des Mittelalters dem kontinentalen Okzident spezifisch geblieben ist.

Umgekehrt entwickelt die moderne soziale Entwicklung, außer den früher erwähnten politischen und den zuletzt erörterten intern ständisch-juristischen, auch sonst allgemeine Motive, welche den formalen Rechtsrationalismus abschwächen. Direkte irrationale „Kadijustiz" wird heute in der Strafrechtspflege in weitem Umfang von der „populären" Rechtspflege der Geschworenen geübt. Sie kommt dem

Empfinden der nicht fachjuristisch geschulten Laien, deren Gefühl der Formalismus des Rechts im konkreten Fall immer wieder beleidigen muß und überdies den Instinkten der nichtprivilegierten Klassen entgegen, welche materiale Gerechtigkeit verlangen. Allein gerade gegen die, durch diesen relativen Volksjustizcharakter bedingte Eigenart der Geschworenenjustiz erheben sich von zwei Seiten her Angriffe. Zunächst wegen der stärkeren Interessengebundenheit der Geschworenen gegenüber der Sachlichkeit, die dem inneren Habitus des Fachmanns entspricht. Wie schon in der römischen Antike die Geschworenenliste Gegenstand des Klassenkampfes war, so wird die heute vorwiegende und in gewissem Umfang schwer vermeidliche, aber natürlich auch stark politisch bedingte, Auslese der Geschworenen aus „abkömmlichen" Honoratiorenschichten, wenn auch vorwiegend plebejischer Art, als die Klassenjustiz begünstigend, namentlich von den Arbeitern perhorresziert, und, wo diese an der Geschworenenbank beteiligt werden, umgekehrt von den besitzenden Klassen. Übrigens sind nicht nur „Klassen" als solche Interessenten: In Deutschland, wo allerdings die Geschlechtsehre der Frau auch sonst am niedrigsten gewertet wird, sind die Männer als Geschworene fast nie zu bewegen, einen ihren Geschlechtsgenossen z. B. wegen Vergewaltigung schuldig zu sprechen; mindestens dann nicht, wenn das Mädchen ihnen als „bescholten" gilt. Auf der anderen Seite reagiert gegen die Laienjustiz die juristische Fachschulung mit dem Anspruch, daß die Laien, deren formal juristisch oft höchst anfechtbarer Wahrspruch ohne Begründung und ohne Möglichkeit materialer Anfechtung, also ganz nach Art eines irrationalen Orakels, abgegeben werde, beim Judizieren der Kontrolle der Fachmänner unterstellt, daß also gemischte Kollegien gebildet werden, in denen dann die Laien nach aller Erfahrung normalerweise den Fachjuristen an Einfluß unterlegen sind, so daß ihre Anwesenheit praktisch meist nur die Bedeutung einer Art Publizitätszwang für die Erwägungen der Fachjuristen zu besitzen pflegt, wie man ihn in der Schweiz durch die Öffentlichkeit auch der Beratungen der Gerichte durchzuführen gesucht hat. Der Fachjustiz ihrerseits wiederum winkt auf kriminellem Gebiet die Entmündigung durch die Fach-Psychiater, auf welche zunehmend die Verantwortung gerade für die Beurteilung besonders schwerer Straftaten abgewälzt wird und denen damit der Rationalismus eine Aufgabe zuschiebt, welche sie mit den Mitteln echter Naturwissenschaft gar nicht lösen können. Alle diese Konflikte sind ersichtlich nur höchst indirekt durch die technische und ökonomische Entwicklung, welche den Intellektualismus begünstigt, mitbedingt, primär aber meist Konsequenzen des unaustragbaren Gegensatzes zwischen formalem und materialem Prinzip der Rechtspflege, welche auch bei ganz gleicher Klassenlage miteinander in Konflikt geraten. Übrigens ist nicht sicher, ob die heute negativ privilegierten Klassen, speziell die Arbeiterschaft, von einer unformalen Rechtspflege für ihre Interessen das zu erwarten haben, was die Juristen-Ideologie annimmt. Ein bürokratisierter, in den leitenden Stellen zunehmend planvoll aus der Staatsanwaltschaft rekrutierter, überdies in seinem Avancement durchaus von den politisch herrschenden Gewalten abhängiger Richterstand kann nicht mit den schweizerischen oder englischen, noch weniger mit den amerikanischen (Bundes-)Richtern gleichgesetzt werden. Wenn man ihm den Glauben an die Heiligkeit des rein sachlichen Rechtsformalismus nimmt und ihn statt dessen darauf verweist, zu „werten", so wird das Resultat ohne Zweifel ein ganz anderes sein als in jenen Rechtsgebieten. – Doch gehört dies nicht in unsere Betrachtung. – Nur einige historische Irrtümer sind richtig zu stellen.

Wirklich *bewußt* „schöpferisch", d. h. neues Recht schaffend, haben sich nur Propheten zum geltenden Recht verhalten. Im übrigen ist es, wie nochmals nachdrücklich zu betonen ist, durchaus nichts spezifisch Modernes, sondern gerade auch den, *objektiv* betrachtet, am meisten „schöpferischen" Rechtspraktikern eigen gewesen, daß sie *subjektiv* sich nur als Mundstück schon – sei es auch eventuell latent – geltender Normen, als deren Interpreten und Anwender, nicht aber als deren „Schöpfer", fühlten. Daß man heute diesem subjektiven Glauben gerade der anerkannt erheblichsten Juristen den objektiv anders liegenden Tabestand entgegenhält und aus diesem nun die Norm für das subjektive Verhalten machen möchte, ist – mag man sich zu dem Verlangen stellen wie immer – jedenfalls Produkt intellektualistischer Desillusionierung. Die alte Stellung des englischen Richters dürfte mit Fortschritt der Bürokratisierung und der Rechtssatzung auf die Dauer stark erschüttert werden. Ob man aber einen bürokratischen Richter in Ländern mit kodifiziertem Recht dadurch allein zu einem Rechtspropheten machen wird, daß man ihm die Krone des „Schöpfers" aufdrückt, ist nicht sicher. Jedenfalls aber wird die juristische Präzision der Arbeit, wie sie sich in den Urteilsgründen ausspricht, ziemlich stark herabgesetzt werden, wenn soziologische und ökonomische oder ethische Räsonnements an die Stelle juristischer Begriffe treten. – Die Bewegung ist, alles in allem, einer der charakteristischen Rückschläge gegen die Herrschaft des „Fachmenschentums" und den Rationalismus, der freilich letztlich ihr eigner Vater ist. Jedenfalls also zeigt die Entwicklung der formellen Qualitäten des Rechts eigentümlich gegensätzliche Züge. Streng formalistisch und am Sinnfälligen haftend, soweit die geschäftliche Verkehrssicherheit es verlangt, ist es im Interesse der geschäftlichen Verkehrsloyalität unformal, soweit die logische Sinninterpretation des Parteiwillens oder die in der Richtung eines „ethischen Minimums" gedeutete „gute Verkehrssitte" es bedingen. Es wird darüber hinaus in antiformale Bahnen gedrängt durch alle diejenigen Gewalten, welche an die Rechtspraxis den Anspruch stellen, etwas anderes als ein Mittel befriedeten Interessenkampfs zu sein. Also durch materiale Gerechtigkeitsforderungen sozialer Klasseninteressen und Ideologien und durch die auch heute wirksame Natur bestimmter politischer, speziell autokratischer und demokratischer, Herrschaftsformen, sowie derjenigen Anschauungen über den Zweck des Rechtes, welche ihnen adäquat sind, und durch die Forderung der „Laien" nach einer ihnen verständlichen Justiz. Endlich unter Umständen auch, wie wir sahen, durch ideologisch begründete Machtansprüche des Juristenstandes selbst. Wie immer aber sich unter diesen Einflüssen das Recht und die Rechtspraxis gestalten mögen, unter allen Umständen ist als Konsequenz der technischen und ökonomischen Entwicklung, allem Laienrichtertum zum Trotz, die unvermeidlich zunehmende *Unkenntnis* des an technischem Gehalt stetig anschwellenden Rechts durch die Laien, also Fachmäßigkeit des Rechts, und die zunehmende Wertung des jeweils geltenden Rechts als eines rationalen, daher jederzeit zweckrational umzuschaffenden, jeder inhaltlichen Heiligkeit entbehrenden, technischen Apparats sein unvermeidliches Schicksal. Dieses Schicksal kann durch die aus allgemeinen Gründen vielfach zunehmende Fügsamkeit in das einmal bestehende Recht zwar verschleiert, nicht aber wirklich von ihm abgewendet werden. Alle die kurz erwähnten modernen, wissenschaftlich oft höchst wertvollen Darlegungen rechtssoziologischer und rechtsphilosophischer Art werden nur dazu beitragen, diesen Eindruck zu verstärken, mögen sie ihrerseits Theorien über die Natur des Rechts und die Stellung des Richters vertreten, welchen Inhalts immer.

Nachwort

Die Rechtstexte Max Webers haben große Irritationen hinterlassen. Insbesondere die der rechtshistorischen Vielfalt nahe stehenden Autoren haben ihr Befremden über die Mischung von Generalisierungen und historischen Konkretismen formuliert. Französische Meisterjuristen, wie Jean Carbonnier, bemerken ironisch, daß in Frankreich die Rezeption der „Rechtssoziologie" Max Webers unter dem doppelten Handicap stand, den Soziologen nicht genügend marxistisch zu sein und für den Juristen das Übel zu verkörpern, das niemandem verziehen wird: nicht über ausreichende „clarté" zu verfügen.[1] Überboten wird das noch durch den Vorwurf eines „confusionnisme", das der überbordenden Materialfülle geschuldet sei.[2] Und Anthony Kronman urteilt scharf: „Although it contains many individual passages whose significance can be appreciated even on a first reading, the overall impression one receives of it is a vast hodge-podge of ideas and observations ranging in generality from very specific historical analyses to the most abstract conceptual schemata, all thrown together in a random fashion so that the reader moves from one topic and level of generality to another without ever quite seeing the connection between them. Unlike some of Weber's other writings – his essay on the protestant ethic and the spirit of capitalism, for example – the *Rechtssoziologie* lacks polish and organizational unity; it is a great, roughhewn mass of thoughts which, although often suggestive, do not together form a recognizable whole – which do not in other words, constitute a work."[3]

In pointierter Formulierung gibt Kronman damit einen verbreiteten Lektüreeindruck wieder, der die Rezeption der Weberschen „Rechtssoziologie" massiv behindert hat. Und handelt es sich überhaupt um eine „Soziologie des Rechts", wenn seinerzeit bekannte Autoren, etwa Eugen Ehrlich, als „Rechtssoziologen" (vgl. oben, S. 84) tituliert und dabei in distanzierende Anführungszeichen gesetzt sind, denen Weber sich also gerade nicht zurechnen will? Oder handelt es sich vielmehr um eine Art Universalgeschichte des Rechts, die uns Weber als Prozeß rechtlicher Rationalisierung zu lesen vorschlägt? Ist es nicht präziser, im Hinblick auf die dominante Ausrichtung und Affinität Webers zum Zivilrecht von einer – wie auch immer unvollkommenen – „Privatrechtsgeschichte des Okzidents" zu sprechen, insbesondere wenn man die langen Passagen über die Genese der Privatautonomie im § 2 vor Augen hat? Oder hat gar Kronman Recht, daß es sich überhaupt nicht um ein irgendwie beschreibbares Ganzes handelt, allenfalls, wenn man das Manuskript vor Augen hat, in dem geklebt, gerissen und geschnitten ist, allongiert und collagiert wird, um ein bloßes „Collagenwerk"? Dieses Bild schneidet sich mit der Bewertung der „Rechtssoziologie" als eines Musterbeispiels für Analysen des von Weber entdeckten Themas der okzidentalen Rationalisierung, so daß die „Rechtssoziologie" wie ein Kulminationspunkt seines Schaffens überhaupt erscheint. Dabei bleibt die Kontroverse verdeckt, weil letztlich der Text als schwer „verdaulich" eingeschätzt wird und er auch der zündenden idealtypischen Schemata entbehrt, mit der man die Herrschaftslehre Webers sich anzueignen glaubt, wenn man nur die Herrschaftstypen benennt, ohne die historische Vielfalt der Herrschaftsformen zu rezipieren.

Aus diesem Dilemma, entweder Weber weiter zu abstrahieren, um den Theoriegehalt zu retten, oder aber im Meer der Rechtsgeschichten zu versinken: von Mesopotamien bis in die afrikanische Jurisprudenz, vom Judentum bis zum Islam und Christentum, vom römischen Recht bis zum Code Civil unter Berücksichtigung der germanischen Rechte und der angelsächsischen Rechtskulturen, aus diesem Dilemma hilft nur eins: Man muß den theoretischen Argumentationsweg durch die Darlegung der Textgenese und ihrer jeweils klaren Kompositionsideen freilegen, ihre Verwerfungen zeigen und in der Ausbreitung des rechtsvergleichend und universalhistorisch mobilisierten Rechtswissens seiner Zeit die Kontexte so erhellen, daß einzelne Sachverhalte nachvollziehbar werden. Da niemand zugleich in allen Bereichen Spezialist sein kann, sind auch die Versuchungen aufzuzeigen, denen Weber sich selbst durch die Technik der sich ausweitenden rechtshistorischen und vergleichenden Exkurse zwangsläufig ausgesetzt hat. Ist das der Unfähigkeit geschuldet, die Fülle des weltgeschichtlichen Stoffs der rechtlichen Sphäre besser zu beherrschen, oder schafft nicht die Frage nach den Entwicklungsbedingungen des rationalen Rechts überhaupt erst ein, wenn nicht das Selektionskriterium, unter dem der unendliche Strom des rechtshistorischen Geschehens lokaler und globaler Rechtskulturen gebändigt werden kann?

In Webers Schriften zum Recht spiegeln sich die zeitgenössischen Strömungen eines Kampfes um das richtige Recht der Moderne. Die Schriften weisen zugleich über ihren zeitgebundenen Horizont hinaus. Sie ermöglichen es, die brennenden und beunruhigenden Fragen konkurrierender und vielfach antagonistischer Rechtskulturen adäquater zu begreifen. Dabei sind lästige Hindernisse des Verstehens auszuräumen, die z. T. in der von Weber beschriebenen Eigenart des formal rationalen Rechts selbst liegen, einer Diskrepanz zwischen Experten- und Laienwissen. Diese Schriften stehen Webers Ausgangsdisziplin, der Jurisprudenz, am nächsten. Ihr Sinngehalt formuliert das für den juristisch und rechtshistorisch Geschulten seiner Zeit mitunter Selbstverständliche, das dem heutigen Leser fremd geworden ist. Dabei fügen diese Schriften – in außerordentlicher Kühnheit bis zur Unverständlichkeit – Epochen, Rechtskulturen, Rechtssysteme in ihren jeweiligen Bezügen zu Wirtschaft, Politik und Religion zu einem polyphonen Klang der Sphären der Moderne zusammen, aus denen sich die Eigenart des okzidentalen Rationalismus und dessen Entwicklungsmuster in paradigmatischer Weise herausschält. Dieser große Entwurf zur Deutung der Moderne steht am Ende einer gedanklichen Bewegung, die mit der sehr bescheidenen Pflichtaufgabe einsetzt, das Schönbergsche Handbuch, den späteren GdS, als Wissenschaftsorganisator auf den Weg zu bringen und selbst als Lückenbüßer, Komplementär und Leitfigur das Mammutvorhaben auch dann noch voranzutreiben, wenn vielfach bedingte Schreibhindernisse der raschen Fertigstellung im Wege standen. Insofern durchdringen sich biographische Linien, die bis in Webers Studienzeit zurückreichen, mit der Entwicklung des zu erfassenden Gegenstandes selbst in einem komplexen wissenschaftsgeschichtlichen Handlungsfeld, das sich in einer eigenen Textdynamik niederschlägt, welche in diesem Bande für den Leser textkritisch anhand der vielstufigen Originalmanuskripte zu „Die Wirtschaft und die Ordnungen" sowie „Die Entwicklungsbedingungen des Rechts" aufbereitet wird.

Aus dem wissenschaftsgeschichtlichen Hintergrund ergibt sich die Besonderheit des Weberschen Rechtsbegriffs, der sich von anderen normativen Ordnungen vor dem Hintergrund einer scharfen Scheidung von normativer und empirischer Betrachtungsweise absetzt, Recht als einen Kulturtatbestand faßt und damit den Entwicklungsraum des Rechts bestimmt, aus dem sich die besonderen Gefährdungen des okzidentalen, formal rationalen Rechts nach Weber herleiten.

I. Zum wissenschaftsgeschichtlichen Hintergrund

Max Weber schöpft aus dem Reichtum eines rechtshistorischen und juristisch-fachlichen Wissens, in dem sich germanistische und romanistische Traditionen vereinen. Darüber hinaus repräsentieren die in diesem Band edierten Texte eine die Rechtskulturen der Welt vergleichende Analyse des Rechts, die vor allem ihre religiösen Bedingungskontexte erfaßt.

Vordergründig stehen lebensgeschichtlich benennbare Auseinandersetzungen im Mittelpunkt: über die frühere Kritik an Rudolf Stammler hinaus endlich das Eigene zu entwickeln, in dem die Wechselwirkungen von Recht und Wirtschaft in einer materialismuskritischen Sicht so durchdrungen sind, daß sowohl die prinzipiellen Fragen dieses umstrittenen Beziehungsverhältnisses geklärt, aber auch entwicklungsgeschichtliche Linien der Beziehung von Wirtschaft und Recht als „Epochen" oder aber „Entwicklungsbedingungen" entfaltet werden. Für das Gewicht des Weberschen Werkes aber ist der Bezug zur alles überragenden Rationalismusthese derart zentral, daß neben die religiösen Mächte nunmehr die juridischen Ordnungen treten, aus denen die Eigenart der okzidentalen, rationalen Rechtskultur hervorgeht. Erst in den Gegenspiegelungen von Hinduismus und Buddhismus, islamischer Welt, Konfuzianismus und Judentum wird sichtbar, worin die okzidentale Rationalisierung der rechtlichen Sphäre begründet ist.

Wie aber ist Weber dazu gekommen, an für ihn weit zurückliegende Wissensbestände aus Dissertation und Habilitation zu Gegenständen wieder anzuknüpfen, die unter juridischem Blickwinkel zwischenzeitlich nur beiläufig thematisiert wurden, um nunmehr eine in sich geschlossene Kultursoziologie des Rechts in zahlreichen Überarbeitungsstufen zu produzieren? Zum Forschungsterrain des Rechts sind nämlich die Spuren im Briefwerk, im Unterschied zu anderen Projekten, die sehr viel genauer belegt sind, außerordentlich dünn. Handelt es sich um einen Gegenstand, der Weber derart selbstverständlich ist, daß er hierüber nicht kommunizieren muß, oder sind ihm die juristisch kompetenten Gesprächspartner, über Georg Jellinek oder Hermann Kantorowicz hinaus, einfach nicht verfügbar? Umso einzigartiger ist Webers Entwurf, der noch immer auf eine Rezeption wartet, aus einer Vielzahl verzweigtester Rechtsgeschichten eine große, alles bündelnde Metaerzählung über den juridischen Rationalismus im Okzident zu verfassen, die sich nur in universalhistorischer Perspektive und mit Blick auf die Weltkulturen des Rechts erzählen läßt. Dieser Entwurf steht im Bannkreis einer juristisch-praktischen Ausbildung und Gelehrsamkeit, die niemals in eine juristische Tätigkeit gemündet ist. So ist auch die Berufung an die juristische Fakultät der Universität Bonn, die Weber im Jahre 1919 beinahe zu seinen Anfängen in der Juristerei zurückgeführt hätte, nicht erfolgt. Nur Freunde des Hauses Weber vermochten von der praktisch-juristischen Begabung zu profitieren – Textspuren hiervon finden sich u.a. in einem als Schreibpapier verwendeten Briefentwurf im Text „Die Wirtschaft und die Ordnungen" –, während andere Weber als Verleumder in Beleidigungsprozessen fürchten lernten.

1. Vom Studium der Rechte zur Soziologie des Rechts

Max Weber hat vom Studium der Rechte über die juristische Promotion, das Assessorexamen bis zur Habilitation an der juristischen Fakultät eine nahezu gradlinige Juristenkarriere durchlaufen. Dabei ist sein Verhältnis zur Jurisprudenz durchaus zwiespältig. Max Weber sen. war Jurist, und so lag die Jurisprudenz wohl näher als eine noch unreife Nationalökonomie oder gar die brotlosen Künste der Philosophie, von Soziologie ganz zu schweigen, die ja allenfalls dem Namen nach und nur als Schreckbild positivistisch-französischer Wissenschaften existierte.

Aus den Jugendbriefen läßt sich ersehen, zu welchen Seiten der Jurisprudenz sich Weber hingezogen fühlte. Das *Strafrecht* ist ihm zuwider und überdies von minderem intellektuellem Wert. Um die auf Tanzlustbarkeiten verschwendete Zeit zu charakterisieren – Weber zog bekanntlich den Paukboden, wie wir noch sehen werden, dem Tanzboden vor – führt er aus: „Innerhalb dieses Zeitraumes kann man den allgemeinen Teil des Reichsstrafgesetzbuches ganz durcharbeiten und den besonderen wenigstens bis zu den gemeingefährlichen Verbrechen." (Weber, Jugendbriefe, S. 289). Es kann daher auch nicht verwundern, in Webers „kulturwissenschaftlichen" oder „soziologischen" Schriften kaum etwas von Strafe und Verbrechen zu lesen. Die negative Bewertung der Strafrechtsdogmatik wandelt sich nicht. So wäre es geradezu ein Jammer, das Strafrecht „dies (nachgerade) fade Zeug" in ein Akademieprojekt mit aufzunehmen, wie Weber an dessen Protagonisten Georg Jellinek noch im Jahre 1909 vermerkt (MWG II/6, S. 189). Gleichwohl hat die eher oberflächliche Befassung mit dem Strafrecht weitreichende Spuren hinterlassen, u.a. in der Ausformulierung eines von der Strafrechtsdogmatik inspirierten Handlungsbegriffs, unter Bezug auf Gustav Radbruch, sowie in der Berücksichtigung hypothetischer Kausalverläufe für die Begründung des soziologisch-historischen Zurechnungsurteils.

Weber entspricht vielmehr dem Bild des *Zivilrechtlers*, dessen Schulung in der gemeinrechtlichen Doktrin die Konturen des später von ihm favorisierten formal rationalen Rechts liefert: „Systemglaube", „Lückenlosigkeit", „vollständige Subsumierbarkeit" der Wirklichkeit unter rechtlich geformte Tatbestände etc., dieser

Idealtypus des formal rationalen Rechts ist so weit von dem in der Freirechtsschule entdeckten „wirklichen" Recht entfernt, daß die Tatsachen des Rechts gar nicht erst in den Blick zu geraten scheinen. Aber selbst in seinen zivilistischen Interessen ist Weber kein eingefleischter Dogmatiker, sondern von Beginn an *rechtshistorisch* orientiert. Und dies gilt auch für seinen Zugang zum römischen Recht.

Zum besseren Verständnis dieser Orientierung ist daran zu erinnern, daß die gemeinrechtliche Praxis als *Rechtsgeschichte* angelegt war, während das historisch entfernte römische Recht als Vorbild dogmatischer Systembildung entwickelt wurde. Wenn man Webers weitere Studien hinzunimmt – neben der rechtshistorischen Prägung durch die Kollegien Theodor Mommsens hat Weber die Logik-Vorlesung von Kuno Fischer verfolgt –, so nimmt es nicht wunder, daß Spannungen gegenüber einem Studium auftreten, dessen Abschluß auf die *Rechtspraxis* zielt. Weber greift eben von Beginn an über die auf Praxis zielende Rechtsdogmatik hinaus.

Für Webers weiteren Weg ist entscheidend, daß er das Angebot von Ferdinand Frensdorff, eine deutsch-rechtliche Dissertation zu verfassen, ablehnt. Die Begründung macht Webers Verhältnis zur Rechtsgeschichte nochmals deutlich: Es sei einfach mit der noch zu gewinnenden „juristischen Bildung" unvereinbar, neben dem bildungsträchtigen römischen Recht bzw. dem Pandektenrecht auch noch die „Masse politischen Materials" im preußischen Landrecht ernsthaft zu betreiben (Weber, Jugendbriefe, S. 216). So wird Weber seine juristische Promotion mit einer Arbeit über die Geschichte der Handelsgesellschaften im Mittelalter bei Levin Goldschmidt bestreiten (MWG I/1). Und als er sich, nach einigem Schwanken, doch dazu entscheidet, die wissenschaftliche Laufbahn einzuschlagen, verläuft seine Habilitation nicht ohne Schwierigkeiten, weil sein in der Promotion von der rechtshistorischen Seite anvisiertes Fachgebiet, das Handelsrecht, an der Berliner Fakultät nach Einschätzung Goldschmidts übermäßig vertreten ist. Die Habilitationsschrift schließlich handelt über „Römische Agrargeschichte in ihrer Bedeutung für das Staats- und Privatrecht". Als Privatdozent ist Weber dann verpflichtet, die für sich selbst als „unwissenschaftlich" abgelehnten Repetitorien selbst abzuhalten, wonach seine anfangs empfundene pädagogische Berufung immer mehr zu schwinden scheint. Die Bewerbung auf einen Lehrstuhl für Nationalökonomie in Freiburg mag auch durch seine wachsende Distanz zur Jurisprudenz als Wissenschaft bedingt sein, zumal Weber in einem Brief an Hermann Baumgarten bekennt: „Ich meinerseits bin im Laufe der Zeit ungefähr zu einem Drittel Nationalökonom geworden" (Weber, Jugenbriefe, S. 327). Das Unbehagen an der Juristerei wird greifbar, wenn er in einem Brief an die Mutter seinen Hoffnungen auf eine Berufung nach Freiburg Ausdruck verleiht: „Leid täte es mir, wenn ich an die doch *relativ öde Juristerei* geschmiedet bliebe" (ebd., S. 327). Nicht als Nationalökonom, dem ja von seiner juristischen Herkunft her die notorische Problematik von Recht und Wirtschaft besonders am Herzen hätte liegen müssen, sondern als Kritiker von „R. Stammlers ‚Überwindung' der materialistischen Geschichtsauffassung" (Weber, Überwindung) stellt Weber vor dem Hintergrund der methodologischen Kritik eines vermeintlichen Kantianers das Sachinteresse am Recht derart in den Vordergrund, daß die Ausrichtung seines Beitrages zum Schönbergschen Handbuch, dem späteren GdS, aus der Frontstellung zu Stammler motivational und sachlich, bis zu einem bezeichnenden Wendepunkt freilich, gespeist wird.

2. Von der Stammlerkritik zur verstehenden Soziologie des Rechts

Es ist also eine methodologische Auseinandersetzung, die Weber wieder in den Bannkreis des Rechts zieht und dann als methodisches und sachliches Grundmotiv die Ausarbeitung seines Grundrißbeitrages vorantreibt. Wie konnte eine methodologische Auseinandersetzung diese wichtige Scharnierfunktion erfüllen, die sich bis in Details der Argumentation des hier edierten Textes über „Die Wirtschaft und die Ordnungen“ nachweisen läßt? So weit, daß Weber noch 1913 an Kantorowicz zu dem Projekt seiner „Verstehenden Soziologie“ schreibt: „Es ist der Versuch, *alles* ‚Organizistische‘, Stammlerische, Überempirische, ‚Geltende‘ (=*Norm*haft Geltende) zu *beseitigen* und die ‚soziologische Staatslehre‘ als Lehre vom rein empirischen typischen *menschlichen Handeln* aufzufassen [...]“ (MWG II/8, S. 442f.). Hierbei konnte Weber an ein Einverständnis über den geistigen „Unwert“ Stammlers anknüpfen, eine Einschätzung, die Kantorowicz in seiner Rezension von Stammlers „Die Lehre vom Richtigen Recht“ so scharf formuliert hatte, daß Weber hierüber methodische Differenzen zu Kantorowicz zurücktreten läßt und bekennt, „daß ich in der *vorliegenden* Frage durchaus Ihrer Ansicht bin und mich sehr freue, bei der Fortsetzung meiner Analyse von Stammler [...] nun der Aufgabe, den Unfug des ‚richtigen Rechts‘ auch noch totzuschlagen, durch die gründliche Arbeit eines Berufeneren enthoben zu sein“ (MWG II/5, S. 690).

Nicht nur Weber hat sich an Stammler gerieben. Vielmehr sind die soziologischen Gründerfiguren Simmel,[4] Tönnies,[5] Durkheim (durch die Année Sociologique)[6] – neben Weber – in grundlegender Weise auf Stammlers Anschauungen eingegangen. Auch die rechtsphilosophischen und rechtstheoretischen Strömungen der Jahrhundertwende bleiben auf Stammler fixiert. Dies macht sich u. a. an Autoren wie Emil Lask[7] und Gustav Radbruch fest. Letzterer schreibt an Kantorowicz über die erste Auflage von Stammlers „Wirtschaft und Recht“: „Ich halte dies Werk nach erneuter Lektüre für sehr hervorragend. Sie müssen es jedenfalls lesen.“[8] Erst Webers Kritik, die er gegenüber Kantorowicz als „trefflich“ kennzeichnet, veranlaßt Radbruch schließlich zu einer kritischeren Einschätzung von „Wirtschaft und Recht“. Aus einem Beitrag Stammlers im Hinnebergschen Handbuch über „Wesen des Rechtes und der Rechtswissenschaft“[9] nämlich könne man ersehen, „daß man nicht 2 dicke Bände brauchte, um diese Gedanken auszudrücken“.[10] Das Urteil des Philosophen Vorländer ist hingegen ungetrübt positiv, denn Stammler sei „seine Hauptabsicht gelungen: die Grundlagen einer Sozialphilosophie als Wissenschaft zu schaffen“ und zwar als Anwendung des kantischen Kritizismus auf ein „fast noch völlig unbearbeitetes Gebiet“.[11] Was hat Stammlers Lehre eine solche Bedeutung verliehen und sie zugleich für Weber als so verdammungswürdig erscheinen lassen? Und welchen Stellenwert besitzt das Anti-Stammlerische für „Die Wirtschaft und die Ordnungen“ sowie für „Die Entwicklungsbedingungen des Rechts“ Max Webers?

In einer ungemein polemischen Auseinandersetzung mit Rudolf Stammlers Werk „Wirtschaft und Recht nach der materialistischen Geschichtsauffassung“ unterzieht Weber den Autor einer vernichtenden Kritik. Am Maßstab der Weber bereits verfügbaren Methodologie bemessen, ist der Stammlersche Versuch, ein allgemeines Gesetz zu suchen, das der Gesamtheit aller sozialen Wirklichkeiten zugrunde liege und auch noch in einer „Form“ aufgipfele, der gegenüber die Wirklichkeitsfülle „Materie“ sei, unerfüllbar: er verkennt den Konsens der „Jünger

Kants" und die Einsichten der neukantianischen Erkenntnistheorie vor allem Heinrich Rickerts, daß sich die jeweiligen Forschungsgebiete, oder die „Formen" des sozialen Lebens in Stammlers Sprachgebrauch, nicht als „abgeschlossene Welten selbständig in eignen Kausalreihen" erschließen lassen, sondern nur „als unselbständige, lediglich im Wege der Abstraktion aus dem Ganzen der Einheit des Lebens gewonnene" (ebd., S. 97), durch spezifische Gesichtspunkte konstituierte „Wirklichkeit" betrachtet werden können. Damit allein stürzt das Projekt zusammen, eine solche die Einheit des sozialen Lebens konstituierende Kraft ergründen zu wollen und damit auch die von Stammler vermeintlich gefundene Weltformel vom „Recht" als „Form des sozialen Lebens". Dieses negative Ergebnis ist umso bemerkenswerter, als Weber selbst – auch im Stammler-Aufsatz – betont, daß die juristische Begriffsbildung als „Archetypos" (ebd., S. 138) der sozialökonomischen Begriffsbildung zu fungieren vermag, insofern also eine methodologische Sonderstellung der juristischen Begriffswelt für die Sozialwissenschaften durchaus bestehe. Diese Sonderrolle der Rechtsbegriffe und damit auch des Rechts ergibt sich jedoch erst aus der Auflösung des fundamentalen Kategorienfehlers von Stammler, der Vermengung von empirischer und normativer Geltung einer Regel. Nach der Heterogenitätsthese der „Urteilskategorien (‚Sein' und ‚Sollen')" (ebd., S. 119) ist die Regel und damit auch die Rechtsregel möglicher Bestimmungsgrund realen Handelns nicht aufgrund ihrer normativen Geltung, sondern erst dadurch, daß die „Vorstellung von der ‚Norm', als reales Agens des Handelns" (ebd., S. 125) wirkt. Nicht die weitere Differenzierung des Regel- und Geltungbegriffs, bis hin zur regelorientierten Konstitution des Untersuchungsobjektes ist hier das Entscheidende, sondern die Erschließung des Rechts als legitimen Forschungsgegenstand einer wirklichkeitswissenschaftlichen Betrachtung, die den Kausalbeitrag zur Erklärung des Handelns in der Vorstellung der Akteure über die empirische Geltung einer normativen Ordnung sucht. Damit aber ist auch die Brücke zum Logos-Aufsatz geschlagen, in dem die Kategorie des „Einverständnisses" ausgearbeitet wird, die ihrerseits den in die „Wirtschaft und die Ordnungen" eingewobenen methodologischen Erörterungen erst die begrifflich-sachliche Schärfe verleiht. Polemik, Empörung und Entsetzen über das Maßlose Stammlers, mit den Mitteln der kunstvollen Invektive und der Parodie ausgebreitet, sollten daher nicht das paradoxe Resultat vergessen machen: aus der Kritik eines Regelfundamentalismus entspringt die Einsicht, die empirische Tragweite normativer Ordnungen thematisieren zu können, ohne gegen das Konfusionsverbot zu verstoßen oder einen Sphärenfrevel zu begehen, und dadurch zugleich das sachliche Verhältnis von „Wirtschaft und Recht" präziser zu bestimmen. Weder eine materialistische noch eine spiritualistische Auffassung, etwa vom kausalen „Geist der Gesetze", sind dann angemessen, sondern eine methodologisch haltbare, prinzipielle Fassung der Beziehung von Wirtschaft zu den normativen Ordnungen der Gesellschaft und eine der Vorstellungskausalität von Recht angemessene Untersuchung der Epochen oder Entwicklungsbedingungen dieser Sphärenrelation.

Der Stammleraufsatz führt daher unmittelbar in die beiden von Weber ausgearbeiteten Grundtexte zum Recht: „Die Wirtschaft und die Ordnungen" sowie die „Die Entwicklungsbedingungen des Rechts". In die Bearbeitungszeit der Rechtstexte fällt nun ein für die Disziplingeschichte der Soziologie und der soziologischen Behandlung des Rechts wichtiges Ereignis, der erste Deutsche Soziologentag, durch das Weber in die Bemühungen um die Institutionalisierung des Faches verwickelt wird, wobei er der soziologischen Behandlung des Rechts einen gewichtigen Platz einräumt.

3. Rechtssoziologie im Aufbruch? Disziplingeschichtliche Kontexte und Bemühungen um Institutionalisierung

Auch wenn Weber nicht selbst als Hauptredner fungiert, liefern die Beiträge von Andreas Voigt über „Wirtschaft und Recht" und von Hermann Kantorowicz über „Rechtswissenschaft und Soziologie" auf dem ersten Deutschen Soziologentag vom 19.–22. Oktober 1910 die Gelegenheit, die Kernpunkte der eigenen Stammler-Kritik vor einem ausgesuchten Kreise im Verlaufe der Diskussion in die Debatte einzuspielen.[12] Nicht nur als sachliche Fortführung der eigenen Stammler-Auseinandersetzung, sondern auch als Bindeglied zu den Grundrißbeiträgen bewegt sich die Diskussion um das Verhältnis von Wirtschaft und Recht in den Bahnen des Weberschen Interesses am Recht. Aus der Korrespondenz mit Hermann Beck, dem Geschäftsführer der neu gegründeten Deutschen Gesellschaft für Soziologie (DGS), wissen wir, wie stark Weber in die Planung des Soziologentages eingebunden war. Der Themenbereich „Wirtschaft – Recht – Rechtswissenschaft – Soziologie" wird von Weber lanciert und die Präsenz der beiden genannten Referenten ist seiner Einwerbung zu verdanken. Nach einer Zusammenkunft einer Anzahl führender Freirechtler im Hause Gustav Radbruchs am 24. Juli 1910 (darunter neben Radbruch: Eugen Ehrlich, Hermann Kantorowicz, Erich Jung und Hugo Sinzheimer) unterrichtete Radbruch Kantorowicz über ein Gespräch mit Max Weber, in dem dieser sich prinzipiell offen gezeigt habe für die Idee, daß einer von ihnen auf dem Soziologentag sprechen werde. Weber hat dies dann im Zuge der weiteren Planung des Soziologentages auch realisiert. Aber nicht nur programmatisch gedachte Redebeiträge wurden anvisiert, sondern die DGS sollte, durch Kantorowicz angeregt, eine Abteilung „für Philosophie und Soziologie des Rechts" erhalten und damit einen starken rechtssoziologischen Akzent erfahren, wie Weber in einem Brief an Hermann Beck fordert (MWG II/6, S. 634f.). Und auch in der Diskussion um den Beitrag von Kantorowicz über „Rechtswissenschaft und Soziologie" hält Weber daran fest, daß Sektionen nicht nur für Statistik, Gesellschaftsbiologie und theoretische Nationalökonomie, sondern auch für „Rechtssoziologie" gebildet werden könnten (ebd., S. 656). Genau dies ist allerdings nicht geschehen: Weder ist es zu einer Konstituierung einer rechtssoziologischen Sektion gekommen, noch wurden die von Weber angelockten Juristen dauerhaft für die Arbeit der DGS gewonnen. Noch für die Publikation der Verhandlungen drängt Weber seinem Verleger gegenüber auf baldige Drucklegung, damit nun an anderem Orte, auf einer Juristen-Tagung, nämlich auf dem zweiten Kongreß der Internationalen Vereinigung für Rechts- und Wirtschaftsphilosophie samt den Gesetzgebungsfragen (I.V.R.) (später Rechts- und Sozialphilosophie) vom 6. bis 9. Juni 1912, die Ergebnisse der Debatten über das Verhältnis von Rechtswissenschaft und Soziologie zur Kenntnis genommen würden.

Nicht unerheblich für das Scheitern des Institutionalisierungsversuches war Webers trügerische Hoffnung, über den hochgeschätzten Kantorowicz auch die Freirechtsbewegung mit einbinden zu können. Im Vorfeld des Soziologentages hatte Weber dem Geschäftsführer Hermann Beck gegenüber Kantorowicz nämlich mit der Überlegung als Redner angepriesen, „weil die Herren von der ‚Freirechtlichen' Bewegung, welche heute zweifellos die besten Köpfe der jüngeren soziologisch-philosophisch interessierten *Juristen* umfaßt, gern auf dem Soziologentag erscheinen würden, wenn Einer von ihnen dort zu Worte käme". Und damit verband sich die Erwartung auf „eine gute Beteiligung" (ebd., S. 607) der Rechtsphilosophen. Diese „besten Köpfe der jüngeren soziologisch-philosophisch interessierten Juristen" waren freilich nicht so einfach zu handhaben, wie die Reaktionen auf den ersten Debattenbeitrag zu Kantorowicz' Vortrag über „Rechtswissenschaft und Soziologie" belegen: Ernst Fuchs hatte nämlich die These gewagt, daß Werturteile in der Beziehungsanalyse von Rechtswissenschaft und Soziologie nicht auszuschließen seien, ein Sakrileg für die Werturteilsasketen. Im übrigen stand ja der Versuch einer Normen begründenden soziologischen Rechtslehre, wie sie Fuchs vertrat, in unvereinbarem Gegensatz zu den methodologischen Grundüberzeugungen Webers, die schließlich in die scharfen gegen die Freirechtler gerichteten Formulierungen des achten Paragraphen der „Entwicklungsbedingungen des Rechts" Eingang finden werden (vgl. oben, S. 155). Überdies war gerade die brisante Frage der Beziehung zwischen der Rechtswissenschaft und einer Soziologie, von der die Freirechtler – in Webers Augen jedenfalls – noch gar nicht wußten, was sie überhaupt sein sollte, dafür geeignet, den offenen Dissens sichtbar zu machen. Wie hat sich also im Verlauf dieser doppelt heiklen Auseinandersetzung mit der über die Stammlerkritik hoch besetzten Thematik von Wirtschaft und Recht einerseits und der methodologischen Herausforderung der Jurisprudenz durch die Soziologie oder einige ihrer selbst ernannten Vertreter andererseits das Webersche Verständnis dieser Problematik entwickelt und konkretisiert?

Auch Andreas Voigts Vortrag über „Wirtschaft und Recht" auf dem Ersten Deutschen Soziologentag ist eine explizite Auseinandersetzung mit Stammler. Voigt kritisiert die Konsequenz eines Konzeptes der Wirtschaft, das in der „Geregeltheit", also rechtlichen Verfaßtheit eines Handelns besteht, welches auf die Befriedigung irgendeines Bedürfnisses gerichtet ist. Demgegenüber stellt Voigt auf die Relation von Zweck und Mittel der Bedürfnisbefriedigung ab, woraus sich dann auch die Rolle des Rechts bestimmen läßt, als Beschränkung der wirtschaftlichen Dispositionsfreiheit. Jedes Recht, außerhalb der natürlichen Rechtssphäre zu handeln, ist daher ein Verfügungsrecht. Darin liege also der „fundamentale Fehler *Stammlers*",[13] daß er wirtschaftliche und rechtliche Gesetze miteinander vermenge. Erstere gäben die Gesetzmäßigkeit des Disponierens über knappe Mittel wieder, während die Rechtsordnung die Grenzen dieser Dispositionsfreiheit bestimme. Nicht ein Kategorienfehler, sondern ein sachlicher Fehler des immerhin respektvoll behandelten Stammler wird gerügt. Weber hingegen nutzt die Gelegenheit eines zum Korreferat geratenden Diskussionsbeitrages dazu, den Begriff des Wirtschaftens von der Zweck-Mittel-Relation bei der Bedürfnisbefriedigung auf die Tauschfähigkeit der wirtschaftlichen Leistungen zu begrenzen, um das religiöse Handeln z. B. für eine eigene Disziplin reservieren zu können. Wenn Weber sodann in Voigt einen Verbündeten gegen den formalen Rechtsbegriff Stammlers lobt (Verhandlungen, 1910, S. 268), so weist die Bestimmung der empirischen Geltung von Recht für die Wirtschaft als „Bestehen" eines bestimmten „Rechtssatzes" auf die in „Die Wirtschaft und die Ordnungen" entwickelte Garantienlehre voraus, hier plastisch formuliert in der Bemerkung, „daß da Leute mit Pickelhauben sind", um Verfügungsrechte des wirtschaftenden Subjekts zu schützen. Damit fällt auch die funktionale Verschränkung von Wirtschaftsordnung und Rechtsordnung in sich zusammen, die ja den Ausgangspunkt jeder „materialistischen" Rechtsauffassung darstellt, denn die faktische Geltung einer Rechtsordnung vermag von ihrer normativen Struktur derart abzuweichen, daß „bei vollem Bestehenbleiben des Bürgerlichen Gesetzbuches eine sozialistische Gesellschaftsordnung entstehen könnte" (ebd., S. 269). So versteht sich auch Webers Kommentar an Franz Eulenburg: „Voigt: sachlich solide und gut [...]" (MWG II/6, S. 655).

Es bleibt festzuhalten, daß die DGS wohl kein Ort für eine soziologische Betrachtung des Rechts gewesen wäre, auch wenn ihre prominentesten Mitglieder, wie Tönnies und Simmel, keineswegs blind für die soziologische Bedeutung des Rechts waren. Dennoch ist die Institutionalisierung des Themas „Recht" in der deutschen Soziologie nicht geglückt. Für Weber konnte das die Notwendigkeit, etwas Eigenes zu liefern, nur steigern, denn wo andere „Minderleistungen" produzierten, setzte Webers Ehrgeiz ein.

4. Die verstehende Soziologie des Rechts im Kontext der Freirechtsschule und ihrer Kritik

Auch wenn Weber in Kantorowicz einen bedeutenden Kopf der „jüngeren soziologisch-philosophisch interessierten *Juristen*" (MWG II/6, S. 607) sah, so laufen seine Anschauungen denen der Freirechtsschule im allgemeinen, aber auch den Auffassungen ihres Vertreters Hermann Kantorowicz im besonderen, fundamental zuwider. Das postulierte „freie" Recht als „Naturrecht des 20. Jahrhunderts" zu bezeichnen, steht Webers Ideal des formal rationalen Rechts diametral entgegen. Und was Kantorowicz als „Fiktion der Rechtskenntnis" karikiert und als „juristischen Größenwahn" infolge einer „angeblich systematischen Vollkommenheit" des Rechtssystems geißelt, als idealistische Annahme der juristischen Konstruierbarkeit der Welt kritisiert und als „Jagd nach einem allgemein gültigen System von Sätzen" in logischer Geschlossenheit, schließlich als „Utopie einer dilettantischen Logik"[14] ins Ridiküle zieht, dies sind nach Weber genau die am Ende des § 1 der „Entwicklungsbedingungen des Rechts" eingefügten Postulate des formal rationalen Rechts (vgl. oben, S. 34), denen er doch gerade ein Höchstmaß an Vernunft zuschreibt. Kantorowicz ist hingegen eine „antirationalistische Gesinnung" von vornherein „natürlich" und das von Weber als Rechtsquelle zurückgewiesene Rechtsgefühl der unterschätzte Garant einer „freien" Rechtsschöpfung.[15] Kein Wunder also, daß Weber insbesondere im letzten Paragraphen der „Entwicklungsbedingungen des Rechts", in dem die formalen Qualitäten des modernen Rechts herauspräpariert werden, seinerseits der Freirechtsschule den Kampf ansagt (vgl. oben, S. 160), einer „Bewegung", die den Methodendualismus ablehnt und deshalb eben in Webers Augen nur eine sogenannte „Rechtssoziologie" betreibt. Sie verkennt den Eigensinn und die legitime Eigengesetzlichkeit von Dogmatik, wenn sie einen „Parallelismus" von „dogmatischer Jurisprudenz und orthodoxer Theologie"[16] ausmacht: Diese Verwandtschaft soll juristische Dogmatik diskreditieren, während Weber nicht nur deren Lob anstimmt, sondern überdies den Zusammenhang von religiöser Ethik und juristischer Weltsicht, insbesondere im § 5 der „Entwicklungsbedingungen des Rechts" (vgl. oben, S. 115), zu den entscheidenden Bestimmungsgründen des juridischen Rationalisierungsprozesses rechnet.

Weber behauptet in seiner Replik auf Kantorowicz, daß im „Hintergrund des Vortrags des Herrn Dr. Kantorowicz" die methodologische Unterscheidung von faktischer und normativer Geltung eines Rechtssatzes gestanden habe, worauf er, Weber, „noch einmal in voller Übereinstimmung" (Verhandlungen 1910, S. 324) hinweisen wolle. Wie wir wissen, wird diese Voraussetzung von den Vertretern der Freirechtsschule nur begrenzt geteilt. Dennoch nimmt Weber den Vortrag des Autors der Kampfschrift zum Anlaß, seine Unterscheidung von juristischer und soziologischer Betrachtungsweise des Rechtssatzes vor dem Forum eben „der besten Köpfe der jüngeren soziologisch-philosophisch interessierten Juristen" in extenso darzulegen. Freilich hatte Kantorowicz in seinem Vortrag die in der Kampfschrift geübte Kritik des Methodendualismus zurückgenommen und sogar eine an Rickert angelehnte Gegenstandsbestimmung der Rechtssoziologie gesucht, die Weber zusagen mußte: „Die *Rechtssoziologie* ist also eine theoretische, die Wirklichkeit des sozialen Lebens mit Beziehung auf den Kulturwert des Rechtszwecks generalisierend bearbeitende Wissenschaft."[17] Daher sei dann Jurisprudenz – eine Aussage, zu der Weber das intellektuelle Haupt der Freirechtsschule am Ende doch verleitet hat – nicht durch Soziologie ersetzbar. Weber wendet sich allerdings gegen die Lösung des Lückenproblems, daß nämlich in die aus systematischen Gründen auftretenden „Lücken" des Rechtssystems nun die Soziologie als extrajuridische Rechtsquelle einzutreten habe, ebenso wie er den berühmten § 1 des Schweizerischen Zivilgesetzbuches (ZGB) nicht als Ermächtigung zur soziologisch freien Ausfüllung betrachtet (Verhandlungen 1919, S. 327). Worauf Weber sich nicht einlassen kann, ist eine Bestimmung von Rechtssoziologie als derjenigen Disziplin, in der „das soziale Leben auf seine Beziehung zu den Rechtsnormen hin untersucht wird".[18]

Hans Kelsen nimmt dies zum Anlaß seiner, im von Max Weber mit herausgegebenen „Archiv für Sozialwissenschaft und Sozialpolitik" publizierten Auseinandersetzung mit Kantorowicz, die zugleich Nähe und Differenz zu Weber sichtbar macht.[19] Weder die „Hauptprobleme der Staatsrechtslehre"[20] noch die Kritik an Kantorowicz noch schließlich die Kontroverse zwischen Hans Kelsen und Eugen Ehrlich im „Archiv für Sozialwissenschaft und Sozialpolitik"[21] dürften Max Weber entgangen sein. Dennoch sind die Spuren einer Rezeption Kelsens im Werk von Max Weber äußerst spärlich. Zwar erhielt Kelsen, nach mehreren erfolglosen Anläufen, ein Reisestipendium nach Heidelberg, das ihm die Fertigstellung seiner Habilitationsschrift am Seminar von Georg Jellinek ermöglichen sollte. Aber er versäumte es, nach eigenem Bekunden, mit dem Kreis um Max Weber und mit diesem selbst in Verbindung zu treten. Erst während der Gastprofessur Webers in Wien (Sommersemester 1918) lernten sie sich persönlich kennen, ohne daß die Bekanntschaft explizite Spuren in Webers Werk hinterlassen hätte. Dabei zeigt die Auseinandersetzung Kelsens mit Weber in „Der Staatsbegriff der ‚verstehenden' Soziologie" wie nahe Weber Kelsen steht, wenn dieser mit Blick auf Webers Grundriß-Beitrag meint, „daß alle Bemühungen, das Wesen des Staates auf außerjuristischem, speziell soziologischem Wege zu bestimmen, immer wieder auf eine mehr oder weniger versteckte Identifikation des gesuchten Begriffes mit dem der Rechtsordnung hinauslaufen".[22] Was Kelsen kritisch anmerken möchte, ist freilich von Weber durchaus intendiert, insofern er ja gerade im Kategorienaufsatz behauptet: „Es ist aber allerdings das unvermeidliche Schicksal aller Soziologie: daß sie für die Betrachtung des überall stetige Übergänge zwischen den ‚typischen'

Fällen zeigenden realen Handelns sehr oft die scharfen, weil auf syllogistischer Interpretation von Normen ruhenden, juristischen Ausdrücke verwenden muß, um ihnen dann ihren eigenen, von dem juristischen der Wurzel nach verschiedenen, Sinn unterzuschieben" (Weber, Kategorien, S. 265). Auch wenn Kelsen bezweifelt, daß es überhaupt noch einen soziologischen Rest gäbe, wenn über die Differenz von normativer und empirischer Geltung der Rechtsordnung, das „Soziologische" eingeführt werde, bleibt die Nähe verblüffend. So besteht eine große Übereinstimmung in der Kritik der Lehren der Freirechtsschule, wie Kelsens Auseinandersetzung mit Kantorowicz zeigt: Zweckorientierung sei durchaus Bestandteil der traditionalen Rechtswissenschaft, ja Bestandteil des Methodenkanons, das Lückenproblem hingegen sei kein Argument für „freie" Rechtsfindung, weil der Normbezug bzw. der „Rechtssatz" als „Zurechnungsregel" von richterlichem Handeln und Rechtsordnung unentbehrlich sei und nur darin auch der Zurechnungssinn des wie immer determinierenden Rechtssatzes bestehe.[23]

Daher kann es auch im Rechtsstaat zumindest keine Tätigkeit „sine lege" geben, denn jede Staatstätigkeit lasse sich als Realisierung eines Rechtssatzes darstellen. Und man kann noch einen Schritt weiter gehen: Kelsens Anliegen in den „Hauptproblemen" geht gerade dahin, „die *Eigengesetzlichkeit des Rechtes* gegenüber der Natur oder einer nach Art der *Natur* bestimmten sozialen Realität zu gewinnen".[24] Aber genau dies ist eines der Hauptargumente von Webers „Rechtssoziologie", daß sich die Richtung der Rationalisierung des Rechts zu einem gewichtigen Teil den rein „innerjuristischen Verhältnissen" verdankt, die erst der Entfaltung juridischer „Eigengesetzlichkeit" Raum geben. Weber hat freilich diese „Qualitäten des modernen Rechts" ins Soziologische gewendet, insofern er fragt, wie eigentlich eine juristische Dogmatik entstehen konnte, die genau dies zum Gegenstand hat, die Welt als Fall der Anwendung von Rechtssätzen zu begreifen, welche, ein in sich geschlossenes, logisches System vorgebend, zu einer Rechtsordnung verbunden sind. Wo Weber also auf die Lehre vom Rechtssatz zurückgreift – insbesondere in „Die Wirtschaft und die Ordnungen" –, wird die Eigengesetzlichkeitsthese soziologisch gewendet, indem er behauptet, daß der an der Pandektistik geschulte Begriff des Rechts nur im Okzident entstanden sei. Insofern ließe sich Kelsen gegen Weber erkenntniskritisch wenden, als Kritiker eines vermeintlich universalen Rechtsbegriffs, den Weber in „Die Wirtschaft und die Ordnungen" – noch vor dem monumentalen Vergleich der Rechtskulturen, wie er in der späten Phase der „Entwicklungsbedingungen des Rechts" einer Privatrechtsgeschichte des Okzidents übergestülpt wird – als Grundaxiom verwendet hatte. Wäre Weber an „Rechtstheorie" als solcher interessiert gewesen, dann hätte er eine von allem Soziologischen befreite „Reine Rechtslehre" auf der Grundlage der Begriffs- und Konstruktionsjurisprudenz für sicherlich achtbar gehalten. Kelsen hingegen bestreitet Weber, überhaupt noch etwas Soziologisches, jenseits seiner, in Kelsens Sinne „richtigen" Beobachtungen über Staat und Rechtsordnung, entdeckt zu haben. Und dies zeigt sich in der noch zu Webers Lebzeiten verfaßten Kritik an Kantorowicz, dem ein klarer Begriff von Soziologie abgesprochen wird.[25] Kelsens eigener Vorschlag freilich, die Rechtsnormen als Vorstellungskomplexe zu behandeln und nur die tatsächlich durch ein Rechtsbewußtsein motivierten Handlungen einer Rechtssoziologie zuzuschlagen, während die übrigen einer Moral- oder Sittensoziologie zuzurechnen seien, verkennt die enorme Differenzierungsleistung, die Weber seit der Stammler-Auseinandersetzung entwickelt hatte. In der Abgrenzung der Geltungssphären einer juristischen und der soziologischen Betrachtungsweise sind sie sich freilich in der Sache nahe, wie Kelsens Vortrag „Über Grenzen zwischen juristischer und soziologischer Methode"[26] belegt. Der „Sphärenfrevel" einer mangelnden Scheidung von Soziologie und Jurisprudenz verbindet Weber und Kelsen, ohne daß sie sich auf eine Arbeitsteilung eingelassen hätten der Art, die „unreine" soziologische Rechtslehre Weber zu überlassen, während Kelsen sich auf die „reine" von allen empirischen Beimischungen freie Rechtslehre kapriziert hätte.

Webers soziologischer Zugang zum Recht ist nicht allein aus seiner juristischen Sozialisation zu verstehen, der heftigen Frontstellung zu Stammler, dem Scheitern einer Institutionalisierung von Rechtssoziologie angesichts der intellektuellen Bedrohung einer Soziologie des Rechts durch die falschen Propheten einer normativ gewendeten soziologischen Rechtslehre oder eines ausdrücklichen Erkenntnisverzichts der reinen Rechtslehre. Sondern ganz unterschiedliche Strömungen der rechtshistorisch und rechtsvergleichend operierenden Rechtswissenschaften liefern den Hintergrund dafür, Recht als Gegenstand der Kulturwissenschaften zu fassen.

5. Kulturwissenschaftliche Herausforderungen der Rechtsanalyse

Ebenso wie der Nationalökonom Weber mit der *historischen Schule* in Verbindung stand, so sind auch Webers juristische Wurzeln in der historischen Rechtsschule zu suchen. Es lohnt sich daher, zunächst am Beispiel der beherrschenden Figur Friedrich Karl von Savignys klar zu machen, wie der kulturelle Faktor in der Analyse des Rechts Beachtung findet.

Recht erscheint *Savigny* zwar als Teil der Gesamtkultur und darin ist er Schüler Herders. Aber „Kultur" ist für Savigny geistiges Erbe und Tradition, die auf literarische Überlieferung („Litterärgeschichte") eingeengt wird. Rechtsgeschichte heißt für ihn: Aktualisierung dieser kulturellen Tradition. Diese findet sich eben nicht im Volksleben, sondern in der Geschichte der juristischen Bildung und des juristischen Unterrichts. Wenn Savigny den kodifikatorischen Bestrebungen seiner Zeit das organische Wachsen aus dem „Volksgeist" entgegenstellt, so meint er damit als soziales Substrat die *Träger* einer juristischen Kultur, die im römischen Recht wurzelt und in einer künstlichen Wiederschöpfung durch Rechtswissenschaft und Praxis aktualisiert werden soll: „Bey steigender Cultur nämlich sondern sich alle Thätigkeiten des Volkes immer mehr, und was sonst gemeinschaftlich betrieben wurde, fällt jetzt einzelnen Ständen anheim. Als ein solcher abgesonderter Stand erscheinen nunmehr auch die Juristen."[27] Franz Wieacker hat u. E. zu Recht hervorgehoben, daß der Volksbegriff somit zu einem idealen Kulturbegriff erhoben wird, der durch eine geistige und kulturelle Elite repräsentiert wird.[28] Trotz einer Anbindung an die allgemeine Kulturentwicklung gelangt Savigny also zum privilegierten Hüter der Rechtskultur in dem, was wir später juristische „Profession" nennen und bei Weber in den Trägern rechtlicher Rationalisierung manifestiert wird.

Die Orientierung Savignys am römischen Recht garantiert zugleich einen *universalistischen* Zug, der über eine national-partikulare Rechtskultur hinausweist: Gerade durch die, wie Savigny meint, „organische Aufnahme des römischen

Rechts ist der gesunde Parallelgang von Cultur und Recht erhalten geblieben; denn die ganze Cultur der modernen Völker ist international geblieben."[29] Savigny geht daher von einer gemeinsamen europäischen Rechtskultur aus, der ein nationaler Volksgeist fremd ist. Auch Weber spürt in seiner Analyse der rationalen Rechtskulturen einer gemeinsamen okzidentalen Wurzel nach, der gegenüber die rein *nationalen* Differenzen zurücktreten. Während sich bei Savigny jedoch die Rezeptionsgeschichte des römischen Rechts in einem juristischen Auslegungsakt verdichtet, bleibt für Weber die Rezeption der römischen Rechtskultur das Ergebnis von Ideen, Interessen und deren je spezifischen Trägern.

Die Autorität Georg Friedrich *Puchtas* für Weber erklärt sich nicht zuletzt aus dessen spezifisch geschichtlicher Darstellung des römischen Rechts. Dabei ist es gerade Puchta, der – seinerseits Savigny beeinflussend – den Begriffsformalismus in pyramidischen Ableitungen zur Hochblüte gebracht hat. Die Kulturgeschichte des Rechts läßt einer „Unschuldsperiode" eine Periode der „Mannigfaltigkeit" folgen, die schließlich in einer höheren Einheit der Periode der „Wissenschaftlichkeit" zusammenfließt. Damit wird wiederum der Rechtswissenschaft das Monopol in der Auslegung des Volkslebens zugesprochen. Dieses wird aber nicht in irgendeinem wirklichkeitswissenschaftlichen Sinne untersucht; vielmehr soll allein durch die Deduktion von Rechtssätzen aus allgemeinen Begriffen der verborgene Gehalt der nationalen Rechtskultur extrapoliert werden, der weder im realen „Volksgeist" noch in den Gesetzen manifestiert worden ist.[30] Damit wird die Rechtswissenschaft als „Product einer wissenschaftlichen Deduction"[31] zur privilegierten Rechtsquelle der Pandektistik. Unter rechtshistorischem Vorzeichen, von dem sich auch der junge Weber täuschen läßt, wird die *kulturelle Autonomie* des Rechts postuliert, dessen Begriff, Konstruktionen und Sätze der Alltagskultur vollständig entrückt werden um ihnen eine Eigengesetzlichkeit zuzuschreiben, von der auch Webers These der formalen Rationalisierung des Rechts gezeichnet bleibt. Gleichzeitig aber wird im Strome der juridischen Romantik ein Volksgeist beschworen, der auch zur Differenzierung nationaler Rechtskulturen eingesetzt wird. „Durch dieses gemeinsame Rechtsbewußtseyn", sagt Puchta, „wie durch eine gemeinsame Sprache, und durch eine gemeinsame Religion, wenn diese eine natürliche ist, sind die Glieder eines Volks verbunden, einer auf leiblicher und geistiger Verwandtschaft beruhenden, über die Innigkeit des Familienbandes hinaus sich erstreckenden, durch eine Scheidung der Menschheit entstandenen Vereinigung."[32]

Während von Savigny zu Puchta der Bezug zur Kultur eines Volkes zunehmend ausgedünnt wird und es akrobatischer Hilfskonstruktionen bedarf, um diese „Konstruktionsjurisprudenz" an das Kulturleben zurückzubinden, geht es dem Adlatus und späteren Freund Savignys, Jacob *Grimm*, weniger um die Erkenntnis des richtigen Rechts als um den Ort des Rechts in der Gesamtkultur. Die sinnliche, anschauliche Seite des Rechts ist für Grimm von besonderem Reiz. Ihn interessiert dabei nicht primär der formale Aspekt der Rechtsbekräftigung, sondern die zugrundeliegende geschichtliche Bedeutung, die in die kulturellen Traditionen einer Rechtsgemeinschaft zurückweist. So ist in dem Bändchen „Von der Poesie im Recht" die Rechtsform als Quelle einer bedeutungsbezogenen Kulturanalyse aufgetan. Im dortigen § 10 heißt es etwa – soweit bleibt der aus juristischem Hause stammende Germanist und Märchensammler durchaus in der *Form* juristisch –: „Es ist eine unbefriedigende Ansicht, welche in solchen Symbolen blose leere Erfindung zum Behuf der gerichtlichen Form und Feierlichkeit erblickt. im Ge-

gentheil hat jedes derselben gewiß seine dunkle, heilige und historische Bedeutung; mangelte diese, so würde der allgemeine Glaube daran und seine herkömmliche Verständlichkeit fehlen."[33]

Max Weber hingegen ist, als ein in der Pandektenwissenschaft geschulter Jurist, an dieser Art einer Bedeutungsanalyse der juristischen Kulturinhalte und ihrer Formen nicht weiter interessiert. In der dem Verleger Siebeck in einem Postskriptum angekündigten „Soziologie der *Cultur*inhalte" firmieren Kunst, Literatur, Weltanschauung, aber *nicht* das Recht. Und so konstatiert Weber in den „Entwicklungsbedingungen des Rechts" zwar einen Prozeß der De-Symbolisierung des modernen Rechts, ohne sich hierbei aber auf seinen jeweiligen Kulturinhalt einzulassen.

Wenn Weber nicht nur in der Religionssoziologie, sondern auch in der kultursoziologischen Betrachtung des Rechts das Zusammenspiel von Ideen und Interessen thematisiert, muß eine weitere zentrale Figur der juristischen Welt des 19. Jahrhunderts, nämlich Rudolf von Ihering, eine besondere Aufmerksamkeit auf sich ziehen. Der Weg zu einer eigentlichen Rechtsgeschichte bzw. „Entwicklungsgeschichte des römischen Rechts" wird jedoch erst in einer postum erschienenen Schrift – jenseits von sukzessiver Dogmengeschichte und idealistischer Nachkonstruktion der Idee des römischen Rechts – in seiner methodologischen Schwierigkeit sichtbar. Ihering meint, hierzu die Prämissen der rechtshistorischen Schule hinter sich lassen zu müssen, nämlich das „dumpfe Werden" der Volksgeistlehre Savignys: „Das Recht ist kein Ausfluß des naiv im dunklen Drang schaffenden Rechtsgefühls, jenes mystischen Vorgangs, welcher dem Rechtshistoriker jede weitere Untersuchung abschneiden und ersparen würde, sondern es ist das Werk menschlicher Absicht und Berechnung, die auf jeder Stufe der gesellschaftlichen Entwicklung das Angemessene zu treffen bestrebt war."[34] Weder Volksgeist noch „Kultur" ist das Movens der Geschichte, nach der berühmten „Kehre" Rudolf von Iherings. Im „Geist des römischen Rechts" geht die Untersuchung noch von der (Kultur-)„Bedeutung des römischen Rechts für die moderne Welt" aus, und bleibt auf die Frage gerichtet, inwieweit das römische Recht ein „Culturelement der modernen Welt" ist. Und „Römischer Geist" sei es, der dort zur spezifischen „Cultur des Rechts" der römischen Welt prädestiniere und der auf vielfache Weise auch mit der Religion verschlungen sei.[35] Im ersten Brief der anonym verfaßten „Vertraulichen Briefe über die heutige Jurisprudenz" – später in die Spottschrift „Scherz und Ernst in der Jurisprudenz" aufgenommen – werden die Studien über den *„Geist"* der Rechte, einschließlich des selbst verfaßten „Geist des römischen Rechts" wie ein spiritualistischer Unfug karikiert, als deren *Ursprung* Ihering interessanterweise Montesquieus „De l'esprit des lois" ansieht.[36] So geht Iherings Wandlung von der Konstruktions- zu der nach ihm benannten Interessenjurisprudenz mit dem Wechsel von einer kulturbezogenen Analyse des Rechts zu einer nur aus dem Interesse hervorspringenden, soziologistischen Reduktion des Rechts einher. Gleichwohl bewegt sich Iherings Blick auf das Recht zwischen den Polen einer kulturbezogenen und einer zweck- und interessenorientierten Rechtsanalyse, ohne daß in seinem System eine Vermittlung stattgefunden hätte. Bei Weber kehrt Iherings *Kulturbegriff* des römischen Rechts in der Dimension der *Analytik* wieder, während *Zweck* und *Interesse* in seiner Frage nach den *Trägern* rechtlicher Rationalisierung aufgenommen werden.

Während Weber der ethnologischen Jurisprudenz wie auch ethnologischer Religionswissenschaft eher skeptisch gegenüberstand, hat Josef *Kohler* ein juristisches Universalbild der Welt erarbeiten wollen, das vom ägyptischen Patentrecht über Shakespeares Rechtsbild, das Recht der Bantuneger bis zum islamischen Recht reichen sollte. Seine Studien erfolgen nicht im Namen der Soziologie und auch nicht als Rechtsgeschichte, sondern sie werden in zahllosen Artikeln der „Zeitschrift für vergleichende Rechtswissenschaft" verfaßt. Universalhistorisch und interkulturell ist der ungeheure Anspruch der Kohlerschen Unternehmung, die ihn insoweit mit Weber verbindet. In der „Encyklopädie der Rechtswissenschaft" hat Kohler in einem Artikel über „Rechtsphilosophie und Universalrechtsgeschichte" Recht als Kulturerscheinung in sehr allgemeiner Weise gewürdigt. Nach der Zerstörung des Naturrechts durch Savigny sieht Kohler es als die tiefe Erkenntnis der vergleichenden Rechtswissenschaft an, den jeweiligen kulturellen Wert auch der entlegensten Rechte erkannt zu haben, ebenso wie die vergleichende Religionswissenschaft sich weigerte, die religiösen Verrichtungen der „Primitiven" weiterhin als bloße Verirrungen abzutun.

Das Recht wird damit aber nicht einfach kontingent: „Wenn auch das Recht ein ständig Wechselndes und sich Entwickelndes ist, so ist es doch nichts Äußerliches und Zufälliges [...]." Es ruht „mit seinem innigsten Gefaser in den Wurzeln der Volksseele und entspricht dem kulturentwickelnden Drange, der das Volk durchzieht, das Volk, seien es alle Mitglieder, seien es einige hervorragende, weitschauenden Geister".[37] Darin soll nunmehr also die Rationalität der Rechtskultur bestehen, daß sie sich in Entsprechung zur Entwicklung der Gesellschaft entfaltet. Von dort her ergebe sich auch der Wertmaßstab, mit dem das Recht zu messen sei. So heißt es: „[...] es [das Recht, Hg.] ist zu schätzen nach der Art und Weise, wie es der *Kultur* und dem *Kulturbedürfnis* des Volkes nachkommt; aus Kultur und Kulturbedürfnis entnehmen wir das Ideal, dem das Recht einer bestimmten Zeit möglichst genügen soll."[38] Die Kulturbedeutung des Rechts ist also mit Wertansprüchen durchsetzt, die nicht nur die Selektion und Kombination des Forschungsgegenstandes begründen, sondern die so konzipierte vergleichende Rechtswissenschaft bleibt der Suche nach dem „richtigen Recht" verpflichtet, das sich aus der Adäquanz von Kulturentwicklung und Rechtsinhalt ergeben soll. Dieses kulturrelativ richtige Recht ruht auf den Grundlagen einer Kultur und ist damit zugleich nach Kohler ein Element, das die alte Kultur zerstört und eine künftige mithervorbringt. Weder soziologische Reduktion noch kulturalistische Verengung auf die Binnenkultur des Rechts, sondern die Erfassung des Rechts im Kosmos der übrigen Kulturformen scheint das Unterfangen Josef Kohlers aufs Engste an eine kultursoziologische Analyse des Rechts heranzuführen. Gleichwohl bleibt das Ergebnis enttäuschend: trotz einer immensen Fülle an aufbereitetem rechtsethnologischem Material gelangt Kohler über die Differenzierung von Natur-, Kultur- und Halbkulturvölkern nicht hinaus.

Aber geht Webers „Rechtssoziologie" in dem universalgeschichtlich konzipierten Unternehmen einer komparativen Analyse der Rechtskulturen im Sinne der ethnologisch inspirierten Rechtsvergleichung, wie sie etwa Kohler betreibt, tatsächlich auf? Wenn wir von den Kuriosa des Fragebogens zur Analyse primitiver Rechtskulturen[39] einmal absehen, so leidet die Kohlersche Betrachtung von Recht als Kulturerscheinung vor allem daran, daß Methodik, Sachgehalt und theoretische Konzeptualisierung einer Kulturanalyse des Rechts völlig im Dunkeln verbleiben. Sie dürfte für Weber daher sicher nicht methodisch, wohl aber sachlich durch die Fülle des ausgebreiteten rechtsethnologischen Materials inspirierend gewesen sein.

Die wissenschaftsgeschichtliche Rahmung der Weberschen Texte zum Recht läßt sich also folgendermaßen resümieren: Weber greift für den im Recht sowohl rechtsdogmatisch wie rechtshistorisch bewanderten Juristen einen selbstverständlichen Wissensfundus auf. Im Spannungsfeld einer Überwindung der Stammlerschen Konfusion von Faktizität und Normativität auf der einen Seite und der Kritik einer soziologistischen Reduktion des Rechts auf der anderen Seite, wie sie von der Freirechtsschule gepflegt wurde, bezieht Weber seine rechtssoziologische Position. Dabei setzt seine Grundannahme über die Eigengesetzlichkeit der Sphären den Blick auf das Recht als eines Kulturtatbestandes frei, dessen innere Eigendynamik nicht ohne die Bezüge zu anderen Sphären, den Sphären der Herrschaft, der religiösen Mächte und der wirtschaftlichen Ordnungen zu erfassen ist. Damit stellt sich das Problem, wie ein Begriff des Rechts zu fassen ist, der die doppelte Konfusion von empirischer und normativer Geltung – aus der Sicht einer normativistischen oder empiristischen Reduktion – so vermeidet, daß er für eine „verstehende Soziologie" fruchtbar wird. Diese Aufgabe nimmt Weber in dem hier edierten Text „Die Wirtschaft und die Ordnungen" in Angriff (siehe oben, S. 1 ff.). Sie setzt die fundamentale Unterscheidung von juristischer und soziologischer Betrachtungsweise voraus.

II. Die Unterscheidung von juristischer und soziologischer Betrachtungsweise

Das Problem der Unterscheidung empirischer und normativer Betrachtungsweise zieht sich wie ein roter Leidfaden durch das gesamte Werk Max Webers, von der „Geschichte der Handelsgesellschaften im Mittelalter", der juristischen Promotion, über seine verschiedenen Aufsätze zur Wissenschaftslehre bis in sein Hauptwerk „Wirtschaft und Gesellschaft" hinein. Es gilt die These einer radikalen logischen Trennung von *juristischer und empirischer Begriffsbildung*, normativer und empirischer *Geltung einer Regel*, sowie *empirischer und juristischer* Betrachtungsweise zu entfalten, die gleichzeitig behauptet, daß rechtssoziologische Erkenntnis nur im Hinblick auf den möglichen normativen Sinn einer Norm denkbar sei und die Frage empirischer Geltung sich hierbei von dem „idealen" Sinn der Norm zu lösen habe, um die Faktizität der Geltung erfassen zu können.

1. „Juristische Konsequenzmacherei" und „soziale Theorie"

Interessant ist ein wenig beachteter, früher Ausgangspunkt in der juristischen Dissertation Webers. Hier ist der Rechtshistoriker nämlich äußerst skeptisch, inwieweit zum rechtshistorischen Verständnis der Solidarhaftung der Gesellschafter der Bezug auf Vorstellungen einer „Gesamtperson" philosophischer Provenienz erforderlich sei, oder aber eigengesetzliche Überlegungen der juristischen Problemlage zur Geltung kommen. Webers Suche nach philosophischen oder sozialtheoretischen Anknüpfungspunkten verläuft negativ: „Wieder ein Beweis dafür, wie weit juristische Konsequenzmacherei Grundlage der einzelnen Entscheidungen der Juristen ist und wie wenig man deshalb berechtigt ist, darin Ausflüsse einer tiefliegenden philosophischen oder sozialen Theorie zu sehen."

2. Normativer Sinn des juristischen Begriffs, faktische Wirkungsweise der Rechtsvorstellung und die Vorbildfunktion der normativen für die empirische Begriffsbildung

In den methodologischen Arbeiten Webers bricht sich dann eine radikale Trennung der juristischen und der soziologischen Betrachtungsweise Bahn, die zuerst in dem Aufsatz über „Roscher und Knies und die logischen Probleme der historischen Nationalökonomie" (Weber, Roscher und Knies I–III) formuliert ist. Für das Verständnis der uns interessierenden Frage nach der Rolle juristischer Begriffsbildung und ihrer möglichen empirischen Bedeutung ist der Beitrag grundlegend. So wird die juristische Begriffsbildung einer „kausalen" gegenübergestellt: „Sie erfolgt, soweit sie begriffliche Abstraktion ist, unter der Fragestellung: wie muß der zu definierende Begriff X gedacht werden, damit alle diejenigen positiven Normen, welche jenen Begriff verwenden oder voraussetzen, widerspruchslos und sinnvoll, neben- und miteinander bestehen können?" (Weber, Roscher und Knies II, S. 132) Dies könne man teleologische Begriffsbildung nennen, um diese „eigenartige ‚subjektive Welt' der juristischen Dogmatik" zu kennzeichnen.

Juristische Begriffsbildung ist also *Abstraktion*, die den zu bildenden Begriff im Hinblick auf seine Vereinbarkeit mit anderen Rechtsnormen, also im Sinne der Widerspruchsfreiheit systematisch ausformt. Dieser systematisierende Blickwinkel dogmatisch-normativer Sinnfindung verliert sich, sobald der von seinem Ursprung her juristische Begriff in einen empirischen Zusammenhang gerät: „Für letztere [die juristische Dogmatik, Hg.] steht der begriffliche Geltungsbereich gewisser Rechtsnormen, für jede empirisch-geschichtliche Betrachtung dagegen das *faktische* ‚Bestehen' einer ‚Rechtsordnung', eines konkreten ‚Rechtsinstituts' oder ‚Rechtsverhältnisses' nach Ursachen und Wirkungen in Frage. Sie finden als diesen ‚faktischen Bestand' in der historischen Wirklichkeit die ‚Rechtsnormen' einschließlich der Produkte der dogmatisch-juristischen Begriffsbildung lediglich als in den Köpfen der Menschen vorhandene *Vorstellungen* vor, als *einen* der Bestimmungsgründe ihres Wollens und Handelns *neben anderen*, und sie behandeln diese Bestandteile der objektiven Wirklichkeit wie alle anderen: kausal zurechnend. Das ‚Gelten' eines bestimmten ‚Rechtssatzes' kann z. B. für die abstrakte ökonomische Theorie unter Umständen begrifflich sich auf den Inhalt reduzieren: daß bestimmte ökonomische Zukunftserwartungen eine an Sicherheit grenzende *faktische* Chance der Realisierung haben" (ebd., S. 132f.). Wenn Weber nun von dem „begrifflichen" Geltungsbereich eines Rechtssatzes, also doch wohl der im Sinne der Begriffsjurisprudenz gewonnenen Bestimmung des normativen ideellen Sinns, den faktischen Geltungsbereich einer Rechtsordnung oder eines Rechtsinstituts unterscheidet, dann stellt sich die Frage, wie diese „Faktizität" denn vermittelt sein soll. Bedeutet „empirische Geltung" die Befolgung des Normsinnes oder die Anerkennung des normativen Geltungsanspruchs und wie soll die Brücke aus dem heterogenen „Reich des Normativen" in das der „empirischen Wirklichkeit" geschlagen werden? Hier betont Weber, daß diese Verbindung nicht über den Weg äußeren Verhaltens hergestellt wird, indem die beobachtete Wirklichkeit also mit dem normativ gebotenen Verhalten verglichen würde, sondern indem der Normgehalt sich in den Repräsentationen des Akteurs als ein Handlungsmotiv wiederfindet, d.h. der empirische Geltungsbereich einer Rechtsordnung oder eines Rechtsinstituts ist über die handlungsmotivierende „Vorstellung" von der Geltung der Norm vermittelt. Insofern reicht also die normative Welt in die empirische hinein, was im übrigen auch die selbstverständliche Erwartung jeder Rechtssetzung ist, daß sie nämlich handlungsrelevant werde. Nur: ob dies auch geschieht, ist eine empirisch offene Frage, die nicht notwendigerweise im Wege äußeren Zwangs verläuft, also nicht ausschließlich durch einen Erzwingungsstab zu bewerkstelligen ist, sondern durch Einwirkung auf die Vorstellungskraft „in den Köpfen" der Rechtsunterworfenen erfolgt. Damit hat Weber also implizit wichtige Aussagen über die Wirkungsweise von Recht im normativen Sinne getroffen.

Hiervon zu unterscheiden ist freilich der Gedanke, daß die „politische oder soziale Geschichte", von der Weber hier spricht, im Zusammenhang kausal-historischer Zurechnung terminologisch auf die juristische Begriffsbildung zurückgreift: „Und wenn die politische oder soziale Geschichte juristische Begriffe verwenden – wie sie dies fortwährend tun – so wird das ideale Gelten*wollen* des Rechtssatzes hier nicht erörtert, sondern die juristischen Normen sind nur der für die Geschichte allein in Betracht kommenden *faktischen* Realisierung gewisser äußerer Handlungen von Mensch zu Mensch *terminologisch* soweit substituiert, als dies nach Lage der Sache möglich ist" (ebd., S. 133). Damit ist ein neuer Gedanke angesprochen, der erklärt, warum die von Weber so scharf attackierte Konfusion normativ-juristischer Begriffsbildung und wortgleicher, aber logisch differenter empirischer Begriffsbildung, so leicht und vielfach unbemerkt vonstatten geht. Weil es nämlich innere Gründe für die Verwendung der juristisch-normativen Begriffe im empirischen Aussagezusammenhang gibt, die auf der faktischen Eingelebtheit, Plastizität und auch vermuteten Kausalrelevanz des juristischen Begriffsarsenals beruht. So insbesondere, wenn die aus der juristischen „subjektiven Welt", wie Weber sagt, genommenen Kollektivbegriffe für die Wirklichkeit selbst gehalten werden, obwohl sie jeweils nur Chancen abgeben, daß eine bestimmte Art des Handelns faktisch abläuft: „Das *Wort* ist dasselbe, – was *gemeint* ist, etwas in *logischem* Sinn toto coelo Verschiedenes. Der juristische Terminus ist hier teils Bezeichnung einer oder vieler *faktischer* Beziehungen, teils ein ‚idealtypischer' Kollektivbegriff geworden. Daß dies leicht übersehen wird, ist die Folge der Bedeutung rechtlicher Termini in der Praxis unseres Alltagslebens; – und im übrigen ist der Sehfehler nicht häufiger und nicht schwerwiegender als der umgekehrte: daß Gebilde juristischen Denkens mit Naturobjekten identifiziert werden. Der wirkliche Tatbestand ist, wie gesagt: daß der juristische *Terminus* zur Erfassung eines rein kausal zu analysierenden *realen* Sachverhaltes verwendet wird und normalerweise auch verwendet werden kann, weil wir alsbald dem Gelten*wollen* juristischer Begriffsgebilde das faktisch existente soziale Kollektivum unterschieben" (ebd.). Diese untergründige Verwicklung von normativer und empirischer Begriffsbildung taucht dann im gleichen Bild des „Unterschiebens" im Kategorienaufsatz wieder auf, wenn Weber von dieser Notwendigkeit als dem „Schicksal" aller Soziologie spricht.

3. Das Kausalitätsproblem als juristische und empirisch-historische Zurechnung

Auch im Eduard Meyer-Aufsatz (Weber, Kritische Studien) finden wir einschlägige Aussagen Webers über das Verhältnis von Rechtswissenschaft und empirisch-historischen Sozialwissenschaften. So sei für die leidige Kausalitätsfrage gerade die juristische Theoriebildung, insbesondere im Strafrecht, auf fruchtbare Weise für die methodologischen Probleme der empirischen, nicht-normativen Disziplinen nutzbar zu machen. Die *Jurisprudenz* könne nämlich dort hilfreich sein, wo „die Geschichtslogik noch im argen liegt" (ebd., S. 188). Folgende Annahme wird von Weber zugrunde gelegt: „Daß gerade die Juristen, in erster Linie die Kriminalisten, das Problem behandelten, ist naturgemäß, da die Frage nach der strafrechtlichen Schuld, insoweit sie das Problem enthält: unter welchen Umständen man behaupten könne, daß jemand durch sein Handeln einen bestimmten äußeren Erfolg ‚verursacht' habe, reine Kausalitätsfrage ist, – und zwar offenbar von der gleichen logischen Struktur, wie die historische Kausalitätsfrage" (ebd., S. 188f.). Damit ist die Kausalitätsfrage sowohl für die strafrechtliche wie die historische „Zurechnung" auf den *Handlungsbegriff* zentriert. Hierfür gibt es einen inneren Grund, wie Weber anschließend ausführt: „Denn ebenso wie die Geschichte sind die Probleme der praktischen Beziehungen der Menschen zueinander und insbesondere der Rechtspflege ‚anthropozentrisch' orientiert, d.h. sie fragen nach der kausalen Bedeutung *menschlicher* Handlungen" (ebd., S. 189f.). Auf dieser *Gleichstellung* fußt daher die Übertragung der juristischen Kausalitätslehre auf die Geschichtswissenschaft. In der Strafrechtswissenschaft ist die „Lehre von der adäquaten Verursachung" entwickelt worden – so der Titel der Dissertation Gustav Radbruchs,[40] die Weber seinen „Kritischen Studien auf dem Gebiet der kulturwissenschaftlichen Logik" zugrunde legte.

Es ist also juristischem Denken geschuldet, daß Weber mit dem Dogma der positivistischen Geschichtswissenschaft gründlichst aufräumt, sie habe sich nur um die „Wirklichkeit", nicht aber um „Möglichkeiten" zu kümmern: „Um die wirklichen Kausalzusammenhänge zu durchschauen, *konstruieren wir unwirkliche*" (Weber, Kritische Studien, S. 204). Hinter diese methodologische Einsicht dürfe die Historiographie nicht mehr zurückfallen. „Abstraktion" und sogar „Phantasiegebilde" sind nicht nur zulässig, sondern *notwendige Voraussetzung des historisch-empirischen Kausalurteils.* Die juristische Denkform liefert die Basis der empirisch-kausalen Zuordnung.

4. Normative und empirische Geltung einer Regel: ihre „komplizierten Kausalverknüpfungen"

Schließlich ist im Stammler-Aufsatz (Weber, Überwindung) eine auf die *Norm* bezogene, gleichwohl empirisch gemeinte Rechtsbetrachtung zu finden. Es ist dabei die Stammlersche „Lösung" des Emergenzproblems, die Weber herausfordert, nämlich in der äußeren „Reguliertheit" des sozialen Lebens eine die Einzelwesen verbindende „Form" entdeckt zu haben. Webers Thema, das sich an der Rezension von Stammlers Buch über „Wirtschaft und Recht" entfaltet, ist auf der unmittelbar wahrnehmbaren Ebene die Ambivalenz und Mehrdeutigkeit des „Regelbegriffs", der die „stete Gefahr der hoffnungslosen Konfusion des *Empirischen* mit dem *Normativen* auf das Maximum" (ebd., S. 136, Hervorhebung der Hg.) steigen läßt. In der Stammler-Auseinandersetzung wird aber zugleich die handlungsförmige Bestimmung des Gegenstandsbereichs einer verstehenden Soziologie vorbereitet, wie sie im Logos-Aufsatz explizite Gestalt annimmt. Sie entzündet sich an Stammlers Bestimmung des „sozialen Lebens", dessen formale Eigenart darin bestehe, daß es *„geregeltes"* Zusammenleben sei.

Eine die „Konfusion des Empirischen mit dem Normativen" vermeidende Betrachtung stellt nach Weber nämlich zwei Bedeutungen von „Regel" fest, die beide nicht dafür taugen, Recht als „Form" des sozialen Lebens zu betrachten. Einmal ist mit „Regel" der *gelten sollende Sinn* einer Norm gemeint, der im Skatspiel von der „Skatjurisprudenz", im Rechtsleben von der Rechtswissenschaft zur Ermittlung der „juristische[n] Wahrheit" festgestellt wird, welche wiederum ein „rein ideelles, vom juristischen Forscher destilliertes Objekt begrifflicher Analyse" (ebd., S. 139f,) bilde. Das „Gelten" der Regel in diesem Sinne ist das Ergebnis – so Weber – der gedanklichen Verbindung von Begriffen, ein „Gelten-Sollen" für den juristischen Intellekt. Diesem idealen Sinn der Regel aber kommt keine unmittelbare Bedeutung für ihre empirische Geltung zu. Aber Weber tendiert nun keineswegs zu einem schlichten Normrealismus als „Form" des sozialen Lebens, vielmehr gelte: „Die Rechtsregel, *empirisch* betrachtet, ist aber erst recht keine ‚Form' des sozialen Seins, wie immer das letztere begrifflich bestimmt werden möge, sondern eine sachliche Komponente der empirischen Wirklichkeit [...]" (ebd.). Und das heißt: Nur soweit die am Recht beteiligten Personen, „Richter", „Anwälte", „Gerichtsvollzieher", „Polizisten" und die „Rechtsgenossen", sich an der Vorstellung vom Gelten-Sollen der Regel orientieren, ist das soziale *Sein* durch ein rechtliches *Sollen* bestimmt. Da aber das Ausmaß der empirischen Geltung ungewiß ist, was nicht zuletzt die Implementationsforschung belegt und in Durkheims Normalitätsthese der Regelabweichung auch positiv gewendet ist,[41] macht nach Weber die Rede vom „Recht als Form des sozialen Lebens" keinen Sinn. Und dies hat seinen Grund darin, daß es – entgegen dem panjuristischen Bild – unterschiedliche Relevanzstufen der rechtlichen Geordnetheit des Handelns gibt, die zu einer differenzierten Einschätzung der kausalen Tragweite der *empirischen Rechtsordnungen* für die „Kulturtatsachen" führt. Weber formuliert dies nicht ohne Ironie als eine Kritik des juristischen Weltbildes. So heißt es: „Der Fachjurist freilich ist begreiflicherweise geneigt, den Kulturmenschen im allgemeinen als potentiellen Prozeßführer zu betrachten, in demselben Sinn, wie etwa der Schuster ihn als potentiellen Schuhkäufer und der Skatspieler ihn als potentiellen ‚dritten Mann' ansieht" (ebd., S. 145).

Was ist nun unter „Recht" oder „Rechtsordnung" im Zusammenhang der Stammler-Kritik zu verstehen? Im normativen Sinne kann nur die ideelle Normordnung gemeint sein, deren begriffliche Vernetzung genau dem „Ideal" entsprechen müßte, das in Webers „Rechtssoziologie" durch die Postulate der gemeinrechtlichen Jurisprudenz als formal rationalstes System des Rechts ausgewiesen wird. Empirisch farblos bzw. unzureichend bleibt dieser Begriff für die empirische Rechtsordnung. Denn es kommt ja ausschließlich auf die Vorstellung von der Geltung im jeweiligen Handeln an, so daß Weber am Ende eine rein kognitivistische Vorstellung von der empirischen Rechtsordnung zu entwickeln scheint. So heißt es ausdrücklich: „Das ‚empirische *Sein*' des Rechts als Maxime-bildenden

‚Wissens' konkreter Menschen nannten wir hier: die *empirische ‚Rechtsordnung'*" (ebd., S. 142, letzte Hervorhebung, Hg.).

Nun: was hat Weber aus der polemischen Kritik dieses von ihm sogenannten „Geschichtsspiritualisten" an positiver Deutung der Beziehung von juristischer und empirischer Betrachtungsweise entwickelt? Juristische und empirische Geltung einer Regel sind aufs Schärfste geschieden, insbesondere ist bei der Rede von der Existenz einer Rechtsnorm höchste Vorsicht geboten: Sie kann im Sinne eines ideell Gelten-Sollenden gemeint sein, von dem wir hoffen, daß es durch die in einer Rechtsgemeinschaft zu verbindlicher Auslegung Berufenen auch als „Recht" erkannt, für ihr praktisches Handeln also empirisch wirksam werde, und das zugleich auch noch davon zu unterscheiden ist, inwieweit die Alltagsakteure in ihrem Handeln die Geltung der Norm unterstellen und sich in ihrem praktischen Handeln danach ausrichten.

5. Zur banalen Empirie der Regelanwendung

Von welchen Banalitäten die Umsetzung eines ideal geltenden normativen Sinns in der Rechtsanwendungswirklichkeit abhängt, führt Weber im Anschluß an den Vortrag von Hermann Kantorowicz über „Rechtswissenschaft und Soziologie" auf dem Soziologentag aus: „Ob nun im einzelnen Fall sich diese Rechtssätze faktisch in einem Urteil, welches, wenn wir auf den *Sinn* des Rechtssatzes sehen, – also eine ganz andere Frage als die soziologische stellen – *‚richtig'* ist, realisieren, – nun, *das* hängt von einer Unmasse soziologischer Umstände und ganz konkreter Dinge ab. Gewiß auch davon unter Umständen, ob der Richter etwa einen sehr starken Frühschoppen hinter sich hat. Es hängt von der Art der Vorerziehung des Juristen ab, es hängt von tausend konkreten Verhältnissen ab, die, ob sozialer oder nicht sozialer Natur, jedenfalls reine Faktizitäten sind. Das ‚Gelten' eines Rechtssatzes im *soziologischen* Sinn ist ein empirisches Wahrscheinlichkeitsexempel über Fakta, das Gelten im juristischen Sinn ist ein logisches Soll, und das sind zwei ganz verschiedene Dinge [...]" (Verhandlungen 1910, S. 325). Kontingente Umstände aus der Lebenswelt des rechtsanwendenden Richters, der Frühschoppen oder aber auch seine „Vorerziehung", verweisen auf eine empirische Richtersoziologie, wie sie Weber selbst nie betrieben hat oder allenfalls als Typologie der rechtskulturell geprägten Richtergestalten im angelsächsischen und kontinentalen Recht, nicht aber als eine Untersuchung der richterlichen Lebenswelten, einschließlich ihrer banalen Lebensumstände, sowie ihrer „Vorerziehung", d. h. doch wohl ihrer klassen- und schichtenbedingten allgemeinen Sozialisationserfahrungen und ihrer jeweils spezifischen fachlichen Bildung, also ihrer juristischen Sozialisation.

So sehr die Wirklichkeit der Rechtsanwendung vom Normideal abzuweichen vermag, so wenig kann die empirische Erforschung des Rechts umgekehrt auf die rechtsdogmatische Betrachtung verzichten. Und dies gilt auch für die Erforschung der rechtsgeschichtlichen Wirklichkeit. Nicht nur werde das rechtshistorisch Bedeutsame durch rechtsdogmatische Fragen der Gegenwart mitbestimmt, sondern als heuristisches Prinzip leiten rechtsdogmatische Überlegungen auch die rechtshistorische Forschung. Weber führt eine für die Rechtsgeschichte wichtige Beobachtung ein: „Darum würde ich es für unberechtigt halten, etwa den Unterschied zu machen: das Recht, das nicht mehr gilt, nur als Faktum und nicht als ‚Norm' zu betrachten, und das Recht, das noch gilt, nicht als Faktum[,] sondern als Norm" (ebd., S. 328). Die Rechtsgeschichte befaßt sich daher mit komplexen „gedanklichen Operationen" (Weber, Überwindung, S. 148, Fn. 16), nämlich der Eruierung eines historisch relativen, richtigen normativen Sinns („indem ich mich also möglichst in die Seele eines Richters der damaligen Zeit zurückversetze"), um sodann das „lebendige, d. h. das faktisch in realem Zwang sich äußernde, Recht der betreffenden Zeit de facto" (Verhandlungen 1910, S. 328) zu erkunden.

6. Verhältnis der Verstehenden Soziologie zur Rechtsdogmatik

In dem grundlegenden Beitrag über „Einige Kategorien der verstehenden Soziologie" kommt Weber im dritten Abschnitt dieses werkgeschichtlich umstrittenen Aufsatzes in einem eigenen Abschnitt auf das „Verhältnis zur Rechtsdogmatik" zu sprechen. Hier hat ein Perspektivenwechsel stattgefunden: Es geht nicht mehr um die Bedeutung der soziologischen Betrachtung für die Jurisprudenz, sondern um die Bedeutung der Jurisprudenz, insbesondere ihrer Begriffsbildungsleistungen, für die von Weber erstmals aus der Sphäre von Dilettantenleistungen herausgehobene „verstehende Soziologie". Das Postulat des „Verstehens" ist zunächst der Grund, warum diese Art der Soziologie sich von Kollektivbegriffen lösen muß, die nicht verstehbare Subjekte konstruieren: denn ein substanzhaft vorgestellter „Staat" ist nur vermittels seiner Akteure „verstehbar". Wie Weber gerade in seiner Dissertation gezeigt hatte, kann es gute juristische Gründe für die Annahme einer juristischen Persönlichkeit des Staates oder auch der Handlungs- und Zurechnungsfähigkeit von „Gesellschaftsformen" geben. Um die Konstruktion normativer Zurechnung aber geht es der Soziologie nicht: „Die Soziologie hat es dagegen, soweit für sie das ‚Recht' als Objekt in Betracht kommt, nicht mit der Ermittelung des logisch richtigen ‚*objektiven*' Sinngehaltes von ‚Rechtssätzen' zu tun, sondern mit einem *Handeln*, als dessen Determinanten und Resultanten natürlich unter anderem auch *Vorstellungen* von Menschen über den ‚Sinn' und das ‚Gelten' bestimmter Rechtssätze eine bedeutsame Rolle spielen" (Weber, Kategorien, S. 264). Diese Geltungsvorstellung kann nun Anknüpfungspunkt etwa der Wirtschaftsakteure darüber sein, ob sie berechtigte Erwartungen hegen können, daß ihr Vertragspartner seinem Handeln eine Geltungsvorstellung etwa des Vertragsrechts zugrunde legt und darüber hinaus erwartet, daß gegebenenfalls auch der beurteilende Richter eine solche Erwartung der Erwartungserwartung hegt und sie in Anwendung des idealiter logisch objektiv zu ermittelnden Normsinnes, in wie immer gearteter Abweichung von dieser Erwartung, verbindlich bestimmen und mit den Mitteln des jeweiligen rechtlichen „Erzwingungsstabes" durchsetzen wird.

Aus diesem Tatbestand aber folgt – so Weber – das Begriffsbildungsmonopol der Jurisprudenz für die verstehende Soziologie, die eben auf die Vorstellungen über die Geltung einer normativen Ordnung aus Gründen der kausalen Zurechnung des Handelns besondere Rücksicht zu nehmen habe: „Es ist aber allerdings das unvermeidliche Schicksal aller Soziologie: daß sie für die Betrachtung des überall stetige Übergänge zwischen den ‚typischen' Fällen zeigenden realen Handelns sehr oft die scharfen, weil auf syllogistischer Interpretation von Normen ruhenden, juristischen Ausdrücke verwenden muß, um ihnen dann ihren eigenen, von dem juristischen der Wurzel nach verschiedenen, Sinn unterzuschieben" (ebd.,

S. 265). So mag man an die begrifflichen Unterscheidungen der römischrechtlichen „actiones" oder an die Vertragstypen des Besonderen Schuldrechts denken, die eine Trennschärfe der rechtlichen Zurechnung begründen, gerade indem sie die von Weber oft so bezeichneten „flüssigen" Übergänge des Handelns künstlich einfrieren.

7. Die Unterscheidung von juristischer und soziologischer Betrachtungsweise und die Differenzierung der Geltungsarten

In der als Manuskript überlieferten Analyse der Beziehung von „Die Wirtschaft und die Ordnungen", in dem das ursprüngliche Konzept des Weberschen Grundrißbeitrags zum Recht besonders präsent ist (MWG II/8, S. 808–816), wird die Differenz von rechtssoziologischer und rechtsdogmatischer Analyse des Rechts ausdrücklich von einer *Objekt*differenz geschieden und auf eine solche der reinen „Betrachtungsweisen" zurückgeführt: „Es liegt auf der Hand, daß beide Betrachtungsweisen sich gänzlich heterogene Probleme stellen und ihre ‚Objekte' direkt gar nicht in Berührung miteinander geraten können, daß die ideelle ‚Rechtsordnung' der Rechtstheorie direkt mit dem Kosmos des faktischen wirtschaftlichen Handelns nichts zu schaffen hat, da beide in verschiedenen Ebenen liegen: die eine in der des ideellen Geltensollens, die andere in der des realen Geschehens" (oben, S. 1) Beziehungen zwischen „Wirtschaft und Recht", worum es Weber im Anschluß an die Stammler-Auseinandersetzung geht, betreffen nicht die Beziehungen der Wirtschaft zu einer ideellen normativen Ordnung, sondern zum faktischen Geltungsbereich des Rechts. Damit also unterscheidet Weber nicht nur – wie Jellinek, an den er insoweit anknüpft – einen juristischen und einen soziologischen Staatsbegriff, sondern zergliedert den Begriff des Rechts selbst in einen juristischen und einen soziologischen. Weber geht noch darüber hinaus: Sämtliche Grundbegriffe der Rechtstheorie, wie „Recht", „Rechtsordnung", „Rechtssatz", weisen eine völlig unterschiedliche Bedeutung auf, je nachdem sie im Sinne normativer oder faktischer Geltung gemeint sind. Das Trennungspostulat wird nirgends so konsequent entwickelt, wie es in dem Eröffnungssatz von „Die Wirtschaft und die Ordnungen" formuliert ist: „Wenn von ‚Recht', ‚Rechtsordnung', ‚Rechtssatz' die Rede ist, so muß besonders streng auf die Unterscheidung juristischer und soziologischer Betrachtungsweise geachtet werden" (oben, S. 1).

Das aus methodologischen Gründen komplizierte Verhältnis von Rechtswissenschaft und Soziologie läßt sich von Weber her in der folgenden Weise resümieren:

1.) Die Sphäre des ideellen Geltensollens ist von der des faktischen Geschehens grundlegend geschieden.

2.) Rechtswissenschaft im normativen Sinne ist daher von einer empirischen Rechtssoziologie zu unterscheiden (Konfusionsverbot bzw. Sphärenfrevel).

3.) Nicht das einheitliche Objekt, sondern die jeweilige Betrachtungsweise konstituiert den „Gegenstand" der normativen und der empirischen Betrachtungsweise, die besonders scharf geschieden werden müssen, wenn auch der wissenschaftliche Sprachgebrauch in der Rede von „Recht", „Rechtssatz" oder „Rechtsordnung" diese logische Differenz nicht sichtbar werden läßt.

4.) Nur im Hinblick auf das Geltensollende ist der historische Sinn einer Rechtsnorm ebenso wie der positiv geltende Norminhalt zu ermitteln, ohne daß er hierdurch in die Faktizität hineinreicht. Die faktische Geltung einer Norm läßt sich, in Bezug auf vergangene oder gegenwärtige Geltung, freilich nur im Hinblick auf einen normativen Geltungssinn überhaupt beurteilen.

5.) Weil normative und kausale Sphäre völlig heterogen sind, kann es auch kein direkt kausales Wirken des ideellen Normgehalts in die faktische Geltungssphäre geben.

6.) Die „Wirkung" der Norm verläuft vielmehr über die Vorstellung der Akteure von ihrer Geltung, gleichgültig worauf gegebenenfalls ihre Fügsamkeitsmotive beruhen: auf der Anerkennung des jeweiligen Normgehaltes, einer allgemeinen Rechtstreue, oder der Furcht vor dem Einsatz des Erzwingungsstabes. Freilich ist die Wirkungschance der ideellen Rechtsnorm erhöht, soweit in einem gewissen Ausmaß die Norm befolgt wird, weil sie geboten ist, sie also von einem Legitimitätseinverständnis getragen wird.

7.) Hat die soziologische Betrachtung die Erklärung und das Verstehen menschlichen Handelns zum Gegenstand, dann liegt es nahe, daß ihre Begriffsbildungsstrategie auf diejenigen Begriffe zurückgreift, die in den praktischen Handlungsorientierungen des Menschen faktisch in weitem Umfang wirksam sind. Dies trifft wegen ihrer faktisches Handeln ordnenden Leistung insbesondere auf die Rechtsbegriffe in der okzidentalen Welt zu, deren Weltbild durch einen juristischen Rationalismus auch im Alltag geprägt ist. Daher macht die menschliches Handeln verstehen wollende Soziologie Begriffsanleihen in der Jurisprudenz, auch wenn sie – insbesondere im Falle der zahlreichen aus innerjuristischen Gründen sinnvollen, weil für Zurechnungsfragen tauglichen Kollektivbegriffe – ihnen dann einen „eigenen", eben empirisch möglichen Sinn unterschiebt.

8.) Aus diesen Annahmen ergibt sich zugleich, daß die Soziologie zur Ermittlung des ideell geltenden Sinns einer Rechtsnorm oder einer Rechtsordnung als Aufgabe der rechtswissenschaftlichen Dogmatik nichts beizutragen weiß. Eine Soziologisierung der Jurisprudenz, wie sie in Teilen der Freirechtsschule bzw. einer marxistisch angeleiteten Rechtslehre postuliert wird, ist nach Weber faktisch, wegen des logischen Hiatus von Sein und Sollen zum Scheitern verurteilt, zugleich aber, wie wir sehen werden, mit dem normativen Gehalt der okzidentalen Rechtskultur unvereinbar.

9.) Dies bedeutet nicht, daß die Feststellung über die faktische Geltung einer normativen Ordnung rechtlich unerheblich wäre, etwa soweit das Recht auf Handelsgewohnheiten oder Sitten und Gebräuche verweist, diese also zum Bestandteil normativ geltenden Rechts macht, insoweit es faktisch gilt. Auch ist jede Feststellung über den Schwund der faktischen Rechtsgeltung von größtem Belang für die Frage, ob eine Rechtsidee noch als Handlungsorientierung fungiert, das Rechtssystem sich an die Faktizität anpassen soll, oder aber auf seiner Fortgeltung insistieren muß und hierfür geeignete Maßnahmen zu treffen hat, die sich wieder zweckrationalen Erwägungen aufschließen, nicht aber in ihrer Finalität von einer empirischen Disziplin aus zu entscheiden sind.

10.) Nur unter Beachtung dieser Differenzierung macht die soziologische Betrachtung des Rechts nach Max Weber Sinn. Sie vermeidet eine naturalistische Bestimmung der Norm- und Rechtsinhalte und gewinnt für die Soziologie die Begriffsbildungserfahrung der Jurisprudenz, der sie ihrerseits die Grenzen ihrer Norm- und Rechtsgeltungsansprüche aufzeigt.

III. Begriff und Wirklichkeit des Rechts im Gefüge normativer Systeme: „Die Wirtschaft und die Ordnungen"

Wer sich die Argumentation des Kategorienaufsatzes vor Augen hält, ist verblüfft, daß der für Weber doch so zentrale Komplex des Rechts in eine Fußnote verbannt ist. Dort heißt es zur Erläuterung des normativen Sinns von Recht und Konvention: „Der Begriff ist hier nicht speziell zu erörtern. Es sei nur bemerkt: als ‚Recht' gilt uns soziologisch eine in ihrer empirischen Geltung durch einen ‚Zwangsapparat' (im bald zu erörternden Sinn), als Konvention eine nur durch ‚soziale Mißbilligung' der zur ‚Rechts'- bzw. ‚Konventions'-Gemeinschaft vergesellschafteten Gruppe garantierte Ordnung" (Weber, Kategorien, S. 269, Anm. 1). Dabei ist Recht im Kategorienaufsatz ja deshalb so zentral, weil Webers soziologische Grundfrage danach, wie angesichts der Labilität von wechselseitigen Erwartungen die empirische Geltung einer Ordnung als Chance ihres objektiven Befolgtwerdens zunehme, auf Recht verweist. Die Geltungschance einer Ordnung erhöht sich nämlich, „je mehr [...] die subjektive Ansicht in relevantem Maß verbreitet ist, daß die (subjektiv sinnhaft erfaßte) ‚Legalität' gegenüber der Ordnung ‚verbindlich' für sie sei" (ebd., S. 270). Demgegenüber setzt die Kategorie des „Einverständnishandelns" an die Stelle der ‚Legalität' der Ordnung die Haltung eines Akteurs, der Erwartungen für verbindlich hält, so „als ob" ihnen eine Vereinbarung zugrundeläge. Das gleiche gilt aber für die Geltung von Vereinbarungen, die nicht von allen Mitgliedern der Rechtsgemeinschaft oder nicht in jeder Hinsicht „gebilligt" worden sind und daher einer Art von Meta-Einverständnis bedürfen: „Auch Vereinbarungen ‚gelten' letztlich kraft dieses (Legalitäts-)Einverständnisses" (ebd., S. 280).

Damit also lastet auf dem Text über „Die Wirtschaft und die Ordnungen" eine mehrfache Erwartung: Recht als eine normative Ordnungskategorie neben solchen der Sitte und der Konvention in eine sinnverstehende Soziologie einzufügen, die dem besonderen Charakter wirtschaftlicher Erwartungen und ihrer rechtlichen Fassung so Rechnung trägt, daß die Fallstricke empiristischer und normativistischer Reduktionen des Rechts vermieden werden.

Als Ende 1908 der Plan einer Neuausgabe des „Handbuchs der politischen Ökonomie", des späteren GdS, in der Korrespondenz zwischen dem Verleger Paul Siebeck und Max Weber Gestalt annahm, stand Weber – wie wir sahen – in der methodisch fundamentalen Frage der Grenzbeziehungen der Sozialökonomik als empirischer Wissenschaft zu den Normdisziplinen, speziell der Rechtswissenschaft, ganz auf dem Boden seiner ein Jahr zuvor veröffentlichten Stammler-Kritik. Zwar räumte er gegenüber Hermann Kantorowicz ein, daß der angekündigte Fortsetzungsartikel dazu erst „durch Krankheit, dann durch andre Arbeiten gehindert" worden sei. Mit Kantorowicz' kritischer Besprechung der Stammlerschen Lehre vom richtigen Recht[42] betrachtete er ausdrücklich jedoch nur die „Aufgabe, den Unfug des ‚richtigen Rechts' auch noch totzuschlagen" als erledigt, nicht auch die einer Fortsetzung an sich (MWG II/5, S. 690f.). Der von Marianne Weber aus dem Nachlaß publizierte „Nachtrag" zur Stammler-Kritik zeigt, daß Weber daran gearbeitet hat (Weber, Nachtrag). Ende 1909 war Weber „mit der Durchsicht einer *russischen* Übersetzung meines *Anti-Stammler*-Aufsatzes beschäftigt" (MWG II/6, S. 332f.). Vor allem jedoch die bereits erwähnten Soziologentagsvorträge von Andreas Voigt und Hermann Kantorowicz boten Gelegenheit, öffentlichkeitswirksam die Kernpunkte der eigenen Stammler-Kritik anzusprechen.

Der in den Manuskripten der hier edierten Rechtstexte zugrundegelegte Begriff des Rechts ist – wie wir sahen – aus einer langjährigen Beschäftigung mit dem Recht erwachsen. Die Konzeption des „Stoffverteilungsplanes" für das „Handbuch der politischen Ökonomie" (1909/10), nach der Wirtschaft und Recht zunächst in ihrer prinzipiellen Beziehung, sodann in ihrer Entwicklungsdimension analysiert werden sollten, setzte eine begriffliche Schärfung des zu untersuchenden Gegenstandes voraus, also insbesondere auch eine Bestimmung des Rechtsbegriffs. Wann auch immer eine Abwendung von diesem Ausgangskonzept des Stoffverteilungsplanes erfolgt ist – es fällt auf, daß Weber in dem Eingangssatz von „Die Wirtschaft und die Ordnungen" auf eine zuvor formulierte Definition Bezug zu nehmen scheint, wenn er in dem überlieferten Manuskript einsetzt mit einer vor die Klammer gesetzten Lektüreanweisung: „Wenn von ‚Recht', ‚Rechtsordnung', ‚Rechtssatz' die Rede ist, so muß besonders streng auf die Unterscheidung juristischer und soziologischer Betrachtungsweise geachtet werden" (oben, S. 1). Eine solche Abkehr von der Stammlerschen Perspektive einer Beziehung von „Wirtschaft und Recht" setzt auf der Seite des „Rechts" die Vielfalt der Ordnungen frei, weshalb in der Tat die von Weber gewählte Überschrift als „Die Wirtschaft und die Ordnungen" genau bezeichnet, wo Weber über das toposartig tradierte Begriffspaar von „Wirtschaft und Recht" hinausgreift. In einem begrifflichen Ringen greift Weber sowohl auf die soziologischen wie auf die rechtstheoretischen und rechtshistorischen Differenzierungsmuster normativer Ordnungen zurück, welche in dem Dreiklang von Recht, Sitte, Konvention in unterschiedlichsten Nuancierungen und Durchmischungen normativer Momente einerseits und empirischer Elemente andererseits vertreten werden. Aber auch die Frage des Gewohnheitsrechts spielt in diese Begriffsbildungen hinein.

Nicht in Betracht zieht Weber in diesem Zusammenhang die dualen Bestimmungen von Recht und Moral sowie von Recht und Ethik. D. h.: die rechtsphilosophische Tradition ist ihm in diesem Kontext gleichgültig. Gerade weil Weber ja für die Religionsanalyse die Bedeutung religiöser „Ethik" in den Vordergrund stellt, ist ihm dies für die Analyse von „Recht" begriffsstrategisch eher hinderlich. Im Verhältnis von Rechtsbegriff, Sitte und Konvention entfalten sich aber auch rudimentäre Vorstellungen über den Rechtsbildungsprozeß, so daß sich unter dem Mantel von Begriffsabgrenzungen grundlegende Vorstellungen über die Herauskristallisierung des Rechts ergeben.

1. Zum Rechtsbegriff der Reinen soziologischen Rechtslehre

Webers Rechtsbegriff ist vielschichtig. Er weist eine Handlungs-, eine Norm-, eine Sanktions- bzw. Ordnungs- und eine Wissenskomponente auf.[43] In unterschiedlicher Weise sind jeweils die kognitive Geltungsvorstellung, die entsubstanzialisierend gemeinte Handlungsgrundlage, der ideelle Sinn und der über einen eigenen Sanktionsapparat repräsentierte Zwangscharakter des Rechts betont. Über eine Schicht der *Interessen* von Rechtsgemeinschaft und Rechtsinteressenten erheben sich *Ideen* des Rechts, die sie erst zu einer legitimen Ordnung machen. Es bleibt zu sehen, wie im Spannungsfeld der Stammler-Problematik einerseits und der Begründungs- und Begriffsstrategien einer im Kategorienaufsatz ausformulierten *verstehenden Soziologie* andererseits das Konzept des Rechts in dem Text „Die Wirtschaft und die Ordnungen" angelegt ist.[44]

2. „Einverständnis" und das Recht

Neben der Einarbeitung der Differenzierung von Gemeinschafts-, Gesellschafts-, Verbands- und Anstaltshandeln liegt der terminologische Bruch zwischen einer frühen Textstufe und mehreren Überarbeitungen in der nahezu inflationären Einbindung der Kategorie des „Einverständnisses" und ihrer Komposita: von der „Einverständnisgeltung" und dem „Einverständnishandeln" über die „Einverständnisgemeinschaft" und die jeweiligen „Einverständnishandelnden" bis hin zum „Herrschafts-Einverständnis" und zum „Legitimitätseinverständnis". Was also hat es mit dieser Begriffsinfiltration auf sich und warum wird sie hier so konsequent exekutiert? Am Ende des zweiten Abschnitts über „Rechtsordnung, Convention und Sitte" wird der Sinn dieser Begriffsstrategie evident: „Die normative Regelung ist eine wichtige, aber nur eine causale *Komponente* des Einverständnishandelns, nicht aber – wie Stammler möchte – dessen universelle ‚*Form*'" (oben, S. 17). Das Einverständnishandeln, das eben nicht auf tatsächlicher Verständigung oder auch nur stillschweigender Vereinbarung beruht, sondern auf der empirisch begründeten Vorstellung, „daß der subjektive Glaube an die objektive Geltung solcher Normen tatsächlich in ihrer Umwelt verbreitet ist (Einverständnis)" (oben, S. 14), diese Kategorie des Einverständnishandelns löst die Stammlersche Naivität einer Ineinssetzung von subjektiver und objektiver Geltung, empirischer und normativer Geltungsart auf und erklärt darüber hinaus, warum eben die Fülle des objektiv nicht geregelten Handelns in unterschiedlichsten Sphären gleichwohl von der Ordnungsmacht normativer Ordnungen profitiert: kraft einer universell verbreiteten Geltungsfiktion, d.h. kraft der Entstehung von „Einverständnisgemeinschaften" bzw. der erfolgreichen Vergesellschaftung von Einverständnissen.

3. Die Zweiseitenlehre des Rechts

In „Die Wirtschaft und die Ordnungen" ist die begriffliche Bestimmung von Recht und Rechtsordnung der Beziehung zur Wirtschaft und der Wirtschaftsordnung untergeordnet. Ein Konflikt zwischen ideeller Rechtsordnung und faktischer Wirtschaftsordnung sei gar nicht denkbar. Nur wenn die Rechtsordnung in eben dem empirischen Sinne gemeint sei wie die Wirtschaftsordnung, die in der einverständnismäßig geltenden Verteilung der Verfügungsgewalt über Güter und Dienstleistungen bestehe, entstünde überhaupt das Problem einer in der Tat intimen Beziehung von Wirtschafts- und Rechtsordnung.

Für den Begriff des empirischen Rechts wiederum gilt: Nicht daß überhaupt ein durch Rechtsinteressenten mobilisierter Rechtszwang ausgeübt wird, konstituiert die Ordnung als „rechtliche", sondern die Garantie eines Rechtszwanges durch einen „Apparat", nämlich eine als Zwangsapparat vorgestellte Sanktionsgemeinschaft, der nur aufgrund der Tatsache einer Rechtsverletzung, also um der Geltung des Rechts willen, in Gang gesetzt wird: „als garantiertes ‚Recht' wollen wir sie aber nur da bezeichnen, wo die Chance besteht, es werde gegebenenfalls ‚um ihrer selbst willen' Zwang, ‚Rechtszwang', eintreten" (oben, S. 2). Damit nimmt Weber eine außerordentliche Ausweitung des Rechtsbegriffs vor, der keineswegs auf das staatliche Recht fixiert ist, solange eine Einverständnisgemeinschaft hinsichtlich der Durchsetzung einer normativen Ordnung besteht, in der eine solche Bereitschaft, dem „Rechte" Nachachtung zu verschaffen, institutionalisiert ist. Nunmehr läßt sich der empirische Begriff der Rechtsordnung bestimmen: „Wir wollen vielmehr überall da von ‚Rechtsordnung' sprechen, wo die Anwendung irgend welcher, physischer oder psychischer, Zwangsmittel in Aussicht steht, die von einem Zwangs*apparat*, d.h. von einer oder mehreren Personen ausgeübt wird, welche sich zu diesem Behuf für den Fall des Eintritts des betreffenden Tatbestandes bereit halten, wo also eine spezifische Art der Vergesellschaftung zum Zweck des ‚Rechtszwanges' existiert" (oben, S. 5). Damit ist eine ganze Bandbreite normativer Ordnungen dem empirischen Rechtsbegriff unterstellt: das Kirchenrecht durch seinen eigenen Sanktionsapparat, gegenstaatliche Ordnungen wie bestimmte Dorf- oder Familienordnungen oder die normative Ordnung mafiöser Gemeinschaften, solange die Einverständnisgemeinschaft über einen eigenen Zwangsapparat beim Verstoß gegen die betreffenden Ordnungen verfügt.

Setzt der empirische Begriff des Rechts also eine Fülle nichtstaatlicher Ordnungen in Beziehung zur Wirtschaftsordnung, so wird die normative Welt, die Stammler in seinem Rechtsbegriff mit jeglicher Geregeltheit des sozialen Lebens gleichsetzen wollte, von Weber dadurch erweitert, daß die normative „Stufenleiter" lückenlos in „Konvention" und „Sitte" übergeht.

4. Konvention und Sitte im normativen Kosmos der Gesellschaft

Gewiß waren diese Begriffe in einer Zeit, in der Konvention und Sitte in ihrer Bedeutung für die Regelung des Alltags erodierten, auch im wissenschaftlichen Diskurs umstritten. Häufig wurden sie begrifflich synonym verwendet, dabei von den rechtlichen als „soziale Normen" geschieden. „Sitte" wird etwa bei Ihering als „verpflichtende Gewohnheit" begriffen, während Weber der Sitte jede Qualität einer normativen Zumutung nimmt und sie als bloß faktische Gewohnheit begreift.

Wenn Weber in den gleichen Zusammenhang das überlieferte rechtshistorische und rechtstheoretische Problem des Gewohnheitsrechts einordnet, dann wird das eigentümliche Problem einer jeden Befassung mit normativen Ordnungen artikuliert, wie nämlich „Verbindlichkeit" entsteht, indem an den einzelnen oder an Gruppen gerichtete Erwartungen diesen auch, wie Weber pointierend formuliert, „zugemuthet" (oben, S. 7) werden. Es gibt also ein kontinuierliches Verbindlichkeitsgefälle von bloßem durch Gewohnheit bestimmten Massenhandeln („Sitte") bis zur Konvention, die an einen durch objektive Merkmale bestimmten Personenkreis normative Zumutungen richtet, für deren Garantie aber ein Zwangsapparat, d.h. eine Vergesellschaftung zum Zweck der Normdurchsetzung, nicht existiert, sondern lediglich die „Billigung" oder „Mißbilligung" des jeweiligen Normgeltungskreises über die „Verbindlichkeit" der Konventionalregel entscheidet.

Auch hier zeigt die Überarbeitung des Manuskriptes, wie sich über die Kategorie des „Einverständnisses" die Besonderheit der Weberschen Auffassung pointieren läßt: Konvention ist das durch keinerlei Zwangsapparat garantierte „Einverständnis" der Normgeltung, während die „Sitte" weder durch eine Innen-Außen-Differenz noch durch das normative Gebotensein, sondern durch bloße Faktizität ausgezeichnet ist, die für ihre kausale Wirksamkeit eben keinerlei „Einverständnis“ benötigt. Indem Weber also den Kosmos normativer Kreise über das Recht hinaus auf Konvention, Sitte und Gewohnheit erweitert, verschiebt sich aus sachlichen Gründen die ursprüngliche, an der Stammlerkritik orientierte Fragerichtung von „Wirtschaft und Recht (1. prinzipielles Verhältnis, 2. Epochen der Entwicklung des heutigen Zustands)“ (vgl. MWG II/8, S. 810) zu der weiterführenden nach dem Zusammenhang von „Die Wirtschaft und die Ordnungen“, wie dieser Teiltext insofern zutreffend betitelt ist. Er enthält eine soziologische Theorie normativer Ordnungen, deren zentrale Bedeutung für die Konstitution des Sozialen hier in eine beiläufig klingende Formulierung versteckt ist: „Die Orientierung des Gemeinschaftshandelns an einer Ordnung ist zwar konstitutiv für jede Vergesellschaftung, aber der Zwangsapparat ist es nicht für die Gesammtheit alles perennierenden und anstaltsmäßig geordneten Verbandshandelns“ (oben, S. 17). In der darunter liegenden Textschicht ist der Bezug auf den im Kategorienaufsatz formulierten Konstitutionszusammenhang noch deutlicher: „Und für das Gemeinschaftshandeln ist konstitutiv, daß es so abläuft, als ob eine Ordnung, an der es sich orientiere, bestände, nicht aber das reale Vorhandensein einer solchen“ (ebd.). Insofern stellt also das „Einverständnis“ oder das „Einverständnishandeln“ die Bedingung der Möglichkeit von Gesellschaft dar, freilich nicht durch seine von realen Gründen des Geltungsglaubens abgehobene Normativität, sondern durch eine Geltungsfiktion normativer Reguliertheit.

5. „Gewohnheit“ als ein „Grund“ des Rechts und die Entstehung des Neuen

Ergeben sich aus der Forschungsidee von „Einverständnis“ und „Einverständnishandeln“ auch Konsequenzen für das klassische Problem des Gewohnheitsrechts?

Webers Skepsis gegenüber den Forschungsergebnissen der Ethnographie läßt ihn nicht hoffen, den Sprung aus der Gewohnheit in die Rechtspflicht evolutionär verorten zu können: „Der Fortschritt von hier zu dem zunächst zweifellos vage und dumpf empfundenen ‚Einverständnis‘-Charakter des Gemeinschaftshandelns, d. h. zur Conzeption einer ‚Verbindlichkeit‘ bestimmter gewohnter Arten des Handelns[,] ist nach Umfang und Inhalt des Gebiets, das er ergreift, heute aus den Arbeiten der Ethnographie meist höchst unbestimmt erkennbar und kümmert uns deshalb hier nicht“ (oben, S. 8). Weber verlagert also das Problem der Genese von Normativität auf die Ebene der Rechtspflicht, die als subjektiv gefühlte Verbindlichkeit verstanden wird: „Es wäre absolut Frage der Terminologie und Zweckmäßigkeit, in welchem Stadium dieses Prozesses man dann die subjektive Conzeption einer ‚Rechtspflicht‘ annehmen will“ (oben, S. 8). Einverständnisgeltung und subjektive Konzeption von Rechtspflicht wären danach gleichbedeutend, so daß in der Tat die Suche nach dem Grund des Rechts bei Weber in der Kategorie des Einverständnisses mündet. Wie aber soll ein Verbindlichkeitsglaube, der sich auf die Macht des Gewohnten und die seelische Eingestelltheit auf derartige Regelmäßigkeiten stützt, irgendeine Neuerung zulassen? Während Weber im § 3 der „Entwicklungsbedingungen des Rechts“ die Denkfigur des Charismas als Quelle der Neuerung einzusetzen weiß, finden wir in „Die Wirtschaft und die Ordnungen“

allenfalls die Umschreibung charismatischer Rechtserneuerer, wenn „nach allen Erfahrungen der Ethnologie [...] die wichtigste Quelle der Neuordnung der Einfluß von Individuen zu sein (scheint), welche bestimmt gearteter ‚abnormer‘ [...] Erlebnisse und, durch diese, bedingter Einflüsse auf Andre fähig sind“ (oben, S. 9). Soweit Weber sich im Anschluß an den Psychologen Willy Hellpach auf die Medien von „Eingebung“ und „Einfühlung“ bezieht, bleibt dann allerdings genau dieser Übergang unklar, weil sich bei Hellpach keinerlei Anhaltspunkte für die Genese eines „Verbindlichkeitsgefühls“ in der Analyse „gemeinschaftspathologischer“ Erscheinungsformen finden.

6. Kritik der materialistischen und spiritualistischen Determinationsverhältnisse von Wirtschaft und Recht

In dem dritten, „Bedeutung und Grenzen des Rechtszwangs für die Wirtschaft“ überschriebenen Abschnitt werden nun Recht, Konvention und Sitte in ein nicht genetisches, sondern funktionelles Verhältnis gesetzt, nämlich „daß die Rechtsordnung nicht etwa infolge des Bestehens der Zwangsgarantie in der Realität empirisch ‚gilt‘, sondern deshalb, weil ihre Geltung als ‚Sitte‘ eingelebt und ‚eingeübt‘ ist und die Convention die flagrante Abweichung von dem ihr entsprechenden Verhalten meist mißbilligt“ (oben, S. 18). So sehr Weber also den Begriff des Rechts einerseits auf außerstaatliches Recht ausgeweitet und andererseits den Kosmos normativer Ordnungen um Konvention, Sitte und Gewohnheit erweitert hat und auch ein ineinander verschränktes Geltungsgefüge von Recht, Sitte und Konvention konstruiert, so eindeutig ist Webers Präferenz für das staatliche, gesatzte Recht als Garant eines dem Marktgeschehen und der Marktentwicklung adäquaten Rechts. Denn das „zunehmende Eingreifen gesatzter Ordnungen aber ist für unsere Betrachtung nur ein besonders charakteristischer Bestandteil jenes Rationalisierungs- und Vergesellschaftungsprozesses, dessen fortschreitendes Umsichgreifen in allem Gemeinschaftshandeln wir auf allen Gebieten als wesentliche Triebkraft der Entwicklung zu verfolgen haben werden“ (oben, S. 18). Damit zieht Weber die „Reine soziologische Rechtslehre“ als eine Analyse normativer Ordnungen in den Sog des Rationalisierungsprozesses, der hier als Triebkraft einer Entwicklung begriffen wird, die auch ein rationales Recht hervorbringt. Insbesondere sind es ökonomische Kräfte, die Weber für die Ausgestaltung eines „rationalen“ Rechts verantwortlich macht: „Die universelle Herrschaft der *Markt*vergesellschaftung verlangt einerseits ein nach rationalen Regeln *kalkulierbares* Funktionieren des Rechts. Und andrerseits begünstigt die Marktverbreiterung, die wir als charakteristische Tendenz jener kennen lernen werden, kraft der ihr immanenten Consequenzen die Monopolisierung und Reglementierung aller ‚legitimen‘ Zwangsgewalt durch *eine* universalistische Zwangsanstalt, durch die Zersetzung aller partikulären, meist auf ökonomischen Monopolen ruhenden ständischen und andren Zwangsgebilde“ (oben, S. 21).

Webers als Ergebnis präsentierte, aber eigentlich erst jetzt zum Gegenstand kommende „Zusammenfassung“ hatte das Bestimmungsverhältnis von Wirtschaft und Recht sowohl nach der Richtung einer materialistischen These der Bestimmtheit des Rechts durch die Wirtschaft wie der spiritualistischen Gegenthese einer logischen Bestimmtheit der Wirtschaft durch seine normative Geregeltheit – so

Stammler – in eine Analyse von Wechselwirkungsverhältnissen aufgelöst. Einmal schütze das Recht nicht nur Eigentumsrechte als Verfügungsmöglichkeiten über wirtschaftliche Güter und Dienstleistungen, sondern eben auch persönliche oder ideelle Interessen oder auch sonstige Autoritätsstellungen. Sodann sei der Wandel, ja die Revolution einer Wirtschaftsordnung trotz Kontinuität des formalen Rechtssystems denkbar. Schließlich wird die funktionale Äquivalenz von rechtlichen Regelungen, Instituten und Denkfiguren, wie sie unterschiedliche Rechtsordnungen und Rechtskulturen hervorbringen, rein von ihren die Berechenbarkeit des Rechts für die Wirtschaft erzeugenden Effekten her betrachtet. In einer zunehmend durch Kontrakte kommunizierenden Gesellschaft aber gewinnt die staatliche Garantie privatrechtlicher Ansprüche – trotz der Tradition einer Vertragslegalität, also einer Vertragstreue – allein wegen des Verlusts „des Glaubens an ihre Heiligkeit" an Bedeutung, wie Weber ausdrücklich sagt (vgl. oben, S. 21). Legitimitätseinbußen oder ein Aufweichen der Einverständnisgeltung steigern den Bedarf nach staatlichem Recht neben den Strukturerfordernissen, die mit der Marktvergesellschaftung verknüpft sind.

Mit dieser Ausrichtung hat der Text den Kontext des Logos-Aufsatzes überschritten, auch wenn er in der Textüberarbeitung von dessen fruchtbarster Kategorie, dem Einverständnis, profitiert. Mehr als eine Analyse der Wechselwirkungen von Wirtschaft und Recht in ihrem prinzipiellen Verhältnis greifen die grundlegenden normentheoretischen Überlegungen schon in „Die Wirtschaft und die Ordnungen" über die ökonomische Sphäre als bestimmender Macht der „Epochen der Entwicklung" dieses Beziehungsverhältnisses hinaus zu den Entwicklungsbedingungen des Rechts. Freilich nicht nur als Funktion der Entwicklung des politischen Verbandes, wie die Stellung und Formulierung in der „Einteilung des Gesamtwerkes" von 1914 („Werkplan") für den späteren GdS (MWG II/8, S. 820f.) nahe legt, sondern als Zusammenspiel mit der religiösen, politischen, wirtschaftlichen Sphäre, aber auch als Konsequenz der Eigenlogik der rechtlichen Sphäre.

IV. Die Entwicklung des Rechts: Die sog. Rechtssoziologie Max Webers

Zu den Manuskripten, die Marianne Weber nach dem Tod Max Webers in dessen Schreibtisch vorfand, gehörte ein umfassend redigierter und offenbar satzreifer, aber unbetitelter Text, den sie in einem für den Verlag J. C. B. Mohr (Paul Siebeck) erstellten Kapitelverzeichnis der nachgelassenen Grundrißmanuskripte unter dem Titel „Rechtssoziologie" anführte. Die „Rechtssoziologie" bildet – zusammen mit dem an erster Stelle genannten Teiltext „Die Wirtschaft und die Ordnungen" – die Spitze dieses „*Erstverzeichnisses* der *Kapitelfolge*".[45] Dies mag die tatsächliche Ablage der Texte widerspiegeln und dann entweder Auskunft geben über die von Max Weber abschließend, jedenfalls zuletzt bearbeiteten Texte oder aber hinweisen auf den geplanten Fortgang der Überarbeitung des „dicken alten Manuskripts" im Jahre 1920. Die enge Beziehung der beiden Manuskripte immerhin, gleichviel ob sie der faktischen Textlage bei ihrer Auffindung entsprochen hat oder aus einer nachträglichen Manuskriptanordnung durch die Erstherausgeberin resultiert, ist im Kontext von Webers Arbeiten an seinem Grundrißbeitrag vielfach dokumentiert.

„Die Wirtschaft und die Ordnungen" ließ sich im Sinne des sog. ‚Stoffverteilungsplanes' für den späteren „Grundriß der Sozialökonomik" nach Thematik und

Sprachgebrauch dem vierten Abschnitt des dritten Kapitels „Wirtschaft und Gesellschaft", und hier dem Punkt a) „Wirtschaft und Recht (1. prinzipielles Verhältnis)" zuordnen, auch wenn der Text – wie wir sahen – durch das Einbrechen des Rationalitätsthemas diesen Horizont bereits überschritt. Damit stellt sich die Frage, ob wir das weitere überlieferte Manuskript nicht auch unter dieses Leitmotiv „Wirtschaft und Recht" subsumieren können, wenn – an die oben genannte „prinzipielle Erörterung" anschließend – im Stoffverteilungsplan von 1909/10 „2. *Epochen* der Entwicklung des heutigen Zustands" ausgewiesen sind. Es ist also zunächst noch von „Epochen" die Rede, Abfolgeschemata also, die zu historischen Sinneinheiten verdichtet sind, während die Analysen zur Genese des okzidentalen Rationalismus sich von einer Epochenkonstruktion zu einer Bedingungsanalyse fortentwickelt haben. Denn das Rationalisierungsthema sieht von einer Epochenfrage innerhalb eines historischen Entwicklungsprozesses ganz ab zugunsten der nur komparativ zu beantwortenden Frage nach den spezifischen Bedingungen des okzidentalen Rationalisierungsprozesses. Diese Fragestellung aber überschreitet das aus der Stammleropposition generierte Thema der Beziehung von Wirtschaft und Recht um all die Sphären, die Weber für rationalisierungsfähig und potentiell kausal relevant hält.

Würde der Text „Die Entwicklungsbedingungen des Rechts" also nichts weiter als die Fortführung der im Stoffverteilungsplan von 1909/10 niedergelegten Kompositionsidee darstellen, also das Thema von „Recht und Wirtschaft" über die prinzipielle Beziehung hinaus in die Richtung von Epochen historisieren, dann müßte der Auftakt dieses Werkstücks im § 1 an diese Fragestellung anschließen. Im ersten Paragraphen der „Entwicklungsbedingungen des Rechts" findet sich jedoch keinerlei Anbindung an die oben entfalteten Erörterungen zum Begriff rechtlicher und sonstiger Ordnungen oder gar an die vorausgehende Frage von „Wirtschaft und Recht" in ihrem prinzipiellen Verhältnis, die dem Teiltext „Die Wirtschaft und die Ordnungen" in seiner Tiefenschicht zugrunde liegt. Merkwürdigerweise aber knüpft dann der nächste Paragraph in seiner ältesten, maschinenschriftlich verfaßten Textschicht unmittelbar an das Thema von „Die Wirtschaft und die Ordnungen" an. Im ersten Satz des § 2, der in der bisherigen Edition als ältere und gestrichene Textebene nicht sichtbar wird, heißt es nämlich: „Dieser ganz allgemeine Sachverhalt nimmt nun für die inhaltliche Gestaltung des *Rechts und seiner Beziehungen zur Wirtschaft* sehr konkrete Formen an." (oben, S. 35) Diese „sehr konkreten Formen" sind auch in dem umfänglichen § 2 in einer Weise ausgeführt, für die die Umschreibung „Epochen ihrer Entwicklung" im Sinne des Stoffverteilungsplanes von 1909/10 durchaus treffend erscheint.

Es liegt daher folgende Hypothese nahe: Während die Grundschicht des § 2 und seine massiven textlichen Erweiterungen im Sinne des ursprünglichen Stoffverteilungsplanes als „Epochen der Entwicklung des heutigen Zustandes" der Beziehung von „Wirtschaft und Recht" gelesen werden können, die diachronische Analyse der Beziehung von Wirtschaft und Recht im Kontext der Stammlerproblematik repräsentierend, wird diese ursprüngliche Kompositionsidee überlagert von der Suche nach den Ursprüngen des okzidentalen, formal rationalen Rechts, dessen innere Differenzierung und Kriteriologie im Auftaktparagraphen entfaltet wird. Von da aus wird die nunmehr in den § 2 verwiesene Ursprungsgeschichte von Wirtschaft und Recht eingebunden in die weiterreichende Fragestellung nach den Bedingungen rechtlicher Innovationen (§ 3), die erst den gesamten Bedingungskomplex von Eigengesetzlichkeiten juristischer Dogmatikentwicklung und ihrer Träger (§ 4) sowie der politischen (§ 6) und religiösen Sphärenkontexte (§§ 4, 5) freisetzt, während der Schlußparagraph zugleich resümiert und ein Lob der formalen Eigenheiten des Rechts der okzidentalen Moderne anstimmt. Es geht also in der reifsten Fassung der „Entwicklungsbedingungen des Rechts" um die Bedingungen, die über die Rezeption des römischen Rechts dazu geführt haben, daß nur im Okzident eine Konstellation für einen juridischen Rationalismus besonderer Art entstand. Die Eigenart der okzidentalen Moderne ist für Weber ohne das okzidentale Recht gar nicht zu erfassen. *Diese* Entdeckung Webers ist mit der Formulierung „Entwicklungsbedingungen des Rechts", wie es im Werkplan von 1914 lautet, durchaus kompatibel. Daß die Rechtsanalyse nach dieser Gliederung dem politischen Verband subsumiert wird, würde erklären, warum wir in den Briefschaften zum Grundrißvorhaben nur derart rare Bemerkungen zum Recht finden, und dies immer im Zusammenhang mit einer soziologischen Staatslehre.

Vor diesem Hintergrund stellt sich für das Verständnis der „Entwicklungsbedingungen des Rechts" die Frage: Lassen sich Anteile des Textes letzter Hand einerseits der Stammler-Thematik als Epochen der Entwicklung von Wirtschaft und Recht zurechnen, andererseits aber solche ausmachen, welche die Logik evolutionärer Analyse der Entwicklungsbedingungen des (okzidentalen) Rechts, einschließlich der religiösen Machtkonstellationen, entfalten, während das „Recht" als eine eigenständige Sphäre in Spannung zu einer umfassenden „soziologischen Staatslehre" tritt? Entscheidend ist also, wie Weber das Problem der rechtlichen Entwicklung faßt und wie er Entwicklungsstufen und Epochenkonstruktionen im Hinblick auf das Thema des okzidentalen Rationalismus, das die religiöse Sphäre einbezieht, und der Entwicklung des Staates als eines politischen Verbandes einschätzt.

V. „Epochen der Entwicklung des heutigen Zustands" von „Wirtschaft und Recht"

Vor dem Hintergrund der Weberschen Einsichten in den konstruktiven Charakter der historischen Wissenschaften war das Problem von Entwicklung, Entwicklungsstufen und Epochenbildung nicht mehr naiv abzuhandeln. Groß waren deshalb die Erwartungen, die Weber an die Entwicklung eines Stufenmodells richtete, wie es von Karl Bücher in seinen Schriften[46] vorgezeichnet und auch als vorbildlich eingeschätzt war. Büchers Beitrag zum GdS jedoch wurde als minderwertig angesehen. Im Januar 1913 vermerkt Weber in einem Schreiben an den Verleger, daß „ein sehr dürftiger Einleitungs-Artikel Büchers" eingegangen sei und er nunmehr in diese „Bresche" (MWG II/8, S. 61) springen müsse. Gilt dies auch dem Verleger gegenüber als Begründung für die Verzögerung für Webers eigene Manuskriptablieferung, so äußert sich Weber Johann Plenge gegenüber Mitte des Jahres 1913 außerordentlich skeptisch, ob ihm selbst ein solcher theoretischer Wurf gelänge: „Ich kann nur der Hoffnung Ausdruck geben, daß Sie nach Vollendung Ihrer jetzigen Arbeiten zu Ihrer ‚*Stufentheorie*' gelangen. Meine persönlichen Ansichten über diesen Punkt sind z. Z. in starkem Wandel begriffen und – nachdem Bücher mich im Stich gelassen hat, denn was er lieferte, taugt nichts – werde ich frühestens bei einer etwaigen *Neu*auflage des ‚Handbuchs' in der Lage sein, zu *meinem* Teil etwas zu *diesem* Problem beizutragen [...]" (MWG II/8, S. 304f.). Daß „Epochen" überhaupt nur als idealtypische Konstruktionen methodologisch haltbar sind, ist seit dem Objektivitätsaufsatz evident. Dies gilt gleichermaßen für eine „Stufenmetaphorik". So lassen sich theoretische Stufenfolgen konstruieren, ohne daß eine „*faktische* Entwicklungsreihe" damit harmonierte (vgl. MWG II/8, S. 254). Im Objektivitätsaufsatz war diese Gefahr ja deutlich benannt: „Auch *Entwicklungen* lassen sich nämlich als Idealtypen konstruieren[,] und diese Konstruktionen können ganz erheblichen heuristischen Wert haben. Aber es entsteht dabei in ganz besonders hohem Maße die Gefahr, daß Idealtypus und Wirklichkeit ineinander geschoben werden" (Weber, Objektivität, S. 76). Dies bedeutet für die Lektüre der „Entwicklungsbedingungen des Rechts": Hat Weber ein explizites oder nur ein implizites Modell von Rechtsentwicklungsstufen oder gar von epochalen Einschnitten der Entwicklung des Rechts, das über die ausfüllungsbedürftige Formel einer Universalgeschichte des Rechts hinausgeht, systematisch verfolgt? Und inwiefern sind Webers „persönliche Ansichten über diesen Punkt [...] z.Z. in starkem Wandel begriffen", wie er an Plenge schrieb? Wir werden sehen, wie sich die beiden Kompositionsideen oder Konzeptionen von Rechtsentwicklung eben nicht nur durch den Radius der einbezogenen Sphären – Wirtschaft und Recht einerseits, Recht, Wirtschaft, Religion, Gemeinschaft und Staat andererseits –, sondern auch durch die Entwicklungsvorstellung selbst unterscheiden als Idee von epocheartigen Abfolgen auf der einen sowie als Konstellation von Bedingungsgefügen auf der anderen Seite, die notwendige Voraussetzungen des juridischen Rationalisierungsprozesses sind.

Die zentrale Fragestellung des Weberschen Textes „Die Entwicklungsbedingungen des Rechts" und seine innere Entwicklung werden durch einen Blick auf die Materialität des überlieferten Textes erhellt. Sie liegen in einer Tiefenschicht des späteren § 2 verborgen, welcher von der Grundschicht eines durchlaufenden zehnseitigen, maschinenschriftlichen Manuskripts ausgehend – so wie sie in MWG I/22-3, S. 643–651 (Anhang I)abgedruckt ist –, durch umfangreiche handschriftliche und maschinelle Einzüge um ein Vielfaches seines ursprünglichen Umfanges expandiert. Läßt sich dieser formale Textbefund inhaltlich deuten? Stellt der zusammenhängende maschinenschriftliche Grundtext (vgl. den Abdruck in Anhang II, ebd., S. 652–662) einen in sich geschlossenen Sinnzusammenhang dar und lassen sich die gewaltigen Texteinschübe einer thematischen Not, einer bloßen Ausfüllung und historischen Anreicherung des Textgerüstes zurechnen oder werden hierdurch möglicherweise auch Argumentationsbrüche oder gar Sinnwidersprüche erzeugt? Liest man die Grundschicht für sich im Zusammenhang, dann ergibt sich folgendes durchlaufendes Argumentationsmuster:

Auf die Erörterungen von „Wirtschaft und Recht" in ihrer prinzipiellen Beziehung verweisend, kündigt Weber in der bereits zitierten Passage die Analyse der „sehr konkreten Formen" der Beziehung an (oben, S. 35). Genau dies aber wird in der Grundschicht des § 2 eher angedeutet als en détail ausgeführt. Weber zeigt in dieser Grundschicht vielmehr, wie die Privatautonomie, von der Lehre des Rechtssatzes ausgehend, rechtstheoretisch zu denken und in ihrer kulturellen Bedeutung einzuschätzen ist. Weber argumentiert im Ergebnis gegen eine kapitalistische Idealisierung der Vertragsfreiheit, deren effektive Ausübung an die Verfügung über Produktions- und Erwerbsmittel durch die Marktinteressenten gebunden ist; er dekuvriert zugleich die marxistische Illusion gewaltfreier Sozialität, die angesichts der „Notwendigkeit einer sehr universellen Organisation“ (oben, S. 83) zum Scheitern verurteilt sei. Eine Geschichte der privatrechtlichen Institutionen oder gar einen Blick auf die „Epochen der Entwicklung des heutigen Zustands“, wie im Stoffverteilungsplan angekündigt, sucht man freilich vergeblich.

Weber zeigt vielmehr wie die Abgrenzung der Rechtssphären unter der Garantie der Rechtsordnung dynamisiert wird, sobald die Rechtsordnung selbst Rechtssätze als Ermächtigung zur Schaffung autonomer Ordnungen, d.h. also vertraglicher Regelungen, bereitstellt. Webers Analyse geht nun von vornherein darauf aus, das durch Rechtssatz begründete Rechtsverhältnis über die unmittelbar verpflichteten Rechtssubjekte hinaus auf die Wirkung für und gegen Dritte auszuweiten und die historisch wandelbaren Beschränkungen der Vertragsfreiheit aufzeigen. Nicht epochale Entwicklungen, die einem Wertewandel oder der Macht kapitalistischer Interessen entsprächen, sondern sehr pragmatische Gründe werden dafür benannt, daß ein Bedürfnis nach (betriebs-)kapitalistischen Rechtsinstituten in der antiken Welt nicht entstand: primär der politische, nicht gewerbliche Charakter des antiken Kapitalismus. Andererseits aber bringt das ökonomische Interesse nicht aus sich heraus die rechtlich tauglichen Formen, das wirtschaftsadäquate Recht, hervor; es bedarf vielmehr der Erfindung eines entsprechenden rechtstechnischen Mittels, für das die „rechtstechnische Eigenart einer Rechtsordnung, die Art der Denkformen, mit denen sie arbeitet“ (oben, S. 50), von Bedeutung sei. So ist es möglich, daß im mittelalterlichen germanischen und nicht im stärker rationalisierten römischen Recht, Solidarhaftpflichten oder die Urkunde als eines symbolischen Trägers von Rechten „erfunden“ wurde. Und hier liegt die (rechts-)entwicklungsgeschichtliche Paradoxie begründet, daß die dem modernen Kapitalismus „auf den Leib“ (oben, S. 51) geschnittenen Sonderinstitute auf dem Boden einer Gesellschaft entstanden sind, die Raum für die Entwicklung partikularer Sonderrechte bot: das okzidentale mittelalterliche Recht.

Auf die rechtstheoretische Unterscheidung von Verbots-, Erlaubnis- und Ermächtigungssätzen zurückgreifend, beschreibt Weber den rechtstechnischen Effekt der Einschränkung der Vertragsfreiheit. Er wird nicht durch Verbotsgesetze erzielt, sondern „einfach[,] indem es [das Recht, Hg.] keine Vertragsschemata [...] für sie zur Verfügung stellt“ (oben, S. 56). Der Gestaltungsraum der Parteiwillkür wird in einer ständischen Sozialordnung als einer Art Durchgangsstufe erweitert, wo „Willkür das Landrecht bricht“, solange noch kein (politischer) Verband das Rechtssetzungsmonopol erlangt hat. Dieser Monopolisierungsprozeß aber wird durch zwei der großen „rationalisierenden Mächte“: die Markterweiterung und die Bürokratisierung (oben, S. 59), vorangetrieben. Damit geraten nun aber doch die Markinteressenten ins Spiel als „Marktmachtinteressenten“, die im „formal „freien“ Preis- und Konkurrenzkampf auf dem Markt ökonomisch Privilegierten“ (oben, S. 59). Sie sind an der Erzeugung derjenigen Vertragsschemata interessiert, die am Ende vor allem ihre eigene Autonomie fördern. Die Privatautonomie – so ließe sich der Gedankengang Webers resümieren – ist also lediglich eine Stütze der Autonomie der besitzenden Klassen. Eine sozialistische Rechtsordnung freilich würde die Macht der „privaten Besitzer der Produktions- und Erwerbsmittel“ (oben, S. 83) durch eine zentral regulierende Instanz ersetzen müssen, also keineswegs den Zwangscharakter rechtlicher Regulierung aufheben. Und umgekehrt sei die rechtsgeschäftliche „Dezentralisation der Rechtsschöpfung“ (oben, S. 82) keine Minderung des Zwangs im Vergleich zu einer sozialistischen Rechtsordnung, die ihrerseits nicht zwangfrei durch Recht kommuniziere.

Damit enthält die Grundschicht des späteren §2 der „Entwicklungsbedingungen des Rechts" folgende Leitthemen: Es bedarf der juristischen Formen für die privatautonome Gestaltung der Lebensverhältnisse, deren Charakter vom Träger des Kapitalismus: Staat oder Wirtschaft, und vom Grad der Monopolisierung der Rechtssetzungsmacht abhängen, aber auch von der Eigenart der juristischen Denkformen, die sich nicht auf Klasseninteressen reduzieren läßt, auch wenn die Marktinteressenten die Entwicklung neuer Rechtsinstitute schließlich entscheidend vorantreiben. Mithin sind die Leitmotive der späteren Analyse von „Entwicklungsbedingungen des Rechts" benannt. Von „Epochen" oder den „sehr konkreten Formen" der Beziehung von Wirtschaft und Recht ist dies jedoch noch weit entfernt. Daher lohnt es sich zu beobachten, wie Weber diesen Grundstock seiner Argumentation, in dem die Eigengesetzlichkeit rechtlicher Rationalisierung aufscheint, aber die Religion als wirklichkeits- und wertbestimmende Macht des Gemeinschaftshandelns noch gar nicht in den Blick gerät, sukzessive ausfüllt und im weiteren überschreitet.

VI. Die Entwicklungsbedingungen des rationalen Rechts

Sind also die Grundschicht und die immensen Texterweiterungen des späteren §2 der „Entwicklungsbedingungen des Rechts" noch einer Historisierung des Stammler korrigierenden Projekts einer Beziehung von Wirtschaft und Recht verpflichtet, so wird mit der Bestimmung der Dimensionen der formalen Qualitäten des Rechts und seiner Entstehungsbedingungen am Ende des nun vorangestellten §1 ein neues Thema angeschlagen: Maß und Art der *Rationalität* des Rechts.

Weber bewegt sich bei der Suche nach diesen Eigenschaften des modernen Rechts auf einer Gratwanderung zwischen Rechtstheorie, Rechtsgeschichte und Soziologie des Rechts. Dies zeigt sich in der Entwicklung der Textteile, die diesem Sujet verpflichtet sind. So ist der erste Paragraph zunächst im Sinne der traditionsreichen Unterscheidung als „‚Privates' und ‚öffentliches' Recht" überschrieben, um später soziologisiert zu werden zu „Die Differenzierung der sachlichen Rechtsgebiete". Ähnlich weist der fortlaufende Argumentationsfaden in §3 die Notiz „§2: *jurist. Person.* // §3: *Gewohnheitsrecht.*" auf, folgt also zunächst der juristisch-rechtstheoretischen Semantik, um dann auch hier die engere juristische Sprache zu verlassen und als „Form des objektiven Rechts" ein Gegengewicht zu den „Formen der Begründung subjektiver Rechte" zu bilden, wie der §2 in einem Korrekturzug nunmehr genannt ist, nachdem er in gleichem juristischen Duktus einmal, nicht unzutreffend, „Vertrag und Vertragsfreiheit" benannt war. Die zunehmende Soziologisierung der Rechtsbetrachtung läßt sich also am Wandel der Überschriften sehr genau ablesen (Übersicht 1).

Verworfene Titel	*Überlieferte Titel*
§ 1 „Privates" und „öffentliches" Recht	§ 1 Die Differenzierung der sachlichen Rechtsgebiete
§ 2 Vertrag und Vertragsfreiheit	§ 2 Die Formen der Begründung subjektiver Rechte
§ 2 jurist. Person	§ 3 Die Form des objektiven Rechts
§ 3 Gewohnheitsrecht	
	§ 4 Die Typen des Rechtsdenkens und die Rechtshonoratioren
	§ 5 Formale und materiale Rationalisierung des Rechts. Theokratisches und profanes Recht
§ 6 Imperium und patrimonialfürstliche Gewalten in ihrem Einfluß auf die formalen Qualitäten des Rechts. Die Codifikationen	§ 6 Amtsrecht und patrimonial fürstliche Satzung. Die Codifikationen
	§ 7 Die formalen Qualitäten des revolutionär geschaffenen Rechts. Das Naturrecht
	§ 8 Die formalen Qualitäten des modernen Rechts

Übersicht 1: Wandel der Paragraphenüberschriften in „Die Entwicklungsbedingungen des Rechts".

Um so mehr besteht Weber auf einem durch die innerjuristische Sicht geprägten Bild des modernen Rechts, wie es am Ende des § 1 pointiert wird. Max Weber läßt damit eine Reihe von dualen Entwicklungsschemata hinter sich, wie sie in der rechtshistorischen Diskussion en vogue waren und im Text durchaus noch aufgegriffen sind: Insofern kennzeichnet Weber eine Entwicklung vom Symbol zur Abstraktion, die freilich unterschätzt, wie hartnäckig der Symbolbedarf auch in rationalisierten Gesellschaften ist. Ein weiteres duales Entwicklungsschema des berühmten Sir Henry Sumner Maine[47] wird insbesondere im zweiten Paragraphen, also noch näher an der Entwicklungsfrage der Beziehung von Wirtschaft und Recht angelehnt, von Weber dialektisch umgeformt, indem nicht die Entwicklung vom „Status" zum „Kontrakt", sondern – unter der Prämisse der universalhistorischen Bedeutung des Vertrages – nur ein Wechsel der Vertragsart, nämlich vom Status- zum Zweckkontrakt (siehe oben, S. 38) postuliert wird. Noch bedeutsamer freilich scheint die Kritik eines Entwicklungsmusters von Recht, daß einen unilinearen Prozeß der Universalisierung unterstellt. Webers „Modernität" besteht – für den am Handelsrecht geschulten Juristen nicht ganz verwunderlich – (vgl. oben, S. 155) gerade darin, auf moderne Rechtspartikularitäten zu verweisen. Während „ständische" und „lokale" Rechtspartikularitäten, aber auch religiöse wie im Islam, nach Webers Auffassung jedenfalls, einer Rationalisierung des Rechts hinderlich sind (vgl. oben, S. 56), sind „berufstypische" Partikularitäten Ausdruck einer beruflichen Differenzierung, wie sie gerade ein modernes Recht kennzeichnet.

Anstelle derartiger Simplifikationen und Schematisierungen der Rechtsentwicklung bietet Weber das komplexere Modell einer Konstellationsanalyse der Entwicklungsbedingungen rationalen Rechts an, das zunächst Begriff und Dimensionen rationalen Rechts zu fassen sucht (VI.), hieraus einerseits den innerjuristischen Verhältnissen (VII.) und den Trägern rechtlicher Rationalisierung einen hohen Entwicklungsprimat zuschreibt (VIII.), um den politischen Ordnungen (IX.) und religiösen Mächten (X.) als externen Entwicklungsfaktoren andererseits ihr jeweiliges Gewicht für den Verlauf des juridischen Rationalisierungsprozesses beizumessen.

1. Das Problem des juridischen Rationalismus

Daß der okzidentale Rationalismus, seine Eigenart und seine Genese im Zentrum der Weberschen Forschungsanstrengungen stand, wird kaum jemand anzweifeln. Und doch ist der Sinn dieses „Rationalismus" höchst umstritten, vielschichtig und auch in manchem fragmentarisch geblieben. Das Manuskript „Die Entwicklungsbedingungen des Rechts" gibt Aufschluß über die allmähliche Verfertigung der Gedanken Webers auch zu diesem Schlüsselkonzept seines Denkens. Es zeigt, wie in einer „Sphäre" Kritierien der Rationalität entwickelt werden, wie Richtungen des Rationalismus unterschieden und Bedingungskontexte freigelegt werden, die solche Entwicklungsschübe in die Richtung der Rationalisierung, d.h. für Weber: der formalen Rationalisierung des Rechts, lenken. Insofern ist der Text „Die Entwicklungsbedingungen des Rechts" vielfach als eine Art Paradigma sphärentypischer Rationalisierungsprozesse begriffen worden.

Die Behandlung des Rechts stellt sich damit freilich in den Kontext der weit gespannten Untersuchungen, deren Problemstellung in der „Vorbemerkung" zum ersten Band der „Gesammelten Aufsätze zur Religionssoziologie" am eindringlichsten formuliert ist: „[W]elche Verkettung von Umständen hat dazu geführt, daß gerade auf dem Boden des Okzidents, und nur hier, Kulturerscheinungen auftraten, welche doch – wie wenigstens wir uns gerne vorstellen – in einer Entwicklungsrichtung von *universeller* Bedeutung und Gültigkeit lagen" (Weber, Vorbemerkungen, S. 1). Und in der Aufzählung der Eigenarten der okzidentalen Welt taucht immer wieder, neben der Wissenschaft, der Wirtschaft, der Herrschaft, der Musik und der Kunst, vor allem das Recht und seine Reflexion als Rechtslehre unter den Sondergebilden des Okzidents auf. Das Recht gerät damit in eine Schlüsselrolle für die Beschreibung und Erklärung des okzidentalen Rationalismus, die sich vor allem in der Stiftung von Berechenbarkeit erzeugenden Institutionen für den Wirtschaftsverkehr zeigt: „Denn der moderne rationale Betriebskapitalismus bedarf, wie der berechenbaren technischen Arbeitsmittel, so auch des berechenbaren Rechts und der Verwaltung nach formalen Regeln, ohne welche zwar Abenteurer- und spekulativer Händlerkapitalismus und alle möglichen Arten von politisch bedingtem Kapitalismus, aber kein rationaler privatwirtschaftlicher Betrieb mit stehendem Kapital und sicherer *Kalkulation* möglich ist" (ebd., S. 11). Weber behauptet also eine spezifische Funktionalität des „rationalen Rechts" für die Entwicklung des *okzidentalen Kapitalismus* – und dies angesichts der These einer relativen Unabhängigkeit von Rechtsform und Wirtschaftsform, wie sie in dem Fragment „Die Wirtschaft und die Ordnungen" entwickelt wurde.

In der „Vorbemerkung" heißt es insoweit unmißverständlich weiter: „Ein solches Recht und eine solche Verwaltung nun stellte der Wirtschaftsführung in *dieser* rechtstechnischen und formalistischen Vollendung *nur* der Okzident zur Verfügung" (ebd.,). Über diese unmittelbare Funktionalität hinaus besteht die Rolle des rationalen Rechts der okzidentalen Moderne auch darin, daß eine bestimmte Art des unpersönlichen, abstrakten, systematisierten und von professionellen Hütern des Rechts entwickelte und garantierte normative Ordnung in alle übrigen Rationalitätssphären des Okzidents hineinragt: so ist die Herrschaft vermittels eines bürokratischen Herrschaftsapparates außerhalb einer rationalen Rechtsordnung gar nicht denkbar, weil seine konstitutiven Merkmale bereits aus dem Recht geschöpft sind.

Freilich kann man diese Art der Fragestellung nicht einfach in den als „Die Entwicklungsbedinungen des Rechts" überlieferten Text hineinprojizieren, derart, als habe Weber darin gefragt, warum sich nur im Okzident eine bestimmte Art des juridischen Rationalismus herausgebildet habe. Vielmehr ist in der Arbeit am Text gerade zu sehen, wie die ursprüngliche, auf das Verhältnis von Wirtschaft und Recht bezogene Problemstellung sich über die Bestimmung der Dimensionen des „rationalen Rechts" (§ 1), die Frage nach der „Richtung" der Rationalisierung (Ende von § 3) und der inner- wie außerjuristischen Entwicklungsbedingungen (§§ 4–7) hin zum Gesamtkomplex des juridischen Rationalismus im Okzident verlagert.

Gerade weil Weber immer wieder betont, wie unbestimmt und vieldeutig der Begriff des „Rationalismus" sei, ist die Bestimmung der Kriterien des „Rationalen" im Recht von strategischer Bedeutung für die Frage, ob denn das universalhistorische Privileg nur für das okzidentale Recht gelte, welche Abstufungen der Rationalität möglicherweise zwischen den Rechtskulturen zu unterscheiden sind, und, ob diese Kriterien auch Rationalisierungsdifferenzen innerhalb der okzidentalen Rechtskultur anzuzeigen vermögen.

2. Dimensionen des rationalen Rechts

„Rationales Recht" ist bei Weber ein mehrdimensionaler Begriff. Und die Rationalisierung des Rechts kann sich in verschiedener Art vollziehen, „je nachdem, welche Richtungen der Rationalisierung die Entfaltung des Rechtsdenkens einschlägt" (oben, S. 32). Dies ist der am Ende des § 3 formulierte Gegenstand der „Entwicklungsbedingungen des Rechts". Den komparativen, das Eigene des Okzidents herausstellenden Absichten entsprechend ist daher der *Spielraum rationalen Rechts* logisch so weit als möglich zu fassen.

Für die rechtsrelevante Tätigkeit „öffentlicher Verbände" unterscheidet Weber zwei voneinander differenzierte Grundoperationen von „Rechtsschöpfung" und „Rechtsfindung", die sich als die Denkmanipulation von *Generalisierung* vs. *Konkretisierung* sowie die Operation von *Systematisierung* vs. *Analytik* darstellen läßt. *„Generalisierung"* bedeutet, von der konkreten Entscheidung her gedacht, die Ausweitung der im Einzelfall maßgeblichen Gründe auf andere Fallgestaltungen, und dies kann logisch nur dadurch geschehen, daß die entscheidungsrelevanten Aspekte herauspräpariert werden und insoweit die Komplexität der juristischen Argumente *reduziert* wird. Generalisieren heißt also: „[...] Reduktion der für die

Entscheidung des Einzelfalles maßgebenden Gründe auf ein oder mehrere ‚Prinzipien‘: diese sind die ‚Rechtssätze‘“ (oben, S. 32). Diese Operation setzt nun voraus, daß aus der unendlichen Fülle der Wirklichkeit der rechtlich relevante Tatbestand durch *Analyse* herausgefiltert wird, was wiederum durch Vergleich mit anderen und im Hinblick auf andere Fälle geschieht. Generalisierung und Konkretisierung werden also als gegenläufige Prozesse verstanden, die sich im Medium der *Kasuistik* entfalten. Insofern ist also jedes Recht Fallrecht. Freilich sind die rechtstechnischen Mittel der Kasuistik verschieden: Reduktion auf Prinzipien und schließlich logisch untereinander kompatible Rechtssätze stehen dem „bloßen parataktischen und anschaulichen Assoziieren“ gegenüber. Insofern wird also schon auf der Ebene fallbezogener Operationen die Weiche für die Bildung *juristischer Konstruktionen* gestellt, die zu einer mehr oder minder dichten *„Synthese“* von Rechtsverhältnissen führen kann, „das heißt: die Feststellung: was an einem in typischer Art verlaufenden Gemeinschafts- oder Einverständnishandeln *rechtlich* relevant sei und in welcher in sich logisch widerspruchslosen Weise diese relevanten Bestandteile *rechtlich* geordnet, also als ein ‚Rechtsverhältnis‘, zu denken seien“ (oben, S. 32). Dies bedeutet nicht, daß eine für die Praxis befriedigende Zusammenfassung rechtlich relevanter Merkmale in einem Rechtsinstitut auch dem höchsten Grad möglicher *Begriffsanalyse* entsprechen müßte. Es ist umgekehrt denkbar, daß von der juristischen Begriffsbildung her durchaus plausible Konstruktionen, gerade ihres konstruktiven Charakters halber, in der Praxis fruchtlos bleiben. Zerlegung der Wirklichkeit nach relevanten Merkmalen geht einher mit Einordnung dieser Kategorien in ein umfassendes *System*. Systematisierung bedeutet „die Inbeziehungsetzung aller durch Analyse gewonnenen Rechtssätze derart, daß sie untereinander ein logisch klares, in sich logisch widerspruchsloses und, vor Allem, prinzipiell lückenloses System von Regeln bilden, welches also beansprucht: daß alle denkbaren Thatbestände unter eine seiner Normen müssen logisch subsumiert werden können, widrigenfalls ihre Ordnung der rechtlichen Garantie entbehre“ (oben, S. 33).

Kein Zweifel, daß Weber damit den Charakter der Konstruktionsjurisprudenz beschreibt und daß wir in Rudolf von Iherings Darstellung der „Fundamentaloperationen der juristischen Technik“ Webers Rekonstruktion der Konstruktionsjurisprudenz vorgezeichnet finden (oben, S. 32). Auffällig bleibt, daß Weber in diese „Grundoperationen“ des Rechtsdenkens ein Spannungsmoment widerstrebender Strategien einbaut. Zum Verhältnis von analytischer Begriffskonstruktion und Systematisierung etwa schreibt er: „Dieser letztere Widerspruch ist die Folge davon, daß aus der Analyse eine weitere logische Aufgabe zu entspringen pflegt, welche sich mit der synthetischen ‚Konstruktions‘-Arbeit zwar prinzipiell verträgt, faktisch aber nicht selten in *Spannungen* zu ihr steht: die *Systematisierung*“ (oben, S. 32, Hervorhebungen z.T. vom Hg.). Es fragt sich, ob dies mit Webers allgemeinster Formel zur Erklärung des okzidentalen Rationalismus zusammenhängt, nämlich der Frage, „*welche* Sphären und in welche Richtung sie rationalisiert wurden“ (Weber, Vorbemerkungen, S. 12). Während die Antwort auf diese Frage in der Art der *Spannung* dieser Sphären begründet ist, so läßt sich zeigen, daß bereits in die Konstruktion der Rechtssphäre hinein von Weber eine Spannung eingezogen ist, die nur – so Webers These – im Okzident die Entwicklung des Rechts vorangetrieben hat, während es hieran in außerokzidentalen Rechtskulturen gerade fehlt. Damit weist die innere Logik des rationalen Rechts eine strukturelle Parallele nicht nur zur religiösen Dogmatik, sondern auch zur Wissenschaft auf: Denn ebenso wie rationale Wissenschaft des Okzidents durch die Synthese von Theoriebildung und rationalem Experiment gekennzeichnet ist, ließe sich – so Weber – das rationale Recht des Okzidents als eine Vermittlung der gegenläufigen Pole von *Generalisierung* und *Konkretisierung*, *Systematisierung* und *Analytik* konstituieren.

Die Sprengkraft der Weberschen Soziologie des Rationalismus liegt nicht in der dialektischen Konstruktion von Kriterien der Binnenrationalität, sondern in der Doppelgesichtigkeit des Rationalismus. Was Weber „formale" Rationalität nennt, steht vielfach in Widerspruch zu Erfordernissen und Ansprüchen „materialer" Rationalität, so daß die Kulturen des Rationalismus eine prinzipielle, inhärente Widersprüchlichkeit durchzieht: formale Rationalität geht nicht mit materialen Wertansprüchen einher, verletzt sie vielfach notwendigerweise, so daß die Steigerung der einen nur auf Kosten der anderen Seite des Rationalismus möglich ist. So ist die für Weber entscheidende Frage, ob dem formalen Rationalismus nicht doch ein eigenes Wertmoment innewohnt und also – wie Weber im letzten Paragraphen der „Entwicklungsbedingungen des Rechts" formuliert – die formalen Qualitäten des modernen Rechts gerade ihre materiale Rationalität begünstigen, nur eine begrifflich-soziologische Verkleidung der entscheidenden Frage nach dem Verhältnis von formal gesatztem Recht und materialer Gerechtigkeit. Zugleich ist diese, für die Soziologie des Rationalismus grundlegende Unterscheidung von formaler und materialer Rationalität bzw. Irrationalität nirgends so systematisch formuliert wie im Text „Die Entwicklungsbedinungen des Rechts". So schreibt Weber: „Mit all diesen Gegensätzen teils zusammenhängend[,] teils sie kreuzend aber gehen die Verschiedenheiten der rechtstechnischen Mittel [einher], mit welchen die Rechtspraxis im gegebenen Fall zu arbeiten hat." (oben, S. 33) Hierbei ergäben sich folgende „einfachste" Fälle: Vom *formal rationalen* Recht ausgehend, dessen Binnenrationalität sich aus den gegenläufigen juristischen Grundoperationen ergibt, ist das formal irrationale Recht durch die Verwendung irrationaler Beweismittel und irrationaler Techniken der Rechtsschöpfung bestimmt, wenn „andere als verstandesmäßig zu kontrollierende Mittel angewendet werden" (ebd.), während das *material rationale Recht* durch den Anspruch einer höheren Legitimität der Rechtssätze gekennzeichnet ist, das *material irrationale* Recht durch konkrete Wertungen des Einzelfalls, „seien sie ethische oder gefühlsmäßige oder politische" (ebd.), d. h. also durch außerhalb des Rechts liegende, sphärenfremde Kriterien, nicht aber durch generelle Normen.

Das formal irrationale Recht ist durch kulturelle, insbesondere religiöse Mittel der Rechtsfindung wie Orakel, prophetische Rechtsschöpfung und deren Surrogate gekennzeichnet. Das formal rationale Recht hingegen wird durch die Eigengesetzlichkeit von „Recht" geprägt, d. h. die Anknüpfung an generelle Tatbestandsmerkmale. Diese kann die Richtung der Systematisierung oder aber der fallbezogenen Konkretisierung einnehmen und hierbei entweder an anschauliche äußere, einen strengen Rechtsformalismus begründende, „in ihrer Bedeutung festehende symbolische Handlung[en]" (oben, S. 33) oder an im Wege der Analytik gewonnene abstrakte Merkmale anknüpfen. Dieser jeweils unterschiedlich akzentuierten, gleichwohl funktional äquivalenten Logik der Rechtsfindung steht jede an ethischen Imperativen oder politischen Maximen ausgerichtete überpositive Rechtsauffassung fundamental entgegen; so insbesondere das *Naturrecht*. Auch wenn das

Naturrecht somit aus dem formal rationalen Rechtsraum definitorisch ausgeschlossen ist, zeigen die religionsvergleichenden Studien, daß erst die *Spannung* von Naturrecht und positivem Recht die Eigendynamik der okzidentalen Rechtskultur freisetzt, während dieses Spannungselement gerade den außerokzidentalen Rechtskulturen fehlt. Der viel gerügte Rechtsformalismus ist also die eigentliche Errungenschaft der Entwicklung des Rechts. Nur als „Formalismus" ist eine „fachmäßige juristische Sublimierung des Rechts" (ebd.) möglich, die nicht auf der Strenge der die Rechtsverhältnisse begründenden und prozessual garantierenden äußeren Symbole beruht, sondern nur auf der Strenge der Begriffs*form* als Mittel des juristischen Denkens und als Ausgangspunkt einer abstrakte Rechtssätze zum System bildenden normativen Ordnung.

Nach dieser Exposition des Leitmotivs der Weberschen Soziologie des Rechts muß sich die Frage darauf richten, durch welche Umstände und Mächte eben diese formalen Qualitäten des Rechts befördert werden. Nicht die Beziehung von Wirtschaft und Recht, die Epochen der Entwicklung des heutigen Zustands, wie es der „Stoffverteilungsplan" annonciert, sondern eine andere, das rechtshistorische Material der Weltgeschichte des Rechts sortierende und selektierende Fragestellung tut sich auf: die Bedingungen der Entwicklung des formal rationalen Rechts aus dem unendlichen Strom rechtshistorischer Ereignisketten herauszufiltern und in idealtypische Entwicklungsverläufe zu fassen. Ohne in Webers Gedankengang einen radikalen Konstruktivismus hineinlegen zu müssen, ist doch von Beginn an klar, daß die berührten Rechtskulturen oder Rechtskreise, Rechtsordnungen und Rechtsinstitutionen unter dem methodologischen Vorbehalt idealtypischer Konstruktionen stehen, so daß es also notwendig ist, immer auch nach der Art zu fragen, in der Weber das *Bild* einer Rechtsepoche, einer Rechtskultur, seinen eigenen methodologischen Ansprüchen entsprechend *konstruiert* hat.

VII. Die Macht der „innerjuristischen Verhältnisse"

Am Ende von § 3 der „Entwicklungsbedingungen des Rechts" präzisiert Weber, von dem nach innen gerichteten Begriff des rationalen Rechts ausgehend, die Entwicklungskräfte der Rationalisierung des Rechts: „Wir werden sehen, daß ein Recht in verschiedner Art, und keineswegs notwendig in der Richtung der Entfaltung seiner ‚juristischen' Qualitäten, rationalisiert werden kann. Die Richtung, in welcher diese formalen Qualitäten sich entwickeln, ist aber bedingt direkt durch so zu sagen ‚innerjuristische' Verhältnisse: die Eigenart der Personenkreise, welche auf die Art der Rechtsgestaltung *berufsmäßig* Einfluß zu nehmen in der Lage sind, und erst indirekt durch die allgemeinen ökonomischen und sozialen Bedingungen" (oben, S. 101).

Weber unterscheidet also *„direkte"* und *„indirekte"* Einflußfaktoren der Rationalisierung des Rechts, wobei die unmittelbaren aus den Eigentümlichkeiten der Rechtssphäre, also den „Eigengesetzlichkeiten" des Rechts fließen, die durch mittelbare „ökonomische" und „soziale" Bedingungen, d.h. „Fremdgesetzlichkeiten" anderer Sphären, gebrochen werden.

1. Die Abstreifung der Magie im rechtlichen Zaubergarten

Als eine urwüchsige Stufe der Rechtsentwicklung entwirft Weber das Panorama eines rechtlichen Zaubergartens, wenn man so will: einer magischen Rechtskultur, in der heilige Gepflogenheiten dadurch garantiert werden, daß hiervon abzuweichen „bösen Zauber oder die Unruhe der Geister oder den Zorn der Götter hervorrufen kann" (oben, S. 90). Solche Regeln sind nicht veränderbar, sondern sie müssen nur richtig erkannt werden und hierfür bedarf es einer Beherrschung der „Kunstregeln für den Verkehr mit den übersinnlichen Mächten" (ebd.), d.h. es bedarf der fachmäßigen Kenntnis dieser magischen Regeln, wie sie von Priestern oder Rechtsmagiern beansprucht wird. Dieser juristische Zaubergarten aber ist keineswegs unformal, im Gegenteil. Er fördert den streng formalen Charakter des Rechts: „Denn nur auf die formal richtig gestellte Frage geben ja die Zaubermittel die richtige Antwort" (oben, S. 90). Und es ist geradezu ein systematisierender Effekt dieses rechtsmagischen Glaubens, daß es für bestimmte Rechtsfragen auch jeweils bestimmte magische Rechtsmittel geben muß mit der Folge, daß der geringste Fehler bei der Ausübung des magischen Rituals den Verlust des Rechtsmittels, unter Umständen des gesamten Prozesses zur Folge hat. Hierin seien sich auch römische Legisaktionen wie das frühmittelalterliche Recht noch gleich (ebd.).

Die allererste Voraussetzung auf dem Wege zur Rationalisierung des Rechts ist daher die „Abstreifung" der Magie im Sinne eines magischen Rechtsformalismus. Noch die Jury läßt sich als Verlängerung des magischen Orakels deuten, so daß nach Weber auch im modernen Recht die Rechtsmagie keineswegs verbannt wäre. Nur: Ebenso wie die Rationalisierung der religiösen Sphäre die Befreiung vom magischen Denken voraussetzt, ist die Überwindung eines vergleichbaren irrationalen Formalismus im Recht notwendige Bedingung der rechtlichen Rationalisierung. Sie ist nämlich insoweit noch nicht durch *„innerjuristische"* Qualitäten bestimmt, sondern durch *religiös-magische Faktoren*, die ihrerseits noch im Vorfeld des Prozesses der religiösen Rationalisierung liegen (MWG I/22-2, S. 164). So schreibt Weber mit Blick auf die rechtliche Entwicklung: „Erst mit dem Zurücktreten der Bedeutung der Magie gewinnt die Tradition den Charakter, welchen sie z.B. im Mittelalter vielfach an sich trug: das Bestehen einer als Recht geltenden Übung kann Gegenstand eines ‚Beweises' durch die Parteien werden, ganz wie ‚Thatsachen'" (oben, S. 93).

Gibt es also „sachlogische Gründe" für eine Rationalisierung des Rechts, die nicht von der Art der Rechtsinhalte abhängt, sondern aus eigenen, soziologischen Konstellationen der Struktur des Rechtssystems fließt? Wir hatten in der Analyse von „Die Wirtschaft und die Ordnungen" die Frage herauspräpariert, wie ein Verbindlichkeitsglaube, der sich auf die Macht des Gewohnten und die seelische Eingestelltheit auf derartige Regelmäßigkeiten stützt, irgendeine Neuerung zulassen soll. Ebenso grundlegend fragt Weber zu Beginn des dritten Paragraphen: „Wie entstehen neue Rechtsregeln?" (oben, S. 84) Folgende endogene Entwicklungsmomente verdienen hervorgehoben zu werden: eine Art *Rationalisierung durch Diskurs*, die Paradoxie einer *Entwicklung durch Tradition*, eine Rationalisierung durch das *Andere der Vernunft*, nämlich durch Rechtsgefühle, und schließlich die entscheidende Entdeckung der rationalisierenden Entwicklung durch die *innovative Kraft des Charismas.*

2. Rationalisierung durch diskursive Auflösung der Gewohnheit?

Parallel zu den Überlegungen in „Die Wirtschaft und die Ordnungen" geht es Weber darum, Gewohnheit als Rechtsquelle normativen Geltungsursprungs von Annahmen über den Prozeß der faktischen Normgenese scharf zu trennen. Angesichts einer aufgeklärten zeitgenössischen Lehre vom Gewohnheitsrecht, insbesondere bei dem namentlich erwähnten und seinerzeit in Bonn lehrenden Ernst Zitelmann, bedarf es einer De-Konstruktion des Konzepts von „Gewohnheitsrecht" nicht mehr: So ist – in Weber verwandten Formulierungen – davon die Rede, daß es auf die „Vorstellung des Geltens einer Ordnung" ankomme und für die Geltung des Gewohnheitsrechts auf eine Geltungsvorstellung darüber, wie allein die Dauer „das Wunder" normativer Kraft vollbringe.[48] Hatte sich Zitelmann also von einer naturalistischen Geltungslehre befreit und war der Charakter der sog. „Gewohnheitsrechte" als „juristische Construktionen" weitgehend anerkannt, unter den Juristen jedenfalls, so galt dies für die aufkommende Rechtssoziologie gerade nicht. Weber zitiert einzig hier und in diesem Zusammenhang als Rechtssoziologen Edouard Lambert und Eugen Ehrlich. Insbesondere Ehrlich wirft er vor, aus der berechtigten Kritik einer verfehlten empirischen Theorie der Genese des Rechts mit dem durchsichtigen Motiv, die Fortgeltung des römischen Rechts aus dem Gewohnten zu legitimieren, den verfehlten Schluß auf die Unbrauchbarkeit des Gewohnheitsrechts als normativ-juristische Kategorie gezogen zu haben. Was bleibt also nach dieser doppelten „Entzauberung" der Kategorie des Gewohnheitsrechts für die Analyse der Rechtsentwicklung an Einsichten zu bewahren?

Weber geht es um den Nachweis, daß auch das *traditionale Recht*, dessen Geltung Weber in den „Soziologischen Grundbegriffen" an den Glauben in die Legitimität des immer schon Gewesenen knüpfen wird (vgl. WuG[1], S. 19), im Sinne der Rationalisierungsthese durchaus „rationale" Züge aufweist. Denn Weber zeigt, wie das sog. Gewohnheitsrecht, das die romantische Rechtsschule vor allem der Kodifikationsidee entgegensetzte, ein „sehr moderner Begriff" ist, der in seinen Voraussetzungen faktischer gemeinsamer Übung, gemeinsamen Legitimitätsglaubens und dem Kriterium der „Rationabilität" das Resultat juristischer Konstruktionsarbeit ist und nicht einem romantischen Rechtsgrund entspringt. Sobald das Recht aus den Händen magischer und anderer „irrationaler" Gewalten in den Umkreis irgendwie gearteter rudimentärer „Rechtspflege" gerät, setzt eine eigenlogische „Rationalisierung" der Tradition ein: „Ein gewisses Maß von Stabilität und Stereotypierung zu Normen tritt immerhin ganz unvermeidlich ein, sobald die Entscheidung Gegenstand irgend einer *Diskussion* wird oder *rationale Gründe* dafür gesucht oder vorausgesetzt werden, also mit jeder Abschwächung des ursprünglichen rein irrationalen Orakelcharakters" (oben, S. 88, Hervorhebungen, Hg.). Es ist also Max Weber, der hier eine spezifische Form der *Rationalisierung durch „Diskurs"*, d. h. nämlich der die Tradition sprengenden Kraft der Diskussion mit rationalen Gründen behauptet, die aus der *Eigengesetzlichkeit* des Vortragens, Antwortens und der Kritik mit „Gründen" hervorgeht. Insofern findet sich in Webers Rationalisierungstheorie – trotz aller Versuche der ethischen und zivilisatorischen Neutralisierung, indem beliebige Bezugspunkte als rationalisierungsfähig beschrieben werden – auf der Ebene der Rationalisierungsmittel eindeutig eine Präferenz für vernunft- und verstandesgemäße Argumentation und systematische Beibringung von „Gründen" des juridischen Entscheidens.

3. Rationalisierung durch Tradition?

Mag die Tradition und ihre Begründung im schon immer da Gewesenen, eben gewohnheitsmäßig und daher legitimerweise Praktizierten durch den vernunftgemäßen Gebrauch von Gründen durchbrochen werden, so wird zugleich der Tradition selbst ein revolutionäres Potential zugeschrieben: Es entsteht eine scheinbar paradoxe Form der *Rationalisierung durch Tradition*, wenn der Diskurs seine eigentümliche Bindungskraft entfaltet: „Denn offenbar ist es für einen Richter, dem eine bestimmte Maxime einmal bewußt und erkennbar als Entscheidungsnorm gedient hat, sehr erschwert, oft fast unmöglich, in anderen gleichartigen Fällen die in jenem Fall gewährte Zwangsgarantie zu versagen, ohne sich dem Verdacht der Befangenheit auszusetzen." (oben, S. 89) So stellt allein der subjektive *Glaube*, bereits geltende Normen *anzuwenden*, einen Schritt in die Richtung einer „dem prophetischen Zeitalter entwachsen[e] Rechtsfindung" dar (oben, S. 89). Allein die Vorstellung dieser „Tradition" ist also „modern", oder die „Moderne" enthält durchaus „Traditionales". D.h. die Chance, auch für den Einzelfall Rechtszwang zu mobilisieren, erhöht sich dort, wo – nach der Semantik des Kategorienaufsatzes – von „Einverständnissen und rationalen Vereinbarungen" (oben, S. 87) ausgegangen werden kann, die wiederum durch eine Konsistenzkultur des Entscheidens befördert werden und damit aus der von Weber so radikal perhorreszierten „Irrationalität des Einzelfalls" (oben, S. 88) herausführen.

4. Rationalisierung und die Vielfalt der Gefühlskulturen

Ein scharfer Gegensatz wird hingegen zwischen den *gefühlsmäßigen* Qualitäten vorrationalen Rechts und den *rationalen* Qualitäten des modernen Rechts aufgerichtet. Impliziter Diskussionsgegner ist für Weber die romantische Rechtsschule, die bis zu neueren Vertretern einer emotiven Rechtstheorie reicht. Die Bedeutung eines „Billigkeits-" und „Rechtsgefühls" für die Rechtsfindung ist in der zeitgenössischen Methodenlehre freilich umstritten. Rumpf etwa versucht, das Rechtsgefühl wissenschaftlich zu erfassen.[49] Rümelin möchte gar eine „Logik" des Rechtsgefühls aus einem sittlichen Ordnungstrieb herleiten.[50] Das Gefühl als Rechtsquelle zurückzuweisen richtet sich aber ebenso gegen die Programmatik der Freirechtsschule. Nicht nur mangels Vernunft, sondern auch aufgrund seiner destabilisierenden Effekte ist es Weber, dem die Gefühlswelt vielleicht in besonderem Maße ambivalent erschien, grundsätzlich suspekt. So führt er über die Bedeutung des Rechtsgefühls aus: „Aber die Beobachtung lehrt, wie außerordentlich labil das ‚Rechtsgefühl' funktioniert, soweit ihm nicht das feste Pragma einer äußeren oder inneren Interessenlage die Bahnen weist" (oben, S. 89). Die Art des Rechtsgefühls oder einer emotiven Fundierung des Rechts läßt sich aber noch weniger als Grundlage einer kollektiven Identität ausweisen. Weber erteilt den Vertretern jeder Volks- und Rechtsgeistlehre auch in dieser Hinsicht eine glatte Absage: „Grade die Besonderheiten ‚nationaler' Rechtsentwicklungen dagegen lassen sich aus einer Verschiedenheit des Funktionierens ‚gefühlsmäßiger' Quellen, soviel bisher bekannt, nirgends ableiten. Stark emotional, ist gerade das ‚Gefühl' sehr wenig geeignet, stabil sich behauptende Normen zu stützen, sondern vielmehr eine der verschiedenen Quellen irrationaler Rechtsfindung" (oben, S. 89). Webers

Stoßrichtung ist also eine doppelte und für das Verständnis seiner „Rechtssoziologie“ zentral. Die Differenzen „nationaler Rechtskulturen“ sind *nicht* aus diffusen emotiven und traditional sedimentierten Tiefenschichten einer Gefühlskultur herleitbar, sondern nur aus anderen Konstellationen versteh- und erklärbar. Auch wenn Weber also durchaus behauptet, daß beliebige Aspekte der Welt „rationalisierbar“ seien, sind die „Gefühle“ hiervon ausgenommen. Im Weberschen Verständnis juridischer Rationalität ist also für das Rechtsgefühl kein Platz, auch nicht für ein Gefühl der Gerechtigkeit als Korrektiv krassen Unrechts. *Rationalisierung* des Rechts heißt vielmehr, das Rechtsgefühl gerade zu „überwinden“. Wir müssen diese Aussage Webers so nehmen, wie sie ohne die Voraussicht auf die Möglichkeiten des Unrechtsstaates einmal formuliert wurde, dessen „Unrecht“ vielfach in der Mobilisierung kollektiver Gefühle der Ausgrenzung bestand.

5. Juridische Innovation durch Charisma

Unter den Kräften, die das Neue hervorbringt, nimmt das Charisma des Rechts einen besonderen Stellenwert ein. War in „Die Wirtschaft und die Ordnungen“ allenfalls die sachliche Umschreibung charismatischer Rechtserneuerer zu finden, wenn Weber schreibt, daß „nach allen Erfahrungen der Ethnologie [...] die wichtigste Quelle der Neuordnung der Einfluß von Individuen zu sein [scheint], welche bestimmt gearteter ‚abnormer‘ [...] Erlebnisse und, durch diese, bedingter Einflüsse auf Andre fähig sind“ (oben, S. 9), so entfaltet Weber im § 3 der „Entwicklungsbedingungen des Rechts“ eine komplexe Beschreibung „charismatischer Rechtsoffenbarung“, welche „charismatisch Qualifizierte“ kennt, die wiederum „charismatischen Instanzen“ konkrete Fragen vorlegen, aus deren Beantwortung sich ihre „charismatische Qualifikation“ ergibt (die Zitate oben, S. 93). Zur Übernahme charismatischer Offenbarung gehört, daß ihre Vermittler „die charismatische Qualifikation anerkennen“, die ihrerseits beruhen kann auf „persönlichem Charisma“ oder auf Alter, Wissen oder Honoratiorenstellung (die Zitate oben, S. 90–93). Dieser charismatische Komplex verdichtet sich gar zu einer „charismatischen Epoche der Rechtsschaffung und Rechtsfindung“, um sich typologisch in religiös gebundene charismatische Rechtsprophetie einerseits und „charismatische Rechtsweisung“ andererseits zu zergliedern. So spricht Weber von einem eigenen „Charisma der Rechtsweisheit“, dem eine besondere „charismatische Würde“ zukommt (die Zitate oben, S. 93 f.), das als „echtes Charisma“ durchaus unter Bewährungszwang steht – im Unterschied zur Rechtsprophetie – und das in der dinggenossenschaftlichen Justiz eine Art Gewaltenteilung zwischen der „Autorität des Rechtscharisma“ und der „Ratifikation der Ding- und Wehrgemeinde“ aufweist (die Zitate oben, S. 100).

Der charismatische Komplex der rechtlichen Sphäre weist also durchaus eine Eigenlogik auf, die aber nicht zu einer der Herrschaftsform des Charismas vergleichbaren typologischen Dichte ausgearbeitet ist. Gleichwohl leistet das Charismakonzept, in dem der entscheidende Gesichtspunkt des gleichnamigen Herrschaftstypus noch fehlt, nämlich die Konstitution von Charisma per Zuschreibung und nicht per objektiver Eigenschaft, eine wichtige darstellerische und explanative Funktion: einerseits die Vielzahl an Rechtsformen, vorwiegend des germanischen Rechts, der Weistümer, Fürsprecher etc., sowie die besonderen Qualitäten von

Richterpersönlichkeiten und religiösen Rechtspropheten unter einem einzigen Gesichtspunkt zusammenzufassen und andererseits Ansätze einer Erklärung für das Wunder des Normwandels in den Zeiten des Rechtsglaubens an die Unverbrüchlichkeit der Tradition zu geben. Eine den Einzelfall übersteigende, insofern *universalistische Rechtsschöpfung* ist durch spezifische emotive Qualitäten des *Rechtsschöpfers* geprägt, die dergestalt in den Epochen des traditionalen Rechts allein für Rechtsänderungen maßgeblich ist: „Dies aber kann geschehen nur auf dem hierfür ausschließlich möglichen Wege einer neuen charismatischen *Offenbarung*“ (oben, S. 90). Der Tradition gegenüber ist das Charisma nämlich revolutionären Charakters. So formuliert Weber: „Die Rechtsoffenbarung in diesen Formen ist das urwüchsige revolutionierende Element gegenüber der Stabilität der Tradition und die Mutter aller ‚Satzung‘ des Rechts“ (oben, S. 90). Das Recht offenbart sich also durch tatsächliche oder vermeintliche Eingebung, wenn die überkommenen Normen für die Ordnung *neuer* Problemlagen nicht mehr hinreichen. „Normaler *Träger* dieser primitiven Form einer Anpassung von Ordnungen an neu entstandene Situationen ist der Zauberer oder der Priester eines Orakelgottes oder ein Prophet“ (oben, S. 90, Hervorhebung, Hg.). Am Anfang aller Satzung also steht der Künder eines normativen Programms, der charismatische Schöpfer des Gesetzes. Insofern ist es auch nicht verwunderlich, wenn bis in die heutige juristische Methodenlehre hinein der „Gesetzgeber“, auf dessen tatsächliche oder vermeintliche Motive man sich beruft, mit einem eigenen Charisma der Rechtsgeltung ausgestattet ist. Das Problem der entsprechenden *Herrschaftsform*, nämlich die „Veralltäglichung des Charisma“, stellt sich hier nicht, weil die Rechtsprophetie funktional auf „Normwandel“ programmiert erscheint. In gleicher Weise wie sich bei Durkheim die Normdevianz als Motor normativen Wandels der intentionalen Steuerung des Normgebers entzieht, zeitigt die charismatische Rechtsschöpfung im Sinne Webers letztlich irrationale Konsequenzen. Denn nur die Formen, in denen neues Recht bei den charismatischen und magischen Gewalten gesucht wird, sind „rational“, dem steht der „*irrationale* Charakter der Entscheidungsmittel gegenüber“ (oben, S. 91), und dieser antirationale Effekt reicht bis in die Moderne hinein, jedenfalls in Webers Sicht des englischen Rechts. Denn: „Nur durch das Fehlen rationaler Begründungen unterschied sich das echte Orakel vom englischen Präjudiz“ (oben, S. 95).

Entscheidend für den Weg aus dem Zaubergarten einer magischen Rechtskultur in die Richtung rationalen Rechts ist also, den im § 3 der „Entwicklungsbedingungen des Rechts“ ausgeführten Darlegungen Webers zufolge, die Abstreifung von Magie, eine elementare Rationalisierung durch Diskurs und das Brechen der Tradition in charismatischer Rechtsfindung und Rechtsschöpfung bis zur Verwandlung des Rechtspropheten und Rechtspriesters in einen auf das Recht spezialisierten Fachkundigen. So ist Webers resümierende Feststellung eindeutig: „Ein formell irgendwie entwickeltes ‚Recht‘ dagegen, als Complex bewußter Entscheidungsmaximen, hat es ohne die maßgebende Mitwirkung *geschulter Rechtskundiger* nie und nirgends gegeben“ (oben, S. 101, Hervorhebung, Hg.). Die Bahnen, in denen sich die Rationalisierung des Rechts fortbewegt, hängt nach Webers Hypothese über die Bedeutung der „innerjuristischen Verhältnisse“ für die Rechtsentwicklung von der inneren Ordnung der rechtlichen Sphäre ab, und das heißt neben den Eigengesetzlichkeiten juristischer Dogmatikbildung: von den jeweiligen *Trägern der rechtlichen Rationalisierung*.

VIII. Träger der rechtlichen Rationalisierung

Werden unter dem Begriff des Charismas eine Fülle von rechtshistorisch und rechtskulturell variierenden Phänomenen zusammengefaßt und somit als eine theoretische Stufe der Rechtsentwicklung konstruiert, anstelle einer rechtsereignisorientierten Verknüpfung historischer Kausalketten der Genese einzelner Rechtsinstitute und Rechtsschemata, so wird unter dem Blickwinkel der Trägerschaft des Rechtsdenkens als Motor der juridischen Rationalisierung der Bogen von den germanischen Rechten, dem französischen, dem englischen bis zurück zum römischen Recht geschlagen. Erst der strukturell-historische Vergleich vermag die Bedingungen der Rechtsentwicklung herauszupräparieren, ohne die eine Rationalisierung des Rechts – nach Webers Analyse – nicht stattfinden kann.

Dabei ist die soziologische Denkfigur der Trägerschichten gerade im Kontext von Webers Soziologie des Rationalismus weit entwickelt: Sie sind Träger von Interessenkonstellationen, die auf den religiösen Inhalt ausstrahlen – so in Webers systematischer Religionssoziologie oder in der „Einleitung" zur „Wirtschaftethik der Weltreligionen", wo ein systematischer Zusammenhang behauptet wird derart, „daß die Art des in einer Religion als höchstes Gut erstrebten (diesseitigen) Seligkeits- oder Wiedergeburtszustandes offenbar notwendig verschieden sein mußte je nach dem Charakter der Schicht, welche der wichtigste Träger der betreffenden Religiosität war" (Weber, Einleitung, MWG I/19, S. 100). Webers berühmte Formel der dialektischen Beziehung von *Ideen* und *Interessen* ist auf diesen Zusammenhang von durch Trägerschichten bedingten Interessen und den hiermit verwandten Ideen bezogen: „Interessen (materielle und ideelle), nicht: Ideen, beherrschen unmittelbar das Handeln der Menschen. Aber: die ‚Weltbilder', welche durch ‚Ideen' geschaffen wurden, haben sehr oft als Weichensteller die Bahnen bestimmt, in denen die Dynamik der Interessen das Handeln fortbewegte" (ebd., S. 101). Hätte Weber eine ähnliche Affinität von Klassenlagen, Trägerschichten und den Wegen rechtlicher Ordnungsbildung behauptet, dann wären die Grenzen zu einer marxistischen Rechtslehre, in der das Recht entweder als juristische Illusion oder als Ausdruck spezifischer Interessen der bürgerlichen Gesellschaft erscheint, nachhaltig verwischt worden. Ein Fundierungszusammenhang zwischen Wirtschaft und Recht nach der materialistischen Geschichtsauffassung war aber infolge der verfehlten „Überwindung" der materialistischen Geschichtsauffassung bei Stammler von Weber auf dem Soziologentag und in den einschlägigen Passagen von „Die Wirtschaft und die Ordnungen" nachdrücklich kritisiert worden. Auch ein Zusammenhang von Trägerschicht und „Culturinhalten", wie sie Weber in der „Musiksoziologie" (MWG I/14) entfaltet hat und zu den „spezifischen Bedingungen der okzidentalen Musikentwicklung" zählt, nämlich zum Mönchtum einerseits und zu den kulturellen Trägerschichten, insbesondere den „eigenen bürgerlichen Klassen" (MWG I/4, S. 568) andererseits, ein derartiger Zusammenhang scheidet für die Analyse der spezifischen Bedingungen der Entwicklung rationalen Rechts aus, weil als Träger der rechtlichen Entwicklung erst in zweiter Linie Bezüge zur Klassenstruktur und ständischen Ordnung einer Gesellschaft in Betracht kommen. Allein die Interessen der Trägergruppen, die für die Entwicklung des Rechts in einer Gesellschaft „zuständig" sind, weichen je nach der Art der Organisation der Vermittlung und Weiterentwicklung rechtlichen Wissens in charakteristischer Weise voneinander ab: So sind Anwaltsschulung und

Universitätsbildung unterschiedliche Träger einer Rechtsentwicklung, aus deren Einfluß sich unterschiedliche Tendenzen rechtlicher Rationalisierung ableiten lassen. So muß also trotz der vielfach beobachteten Parallelen zwischen der Logik der „Religionssoziologie" und der „Rechtssoziologie" beachtet werden, daß es *ein* irgendwie zur Theodizeefrage paralleles Problem, an dem sich unterschiedliche Trägergruppen jeweils abarbeiten würden, in der rechtlichen Sphäre, auch als „Soziodizee", nicht gibt. Sondern es geht Weber ausschließlich um die Frage, welche Komponenten des Rationalitätssyndroms im Recht, also die Merkmale der Generalisierung/Konkretisierung, der Analytik/Systematisierung, typischerweise aus dem Umkreis der von Weber idealtypisch differenzierten Orte und Träger der Rechtsentwicklung: die handwerksmäßige Spezialisierung, die Universität als Ort der Entwicklung und Vermittlung des Rechts, die theokratischen Rechtsschulen oder die Honoratiorenjustiz, am ehesten bedient werden. Für alle Typen hat Weber rechtshistorische Beispiele vor Augen, die zu einer strukturellen Typologie ihrer unterschiedlichen Nähe zum Ideal des formal rationalen Rechts differenziert werden.

1. Der Jurist als Handwerker: Anwaltsschulung und juridischer Rationalismus

Die Eigentümlichkeiten des englischen Rechts lassen sich aus der Eigenart des Standes erklären, der die Rechtspflege verwaltet. Was der Freirechtsschule als Ideal des Richterkönigtums erscheint[51] und Eugen Ehrlich als „Glücksfall" des englischen Rechts bezeichnet, daß es sich seit dem frühen Mittelalter dem römischen Recht verschlossen hat,[52] ist für Weber gerade der Grund seines, dem kontinentalen Recht gegenüber minderwertigen Rationalitätsstatus. Webers Gewährsleute zum englischen Recht, das er nicht aus eigener Anschauung kennt, – vor allem Julius Hatschek und Frederic William Maitland, Frederick Pollock und Ernst Heymann – liefern die gedanklichen Bausteine zu einem eigenen Bild des englischen Rechts, das seine strukturellen „Defizite" auf der organisationsförmigen Ebene des Rechts offenbart: „Schon die handwerksmäßige Spezialisierung der Anwälte hinderte den systematischen Überblick über die Gesammtheit des Rechtsstoffes" (oben, S. 103). Erst recht mit der Monopolisierung des Rechtsunterrichts in den englischen Anwaltsinnungen, den „Inns of court" (vgl. oben, S. 102), in Auseinandersetzung mit und schließlich unter Ausschaltung der universitären Lehre wird ein zünftiger, durch ein „Noviziat" initiierter „esprit de corps" herangezüchtet, der vor allem die eigenen *Interessen* des Rechtspersonals im Auge hat und dabei rein „empirisch praktisch" ausgerichtet ist. Diese Praxis ist aber an handfesten, greifbaren, an typisch wiederkehrenden, Einzelbedürfnisse erfassenden Tatbeständen und nicht an systematischer Rechtsbildung ausgerichtet: „Nicht aber waren sie [die verwendeten Rechtsbegriffe, Hg.] Allgemeinbegriffe, welche durch Abstraktion vom Anschaulichen, durch logische Sinndeutung, durch Generalisierung und Subsumtion gebildet und syllogistisch als Normen angewendet wurden" (oben, S. 103). Das Rechtsdenken schließt – so Weber – vom Einzelnen auf das Einzelne und nicht auf das Allgemeine. Und so ist Webers Antwort auf die Frage, inwieweit eine zunftmäßige Organisation des Rechts Chancen der Rationalisierung befördert, für das Gesamtbild des englischen Rechts vernichtend: „Aus den ihr immanenten Entwicklungsmotiven geht ein rational systematisiertes Recht nicht hervor. Auch nur in begrenztem Sinn eine Rationalisierung des Rechts überhaupt“ (oben, S. 103).

Die in Webers Augen bestehenden Defizite des anschaulichen, nicht an generellen Tatbestandsmerkmalen, sondern an feste Klageschemata, die „writs“, anknüpfenden juristischen Denkformen waren zudem durch Sportelinteressen der Anwaltschaft an zünftiger „Schließung“ der Rechtskenntnisse bedingt. Und weil sich der Richterstand bekanntlich aus den Reihen der plädierenden Anwälte, den Barrister, rekrutiert, wurde diese partikulare Bindung – in Webers Deutung – durch keine systembildende Gegenkraft konterkariert. Überdies verschafft die „Unabhängigkeit“ nicht nur des Richters, sondern auch des Barrister von der Klientel, mit der er überhaupt nur über den dazwischengeschalteten Sollicitor verkehrt, eine weitere strukturelle Barriere für den Zugang zum Recht, die also auch der Rechtsgemeinschaft einen systematisierenden Einfluß abschneidet. Der Traditionalismus des „Betriebspraktikers“ wie die Eigeninteressen der Anwaltschaft standen Weber zufolge einer systematischen Rationalisierung des Rechts entgegen. Nur hätte diese *Eigengesetzlichkeit* sozialer Interessen sich ja auch auf dem Kontinent entfalten und eine Rationalisierung des Rechts verhindern können. Eine zünftige Rechtsentwicklung war hier jedoch einfach deshalb ausgeschlossen, weil aufgrund der *Dezentralisation der Rechtspflege* eine machtvolle, die gesamte Rechtsordnung erfassende Zunft gar nicht erst entstehen konnte.

2. Die Universität als Ort der Entwicklung und Vermittlung rationalen Rechts

Nur kurz streift Weber die Universität als Ort der Entwicklung und Vermittlung rationalen Rechts, bei der Weber offensichtlich die Situation im Deutschen Kaiserreich vor Augen hat: Die Universität besitzt das Monopol der Rechtslehre, während die Praxis durch Lehrjahre im Referendariat und den abschließenden Befähigungsnachweis zum Richteramt erworben wird. Webers akademischer Lehrer Levin Goldschmidt hatte sich in einer rechtshistorischen Arbeit zur preußischen und deutschen Rechtsgeschichte mit Rechtsstudium und Prüfungsordnung systematisch befaßt.[53] Dabei waren, wie wir gesehen hatten, Weber selbst die Ambivalenzen und die Doppelmoral der juristischen Ausbildung aus eigener Anschauung durchaus vertraut. Bis heute stellt nämlich das Repetitorwesen das idealtypische Bild einer rein auf systematische Jurisprudenz zielenden Universitätslehre in Frage, zumal die Vermittlung des Examenswissens durch Rechtspraktiker in den Repetitorien gerade einer Fallmethode verpflichtet ist, die eine Vermittlung der abstrakten Rechtslehre mit den Bedürfnissen der Praxis herzustellen bemüht ist, von spezifischen „Sportelinteressen“ einmal abgesehen.

In Webers Bild der „modernen rationalen juristischen Universitätsbildung“ stellt aber das deutsche Modell der Juristenausbildung den Gegentyp zur zünftigen Vermittlung im englischen Recht dar. Ihr ist die Tendenz zur Abstraktion, Systematisierung und logischen Sinndeutung eigen, die freilich eine andere Art der „Irrationalität“ in sich birgt: „Ihr rational-systematischer Charakter kann das Rechtsdenken zu einer weitgehenden Emanzipation von den Alltagsbedürfnissen der Rechtsinteressenten führen und auch der geringe Anschaulichkeitsgehalt“ (oben, S. 104f.). Dieser Effekt wird jedoch ausgeglichen, wenn die Schulung des

Rechtsdenkens „mit der empirischen Rechtslehre *kombiniert*" (ebd., Hervorhebung, Hg.) wird, was die Deutung nochmals bestätigt, daß Webers Idealbild des rationalen Rechts nicht durch die einseitige Steigerung von Systematik oder Analytik, Konkretion oder Generalisierung, sondern eben durch die Kombination der verschiedenen Aspekte rationalen Rechts bestimmt wird. Wenn die Kontrolle durch die Interessenten entfällt, wird das von Weber eindeutig perhorreszierte Potential der falsch verstandenen Rationalisierung freigesetzt: „Die Gewalt der entfesselten rein logischen Bedürfnisse der Rechtslehre und der durch sie beherrschten Rechtspraxis kann die Konsequenz haben, daß Interessentenbedürfnisse als treibende Kraft für die Gestaltung des Rechts weitgehend gradezu ausgeschaltet werden" (oben, S. 105). Wenn Weber als Beispiel für den Unsinn „logischer Konsequenzmacherei" die Schwierigkeiten benennt, den Satz „Kauf bricht Miete (Pacht)", wie er den Wohn- und Machtverhältnissen der spätrömischen Republik entsprach, im Bürgerlichen Gesetzbuch im Falle des Eigentümerwechsels zum Schutz des Mieters in sein Gegenteil zu verkehren als: „Kauf bricht nicht Miete" (§ 571 BGB) (ebd.), so wird man Weber nicht für die Irrationalitäten einer Begriffsjurisprudenz haftbar machen können, die Begriffslogik über Sach- und Interessenadäquanz stellt.

3. Priesterschulen als Ort der Rechtsentwicklung

Neben der zünftigen, durch Anwälte monopolisierten *empirischen Rechtslehre* und der *universitären Rechtslehre* analysiert Weber die *Priesterschulen* als Träger der rechtlichen Rationalisierung. Diese Verortung der Rechtsentwicklung kann durchaus zu einem gelehrten Umgang mit Rechtsproblemen führen, der freilich eher in eine „Gelehrtenkasuistik" als in eine systematische Durchdringung des Rechtsstoffes mündet. Ebenso wie in der systematischen Religionssoziologie Konfigurationen der Bildung religiöser Gemeinschaften analysiert werden, die unabhängig von den Religionsinhalten aus der Eigendynamik ihrer sozialen Verfassung und ihrer Protagonisten hervorgehen, wird auch den Priesterschulen eine spezifische Interessenlage für den Prozeß juridischer Rationalisierung zugeschrieben.

Der Effekt ist nämlich nach Weber ganz unabhängig vom *Inhalt* der jeweiligen religiösen Ethik. Das islamische Recht, das hinduistische Recht und die talmudische Jurisprudenz sind insoweit vergleichbar. Nicht das spezifische in den Religionen artikulierte Weltverhältnis, sondern die Organisationsstruktur des rechtlichen Wissens begünstigt Charakteristika des Rechts, die nicht in die Richtung des okzidentalen, formal rationalen Rechts weisen. Je stärker nämlich der Lehr- und Schulcharakter ausgeprägt ist, umso lebensferner entwickeln sich die Ansätze ihrer Systematik: „Die hinduistische Rechtsgelehrsamkeit war daher sehr stark rein schulmäßig-theoretisch und systematisierend, in den Händen von Philosophen und Theoretikern liegend und trug die typischen Züge eines sacral gebundenen theoretischen und systematischen[,] aber sehr wenig an der Hand der Praxis sich entwickelnden Rechtsdenkens in besonders hohem Grad an sich [...]" (oben, S. 107). So wird zwar das Merkmal der Systembildung bedient und die Art der priesterlichen Systematisierung konnte dabei durchaus weiter gehen als das in Rechtsbüchern, etwa dem „Sachsenspiegel", aufgezeichnete Recht. Ihre Grenzen ergeben sich jedoch aus der Bindung an die Anforderungen der jeweiligen *religiösen Sphäre*:

„Aber die Systematik ist keine juristische, sondern eine solche nach Ständen oder nach praktischen Lebensproblemen. Denn diese Rechtsbücher sind [,] da ihnen das Recht im Dienst heiliger Zwecke steht[,] Kompendien nicht nur des Rechts, sondern zugleich auch des Rituals, der Ethik und unter Umständen der gesellschaftlichen Konvention und Höflichkeitslehre“ (oben, S. 107). Damit aber gerät nicht die Eigengesetzlichkeit der juristischen Dogmatik in Schwung, sondern die Herrschaft religiöser Dogmatik dehnt sich auf ihr fremde Gebiete und Sphären aus. Anders formuliert wird auch hier die Grundvoraussetzung von Rationalisierungsprozessen verletzt, die Ausdifferenzierung des Trägerpersonals aus sphärenfremden Logiken und Sachzusammenhängen.

Während die zünftig regulierte empirische Rechtslehre ihren partikularen Eigeninteressen zu Lasten systematischer Rechtsbildung verhaftet bleibt, die Universitätslehre durchaus systematischen Bedürfnissen der Intellektuellen Rechnung trägt, was unter Umständen zu Lasten der Praxisnähe geht, wird in den Priesterschulen sowohl Systematik wie Kasuistik gepflegt, nur an einem für die Rationalisierung des *Rechts* sozusagen falschen Objekt, nämlich dem Priesterbetrieb. Insofern gehört nach Weber eben die Abschichtung der rechtlichen Sphäre aus religiösen Zusammenhängen, d.h. ihre Ausdifferenzierung, zu den Bedingungen der Entwicklung rationalen Rechts als Entfaltung ihrer Eigengesetzlichkeit. Umgekehrt sind nach Weber Rationalisierungshemmnisse bei einer Verquickung von Recht und Religion vorprogrammiert.

4. Honoratioren als Träger der Rechtsentwicklung

Eine Trägerschicht von „Honoratioren“ ist durch ihre spezifische Interessenlage gekennzeichnet. Rechtshonoratioren waren solche, „welche zu der Praxis des Rechtsbetriebs Beziehungen beruflicher, aber nicht in der Art wie die englischen Anwälte spezifisch zünftiger und *erwerbs*beruflicher Art hatten. Eine solche spezifisch mit der Rechtspraxis befaßte Honoratiorenschicht ist im Ganzen nur dann möglich, wenn einerseits der Rechtsbetrieb von sakraler Beherrschung frei ist, andrerseits der Umfang der beruflichen Belastung noch nicht das durch städtische Verkehrsbedürfnisse bedingte Maß erreicht hat“ (oben, S. 107). Die Trägerschichten der Rechtshonoratioren sind also dort wirksam, wo der priesterlich-sakrale Einfluß zurückgeht und die Rechtspraxis noch nicht eine Massennachfrage zu bedienen hat. Aber unterliegen auch sie, wenn sie Träger der Rechtsentwicklung sind, ebensolchen Rationalitätsschranken, wie die zünftig anwaltliche Rechtspraxis, das Recht der gebildeten Universitätslehre oder das Kompendienrecht der Priesterschulen?

Es war verbreitete Auffassung, einen Gutteil der Rezeption des römischen Rechts den italienischen *Notaren* zuzuschreiben (vgl. oben, S. 108), die „schnell ein rationales Recht“ für wachsende Verkehrsbedürfnisse zur Hand haben wollten, ohne in Widerspruch zur Universitätslehre zu geraten, aber auch ohne eigene Motive, ein zünftig vermitteltes nationales Recht zu entwickeln, weil dies aus politischen Gründen fernlag. So wurde von den Rechtshonoratioren ein entscheidender Beitrag zur Rezeption eines „Weltrechts“ geschaffen, das seine Fernwirkung erst in vollem Umfang entfaltete, als das „Weltreich“ längst untergegangen war.

Wo die Grenzen der Rationalisierungsfähigkeit dieser Trägerschicht liegen, läßt sich am *mittelalterlichen Rechtsbücherrecht* zeigen, das Weber vergleichend hinzuzieht. Hier sind es nicht – oder weniger – städtische Verkehrsbedürfnisse als vielmehr ländlich-grundherrliche Rechtsbeziehungen, die den Charakter des von Schöffen oder Beamten geprägten Rechts bestimmten. Die in „Rechtsbüchern" aufgeführten „Traditionen" konnten sich allerdings gegenüber der Universitätslehre nicht behaupten. So waren diese Aufzeichnungen einer „Honoratiorenjustiz" zwar durchaus entwickelt, aber ohne spezifische juristische ratio: „Formal war das empirische Rechtsbücherrecht des Mittelalters ziemlich entwickelt, systematisch und kasuistisch aber von geringer Rationalität, wenig an abstrakter Sinndeutung und Rechtslogik und statt dessen stark an anschaulichen Unterscheidungsmitteln orientiert" (oben, S. 109).

Wiederum anders war die Bedeutung der Rechtshonoratioren im antiken *römischen Recht*. Gelingt es dabei, einen Zusammenhang zwischen der Trägerschicht und der Eigenart des römischen Rechts plausibel zu machen? Im Unterschied zu der von Weber so qualifizierten „Kadijustiz" der attischen Volksgerichte brachte die amtliche Prozeßleitung in der römischen Republik ein hohes Maß eigengesetzlicher Rationalität ins Spiel. Trotz zahlreicher Parallelen zum englischen Recht fehlte der zünftig geschlossene Anwaltsstand, so daß das Schema der Prozeßinstruktionen die Entwicklung von Rechts*begriffen* förderte, unter die eine Partei ihre Klagebegehren zu fassen hatte. Insoweit lag die Rechtsentwicklung in den Händen der „Kautelarjurisprudenz", „d. h. also der Tätigkeit von Rechtskonsulenten, welche die Vertragsschemata für die Parteien entwarfen, ebenso aber die Magistrate im ‚consilium', dessen Zuziehung für jeden römischen Beamten typisch war, als Sachverständige bei der Herstellung ihrer Edikte und Klageschemata [...] berieten" (oben, S. 110). Hieraus resultiert der spezifische, bei Ihering bereits charakterisierte „Geist des römischen Rechts", nämlich sein analytischer Charakter, d. h.: „die Zersetzung der plastischen Thatbestandskomplexe des Alltagslebens in lauter juristisch eindeutig qualifizierte Elementarakte" (oben, S. 111). Gegenüber der Begriffsbildung im englischen Recht dominiert die Suche nach juristisch adäquaten Lösungen, die abstrakte Rechtsbegriffe hervorbringt, auch wenn etwa der vermeintlich römisch-rechtliche Eigentumsbegriff ins Reich der Legende verwiesen wird.

Ohnehin ist Webers Einschätzung dadurch geprägt, den Mythos des vollkommenen römischen Rechts zu dekonstruieren. Damit befand er sich damals schon durchaus in bester Gesellschaft. Gerade die Merkmale, die Weber einem vollständig rationalisierten Recht zuschreibt, Abstraktion und insbesondere Systematik, sind jedenfalls dem frühen römischen Recht abzusprechen. Am Einfluß einer durch *Priesterschulen* bewirkten Systematisierung fehlt es, weil die Priesterschaft trotz ihrer formal bedeutenden Stellung politisch machtlos war. Trotz sakralrechtlicher Grundlage ist nach Weber die Beziehung zwischen Recht und Religion in Rom eher so gestaltet, daß die religiösen Dinge juristischer Behandlung unterliegen und nicht umgekehrt: „Die materiale Säcularisierung des römischen Lebens und die politische Machtlosigkeit der Priesterschaft züchteten in dieser ein Mittel zu einer rein formalistischen und juristischen Behandlung religiöser Dinge" (oben, S. 110).

Impulse einer *Systematisierung* gingen vielmehr von den politischen Gewalten aus, in der Kaiserzeit und unter dem Einfluß der byzantinischen Bürokratie. Freilich ging dies wiederum auf Kosten der rechtslogischen Strenge, während die Rechtskonsulentenliteratur nicht aus Konkurrenz gegenüber einem systematischen Universitätsrecht entstand, sondern in Verbindung mit einem gelehrten Recht der Praxis stand. Von dort her sind wiederum die Chancen der juristischen Abstraktionsleistungen durch die Bedürfnisse der Praxis bestimmt. Rechtstheoretisch hoch abstrakte Begriffe, wie das „Rechtsgeschäft", der „Anspruch", die „Verfügung", fehlen daher dem antiken römischen Recht, weil sie eher den Denkbedürfnissen der Universitätslehre entsprechen. Die Systematisierungsleistungen des römischen Rechts, insbesondere im Gesetzgebungswerk des oströmischen Kaisers Justinian I., schreibt Weber daher letztlich der Eigenart der Staatsentwicklung zu: „Der rein weltliche und zunehmend bürokratische spätrömische Staat war es, welcher aus den immerhin nur relativ rational systematisierten Produkten des höchst präzisen römischen Rechtsdenkens der Respondenten und ihrer Schüler jene in der Welt einzigartige Sammlung der ‚Pandekten' auslas und systematisch durch eigene Rechtsschöpfungen ergänzte, die dann noch nach Jahrhunderten das Material für das Rechtsdenken der mittelalterlichen Universitätsbildung darbot" (oben, S. 113). Das systematische juristische Studium, wie es durch die kaiserliche Verwaltung als Folge ihrer „Rationalisierung und Bürokratisierung" bedingt war, ging also über die Theoriebedürfnisse der republikanischen Rechtshonoratiorenschicht hinaus.

Weber unterscheidet somit *innerhalb* der römischen Rechtsentwicklung verschiedene Rationalitätsstufen, die nicht auf wirtschaftliche Sachverhalte zurückzuführen sind – obwohl der städtische Charakter des Rechtsstoffes vor allem privatrechtliche Entwicklungen begünstigte. Vielmehr sind es die Eigentümlichkeiten des rationalen Rechts, die durch die Trägerschicht der Rechtshonoratioren – dank den Anforderungen der Prozeßinstruktionen – in die Richtung *analytischer Begriffsbildung* lenken und unter dem Einfluß bürokratischer Rationalisierung einen zunehmend *systematischen* Charakter annehmen. Am Beispiel des römischen Rechts möchte Weber somit demonstrieren, daß die jeweiligen *Interessen einer Trägerschicht* zwar für die Ausbildung bestimmter Dimensionen rationalen Rechts förderlich oder hinderlich sind, daß die Auswirkungen auf die Eigenarten des Rechtssystems aber nicht nur von diesen „innerjuristischen Verhältnissen" abhängen, sondern dem Zusammenspiel mit den Eigengesetzlichkeiten anderer Sphären unterliegen, insbesondere dem Verhältnis zu den religiösen Mächten und ihren Ordnungen.

IX. Die religiösen Mächte, ihre Ordnungen und die Bezüge zur Analyse religiöser Gemeinschaften

Der Stellenwert der Religionen für Webers Grundrißprojekt kommt nirgends so deutlich zum Ausdruck wie in dem berühmten Sylvesterbrief aus dem Jahr 1913, der hier noch einmal in Erinnerung gerufen sei: „Da *Bücher* ja – ‚Entwicklungsstufen' – *ganz* unzulänglich ist, habe ich eine geschlossene soziologische Theorie und Darstellung ausgearbeitet, welche alle großen Gemeinschaftsformen zur Wirtschaft in Beziehung setzt: von der Familie und Hausgemeinschaft zum ‚Betrieb', zur Sippe, zur ethnischen Gemeinschaft, zur Religion (*alle* großen Religionen der Erde umfassend: Soziologie der Erlösungslehren und der religiösen Ethiken, – was

Tröltsch gemacht hat, jetzt für *alle* Religionen, nur wesentlich knapper)[,] endlich eine umfassende soziologische Staats- und Herrschaftslehre" (MWG II/8, S. 449 f.). Diese Art der Formulierung legt den Eindruck nahe, als sei die „soziologische Staats- und Herrschafts-Lehre", der nach dem Werkplan von 1914 auch das Rechtsmanuskript zuzurechnen ist, von den übrigen Sphären, insbesondere auch von den Religionen abgekoppelt. Das Gegenteil ist der Fall. Schon der Einschlagbogen, in dem sich das Rechtsmanuskript im Nachlaß befand, ist beredt: Er enthält, neben einer Notiz Marianne Webers, in der Mitte die Aufschrift von Max Webers Hand: „IV // Ethik // *Tabu*" und dürfte also ursprünglich das religionssoziologische Manuskript seines Grundrißbeitrags, oder einen Teil davon, enthalten haben.

In Webers Bild der okzidentalen Moderne spielt die *religiöse Ethik* bekanntlich eine herausragende Rolle. Gilt dies aber auch für die Entwicklung des *okzidentalen Rechts*, dessen einzigartigen, formal rationalen Charakter Weber in der gewandelten Kompositionsidee seines Rechtsmanuskripts ständig herauskehrt? Ist die religiöse Ethik unter den die Entwicklung rationalen Rechts bedingenden „außerjuristischen Verhältnissen" gar das entscheidende Moment? Von Webers umfassendster Formel zu den Ursprüngen des okzidentalen Rationalismus aus betrachtet, nämlich von der Frage „[...] *welche* Sphären und in welcher Richtung sie rationalisiert wurden" (Weber, Vorbemerkungen, S. 12), bleibt offen, inwieweit *religiöse Faktoren* die Weichen in Richtung der rechtlichen „Rationalität" mitgestellt oder auch verstellt haben.

1. Sakrales und Profanes im römischen Recht

In der sog. systematischen Religionssoziologie führt Weber – mit Blick auf „Die Entwicklungsbedingungen des Rechts" – als einen der maßgeblichen Gründe für den fundamentalen Unterschied asiatischer und okzidentaler Erlösungsreligiosität gerade die Eigenart des *römischen Rechts* auf: „Von praktischen Momenten kommt in Betracht" – so Weber –, „daß, aus noch zu erörternden Gründen", womit er auf den Rechtstext verweist, „der römische Okzident allein auf der gesamten Erde ein rationales Recht entwickelt hatte und behielt" (MWG I/22-2, S. 335). Hier also wird das Recht zu den außerreligiösen Verhältnissen gezählt, die den „fundamentalen Unterschied" asiatischer und okzidentaler Kulturen begründen. So wirkt die Rechtsvorstellung – wiederum aus Sicht der religiösen Sphärenentwicklung betrachtet – auf den Charakter der Beziehung zu Gott ein: „Die Beziehung zu Gott wurde in spezifischem Maß eine Art von rechtlich definierbarem Untertanenverhältnis, die Frage der Erlösung entschied sich in einer Art von Rechtsverfahren [...]" (ebd.).

In dem Rechtstext geht es um die spiegelbildliche Frage, inwieweit das religiös begründete Weltverhältnis, dessen „Form" im Okzident in juridischen Kategorien als „Rechtsverhältnis" gedacht ist, auf die Bedingungskonstellation der Entwicklung rationalen Rechts selbst einwirkt, die religiöse Sphäre also mitbestimmt, „welche Art und welche Richtung" vom juridischen Rationalismus eingenommen wird.

2. Rechtspartikularismus in Indien

Aus den knappen Bemerkungen im § 5 des Manuskripts der „Entwicklungsbedingungen des Rechts", die wir zeitlich überwiegend in das Jahr 1913 verlegen, ergibt sich für das indische Recht ein gleichwohl stimmiges Bild.

In *Indien* ist das Verhältnis von Recht und Religion gerade umgekehrt: Die herrschende Priesterschaft, die Brahmanen, reglementiert das gesamte Leben ritualistisch, während die profane Rechtsbildung auf die Entwicklung von *Partikularrechten* der einzelnen Berufsstände begrenzt ist. Weil diese Rechtsgebiete aber nicht einer Priesterlehre oder irgendeiner, in Indien so hoch entwickelten intellektuellen Durchdringung unterlagen, fehlten Ansätze einer *rechtlichen Rationalisierung* weitgehend (vgl. oben, S. 120f.). Der Rechtsgang weist kaum rationale Züge auf. Angesichts der partikularen autonomen normativen Ordnungen ist die Bedeutung privater Schiedsgerichte hoch. Was für Weber die vielfach belegte Faszination Indiens ausmachte, der „Zaubergarten" als Experimentierfeld der Religionen, sorgt für die ungebrochene Bedeutung magischer Vorstellungen, etwa das eigentümliche Zwangsvollstreckungsmittel des Verhungerns des Gläubigers vor der Tür des Schuldners, um diesem den Fluch der Ahnengeister als magische Rechtsgarantie anzudrohen (vgl. oben, S. 43 und S. 121). Nur in einer Seitenbemerkung findet sich der zeitgenössische Bezug zur „Kastenjustiz", die als wirksamstes Sanktionsmittel den Ausschluß aus der Kaste kennt. Diese Konsequenz einer minderen Rationalität ergibt sich für Weber allein aus der bereits früher beschriebenen „Eigengesetzlichkeit" der Trägerschichten.

In der systematischen Indienstudie (MWG I/20), deren Erscheinen im Jafféschen Archiv im Kriegsjahr 1916 einsetzt und – wie aus der ersten Fußnote der „Einleitung" von 1915 hervorgeht – Überlegungen wiedergibt, „wie sie zwei Jahre vorher niedergeschrieben und Freunden vorgelesen waren" (Weber, Einleitung, MWG I/19, S. 83, Fn. 1), also in die Zeit der Verfassung des Rechtstextes hineinreichen, kommen hingegen weitere, innerreligiöse Erklärungsmomente hinzu, die den entstehenden Polymorphismus der diversen Ethiken und das Fehlen eines *universalistischen Rechts* weiter verständlich machen. Die intellektuell geniale Lösung des Theodizeeproblems in der Karmalehre, eine höchst „rationale" Lösung der spezifischen Problemstellung der religiösen Sphäre, hat nämlich höchst irrationale Konsequenzen für die übrigen Lebensbereiche: „Denn da nicht nur die Kastengliederung der Welt, sondern ebenso die Abstufung göttlicher, menschlicher, tierischer Wesen aller Rangstufen von der Karmalehre aus dem Prinzip der Vergeltung vorgetaner Werke abgeleitet wurde, so war für sie das Nebeneinanderbestehen von ständischen Ethiken, die untereinander nicht nur verschieden, sondern geradezu einander schroff widerstreitend waren, gar kein Problem. Es konnte – im Prinzip – ein Berufs-Dharma für Prostituierte, Räuber und Diebe ganz ebenso geben wie für Brahmanen und Könige" (Weber, Hinduismus und Buddhismus, MWG I/20, S. 231). Im Unterschied zum klassischen Konfuzianismus waren die Menschen eben nicht gleich, sondern sie hatten allenfalls gleiche Chancen, im Rad der Wiedergeburt einen besseren oder auch schlechteren Platz zu erlangen. Absolute „Sünden" oder Normverstöße kann es gar nicht geben, sondern nur die Verletzung partikularer Ritualpflichten. Für die Entwicklung irgendeiner Art von übergeordneter normativer Ordnung – wie sie im Okzident vom Naturrecht entwickelt wurde – ist hier kein Raum (vgl. ebd., S. 234). Weder „Rechte" noch „Pflichten",

„Staat“, „Untertan“ oder „Staatsbürger“ sind in dieser religiösen Ethik denkbar, nur das ständische Dharma reguliert das – wie Weber es nennt – „hinduistische soziale System“. Hieraus aber resultiert nach Weber, „daß der Stellung des Fürsten und der Politik in eigentümlich penetranter Art ihre Eigengesetzlichkeit gewahrt bleibt“ (ebd., S. 233). Dies aber führt nicht zur Entfaltung „rationaler“ Politik, sondern zum „nackten Macchiavellismus“.[54]

Am Beispiel Indiens macht Weber sichtbar, wie weit die Folgen einer religiösen Ethik reichen, der jede universalistische Tendenz fehlt. Es sind keine Impulse für die Ausbildung abstrakter ethischer und das heißt eben auch: juristischer Kategorien vorhanden. Die Politik ist in keinster Weise ethisch-rechtlich temperiert und die Ökonomie leidet gewiß nicht an mangelndem Gewinnstreben, aber im Vergleich mit der okzidentalen Entwicklung fehlt es am methodisch-rationalen Erwerbsstreben. Ohne einen rechtlich konstruierten und ethisch reglementierten „Staat“ ist aber auch die für das Wirtschaftsleben erforderliche Rechtsgarantie nur unvollkommen. Die in der Karmalehre religiös legitimierte und sozial-strukturell durch die Kastenordnung bedingte Dharma-Lehre bietet also keinerlei Anreize für eine *rechtliche Rationalisierung* des indischen Lebens. Ihre rechtskulturellen Grundlagen stellen, wo sie nicht überwunden sind, noch immer partikularistische Schranken dar. Daß bis heute das Problem des rechtlichen Universalismus die politische Landschaft Indiens prägt, Gandhis sanfte Revolution sich an der juristischen Frage der Eigentumsrechte an einem öffentlichen Gut, der Salzfrage, entzündete und sein parlamentarischer Gegenspieler Ambedkar sich die Rechtsfrage der rechtlosen Dalits auf die Fahnen geschrieben hatte und das Diskriminierungsverbot der indischen Verfassung noch immer seiner Durchsetzung harrt, zeigt das schwere Erbe des Rechtspartikularismus in Indien bis auf unsere Tage.

3. Die mangelnde Spannung von positivem Recht und Naturrecht in China

In *China* hingegen scheint die allein herrschende Schicht der Literatenbürokratie einer rechtlichen Rationalisierung eher günstig zu sein. Denn die Impulse zu einer Systematisierung des Rechtsstoffes gehen ja – der Theorie nach – gerade von einer bürokratischen Trägerschicht aus. Gleichwohl hat es – wie Weber in „Die Entwicklungsbedingungen des Rechts“ bemerkt (vgl. oben, S. 122) – eine rationalistische Tendenz im chinesischen Recht *nicht* gegeben. Dies lag nicht an einer religiösen Überformung der Rechtskultur – bekanntlich ist für Chinesen die Verbindung von Religion und Konfuzianismus gar nicht nachvollziehbar: „Die Irrationalitäten der Justiz aber sind dort patrimonial, nicht theokratisch bedingt.“ Aber auch die genuinen religiösen Mächte der taoistischen Chronomanten, Geomanten etc. kennen eigene Rechtsmagier nicht, damit auch keine Art von fachlicher Spezialisierung über magische Riten, die Ansatzpunkte für eine Rechtsrationalisierung geboten hätten.

Eine weiterführende Antwort auf die Rationalitätsferne des chinesischen Rechts findet sich – wie zum „indischen“ Recht – in den Studien zur „Wirtschaftsethik der Weltreligionen“, und zwar in der Abhandlung über „Konfuzianismus und Taoismus“. Die dort entwickelte Grundfragestellung ist unzweideutig auch auf die Eigenart des Rechts bezogen: „Aber warum *blieb* diese Verwaltung und

Justiz so [...] irrational? – *dies* ist die entscheidende Frage" (Weber, Konfuzianismus, MWG I/19, S.283). In seiner Anwort bestreitet Weber keineswegs, daß es einen eigenen, konfuzianischen Rationalismus gegeben habe. Nur habe dieser nicht zu einer Rationalisierung der Ordnungen dieser Welt durch aktive Gestaltung geführt, sondern zu einer Anpassung an die ewigen, übergöttlichen Ordnungen, das Tao, und an die sozialen Erfordernisse, die sich aus der kosmischen Harmonie ergeben.

Der Unterschied der chinesischen zur okzidentalen Entwicklung besteht nach Weber zusammengefasst in der Hemmung des rationalen Betriebskapitalismus, wofür Weber zunächst „das Fehlen des formal garantierten Rechts und einer rationalen Verwaltung und Rechtspflege" (ebd., S.494) verantwortlich macht, die ihrerseits aber mächtige kapitalistische *Erwerbs-* und nicht Beuteinteressen voraussetzt. Entscheidend aber für die Rationalisierung von Recht *und* Wirtschaft ist die Überwindung personalistischer Beziehungen, für die es in China nach Webers Analysen keinerlei religiöse Impulse gab, wo vielmehr die Übertragung organischer Pietätsbeziehungen auf andere Sozialbeziehungen den Kern der konfuzianischen Ethik darstellte. Die „Rationalisierung" der Wissenschaften aber verlief in die Richtung des magischen, durch Chronomanten und Geomanten, Astrologen und Makrobioten geprägten Weltbildes, das für den Westen heute in Zirkeln alternativer Lebensformen so attraktiv ist, in dem für eine philosophische, theologische oder auch: juristische Logik nach Webers Einschätzung aber kein Raum war. Und dies bestätigt die von Weber behauptete Paradoxie der konfuzianischen Ethik auch fürs Recht: Gerade das Pragma der *Weltanpassung* führt nicht zu einer Anpassung der Welt an ihre „Eigengesetzlichkeiten", sondern der unistische Einklang mit der Welt setzt das dynamische Element einer Spannung zwischen „heiligem und profanem Recht" außer Kraft, während u.a. eine rationale individualistische Sozialethik „in der Neuzeit im Okzident gerade aus der *Spannung* zwischen formalem Recht und materialer Gerechtigkeit entsprang" (ebd., S.340).

4. Rationale und irrationale Momente des islamischen Rechts

Weber zeichnet sein Bild des islamischen Rechts als paradigmatische Beziehung von Recht und Religion: „Die Stellung des heiligen Rechts im Islam ist ein geeignetes Paradigma für die Wirkung heiliger Rechte in eigentlichen prophetisch geschaffenen ‚Buchreligionen'" (oben, S.122).

Im Unterschied zur konfuzianischen Ethik läßt sich die Haltung des *Islams* als eine Verbindung von *Weltanpassung* und *Welteroberung* charakterisieren.[55] Ergeben sich allein hieraus Konsequenzen für die Einschätzung seines Rechts? Webers Vorgehen zielt zunächst auf ein Verständnis der Binnenstruktur des islamischen Rechts. Seiner Theorie von der prägenden Kraft der Träger rechtlicher Rationalisierung macht dabei die Tatsache zu schaffen, daß das „islamische heilige Recht" durchweg *Juristenrecht* ist, also günstigste Bedingungen einer fachspezifischen Rationalisierung hätte bieten müssen (vgl. oben, S.123). Trotz zahlreicher Parallelen mit der Stellung des Juristen im antiken Rom ist den islamischen Rechtsgelehrten aber die selbständige Interpretation der heiligen Schriften und ihre verbindliche Auslegung untersagt. Nihct zuletzt darin liegt das stärkste Hindernis für die Entwicklung rationalen Rechts, nämlich die „Unmöglichkeit einer systematischen

Rechtsschöpfung zum Zweck der inneren und äußeren Vereinheitlichung des Rechts" (oben, S. 124). Darüber hinaus steht die Begrenzung der personalen Geltung auf die Rechtsgenossen des Islam einer *Universalisierung* entgegen: „Die Folge war der Fortbestand der Rechtspartikularität in allen ihren Formen: sowohl als ständische für die verschiedenen geduldeten und teils positiv[,] teils negativ privilegierten Konfessionen, wie als Orts- oder Berufsgebrauch nach dem Satz: Willkür bricht Landrecht [...]" (ebd.). Weber vermißt also neben der rationalen Veränderbarkeit, im Sinne der Positivität des Rechts, den Universalismus der Rechtsgeltung über den Kreis der Genossen hinaus und schließlich fehlt die „logische Systematisierung des Rechts in formalen juristischen Begriffen" (oben, S. 125). Daß diese rechtslogischen Hemmnisse die Entwicklung von Rechtsinstituten des Privatrechtsverkehrs nicht behindert hat, gesteht Weber durchaus zu. Insofern ist der theokratische Einschlag im Recht nach Weber von erheblicher Bedeutung nicht nur für die Rationalität des Rechts, sondern auch für die Chancen einer Rationalisierung der „wirtschaftlichen Sphäre". Denn die Annahme unfehlbarer Richtigkeit des Rechts schließt ein formales Moment des okzidentalen Rechts aus, das dem Verfahren selbst und der streitigen Auseinandersetzung ein eigenes Rationalitätspotential zuschreibt. Im Islam aber – so Weber – ziele Recht auf „materiale Gerechtigkeit", also eine „prinzipielle ‚Gesinnung' der Rechtspflege" (oben, S. 125), die Webers Bild des formal rationalen Rechts zuwiderläuft.

Tatsächlich könnte die Distanz zu dem von Weber als formal rational definierten Recht kaum schärfer ausfallen. Denn es fehlen ja nicht nur die Rechtsvorstellungen, die für den kapitalistischen Erwerb und Verkehr nötig sind, sondern auch die juristisch begrifflichen Voraussetzungen, die den säkularisierten Staat als eine vom religiösen Leben abgetrennte „Anstalt" konstituieren. Hierfür sind dann aber die innerreligiösen Motive verantwortlich, die den Islam als eine auf Eroberung der Welt zielende Religion der Weltanpassung kennzeichnen, welche den Eigengesetzlichkeiten dieser Welt keinerlei legitime Geltung zuschreiben kann. Und insofern bleibt das Recht eben religiös-traditional überformt, was zwar eine „Systematisierung" keineswegs ausschließt, letztlich aber der „analytischen" Dimension und der Idee der „Konkretisierung" einer den sachlichen Regelungsproblemen adäquaten Rechtsdogmatik zuwiderläuft.

5. Gesetzesreligion und Religionsgesetz im antiken Judentum

Webers Einschätzung des *jüdischen Rechts* verdient in dem Argumentationszusammenhang der komparativen Betrachtung externer Bedingungen des okzidentalen Rechtsrationalismus eine besondere Aufmerksamkeit. Einmal steht die latente Kritik an Webers Protestantismusthese im Raum, nach der die Rolle des Judentums für die Entstehung des Kapitalismus unterschätzt sei; sodann ist in der jüdischen wie in keiner anderen Religion eine Prämie auf die *Gesetzmäßigkeit des Handelns* gelegt, so daß der Typus eines religiös legitimierten Rechts und eines rechtlich geprägten Religionsverständnisses in einmaliger Weise zusammenfallen.

In „Die Entwicklungsbedingungen des Rechts" betont Weber die Schranken, die der talmudischen Jurisprudenz in die Richtung der Rationalisierung gesetzt sind: „Formell zeigte die eigentliche talmudische Jurisprudenz jene typischen Eigenschaften heiliger Rechte, deren starkes Hervortreten hier aus der starken

Schulmäßigkeit und der – grad in der Zeit der Entstehung der Mischna-Commentare – relativ, im Gegensatz zu früheren sowohl wie späteren Epochen, gelockerten Beziehung zur Gerichtspraxis folgen mußte: ein starkes Überwiegen rein theoretisch konstruierter[,] praktisch unlebendiger Casuistik, welche bei den engen Schranken rein rationaler Construktion doch nicht zu einer eigentlichen Systematik sich fortbilden konnte" (oben, S. 127). Weber betont also Defizite bei der systematischen wie der analytischen Rationalisierung des Rechts. So ist der mangelnde Bezug zu den Rechtsinstituten des Kapitalismus, den Weber gerade am Beispiel der Inhaberpapiere gegen Werner Sombart nachzuweisen sucht (vgl. oben, S. 128), nicht mehr verwunderlich (oben, S. 128). Weber hebt auch sonst die Nähe der juristischen Thorainterpretation zu den islamischen und indischen Juristen hervor (oben, S. 126). Wiederum innerreligiöse Schranken sind es, die eine Fortentwicklung der Mischna, d. h. der Thorainterpretation, verhindern (oben, S. 126). Gleichzeitig ist nach Webers Einschätzung gerade das entwickelte talmudische Recht nicht nur durch seinen partikularen Geltungsanspruch nur für Glaubensgenossen gekennzeichnet, sondern in seiner nahezu sprichwörtlichen und nicht immer ressentiment-freien Kasuistik ein Hindernis auf dem Weg in den juridischen Rationalismus (oben, S. 127). Damit also reiht sich das jüdische Recht in die Liste der religiös kontaminierten Rechtskulturen ein, denen ein spezifisches Rationalitätshemmnis eigen ist, wie Weber resümierend formuliert: „Als Partikularrecht und als immerhin nur unvollkommen rational systematisiertes und rationalisiertes, kasuistisch und doch nicht rein logisch durchgebildetes Recht zeigt das jüdische heilige Recht vielmehr die allgemeinen Eigenarten eines unter der Kontrolle heiliger Normen und ihrer Bearbeitung durch Priester und theologische Juristen entwickelten Produkts" (oben, S. 129).

Weber geht es bei der Trennung von Binnen- und Außenmoral nicht um die für traditionale Ordnungen banale Feststellung, daß zwischen den Normen, die den Sippengenossen binden, und den ethischen Außenbeziehungen überhaupt geschieden wird. Und es geht Weber auch nicht um die Richtung der gesonderten Außenmoral, die, etwa im Zinsverbot nach innen und der Erlaubnis des Zinsnehmens nach außen, gerade für die Entwicklung des rationalen Kapitalismus hätte förderlich sein können. Auch ist die Deutung zu einfach, wenn nicht tendenziös, wonach die Trennung von Binnen- und Außenmoral sozusagen einen ethischen Freiraum nach außen schaffen würde. Für Webers Argument der Entstehung des rationalen Kapitalismus aus einer Wirtschafts*ethik* war ja auch nicht die Entfesselung des Erwerbstriebs entscheidend, sondern im Gegenteil die Verheißung einer religiösen Prämie auf eine „ethische" Gestaltung der ökonomischen Außenbeziehungen. Hieran aber fehlte es nach Weber (ebd., S. 703 f.) trotz aller Ansätze, das wirtschaftliche Wohlergehen auch als Anzeichen religiöser Bewährung zu betrachten. Dies mußte erst recht geschehen, nachdem die „urwüchsige" Differenzierung von Binnen- und Außenmoral mit der Situation des Pariavolkes in der Diaspora auf Dauer zusammenfiel. Die Erschwerung der Kommensalität durch Speiseverbote und Schlachtrituale und der Ausschluß des Konnubium führten zwar zu einer Festigung nicht nur der Binnenmoral, sondern auch der Binnensolidarität, aber das Geflecht aus religiösen Geboten, Ritualvorschriften und Rechtsregeln blieb dem Einfluß ihrer religiös-autoritativen Interpreten, den Rabbinern, unterworfen. Diese aber ließen – auch auf Grund des Verbots, gegen Entgelt zu lehren – keine Ansätze für eine systematische Rechtsbildung oder eine fortdauernde Anpassung an die Ordnungen dieser Welt erkennen. Hierfür freilich macht Weber nicht nur das innerreligiös bedingte Auslegungsverbot verantwortlich, das ja eine intensive Bindung an das Gesetz zur Folge hat, vielmehr wird die technische Eigenart der Gesetzesinterpretation der Rabbiner aus ihrer kleinbürgerlich-stadtsässigen Lage erklärt (MWG I/21, S. 829ff.), der ein ethisch-*praktischer* Rationalismus näher liege als ein *theoretischer*, weshalb zugleich die „ratio" mehr gelte als die Bildung systematisch tauglicher Begriffe.

Die Passagen im § 5 der Rechtsstudie Max Webers sind also zur berühmten Studie zum antiken Judentum in Beziehung zu setzen. Denn diese ist nicht nur der *religionsgeschichtlichen* Frage gewidmet, warum aus der jüdischen Religion der entscheidende Impuls zur Entstehung des rationalen Kapitalismus nicht hervorging, sondern sie ist ebenso als *rechtshistorische* Studie zu lesen, die daher im Kontext der Fragestellungen weiter zu lesen ist, welche Weber in den „Entwicklungsbedingungen des Rechts" untersucht hat: warum nämlich die Antriebe zu einer rationalen Entwicklung des Rechts so schwach blieben, obwohl der einzigartige Charakter der jüdischen Religion gerade darin besteht, daß die Beachtung des Gesetzes nicht nur oberstes Rechtsgebot, sondern religiöse Pflicht ist.

6. Kanonisches Recht als Ausgangspunkt der okzidentalen Rationalisierung des Rechts

Hatte Weber schon im § 2 die außerordentliche Rolle des kanonischen Rechts für die Entwicklung des Korporationsbegriffs dargelegt, so steht nunmehr unter vergleichendem Blick die Frage im Vordergrund, warum diese – scheinbar paradoxe – Leistung eines religiösen Rechts nur im Christentum, nicht aber in hinduistischer und buddhistischer Religiosität, nicht in konfuzianischer Ethik und islamischem Herrschaftsrecht und auch nicht durch die talmudische Jurisprudenz gefördert werden konnte. Gewiß nicht durch irgendeine „Überlegenheit" der christlichen Theologie und Sinnstiftungsprozeduren, sondern durch die Eigenart der Differenzierung von religiöser und weltlicher Sphäre.

Webers Erklärung für das fortlebende Rationalitäts- und Rationalisierungspotential des kanonischen Rechts liegt in einem subtilen Verhältnis von Differenzierung und Autonomie der kirchlichen und der weltlichen normativen Ordnungen. Im Binnenraum der Kirche lebten die rationalen Traditionen des römischen Rechts fort, während sie bei ihren eigenen systematischen Rechtsbildungen, sich zwar im germanischen Recht bediente, dort aber in „Anlehnung gerade an die am meisten formalen Bestandteile des germanischen Rechtes" (oben, S. 129). Entscheidend ist für Weber, daß Mischbildungen zwischen theokratischem und profanem Recht verhindert wurden, also der Eigengesetzlichkeitsthese entsprechend, beide Sphären getrennt blieben. Dies geschah historisch durch die Ausdifferenzierung des theologischen Lehrbetriebes auf der einen Seite, sowie des weltlichen Rechts und der kanonischen Rechtslehre auf der anderen Seite. Zum anderen war das „Material" der kanonischen Rechtskunde in sich schon systematisch bürokratischen Charakters, weil es das Institut der formalen Rechtsschöpfung durch Konzilsbeschlüsse gibt und eine Schriftlichkeit der Kirchenverwaltung, über Reskripte und Dekretalen, welche nicht auf innerweltliche Einzelfallgerechtigkeit, sondern auf bürokratische Vernunft setzt. Darüber hinaus erleichtert die hierarchische

Struktur jede Art von Normendurchsetzung und auch Systematisierung, für die Weber ja immer wieder die Mächte der Verwaltung verantwortlich macht. Der Geltungskreis der ethischen Normen des Christentums tat auf der Ebene der Normstruktur sein Übriges für diese fortdauernde Differenzierung zwischen weltlichem und kanonischem Recht. Die christliche Ethik begrenzte den zu wahrenden Bestand an ethischen Normen auf ein *Minimum*, was Weber einer die frühe Kirche beherrschenden „eschatologischen Weltabgewandtheit" (oben, S. 130) zuschreibt. Die normative Unterbestimmtheit der Alltagsethik schafft somit, in der christlichen Ethik, auch Entwicklungsräume für die Entfaltung *neuer Normen* im Wege „rein rationaler Satzung".

Aus diesen Sonderumständen wird Weber das *kanonische Recht* „geradezu einer der Führer auf dem Wege zur Rationalität" (ebd.) des profanen Rechts. Die „Kirchen" sind die ersten „Anstalten" im Rechtssinn, der kanonistische Korporationsbegriff machte den Weg frei für die „juristische Construktion der öffentlichen Verbände als Corporationen" (ebd.). Die entscheidende Erfindung des okzidentalen Rechts, die erst den Staat als rechtliches Gebilde möglich machte, ist also dem kanonischen Recht zu verdanken. Andererseits verdanken sich auch Besonderheiten des okzidentalen Rechts, wie die von Amts wegen eingreifende Offizialmaxime, dem Einfluß einer an objektiver Wahrheitsfindung interessierten theokratischen Justiz. Das kanonische Recht wird also zum Medium der Kontinuitätsgeltung des römischen Rechts; es bildet in der Organisationsform der Kirche das Paradigma bürokratischer Organisation aus, mit Amtshierarchie und Schriftlichkeit der Verwaltung, ohne den Anspruch der totalen Reglementierung des religösen Alltagslebens, weil es sich auf ein ethisches Minimum, aber nicht auf die Gestaltung eines moralischen Maximums einließ und dadurch zugleich der Entwicklung eines profanen Rechts Raum schuf, das in der Entfaltung seiner Eigengesetzlichkeiten nicht durch Konfusionen des Heiligen und des Profanen irritiert wurde.

7. Die unbedeutende Rolle der protestantischen Ethik für die Genese des okzidentalen Rechts

Webers Auskunft über die Bedeutung der *protestantischen Ethik* für die Entwicklung rationalen Rechts bleibt in den „Entwicklungsbedingungen des Rechts" eigentümlich blaß. Es ist nur der fiktive Endpunkt einer Entwicklung des Rechts, der selbst nicht mehr ausgezeichnet wird. Nur die Trägerschicht ist klar umrissen: „[...] so pflegen die *bürgerlichen Schichten* im Allgemeinen am stärksten an rationaler Rechtspraxis, und dadurch auch an einem systematisierten, eindeutigen, zweckrational geschaffenen formalen Recht interessiert zu sein, welches Traditionsgebundenheit und Willkür gleichermaßen ausschließt und also subjektives Recht nur aus objektiven Normen hervorgehen läßt" (oben, S. 119, Hervorhebung, Hg.). Wo aber finden sich die Beispiele für dieses im spezifischen Sinne „bürgerliche" Recht: „Die englischen Puritaner haben ein solches *systematisch codifiziertes* Recht ebenso wie die römischen Plebejer und das deutsche Bürgertum des 19. Jahrhunderts verlangt" (ebd., Hervorhebung, Hg.).

Daß Weber diesen Gedanken über den möglichen Zusammenhang von puritanischer Ethik und Rechtsentwicklung nicht weiter ausführt, ist angesichts der offenkundig schwierigen Beweisführung nicht weiter verwunderlich. Denn gerade im Einflußbereich der protestantischen Ethik ist ein sowohl systematisches wie analytisches, konkretes wie abstraktes rationales Recht *nicht* ausgebildet worden. Man könnte diesen Tatbestand mit weitreichenden Folgen gegen die Gültigkeit der Protestantismusthese selbst anführen, obwohl Weber selbst die Reduzierung des sozialen Lebens auf „*eine* Formel" lieber den Dilettanten überlassen möchte. So schreibt er am Ende der Protestantismusthese: „Es wäre ein Leichtes gewesen, darüber hinaus zu einer förmlichen ‚Konstruktion', die *alles* an der modernen Kultur ‚Charakteristische' aus dem protestantischen Rationalismus logisch *deduzierte*, fortzuschreiten" (GARS I, S. 205f.). Immerhin eine Studie über den Zusammenhang von protestantischer Ethik und Recht war Weber durchaus bekannt, die – ohne des Dilettantismus verdächtig zu sein – im Geist fachwissenschaftlicher Arbeit verfaßt war und seiner generellen Protestantismusthese zumindest zeitlich voranging: Die Schrift von Georg Jellinek über „Die Erklärung der Menschen- und Bürgerrechte".[56]

Das Resultat der Studie Jellineks ist: „Die Idee, unveräußerliche, angeborene, geheiligte Rechte des Individuums gesetzlich festzustellen, ist nicht politischen, sondern *religiösen Ursprungs*."[57] In gleicher Weise behauptet Weber, daß der Geist des Kapitalismus nicht ökonomischen Ursprungs, sondern auch auf religiösen Gründen beruhe.

Freilich ist Webers These insofern völlig verschieden, als sie die Ausbildung einer methodisch-rationalen Lebensführung, die als Folge der religiösen Prämierung innerweltlichen *Handelns* auftritt, zum Gegenstand hat. Allerdings liegt gerade im Handlungsbezug die tiefere Beziehung von *protestantischer Ethik und dem Geist der Menschenrechte*: Sie sind nämlich einmal – wie Jellinek betont – negative Freiheitsrechte gegenüber dem Staat, eine allgemeine *Handlungsfreiheit* voraussetzend, zum anderen aber auch die Rechte zur aktiven Beherrschung des ökonomischen, sozialen und politischen Lebens. Dieser unterschiedliche Akzent ist bis in die Formulierungen der „Déclaration des droits de l'homme" und der Virginia Bill of Rights zu verspüren, selbst dort, wo Jellinek noch die vermeintliche Identität der Bestimmungen sieht: So wird in dem berühmten 17. Artikel im säkularisierten Pathos der kultischen Revolutionssprache das Eigentum als *„heilige" Institution* deklariert, während in der Virginia Bill of Rights ausdrücklich der Vorgang des *Erwerbens* und *Verfügens* über Eigentum („acquiring and possessing property") als ein unverzichtbares Handlungsrecht postuliert wird.

8. Die ambivalente Rationalität des englischen Rechts

Aber läßt sich darüber hinaus aus der inneren Logik der protestantischen Ethik irgendeine Tendenz zur *systematischen Durchdringung* des Rechtsstoffes über den skizzierten Konnex zum Handlungsthema hinaus feststellen? In England jedenfalls ist ein solcher Effekt, wie Weber in seiner ambivalenten Charakterisierung des englischen Rechts als einerseits relativ rationales und andererseits rationalisierungsunfähiges „case law" immer wieder betont, gerade *nicht* eingetreten. Dieser Tatbestand ließe sich – wie angedeutet – als ein von Weber gar nicht bemerkter Widerspruch monieren, mit Konsequenzen für den Geltungsanspruch der Protestantismusthese. Er zeigt aber andererseits die Grenzen der Verschlingung von Recht und Religion.

Die Rekonstruktion der Wechselwirkung von rechtlicher und religiöser Rationalisierung zeigt: Selbst in den scheinbar weltabgewandten Studien zur „Wirtschaftsethik der Weltreligionen" nimmt die Betrachtung des Rechts einen ganz zentralen Raum ein. Dies gilt für die Indien- und Chinastudie und in besonderem Maße für Webers Arbeit zum antiken Judentum, die sowohl unter *religionsgeschichtlichem* wie unter *rechtsgeschichtlichem* Blickwinkel zu lesen ist.

Aus den „innerjuristischen Verhältnissen", aus denen sich die Richtung der rechtlichen Rationalisierung ergibt, ist schon durch die jeweiligen Trägerfiguren der juristischen „Offenbarung" und ihrer „Propheten" auf eine außerrechtliche Sphäre, die *Religion*, verwiesen. Es gibt aber eine ebenso enge Verbindung zur Sphäre der *Politik*, ohne deren Einfluß die Rationalisierungen des Rechts im Sinne dogmatischer Verfeinerungen gar nicht wirksam würden, das heißt die politischen Mächte, von denen nach Weber die Systematisierung des Rechts als Durchsetzung einer verbindlichen Rechtsordnung ausgeht (vgl. oben, S. 131).

X. Die politischen Mächte und die Rationalisierung des Rechts

Eine Vielzahl rechtshistorischer Erscheinungen – von dem Recht der Fürsten und der Magistrate im okzidentalen Rechtsraum bis zur afrikanischen Jurisprudenz, vom indischen Rechtsbücherrecht bis zur chinesischen Rechtspflege – faßt Weber unter der Fragestellung zusammen, ob zu den außerjuristischen Umständen, die auf die Entwicklung des rationalen Rechts einwirkten, auch die politischen Mächte zu zählen sind und in welchem Sinne sie gerade auf die Systematisierung in der rechtstechnischen Form der Kodifikation einwirken.

Von den politischen Gewalten geht nämlich, wie Max Weber im § 6 über „Amtsrecht und patrimonialfürstliche Satzung" zeigt, anders als man aufgrund der politischen Gestaltungsmacht des *Imperium* im Sinne der Amts- und Banngewalt vermuten könnte, nicht zwangsläufig ein systematisierender Effekt aus.

1. Imperium und Rechtspflege

Vielmehr tendiert das Recht in landesväterlich patriarchalen Verhältnissen dazu, das intrafamiliale Streitmuster auf den politischen Verband zu übertragen: „Die gesamte Rechtspflege würde sich, wenn man diesen Zustand in seine Konsequenzen getrieben denkt, in ‚Verwaltung' auflösen" (oben, S. 135). Dieser ‚Sphärenfrevel' einer Mischung von Justiz und Verwaltung ist für patriarchale Verhältnisse typisch. Die patriarchale Rechtspflege wäre dabei keineswegs in jeder Hinsicht irrational, sondern wie Weber an den Beispielen China und Indien demonstriert, durchaus rational; freilich im Sinne der Verfolgung *materialer Prinzipien* der sozialen Ordnung, d.h. also zur Steigerung der materialen Rationalität des Rechts. Dieser Einfluß wird sorgfältig von den Struktureffekten anderer Systeme abgeschichtet: „Diese Art von Eingreifen des imperium in die Rechtspflege und Rechtsbildung findet sich auf den verschiedensten ‚Kulturstufen', es ist nicht ökonomisch, sondern primär politisch bedingt" (oben, S.136). Wenn die Entwicklung des Rechts also in die Richtung formaler Rationalisierung und nicht in diejenige einer *entdifferenzierenden* materialen Rationalisierung gehen soll, müssen diese antiformalen Kräfte traditionaler politischer Systeme überwunden werden. Denn diese Art der patriarchalen Rechtspflege beseitigt jede Binnendifferenzierung des Rechts: „Alle Schranken zwischen Recht und Sittlichkeit, Rechtszwang und väterlicher Vermahnung, legislatorischen Motiven und Zwecken und rechtstechnischen Mitteln sind niedergerissen" (oben, S.137). Erst die Verbindung von fürstlichen und bürgerlichen Interessen treibt die formale Rechtsrationalisierung an (vgl. ebd.). Im Manuskript der „Entwicklungsbedingungen des Rechts" heißt es anstelle von „formaler Rechtsrationalisierung" ursprünglich: *„systematische Kodifikation"*. Und dies trifft auch genauer den gemeinten Sachverhalt: Die Positivierung von Recht in einem Kodex, der über bloße Spruchsammlungen hinausgeht. Ein „natürliches" Interesse von Imperium und Bürokratie an dieser Art von Systematisierung besteht allerdings nicht: „Aber eine Garantie von Rechten, die von Fürsten- und Beamtenwillkür unabhängig sind, liegt allerdings keineswegs in den genuinen *eignen* Entwicklungstendenzen der Bürokratie" (oben, S.138). Das fürstliche imperium trägt jedoch langfristig zu einer gewissen Rechtsvereinheitlichung aus eigenen herrschaftsbezogenen Motiven bei. So sei dem Einfluß imperialer Gewalten „überall ein Zug zur Vereinheitlichung und Systematisierung des Rechts eigen gewesen: zur *‚Codifikation'*" (ebd.). Aber was sind die Interessen der Herrschaft an Systematisierung? Es sind solche der Herrschaftstechnik einerseits, aber auch persönliche Interessen der Beamten an einem rechtseinheitlich geregelten Herrschaftsgebiet: „Der Fürst will *‚Ordnung'*. Und er will *‚Einheit'* und Geschlossenheit seines Reichs. Und zwar auch aus einem Grund, der sowohl technischen Bedürfnissen der Verwaltung wie persönlichen Interessen seiner Beamten entspringt: die unterschiedslose Verwertbarkeit seiner Beamten im ganzen Gebiet seiner Herrschaft wird durch *Rechtseinheit* ermöglicht und ergiebt erweiterte Carrierechancen für die Beamten, die nun nicht mehr an den Bezirk ihrer Herkunft dadurch gebunden sind, daß sie dessen Recht allein kennen" (ebd., Hervorhebungen, Hg.). Wie bei der Analyse der Träger der innerjuristischen Rationalisierung setzt Weber also auch hier auf das theoretische Argument eines Zusammenhangs von Interesse und Rationalismus. Diese Interessen werden typologisch unterschieden: Systematisierung bedeutet für den Beamten „Übersichtlichkeit" im Sinne rechtstechnischer Beherrschbarkeit und für den bürgerlichen Rechtsinteressenten „Sicherheit" im Sinne von Berechenbarkeit des Apparates zur Durchsetzung subjektiver Rechte (vgl. ebd.). Erst im Zusammenspiel von bürgerlichen Erwerbs- und Sicherungsinteressen, Interessen des Beamtentums und fürstlichen fiskalischen und verwaltungstechnischen Interessen werden die Voraussetzungen von „Codifikationen" geschaffen.

2. System, ratio und Herrschaft

Diese genuinen Interessen des Imperiumträgers an der systematischen Einheit des Rechts werden nicht durch bloße formale Aufzeichnungen erfüllt, sondern: „System und juristische ‚ratio' bringt erst – in begrenztem Umfang – die Arbeit der Rechtspraktiker hinein. Vor allem die Bedürfnisse des Rechtsunterrichts. In vollem Maße erst die Arbeit fürstlicher Beamter“ (oben, S. 140). Daß auch Rechtscharisma und Rechtsprophetie, wie die Prophetie im religiös dogmatischen Sinne, einen systematisierenden Einfluß auf die Rechtskultur ausüben kann, wird – wie gesehen – von Weber betont. Aber der Beamtenrationalismus steht der Kodifikationsidee doch näher und die Beamten werden so zu einer wichtigen Trägerschicht. Wie das Beispiel des Allgemeinen Preußischen Landrechts belegt, reichen diese Momente für sich genommen jedoch nicht aus, denn: „Der patrimoniale materiale Rationalismus hat überhaupt naturgemäß nirgends formal juristisches Denken anregen können“ (oben, S. 146). Sorgfältig unterscheidet Weber zwischen Rechtssammlungen, auch denjenigen Justinians, und einer systematischen Kodifikation. Für die justinianische Rechtskodifikation etwa bestreitet Weber das Gewicht unmittelbarer ökonomischer Interessen und sieht eher die Eigengesetzlichkeit des Apparates: „Die Herstellung innerlicher Rechtssicherheit im Interesse eines präzisen Funktionierens des amtlichen Apparates, daneben (speziell bei Justinian) das Prestigebedürfnis des Monarchen hat die spätrömischen Gesetzessammlungen und schließlich die justinianische Rechtscodifikation motiviert […]“ (oben, S. 141). Gleichwohl wird den Rechtssammlungen, die noch keine systematischen Rechtssatzungen sind, für den Prozeß formaler Rationalisierung des Rechts ein nicht unerhebliches Gewicht beigemessen: „Dennoch bedeutet schon dies unvermeidlich in irgend einem Grade eine Systematisierung und in diesem Sinn[:] Rationalisierung des Rechtsstoffs […]“ (ebd.). Diese aber wurde vor allem durch die Rechtskultur des römischen Rechts repräsentiert. Daher gewinnt die *Rezeption des römischen Rechts* für den Prozeß der Rationalisierung des okzidentalen Rechts in Verbindung mit den Systematisierungstendenzen der frühneuzeitlichen patrimonialen Herrschaftssysteme des Okzidents eine zentrale Bedeutung.

3. Die Rezeption der formalen Qualitäten des römischen Rechts

Vermutlich gehört die Rezeption des römischen Rechts zu den am besten untersuchten Rezeptionsphänomenen der Kulturwissenschaften überhaupt. Daher versieht Weber seine Ausführungen auch mit einem caveat: „Deren Geschichte zu verfolgen wäre hier nicht der Ort, es muß vielmehr bei wenigen Bemerkungen darüber sein Bewenden haben“ (oben, S. 142). Auch hier sei noch einmal gegen die Kritiker Webers, die in der Stofffülle mit zu ertrinken drohen oder eine Ordnung des Materials vermissen, eingewendet, daß es Weber auch bei dieser, für Rechtsgeschichte und Rechtswissenschaft des 19. Jahrhunderts dominanten Fragestellung, nicht um die Klärung eines rechtshistorisch und kulturwissenschaftlich höchst komplexen Prozesses als solchen geht, sondern ausschließlich um die Frage, welchen Beitrag die Rezeption zu den Entwicklungsbedingungen des rationalen Rechts leistet.

Dieses spezifische Erkenntnisinteresse wird deutlich, wenn man es mit den von Weber rezipierten zeitgenössischen Deutungen vergleicht: Ausdrücklich bezieht er sich auf die rechtshistorische Kontroverse über den Einfluß, den fürstliche Beamte oder aber die ordentlichen Gerichte auf fürstliche Initiative hin an der Rezeption des römischen Rechts hatten.[58] Aus dieser Kontroverse zieht Weber indessen den Schluß, daß es sachliche Notwendigkeiten des Rechtsbetriebs waren, die selbst für skeptische Stimmen gegenüber dem römischen Recht nach einer fachlichen Rationalisierung des Prozeßverfahrens verlangten. Gerade Eugen Ehrlich, dem Rechtssoziologen, dem Weber vor allem methodologische Konfusionen vorwirft (vgl. oben, S. 84), fühlt er sich bei dem unendlichen Thema des Rezeptionsprozesses verpflichtet: Dieser stellt nämlich auf den, für den Freirechtler ja höchst bedenklichen Tatbestand einer von den Rechtstatsachen abhebenden Abstraktion in der gemeinrechtlichen Rezeption der römischen Rechtsbegriffe ab. Hier teilt Weber mit Ehrlich also die rechtstheoretische Beschreibung des historischen Vorgangs, bei vollständig konträrer Bewertung für die eigene Fragestellung: während Weber auf die Spuren logifizierenden, abstrahierenden und systematisierenden Rechts im Prozeß der Rezeption abzielt, den „Kulturbedeutung" zugeschriebenen Dimensionen rationalen Rechts entsprechend, liegt für Ehrlich hierin gerade das Monitum der unheilvollen Rezeption des römischen Rechts.

Zwar erkennt Weber im römischen Recht, unter dem Einfluß der griechischen Philosophie, Ansätze für das rein Logische, doch sind ihm solche Rechtssätze gleichwohl eher „Gelegenheitsproduktionen abstrakter Rechtlogik" (oben, S. 143) als ihr eigentlicher Geltungsgrund. Denn dies ist ja die unausgesprochene Voraussetzung der gemeinrechtlichen Jurisprudenz, der Weber das Höchstmaß an formaler Rationalität zuschreibt, daß ihr die Logik zur Rechtsquelle, ja zum Geltungsgrund des Rechts wird. Erst seine Rezeption setzt nach Weber die Rationalität des römischen Rechts frei, und zwar durch einen abgestuften Prozeß sukzessiver Aneignung im „Abstraktwerden der Rechtsinstitute selbst" (ebd.), aus dem heraus sich eine systematisch-deduktive Methode der Rechtsgewinnung entwickelt und diejenigen Kategorien gebildet werden, die den römischen Juristen noch fehlten: im Zivilrecht etwa die „Willenserklärung" und das „Rechtsgeschäft". Erst recht sieht Weber die Errungenschaft der konstruktiven Jurisprudenz – eines ganz ursprünglichen „Konstruktivismus", in dem es rechtlich nur das gibt, was konstruiert oder konstruierbar ist, die Welt also ist, „was der Fall ist" –, als Ergebnis des Rezeptionsprozesses, aber nicht als eine Eigenschaft des rezipierten Rechts selbst. Weber stellt nun deutlich heraus, daß es nicht die vermeintliche Verwandtschaft mit den unmittelbaren Bedürfnissen der Rechtsinteressenten war – „die Institute des mittelalterlichen Handels- und des städtischen Grundbesitzrechts entsprachen ihren Bedürfnissen weitaus besser" (oben, S. 142) –, sondern daß die Rezeption der „formalen Qualitäten" des römischen Rechts und der darin angelegten „Lebensfremdheit" gegenüber den Interessenten durch einen *gelehrten Juristenstand* entscheidend war. Die materiellen Rechtsinstitute waren für den modernen Rechtsverkehr nicht unbedingt tauglich und die abstraktesten Begriffe der Rechtstheorie waren ja im römischen Recht erst gar nicht ausgebildet. So war nach Webers Deutung die Übernahme der *analytischen* Begriffstechnik des älteren römischen Rechts maßgeblich, das bei der Rezeption aufgrund der internen Denkbedürfnisse der „Rechtstheoretiker und der von ihnen geschulten Doktoren: einer typischen Aristokratie der litterarischen ‚Bildung' auf dem Gebiet des Rechts" (oben, S. 144), umgeformt wurde. Nicht wirtschaftliche Interessen, sondern Denkbedürfnisse nach einer „Logisierung des Rechts" führten gerade durch die Diskrepanz zu den Lebensverhältnissen der römischen Antike, welche Weber schon früh in ihren Bann gezogen hatte, und durch die Übertragung auf „fremdartige, der Antike unbekannte Thatbestände" zu den Konstruktionsleistungen der gemeinrechtlichen Jurisprudenz. Gerade weil im preußischen Allgemeinen Landrecht ein Anreiz für dogmatische Systematisierung nicht vorhanden war (vgl. oben, S. 145)

– wie Weber mit Blick auf die deutsche Rechtskultur bemerkt –, konnten sich die internen Denkbedürfnisse der juristischen Dogmatik entweder auf die Rekonstruktion der „aus der Vergangenheit überkommenen plastischen Rechtsinstitute des alten deutschen Rechts" (oben, S. 146) in der romantischen, germanistischen Rechtsschule zuwenden oder aber dem römischen Recht, dessen „Usus modernus Pandectarum" zugunsten einer abstrakten Rechtslogik zurückgedrängt wurde. Beide Systematisierungsversuche, der paradoxe Versuch einer Systematisierung der gerade wegen ihrer Irrationalität geschätzten „germanischen" Rechtsinstitute (vgl. ebd.) wie die „logische Neusystematisierung" (ebd.) durch die romanistische Partei der Rechtshistoriker, sind aber in Webers Augen gescheitert. Nur im Wechsel- und Handelsrecht, einem partikularistischen Rechtsgebiet also, sei eine wissenschaftliche und schließlich auch kodifikatorische Systembildung ohne Verlust an Konkretisierung gelungen, „weil hier zwingende und eindeutige *ökonomische Bedürfnisse* im Spiel waren" (ebd., Hervorhebung, Hg.). Der Glaube der rechtshistorischen Schule an eine Überwindung des Rationalismus jedoch wird als eine Täuschung entlarvt. Ihren Kampf gegen den von Naturrecht und Aufklärung beeinflußten gesetzgeberischen Rationalismus hatte die historische Rechtsschule mit einer historistischen Programmatik geführt, welche das römische Recht, von den Zufällig- und Zweckmäßigkeiten der gemeinrechtlichen Bearbeitung (Usus modernus) befreien sollte und in seiner ursprünglichen Gestalt wiederherzustellen forderte. Indem sie aber Recht und Rechtswissenschaft bewußt unempfindlich für die Forderungen der Lebensverhältnisse machte, konnte sie schon bald, nun konstruktiv-systematisch vorgehend, das römische Recht als überzeitlich geltendes Recht präsentieren, dessen Verbindung zur Gegenwart nicht durch praktische Anpassung immer wieder mühsam hergestellt werden mußte, sondern mittels formaler Logik dauerhaft garantiert war. Die daraus hervorgehende Pandektenwissenschaft des 19. Jahrhunderts hat dem naturrechtlichen Systemdenken auf romanistischem Gebiet zu einem späten Triumph verholfen, die historische Schule so den bekämpften Rationalismus auf dem Gebiet des von ihr hauptsächlich bearbeiteten römischen Rechts überhaupt erst entfesselt.

4. Vom Geist des Code civil

Hatte Weber Erklärungen des „Geistes" einer Rechtskultur aus der „Gefühlskultur" abgelehnt, so ist es nicht verwunderlich, daß er einen Mythos der clarté und clairté erst gar nicht bemüht, um die vermeintliche Interpretationsaskese des Code civil zu begründen. So wird gerade im deutschsprachigen Kontext immer wieder die außerordentliche Bedeutung der deutschen Rechtswissenschaft für die eigentliche rechtsdogmatische Systematisierung des Code civil betont. Gleichwohl steht für Weber außer Frage, daß der Code civil „als das Produkt der *rationalen Gesetzgebung*, das dritte große Weltrecht geworden ist" und daß den Grund dafür eben „diese formellen Qualitäten" bieten, „welche eine außerordentliche Durchsichtigkeit und präzise Verständlichkeit der Bestimmungen teils wirklich enthalten[,] teils vortäuschen" (oben, S. 147). Dieses Weltrecht beruht auf bestimmten politischen Voraussetzungen, einer Kombination von spezifischer Staatsräson, revolutionärem Elan und dem persönlichen Eingreifen Napoléons, das Weber nicht bestreitet. Trotz allen Vernunftglaubens aber ist die Rationalität des Code civil durchaus beschränkt: Die „Durchsichtigkeit" und „präzise Verständlichkeit" (oben, S. 147) ist nach Weber eben vielfach vorgetäuscht. Und die Plastik ihrer epigrammatisch wirkenden Sätze geht – das ist der entscheidende Einwand Webers – vielfach auf Kosten der juristischen Präzision, ohne jedoch die Fachjuristen zur konstruktiven Durcharbeitung der Rechtsinstitutionen anzuregen. Die „abstrakte Gesammtstruktur der Rechtssystematik" (ebd.) und die „axiomatische Art zahlreicher andrer Bestimmungen" (ebd.) läßt eben keinen Raum für legitime Interpretation und die Entwicklung einer über das Gesetz hinausgreifenden juristischen Systematik. In ein Wortspiel verkleidet Weber den methodologischen Fehler der französischen Juristen, indem sie einen „Satz" des Rechts für einen „Rechtssatz" nähmen, also die konstruktive Arbeit vernachlässigten, aus dem erst die Prinzipien hervorgehen, die den Rechtssatz konstituieren. Ob es ein Zufall ist, daß die erste wissenschaftliche Systematik des Code civil nicht von französischen Juristen, sondern durch die deutsche Rechtswissenschaft des 19. Jahrhunderts geschaffen wurde, mag dahingestellt bleiben. Die Geltung des Code civil und der Nachahmungen, „die er in ganz West- und Südeuropa" gefunden hat, entgeht Webers Bewunderung nicht, ohne daß er sich hier – im Vergleich zur Rezeption des römischen Rechts – um die Frage der Rezeptionsbedingungen dieses Rechts gekümmert hätte, die nach neueren Forschungen gleichermaßen einer gesamteuropäischen Rechtspraxis wie der Übernahme des Rechtscorpus selbst zu verdanken ist. Interessant bleibt die Parallele zum Auslegungsverbot in Judentum und Islam. Der auf die heilige Vernunft und das Genie seines Verfassers, eines *charismatischen Rechtsschöpfers* par excellence, gegründete Code ähnelt darin und in seiner, von Weber plastisch so genannten „epigrammatischen Theatralik" den Formulierungen der Menschen- und Bürgerrechte: Das aus der Vernunft begründete revolutionäre Naturrecht spricht für sich selbst (vgl. oben, S. 150).

5. Paradoxien des rationalen Naturrechts

Webers Zugang zum Naturrechtsproblem unter den Voraussetzungen seiner Fragestellung nach den Entwicklungsbedingungen des Rechts kann nicht auf den Charakter der überpositiven Dignität ausgerichtet sein, sondern nur darauf, inwieweit sich ein Naturrechtsglaube empirisch in den positiven Rechtsordnungen niedergeschlagen hat, d. h. inwieweit er für das Verhalten der Rechtsschöpfer, Rechtspraktiker und Rechtsinteressenten praktisch bedeutsam wird, indem „die Überzeugung von der spezifischen ‚Legitimität' bestimmter Rechtsmaximen, von der durch keinerlei Oktroyierung von positivem Recht zu zerstörenden, unmittelbar verpflichtenden Kraft bestimmter Rechtsprinzipien, das praktische Rechtsleben wirklich fühlbar beeinflußt" (oben, S. 148). Nur die Positivierung und ihr Einfluß auf die Rationalisierung des Rechts interessiert Weber also, wenn er die Frage nach dem „Recht des Rechtes" – wie der versteckte Verweis auf Rudolf Stammler offenbart[59] – aufwirft als Gegenstand einer Soziologie des Rechts.

Sein Begriff des Naturrechts ist aus der Entzauberung einer religiösen Legitimation des Rechts hervorgegangen, als „die spezifische und einzig consequente Form der Legitimität eines Rechts, welche übrig bleiben kann, wenn religiöse Offenbarungen und autoritäre Heiligkeit der Tradition und ihrer Träger fortfallen" (ebd.). Daher steht es eben auch den revolutionären Mächten zur Verfügung, von denen die alten Ordnungen umgestoßen werden. „Naturrecht" ist nach Weber „der Inbegriff der unabhängig von allem positiven Recht und ihm gegenüber präeminent geltenden Normen, welche ihre Dignität nicht von willkürlicher Satzung zu Lehen tragen, sondern umgekehrt deren Verpflichtungsgewalt erst legitimieren" (oben, S. 148). Ein derart weit gefaßter Naturrechtsbegriff setzt auch die rechtshistorische Schule dem Naturrechtsverdacht aus, weil ihre Rechtsquellenlehre einen überpositiven Geltungsvorrang des Gewohnheitsrechts postuliert. Während Durkheim in der deutschen historischen Rechtsschule einen der stärksten Widersacher gegenüber einem überzeitlich angesetzten Naturrecht schätzt, werden von Weber die „naturalistischen" Elemente der juristischen und soziologischen Romantik attackiert, die entweder dem Volksgeist zur Rechtsgeltung verhelfen wollen oder an das „Rechtsgefühl" appellieren. Von diesem irrationalen Naturalismus der historischen Rechtsschule aber unterscheidet Weber einen „naturrechtlichen Rechtsrationalismus" formaler Art, für den er den Begriff des Naturrechts letztlich auch reserviert wissen will. Die doppelte Quelle einerseits des entelechischen Naturbegriffs der Renaissance, der an die Antike anknüpft und damit das auch von Troeltsch benannte stoische Naturrecht umfaßt, und andererseits der religiösen Wurzeln in den puritanischen Sekten bzw. im Täufertum bilden den ideenmäßigen Hintergrund der Naturrechtsdynamik in der Neuzeit. Hier wiederum interessiert sich Weber primär für die ökonomisch wichtigen Maximen, woraus sich erklärt, daß Vertragsfreiheit, Testierfreiheit und Theorien des gerechten Preises, nicht aber die Menschenrechte selbst Gegenstand der Weberschen Rekonstruktionen sind. Unter diesem Gesichtspunkt werden die Lehren vom Gesellschafts- und Herrschaftsvertrag als „naturrechtliche Construktion", vor allem als Produkt juristischer Konstruktionsarbeit beleuchtet: „Das legitim durch freien Vertrag mit Allen (Urvertrag) oder mit Einzelnen Andern erworbene Eigentum und die Freiheit der Verfügung darüber, also prinzipiell freie Konkurrenz, gehört zu seinen selbstverständlichen Bestandteilen" (oben, S. 150). Webers Spekulation über eine radikale Formalisierung des Naturrechtsproblems ist nahe an der Behauptung eines heimlichen Naturalismus der reinen Rechtslehre, wenn er formuliert: „Die naturrechtliche Legitimität positiven Rechtes kann entweder mehr an formale Bedingungen geknüpft sein oder mehr an materiale. Der Unterschied ist graduell, denn ein ganz rein formales Naturrecht kann es nicht geben: es würde ja mit den ganz inhaltleeren allgemeinen juristischen Begriffen zusammenfallen müssen" (oben, S. 149). Genau dies aber erhebt Kelsen zum Programm seiner „reinen" Rechtslehre, die sich aus Webers Perspektive als Exponentin einer formalen Naturrechtslehre verstehen läßt. Das „materiale" Naturrecht aber bietet den doppelten Maßstab von „Natur" und „Vernunft", der sich – in der zeitgenössischen rechtstheoretischen Diskussion – zur „Natur der Sache" oder der „Logik der Dinge" verschiebt, worin für Weber von vornherein ein Kategorienfehler, die Verwechslung des „Geltensollenden" mit dem „faktisch im Durchschnitt überall Seienden", liegt. Hier, in der kurzen Geschichte der Naturrechtslehren (vgl. vor allem oben, S. 150–153), taucht noch einmal der Widersacher Rudolf Stammler auf, der „Naturgesetz" von rechtlichem Gesetz nicht zu scheiden weiß, und im „Recht des Rechtes" ein Naturrecht auferstehen läßt, das sich im Namen Kants schwerlich begründen läßt.

Es gibt also einen *naturrechtlichen Rationalismus* oder ein *rationales Naturrecht.* Man macht sich die Deutung Webers eben viel zu einfach, wenn man in „Die

Entwicklungsbedingungen des Rechts" ein auschließliches Plädoyer für den Rechtspositivismus sehen will. Zwar wird dieser nach Weber zum beherrschenden Rechtsparadigma (vgl. oben, S. 154), doch ist das Naturrecht gleichzeitig die letzte Form einer Legitimierung des Rechts. Dieser überpositive Charakter des Naturrechts beruht auf einer Selbstlegitimation. Der Typus des historisch richtigen Naturrechts, wie er von der romantischen Rechtsschule propagiert wurde – „man ‚könne' dem geschichtlichen Werden nicht verbieten, daß es sich vollziehe" (oben, S. 149), sagt Weber ironisch –, praktiziert gerade diesen „Irrationalismus". Neben dem historisch orientierten Naturrecht, qualifiziert Weber den erwähnten naturrechtlichen Wirtschaftsliberalismus als *formales Naturrecht* (vgl. oben, S. 149–151), das immer wieder materialen Aufweichungen ausgesetzt sei, entweder in Gestalt des Erbrechts (oben, S. 151) oder in der Vorstellung eines „justum pretium" (vgl. oben, S. 152), vollends aber in dem *materialen Naturrecht* des Sozialismus (vgl. oben, S. 151 und S. 153), das von der ausschließlichen Legitimität des Erwerbs durch Arbeit ausgeht. Dabei leugnet Weber den Einfluß von Klasseninteressen nicht im mindesten: „Natürlich haben ebenso das formale rationalistische Naturrecht der Vertragsfreiheit wie dies materiale Naturrecht der ausschließlichen Legitimität des Arbeitsertrags sehr starke Klassenbeziehungen" (oben, S. 151). Weiter heißt es in marxistisch anmutender Terminologie: „Die Vertragsfreiheit und alle Sätze über das legitime Eigentum, welche daraus abgeleitet wurden, waren selbstverständlich das *Naturrecht der Marktinteressenten*, als der an endgültiger Appropriation der Produktionsmittel Interessierten" (ebd., Hervorhebung Hg.).

So positiv Weber das Naturrecht als letzte Form der Legitimation des Rechts auch deuten mag: mit der soziologischen Aufklärung über die hinter dem Naturrecht stehenden Interessen oder Interessenkompromisse ist die legitimatorische Kraft des Naturrechts geschwunden und der „Rechtspositivismus ist infolgedessen in vorläufig unaufhaltsamem Vordringen" (oben, S. 154). Weber sieht mit nahezu prophetischen Augen die Konsequenzen, die sich aus der *Krise* bzw. der *Auflösung des Naturrechts* ergeben, welche durch den juristischen Rationalismus selbst und durch den modernen Intellektualismus gefördert wird: „Aber eben dieses Absterben seiner metajuristischen Verankerung gehörte zu denjenigen ideologischen Entwicklungen, welche zwar die Skepsis gegenüber der Würde der einzelnen Sätze der konkreten Rechtsordnung steigerten, eben dadurch aber die faktische Fügsamkeit in die nunmehr nur noch utilitarisch gewerthete Gewalt der jeweils sich als legitim gebarenden Mächte im *Ganzen* außerordentlich förderten" (ebd.).

XI. Die materialen Qualitäten des formalen Rechts und die Gefährdungen moderner Rechtskultur

Webers Lob des formal rationalen Rechts, das die gesamte Analyse der Entwicklungsbedingungen des rationalen Rechts durchzieht, kulminiert im letzten Paragraphen der „Entwicklungsbedingungen des Rechts" in einer Eloge der Konstruktions- und Begriffsjurisprudenz. Gleichzeitig fallen rechtssoziologische und rechtsphilosophische Versuche, aus der rechtstheoretischen Entzauberung der vermeintlich rein rechtsanwendenden Tätigkeit des Juristen den Schluß auf eine zunehmend auch normativ zu billigende charismatische Rechtsschöpfung für die

Aufgaben des Rechts der Gegenwart zu ziehen, unter sein Verdikt. Dies möge man den „Propheten" vorbehalten (vgl. oben, S. 166), als die er sich die Richter an einem königlichen Amtsgericht nicht vorzustellen vermag. Hier wendet Weber seine Analyse der Bedingungen rechtlicher Rationalisierung gegen eine zeitgenössisch starke Strömung innerhalb der Freirechtsschule und verwandter Lehren, indem er – die Argumentation der „Entwicklungsbedingungen des Rechts" resümierend – eine theoretische Stufenfolge derart zuspitzt, daß auf die Phase einer charismatischen Rechtsoffenbarung durch „Rechtspropheten" eine Art empirischer Rechtsschöpfung und Rechtsfindung durch „Rechtshonoratioren" folge, sich aus Sicht der autonomen Rechtssphäre als fremdgesetzt empfundene Eingriffe des Imperiums weltlicher und theokratischer Gewalten, anschließen, um in der Rechtssatzung nach formallogischen Gesichtspunkten zu münden, die von „Fachjuristen", den Rechtsgebildeten und in diesem Sinne: Gebildeten des Rechts, ausgeht (vgl. die Formulierungen, oben, S. 156f.).

Kein Wunder also, daß die Nachfahren der inkriminierten Lehren sich düpiert fühlten; und so hat Manfred Rehbinder den Kreis der Weber-Forscher dadurch erschreckt, daß er den Weberschen „Entwicklungsbedingungen des Rechts" attestierte, hoffnungslos hinter der zeitgenössischen Rechtstheorie und Rechtssoziologie zurückzubleiben.[60] Nimmt man den Gewährsmann dieser Einschätzung Rehbinders zu Hilfe, nämlich den auch von Weber als „Rechtssoziologe" erwähnten Eugen Ehrlich, dann wird das vermeintliche Mißverstehen nachvollziehbar. So resümiert Ehrlich seine „Grundlegung der Soziologie des Rechts" dahin, „der Schwerpunkt der Rechtsentwicklung liege auch in unserer Zeit, wie zu allen Zeiten, weder in der Gesetzgebung, noch in der Jurisprudenz oder in der Rechtsprechung, sondern in der Gesellschaft selbst."[61] Von einem solchen rechtssoziologischen Reduktionismus freilich setzt sich Weber in doppelter Hinsicht ab: Einmal werden Gesetzgebung, Jurisprudenz und Rechtsprechung ihre je eigene Bedeutung für die Entwicklung einer Rechtskultur zugestanden, während andererseits Gesellschaft nicht auf Klassen oder Interessen reduziert wird, sondern gerade die Eigengesetzlichkeit religiöser Kulturinhalte in Konkurrenz zu den rechtlichen tritt und auch als Motor der juristischen, die Rechtssphäre konstituierenden Kulturinhalte betrachtet werden muß.

Noch provozierender mußte einer sich rechtssoziologisch aufgeklärt wähnenden Jurisprudenz Webers Festhalten am Ideal einer Begriffs- und Konstruktionsjurisprudenz erscheinen, das auch noch sozialistische Aufweichungen einer Wertungsjurisprudenz schärfstens abwies. Dies unterschätzt Webers Respekt vor ihren Vertretern, nicht zuletzt vor Hermann Kantorowicz, den Weber für den ersten Soziologentag als Redner gewonnen hatte. Es läßt aber auch die reflexive Analyse Webers vermissen, welcher die „Entzauberung" der ausdrücklich als „Postulate" ausgewiesenen Annahmen dieser „rechtssoziologischen" Strömungen selbst als ein Ergebnis des widersprüchlichen Prozesses okzidentaler Rationalisierung darstellt: „Alle, auch und gerade die irrationalistischen, Spielarten der Abkehr von der in der gemeinrechtlichen Wissenschaft entwickelten rein logischen Rechtssystematik sind aber andererseits wieder Konsequenzen der sich selbst überschlagenden wissenschaftlichen Rationalisierung und voraussetzungslosen Selbstbestimmung des Rechtsdenkens" (oben, S. 162). Weber versucht auch hier die Konsequenzen einer „intellektualistischen Desillusionierung" als Fehlschluß aus der Faktizität der Rechtsanwendung auf eine gewünschte Normativität der beliebigen

Wertungsjurisprudenz, als eine Art „Kadijustiz" in seinem polemischen Sprachgebrauch, zu erweisen.

Weber überrascht durch ein Rechtsbild der Moderne, das keineswegs durch unaufhaltsame *universalistische Tendenzen* gekennzeichnet ist. Zwar liegt das Defizit außerokzidentaler Rechtsordnungen in *partikularistischen* Hemmnissen der Rechtsentwicklung begründet; aber auch innerhalb der okzidentalen Rechtskultur sind partikularistische Strömungen und Bewegungen zu verzeichnen. Webers sehr viel komplexere Auffassung läßt sich am ehesten dadurch charakterisieren, daß in Parallele zur Unterscheidung formaler und materialer Rationalität bzw. Irrationalität Weber zwischen formalem und materialem *Universalismus* bzw. *Partikularismus* differenziert. Hiernach weisen etwa die Menschenrechte einen materialen Anspruch universaler Geltung auf, während das Vertragsrecht – wie Weber immer wieder betont – eben den nur formell universal „freien" Kontrakt garantiert. Andererseits gibt es im modernen Recht Tendenzen der personalen Geltungsbeschränkung, etwa in dem nur für Kaufleute geltenden Handelsrecht, das freilich nicht durch ständische, sondern durch Klassenmerkmale der Tätigkeit des „Handelsgewerbes" bestimmt ist: Das Handelsrecht ist insofern als „formal" partikularistisch zu charakterisieren. Materiale Beschränkungen universaler Rechtsgeltung im Professionsrecht oder lokale Partikularitäten sind im modernen Staat zurückgetreten, ebenso wie die Anknüpfung an den sozialen Stand im Sinne eines ständisch gebundenen Partikularismus. Webers Sorge gilt einer anderen Art von politisch intendiertem *materialem Partikularismus*, der eine antiformale Ausrichtung an klassenorientierter, vermeintlich „materialer Gerechtigkeit" anstelle „formaler Rationalität" einfordert, wie im sozialistischen Rechtsverständnis.

Den Rechtsrationalismus sieht Weber hierbei von mehreren Seiten bedroht: Die an Berechenbarkeit des Rechts ausgerichteten Interessen, nämlich die der Gütermarktinteressenten, tragen eine eigentümliche *gesinnungsethische* Komponente in das formal rationale Recht hinein, nämlich sog. Vertrauenstatbestände zu juridifizieren, die ihrer personalen Natur nach weniger formal tatbestandlich zu fassen sind. Die Zunahme der bona-fides-Regeln – man denke nur an § 157 und § 242 BGB – stellt nach Weber eine Aufweichung der formalen Qualitäten rationalen Rechts dar. Letztlich sind innerjuristische Rationalität und die Erwartungen der Rechtsinteressenten in Webers Analyse aber prinzipiell disparat. Die viel beklagte „Lebensfremdheit" der Begriffs- und Konstruktionsjurisprudenz ist Weber zufolge nicht zufällig, „sondern in weitem Umfang die ganz unvermeidliche Folge der Disparatheit *logischer* Eigengesetzlichkeiten jedes formalen Rechtsdenkens überhaupt gegenüber den auf *ökonomischen* Effekt abzweckenden und auf ökonomisch qualifizierte Erwartungen abgestellten Vereinbarungen und rechtlich relevanten Handlungen der Interessenten" (oben, S. 159). Dies klingt nach uneingeschränktem Lob der Dogmatik, benennt aber am Ende nur den tragischen Konflikt zwischen Juristenrecht und populärem Rechtsempfinden. Weber nimmt dabei ja durchaus zur Kenntnis, daß etwa das Postulat der Lückenlosigkeit des Rechts als bloßes Ideal entlarvt wird. Nur hängt es wieder von der spezifischen innerjuristischen Interessenlage einer sich rein rechtstheoretisch gerierenden Kritik ab, in wessen Namen Lücken gefüllt oder wem die Legitimation der Rechtsschöpfung zugeschrieben wird. Je „freier" die Rechtsschöpfung wird, um so größer wird der Bedarf nach neuer Bindung, sei es in dem sehnsüchtigen Rückfall in ein überpositives Recht oder in der Illusion eines quasi „natürlichen" Rechts des Interessenausgleichs. „Rechtsprophetie" und „Rechtserkenntnis" überpositiver Normen aber würde die Rechtsentwicklung auf vormoderne Rechtsstufen zurückwerfen. So verschlingen sich die Idee juristischen Fachmenschentums und die These der unauflösbaren Eigengesetzlichkeit rationalen Rechts: „Jedenfalls aber wird die juristische Präzision der Arbeit, wie sie sich in den Urteilsgründen ausspricht, ziemlich stark herabgesetzt werden, wenn soziologische und ökonomische oder ethische Räsonnements an die Stelle juristischer Begriffe treten" (oben, S. 241).

Analytik und Systembildung, fallbezogene Konkretisierung und juristisch konstruktive Begriffsbildung bleiben also die Fluchtpunkte rechtlicher Rationalisierung. Weber sieht dabei den Konflikt zwischen formaler Legalität und materialer Gerechtigkeit als unvermeidlich an, wenn er von den „Konsequenzen des unaustragbaren Gegensatzes zwischen formalem und materialem Prinzip der Rechtspflege" (oben, S. 165) spricht. Eigentümlicherweise versteht es Weber nicht, den Eigenwert formaler Rechtsstaatlichkeit auf einen normativen Begriff zu bringen. Und das Unrecht, das im Namen materialer Gerechtigkeit gesprochen wird, sei es im Wege der nationalsozialistischen Mißachtung des Rechts als Limitierung charismatischer – prinzipiell rechts-, weil bindungsfeindlicher – Herrschaft oder aber im Rahmen der „sozialistischen Gerechtigkeit", wird nur dem Risiko *formaler* Irrationalität ausgesetzt, die aber zugleich eine *materiale* darstellt.

Ein solcher Kern okzidentaler Rechtskultur in dem gekennzeichneten Sinne *formaler* Rechtsrationalität steht im Hintergrund von Webers vergleichender Kultursoziologie des Rechts. Diese Errungenschaft heißt es gegen eine „soziologische Rechtswissenschaft" zu verteidigen, die das Problem juristischer Wertbegründung verkennen, und gegen eine rechtstheoretische Desillusionierung des Automatenmodells, die anstelle der Idee der Rechtsanwendung die Illusion von schöpferisch freier Rechtsfindung setzt oder zu traditionaler Rechtsprophetie – aus durchsichtigen Standesinteressen heraus – zurückkehrt. Weber ist seinerseits prophetisch in der Voraussage, daß die zunehmende „Verrechtlichung" – Weber spricht anschaulich von dem „an technischem Gehalt stetig anschwellenden Recht" (oben, S. 241) – nicht nur eine zunehmende Rechtsunkenntnis der Laien produziere, sondern gleichzeitig die zunehmende Wertung der formalen Qualitäten des modernen Rechts „als eines rationalen, daher jederzeit zweckrational umzuschaffenden, jeder inhaltlichen Heiligkeit entbehrenden, technischen Apparats" als sein „unvermeidliches Schicksal" (ebd.) erzeuge.

Wer meint am Ende nicht, den großen Entzauberer durch den Nachweis von Plagiaten, vielleicht auch intentionalen Plagiaten selbst entzaubern zu können, was erst die aufwendige Arbeit am Text, auf der unendlichen Suche nach dem impliziten Zitat, überhaupt ermöglicht. – Doch das Ergebnis ist niederschmetternd: Überall wo Literaturbezüge nachweislich sind oder wahrscheinlich gemacht werden können, sei es in Wahlverwandtschaften zu dem methodologisch in die Schranken gewiesenen „Rechtssoziologen" Eugen Ehrlich, zu den Rechtshistorikern Ludwig Mitteis, Heinrich Brunner, Andreas Heusler oder Rudolph Sohm, den Rechtsethnologen Hermann Post oder Josef Kohler etc., bleibt das völlig neue Arrangement des Materials, die hochselektive Sortierung des unendlichen Rechtsstoffes für die Zwecke allein der Fragestellung nach den rationalen Grundlagen des modernen Rechts im Okzident und nach denjenigen Zukunftschancen, die ein formal rationales Recht gegen gesinnungsethische Überformungen zeitigen würde, außer Zweifel.

[1] Carbonnier, Jean, Sociologie juridique. – Paris: Presses Universitaires de France 1978, S. 134.

[2] Bimo, Albert, Les grands courants de la philosophie du droit et de l'Etat, 3ième éd. – Paris: Pedone 1978, S. 394.

[3] Kronman, Anthony, Max Weber. Jurists: Profiles in Legal Theory. – Stanford: University Press 1983, S. 2.

[4] Vgl. Simmel, Georg, Zur Methodik der Socialwissenschaft, in: Jahrbuch für Gesetzgebung, Verwaltung und Volkswirtschaft im Deutschen Reich, Jg. 20, 1896, S. 227–237.

[5] Vgl. Tönnies, Ferdinand, Besprechung von: Rudolf Stammler, Recht und Wirtschaft nach der materialistischen Geschichtsauffassung, in: Archiv für Systematische Philosophie, N.F. Band 4, 1898, S. 109–116.

[6] Vgl. Simiand, Georges, Besprechung von: Rudolf Stammler, Recht und Wirtschaft nach der materialistischen Geschichtsauffassung, in: L'Année Sociologique, Band 1, 1898, S. 488–497.

[7] Vgl. Lask, Emil, Rechtsphilosophie, in: Die Philosophie im Beginn des zwanzigsten Jahrhunderts (Festschrift für Kuno Fischer, hg. von Wilhelm Windelband), 2., verb. und erw. Aufl. – Heidelberg: Carl Winter 1907, S. 269–317.

[8] Brief Gustav Radbruchs an Hermann Kantorowicz vom 12. Sept. 1903, GRG, Band 17 (Briefe 1: 1898–1918), bearb. von Günter Spendel. – Heidelberg: C.F. Müller 1991, S. 33 f., hier S. 33 (hinfort: GRG 17/1).

[9] Stammler, Rudolf, Wesen des Rechtes und der Rechtswissenschaft, in: Systematische Rechtswissenschaft (Die Kultur der Gegenwart. Ihre Entwicklung und ihre Ziele, hg. von Paul Hinneberg, Teil II, Abt. VIII), 2. verb. Aufl. – Leipzig, Berlin: B.G. Teubner 1913, S. 1–65.

[10] Brief Gustav Radbruchs an Hermann Kantorowicz vom 22. Jan. 1907, in: GRG 17/1, S. 110 f., hier S. 111.

[11] Vorländer, Karl, Eine Sozialphilosophie auf Kantischer Grundlage, in: Kantstudien, Band 1, 1897, S. 197–216, hier S. 197, 216.

[12] Vgl. Voigt, Andreas, Wirtschaft und Recht, in: Verhandlungen 1910, S. 249–265 (hinfort: Voigt, Vortrag); Kantorowicz, Hermann, Rechtswissenschaft und Soziologie, ebd., S. 275–309 (hinfort: Kantorowicz, Vortrag).

[13] Voigt, Vortrag, S. 260.

[14] Erschienen unter dem Pseudonym: Gnaeus Flavius, Der Kampf um die Rechtswissenschaft. – Heidelberg: Carl Winter 1906 (hinfort: Flavius, Kampf).

[15] Ebd., S. 23, 39 und 42.

[16] Ebd., S. 30–36.

[17] Kantorowicz, Vortrag, S. 297.

[18] Ebd., S. 276.

[19] Kelsen, Hans, Zur Soziologie des Rechtes. Kritische Betrachtung, in: AfSSp, Band 34, 1912, S. 601–614 (hinfort: Kelsen, Soziologie des Rechtes).

[20] Kelsen Hans, Hauptprobleme der Staatsrechtslehre, entwickelt aus der Lehre vom Rechtssatz. – Tübingen: J.C.B. Mohr (Paul Siebeck) 1911 (hinfort: Kelsen, Hauptprobleme).

[21] Vgl. Kelsen, Hans, Eine Grundlegung der Rechtssoziologie, in: AfSSp, Band 39, 1915, S. 839–876; Ehrlich, Eugen, Entgegnung, ebd., Band 41, 1916, S. 844–849; Kelsen, Replik, ebd., Band 42, 1916, S. 850–853; Ehrlich, Replik, ebd., Band 42, 1916/17, S. 609–610; Kelsen, Schlußwort, ebd., S. 611.

[22] Kelsen, Hans, Der Staatsbegriff der ‚verstehenden Soziologie', in: Zeitschrift für Volkswirtschaft und Sozialpolitik, N.F. Band 1, 1921, S. 104–119, hier S. 105.

[23] Vgl. Kelsen, Soziologie des Rechtes, S. 604.

[24] Kelsen, Hauptprobleme, 2. Aufl. 1923, Vorrede, S. VI.

[25] Vgl. Kelsen, Soziologie des Rechtes, S. 603.

[26] Vortrag, gehalten in der Soziologischen Gesellschaft zu Wien. – Tübingen: J.C.B. Mohr (Paul Siebeck) 1911.

[27] Savigny, Friedrich Karl von, Vom Beruf unsrer Zeit für Gesetzgebung und Rechtswissenschaft. – Heidelberg: J.C.B. Mohr 1840, S. 12 (hinfort: Savigny, Beruf).

[28] Vgl. Wieacker, Franz, Privatrechtsgeschichte der Neuzeit. Unter besonderer Berücksichtigung der deutschen Entwicklung, 2. Aufl. – Göttingen: Vandenhoeck & Ruprecht 1967.

[29] Savigny, Beruf, S. 38.

[30] Vgl. Puchta, G[eorg] F[riedrich], Cursus der Institutionen, Band 1. – Leipzig: Breitkopf und Härtel 1841, S. 460–463.

[31] Ebd., S. 37.

[32] Ebd., S. 24.

[33] Grimm, Jakob, Von der Poesie im Recht, in: Zeitschrift für geschichtliche Rechtswissenschaft, Band 2, 1816, S. 25–99, hier S. 74f.

[34] Ihering, Rudolf von, Entwicklungsgeschichte des römischen Rechts, aus dem Nachlaß hg. von Victor Ehrenberg. – Leipzig: Breitkopf & Härtel 1894, S. 28.

[35] Ihering, Rudolf von, Geist des römischen Rechts, auf den verschiedenen Stufen seiner Entwicklung, Theil 1, 3. Aufl. – Leipzig: Breitkopf & Härtel 1873, S. 10.

[36] Ihering, Rudolf von, Scherz und Ernst in der Jurisprudenz. Eine Weihnachtsgabe für das juristische Publikum, 10. Aufl. – Leipzig: Breitkopf und Härtel 1909.

[37] Kohler, Josef, Rechtsphilosophie und Universalrechtsgeschichte, in: Encyklopädie der Rechtswissenschaft in systematischer Bearbeitung, hg. von Josef Kohler, 6., der Neubearb. 1. Aufl., Band 1. – Leipzig, Berlin: Duncker & Humblot und J. Guttenberg 1904, S. 1–69, hier S. 6.

[38] Ebd.

[39] Vgl. den von Josef Kohler entwickelten „Fragebogen zur Erforschung der Rechtsverhältnisse der sogenannten Naturvölker, namentlich in den deutschen Kolonialländern", in: Zeitschrift für vergleichende Rechtswissenschaft, Band 12, 1897, S. 427–440.

[40] Radbruch, Gustav, Die Lehre von der adäquaten Verursachung, in: Abhandlungen des kriminalistischen Seminars an der Universität Berlin, hg. von Franz v. Liszt, N.F. Band 1, Heft 3, 1902, S. 325–408.

[41] Vgl. Durkheim, Emile, Die Regeln der soziologischen Methode. – Neuwied und Berlin: Luchterhand 1961 (zuerst 1895), S. 155ff.

[42] Kantorowicz, Hermann, Zur Lehre vom Richtigen Recht, in: Archiv für Rechts- und Wirtschaftsphilosophie, Band 2, 1908/09, S. 42–74.

[43] Vgl. Gephart, Werner, Juridische Grundlagen der Herrschaftslehre Max Webers, in: Hanke, Edith und Mommsen, Wolfgang J. (Hg.), Max Webers Herrschaftssoziologie. Studien zur Entstehung und Wirkung. – Tübingen: J.C.B. Mohr (Paul Siebeck) 2001, S. 73–98, hier S. 74–86.

[44] Vgl. auch die Analyse des Weberschen Rechtsbegriffs bei Hermes, Siegfried, Das Recht einer soziologischen Rechtslehre, in: Rechtstheorie, Band 35, 2004, S. 195–231.

[45] Winckelmann, Hauptwerk, S. 94.

[46] Vgl. insbesondere Bücher, Karl, Die Entstehung der Volkswirtschaft, Vorträge und Aufsätze, 2. Aufl. – Tübingen: Laupp 1898.

[47] Vgl. Maine, Henry Sumner, Ancient Law. It's Connection with the Early History of Society and its Relation to Modern Ideas. – London, New York, Toronto: Oxford University Press 1861.

[48] Zitelmann, Gewohnheitsrecht, hier S. 461 und 463.

[49] Vgl. Rumpf, M[ax], Gesetz und Richter. Versuch einer Methodik der Rechtsanwendung. – Berlin: Otto Liebmann 1906.

[50] Rümelin, Gustav, Über das Rechtsgefühl, in: ders., Kanzlerreden (Kanzler der Universität Tübingen 1870–1889). – J.C.B. Mohr (Paul Siebeck) 1907.

[51] Flavius, Kampf, S. 48.

[52] Ehrlich, Grundlegung, S. 218.

[53] Goldschmidt, Levin, Rechtsstudium und Prüfungsordnung. Ein Beitrag zur preußischen und deutschen Rechtsgeschichte. – Stuttgart: Ferdinand Enke 1887.

[54] Vgl. Noguchi, Masahiro, Kampf und Kultur: Max Webers Theorie der Politik aus der Sicht seiner Kultursoziologie. – Berlin: Duncker & Humblot 2005, bes. S. 51–57.

[55] Vgl. Schluchters Einleitung zu: ders., Max Webers Sicht des Islams. – Frankfurt a. M.: Suhrkamp 1987, S. 11–124.

[56] Die 1. Auflage datiert aus dem Jahre 1895, die 2. Auflage (1904) bezieht die vehemente Kritik, namentlich aus Frankreich mit ein (Jellinek, Georg, Die Erklärung der Menschen- und Bürgerrechte. Ein Beitrag zur modernen Verfassungsgeschichte, 2. erw. Aufl. – Leipzig: Duncker & Humblot 1904).

[57] Ebd., S. 57 [Hervorhebung, Hg.].

[58] Vgl. bes. Stölzel, Gelehrtes Richtertum; ders., Gelehrte Rechtsprechung, sowie Rosenthal, Gerichtswesen; ders., Besprechung von A[dolf] Stölzel, Die Entwicklung der gelehrten Rechtsprechung, B[an]d 2, in: Zeitschrift für Rechtsgeschichte, Germ. Abt., Band 31, 1910, S. 522–561.

[59] Vgl. Stammler, Wirtschaft und Recht, S. 477–630, wo dieses „Fünfte Buch" über „Das Recht des Rechtes" handelt.

[60] Vgl. Rehbinder, Manfred, Max Weber und die Rechtswissenschaft, in: Rehbinder/ Tieck, Weber als Rechtssoziologe, S. 127–149.

[61] Ehrlich, Grundlegung, Vorrede.

Anhang

Zur Textkonstitution

Die vorliegende Ausgabe beruht auf dem entsprechenden Band I/22-3 der Max Weber-Gesamtausgabe (MWG). Sie enthält zwei fast vollständig erhaltene Originalmanuskripte Max Webers, bei denen es sich zum einen um einen kürzeren Text betitelt „Die Wirtschaft und die Ordnungen", zum anderen um einen umfangreicheren Text handelt, der in der Überlieferungsgeschichte als „Rechtssoziologie" bekannt geworden ist und hier unter dem Titel „Entwicklungsbedingungen des Rechts" editiert wird. Die Texte sind im Zusammenhang mit Max Webers Arbeit an seinem Beitrag „Wirtschaft und Gesellschaft", später „Die Wirtschaft und die gesellschaftlichen Ordnungen und Mächte" entstanden, den er für das „Handbuch der politischen Ökonomie" anfertigte, aus dem wiederum der „Grundriß der Sozialökonomik" hervorging. Sie waren zunächst wohl, entsprechend dem „Stoffverteilungsplan" für das „Handbuch", als Einheit geplant, die aber im Verlauf sich ändernder Kompositionsideen für den Beitrag, wie sie der „Stoffverteilungsplan" und die „Einteilung des Gesamtwerkes" für den „Grundriß der Sozialökonomik" widerspiegeln, auseinandergerissen wurde.

Die Manuskripte bestehen aus teils mehrfach handschriftlich bearbeiteten maschinenschriftlichen Blättern, unveränderten maschinenschriftlichen sowie rein handschriftlichen Blättern; Weber korrigierte, glossierte, allongierte und collagierte im Zuge seiner redaktionellen Bearbeitung der Texte. Für die Edition der Texte im Rahmen der MWG waren die Herausgeber bemüht, diese materiale Textgestalt mit Hilfe eines negativen Variantenapparates möglichst vollständig und textgetreu wiederzugeben. Um sich davon ein Bild zu machen, sei der Leser auf das Lesartenverzeichnis sowie die dazu gegebenen Hilfsmittel („Textgruppenübersicht") in MWG I/22-3 verwiesen. Das gilt ebenso für die Sachkommentierung, welche die Texte sachlich, wissenschafts- und zeitgeschichtlich erschließt.

In der vorliegenden Studienausgabe kommt nur der Text letzter Hand zum Abdruck. Die Textkonstitution folgt dabei grundsätzlich den Editionsregeln der MWG. Varianten und Emendationen sind im textkritischen Apparat von MWG I/22-3 nach den ebd., S. 156ff. dargelegten Grundsätzen nachgewiesen. Darüber hinaus sind, im Einklang mit Regeln der MWG, in folgenden Fällen stillschweigende Texteingriffe vorgenommen worden:

a) *bei Tippfehlern*: nicht von Weber korrigierte Tippfehler und offenkundig fehlerhafte Satzzeichen in den maschinenschriftlichen Manuskripten werden emendiert.

b) *bei ss/ß und Umlautschreibung*: Umlaute in den Typoskripten werden der heutigen Schreibweise angeglichen; ebenso wird die Schreibweise ss für ß zu ß vereinheitlicht.

c) *bei Abkürzungen*: Sie werden, sofern sie schwer verständlich und heute nicht mehr üblich sind, in eckigen Klammern ausgeschrieben.

d) *bei Texthervorhebungen und Satzanweisungen*: Die von Weber handschriftlich in die Typoskripte eingefügten Unterstreichungen und – mit wenigen Ausnahmen – An-/Abführungszeichen werden stillschweigend umgesetzt. Webers Satzanweisungen werden realisiert (sind aber zudem in MWG I/22-3 nachgewiesen).

e) *bei Überschriften*: Die optische Darstellung der Überschriften wird vereinheitlicht. Das betrifft z.B. unterstrichene und nicht unterstrichene Überschriften.

Zur Entstehung und Überlieferung der Texte

Die Wirtschaft und die Ordnungen
S. 1–21

I. Zur Entstehung

In dem Text „Die Wirtschaft und die Ordnungen" entwickelt Max Weber die Unterscheidung zwischen einer soziologischen und einer juristischen Betrachtungsweise des Rechts, wie er es bereits 1907 in der kritischen Besprechung von Rudolf Stammlers Buch über „Wirtschaft und Recht nach der materialistischen Geschichtsauffassung" und erneut auf dem Ersten Deutschen Soziologentag im Oktober 1910 getan hatte. In diesem Text stellt Weber ein weiteres Mal die zentralen Differenzen zu Stammler heraus: das Erfordernis eines rein empirischen Rechts- und Geltungsbegriffs für die Analyse der „Beziehungen zwischen Wirtschaft und Recht" einerseits, die Untauglichkeit eines erkenntnislogisch gemeinten „Form"-Begriffs für die empirische Analyse sozialer Ordnungen andererseits. Das Manuskript enthält drei Abschnitte: Im ersten Abschnitt entwickelt Weber den empirischen im Gegensatz zum juristischen Rechtsbegriff. Im zweiten Abschnitt werden die Beziehungen des Rechts zu anderen gesellschaftlichen Ordnungen (Sitte, Konvention) und zur empirisch verstandenen Wirtschaftsordnung erörtert. Die allgemeinen wechselseitigen Bezüge zwischen Wirtschaft und Recht, die „keinerlei eindeutig, ‚funktionelle' Beziehung zwischen ihnen" darstellten (Weber, Verhandlungen 1910, S. 270), diskutiert Weber im abschließenden dritten Abschnitt.

1. Die äußere Gestalt des Manuskripts

Bei dem Text „Die Wirtschaft und die Ordnungen" handelt es sich um ein 20-seitiges Manuskriptkonvolut. Mehrere Bearbeitungsstufen sind nachweisbar. Um wie viele es sich handelt, läßt sich nicht mehr mit Bestimmtheit sagen. Zugrunde liegt ein Typoskripttext. Er wurde mit Hilfe mehrerer Schreibmaschinen sowie diesen jeweils zuzuordnenden Papiersorten hergestellt. Das Typoskript enthält noch keine Verweise auf andere Texte. Dieser Grundtext wurde von Max Weber umfassend handschriftlich bearbeitet und im Zuge der Bearbeitung durch Beschreibung der Blattränder und angeklebte Papierstücke (Allongen) stellenweise erweitert. Bei der handschriftlichen Bearbeitung und Erweiterung wurden die soziologischen Grundbegriffe eingebracht, die Max Weber im Aufsatz „Über einige Kategorien der verstehenden Soziologie" entwickelt. Auch erhält der Text nun Verweise auf andere Grundriß-Texte sowie den Kategorienaufsatz selber. An zwei Stellen sind maschinenschriftlich geschriebene Seiten nachträglich in das Typoskript-Grundgerüst eingefügt worden. Auch sie sind handschriftlich bearbeitet. Es spricht vieles dafür, daß diese Veränderung und Erweiterung nicht in einem Zug, sondern in mehreren Schritten geschehen ist. Wie die Satzanweisungen zeigen (z.B. „Petit“ oder „Absatz“), hatte Max Weber begonnen, das Manuskript für die Drucklegung vorzubereiten.

2. Der Entstehungskontext

Auf eine vermutliche Entstehung des Manuskripts im Kontext von Webers Beitrag „Wirtschaft und Gesellschaft“ für das „Handbuch der politischen Ökonomie“, der später als „Grundriß der Sozialökonomik“ bezeichnet wurde, und auf einen wohl ursprünglich beabsichtigten Zusammenhang mit dem Text „Die Entwicklungsbedingungen des Rechts“ wurde bereits in dem Abschnitt „Zur Textkonstitution“ hingewiesen. Den beiden überlieferten Dispositionen des „Handbuchs“ bzw. des „Grundriß“ lassen sich darüber hinaus einige weitere Hinweise zur Entstehung des Textes entnehmen.

Aus dem im Mai 1910 per Rundschreiben an die Autoren des Sammelwerkes versendeten sog. Stoffverteilungsplan geht hervor, daß Weber drei Unterabschnitte vorsah: „Wirtschaft und Recht“, „Wirtschaft und soziale Gruppen“ sowie „Wirtschaft und Kultur“. Der erste Unterabschnitt sollte zwei Teile umfassen: „a) Wirtschaft und Recht, 1. prinzipielles Verhältnis, 2. Epochen der Entwicklung des heutigen Zustands“. In einem vor allem grundbegrifflichen Sinne behandelt „Die Wirtschaft und die Ordnungen“ das prinzipielle Verhältnis von Wirtschaft und Recht. Auch die Terminologie des Typoskripts weist in diese Richtung. Ihm fehlen allerdings noch die abgeleiteten Formen des „Gemeinschaftshandelns“, die Weber im Kategorienaufsatz eingeführt hat (also das „Einverständnis“-, „Gesellschafts“-, „Verbands“- und „Anstaltshandeln“). Sie wurden erst im Zuge der handschriftlichen Bearbeitung eingebracht. Der ansonsten selten benutzte Ausdruck „soziale Gruppe“ stammt offenbar auch aus dieser Arbeitsphase, da der Stoffverteilungsplan unter Punkt b) aufführt: „Wirtschaft und soziale Gruppen (Familien- und Gemeindeverband, Stände und Klassen, Staat)“. Der Begriff der „sozialen Gruppe“ figuriert hier als Sammelausdruck für die sich aufstufenden Gemeinschaftsformen. An seine Stelle tritt in der „Einteilung des Gesamtwerkes“ von 1914 („Werkplan“) der Begriff der „Gemeinschaft“ bzw. der verschiedenen „Gemeinschaften“, wobei der Werkplan selbst ebenso wie erkennbare Textentwicklungen in „Die Wirtschaft und die Ordnungen“ bereits den Übergang zum „Verband“ signalisieren, den spätestens die sog. Erste Lieferung (1921) vollzieht.

Der Werkplan gibt eine Kurzübersicht über die in Webers Grundrißbeitrag zu behandelnden Themenkomplexe, die sachlich weitgehend dem entspricht, was dieser dem Verleger im Dezember 1913 vorab brieflich angekündigt hatte. Sein GdS-Beitrag sollte demnach eine Soziologie der Gemeinschaftsformen von der Hausgemeinschaft bis zum Staat jeweils in ihrem Verhältnis zur Wirtschaft entwerfen. Der Werkplan nennt als Bestandteil des Beitrags, nun „Die Wirtschaft und die gesellschaftlichen Ordnungen und Mächte“ betitelt, im Rahmen einer einleitenden Begriffslehre („1. Kategorien der gesellschaftlichen Ordnungen“) u. a. den Abschnitt „Wirtschaft und Recht in ihrer prinzipiellen Beziehung“. Dies entspricht fast wörtlich einer Formulierung am Ende des ersten Absatzes von „Die Wirtschaft und die Ordnungen“ und greift zugleich die Formulierung aus dem älteren Stoffverteilungsplan wieder auf (MWG II/6, S. 766–774). Die Parallelen deuten auf eine Kontinuität hin. Der überlieferte Titel des Manuskripts „Die Wirtschaft und die Ordnungen" entspricht sachlich einer Erweiterung der Beziehung zum Recht um den normativen Kosmos von Sitte, Konvention und Gewohnheit. Aus dem anti-stammlerschen Projekt entwickelt und den sog. Stoffverteilungsplan von 1909/10 ausfüllend, weist der sachliche Gehalt des Textes über die ursprüngliche Kompositionsidee hinaus, sperrt sich aber zugleich einer eindeutigen Zuordnung zum Werkplan von 1914, da der Titel „Die Wirtschaft und die Ordnungen" keinem der beiden Projektpläne gänzlich entspricht. Dies hat Konsequenzen für die umstrittene Frage der Einordnung des Textes in den Rahmen des Weberschen Vorhabens.

Für die *Positionierung* von „Die Wirtschaft und die Ordnungen" im Grundrißgefüge kommen den *Verweisen* maßgebliche Bedeutung zu. Sie wurden von Weber für dieses Manuskript alle erst im Zuge der handschriftlichen Bearbeitung der Typoskriptfassung eingefügt. Es handelt sich im Einzelnen um einen Vorausverweis, der sich in der „Herrschaftslehre" wie im Abschnitt „Wirtschaftliche Beziehungen der Gemeinschaften im allgemeinen" auflösen läßt, einen Vorausverweis auf das Marktkapitel und einen Verweis auf den Abschnitt über „Ethnische Gemeinschaften". Letzteren hat Weber zunächst als Rückverweis, dann als Vorausverweis und schließlich wieder als Rückverweis formuliert. Ein *Rückverweis* auf die „Ethnischen Gemeinschaften" scheint eine Spitzenstellung von „Die Wirtschaft und die Ordnungen" auszuschließen, während der ursprünglich als *Vorausverweis* formulierte Bezug der Positionierung am Anfang entsprechen würde, soweit man am Werkplan von 1914 als Disposition für die Anordnung der Vorkriegsmanuskripte zu Webers Grundrißbeitrag festhält. Zumindest zum Zeitpunkt der letztgültigen Verweisformulierung entsprach die Einordnung des Textes in die entstehende Manuskriptmasse *noch nicht* oder *nicht mehr* diesem Werkplan.

Eine weitere Veränderung kommt hier zum Tragen. Die römische Bezifferung des Manuskripts („I."), die Weber nach mehreren Anläufen einer letztlich verworfenen Paragrapheneinteilung wählt, könnte durchaus die im Werkplan vorgesehene vordere Position stützen. Insgesamt bleibt jedenfalls – auch angesichts der Paragraphengliederung des Textes „Die Entwicklungsbedingungen des Rechts" und des nach arabischer Bezifferung gegliederten Textes „Die Wirtschaft und die Ordnungen" – zu beachten, daß die beiden Texte, die einmal als Einheit geplant waren, 1914 nicht mehr der Anordnung des Stoffverteilungsplanes von 1909/10 folgen. Gleichwohl besteht keinerlei Zweifel daran, daß „Die Wirtschaft und die Ordnungen" ursprünglich zu dem Grundrißvorhaben Webers gehörte und auch nach der veränderten Disposition einen Platz darin gefunden hätte.

3. Zur Datierung

a) Zusammenhang mit dem Kategorienaufsatz

Für ein werkgeschichtliches Verständnis des Manuskriptes ist der Zusammenhang mit dem Aufsatz „Über einige Kategorien der verstehenden Soziologie" von Belang. Weber hatte, wie schon bemerkt, die soziologischen Grundbegriffe erst im Zuge der handschriftlichen Bearbeitung in den zu edierenden Text „Die Wirtschaft und die Ordnungen" eingearbeitet. Außerdem hat er den Text mit Rückverweisen und immanenten Verweisen versehen, die sich im Kategorienaufsatz auflösen lassen. Diesen Aufsatz hatte Weber – wie er in der Einleitungsfußnote schreibt – ursprünglich für seinen Handbuchbeitrag geschrieben; und noch die im Werkplan vorgesehene „soziologische" Kategorienlehre („1. Kategorien der gesellschaftlichen Ordnungen. […]") scheint mit einem Unterabschnitt über „Wirtschaft und Recht in ihrer prinzipiellen Beziehung" einen engen Zusammenhang zu bekräftigen. Indessen entschloß sich Weber Mitte 1913, den Kategorienaufsatz separat zu publizieren, womit die dorthin aufzulösenden Verweise, u. a. auf die Definition des „Zwangsapparates", leerliefen. Nun ist ein (nicht überliefertes) grundbegriffliches Äquivalent zum Kategorienaufsatz, auf den die Verweise in „Die Wirtschaft und die Ordnungen" sinnvoll Bezug nehmen könnten, an sich ebensowenig auszuschließen wie ein möglicher Wiederabdruck des (überarbeiteten) Aufsatzes im Rahmen des „Grundriß der Sozialökonomik". Denkbar wäre immerhin auch, daß die Verweise als Platzhalter fungieren sollten bis zu dem Zeitpunkt, zu dem entweder ein Äquivalent erstellt oder aber eine andere Lösung gefunden worden wäre.

Sicher ist nach der Textlage, daß Weber durch sorgfältige redaktionelle Bearbeitung „Die Wirtschaft und die Ordnungen" auf das im Kategorienaufsatz erreichte Begriffsniveau gebracht hat, indem er den Grundbegriff des „Gemeinschaftshandelns" durch die jeweils passenden abgeleiteten „Kategorien" des „Einverständnis"-, „Gesellschafts"-, „Verbands"- und „Anstaltshandelns" ersetzt. Und ebenso: Sollte dieser Teiltext tatsächlich einmal zum Manuskriptbestand des Kategorienaufsatzes gehört haben, dann basiert die maschinenschriftliche Grundschicht wohl auf einer frühen Textfassung desselben. Zumindest die früheste terminologisch relevante Bearbeitung von „Die Wirtschaft und die Ordnungen" könnte dann zusammen mit der des ursprünglichen Manuskriptes des Kategorienaufsatzes, noch vor dessen Publikation, erfolgt sein. Da aber sämtliche Textverweise auf den Kategorienaufsatz aus der manuellen Redaktionsschicht stammen, *muß* man diese Bearbeitung entweder zeitlich vor dem Entschluß zur Separatveröffentlichung ansetzen oder die erwähnten Möglichkeiten einer Doppelpublikation oder eines noch zu schaffenden grundbegrifflichen Äquivalents in Betracht ziehen.

Der Kategorienaufsatz, oder besser die dort entfaltete Kategorienterminologie, könnte also hilfreich sein bei dem Versuch, den Entstehungszeitraum von „Die Wirtschaft und die Ordnungen" einzugrenzen. Dann nämlich, wenn sich die Herstellungszeit dieses Aufsatzes und dieser Terminologie näher bestimmen ließe. Dies scheint auf den ersten Blick auch möglich zu sein, und zwar aufgrund von textlichen und brieflichen Hinweisen, die Weber selbst zu diesem Thema gibt. So heißt es in der Einleitungsfußnote des Ende 1913 im „Logos" publizierten Aufsatzes: „Keineswegs alle nachstehend (unten V–VII) aufgestellten Kategorien sind wir *genötigt* zu bilden. Sie sind zum Teil entwickelt, um zu zeigen, was Stammler ‚hätte meinen sollen'." Und Weber fährt fort: „Der zweite Teil des Aufsatzes ist ein Fragment aus einer schon vor längerer Zeit geschriebenen Darlegung, welche der methodischen Begründung sachlicher Untersuchungen, darunter eines Beitrags (‚Wirtschaft und Gesellschaft') für ein demnächst erscheinendes Sammelwerk dienen sollte […]." Was hat es mit diesen Hinweisen Webers, zu denen noch eine Briefpassage hinzutritt, auf sich?

Nach überwiegender Ansicht bezieht sich die Formulierung „zweiter Teil" auf die Abschnitte IV–VII dieses Aufsatzes, in denen die soziologischen Kategorien, insbesondere das Einverständnis und seine Ableitungen, definiert werden. Was heißt es nun, wenn Weber sagt, dieser „zweite Teil" sei schon „vor längerer Zeit" geschrieben worden? Ein Brief an Heinrich Rickert, den Herausgeber der Zeitschrift „Logos“, gibt hierzu vielleicht näheren Aufschluß. Anfang September 1913 kündigt Weber darin die Manuskriptversendung des Kategorienaufsatzes mit den Worten an, er sende nun der Logos-Redaktion „den Aufsatz, der fertig da liegt, in seinem ursprünglichen Teil schon seit 3/4 Jahren, jetzt durchgesehen und mit einigen ‚methodischen‘ Bemerkungen eingeleitet [...]“. In der Lesart von „3/4 Jahren“, von der entscheidend die Datierung des „ursprünglichen Teils“ des Kategorienaufsatzes abhängt, gehen die Meinungen auseinander. Liest man ‚ein dreiviertel Jahr‘, dann wäre dieser Teil etwa Ende 1912/Anfang 1913 fertiggestellt worden. Man kann dagegen auch „3, 4“ Jahre lesen und käme dann auf 1909/1910 als möglichen Entstehungszeitraum. Weber schlägt im selben Brief vor, ggf. zunächst „nur den ursprünglichen Teil [zu] drucken“. Denkt man dabei mit der überwiegenden Ansicht an die Abschnitte IV–VII, also die Entfaltung der Kategorien, ergeben sich folgende Interpretationsmöglichkeiten: Entweder hat Weber die Kategorien im zeitlichen Kontext ihrer systematischen Formulierung, also ab Ende 1912 gebraucht und in die handschriftliche Bearbeitung eingebracht. Oder die handschriftliche Überarbeitung des Textes, mit der die Kategorien eingearbeitet wurden, erfolgte schon zu einer wesentlich früheren Zeit, d.h. bereits ab 1909/10.

Die Überlieferung macht eine eindeutige Entscheidung für einen „frühen“ oder „späten“ Kategoriengebrauch schwierig: Geht man von einer frühen Datierung (und entsprechenden frühen Einarbeitung der „neuen“ Begrifflichkeit“) aus, stößt man im vorliegenden Text auf eine Ausnahme: Auf einer Allonge werden das „Einverständnishandeln“ und die entwickelte Begrifflichkeit des Kategorienaufsatzes verwendet. Die Rückseite der Allonge – auf welche die erstgenannte aufgeklebt ist – enthält einen Briefentwurf, der vermutlich im Kontext einer Sorgerechtsauseinandersetzung verfaßt wurde, in welche die mit Max und Marianne Weber befreundete Frieda Gross verwickelt war. Weber hat Frieda Gross in dieser Angelegenheit zwischen November 1913 und August 1914 intensiv beraten. Nach den sachlichen Hinweisen, die das Brieffragment enthält, könnte der Entwurf zwischen den Schreiben Webers an ihren Anwalt Otto Pellech vom 30. Januar und 11. Februar 1914 einerseits und den Briefen an Frieda Gross vom 4. und 16. März 1914 andererseits (MWG II/8, bes. S. 502 und 555) entstanden sein – was dann belegen würde, daß Weber diese Begriffe auch später noch aktiv verwendete. Der einfachste Grund hierfür könnte freilich gerade in der Parallelität der Entstehungskontexte liegen. Kategorien wie das „Einverständnishandeln“ waren noch nicht verfügbar und hätten im Zuge redaktioneller Überarbeitungen (nach dem Vorbild des vorliegenden Textes) erst eingebracht werden müssen. Doch bewegen wir uns hier unvermeidlich sehr weitgehend auf dem Feld von Hypothesen und mehr oder weniger plausiblen Annahmen.

So bliebe bei einer späten Datierung der Kategorienformulierung und ihres Gebrauchs erklärungsbedürftig, warum er sie in zeitgleich entstandenen Texten, etwa zur „Wirtschaftsethik der Weltreligionen“, nicht verwendete.

Man könnte dagegen überlegen, die oben zitierte Anschlußformulierung aus der Einleitungsfußnote des Kategorienaufsatzes („Der zweite Teil des Aufsatzes ist ein Fragment [...]“) abgelöst vom vorhergehenden Satz im Sinne von „der andere Teil“ zu lesen und auf die Abschnitte I–IV zu beziehen. Der „zweite (ältere) Teil“ beinhaltete demnach die logisch-methodischen Grundlagen sowie das „Gemeinschaftshandeln“ als grundlegenden soziologischen Begriff, den auch das Typoskript von „Die Wirtschaft und die Ordnungen“ enthält. Liest man weiterhin „3, 4“ Jahre und bezieht den von Weber zur Publikation bestimmten „ursprünglichen“

Teil auf die methodisch-wissenschaftssystematischen Abschnitte I–IV, wäre das gerade im Hinblick auf den – offenbar durch die für Januar 1914 geplante Werturteilsdebatte des Vereins für Sozialpolitik motivierten – Veröffentlichungszeitpunkt plausibel, da diese Abschnitte schließlich das „methodische" Fundament der nachfolgenden Begriffspyramide bilden. Nach diesem Verständnis sind das Einverständnis, seine Komposita und Ableitungen wesentliche Begriffsinnovation des Kategorienaufsatzes und wiederum Produkte späterer Textentwicklung, wären demnach im Zuge der neuerlichen Durchsicht für die beabsichtigte Publikation, also Anfang bis Mitte 1913, eingefügt worden. Auch diese Auffassung würde für einen relativ späten terminus post quem für die handschriftlichen Revisionen von „Die Wirtschaft und die Ordnungen" sprechen.

b) Zeitlicher Horizont der spätesten Manuskriptbearbeitung

Es gibt darüber hinaus eine Reihe weiterer Indikatoren, die belegen, daß Max Weber 1913/14 an dem Manuskript „Die Wirtschaft und die Ordnungen" Veränderungen vorgenommen hat.

Einer von ihnen ist das oben erwähnte Brieffragment, das auf eine Bearbeitung von „Die Wirtschaft und die Ordnungen" noch im Frühjahr 1914 hindeutet (vgl. oben, S. 253).

Eine Reihe von Indizien spricht andererseits gegen eine Bearbeitung des Textes während des Krieges oder danach. So sind weder literarische noch zeitgeschichtliche Hinweise im Text auszumachen, die über das Jahr 1914 hinausreichen. Soweit der Text im Anschluß an Webers Stammler-Kritik und die Soziologentagsdiskussion das Problem der Abgrenzung empirischer und normativer Disziplinen behandelt, fällt auf, daß die zwischen 1915 und 1917 im „Archiv für Sozialwissenschaft und Sozialpolitik" (dessen Mitherausgeber Weber war) ausgetragene Kontroverse zwischen Eugen Ehrlich als Vertreter einer soziologischen Rechtswissenschaft und Hans Kelsen als Exponent einer rein normativen Rechtswissenschaft keinerlei Niederschlag findet. Und angesichts der 1917 mit dem Verleger besprochenen Möglichkeit, die methodologischen Arbeiten, darunter den Kategorienaufsatz „in etwas geänderter (gemeinverständlicher) Form", als Sonderband zu publizieren (MWG II/9, S. 829 und S. 648f.), hätte die sorgfältige begriffliche Adaption des Textes an die Kategorienterminologie bei erneuter Durchsicht wohl kaum Bestand gehabt. Umgekehrt dokumentieren die Charakterisierung der Duellpflicht als „staatliche Rechtspflicht"(oben, S. 6) ebenso wie die Diskussion der sog. Verfassungslücken anhand von staatsorganisationsrechtlichen Konstellationen der konstitutionellen Monarchie so eindeutig die Rechtslage des Kaiserreichs, daß diese Beispiele nach Revolution und demokratischer Neuordnung nicht mehr als geltender Rechtszustand hätten beschrieben werden können.

c) Zeitlicher Horizont der frühesten Textbearbeitung

Kommt also das Frühjahr 1914 als spätester Bearbeitungszeitraum des überlieferten Manuskripts in Betracht, so könnten die verschiedenen Korrekturhandschriften Hinweise auf die früheste anzunehmende Typoskriptbearbeitung enthalten, wenn sie sich mit anderen, zeitlich bestimmten oder bestimmbaren Merkmalen verknüpfen lassen. Zwar widerspricht es auf den ersten Blick der relativen Chronologie dieser Handschriften (erst gut lesbare Schreibschrift, dann „Konzeptschrift" in mehreren Arbeitsstufen), daß auf die begrifflich wichtige Unterscheidung von

„Sitte" und „Konvention", welche Weber zu Beginn des zweiten Abschnitts von „Die Wirtschaft und die Ordnungen" handschriftlich in „Konzeptschrift" einführt, im Zuge der sonst durchweg früheren gut leserlichen Redaktionsstufe am Anfang des dritten Abschnitts rückverwiesen wird. Doch zielte der Verweis ursprünglich offenbar auf eine Textstelle in der Mitte des zweiten Abschnitts, an welcher die Unterscheidung ebenfalls in gut leserlicher Schrift eingearbeitet ist, um erst im Zuge der späteren definitorischen Begriffserweiterung auf den Anfang des Abschnitts umgelenkt zu werden. Nun enthält jedenfalls die *publizierte* Fassung des Kategorienaufsatzes, dessen Manuskript Weber der Logos-Redaktion Anfang September 1913 zusandte, eine begrifflich entsprechende Differenzierung zwischen „Sitte" und „Konvention". Berücksichtigt man die nachweislich enge Verbindung von „Die Wirtschaft und die Ordnungen" zum Kategorienaufsatz, dann erscheint die Annahme plausibel, daß die fragliche Begriffsklärung auch dort erst später eingearbeitet wurde. Dies wiederum bestätigt einerseits das „Einverständnis" als entscheidende Neuerung der *Druckfassung* dieses Aufsatzes, denn die hier interessierende Differenz wird mit Hilfe dieses Terminus begrifflich faßbar. Andererseits setzt damit auch die früheste handschriftliche Bearbeitungsstufe den entwickelten Begriffsapparat des Kategorienaufsatzes voraus, wäre also nach dem hier angenommenen Zeitrahmen nicht vor Anfang/Mitte 1913 zu datieren.

In der Typoskriptfassung von „Die Wirtschaft und die Ordnungen" fehlt – mit Ausnahme des Gemeinschaftshandelns – nicht nur die ausgearbeitete Kategorienterminologie. Gegenüber dem Text letzter Hand dominiert die explizite Auseinandersetzung mit der „Soziologie" Stammlers, die hauptsächlich im späteren zweiten Abschnitt über „Rechtsordnung, Convention und Sitte" stattfindet, während die erweiternde Umarbeitung, etwa des späteren ersten Abschnitts mit den Ausführungen zur „empirischen Rechtsordnung" und zum „garantierten Recht", zunehmend die Form einer positiven Begriffskritik annimmt (Geltungsbegriff, Rechtsbegriff, Garantienlehre). Gegenüber dem Text letzter Hand steht vor allem die Typoskriptfassung ganz im Zeichen der Stammler-Kritik aus dem Jahre 1907, an welche Weber in seinem Beitrag zur Neuauflage des „Handbuchs der politischen Ökonomie", des späteren „Grundriß der Sozialökonomie", anknüpfte. In diesem Zusammenhang kommt Webers uneingelöster Ankündigung einer Fortsetzung dieser Kritik besondere Bedeutung zu. Bekanntlich veröffentlichte Marianne Weber nach dem Tod ihres Mannes ein dazu passendes Textfragment aus dem Nachlaß, das ihm vermutlich als Material für zentrale Typoskriptteile des späteren zweiten Abschnitts von „Die Wirtschaft und die Ordnungen" diente. Der Vergleich des Typoskripts zu „Die Wirtschaft und die Ordnungen" mit der Textgestalt des Nachlaßfragments spricht jedoch gegen eine *direkte* Verwertung von vorhandenen Manuskriptteilen. Davon abgesehen, daß die Formulierungen in der Sache zwar vielfältige Parallelen aufweisen, aber nirgends übereinstimmen, fehlt im Stammler-Nachtrag vor allem der Grundbegriff des „Gemeinschaftshandelns". Dementsprechend dürften die Typoskriptteile von „Die Wirtschaft und die Ordnungen" frühestens 1909/10, und zwar *für* das „Handbuch der politischen Ökonomie", abgefaßt worden sein.

Das gilt auch für die eingeschobenen Typoskriptsegmente, die von der spezifischen Terminologie des Kategorienaufsatzes nur das „Gemeinschaftshandeln" enthalten. Zwar erwähnt Weber im ersten Typoskripteinzug neben Recht und Konvention ausdrücklich auch die „Sitte" als mögliche Quelle verbindlicher Umgangsformen der Staatsorgane untereinander, doch zeigt der weitere Typoskripttext, daß „Sitte" und „Konvention" noch synonym verwendet werden. Gleiches gilt für die zur soziologischen Analyse verfassungsrechtlicher „Lücken" hier noch unverfügbare Kategorie des „*indirekt garantierten* Rechts", welche die Entwicklung der Garantienlehre voraussetzt und deshalb erst auf einer späteren Textstufe handschriftlich eingefügt werden konnte.

Hinsichtlich der Datierung des vorliegenden Textes läßt sich somit festhalten: Den Text der Typoskriptfassung von „Die Wirtschaft und die Ordnungen" hatte Weber wohl schon sehr früh im Anschluß an die Stammler-Kritik von 1907, aber vermutlich eigens für seinen ab 1909 konzipierten Handbuchbeitrag und vielleicht als Teil des späteren Kategorienaufsatzes verfaßt. Die handschriftlichen Bearbeitungen, welche die entwickelte Kategorienterminologie voraussetzen, sind nach der hier vertretenen Deutung des Textbefundes Produkte einer relativ späten Arbeitsphase an seinem Handbuch-, nunmehr Grundriß-Beitrag und vermutlich erst Anfang/Mitte 1913 bis Frühjahr 1914 entstanden.

II. Zur Überlieferung und Edition

Die Edition folgt dem Originalmanuskript, das sich im Deponat Max Weber, Bayerische Staatsbibliothek München, unter der Signatur Ana 446, OM 6, befindet. Ediert wird der Text letzter Hand, der das Typoskript einschließlich der handschriftlichen Bearbeitungen und Erweiterungen umfaßt.

Die Textüberschrift und die drei Abschnittsüberschriften hat Weber handschriftlich in den Text eingefügt. Sie sind somit von Weber autorisiert und werden zusammen mit der römischen Kapitel- und arabischen Abschnittsnumerierung für die Edition übernommen.

Weber sah anfangs abwechselnd für den gesamten Text und für die Einzelabschnitte eine Paragrapheneinteilung vor, die er schließlich zugunsten der römischen Kapitel- und arabischen Abschnittsnumerierung aufgab. Zunächst hatte er offenbar eine Paragraphengliederung in zwei Abschnitten geplant. Jeweils mit §-Zeichen und Spatium versehen waren die erste und dritte Abschnittsüberschrift: „§ [Spatium] Rechtsordnung und Wirtschaftsordnung" sowie „§ [Spatium] Grenzen des Rechtszwangs". Der Titel des Abschnitts 2 „Rechtsordnung, Convention und Sitte" wurde ohne §-Zeichen nachträglich in den laufenden Text inseriert (oben, S. 7). Weber entschied sich offensichtlich bei diesem Vorgang, die Paragraphengliederung zugunsten einer arabischen Gliederung aufzugeben.

[Die Entwicklungsbedingungen des Rechts] *S. 22–166*

I. Zur Entstehung

1. Der Text

Unter den Manuskripten, die Marianne Weber im Nachlaß ihres Mannes entdeckte, befand sich auch ein Konvolut ohne Überschrift, das sie unter dem Titel „Rechtssoziologie" veröffentlichte. Den Titel wählte sie offenbar aufgrund von gleichlautenden Verweisen in der Ersten Lieferung zu „Wirtschaft und Gesellschaft", die Max Weber noch zum Satz gegeben hatte. Es handelt sich bei dem Text um ein Konvolut von 138 maschinengeschriebenen, handschriftlich von Weber bearbeiteten Manuskriptblättern, fünf rein handgeschriebenen Seiten, sechs Einlegeblättern mit Paragraphentiteln und Inhaltsübersichten von Webers Hand, schließlich einem Umschlagbogen mit Notizen Marianne und Max Webers – insgesamt also 150 Blättern, alle in Normalpapierformat. Das Manuskript ist nahezu vollständig überliefert; der § 8 ist allerdings wohl verloren. Weber hat den Text, wie aus zahlreichen Satzanweisungen und insbesondere aus den Einlegeblättern mit Inhaltsverzeichnis hervorgeht, vorläufig für den Druck vorbereitet, ohne das Manuskript jedoch – weder vor Kriegsausbruch noch nach Kriegsende – tatsächlich aus der Hand gegeben zu haben. Im Rahmen der Edition von Max Webers nachgelassenen Texten zu „Wirtschaft und Gesellschaft" zeichnet sich der hier edierte Text durch seine umfangreiche und nahezu vollständige Originalüberlieferung aus.

Beim Titel wird auf die Disposition von Max Webers Beitrag zum „Grundriß der Sozialökonomik" aus dem Jahre 1914 („Werkplan") zurückgegriffen. Dort waren unter Punkt 7, in Verbindung mit dem „politischen Verband", Ausführungen zu „Die Entwicklungsbedingungen des Rechts" vorgesehen.

Das Manuskript enthält eine kulturvergleichende Untersuchung über die „Entwicklungsbedingungen des formal rationalen Rechts" in acht Paragraphen. Weber beginnt mit einem Überblick über die charakteristische Differenzierung der Stoffgebiete des modernen Rechts (Öffentliches Recht/Privatrecht; Strafrecht/Zivilrecht; Prozeßrecht/materielles Recht etc.), dessen formal rationale Struktur zugleich den Maßstab für die am Ende des § 1 entwickelte Typologie von Formen und Richtungen der Rechtsrationalisierung bildet. Diese wiederum fungiert gleichsam als begrifflich-methodischer Orientierungsrahmen einer weit ausgreifenden Analyse der „Entwicklungsbedingungen des Rechts" in den folgenden Paragraphen. Die für den okzidentalen Rechtsrationalismus grundlegenden Kategorien des subjektiven Rechts aus dem Geist des Vertrags und des objektiven Rechts als Ausfluß vor allem des Satzungsprinzips werden in den §§ 2 und 3 behandelt. Der Einwirkung verschiedener Arten von Rechtshonoratioren, theokratischen und politischen Gewalten auf die formalen Qualitäten des Rechts geht Weber in den §§ 4–6 nach. Überlegungen zur soziologischen Wirkung des Naturrechtskonzepts für den

Prozeß der Rechtsrationalisierung und zu den innerjuristischen Ambivalenzen des modernen Rechtsformalismus beschließen Webers universalhistorisch und rechtsvergleichend angelegten Text.

2. Der Entstehungskontext: „Handbuch der politischen Ökonomie" – „Grundriß der Sozialökonomik"

Der Stoffverteilungsplan von 1909/10 führt den Abschnitt „Wirtschaft und Gesellschaft" als dreiteiligen Hauptbeitrag an, dessen erster Unterabschnitt „a) Wirtschaft und Recht" u.a. Ausführungen zum Thema „2. Epochen der Entwicklung des heutigen Zustands" vorsah. Es ist sachlich naheliegend, in den ältesten Teilen des umfänglichen Manuskripts der „Entwicklungsbedingungen des Rechts" die Umsetzung dieses Vorhabens zu vermuten. Die textlichen Hinweise, die diese Annahme stützen, machen allerdings zugleich deutlich, daß der Zuschnitt der „Entwicklungsbedingungen des Rechts" zunächst ein wesentlich anderer gewesen ist, als ihn der überlieferte Text letzter Hand präsentiert.

In einer später überarbeiteten Typoskriptgrundschicht des § 2 werden auf knapp zehn Seiten die „elementarsten Beziehungen zwischen Recht und Wirtschaft" unter entwicklungsgeschichtlichem Aspekt (oben, S. 34) behandelt, wird also Punkt 2 der Gliederung des Stoffverteilungsplans offenbar umgesetzt. Sachlich geht es in diesem Textgerüst um das Prinzip der Vertragsfreiheit, seine wesentlichen Merkmale (Schaffung subjektiver Rechte als Anspruchsnormierungen, Drittwirkung, Sonderrecht, Schranken), rechtshistorischen und rechtstechnischen Voraussetzungen sowie seine typischen Erscheinungsformen. Weber beschreibt die Verdrängung der traditionalen partikularistischen Rechtsverbände durch eine auf formaler Rechtsgleichheit beruhende Rechtsgemeinschaft als Resultat der „Markterweiterung" und „Bürokratisierung" (S. 59), in deren Verlauf die Autonomie ständischer oder stammesmäßiger Personenverbände durch eine jeweils genau umschriebene Rechtsautonomie von Individuen und Verbänden ersetzt wird. Denn die Realisierung formaler Rechtsgleichheit auf dem Boden des legitimen Rechtssetzungsmonopols des politischen Verbandes impliziert mit der Vorstellung subjektiver Rechte im Sinne anspruchsverleihender Normen die Konzeption entsprechenden „objektiven" Rechts (vgl. oben, S. 22, 59). Die begriffliche Unterscheidung wie das sachliche Komplementärverhältnis von „subjektivem Rechtsanspruch" und „objektiver Rechtsnorm" sind aber eng verbunden mit der im § 2 thematisierten „Entpersonalisierung" und „Versachlichung" des Rechts. Soweit diese Prozesse eine normativ regulierte Rechtssetzung und -durchsetzung auf der Grundlage von „Gewaltenteilung" voraussetzen und daraus weitere Leitdifferenzen des modernen Rechts generieren, sind zugleich die Themen der Typoskriptvorlage des späteren § 1 benannt, der deshalb vielleicht einmal die Darlegungen der Typoskriptgrundschicht des § 2 fortgesetzt hat, bevor Weber die Manuskriptseiten umstellte (vgl. MWG I/22-3, S. 652–676, Anhang II).

Wir vermuten also, daß zu den ersten Arbeiten Webers an „Wirtschaft und Gesellschaft" neben einem Abschnitt über das „prinzipielle Verhältnis" von Wirtschaft und Recht („Die Wirtschaft und die Ordnungen") auch ein damit zusammenhängender Text über die „Die Epochen der Entwicklung des heutigen Zustands" gehört hat, der mindestens das Typoskript des späteren § 2 umfaßt hat.

In der Korrespondenz mit dem Verleger nennt Weber das „Recht" erst 1913 wieder, und zwar in der stichwortartigen Beschreibung seines Hauptartikels zum „Handbuch" (MWG II/8, S. 52 und S. 87). So heißt es in einem an Paul Siebeck gerichteten Schreiben: „Ich bin eifrig an der Arbeit. Ich hoffe, der große Artikel: ‚Wirtschaft, Gesellschaft, *Recht* und Staat' wird das systematisch Beste, was ich bisher geschrieben habe [...]" (ebd., S. 87, Hervorhebung Hg.) In einem Schreiben vom November des gleichen Jahres hat sich der „große Artikel" bezeichnenderweise zu einer „Soziologie" ausgeweitet, in der das Recht allerdings nicht (mehr) eigens hervorgehoben wird (ebd., S. 344). Ebensowenig wird es in dem vielzitierten Brief vom Dezember 1913 genannt (ebd., S. 449 f.). Hier ist vielmehr die Rede davon, daß er (Weber) neben den „großen Gemeinschaftsformen" eine „umfassende soziologische Herrschafts- und Staatslehre" verfaßt habe, die man sich jedoch ohne eine Behandlung des Rechts kaum vorstellen kann. Was diese Übersicht implizit andeutet, ist eine Neukonzeption und veränderte Positionierung des Rechtskapitels, welche dann die „Einteilung des Gesamtwerkes" von 1914 (Werkplan) umsetzt. Während die allgemeine Erörterung der Beziehungen zwischen Wirtschaft und Recht, freilich um andere normative Ordnungen erweitert, in das Einleitungskapitel rückt („Kategorien der gesellschaftlichen Ordnungen. Wirtschaft und Recht in ihrer prinzipiellen Beziehung"), soll das materiale Rechtskapitel unter der Überschrift „Entwicklungsbedingungen des Rechts" nunmehr als untergeordneter Abschnitt der Erörterungen über den „Politischen Verband" (Punkt 7 des Werkplans) zwischen das Kapitel über „Die Marktvergemeinschaftung" und die Ausführungen über „Die Herrschaft" plaziert werden. Indem er seinen Beitrag zu einer „umfassenden soziologischen Theorie und Darstellung" ausarbeitete, löste Weber also die nach dem Stoffverteilungsplan zusammenhängende Erörterung der prinzipiellen Beziehungen zwischen Wirtschaft und Recht und ihrer entwicklungsgeschichtlichen Ausprägungen auf. Das Manuskript (Typoskripteinzüge und handschriftliche Bearbeitungen) spiegelt die veränderte Disposition zu den Rechtstexten für den Grundrißbeitrag, die der Werkplan vom Frühjahr 1914 dokumentiert, wider.

Die aus den Umarbeitungen und Erweiterungen ersichtliche Textentwicklung der „Entwicklungsbedingungen des Rechts" gibt einige sachliche Ansatzpunkte, die ihre Zuordnung zum Abschnitt über den politischen Verband nachvollziehbar erscheinen lassen. So läßt sich das zunehmende Gewicht erkennen, das Weber der Analyse der politischen Herrschaftsstrukturen im Hinblick auf die Rechtsentwicklung einräumt. Die wechselseitigen Bezüge zwischen Wirtschaft und Recht waren ohne die gleichzeitige Berücksichtigung der Metamorphosen des „politischen Verbandes" als wichtigem Katalysator kaum zu erklären. Was Weber im Schlußabschnitt des § 1 und in der Anfangssequenz des § 8 über die herausragende Bedeutung der politischen Herrschaftsformen für die Rechtsentwicklung sagt (vgl. oben, S. 32 und S. 155 ff.), findet über die verschiedenen Textstufen hinweg seinen sichtbaren Niederschlag. Namentlich für die Wahlverwandtschaft zwischen der okzidentalen ökonomischen und rechtlichen Rationalisierung spielt die politische Verbandsentwicklung eine zentrale Rolle (vgl. hierzu bes. oben, S. 157 f.). Aus dieser Sicht erscheint die Einordnung der „Entwicklungsbedingungen des Rechts" in den Abschnitt über den politischen Verband folgerichtig.

3. Die Verweise

Die Verweise bestätigen die feste Einbindung des Textes über die „Entwicklungsbedingungen des Rechts“ in Webers Handbuch- bzw. Grundrißbeitrag. Doch empfiehlt es sich, die Beweiskraft der Vor-, Rück-, Andernorts- oder impliziten Verweise nicht zu überschätzen, da sie weder über den Integrations*grad* der Teiltexte noch über den tatsächlichen Manuskriptbestand zum Zeitpunkt der Verweiseinarbeitung *zwingend* Aufschluß geben. Von vornherein wenig aufschlußreich sind etwa die zahlreichen Mehrfachverweise („wie wir immer erneut sehen werden“, „wie wir immer wieder gesehen haben“ etc.), aber auch mehrfach auflösbare Voraus- oder Rückverweise. Anders verhält es sich, wenn diese letzteren auf der Grundlage überlieferter Originalmanuskripte bestimmten Bearbeitungsstufen zugeordnet werden können. Voraus- wie Rückverweise müssen darüber hinaus nicht zwingend auf bereits existente Textpassagen referieren, sondern können sich auf noch zu schreibende oder noch zu revidierende Texte beziehen.

Trotz dieser Einschränkungen ist die Analyse der von Weber akribisch eingesetzten Verweistechnik für das Verständnis von Aufbau und Stellung der „Entwicklungsbedingungen des Rechts“ im Rahmen seiner Vorkriegstexte zum „Handbuch der politischen Ökonomie“, später: „Grundriß der Sozialökonomik“, in besonderer Weise lohnenswert. Und zwar gerade weil die Verweisstruktur an dieser Stelle wichtige zusätzliche Informationen über Entstehung, Aufbau und Entwicklung des Textes vermittelt. Allgemein kann man vermuten, daß Rückverweise eher als Vorausverweise den Schluß auf bereits vorhandene Bezugstexte erlauben, und daß Rück- wie Vorverweise umso wahrscheinlicher einen bereits existenten oder mit der Verweiseinfügung korrespondierend geschaffenen Manuskripttext anvisieren, je spezifischer der in Bezug genommene Sachverhalt bezeichnet wird.

Die Verweisanalyse stützt folgende textgenetische Grundannahmen:

(1) Frühe Texte, die Weber noch im Rahmen des Stoffverteilungsplans von 1909/10 zum Thema „Epochen der Entwicklung des heutigen (Rechts-)Zustands“ ausarbeitete, sind kaum oder gar nicht über textinterne Verweise verknüpft. Vermutlich erforderte der zum Zeitpunkt ihrer Niederschrift geplante Abschnittsumfang noch keine *textstrategische* Funktion von Verweisen. Dies gilt insbesondere für die Typoskriptgrundschicht des späteren § 2, was wiederum die Vermutung stützt, daß die primäre Typoskriptschicht des § 2 zu den frühesten Texten des Rechtskapitels gehört. Ein Rückverweis auf die früheren Ausführungen zum Chancencharakter des Rechts, der sich in der Typoskriptschicht von „Die Wirtschaft und die Ordnungen“ auflösen läßt, bestätigt überdies den im Stoffverteilungsplan von 1909/10 nahegelegten engen Zusammenhang beider Texte. Dazu paßt auch ein letztlich gestrichener Typoskriptverweis auf spätere Ausführungen zur „Klassenlage“. Die zunehmende Verweisdichte im ersten maschinenschriftlichen Textteil des überlieferten § 1 wiederum macht den unmittelbaren textlichen *Entstehungs*zusammenhang mit der Typoskriptgrundschicht des § 2 eher unwahrscheinlich, selbst wenn ein konsekutiver Herstellungszusammenhang (Verwendung derselben Schreibmaschine und Papiersorte) bestanden haben sollte.

(2) In späteren Textschichten, die im Rahmen der sich abzeichnenden Neudisposition des ganzen Grundrißbeitrags hin zu einer „geschlossene[n] soziologische[n] Theorie und Darstellung“ entstanden sind, werden die einzelnen Textteile der „Entwicklungsbedingungen des Rechts“ miteinander und diese zunehmend über

Verweise mit den übrigen älteren Grundrißmanuskripten verknüpft. So nimmt die Zahl der Verweise auf Typoskriptebene in den §§4–7 deutlich zu. Auffallend ist auch die große Zahl von Verweisen in den Typoskripteinschüben des §2. Sie dokumentieren das Bestreben, die offenbar zu verschiedenen Zeitpunkten abgefaßten und bearbeitetenTextteile des Grundrißbeitrags miteinander zu verbinden und setzen also eine entsprechende Manuskriptdisposition voraus. Wie sich zeigt, sind über die Hälfte der aussagekräftigen Verweise (60 von 115 in §§1–7) erst im Zuge der handschriftlichen Bearbeitungen in den Text eingefügt worden. Zählt man die Verweise in den nur flüchtig durchgesehenen, *eingeschobenen* Typoskriptpassagen der §§2 und 3 hinzu, welche vermutlich auf Abschriften handschriftlicher Manuskripte zurückgehen, summiert sich der Anteil der später eingefügten Verweise auf über zwei Drittel. Rückverweise auf die Texte über die „Nachbarschaftsgemeinschaften", die „Hausgemeinschaft", die „Marktgemeinschaft" und die „Religiösen Gemeinschaften" sowie Vorausverweise auf die „Herrschaft" – über alle Paragraphen verstreut – dokumentieren die feste Einbindung in den Grundrißbeitrag von 1914. Speziell gilt das für die §§2 und 5. Aus den auffällig zahlreichen grundrißeinbindenden Verweisen in den Typoskripteinschüben des §2 kann man schließen, daß Weber bei der Ausarbeitung dieser Texte ein Aufbau seines Beitrags vor Augen stand, für den der Werkplan von 1914 die Orientierung gab. In den die §§4ff. konstituierenden Textsegmenten, besonders im §5, fällt die verweisförmige Vernetzung mit den religions- und herrschaftssoziologischen Abschnitten auf, und zwar auf Typoskript- wie auf handschriftlichen Bearbeitungsebenen. Damit korrespondieren in diesen Textsegmenten auflösbare Vorausverweise aus den „Religiösen Gemeinschaften" sowie die in den Typoskripteinschüben des §2 auflösbaren Rückverweise aus der älteren Herrschaftslehre. Hinsichtlich der Analyse der „Entwicklungsbedingungen des Rechts", die laut Werkplan im Abschnitt über den „politischen Verband" folgen sollte, ist ein *Andernorts*verweis in den „Politischen Gemeinschaften" auf das Rechtskapitel interessant, weil er mit dem im Werkplan inaugurierten Binnenverhältnis von „Entwicklungsbedingungen des Rechts" und „Politischem Verband" noch nicht (oder nicht mehr?) übereinstimmt. Die Verweisstruktur stützt insgesamt jedoch die Positionierung der „Entwicklungsbedingungen des Rechts" zwischen der Marktvergemeinschaftung und dem Herrschaftskapitel, welche sich aus der „Einteilung des Gesamtwerks" ergibt.

(3) Prinzipiell gehen die maschinengeschriebenen Textteile den handschriftlichen Textbearbeitungen (einschließlich der rein handschriftlichen Manuskriptseiten) zeitlich voraus. Sie sind aber keineswegs – wie schon die Typoskripttexte der späteren §§4–7 zeigen – Resultat nur *einer* Arbeitsstufe. Es entspricht diesem Befund, daß sich kein Typoskriptverweis eindeutig und ausschließlich *nur* in einer manuellen Bearbeitungsschicht auflösen läßt. Ebenso gibt es keine Rückverweise aus (späteren) Typoskriptschichten (etwa der §§4ff.) auf handschriftliche Textinsertionen in davorliegende Textteile.

(4) Abweichend davon sind die Typoskripteinschübe in die überlieferten §§2 und 3 gegenüber den maschinenschriftlichen Referenzpassagen (Typoskriptgrundschicht des §2) offenkundig später, und zwar zeitnah zu den späteren handschriftlichen Bearbeitungen entstanden. So fehlen in den ebenfalls späteren Typoskriptsegmenten der §§4ff. Verweise, die dort auflösbar wären, obwohl eine Reihe von Parallelstellen das sachlich durchaus hätten sinnvoll erscheinen lassen. Wenn aus anderen Paragraphen (§8 ausgenommen) in die kaum korrigierten Ty-

poskriptpassagen der §§2 und 3 verwiesen wird, dann geschieht das aus den handschriftlichen Umarbeitungen oder Ergänzungen heraus, und zwar ausschließlich aus den relativ späteren Überarbeitungsschichten („Konzeptschrift"). Oder es wird – wie in §3 – aus einer dieser Typoskriptpassagen in eine andere rückverwiesen. Stärkere Indizien für die zeitliche Nähe solcher Typoskriptsegmente zu den relativ späteren handschriftlichen Bearbeitungen, speziell Verweise in spätere handschriftliche (Konzeptschrift-)Bearbeitungen anderer Typoskriptsegmente, fehlen jedoch oder sind zu unsicher, als das ihnen ein entsprechender Aussagewert zugemessen werden könnte.

(5) Die handschriftlichen Bearbeitungen bilden wahrscheinlich textsegment-(vielleicht sogar text-)übergreifende Korrekturschichten. Das gilt auch für die offenbar mehrstufigen Textrevisionen und -erweiterungen in „Konzeptschrift". Die Verweisstruktur stützt den Befund insoweit, als kein Verweis aus der zeitlich früheren handschriftlichen Korrekturschicht eindeutig und ausschließlich in der (oder den) zeitlich späteren manuellen Bearbeitungsschicht(en) auflösbar ist. Zwar zielt ein Rückverweis auf die Normengenese, der sich in §3 findet (oben, S.85), anscheinend auf eine relativ spätere handschriftliche Insertion in die Anfangspassage des zweiten Abschnittes von „Die Wirtschaft und die Ordnungen", wo Weber die Darstellung der Rechtsentstehung durch Anbindung intersubjektiver Verbindlichkeitsvorstellungen („Einverständnisse") an Verhaltensgewohnheiten erklärt (S.8–10). Doch läßt sich der beschriebene Sachverhalt auch schon in einer Typoskriptpassage desselben Abschnitts, besonders aber in dessen frühester handschriftlicher Redaktion (gut leserliche Schreibschrift) nachweisen (S.13).

(6) Die abschließende textliche Gliederung und Paragraphenanordnung, speziell die Abfolge der §§1, 2 und 3, erfolgt erst in einem späten Bearbeitungsstadium.

4. Zur äußeren Gestalt des Manuskripts

Zur Herstellung der maschinenschriftlichen Textsegmente der „Entwicklungsbedingungen des Rechts" kam neben den beiden bereits für „Die Wirtschaft und die Ordnungen" verwendeten Schreibmaschinentypen eine dritte Schreibmaschinentype zum Einsatz, der sich wie jenen eine bestimmte Papiersorte zuordnen läßt.

a) Paginierung

Im Anschluß an das Deckblatt und die Inhaltsübersicht setzt das Typoskript zu §1 mit einer maschinenschriftlichen Pagina „12" ein. Die Typoskriptteile sind entsprechend ihrer Herstellung segmentweise durchgezählt und wurden offenbar erst postum (durch Marianne Weber) paragraphenweise paginiert – mit der Besonderheit, daß die Paginierung in §7 die Zählung des §6 zunächst fortsetzt, dann abbricht und unvermittelt neu einsetzt. Paragraphentitel hat Weber zuerst handschriftlich (mit §-Zeichen, aber nicht durchweg mit Paragraphenziffer) am Anfang der jeweils ersten Textseite eingefügt – mit Ausnahme des §7, wo der Titel in den laufenden Text inseriert ist. Die von Weber später auf Vorsatzblättern eingefügten Paragraphenüberschriften sind mit diesen Titeln nur teilweise identisch; wiederholt weisen sie inhaltlich wesentliche Abweichungen auf. Auch in diesem Zusammenhang bildet der §7 einen Sonderfall, da für ihn nur der in den Text inserierte

Titel nachgewiesen ist, sein Gegenstand hingegen eindeutig von der Inhaltsübersicht des Vorsatzblattes zu § 6 erfaßt wird (vgl. oben, S. 131).

Tatsächlich ist für die überlieferte Fassung der „Entwicklungsbedingungen des Rechts" die Neugruppierung von handschriftlich redigierten maschinenschriftlichen Blattfolgen charakteristisch. Grundstock des Textes in seiner *frühesten erkennbaren* Textgestalt ist – wie geschildert – die zehnseitige Typoskriptgrundschicht des späteren § 2, die durch hand- und maschinenschriftliche Texteinschübe auf insgesamt 76 Manuskriptseiten anwächst, so daß der Paragraph am Ende über die Hälfte des Gesamttextes ausmacht. Nach Paginierungsart, Schreibmaschinentype und verwendetem Papier gehörte möglicherweise auch das erste Typoskriptsegment des § 1 zu dieser Grundschicht. Ein direkter Textanschluß fehlt freilich. Außerdem ist das letzte Blatt der primären Typoskriptschicht des § 2 nicht ganzseitig beschrieben. Das Fehlen einer Seite „11", die unmittelbar daran anschlösse, könnte immerhin auf Textvernichtung durch Max Weber oder auf Fehlpaginierung zurückzuführen sein.

b) Randnotizen

Max Webers vereinzelte Randnotizen sind an zwei Stellen bemerkenswert:

Auf einer der handschriftlich abgefaßten Manuskriptseiten des § 2, in denen die zentrale Differenz von Status- und Zweckkontrakten begrifflich und sachlich näher ausführt wird, notiert Weber am Seitenrand: „Zweck-Contrakt // *sachlicher* Contrakt // *personaler* Contrakt" (S. 38). Dies ist deshalb aufschlußreich, weil er für Vereinbarungen, die Statusqualitäten der Vertragspartner betreffen, offenkundig zunächst den Ausdruck „personaler Contrakt" gebraucht, den er jedoch – wie eine Streichung im Text zeigt – zugunsten der Begriffserfindung „Statuskontrakt" als Gegenbegriff zum „Zweckkontrakt" fallen läßt. Ein wesentlicher Grund dafür mochte sein, daß Weber an eine bereits etablierte Unterscheidungsform (diejenige von „Status" und „Kontrakt" bei Sumner Maine und Tönnies) kritisch anschließen wollte (*Vertragsförmigkeit* des auch Statusänderungen konstituierenden Einverständnishandelns).

Auf dem Vorsatzblatt des § 3 vermerkt Weber am linken oberen Seitenrand: „§ 2: jurist[ische] Person. // § 3: Gewohnheitsrecht" (S. 84) Er weist damit auf die überlieferte Anordnung der Paragraphen hin, welche in der wechselnden Titel-Bezifferung der Vorsatzblätter wie der jeweils ersten Textseite offen bleibt: Die rechtstechnische Ausstattung korporativer Akteure mit „Rechtspersönlichkeit" thematisiert Weber vor allem im dritten eingeschobenen Typoskriptsegment des § 2 (vgl. S. 65), während das erste Blatt des § 3, speziell in der handschriftlichen Erweiterung, eine eingehendere Begründung der soziologischen Unzweckmäßigkeit des juristischen Gewohnheitsrechtsbegriffs enthält (vgl. S. 84–85).

5. Zur Datierung

(1) Im Manuskript „Die Wirtschaft und die Ordnungen" wurde die ausgearbeitete Handlungsbegrifflichkeit des Kategorienaufsatzes, insbesondere das „Einverständnis", seine Komposita und Ableitungen, in die handschriftliche Überarbeitungsschicht eingearbeitet. Im Manuskript „Die Entwicklungsbedingungen des Rechts" ist dies nicht durchgängig so, denn hier finden sich Kategorienbegriffe

auch in einzelnen Typoskriptpassagen. Die Typoskriptgrundschicht des § 2 erreicht allerdings nirgends das Begriffsniveau des 1913 publizierten Kategorienaufsatzes. Terminologisch gehört § 2 deshalb zweifellos zu den frühesten Textstücken der „Entwicklungsbedingungen des Rechts". Ob die Typoskriptgrundschicht des § 2 ursprünglich durch das einleitende Typoskriptsegment des späteren § 1 fortgesetzt wurde, ist auch philologisch schwer zu entscheiden. Immerhin ist das Einverständnis hier, wenigstens an einer Stelle, *handschriftlich* inseriert; das Begriffsdual „anstaltsbezogen"/„anstaltsgeregelt" ist hingegen der Kategorienterminologie nachgebildet (S. 22). Im zweiten Typoskriptsegment des § 1, das ihn auf der Typoskriptebene mit § 3 verbindet, begegnet dagegen der Einverständnisbegriff vergleichsweise häufig (vgl. S. 29f. und S. 85–89). Der anschließende Typoskriptkern des § 3, der das Rechtscharisma als evolutionäres Brückenprinzip zum Satzungsgedanken einführt, nennt zumindest an einer Stelle die „Einverständnisgemeinschaften", bezeichnenderweise in Verbindung mit dem Verbandsbegriff (S. 93f.).

Zwar spielt die Kategorienterminologie in der sachlich unmittelbar der Kernschicht des § 3 folgenden Typoskriptsequenz (vgl. S. 101 ff.), welche die Textgrundlage der späteren §§ 4–7 konstituiert und gleichzeitig die Textklammer eines weiteren Typoskripteinschubs bildet, keine nennenswerte Rolle. Doch dürfte das mit der im Schlußabschnitt des § 1 eingeschlagenen Richtung hin zu einer Bedingungsanalyse der Rechtsrationalisierung auf der Basis spezifischer Formen des Rechtsdenkens und der Rechtsschulung zusammenhängen, während gleichzeitig etwa der Einverständnisbegriff oder die Verbandsterminologie (beide z. B. S. 150), wo begriffstechnisch einschlägig, bereits im maschinenschriftlichen Text benutzt sind. Die Begrifflichkeit des Kategorienaufsatzes, besonders das Einverständnis (z. B. S. 36), daneben der (politische) Verband oder die Gelegenheitsvergesellschaftung (Beispiele dafür vor allem S. 37–39), findet sich ebenso in den rein handschriftlichen Seiten, die Weber am Anfang des § 2 in die maschinenschriftliche Grundschicht einfügt. Jüngeren Datums, d. h. – nach den hier zugrunde gelegten Annahmen über die Entstehungszeit des Kategorienaufsatzes – wahrscheinlich nicht vor Anfang/Mitte 1913 abgefaßt, ist weiterhin mindestens der letzte und längste Typoskripteinschub in den § 2. Dort kommt einerseits das Einverständnis vor (S. 59f.), andererseits der Verband (nicht: die Gemeinschaft) als institutionalisierte Form eines spezifischen Einverständnishandelns, entsprechend der Einordnung der „Entwicklungsbedingungen des Rechts" im Werkplan von 1914 (unter Punkt 7: „Der politische Verband") (vgl. z. B. S. 59, 61, 62f.). Vor allem behandelt Weber in diesem Textsegment die begrifflichen Grundlagen für die im Kategorienaufsatz anvisierte „soziologische Verbands- und Anstaltstheorie" (Weber, Kategorien, S. 291) aus rechtskultursoziologischer und rechtsvergleichender Perspektive.

(2) Bezeichnenderweise benutzt Weber den Charisma-Begriff, der im Typoskriptkern des § 3 eingeführt wird, in der Parallelstelle des Textes „Die Wirtschaft und die Ordnungen" nicht, wo er zur Frage der Rechtsfortbildung vielmehr auf den psychologischen Wirkmechanismus abstellt („Eingebung", „Einfühlung"). Da die einführende Textsequenz des § 3 sich zwar zunächst wie eine Paraphrase der Parallelstelle liest, dann aber unvermittelt abbricht, um den Ausführungen zum Rechtscharisma Platz zu machen (andere Schreibmaschine), scheint auf den ersten Blick eine neue Begrifflichkeit an die Stelle der veralteten zu treten. Die Spätdatierung der Parallelstelle in „Die Wirtschaft und die Ordnungen" – dort in „Konzeptschrift" eingefügt – würde damit problematisch. Sachlich ließe sie sich

dagegen stützen, wenn man die inhaltliche Differenz zwischen der Suche nach Trägern eines Erneuerungsprozesses, nach Rechtspropheten und Rechtscharismatikern also, im Zuge der Bedingungsanalyse von Rationalisierungsprozessen der rechtlichen Sphäre einerseits und der soziologischen Grundfrage nach der Genese von Verbindlichkeit und ihrer Verstetigung andererseits, wie sie in der Passage von „Die Wirtschaft und die Ordnungen" analysiert wird, berücksichtigt. Auch die Analogie zur Herrschaftssoziologie läßt sich in dieser Deutungsrichtung verstehen. Sowohl in der älteren wie in der jüngeren „Herrschaftslehre" hält Weber durchaus an „Eingebung" und „Einfühlung" als *psychologischen* Kausalfaktoren des Gehorsams gegenüber Befehlen fest (MWG I/22-4, S. 136). Zur herrschaftssoziologischen Typenbildung allerdings erscheinen ihm die Begriffe ungeeignet. Übertragen auf die beiden Rechtstexte lautete die mögliche Folgerung: Zur Kritik von Stammlers aprioristischen Ordnungsvorstellungen und zur empirischen Analyse von Verbindlichkeitsvorstellungen eignen sich die Begriffe „Einfühlung" und „Eingebung", für die Bildung einer Typologie von Rechtsentwicklungsstufen allerdings nicht.

(3) Es fällt ferner auf, daß Weber den Herrschaftsbegriff vermeidet, wenn man von den allgemeinen Hinweisen auf „die Erörterung der Herrschaft" (S. 2), die „Besprechung der Herrschaft" (S. 30f. und S. 115), die „Erörterung der Herrschaftsformen" (S. 132) oder die „Analyse der ‚Herrschaft'" (S. 115) in späteren Typoskripttexten einmal absieht. Politische oder öffentlichrechtliche Herrschaftsphänomene beschreibt er dagegen mit den Begriffen „Befehlsgewalt" (vgl. S. 22–23 und S. 29) oder „imperium" (S. 29, 93). Den für die „Entwicklungsbedingungen des Rechts" zentralen Begriff „imperium" greift Weber im Herrschaftskapitel aber bezeichnenderweise ebensowenig auf, wie er in den Rechtstexten mit dem *Herrschafts*begriff arbeitet. Die terminologische Diskrepanz könnte einerseits auf unterschiedliche Entstehungszeiten der „Entwicklungsbedingungen des Rechts" und der in zentralen Teilen 1913 entstandenen „Herrschaftslehre" hinweisen. Nicht auszuschließen ist andererseits, daß Weber die differente Begrifflichkeit in „Entwicklungsbedingungen des Rechts" und älterer Herrschaftssoziologie bewußt so benutzt.

Die Verwendung des „Patrimonialismus"-Begriffs im Text „Entwicklungsbedingungen des Rechts" könnte diese These stützen. Zwar operiert Weber mit dem Begriff, der eine traditionale Hauptform politischer Herrschaft bezeichnet, analog zur älteren „Herrschaftslehre" auch in offensichtlich spät zu datierenden Typoskripten oder handschriftlichen Überarbeitungen der „Entwicklungsbedingungen des Rechts" (vgl. S. 24). Doch geschieht das ebenso beiläufig, wie umgekehrt die ältere „Herrschaftslehre" auf das „Patrimonialfürstentum" zurückgreift, den noch in den erkennbar spätesten manuellen Bearbeitungsschichten der „Entwicklungsbedingungen des Rechts" üblichen technischen Terminus zur Beschreibung der juridischen Struktur dieser politischen Herrschaftsform (vgl. S. 25, 29). Die terminologische Differenz zur Herrschaftssoziologie war vielleicht deshalb beabsichtigt, weil der Bezug auf die *politische* Herrschaftsstruktur als Erklärungsfaktor der Rechtsentwicklung jedenfalls so lange nicht eindeutig transportiert wird, als er für die nicht ohne weiteres „politisch" (vielmehr ursprünglich „grundherrlich") konnotierten Begriffe „patrimonial" und „Patrimonialismus" unmißverständlich festgestellt war, was eben erst in der „Herrschaftslehre" geschehen sollte. „Die Entwicklungsbedingungen des Rechts" liefern darüber hinaus keinerlei Anhaltspunkte dafür, daß Textstücke, in denen Weber mit dem Patriarchalismusbegriff operiert, einen gegenüber der Arbeit mit dem Patrimonialismusbegriff (oder dem des „Patrimonialfürstentums") durchweg älteren Bestand repräsentierten. Vielmehr scheint Weber den „Patriarchalismus" zur Kennzeichnung des „wohlfahrtsutilitarischen" oder ethisch-materialen Elements der politischen Patrimonialherrschaft bevorzugt zu haben (vgl. u.a. S. 42f., 80, 117), während die Formen des „Patrimonialismus" und besonders des „Patrimonialfürstentums" eher für die spezifische Organisationsstruktur dieses Herrschaftstypus stehen.

(4) Über die genannten, eher indirekten Hinweise hinaus sind dem Manuskript wenige Indizien zur genaueren Bestimmung der Abfassungszeit des Textes bzw. der einzelnen Textteile zu entnehmen. Allgemein konnte Weber beispielsweise für die sozial- und wirtschaftsgeschichtlichen Partien aus dem umfangreichen Quellenstudium für die Neuauflage seines Handwörterbuchartikels über „Agrarverhältnisse im Altertum" bis Anfang 1908 schöpfen (MWG I/6, S. 725–747). Immerhin verweist er in der vermutlich frühesten Textschicht der „Entwicklungsbedingungen des Rechts", der Typoskriptgrundschicht des § 2, auf Andreas Voigts Charakterisierung der Privatrechtsautonomie als „Dezentralisation der Rechtsschöpfung" (S. 82). Nachweislich gebraucht Voigt eine sehr ähnliche Wendung in einem Aufsatz über „Wirtschaft und Recht" aus dem Jahr 1911, der eine Langversion seines gleichnamigen Vortrags auf dem Ersten Deutschen Soziologentag im Oktober 1910 darstellt. Weber hat diesen Vortrag gehört.

Was die nachträglich in den § 2 eingefügten maschinenschriftlichen Teile anbetrifft, sprechen neben werkgenetischen und philologischen auch systematische Überlegungen dafür, daß es sich um relativ späte (nicht vor 1913 entstandene), und zwar eigens für die „Entwicklungsbedingungen des Rechts" angefertigte Textteile handelt. Zwar dürfte Weber in den ehe-, familien-, erb- und arbeitsrechtlichen Passagen besonders der zweiten Typoskriptinsertion von der Studie Marianne Webers über „Ehefrau und Mutter in der Rechtsentwicklung" (1907), eigenen thematischen Vorarbeiten sowie den einschlägigen Erörterungen in den „Agrarverhältnissen" (1909) profitiert haben. Entscheidend ist hingegen etwas anderes: Am Anfang der rein handschriftlichen Manuskriptinsertion in den § 2 kündigt Weber an, eine kurze Skizze der „Entwicklungsstadien" der Vertragsfreiheit entwerfen zu wollen (S. 36). In den beiden Typoskriptpassagen, die dann anschließend, etwas versetzt, in die Primärtextschicht des § 2 verwoben sind (S. 40–48, und S. 51–55), gibt Weber eine Vorstellung davon, wie der Schwerpunkt der Vertragsfreiheit sich vom Gebiet des öffentlichen und Prozeßrechts sowie des Familien- und Erbrechts „in früheren und frühesten Epochen und Stadien der Rechtsentwicklung" zum „privatrechtlichen Kontrakt" (S. 38) in der modernen „Marktvergesellschaftung" verschiebt. Im langen dritten Typoskripteinschub (S. 59–83) steht dann die Entwicklung vom ständischen Personalrecht zum sachlichen Verbandsrecht im Mittelpunkt. Erst die Einschübe realisieren also genau jene „kurze" Geschichte der Vertragsfreiheit, die Weber zuvor angekündigt hatte.

Eine Präzisierung der möglichen Abfassungszeit dieser Textsequenzen anhand des ausdrücklichen Hinweises auf Alexander Leists Artikel über die modernen kapitalistischen Rechtsinstitutionen in „Buch II" des „Grundriß der Sozialökonomik" (S. 46) ist problematisch, da Weber den Verweis – wie die überlieferten einzelnen Manuskriptseiten zeigen – nachträglich glossiert hat. Auch war schon im Stoffverteilungsplan von 1909/10 ein Beitrag von „Prof. G. A. Leist" unter dem

Titel „Die moderne Privatrechtsordnung und der Kapitalismus" für das „Zweite Buch" des „Handbuch der politischen Ökonomie" vorgesehen. Wegen uneinheitlicher interner Zitierpraxis der GdS-Autoren hatte Weber dem Verleger Ende Juli 1914 generell „Citieren nach *Abteilungen*" empfohlen (MWG II/8, S. 768), so daß er selbst im vorliegenden Fall auf Leists Grundrißbeitrag wohl nicht mehr mit dem Hinweis „Buch II", sondern „Abteilung IV" verwiesen hätte (ebd., S. 821). Eine Bearbeitung der Texte nach dem Juli 1914 ist auch deshalb unwahrscheinlich.

Immerhin liefern die handschriftlichen Bearbeitungen einige Indizien für ihre späte Datierung (in die Vorkriegszeit 1913/14). So bezieht sich Weber vielleicht schon in der früheren handschriftlichen Überarbeitungsschicht des § 3 (gut leserlicher Schreibduktus), vor allem aber in der späteren manuellen Bearbeitung der §§ 3 und 6 („Konzeptschrift") (S. 85, 143) auf Eugen Ehrlichs „Grundlegung der Soziologie des Rechts", die im Dezember 1913 erschienen ist. Außer den hier erörterten Einzelpunkten scheinen zahlreiche rechtsvergleichende Beobachtungen Ehrlichs zu „gesellschaftlichen", juristisch-professionellen und politischen Rechtsbildungsfaktoren Webers Darstellung, besonders in den *handschriftlich bearbeiteten Passagen*, inspiriert zu haben. An anderer Stelle bezieht sich Weber auf Gustav Radbruchs im Juni 1914 erschienene „Rechtsphilosophie". Aus Radbruchs Korrespondenz ist zumindest bekannt, daß Weber das Buch sehr bald nach dem Erscheinen gelesen und kommentiert haben muß. Dies würde bedeuten, daß er bis in den Frühsommer 1914 hinein an der Korrektur und Revision der „Entwicklungsbedingungen des Rechts" arbeitete.

(5) Ein Brieffragment auf der Rückseite von zwei Allongen zu Manuskriptblättern des § 5 deutet gleichfalls auf eine relativ späte Datierung der handschriftlichen Umarbeitungs- und Erweiterungsschichten. Der Allongentext weist an den betreffenden Stellen die relativ frühere manuelle Korrekturschicht (gut leserliche Handschrift) auf. In dem Briefentwurf geht es offenbar um die prekären Lebensverhältnisse der mit Marianne und Max Weber befreundeten Frieda Gross, die während Max Webers Ascona-Aufenthalt im März 1913 Gegenstand ihrer persönlichen Gespräche waren. Briefliche Mitteilungen Webers an seine Frau im März/April 1913 legen nach Inhalt und Formulierung eine Datierung des Briefentwurfs in diese Zeit nahe (vgl. MWG II/8).

(6) Insgesamt ergeben die Indizien für die Datierung der „Entwicklungsbedingungen des Rechts" bzw. der sie konstituierenden Bausteine nur ein unscharfes Zeitraster: Weber scheint mit der Textarbeit früh, aber wohl nicht vor Mitte/Ende 1911 begonnen und – im Produktionszusammenhang mit „Die Wirtschaft und die Ordnungen" – zunächst lediglich einen schmalen Text (die Typoskriptgrundschicht des späteren § 2, vielleicht zusammen mit einem Typoskriptsegment des späteren § 1) geschaffen zu haben. In konzentrierten Arbeitsphasen dürften vor allem seit Anfang/Mitte 1913 die nachfolgenden Typoskripttexte verfaßt worden sein. Die handschriftlichen Be- und Ausarbeitungen wären dann zeitnah, in der Hauptsache wohl zwischen Ende 1913 und Mitte 1914 erfolgt. Eine Bearbeitung des überlieferten Textes während des Krieges oder danach ist sehr unwahrscheinlich. *Terminologisch* spricht dagegen die Verwendung der Begrifflichkeit des Kategorienaufsatzes, *konzeptionell* die offenkundige Nähe zum Werkplan von 1914 und *sachlich* das Fehlen jeden Hinweises auf Weltkrieg, Revolution und demokratische Neuordnung.

II. Zu dieser Edition

Die Edition folgt dem Originalmanuskript, das sich im Deponat Max Weber in der Bayerischen Staatsbibliothek München, Ana 446, OM 10, befindet. Das Original umfaßt die §§ 1–7. Die letzte Seite des § 7 ist gesondert überliefert und befindet sich im Bestand Max Weber-Schäfer, Deponat Bayerische Staatsbibliothek München, Ana 446.

Ediert wird der Text in der von Weber angefertigten letzten Fassung. Diese besteht aus einer maschinenschriftlichen Fassung, die handschriftlich bearbeitet und stark erweitert wurde. Editorische Grundlage für den als Manuskript nicht nachgewiesenen § 8 ist der Text der Erstauflage, „§ 8. Die formalen Qualitäten des modernen Rechts", in: Weber, Max, Wirtschaft und Gesellschaft (Grundriß der Sozialökonomik, III. Abt.). – Tübingen: J.C.B. Mohr (Paul Siebeck) 1922, S. 502–512. Bei den §§ 1–7 wird zur Orientierung die Paginierung der Erstausgabe von „Wirtschaft und Gesellschaft" unter der Sigle WuG[1] mitgeführt.

Ein autoreigener Titel ist für das Manuskriptkonvolut zu den „Entwicklungsbedingungen des Rechts" nicht überliefert. Auch wenn der Text unter dem von Marianne Weber inserierten Titel „Rechtssoziologie" bekannt geworden und eine umfängliche Rezeptionsgeschichte entfaltet hat, wird hier aus werkgenetischen und sachlichen Gründen der im Werkplan von 1914 angeführte Titel „Die Entwicklungsbedingungen des Rechts" übernommen, aber in eckige Klammern gestellt.

Die Paragraphen-Überschriften auf den Vorsatzblättern sowie die dort folgenden Inhaltsübersichten sind handschriftlich von Weber verfaßt und damit autorisiert. Bei doppelten Überschriftenformulierungen auf den Vorsatzblättern und am Paragraphenanfang werden nur die ersteren ediert. Dies bezieht sich auf die §§ 1–6. Zu § 7, dessen Titel in den fortlaufenden Text der letzten Textseite von § 6 inseriert ist, fehlt ein Vorsatzblatt. Obwohl die Ausführungen des § 7 in der Inhaltsübersicht des Vorsatzblattes zu § 6 angekündigt sind, übernimmt die Edition die Ausgliederung des Naturrechtsteils in einen eigenen § 7. Überschrift und Inhaltsübersicht des als Manuskript nicht überlieferten § 8 werden dagegen aus der Erstedition von „Wirtschaft und Gesellschaft" übernommen, da vermutlich ein sachliches Äquivalent zu den Vorsatzblättern der §§ 1–6 als Vorlage existiert und den Erstherausgebern vorgelegen hat. Auch Begrifflichkeit und Formulierungsweise geben keinen begründeten Anlaß, an ihrer Authentizität zu zweifeln.

Personenverzeichnis

Dieses Verzeichnis berücksichtigt nur Personen, die im Text Webers selbst Erwähnung finden. Mythische Personen, wie z.B. die Helden Homers, werden im Glossar aufgeführt. Die Einträge erfolgen in der Schreibung Max Webers. Bei römischen Namen ist die von Weber benutzte Kurzform jeweils kursiviert.

Açoka, Açoca; Tl.: Asoka (Präkrt: Asoka). Dritter Kaiser der Maurya-Dynastie (reg. 268 – um 236 v.Chr.). Beherrschte nach der Eroberung des Kalinga-Reiches im indischen Südosten ein vereinigtes indisches Großreich, das fast den gesamten indischen Subkontinent umfaßte. Açoka wandte sich dem Buddhismus zu und propagierte fortan das Dharma, das religiöse Gesetz. Förderte die buddhistische Mission in Hinterindien und in den hellenistischen Staaten.

Antonin(us) von Florenz (Ende März 1389–2.5.1459). Sohn eines Notars, Dominikanermönch, seit 1446 Erzbischof von Florenz; 1523 von Papst Hadrian VI. in den Heiligenkanon aufgenommen. Verfasser zahlreicher moraltheologischer Schriften, darunter einer „Summa Theologiae".

Jakob ben Ascher (um 1270–1340). Jüdischer Rechtsgelehrter und Talmudist, in Köln geboren. Durchreiste Europa und sammelte verschiedene jüdische Rechtstraditionen, die er in einem vierteiligen Rechts- und Gesetzbuch, den „Vier Turim", zusammentrug. Seine Schriften zum jüdischen Recht besaßen im Spätmittelalter und in der frühen Neuzeit für die jüdischen Gemeinden in Europa außerordentliche Autorität.

Augustus (eigentl.: Gaius Octavius) (23.9.63 v.Chr. – 19.8.14 n.Chr.). Adoptivsohn Caesars. Erster römischer Kaiser. Die von ihm kreierte Staatsform, die Rom formell als Republik unter der Oberhoheit eines „primus inter pares" – dem Princeps (daher der Name der Regierungsform: Prinzipat) – bestehen ließ, etablierte de facto eine Militär-Monarchie. Der Senat verlieh ihm in Anerkennung seiner Verdienste den Ehrennamen Augustus, „der Erhabene".

Austin, John (3.3.1790–17.12.1859). Englischer Jurist (Rechtstheoretiker). Seit 1814 Studium der Rechtswissenschaft, 1818 Zulassung zur Barristerschaft, 1819–26 Anwaltstätigkeit; 1826 Professor of Jurisprudence in London, dort 1829–32 Lehrtätigkeit. Forschungsaufenthalte u.a. in Heidelberg und Bonn. Freundschaftliche Beziehungen zu → Jeremy Bentham und John Stuart Mill. Seit 1833 Mitglied der „Criminal Law Commission", die Vorschläge zur Rechts- und Verwaltungsreform Maltas ausarbeitete. Begründer der sog. analytischen Rechtsschule, deren Ziel eine streng wissenschaftliche Behandlung des Rechts ist. Im Zentrum seines Rechtspositivismus steht die Vorstellung vom Recht als Rechtsbefehl des Souveräns und der Rechtsgeltung qua Faktizität des Rechts.

Bacon, Francis (22.1.1561–9.4.1626). Englischer Philosoph, Jurist und Staatsmann. Seit 1573 Studium in Cambridge und Paris; seit 1579 Anwaltstätigkeit in London; 1595 Mitglied des Unterhauses; 1604 Kronadvokat, 1613 Oberstaatsanwalt, 1617 Großsiegelbewahrer und zwischen 1618 und 1621 Lordkanzler. 1621 wegen Korruption unehrenhaft aus allen öffentlichen Ämtern entlassen. Begründer des philosophischen Empirismus und einer der Väter der modernen Naturwissenschaften. Früher Verfechter des Kodifikationsgedankens in England.

Bastiat, Frédéric (30.6.1801–24.12.1850). Zunächst Kaufmann, dann nationalökonomischer Schriftsteller. In den 40er Jahren des 19. Jahrhunderts eifriger Verfechter einer manchesterliberalen Freihandelsdoktrin auf dem Kontinent. 1850 erschien sein (unvollendetes) Hauptwerk „Harmonies économiques", eine volkswirtschaftliche Harmonielehre, für die das persönliche Interesse und die freie Konkurrenz die entscheidenden ökonomischen Triebkräfte sind.

Beaumanoir, Philippe de Remy (1252/54–7.1.1296). Französischer Jurist. 1279–83 Richter in Clermont und fortan Verwaltungslaufbahn im Königsdienst. Vollendete 1283 sein im Auftrag des Grafen Robert von Clermont verfaßtes Rechtsbuch, die „Coutumes de Beauvaisis" – zugleich die bekannteste Sammlung französischer Rechtstraditionen, vergleichbar dem „Sachsenspiegel" → Eike von Repgows.

Bentham, Jeremy (15.2.1748–6.6.1832). Englischer Philosoph und Jurist. Seit 1760 Studium der Philosophie und Rechtswissenschaft in Oxford, 1763–66 Studium der Rechtswissenschaft in London, dort Zuhörer der Verhandlungen der King's Bench division des High Court unter Chief Justice → Lord Mansfield, 1767 Barrister. Die seinem späteren philosophischen Utilitarismus zugrundeliegende Nützlichkeitsmaxime wurde zum Maßstab seiner gesetzgebungs- und strafrechtspolitischen Hauptschriften, namentlich seiner im ersten Jahrzehnt des 19. Jahrhunderts entwickelten Kodifikationslehre.

Binding, Karl (4.6.1841–7.4.1920). Jurist (Strafrechtler). 1863 Promotion, 1864 Habilitation in Heidelberg für Strafrecht und Strafprozeßrecht, 1866 o. Professor in Basel, 1870 in Freiburg i.Br., 1872 in Straßburg und 1873–1913 in Leipzig. 1879–1900 Hilfsrichter am Landgericht Leipzig. Bedeutendste Leistung Bindings auf dem Gebiet der Strafrechtsdogmatik ist eine Theorie der Normen und ihrer Übertretung, die das Strafrechtssystem auf die Unterscheidung von *vor*gesetzlicher Verbotsnorm und positiver Normierung der Strafbarkeit gründet. Einzelne Seitenstücke dieser Theorie, z.B. seine Lehre vom Verbotsirrtum, haben in die moderne Strafrechtslehre Eingang gefunden. Schriften zum Strafrecht, Staatsrecht und zur (deutschen) Rechtsgeschichte.

Blackstone, William (10.7.1723–14.2.1780). Englischer Jurist. 1741–1745 Studium der Rechtswissenschaft, 1745 Bachelor; 1746 Barrister; 1750 Promotion in Oxford. Auf Vermittlung → Lord Mansfields seit 1753 Lecturer für englisches Recht in Oxford, dort o. Professor 1758–1766. Seit 1761 Parlamentsabgeordneter und Kronanwalt, seit 1770 Richter am Court of Common Pleas und – gemeinsam mit Lord Mansfield – zeitweilig am Court of King's Bench. Seine „Commentaries on the Laws of England" (1765–69) bieten eine literarisch anspruchsvolle, gleichzeitig systematisierende Darstellung des gesamten englischen Rechts und sind das Standardwerk der anglo-amerikanischen Rechtsausbildung bis ins 20. Jahrhundert hinein.

Marcus Tullius **Cicero** (3.1.106–7.12.43 v.Chr.). Römischer Jurist und Politiker. 75 Quästor, 69 Ädil, 66 Prätor, schließlich: 63 Konsul. Verdankte die steile politische Karriere wesentlich seiner anwaltlichen Tätigkeit in Rom. Bedeutender Gerichtsredner und Verfasser zahlreicher sozial- und staatsphilosophischer

Schriften, in denen er seine Kenntnis der griechischen Philosophie zur Erörterung römischer Verfassungsverhältnisse nutzte.

Appius **Claudius** Caecus (ursprüngliches Cognomen: Crassus) (um 300 v.Chr.). Römischer Zensor (312) und Konsul (307, 296). Zwischen 297 und 285 mit besonderen politischen Vollmachten ausgestattet, 299 Interrex, 295 Prätor, 292–285 Diktator. Initiierte wichtige Neuerungen im Bauwesen, auf religiösem Gebiet und in der sozialpolitischen Verfassung. Verantwortete nach der Tradition (Pomp. D. 1,2,2,36) die Publikation der bis dahin von den Pontifices verwalteten Prozeßformeln.

Tiberius **Claudius** Caesar Augustus Germanicus (1.8.10 v.Chr. – 13.10.54 n.Chr.). Römischer Kaiser (reg. 41–54 v.Chr.). In seine Regentschaft fiel der Übergang der Verwaltung des Reiches auf Zentralbehörden, die von Freigelassenen gelenkt wurden, sowie die Trennung von kaiserlichem Fiskus (Staatsgut) und kaiserlichem Privatvermögen.

Comte, Auguste (19.1.1798–5.9.1857). Französischer Mathematiker, Philosoph und Soziologe. Namensgeber der Soziologie und „Religionsstifter". Studium an der Pariser École Polytechnique bis 1816; 1817–24 Sekretär von Saint-Simon; zeitweilig Repetitor für Mathematik an der École Polytechnique. Zwischen 1829 und 1846 öffentliche Vorlesungen, die den Grundstock seines sechsbändigen Hauptwerkes „Cours de philosophie positive" (1830–42) bilden. Begründer einer positivistischen Gesellschaftswissenschaft. Vor dem Hintergrund einer teleologischen Geschichtsphilosophie entfaltet Comte die Menschheitsgeschichte als Geistesentwicklung vom theologischen über das metaphysische zum positiven Zeitalter. Im positiven Stadium kommt der Soziologie als Sozialtechnologie für die fortschrittliche Gesellschaftsentwicklung entscheidende praktische Bedeutung zu. In Comtes Spätwerk schlägt die Kritik des metaphysischen Zeitalters in die Begründung des Positivismus als eine neue Religion um.

Tiberius **Coruncanius**. Römischer Jurist. Aus plebejischem Geschlecht stammend, Konsul des Jahres 280 v.Chr., 254 erster plebejischer Pontifex Maximus (vgl. Pomp. D. 1,2,2,36; 38).

Demelius, Gustav (31.1.1831–7.12.1891). Jurist (Romanist und Rechtshistoriker). Studium zunächst der Philologie in Jena, 1856 Habilitation für Römisches Recht in Prag, 1857 o. Professor in Krakau, 1862 in Graz, 1881 Nachfolger → Rudolf von Iherings in Wien. Arbeiten auf dem Gebiet des Römischen Rechts und der Römischen Rechtsgeschichte.

Dschingis Khan (vermutlich von türk. tengis: „Meer", „Ozean"; eigentl.: Temüdschin) (1155–1227). Mongolischer Großkönig. Nannte sich nach Erringung der Oberherrschaft in der heutigen Mongolei seit 1206 Dschingis Khan (Weltherrscher). Sein Imperium umfaßte Nordchina, Korea und das islamische Vorderasien. Veranlaßte eine Sammlung mongolischen Rechts (die sog. Yasa-Sammlung).

Edward III. (13.11.1312–21.6.1377). Englischer König aus dem Hause Anjou-Plantagenêt (reg. seit 1327, bis 1330 unter Vormundschaft). Der von ihm erhobene Anspruch auf die französische Krone war Auslöser des Hundertjährigen Krieges zwischen England und Frankreich. Der enorme Finanzbedarf der Krone zwang ihn zu Zugeständnissen an das Parlament, darunter vor allem ein Steuerbewilligungsrecht.

Ehrlich, Eugen (14.9.1862–2.5.1922). Jurist (Romanist) und Rechtssoziologe. 1886 Promotion, 1894 Habilitation und Privatdozent für Römisches Recht in Wien, 1896 a.o. und 1900 o. Professor für Römisches Recht in Czernowitz, gründet dort 1909 ein „Seminar für lebendes Recht"; 1919 scheitert der Versuch einer Habilitation für Rechtssoziologie in Bern, 1921 Bestätigung der Professur in Czernowitz. Ehrlich gilt wegen seiner 1913 verfaßten „Grundlegung der Soziologie des Rechts" als einer der Begründer der Rechtssoziologie. Diese sollte die positive Wissenschaft von den Organisations- und Entwicklungsgesetzen der Gesellschaft und damit eigentliche Rechts*wissenschaft* sein. Die herkömmlich bisher so genannte dogmatische Disziplin dagegen galt ihm als praktische Kunstlehre, die zu befriedigenden Ergebnissen nur auf soziologischem Fundament gelangen könne. Ausgangspunkt von Ehrlichs Überlegungen ist dabei der bereits von der historischen Rechtsschule verfochtene Gedanke von der Gesellschaft als primärem Rechtsschöpfer. Seine rechtstheoretischen Überlegungen haben die Freirechtsbewegung entscheidend mitgeprägt.

Eike von Repgow (auch: Eike von Repchowe) (um 1180/90 – nach 1233). Verfasser des „Sachsenspiegel", eines der ältesten und bedeutendsten deutschen Rechtsbücher (entstanden um 1225). Die für Recht und Rechtspraxis im deutschen Mittelalter einflußreiche Sammlung sächsischen Land- und Lehnrechts verrät an vielen Stellen auch Repgows Kenntnis des römischen und kanonischen Rechts.

Ephialtes (gest. 461 v.Chr.). Athenischer Politiker. Führer der demokratischen Partei und Initiator der „Sturzes" des Areopags als aristokratisches Macht- und Herrschaftsinstrument (462/61). Die areopagitischen Verwaltungs- und Jurisdiktionsbefugnisse gingen auf die demokratischen Organe (Rat der 500, Volksversammlung und Volksgericht) über. Sein Reformwerk wurde von → Perikles fortgesetzt.

Fichte, Johann Gottlieb (19.5.1762–29.1.1814). Philosoph. 1784–94 nach Abbruch des Studiums der Theologie und Jurisprudenz Tätigkeit als Hauslehrer u.a. in Leipzig und Warschau. 1794 Professor für Philosophie in Jena, 1799 Privatdozent in Berlin, 1805 Gastprofessor in Erlangen, 1807 o. Professor in Königsberg und im selben Jahr Rückkehr nach Berlin, 1810 o. Professor in Berlin und erster Rektor der Universität. Bedeutender Vertreter des deutschen Idealismus und leidenschaftlicher Verfechter der nationalen Idee. Sein „Geschlossener Handelsstaat" (1800) enthält eine organisch-staatssozialistische Gesellschaftskonzeption, die er in seiner „Rechtslehre" (1812) weiterentwickelte.

Friedrich I. (genannt: „Barbarossa") (1122–10.6.1190). Deutscher König und Kaiser des Römischen Reiches deutscher Nation (reg. 1152/1155–1190). Herzog von Schwaben (seit 1147). Förderer der Wissenschaften im allgemeinen, des Römischen Rechts im besonderen durch Universitätsgründungen und eine romanistisch orientierte Juristenausbildung.

Friedrich II. (der Große; 24.1.1712–17.8.1786). König von Preußen (reg. 1740–1786). Führte Preußen in einer Reihe von Kriegen zu seiner Stellung als Großmacht unter den europäischen Nationen. Betrieb eine Wirtschaft, Verwaltung, Recht und Erziehung umfassende Reformpolitik im Geiste des aufgeklärten Absolutismus. Zugleich Förderer der Wissenschaften und Künste mit enger Beziehung zur höfischen Kultur in Frankreich.

Friedrich Wilhelm I. (14.8.1688–31.5.1740). König von Preußen; Kurfürst von Brandenburg. Schuf durch ein rigoroses Kabinettsregiment vor allem in der Verfassungs- und Verwaltungspolitik (Verwaltungszentralisierung und -organisation, Eingriffe in die ständischen Rechte) die Voraussetzungen für den machtpolitischen Aufstieg Preußens.

Gaius (um 130 – um 180 n.Chr.). Römischer Jurist. Seine „Institutiones" (um 161 entstanden) sind ein in der Antike und in Gestalt der Institutionen des Corpus iuris civilis noch heute vielbenutztes Lehrbuch des römischen Privatrechts.

Gierke, Otto (seit 1911) von (11.1.1841–10.10.1921). Jurist (Germanist und Rechtshistoriker). 1860 Promotion in Berlin, 1867 Privatdozent ebd., 1871 a.o. Professor in Breslau, 1871 o. Professor ebd., 1884 o. Professor in Heidelberg, 1887 in Berlin. Seit 1872 Mitglied des „Vereins für Sozialpolitik". Mitarbeiter und Kritiker des Entwurfes zum deutschen BGB. Herausragender Vertreter der germanistischen Richtung der jüngeren historischen Rechtsschule durch umfassende Würdigung der deutschen Rechtsgeschichte. Grundlegend sind seine Arbeiten über das deutsche Genossenschaftsrecht und seine „Theorie der realen Verbandsperson". Akademischer Lehrer von Max Weber.

Goldschmidt, Levin (30.5.1829–16.7.1897). Jurist (Handelsrechtler), Begründer der modernen Handelsrechtswissenschaft. Studium in Berlin, Bonn und Heidelberg, 1851 Promotion in Halle, 1855 Habilitation in Heidelberg, ebd. 1860 a.o. Professor und 1866 o. Professor, 1875–97 Professor für Handelsrecht in Berlin; 1870–75 Rat am Bundes- bzw. Reichsoberhandelsgericht in Leipzig; 1858 Begründer und Herausgeber, später Mitherausgeber der „Zeitschrift für das Gesammte Handelsrecht". Rechtshistorische Forschungen insbesondere zum Recht der mittelalterlichen Handelsstädte. Akademischer Lehrer und Doktorvater Max Webers.

Hammurabi (auch: Hammurapi) (um 1728–1686 v.Chr.). Altbabylonischer Herrscher. Verwaltungs- und Rechtsreformer. Der nach ihm benannte „Codex Hammurabi", eine Sammlung straf-, privat- und handelsrechtlicher Vorschriften, erweist sich im Vergleich zu zeitgleich entstandenen Rechtsurkunden als Reformprogramm und normativer Maßstab für das geltende Recht.

Hatschek, Julius (21.8.1872–12.6.1926). Jurist (Staatsrechtler). 1895 Promotion in Czernowitz, 1898 Habilitation für öffentliches Recht in Heidelberg, dort 1902 a.o. Professor, 1905 a.o. Professor an der Königlichen Akademie in Posen, seit 1909 a.o. Professor, seit 1921 o. Professor für Staats-, Verwaltungs- und Völkerrecht in Göttingen. Schüler → Georg Jellineks. Mit seinen Arbeiten über das englische und deutsche Verfassungs- und Verwaltungsrecht gilt Hatschek neben Rudolf Gneist als Begründer der modernen Rechtsvergleichung im öffentlichen Recht. Zählt zu den von Weber besonders geschätzten juristischen Gewährsmännern für die Geschichte des englischen Rechts.

Hegel, Georg Wilhelm Friedrich (27.8.1770–14.11.1831). Philosoph. Studium der Theologie und der Philosophie in Tübingen, 1790 Magister der Philosophie, 1793 theologisches Konsistorialexamen; 1793–99 Hauslehrer in Bern und Frankfurt a.M.; 1801 Privatdozent in Jena, 1802–03 Herausgeber des „Kritischen Journals der Philosophie" (zusammen mit Schelling); 1807 Herausgeber der „Bamberger Zeitung"; 1808 Gymnasialdirektor in Nürnberg; 1816 Professor in Heidelberg und seit 1818 in Berlin als Nachfolger → Fichtes. Gegenüber Hegels „glänzenden metaphysischen Spekulationen" (Max Weber) bezieht Weber in seiner Methodologie und Gesellschaftstheorie einen eher an Kant orientierten Standpunkt.

Heinrich II. (Plantagenêt) (25.3.1133–6.7.1189). Englischer König (reg. 1154–1189). Bedeutendster Juristen-König auf dem englischen Thron. Initiierte neben wichtigen Regierungs- und Verwaltungsreformen einschneidende Reformen der Gerichtsverfassung und des Prozeßrechtes.

Hellpach, Willy (26.2.1877–6.7.1955). Nervenarzt, Psychologe und Politiker. Studium der Medizin und Philosophie, 1900 Promotion bei Wilhelm Wundt zum Dr. phil., 1903 bei Emil Kraepelin zum Dr. med., 1906 Habilitation für Psychologie und Privatdozent in Karlsruhe, dort a.o. Professor seit 1911, 1920 o. Professor und Direktor des Instituts für Sozialpsychologie an der TH Karlsruhe. Zeitweilig mit Max Weber in Briefkontakt.

Hertling, Georg Friedrich Freiherr Graf von (31.8.1843–4.1.1919). Philosoph und Politiker. Studium der Philosophie in Münster, München und Berlin, 1864 Promotion in Berlin, 1867 Habilitation in Bonn, 1880 a.o. Professor, seit 1882 o. Professor für Philosophie in München; 1875–90 sowie 1896–1912 MdR, 1917/18 deutscher Reichskanzler und preußischer Ministerpräsident. Mitbegründer der „Görres-Gesellschaft zur Pflege der Wissenschaft im katholischen Deutschland". Zahlreiche Schriften zur Staats- und Sozialphilosophie.

Heusler, Andreas (30.9.1834–2.11.1921). Schweizer Jurist (Germanist). Studium der Rechte in Basel, Göttingen und Berlin, 1856 Promotion, 1858 Habilitation für Zivilprozeßrecht an der Universität Basel, dort 1863 o. Professor für deutsches Recht und 1871 Rektor; 1891–1907 Präsident des Appellationsgerichts in Basel. Verfasser des Basel-Städtischen Zivilgesetzentwurfes (1865–69) und der Baseler Zivilprozeßordnung (1875). Bedeutende Arbeiten zur deutschen Privatrechts- und Verfassungsgeschichte.

Hillel (um 60 v.Chr. – 10 n.Chr.). Jüdischer Gesetzeslehrer und Mystiker. Begründer der nach ihm benannten Tora-Schule. Hatte nachhaltigen Einfluß auf das jüdische Rechtsdenken, vor allem durch seine Auslegung der schuldrechtlichen Tora-Bestimmungen.

Homer (um 8. Jahrhundert v.Chr.). Griechischer Dichter. Historische Existenz unter modernen Philologen lange Zeit umstritten, seit Ulrich von Wilamowitz-Moellendorff aber allgemein anerkannt. Für die ihm gemeinhin zugeschriebenen Großepen „Ilias" und „Odyssee" werden nach heute vorherrschender Auffassung unterschiedliche Verfasser angenommen.

Ihering, Rudolf von (22.8.1818–17.9.1892). Jurist (Zivilrechtler und Romanist). 1842 Promotion, 1843 Privatdozent in Berlin, 1845 o. Professor für Römisches Recht in Basel, 1846 in Rostock, 1849 in Kiel, ab 1852 in Gießen, 1868–72 in Wien, ab 1872 o. Professor für Römisches Recht in Göttingen. Einerseits mit seinem „Geist des römischen Rechts auf den verschiedenen Stufen seiner Entwicklung" (3 Teile, 1852–65) theoretischer Begründer der sog. Begriffsjurisprudenz, die das römische Recht durch rein logische Operationen in seiner überzeitlichen wie übernationalen Vernünftigkeit und systematischen Geschlossenheit darstellen will; andererseits in seinem Spätwerk „Der Zweck im Recht" (2 Bände, 1877–83) leidenschaftlicher Kritiker der begriffsjuristischen Methode und Vorbereiter der rechtssoziologischen Strömungen zu Beginn des 20. Jahrhunderts, der Freirechtsschule und namentlich der Interessenjurisprudenz.

Jehuda Hanas(s)i (um 135 – nach 200 n.Chr.). Jüdischer Schriftgelehrter und Gesetzeslehrer („Tannait"). Aus dem Geschlecht → Hillels stammend, um 170 in das Patriarchenamt erhoben. Hauptwerk Rabbi Jehuda Hanassis ist die Endredaktion der Mischna, der bis dahin nur mündlich überlieferten Gesetzesvorschriften.

Jellinek, Georg (16.6.1851–12.1.1911). Jurist (Staats- und Völkerrechtler). 1872 Promotion zum Dr. phil. in Leipzig, 1874 zum Dr. jur. in Wien, 1879 Privatdozent für Rechtsphilosophie, 1882 auch für allgemeines Staats- und Völkerrecht in Wien, dort 1883 o. Professor für Staatsrecht, 1890 in Basel, 1891–1911 o. Professor für Staatsrecht, Völkerrecht und Politik in Heidelberg. Schriften zur Allgemeinen Staatslehre, zum Staatsrecht und zur wissenschaftlichen Politik. Leitete mit seinem philosophischen und rechtsvergleichenden Forschungsansatz eine Neuorientierung der positivistischen Staatsrechtslehre in Deutschland ein und gab mit seiner „sozialen Staatslehre" wichtige Impulse für Webers soziologische Herrschafts- und Staatslehre. Freund und Kollege Max Webers in Heidelberg.

Jeremia (650 v.Chr. – 587 v.Chr.). Alttestamentlicher Prophet. Hauptgegenstand seiner Prophetie ist die gefährdete Lage des jüdischen Staates in der zeitgenössischen nahöstlichen Bündnis- und Großmachtkonstellation.

Jung, Erich (1866–1950). Jurist (Zivilrechtler und Rechtsphilosoph). 1892 Promotion zum Dr. jur., 1893 zum Dr. phil. in Gießen, dort 1897 Privatdozent und 1901 a.o. Professor, 1903 o. Professor in Greifswald, 1909 in Straßburg, ab 1921 o. Professor für Rechtsphilosophie, deutsches, bürgerliches und Römisches Recht in Greifswald. Mitherausgeber der „Zeitschrift für Rechtsphilosophie". Kritiker der vorherrschenden Begriffsjurisprudenz und Befürworter einer – von Weber bekämpften – Soziologisierung der Jurisprudenz mit Hilfe eines „natürlichen Rechts", das nicht transzendental, sondern auf Darwinschen und Schopenhauerschen Entwicklungsprinzipien beruhen soll.

Flavius **Justinian(us) I.** (eigentl.: Petrus Sabbatius) (um 482–14.11.565 n.Chr.). Oströmischer Kaiser (reg. 527–565). Außenpolitisch war seiner imperialen, auf Wiederherstellung des römischen Reiches ausgerichteten Politik letztlich kein Erfolg beschieden. Innenpolitisch verfolgte er die Festigung des Reiches durch Finanz-, Verwaltungs- und Rechtsreformen. Wichtigste Leistung Justinians ist der auf seine Inititative zwischen 529 und 534 publizierte Rechtskodex, das Corpus iuris civilis, der die okzidentale Rechtstradition maßgeblich geprägt hat.

Kantorowicz, Hermann (Ulrich) (18.11.1877–12.2.1940). Jurist (Strafrechtler, Rechtsphilosoph und Rechtshistoriker). Studium der Rechtswissenschaften, Philosophie und Nationalökonomie in Berlin, Genf und München, 1904 Promotion in Heidelberg, 1907 Habilitation in Freiburg i.Br., dort seit 1908 Privatdozent für Strafrecht, Rechtsphilosophie und Rechtsgeschichte, ebd. 1913 tit. a.o. Professor, 1923 a.o. Professor für juristische Hilfswissenschaften, 1929 o. Professor für Strafrecht in Kiel (als Nachfolger von → Gustav Radbruch); April 1933 nach dem „Gesetz zur Wiederherstellung des Berufsbeamtentums" Versetzung in den einstweiligen Ruhestand, September 1933 endgültige Entlassung durch die Nationalsozialisten; Emigration in die USA, Tätigkeit an der New School for Social Research, 1935–40 Vorlesungstätigkeit in Cambridge, Oxford und Glasgow, 1937 Assistent Director of Research in Law in Cambridge (Großbritannien). Wichtige rechtshistorische Arbeiten auf dem Gebiet des mittelalterlichen römischen und kanonischen Rechts. Mitbegründer der freirechtlichen Bewegung und (unter dem Pseudonym Gnaeus Flavius) Verfasser der wirkungsgeschichtlich wichtigsten freirechtlichen Schrift: „Der Kampf um die Rechtswissenschaft“ (1906). Nahm am ersten Deutschen Soziologentag mit einem Vortrag über „Rechtswissenschaft und Soziologie“ teil. Enger Freund Radbruchs, mit Max Weber persönlich bekannt.

Karo, Josef (eigentl.: Josef ben Efraim Karo) (1488–1575). Jüdischer Talmudgelehrter und Mystiker. 1523 Leiter der Jeschiwa (Talmudschule) in Nikopolis, 1536 Niederlassung in Safed, dem damaligen Zentrum talmudischer Gelehrsamkeit. Zwischen 1522 und 1542 entstand sein vierteiliges Hauptwerk „Bet Josef“ („Haus Josef“), aus dem Karo den „Schulchan Aruch“ („gedeckter Tisch“), ein Kompendium des jüdischen Gesetzes für den praktischen Gebrauch, kompilierte.

Kelsen, Hans (11.10.1881–19.4.1973). Studium der Rechtswissenschaft an der Universität Wien, Promotion 1906, 1911 Habilitation in Wien, dort seit 1911 Privatdozent für Staatsrecht und Rechtsphilosophie, 1917 o. Professor an der Exportakademie, 1919 o. Professor für Staats- und Verwaltungsrecht an der Universität Wien; Mitarbeit an der österreichischen Bundesverfassung von 1919, namentlich des Abschnitts über die Verfassungsgerichtsbarkeit; Ernennung zum Verfassungsrichter auf Lebenszeit und zum ständigen Referenten des Verfassungsgerichtshofs. Schöpfer einer der Absicht nach ideologiefernen, sowohl von naturrechtlichen wie natur(kausal-)wissenschaftlichen Elementen freien, später sog. „Reinen Rechtslehre“. „Recht“ und „Staat“ sind in der „Reinen Rechtslehre“ ausschließlich juristische, in einem normativen Ableitungszusammenhang gedachte Begriffe, die auf die Geltung einer „Grundnorm“ verweisen. Auf neukantianischem Fundament vehementer Gegner der von → Eugen Ehrlich begründeten „Rechtssoziologie“. Persönliche Bekanntschaft mit Max Weber während dessen Wiener Professur 1918/19.

Knies, Karl Gustav Adolf (29.3.1821–3.8.1898). Nationalökonom. Studium der Geschichte und Staatswissenschaften in Marburg, dort 1846 Promotion und Habilitation, 1849 Dozent an der Polytechnischen Schule in Kassel, 1851 Privatdozent in Marburg; 1852 Lehrer an der Kantonschule in Schaffhausen; 1855 o. Professor für Kameralwissenschaft in Freiburg, 1865–96 o. Professor für Staatswissenschaften in Heidelberg; 1861 Abgeordneter der 2. badischen Kammer, 1882 Vizepräsident der 1. badischen Kammer. Neben Wilhelm Roscher und Bruno Hildebrand bedeutendster Vertreter der sog. historischen Schule der deutschen Nationalökonomie. Deren historistische Methodologie hat Weber in seiner Studie „Roscher und Knies und die logischen Probleme der historischen Nationalökonomie“ einer eingehenden Kritik unterzogen. 1896 wurde Weber Nachfolger von Knies in Heidelberg.

Kohler, Josef (9.3.1849–3.8.1919). Jurist. 1873 Promotion in Heidelberg, 1878 o. Professor für Rechtsphilosophie in Würzburg, 1888 o. Professor in Berlin. Einer der herausragenden Juristen der Wilhelminischen Zeit, von immenser schriftstellerischer Produktivität und Vielseitigkeit. Dogmatisch grundlegend sind seine Arbeiten auf dem Gebiet des sog. Immaterialgüterrechts, namentlich des Patent- und Urheberrechts, sowie zum Wettbewerbs- und Warenzeichenrecht. Für Weber waren v.a. seine abundanten rechtshistorischen, rechtsethnologischen und rechtsvergleichenden Studien bedeutsam, die sich auf dem Fundament eines Hegelianismus für Recht als Kulturerscheinung interessieren. Mitherausgeber der „Zeitschrift für vergleichende Rechtswissenschaft" und der „Enzyklopädie der Rechtswissenschaft".

Laband, Paul (24.5.1838–23.3.1918). Jurist (Staatsrechtler und Rechtshistoriker). 1858 Promotion in Berlin, 1861 Privatdozent in Heidelberg, 1864 a.o. und 1866 o. Professor in Königsberg. 1872 o. Professor in Straßburg, 1880 ebd. Rektor; seit 1879 Mitglied des Staatsrates von Elsaß-Lothringen. Mitherausgeber mehrerer juristischer Zeitschriften. In Königsberg überwiegen privatrechtliche und rechtshistorische Arbeiten, in der Straßburger Zeit hauptsächlich staatsrechtliche. Labands positivistisches Staatsrechtssystem beherrschte die deutsche Staatsrechtlehre bis in die Wilhelminische Zeit und fungierte gleichsam als rechtsdogmatisches Fundament der konservativ-autoritären Kaiserreichsverfassung. In den 80er Jahren fand Laband in → Georg Jellinek einen wichtigen Verbündeten, der aber mit seiner philosophisch und rechtsvergleichend angelegten Staatsrechtslehre zunehmend eigene Wege ging.

Lambert, Édouard (1870–1947). Französischer Jurist. Professor für Handelsrecht und Rechtsvergleichung in Lyon. Einer der Väter der modernen Rechtsvergleichung. Von Weber neben (und vielleicht vermittelt über) → Eugen Ehrlich als „Rechtssoziologe" etikettiert.

Lassalle, Ferdinand (11.4.1825–31.8.1864). Philosoph und Politiker. Studium der Geschichte, Philologie und Philosophie in Breslau und Berlin. Initiator und erster Präsident des 1863 gegründeten „Allgemeinen Deutschen Arbeitervereins". Bedeutender Redner und Organisator der frühen deutschen Arbeiterbewegung. Lassalles rechtsphilosophisches Hauptwerk „System der erworbenen Rechte" (1861) dokumentiert ein hegelianisches Verständnis vom Staat als „Einheit der Individuen in einem sittlichen Ganzen"; das markiert zugleich die Differenz zu Marx und Engels, denen er sich zeitweilig durchaus verbunden fühlte.

Leist, Gerhard Alexander (17.1.1862–3.12.1918). Jurist (Zivilrechtler). 1885 Promotion in Tübingen, 1889 Habilitation und Privatdozent in Halle, 1892 a.o. Professor in Göttingen und 1893 in Marburg, 1895 o. Professor für Römisches, Deutsches und Bürgerliches Recht in Gießen. Arbeiten zum Privatrecht und zur Privatrechtsgeschichte. Wirkte am „Grundriß der Sozialökonomik" mit einem Beitrag über „Die moderne Privatrechtsordnung und der Kapitalismus" mit.

Ludwig IX. (der Heilige) (25.4.1214–25.8.1270). Französischer König (reg. 1226–1270). Initiator zweier erfolgloser Kreuzzüge. Konsolidierte das französische Königtum durch grundlegende Verwaltungs- und Justizreformen.

Maimonides, Moses (eigentl. Rabbi Moses ben Maimon, „Rambam") (30.3.1135 [nach der Tradition]–13.12.1204). Rabbiner, Philosoph und Arzt. Bedeutender Mischna-Kommentator und Verfasser einer systematischen Darstellung des gesamten jüdischen Gesetzes („Mischne Tora"). Suchte in seiner Philosophie religiösen Offenbarungsglauben und Vernunftdenken zu versöhnen; beeinflußte die christliche Scholastik ebenso wie in der Neuzeit u.a. Spinoza und Leibniz.

Maitland, Frederic William (28.5.1850–19.12.1906). Englischer Jurist (Rechtshistoriker). 1876 Barrister; seit 1884 Vorlesungen über englisches Recht in Cambridge, dort 1888 Professor für englisches Recht, 1886/87 Mitbegründer der Selden Society, die sich der Veröffentlichung rechtshistorischer Quellen widmet. Verfasser einflußreicher Studien zur englischen Rechts- und Verfassungsgeschichte. Maitland ließ sich dabei auch von der zeitgenössischen rechtshistorischen Forschung in Deutschland inspirieren, namentlich von → Gierkes Arbeiten über das deutsche Genossenschaftsrecht,

Malik b. Anas; Tl. (arab.): Abū ᶜAbd Allāh Mālik b. Anas b. Mālik b. Abî ᶜAmir b. ᶜAmr b. -al-Hāriṯẖ b. G̲h̲aymân b. K̲h̲uṯẖayn b. ᶜAmr b. al-Hāriṯẖ al-Asbahi (708/16–796 n.Chr.). Islamischer Rechtsgelehrter. Begründer der gleichnamigen Rechtsschule. Deren traditionalistischer Charakter offenbart sich in Maliks „Kitab al-muwatta", dem ersten erhaltenen islamischen Rechtsbuch, welches vor allem die medinensische Sunna seiner Zeit enthält.

Mansfield (eigentl.: William Murray 1st Earl of Mansfield) (1705–1793). Englischer Richter. 1723–30 Studium der klassischen Philologie in Oxford, 1727 Barrister am „Lincoln's Inn", 1743 deren Vorsitzender; seit 1732 Anwaltstätigkeit für die Regierung, 1754 Attorney General (Kronanwalt), 1756 Oberrichter an der King's Bench sowie Mitglied des House of Lords, 1777 dessen Sprecher. Mansfield hat als Richter und Rechtsgutachter besonders das englische Handelsrecht maßgeblich beeinflußt.

Mendelssohn Bartholdy, Albrecht (25.10.1874–26.11.1936). Jurist (Zivil- und Völkerrechtler). 1897 Promotion in Heidelberg, 1901 Habilitation und Privatdozent in Leipzig, dort 1904 a.o. Professor und 1905 o. Professor, 1905 o. Professor in Würzburg, seit 1920 in Hamburg; 1919 neben Max Weber, Hans Delbrück und General Max Graf Montgelas Mitglied der sog. Professoren-Kommission für die Kriegsschuldfrage der deutschen Friedensdelegation in Versailles. Leitete 1923–33 das von ihm gegründete „Institut für auswärtige Politik". 1933 Emigration nach England, Fellow am Balliol-College in Oxford.

Mitteis, Ludwig (17.3.1859–26.12.1921). Österreichischer Jurist (Romanist und Rechtshistoriker). 1881 Promotion, 1884 Habilitation für Römisches Recht in Wien, 1887 a.o. Professor in Prag, 1895 o. Professor in Wien und seit 1899 in Leipzig. Romanistischer Rechtshistoriker und Begründer der juristischen Papyruskunde. Mit seinen Hauptschriften (u.a. „Reichsrecht und Volksrecht in den östlichen Provinzen des römischen Reiches", 1891) maßgeblicher Anreger der vergleichenden antiken Rechtsgeschichte.

Mommsen, Theodor (30.11.1817–1.11.1903). Historiker und Jurist. 1843 Promotion zum Dr. jur. in Kiel, 1844–47 Studien in Frankreich und Italien, 1848 a.o. Professor für Römisches Recht in Leipzig, 1852 o. Professor in Zürich, 1854 in Breslau, seit 1858 o. Professor für Alte Geschichte in Berlin; als liberaler Abgeordneter 1863–79 MdPrAH, 1881–84 MdR. Erhält 1902 in Würdigung seiner „Römischen Geschichte" (5 Bde., 1854–1885) den Literatur-Nobelpreis. Herausgeber und Organisator großer wissenschaftlicher Editionen, besonders des „Corpus Inscriptionum Latinarum" (CIL, 1863ff.). Rechtshistorisches Standardwerk ist bis heute sein „Römisches Staatsrecht" (3 Bde., 1871–88). Gehörte zum näheren Bekanntenkreis von Max Weber sen., war Schwiegervater von Max Webers Schwester Clara Mommsen und akademischer Lehrer Max Webers.

Monrad, Christian (1815–1889). Dänischer Lehrer, Verleger und Ethnologe.

Montesquieu (eigentl.: Charles-Louis de Secondat, Baron de La Brède et de Montesquieu) (18.1.1689–10.2.1755). Französischer Philosoph, Jurist und Historiker. 1705–08 Studium der Rechtswissenschaft in Bordeaux, 1709–13 Anwaltstätigkeit in Paris, 1716 Aufnahme in die Akademie von Bordeaux, 1718 deren Präsident; 1716–26 Präsident des Parlaments von Bordeaux; 1728 Aufnahme in die Académie Française, 1746 Aufnahme in die Preußische Akademie der Wissenschaften in Berlin. Seit 1728 zahlreiche Forschungsreisen nach Italien, Deutschland und England. In seinem Hauptwerk „De l'esprit des lois" (1748) entwickelt er vor allem mit seiner Gewaltenteilungslehre die Grundlagen der modernen Verfassungslehre. Seine verfassungsgeschichtlichen Studien sind bereits kulturvergleichend angelegt und berücksichtigen auch ökologische, ökonomische und mentalitätsgeschichtliche Faktoren.

Muhammed; Tl. (arab.): Muhammad (um 570 – 9.6.632). Arabischer Prophet und Stifter des Islam. Hatte nach der Tradition im Alter von 40 Jahren sein erstes Offenbarungserlebnis, dem in den folgenden 23 Jahren weitere folgten, in denen Allah ihm durch den Erzengel Gabriel den Koran diktierte. Begab sich 622 mit seinen Anhängern in einer später als Hidschra verehrten Wanderung von Mekka nach Yatrib, dem späteren Medina (der „Stadt des Propheten"), um dort eine Gemeinde zu gründen, in der erstmals die Lebensverhältnisse im Sinne des Islams als religiös-politische und rechtliche Lebensgemeinschaft („Umma") geordnet waren. Nach der Eroberung Mekkas (631) wurden die bislang nicht islamisierten arabischen Stämme unterworfen und gewaltsam zum neuen Glauben bekehrt.

Munzinger, Werner (21.4.1832–14.11.1875). Schweizer Geschäftsmann, Linguist und Ethnologe. Studium der orientalischen Sprachen und der Geschichte in Bern, München und Paris. Geschäftsmann in Alexandria und später Massaua/ Eritrea. 1865–69 englischer Konsul in Abessinien, 1873 Generalgouverneur des ägyptischen Sudan. Forschungsreisen in Afrika. Mit seinen ethnographischen Untersuchungen über äthiopische Kulturen Pionier der Ethnologie des östlichen Afrika.

Mutawakkil (hier gemeint: al-Mutawakkil III.). Letzter abbasidischer Schattenkalif, der – wie seine Vorgänger seit der Eroberung Bagdads 1258 durch die Mongolen – in Kairo unter dem Protektorat des Mamluken-Sultans residierte. Wurde 1517 nach dem Fall Kairos von dem osmanischen Eroberer → Selim nach Istanbul gebracht, wo sich seine Spuren verlieren.

Perikles (um 490–Sept. 429 v.Chr.). Athenischer Feldherr, Staatsmann und Führer der demokratischen Partei. Verfolgte außenpolitisch in Kriegen gegen Persien und Sparta eine auf Flottenmacht gestützte Hegemonialpolitk; setzte innenpolitisch das demokratische Reformwerk des im Jahre 461 v.Chr. ermordeten → Ephialtes fort. Unter seiner Führung wurde Athen zum politischen wie kulturellen Mittelpunkt des attischen Bundes.

Radbruch, Gustav (21.11.1878–23.11.1949). Jurist (Strafrechtler und Rechtsphilosoph) und Politiker. 1902 Promotion in Berlin, 1903 Habilitation in Heidelberg; 1906 Lehrauftrag an der Handelshochschule Mannheim, 1910 a.o. Professor in Heidelberg, 1914 in Königsberg, 1919 o. Professor für Strafrecht und Rechtsphilosophie in Kiel, 1926 o. Professor und Direktor des juristischen Seminars in Heidelberg, 1933 Entlassung aus der Universität aus politischen Gründen, 1945–48 Wiedereinsetzung als o. Professor in Heidelberg; 1920–24 MdR für die SPD, 1921/22 und 1923 Reichsjustizminister. Gehörte zum engeren Kreis um Max und Marianne Weber. Seine Rechtsphilosophie hat die Frage nach den Rechtsinhalten neu gestellt und mit der Lehre von den Rechtshöchstwerten (Rechtssicherheit, Zweckmäßigkeit und Gerechtigkeit) zu beantworten gesucht. Dem hiermit verbundenen Relativismus setzt Radbruch später, nach der Katastrophe, einen materialen Gerechtigkeitsvorbehalt naturrechtlicher Färbung entgegen.

Rosenthal, Eduard (6.9.1853–25.6.1926). Jurist (Rechtshistoriker). Studium der Rechtswissenschaften in Heidelberg und Berlin, 1878 Promotion, 1880 Habilitation in Jena, dort 1883 a.o. Professor und 1896 o. Professor für Öffentliches Recht und Rechtsgeschichte. Arbeiten zur Stadt-, Verwaltungs- und Justizgeschichte; letztere behandelt er vor allem in einer umfangreichen „Geschichte des Gerichtswesens und der Verwaltungsorganisation Bayerns" (2 Bde., 1889–1906).

Schammai (1. Jahrhundert v.Chr.). Jüdischer Schrift- und Rechtsgelehrter. Gründete noch vor → Hillel eine jüdische Rechtsschule. Die Meinungsverschiedenheiten der beiden Rechtsschulen v.a. in rituellen Fragen sind in der Mischna gesammelt. Schammai vertrat gegenüber Hillel eine strengere Auslegung des „Gesetzes".

Selim (I.); Tl. (arab.): Selîm (um 1470–21.9.1520). Osmanischer Sultan (reg. 1512–1520). Ließ 1512 mit Hilfe der Janitscharen seinen Vater entthronen und andere Thronanwärter grausam beseitigen (daher der Beiname Yavuz, „der Gestrenge"). Nach der Eroberung Persiens nahm er den Schah-Titel, nach der Zerschlagung des ägyptischen Mamlukenreiches und dem Ende des abbasidischen Schattenkalifats in Kairo auch die Kalifen-Würde an.

Sextus Aelius Paetus Catus. Römischer Jurist und Politiker. Konsul (198), Zensor (194). Nach Pomp. D. 1,2,2,38 Verfasser des „cunabula iuris" genannten Werks „Tripertita", das den Text des Zwölftafelgesetzes, seine Auslegung und die Prozeßformeln enthält.

Snouck Hurgronje, Christiaan (8.2.1857–26.6.1936). Niederländischer Arabist. 1880 Promotion in Leiden, dort 1881 Dozent am Institut für ostindische Angelegenheiten, danach kurzfristig an der Militärschule in Den Haag, 1887 mit der Gründung eines Instituts für Islamwissenschaften an der Universität Leiden beauftragt, ebd. seit 1906 o. Professor. Als ausgezeichneter Kenner der islamischen Kulturgeschichte einer der Begründer der modernen Islamwissenschaft in Europa.

Sohm, Rudolf (29.10.1841–16.5.1917). Jurist (Germanist und Kanonist). 1864 Promotion in Rostock, 1866 Habilitation in Göttingen; 1870 a.o. Professor ebd. und o. Professor in Freiburg, 1872 in Straßburg, 1887 in Leipzig; seit 1891 nicht ständiges Mitglied der 2. BGB-Beratungskonferenz. Schwerpunkte seiner wissenschaftlichen Arbeit sind Studien zum deutschen Recht, Römischen Recht und Kirchenrecht aus protestantischer Sicht. Fundamental ist für Sohm ein modernes Rechts- und Staatsverständnis, das sowohl seine Auffassung des mittelalterlichen deutschen „Staates" u.a. mittels des Begriffspaares „Volksrecht" und „Amtsrecht" erklärt, wie die Vorliebe für das römische Recht und den bemerkenswerten Erfolg einer von einem Germanisten verfaßten Einführung in das römische Recht („Institutionen. Geschichte und System des römischen Privatrechts"; 1923 in 17. Auflage erschienen). Akademischer Lehrer von Max Weber.

Stammler, Rudolf (19.2.1856–25.4.1938). Jurist (Rechtsphilosoph). 1877 Promotion in Gießen, 1879 Habilitation in Leipzig, 1882 a.o. Professor in Marburg, 1884 o. Professor in Gießen, 1885–1916 in Halle a.d.S. und ab 1916 in Berlin. Stammlers Versuch einer Erneuerung der Rechtsphilosophie auf neukantianischer Grundlage wird von Weber gerade in dieser Hinsicht bestritten. Die Stammlersche Lehre, Recht als Form des sozialen Lebens, und zwar sowohl als reine Erkenntnisform wie als Seinsgrund zu begreifen, traf ebenso auf Webers methodische und inhaltliche Ablehnung wie seine Vorstellung von einem Naturrecht mit wechselndem Inhalt als Maßstab des positiven Rechts. Stammlers Werk „Wirtschaft und Recht nach der materialistischen Geschichtsauffassung" (1896) bildet methodologisch die Gegenfolie der Weberschen Kultursoziologie des Rechts.

Stölzel, Adolf (28.6.1831–19.4.1919). Jurist. 1963 Promotion; 1860–62 Stadt-Gerichtsassistent in Kassel, dort 1862 Obergerichtsassistent, 1867 Kreisrichter, 1869 Kreisgerichtsrat, 1872 Kammergerichtsrat in Berlin, dort 1873 geheimer Justizrat im Justizministerium; 1886–1904 Präsident der Justiz-Prüfungskommission; seit 1891 MdPrHH; 1887–97 Vorlesungstätigkeit an der Universität Wien. Wichtige Arbeiten zur preußischen und deutschen Gerichtsverfassungs- und Justizverwaltungsgeschichte.

Tiberius Iulius Caesar Augustus (16.11.42 v.Chr. – 16.3.37 n.Chr.). Römischer Kaiser (14–37 n.Chr.). Sein herausragendes Wirken außerhalb Roms brachte die Konsolidierung der Grenzen an Rhein und Donau und die endgültige Beendigung der militärischen Offensiven in Germanien. Nach innen waren eine erhebliche Steigerung der Rücklagen des Reiches durch die strikte Budgetpolitik des Kaisers sowie die Neuordnung der streng überwachten Provinzialverwaltung bemerkenswert.

Unger, Joseph (2.7.1828–2.5.1913). Österreichischer Jurist (Zivilrechtler). 1850 in absentia Promotion zum Dr. phil. in Königsberg auf Grund einer Abhandlung über „Die Ehe in ihrer welthistorischen Entwicklung"; 1852 Promotion zum Dr. jur. in Wien, 1853 Habilitation in Wien und a.o. Professor der Rechte in Prag, 1856 a.o. Professor in Wien, 1857 o. Professor ebd.; 1869 Mitglied des Herrenhauses des Reichstages, 1871–79 Minister ohne Geschäftsbereich und Pressereferent unter Fürst Adolph Auersperg; seit 1881 (bis zu seinem Lebensende) Präsident des österreichischen Reichsgerichts. Neben den ABGB-Schöpfern einflußreichster österreichischer Zivilrechtler des 19. Jahrhunderts. Leistete besonders mit seinem dreibändigen „System des österreichischen allgemeinen Privatrechts" einen bedeutenden Beitrag zum Aufbau eines Zivilrechtssystems nach dem Vorbild der deutschen Pandektistik. Seine späteren Arbeiten haben auch die deutsche Zivilrechtsdogmatik (etwa in der Gestaltung des Haftungsrechts) wesentlich beeinflußt.

Voigt, Andreas (18.4.1860–10.1.1941). Nationalökonom. 1890 Promotion zum Dr. phil. in Freiburg, Dozent der Staatswissenschaften an der Akademie in Frankfurt a.M., dort Direktor des „Instituts für Gemeinwohl", o. Professor an der Universität Frankfurt a.M. Unterzeichner des Beitrittsaufrufs zur DGS 1909. Referent auf dem ersten deutschen Soziologentag 1910 mit einem Vortrag über „Wirtschaft und Recht". Verfasser einer von Weber rezipierten Artikelserie zum selben Thema.

Windscheid, Bernhard (26.6.1817–26.10.1892). Jurist (Zivilrechtler). 1838 Promotion in Bonn, dort 1840 Habilitation und 1847 a.o. Professor, im selben Jahr o. Professor für Römisches Recht in Basel, 1852 in Greifswald, 1857 in München, 1871 in Heidelberg, ab 1874 in Leipzig. Mitglied der Kommission für die Ausarbeitung des Entwurfs eines BGB für das Deutsche Reich. Sein – in sieben Auflagen von ihm bearbeitetes – Pandektenlehrbuch faßt die Lehren der gemeinrechtlichen Jurisprudenz des 19. Jahrhunderts zusammen und hat das deutsche BGB maßgeblich geprägt.

Wladimirskij-Budanow, Michael Flerontowitsch; Tl. (russ.): Vladimirskij-Budanov, Michail Flerontoviè (1838–1916). Russischer Rechtshistoriker. 1870 Dozent am juridischen Lyzeum in Jaroslavl, dort 1874 Promotion, 1875 Inhaber des Lehrstuhls für russische Rechtsgeschichte in Kiew; seit 1882 Hauptredakteur der Kiewer Kommission zur Sammlung alter Akten, seit 1887 Vorsitzender der historischen Gesellschaft für die Nestor-Chronik. Arbeiten zur russischen Rechtsgeschichte.

Zitelmann, Ernst (7.8.1852–18.11.1923). Jurist (Zivilrechtler). Studium in Leipzig, Heidelberg und Bonn, 1873 Promotion, 1876 Habilitation in Göttingen, dort 1879 a.o. Professor, im selben Jahr o. Professor in Rostock, 1881 in Halle, 1884 in Bonn. Vielseitige Arbeiten im Zivilrecht, in der Rechtsvergleichung und der Rechtsgeschichte. Verfaßte als Rechtstheoretiker eine der ersten Abhandlungen über „Lücken im Recht" (1903).

Glossar

Dieses Verzeichnis berücksichtigt Begriffe, insbesondere Rechtsbegriffe der diversen Rechtskulturen, Gottheiten, mythische und literarische Gestalten sowie Dynastien, die Weber in seinen Texten erwähnt. Die Einträge erfolgen in der Schreibung Max Webers.

Abbasiden. Persisch-islamische Kalifendynastie (750–1258). Regenten des islamischen Großreichs bis zum Mongoleneinfall im 13. Jahrhundert und der Zerstörung Bagdads 1258; seit dem 10. Jahrhundert genossen die abbasidischen Kalifen (→ Khalif) allerdings nur noch einen religiösen Vorrang gegenüber den islamischen Regenten der Teilreiche.

Achilleus. Heldengestalt der griechischen Mythologie. Sohn des Peleus und der Thetis und über diese mit Zeus verwandt. Charismatischer Führer im Krieg gegen Troja.

actio. Im römischen Recht sowohl die prozessualrechtliche Klage*möglichkeit* wie – ausdrücklich seit Celsus, D. 44, 7, 51 – der materiell-rechtliche Klage*anspruch*.

actio de pauperie. Rechtsmittel des durch ein Tier Geschädigten gegen dessen Eigentümer. Der Geschädigte kann entweder Wiedergutmachung durch Schadensersatzleistung in Geld oder die Übergabe des Tieres (noxae datio) fordern.

actio exercitoria. Haftungsklage des Vertragspartners gegen den Geschäfts*herrn* aus Rechtsgeschäften, die der bevollmächtigte Geschäfts*führer* im Rahmen seiner Vollmacht abschließt (vor allem beim Seehandel; *actio institoria* bei gewerblichen Geschäften).

actio quod iussu. Haftungsklage des Gläubigers gegen den Geschäftsherrn bei Rechtsgeschäften, zu deren Abschluß ein Dritter durch den Geschäftsherrn ermächtigt war.

actiones in factum. In der spätrömischen Republik vom Prätor (Gerichtsbeamten) neu geschaffenes Rechtsmittel; im Unterschied zu den altertümlichen *legis actiones* (gesetzliche Klagformeln) mit dem bloßen Hinweis auf den der Klage zugrundeliegenden Tatbestand (*factum*) versehen. → auch: Legisaktionen.

Advokaten (von lat. advocatus: Rechtsbeistand). Anwaltschaft, die in England bereits am Ende des 13. Jahrhunderts zunftmäßig organisiert ist. Zur Zeit Eduard I. (1272–1307) erschienen nebeneinander der Stand der attornati (attorneys) als gewerbsmäßiger Konsulenten (die heutigen solicitors) und der Stand der advocati (pleaders) als der die Partei vor Gericht vertretenden Rechtskundigen (die heutigen barristers).

affines (von lat. affinis: benachbart; beteiligt). Teilnehmer an den römischen Staatspächtervereinigungen (→ socii vectigalium publicorum), die gegenüber den (persönlich haftenden) socii mit einer Einlage am Unternehmen beteiligt sind, aber lediglich in Höhe der Einlage haften und von der Geschäftsführung ausgeschlossen sind.

ager compascuus. In der altrömischen Agrarverfassung das nicht von allen Gemeindegenossen, sondern in der Regel von den nächsten Anliegern nutzbare gemeinsame Weideland.

ager optimo iure privatus. Privater Boden bester Rechtsstellung; er gilt als censusfähig und untersteht rechtsgeschäftlich wie prozessual dem römischen Zivilrecht.

ager publicus. Bezeichnung des römischen Staatslandes, dessen Vorläufer auf frühester agrarischer Entwicklungsstufe die in gemeiner Nutzung stehende Allmende („Weide") ist, im Gegensatz zum ager privatus (→ ager optimo iure privatus).

ager vectigalis. Das vom römischen Staat oder der einzelnen Stadtgemeinde gegen Zahlung eines Jahreszinses (vectigal) an Private de jure auf Zeit, faktisch zumeist auf Dauer vergebene Staatsackerland. → auch: ager publicus.

agere cum populo. In der späteren römischen Republik das Recht der Imperiumträger (Konsuln, Prätoren), die Volksversammlung einzuberufen (*ius agendi cum populo*), um dort Wahl- und Gesetzesanträge zu stellen.

Agrarschriftsteller. Die römischen kaiserzeitlichen Feldmesser, deren Arbeiten die Kenntnis über das äußere Flurbild, d.h. die unterschiedlichen Aufteilungsarten, des römischen Bodens überliefern.

Ahanta. Afrikanisches Volk im Osten der südlichen Elfenbeinküste.

Aisymneten (von griech. aisymnetai: Kampfrichter, Schiedsrichter). Die in den griechischen Stadtstaaten im 7. und 6. Jahrhundert v.Chr. mit der Aufzeichnung des geltenden Rechts beauftragten Beamten.

Aktiengesellschaft. Eine Personenvereinigung mit eigener Rechtspersönlichkeit, die von ihrem Mitgliederbestand unabhängig und körperschaftlich organisiert ist. Sie betreibt in der Regel ein Handelsgewerbe unter gemeinsamer Firma. Das Grundkapital wird durch die Vergabe von Anteilsscheinen aufgebracht, die ein Stimmrecht der Aktionäre repräsentieren, deren persönliche Haftung ausgeschlossen ist. → auch: Gesellschaft mit beschränkter Haftung; Handelsgesellschaft, offene.

al-Azhar → Azhar.

Allah; Tl. (arab.): Allāh (m.), „der Gott". In vorislamischer Zeit Name eines altarabischen Schöpfer- und Richtergottes. In islamischer Zeit der vom Propheten Muhammed streng monotheistisch verkündete Schöpfergott.

Allgemeines Landrecht Preußens. Gemäß einer Kabinettsorder Friedrichs II. von Preußen vom 14. April 1780 geschaffenes „Allgemeines Gesetzbuch für die Preußischen Staaten", das erst unter Friedrichs Nachfolger, Friedrich Wilhelm II., und nach erneuter Schlußrevision am 1. Juni 1794 unter dem veränderten Titel „Allgemeines Landrecht für die Preußischen Staaten" (ALR) in Kraft trat. Die sich im 19. Jahrhundert schnell wandelnden wirtschaftlichen und sozialen Verhältnisse wie die darauf reagierenden Kodifikationsbestrebungen seit der Mitte des Jahrhunderts brachten das ALR praktisch außer Anwendung, ehe es am 1. Januar 1900 endgültig durch das Bürgerliche Gesetzbuch (BGB) abgelöst wurde.

Allmende. In der deutschen Agrargeschichte Bezeichnung des zur Dorfmark gehörigen und in gemeinschaftlicher Nutzung befindlichen Landes, besonders Weide und Wald.

Ammon-Orakel. Ammon (griech. Namensform für altägypt.: „der Verborgene", „der Unsichtbare") war der seit dem späten 3. Jahrtausend v.Chr. von den Ägyptern als Schöpfer- und Fruchtbarkeitsgott in Theben verehrte höchste Reichsgott. Durch seinen Kult im Reichstempel von Karnak gewann das Ammon-Orakel seit dem 6. Jahrhundert v.Chr. zunehmend auch in der griechischen Welt an Prestige.

Amoraim / amoraim. Nach Kanonisierung der → Mischna (Anfang des 3. Jahrhunderts n.Chr.) deren bis zum Ende des 6. Jahrhunderts tätige Kommentatoren. → auch: Saboraim; Gemara.

Anerbenrecht. Eine in fast ganz Deutschland bis weit ins 19. Jahrhundert übliche Form bäuerlicher Sondererbfolge mit dem vorrangigen Zweck der Erhaltung der wirtschaftlichen Leistungsfähigkeit mittlerer Bauerngüter. Sie tritt deshalb oft – aber nicht notwendig – in Verbindung mit der gesetzlichen Unteilbarkeit der Höfe auf. „Anerbe" ist der zunächst vom Erblasser zu bestimmende, mit Besitz, Nutzung und Verwaltung des Gutes bewidmete Hoferbe, der seine gesetzlichen Miterben angemessen abzufinden hat.

Animismus. Bezeichnung einer Weltdeutung, für die Lebewesen, Dinge und Naturerscheinungen beseelt sind, behaust von Geistern, welche durch Opfer oder magische Praktiken beschworen, ggf. auch zu bestimmten günstigen oder schädlichen Wirkungen „gezwungen" werden können. Der englische Kulturanthropologe Edward Burnett Tylor entwarf in seinem Werk „Primitive Culture" (1871/73) die evolutionistische Theorie, daß der Animismus mit der Bedeutung der anima die Grundlage für die entwicklungsgeschichtlich späteren Stufen des Geister- und Götterglaubens gelegt habe und somit am Anfang aller Religion stehe.

Areopag. In der attischen Polis ein auf dem heiligen Areshügel (in der Königszeit unter dem Vorsitz des Königs) tagender politischer Rat der vormaligen Archonten (Oberbeamten). Er fungierte als Verwaltungskontrollbehörde sowie als Gerichtshof in Kapitalsachen (Mord, Brandstiftung) und verfügte noch in solonischer Zeit über weitreichende jurisdiktionelle und administrative Befugnisse.

Argentarii (Pl. von lat. argentarius: Wechsler, Bankherr). Professionelles Bankiersgewerbe, das mit der Umwälzung der römischen Wirtschaft seit dem 2. Jahrhundert v.Chr., der Entstehung einer kapitalistischen Sklavenwirtschaft großen Stils und der damit zusammenhängenden Einführung der Geldwirtschaft und des Geldverkehrs in Erscheinung trat.

Artjel; Tl. (russ.): artel' (m.). Russische familienartige Arbeits- und Erwerbsgemeinschaften mit genossenschaftlichem Eigentum an den Produktions- und Beschaffungsmitteln („Betriebskapital") und unter der Leitung meist eines gewählten Ältesten.

Asega. Der im altfriesischen Gerichtsverfahren selbständig neben den Richter und die Gerichtsgemeinde tretende, mit der eigentlichen Urteilsfindung beauftragte Rechtssprecher.

Assignation. Vergabe von Land aus dem → ager publicus an Private (zu Eigentum) oder an Munizipien (→ Municipium) zur Koloniegründung.

Assisa. In der anglonormannischen Anfangszeit 1. ein Gesetz bzw. eine Verfügung, 2. – als writ of assise – eine Reihe von Besitzklagen und 3. – als court of assise – ein regelmäßig durch königliche Richter oder Beamte in den Grafschaften abzuhaltendes Geschworenengericht.

Assisen von Jerusalem. Eine der wichtigsten französischen Rechtsquellen des Mittelalters. Die im 12. und 13. Jahrhundert n.Chr. verfaßten Rechtsbücher enthalten das Feudalrecht des Königreiches Jerusalem, das von französischen Kreuzfahrern Ende des 11. Jahrhunderts gegründet worden war. → auch: Assisa.

Augurenkollegium. Seit der römischen Königszeit bestehendes Priesterkollegium, das den Königen und Magistraten bei ihren Amtshandlungen mit der Einholung der Vorzeichen (Auspizien) diente. Über diese spezifische Funktion der „Staatsweissagung" hinaus hatten die Auguren keine eigentlich priesterlichen Aufgaben.

autokephal (Autokephalie). Nach Weber die Bestimmung der leitenden Verwaltungsorgane eines Verbandes durch die Mitglieder selbst bzw. nach Regeln, an deren Feststellung diese durch Beschluß beteiligt sind. Gegensatz: Heterokephalie als Bestellung des „Verwaltungsstabs" durch einen anderen (übergeordneten) Verband oder kraft „heteronomer" (durch einen anderen Verband gesatzter) Ordnung. → auch: Heteronomie.

al-Azhar (arab.). Im 10. Jahrhundert von den Fatimiden in Kairo gegründete Moschee und bedeutende islamische Hochschule.

Bajaderen (von portug. bailadeira: Tänzerin). Stand von Tempelsklavinnen in Indien, die bei religiösen Festen als Tänzerinnen auftraten. Als Tempelprostituierte spielen sie im indischen Kulturleben eine ähnlich bedeutsame Rolle wie die → Hetären in Griechenland, durften sich Bildung aneignen und Tischgemeinschaft mit Männern pflegen.

Barolong. Nach heutigen afrikanischen Stammeskarten unter dem Namen *Rolong* zu findender Volksstamm, der westlich von Johannesburg angesiedelt ist.

Basuto. Die heutigen Basutoland-Buschmänner sind südwestlich von Pretoria und Johannesburg, in der nordwestlichen Umgebung des Lesothogebietes beheimatet.

bergrechtliche Gewerkschaft → Gewerkschaft, bergrechtliche.

Beurkundung, dispositive. Eine die Verbindlichkeit des Rechtsgeschäfts begründende Urkunde, in der die beiderseitigen Willenserklärungen der Vertragspartner schriftlich fixiert sind.

Bewegung, freirechtliche. Vor allem in Deutschland und Frankreich einflußreiche Juristenbewegung zu Beginn des 20. Jahrhunderts. Gegen die begriffsjuristische Doktrin der Geschlossenheit des Rechtssystems und die Behauptung reiner Subsumtionstätigkeit des Richters unterstellte die Freirechtslehre die prinzipielle Lückenhaftigkeit jeder Rechtsordnung und forderte deshalb vor allem die rechtliche Anerkennung einer bedingt Recht schöpfenden und nicht nur rechtsanwendenden Tätigkeit des Richters. Gegebenenfalls sollte er auch unter Verwendung soziologischer Tatsachenerkenntnisse nach Zweckmäßigkeits- und Billigkeitsmaximen entscheiden. Eugen Ehrlich gilt als ihr spiritus rector; Hermann Kantorowicz und Ernst Fuchs waren bedeutende Vertreter der Bewegung, der auch der enge Kantorowicz-Freund Gustav Radbruch angehörte.

bida; Tl. (arab.): bid^{c}a; „Neuerung". Nach (konservativem) islamischem Rechtsverständnis die Auffassung von „neuem", → Koran und Tradition ergänzendem bzw. interpretierendem Recht als „Ketzerei".

bill (engl. private/public). Im englischen Parlament eingebrachte Gesetzesvorlagen privat- oder öffentlich-rechtlicher Natur, die, obwohl materiell unterschiedslos Rechtssätze, Rechtssprüche und Verwaltungsakte betreffend, bei Annahme als formelle Gesetze gelten und Act (of Parliament) genannt werden.

Bodmerei. Form des Seedarlehensgeschäfts (→ Seedarlehen), bei der ein „Kapitalist" für die Durchführung und Dauer einer Schiffsunternehmung Geld auf das Schiff und/oder die Ladung lieh, das er nach Abwicklung derselben mit zumeist hohem Zins zurückerhielt. Der Schiffsführer als Vertreter des Schiffseigentümers, Reeders oder der Ladungsbeteiligten haftete äußerstenfalls in Höhe der verpfändeten (verbodmeten) Gegenstände, während der Darlehensgläubiger das Risiko allein trug, d.h. bei Verlust der Ladung oder Untergang des Schiffes keinen weiteren Anspruch hatte.

bona fides (lat.: gute Treue, guter Glaube). Rechtsgrundsatz im römischen Recht, wo die fides schon früh Verpflichtungsgrundlage von Rechtsgeschäften namentlich im Verkehr mit Fremden ist; im BGB Maxime der Vertragsauslegung wie der Leistungserbringung.

Brand, gallischer → gallischer Brand.

Brehons. Altirische Richter, die Rechtsprecher im altgermanischen Sinne waren und vor allem als Schiedsrichter und Rechtsweiser tätig wurden.

Bundesbuch, jüdisches. Dem eigentlichen Kultrecht im → Dekalog (Ex 20,2–17) folgende Rechtssammlung teils zivil-, teils sakralrechtlicher Vorschriften.

Bundesgenossenkrieg. Erhebung eines Städtebunds der italischen Bundesgenossen Roms, unter ihnen vor allem die Samniten und Lukaner, gegen die römische Herrschaft (91–89 v.Chr.). Hauptziel war die Verbesserung ihrer ökonomischen und rechtlichen Stellung, in letzterer Hinsicht insbesondere die Verleihung des römischen Bürgerrechts.

causidici (Pl. von lat. causi-dicus: „der zur Sache Sprechende", Rechtsanwalt). Von der Partei oder dem Magistrat zur Beratung in der Sache oder Formularabfassung (Geschäfts- und Prozeßformulare) zugezogene → Konsulenten der römischen Antike.

cavere (lat.: gewährleisten, feststellen). Das Aufsetzen von Urkunden, speziell Geschäftsformularen als eine der ältesten Aufgaben der römischen Juristen.

Cazembe (auch: Kazembe). Königreich in Zentralafrika, das auf dem Höhepunkt seiner Macht um ca. 1800 große Teile des heutigen Kongo (Zaire) und Zambias umfaßte.

Chazarenreich (auch: Khazarenreich). Zwischen dem 7. und 10. Jahrhundert n.Chr. im Nordkaukasus (zwischen Kaspischem Meer und Schwarzem Meer) bestehendes Reich eines nordeurasischen Reitervolkes, das enge Beziehungen zu Byzanz unterhielt.

clausula rebus sic stantibus. Wichtiger Vertragsrechtsgrundsatz, nach dem Verträge so lange als bindend gelten, wie die für ihren Abschluß maßgeblichen Umstände fortbestehen (→ Geschäftsgrundlage). Aus dem gemeinen Recht wurde die clausula rebus sic stantibus in das moderne Privatrecht rezipiert. Im Völkerrecht ist sie umstritten.

Code civil. Am 21. März 1804 unter Napoleon eingeführtes allgemeines französisches Zivilgesetzbuch, das während des Kaisertums der beiden Napoléon offiziell und auch später noch inoffiziell „Code Napoléon" hieß. Der Code civil wurde in zahlreichen europäischen und überseeischen Ländern rezipiert.

Codifikationen. Bezeichnung für die dem Anspruch nach vollständige und systematische Aufzeichnung des Rechtsstoffes im Rahmen eines Gesetzbuches.

coemtio (lat. coemtio oder coemptio: Kaufehe). Im frührömischen und klassischen Recht rechtsgeschäftliche Form der Begründung der eheherrlichen Gewalt durch imaginären Brautkauf. Der coemptio stehen der *usus* als eine Art Ersitzung sowie die → confarreatio als sakralrechtlicher Erwerbsgrund der Ehegewalt gegenüber.

Cognition, magistratische. Materiell-rechtliche Jurisdiktion der römischen Gerichtsmagistrate (Prätor, kurulischer Ädil) in Angelegenheiten, die nicht dem Zivilrecht unterstanden.

Collegium → Kollegium.

Commenda (von lat. commendare: anvertrauen). Im Mittelalter verbreitetes (See-)Handelsgeschäft. Auf der Grundlage einer gesellschaftsähnlichen Vertragsbeziehung vertraute der *Kommendator* dem *Kommendatar* Geld oder Sachen an, mit denen dieser in der Fremde Handel trieb. Der Kommendator erhielt dafür einen Anteil am Gewinn. Vorläufer der heutigen Kommanditgesellschaft. → auch: Societas maris.

conductio. Im römischen Recht technisch für: Pachtung.

confarreatio. Altertümliche römische Sakralehe, bei der – im Unterschied zu → coemtio und usus – die Eheschließung mit der Begründung der eheherrlichen Gewalt in einem Sakralakt zusammenfällt.

constitutum. Im römischen Recht Festsetzung eines Leistungstermins für eine bereits bestehende Verpflichtung.

controversia de territorio. Römischer Rechtsstreit um Territorium, der im Wege administrativer Judikatur (Verfahren extra ordinem) erledigt wird.

Dahomey. Früher französisch verwaltetes Gebiet zwischen dem ehemaligen deutschen Schutzgebiet Togo und der ehemals britischen Besitzung Nigeria im Golf von Benin.

davidisch. Nach dem israelitischen Reichs- und Dynastiegründer David (hebr.: „der Geliebte“; um 1000 v.Chr.).

Dekalog. Zunächst: die als „Zehnwort“ oder „Zehngebot“ an Moses ergangene göttliche Rechtsweisung (Ex 34,28; Dtn 4,13; 10,4). Sie enthält die für das religiöse Leben der Gemeinde zentralen Kultnormen. Andere Zehnworte suchen das sakrale und soziale Fundament der jahwistischen Bundesgemeinde zu festigen. Quelle beider Dekalogformen ist das den Sakralbund eigentlich stiftende Gottesrecht, welches seinerseits dekalogische Form hat (Ex 20,2–17; Dtn 5,6–21).

Dekretalen (lat.: litterae decretales). In der alten und mittelalterlichen Kirchenrechtsgeschichte päpstliche Entscheidungen konkreter Rechtsfälle mit allgemeinverbindlicher Rechtskraft; im Unterschied zu Einzelfallentscheidungen durch päpstliche oder amtliche Reskripte.

depositum. Im römischen Recht vertragliche, unentgeltliche Verwahrung einer beweglichen Sache, die der Verwahrer entweder in unveränderter Form (sog. depositum regulare) oder lediglich in gleicher Menge oder Summe (depositum irregulare) zurückgeben muß, sobald es der Hinterleger verlangt.

Destinatär (von lat. destinare: festsetzen). Durch Testaments-, Stiftungs-, Anstaltswillen etc. begünstigte Personen oder Personenkreise.

Detaillist. Veraltet für Klein- oder Einzelhändler.

Dharmasastra; Tl. (Skt.): Dharmaúâstra (n.). Lehrbuch des religiösen Rechts.

Dharmasutra; Tl. (Skt.): Dharmasûtra (n.). Vedisches religiöses Gesetzbuch.

Diadikasie (griech.: Entscheidung). Rechtsstreit, in dem zwei oder mehrere Parteien das bessere Recht zu einer Sache bzw. die mindere Pflicht zu einer Leistung behaupten. Wichtigster Anwendungsfall der griechischen Diadikasie waren Erbstreitigkeiten, in denen mehrere Parteien zugleich Anspruch auf eine Hinterlassenschaft erhoben oder die bereits zugesprochene Erbschaft durch einen Dritten bestritten wurde.

Didaskalie (griech.: Weisung). Charismatische freie Lehrgabe.

Dienstlehen. Bevorzugt an nicht ständisch qualifizierte Personen gegen Leistung von zumeist militärischen oder administrativen Diensten vergebene Grundstücke oder Erwerbschancen sonstiger Art wie z.B. auch Ämter oder bestimmte öffentliche Funktionen.

Differenzeinwand. Vor Gericht zu erhebender Einwand gegen Klagen auf Zahlung von Schulden aus Termingeschäften. Er stützt sich auf die zu beweisende Behauptung, bei dem Termingeschäft habe es sich nicht um einen zur Leistung verpflichtenden Kaufvertrag, sondern um ein riskantes Differenzgeschäft gehandelt. Dies ist ein Termingeschäft, das nicht auf Effektiverfüllung, sondern auf Zahlung der Differenz zwischen dem Kurs zum Zeitpunkt des Vertragsabschlusses und dem am Erfüllungstermin gerichtet ist. Nach der Rechtssprechung des Reichsgerichts konnten bereits Indizien für den stillschweigenden Ausschluß der Effektiverfüllung die erfolgreiche Geltendmachung des Differenzeinwandes begründen. Das im selben Jahr wie das Börsengesetz erlassene Bürgerliche Gesetzbuch folgte mit seiner Definition des Differenzgeschäfts dieser auch unter Juristen umstrittenen Rechtsprechung (§ 764 BGB).

dispositive Beurkundung → Beurkundung, dispositive.

Dolus (lat.: Betrug, Hinterlist). Dem römischen Recht entlehnter Begriff zur Bezeichnung des „Vorsatzes" strafbarer Handlungen (dolus malus) sowie der vorsätzlichen Rechtsverletzung im Zivilrecht (etwa § 826 BGB).

dominium (lat.: Herrschaft). Römisch-rechtliches Eigentum, dingliches Vollrecht an einer Sache.

doppelseitige römische Vindikation → Vindikation.

Druiden (kelt.: die sehr Gelehrten). Zur Zeit Cäsars angesehene und privilegierte keltische Priesterschaft, die neben ihren sakralen (Weissagung und Opferdienst) auch profane Funktionen bei der Streitschlichtung zwischen Völkerschaften wie Privaten und bei der Jugenderziehung ausübte.

Ehrengerichte. (Berufs-)Ständische Gerichte, die über Fragen der (beruflichen) Standesehre entscheiden. Die ehrengerichtlichen Maßnahmen reichen bis zum Ausschluß aus dem Verband. Das Verhältnis gegenüber der ordentlichen Gerichtsbarkeit gestaltet sich sehr unterschiedlich.

Endogamie. Gebot der Verheiratung der Frauen innerhalb des Familien-, Sippen- oder sonstigen Verbandes im Gegensatz zur → Exogamie.

Equity / equity (engl.: Billigkeit). Ein seit dem 13. Jahrhundert vom englischen Kanzlergerichtshof geübtes Amtsrecht, das zunächst nur ein materiell das Common Law ergänzendes und an Billigkeitsgrundsätzen orientiertes Recht darstellt; erst im Laufe der Jahrhunderte wird es zu einem selbständigen Rechtssystem durchgebildet.

Erbpacht. Unbefristete Vergabung eines Grundstückes zur Nutzung gegen einen feststehenden, nach vereinbartem Modus zu zahlenden Pachtzins.

Erbvertrag. Bei Abschluß des Erbvertrages entsteht eine erbrechtliche Bindung des Erblassers, dessen Testierfreiheit insoweit beschränkt ist.

Exilarch. Seit dem 2. Jahrhundert n.Chr. politisches Oberhaupt der jüdischen (Exils-)Gemeinde in Babylonien. → auch: *Resch Galuta*.

Exogamie. Beschränkung des sexuellen Verkehrs einer Gemeinschaft auf fremde Gruppen (außerhalb des Hauses oder der Sippe) im Gegensatz zur → *Endogamie* als sexueller Promiskuität innerhalb der Gruppe oder des Verbands (Haus, Sippe, Stamm).

fas (lat.). In der römischen Welt das göttliche oder Sakral-Recht, welches die sittlich-religiöse Ordnung regelt im Gegensatz zu dem die Rechtsbeziehungen der Rechtsgenossen regulierenden *ius*.

fee simple (engl.: einfaches Lehen). Das schließlich von allen lehnsrechtlichen Beschränkungen freie, nur im Namen noch an seine Herkunft erinnernde, erbliche und frei veräußerliche englische Bodeneigentum.

Feldgemeinschaft. Agrarhistorischer Begriff für den Gemeinschaftsbesitz und die gemeinschaftliche Bewirtschaftung des Ackerbodens.

festuca (lat.: Grashalm; Stäbchen). Im römischen und germanischen Recht ein verschiedene rechtsförmliche Handlungen begleitendes Symbol, bei den Germanen namentlich für Besitzübertragungen (bei Grundbesitz zusammen mit Messer, Torf, Zweig und Handschuh).

Fetwa; Tl. (arab.): fatwā; „Meinung". Im islamischen Kulturkreis Rechtsgutachten der Korangelehrten (→ Mufti). Die Verbindlichkeit dieser Gutachten ist im sunnitischen weit weniger ausgeprägt als im schiitischen Islam.

fideicommissum, Fideikommiß. 1. Im römischen Erbrecht der Kaiserzeit das neben dem (feierlichen) Legat eingerichtete formlose, den unmittelbar Berechtigten zunächst nur moralisch verpflichtende, dann zunehmend klagbare Vermächtnis. 2. Im deutschen Recht die durch Rechtsgeschäft unter Lebenden oder durch Verfügung von Todes wegen für eine gegebene Vermögensmasse bestimmte Unveräußerlichkeit und Erbordnung.

Fiducia (lat.: Vertrauen). Im altrömischen Zivilrecht ein bedingtes Eigentumsübertragungsgeschäft, eine Manzipation mit „Treuhänder-Vorbehalt" (Rudolf Sohm), die zu unterschiedlichen Zwecken, mangels Pfandrecht vor allem zur Sicherheitsleistung bei Kreditgeschäften (durch Hingabe zu bedingtem Eigentum), verwendet werden konnte.

fiqh (arab.: „Verständnis", „Erkenntnis"). Islamische (Rechts-)Pflichtenlehre. Die Feststellung des kanonischen islamischen Rechts, und d.h. der Rechtspflichten obliegt den Rechtsgelehrten (→ fuqaha), von denen nur die Stifter der vier orthodoxen Rechtsschulen und ihre unmittelbaren Nachfolger auf → Koran und → Hadithen rekurrieren durften, während die anschließenden Kommentatoren an deren Erzeugnisse, die modernen Rechtsgelehrten an die durch → idschma kanonisierten Rechtsbücher ihres Ritus gebunden sind.

Fiktionen (fictio juris). Rechtstechnisches Mittel, an die Unterstellung des Bestehens einer Tatsache oder eines Rechtsverhältnisses entsprechend erwünschte Rechtsfolgen zu knüpfen.

Fiskus. In der römischen Kaiserzeit das der kaiserlichen Verwaltungssphäre zugehörige Vermögen, von dem die klassischen Schriftsteller das aus der Republik überkommene Vermögen des römischen populus, das *aerarium*, unterscheiden. Doch fallen beide später faktisch zusammen.

freirechtliche Bewegung → Bewegung, freirechtliche.

Friedensrichterjustiz. Eine vom englischen König Eduard III. (1327–1377) gesetzlich eingeführte Gerichtsbarkeit. Das Friedensrichteramt wurde von der Krone als widerrufliches, aber annahmepflichtiges Ehrenamt zunächst an vermögende Grundherren, später zunehmend an reiche Bürger vergeben. Die Friedensrichter übten sachlich und zeitlich wechselnde Verwaltungs- und Rechtssprechungsbefugnisse auf Grafschaftsebene aus, sind aber bis ins 20. Jahrhundert hinein eine wichtige Säule der englischen Justiz und lokalen Selbstverwaltung.

Fundus. Grundstück, (Land-)Gut zur Versorgung und Sicherstellung der militärischen Leistungsfähigkeit des ursprünglich vollfreien (Wehr-)Bauern.

Fuqaha; Tl. (arab.) fuqahā (m., Pl.; Sg. faqîh). Islamische Rechtsgelehrte; auch: ͨulamā (Sg. ͨalīm): Gelehrte(r) (im weiteren Sinn).

gallischer Brand. 387 v.Chr. mußten die Römer eine schwere Niederlage gegen die in Norditalien siedelnden Kelten (Schlacht an der Allia) hinnehmen. Der Niederlage folgte die Einnahme und Brandschatzung Roms sowie die Belagerung des Kapitols. Erst nach Zahlung eines Lösegeldes zogen die Kelten ab.

Ganerbschaften. Mehrere Erben („Ganerben") bilden eine Erbengemeinschaft zur gesamten Hand, bei der also den einzelnen Miterben ein Anteil an der Erbschaft als ganzer zusteht. Sie können darüber, soweit kein Vorkaufsrecht der übrigen Miterben besteht, frei verfügen, insbesondere die Teilung der Erbschaft verlangen. In der älteren deutschen Rechtsgeschichte wurde dies üblicherweise gerade bei bäuerlichen und ritterlichen Ganerbschaften im Interesse der Besitzerhaltung vertraglich ausgeschlossen. → auch: Gemeinderschaft.

Gaonen / Gaon (von hebr. Geonim (Pl.), Sg. Gaon: „Erhabene[r]"). Vom 6. bis 11. Jahrhundert n.Chr. Vorsteher der jüdischen Akademien und geistliches Oberhaupt der jüdischen Gemeinde im islamisch beherrschten Babylonien, die neben dem → Exilarchen (→ auch: Resch Galuta) Aufgaben in der autonomen Gemeindeverwaltung (als Richter und Rechtskonsulenten) übernahmen. → auch: Sanhedrin; Saboraim.

Geldcondemnation. Im römischen Recht das Urteil (condemnare) zur Zahlung einer Geldsumme, auf die ein Leistungsurteil, auch auf Herausgabe (restituere) oder Vorlegung (exhibere) einer im Besitz des Beklagten befindlichen Sache, im klassischen Formularprozeß zu gehen hat.

Gemara / gemara (hebr.: „Vervollständigung"). Zwischen dem 3. und 6. Jahrhundert n.Chr. von jüdischen Schriftgelehrten (→ Amoraim; Saboraim) verfaßte Mischna-Kommentare (→ Mischna), die um 500 n.Chr. zusammen mit dieser unter dem Namen → Talmud kodifiziert wurden. Wichtigstes Produkt der Gemara-Periode sind deshalb die zwei nebeneinander entstandenen Talmude, der palästinische und der babylonische Talmud.

Gemeinderschaft. Eine rechtlich auf dem Gesamthandprinzip basierende Gemeinschaftsform. Der Begriff der Gesamthand wiederum besagt, daß der einzelne weder für die Gemeinschaft als Ganze noch für „seinen Teil", sondern nur zusammen mit den anderen, „zur gesamten Hand", rechtswirksam handeln oder haften kann.

gemeines Recht → Recht, gemeines.

gemeinrechtliche Jurisprudenz → Jurisprudenz, gemeinrechtliche.

Generalhypothek. Begründet ein gesetzliches besitzloses Generalpfandrecht am gesamten Vermögen zur Sicherung von Mündelansprüchen, Vermächtnisnehmern etc.; in klassischer Zeit auch vertraglichen Ursprungs.

Gerwurf (oder Pfeilschuß). 1. In heidnischer Zeit: Zeichen der Kriegserklärung, symbolische Handlungen, durch die man den Feind dem Kriegsgott zu weihen pflegte. 2. In den germanischen Volksrechten: Tatbestandserfordernis für die feindliche Absicht bei bestimmten deliktischen Handlungen (besonders beim schwerwiegenden Hausfriedensbruch).

Gesellschaft mit beschränkter Haftung. In Deutschland eine durch Reichsgesetz vom 20. April 1892 geschaffene Form der Kapitalgesellschaft, an deren Stammkapital die Gesellschafter durch Stammeinlagen beteiligt sind, auf die ihre Haftung vorbehaltlich ausdrücklicher Regelung im Gesellschaftervertrag beschränkt ist. Gegenüber der → Aktiengesellschaft fehlt insbesondere der Geschäftsführung und -abschluß betreffende Publizitätszwang.

Gesetzbuch Hammurabis. Eine vom babylonischen König Hammurabi (ca. 1728–1686 v.Chr.) veranstaltete Gesetzessammlung, die wesentlich Privat- und Strafrecht umfaßt.

Gewere. Im altdeutschen Recht Bezeichnung für ein Fahrnis- und Liegenschaftsrecht (ideelle Gewere) sachenrechtlicher Beziehung. Diese gründet auf dem tatsächlichen Besitz und knüpft daran differenzierte Rechtspositionen.

Gewerkschaft, bergrechtliche. Kapitalistische bergbauliche Unternehmungsform auf genossenschaftlicher Grundlage, die sich nach dem Vorbild der Aktiengesellschaft mit steigenden technischen Anforderungen und entsprechend steigendem Kapitalbedarf herausbildet.

Gilde. Eine aus rituellen Männerbünden hervorgehende, auf religiöser Verbrüderung und Speisegemeinschaft beruhende Schutz- und Rechtshilfegenossenschaft. In Gestalt der Kaufmanns- und zunehmend der Handwerkergilde (→ Zunft) gewann sie maßgeblichen Einfluß auf das spätmittelalterliche Stadtregiment.

Hadith / hadith; Tl. (arab.): hadīt; „Tradition", „Überlieferung". Neben dem → Koran die zweite wichtige Säule der islamischen Rechtstradition, die außer exemplarischen Verhaltensweisen des Propheten und seiner engsten Vertrauten solche Prophetensprüche enthält, die nicht in den Koran aufgenommen sind.

hagada. Aus Erzählungen, Anekdoten, Gleichnissen und Fabeln unterschiedlicher Herkunft bestehende Teile der jüdischen Tradition, deren Zweck religiöse Erbauung und Belehrung der Gläubigen ist.

halacha. Fachbegriff des rabbinischen Judentums zur Bezeichnung des jüdischen Gesetzes. Zunächst auf das einzelne Gebot, die Satzung oder feststehende Norm bezogen, wurde er später auf die Gesamtheit der religionsgesetzlichen Bestimmungen übertragen.

Hanafiten, hanafitisch. Anhänger der *hanafitischen Rechtsschule*, benannt nach dem islamischen Rechtsgelehrten Abū Hanīfa al-Nu^cMān b. Thābit (um 699–767). Gegenüber den anderen Schulen vertritt diese eine freiere Interpretation des islamischen heiligen Rechts. Neben → Koran und Tradition räumt sie dem persönlichen Urteil des Rechtsgelehrten und der Analogie eigenes Gewicht ein, was die Einführung der Billigkeit als Grundsatz der Rechtsfindung begünstigte.

hanbalitische Schule → Schule, hanbalitische.

Handelsgesellschaft, offene. Neben der Kommanditgesellschaft die wichtigste Form der sog. Personen(handels)gesellschaft, deren Zweck auf den Betrieb eines Handelsgewerbes unter gemeinsamer Firma gerichtet ist, bei der sämtliche Gesellschafter unbeschränkt den Gläubigern haften. Sie setzt nach innen den Gesellschaftsvertrag voraus, nach außen die Eintragung in das Handelsregister. Sie ist nicht juristische Person, kann aber unter der gemeinsamen Firma (unter ihrem Namen) Rechte (u.a. Eigentum und andere dingliche Rechte an Grundstücken) erwerben und Verbindlichkeiten eingehen, vor Gericht klagen und verklagt werden. → auch: Aktiengesellschaft.

Hedschra; Tl. (arab.): hidra; „Bruch", „Trennung". Bezeichnet das Jahr 622 n.Chr., in das die Auswanderung Muhammeds von Mekka nach Medina fällt und mit dem konventionell die islamische Zeitrechnung beginnt.

Hetären (griech.: „Gefährtin"). Umschreibung für die hellenischen, meist – im Unterschied zur Frau in der Antike – sehr gebildeten, daher auch kulturgeschichtlich bedeutsamen Dirnen. → auch: Bajaderen.

Heteronomie, heteronomer Verband. Normative Ordnung eines Verbandes durch einen (übergeordneten) anderen Verband; Gegensatz: *Autonomie*. → auch: autokephal.

Hoplitenheer. Aus disziplinierten Schlachtreihen (Phalanx) schwerbewaffneter, sich selbst ausrüstender Fußsoldaten bestehendes Bürgerheer, das seit dem 6./7. Jahrhundert v.Chr. an die Stelle der adligen Ritterheere trat.

Hufe. In der deutschen Agrargeschichte die Gesamtheit des dem vollberechtigten Dorfgenossen (Hufner) neben Haus und Hof zu Eigenrecht und -nutzung vergebenen Anteils an der Dorfmark (also an Gartenland, Ackerflur, Weideflur (→ „Allmende")).

Hufenverfassung. Von Weber im Anschluß an August Meitzen zur Beschreibung der frühen (vor allem germanischen) Agrarverfassung benutzter Begriff, der den (ursprünglich gleichen) Besitz der vollberechtigten Mitglieder einer Dorfgemeinschaft in der Dorfmark bezeichnet (→ Hufe).

Idschma / idschma; Tl. (arab.): idmāᶜ; „Übereinstimmung". Im islamischen Rechtskreis „consensus doctorum", übereinstimmende Lehrmeinung der Rechtsgelehrten (→ fuqaha), die ursprünglich auf den Konsens der Gemeinde zurückgeht und den historisch gewonnenen Rechtssinn kompiliert, auf den sich der Anwender islamischen Rechts unmittelbar stützt. Neben Koran, Tradition, Analogie bzw. Spekulation bedeutende Quelle islamischen (heiligen) Rechts.

Imam; Tl. (arab.): imām; „Führer", „Vorbeter". Gottbestimmter religiöser Führer und Lehrer des Islam, „Erbe des Prophetenamtes" (Ignaz Goldziher).

Imperium / imperium (lat.: Kommandogewalt, Herrschaft). Im römischen Staats- und Verfassungsrecht Inbegriff der höchsten, mit Militär- und Gerichtsgewalt ausgestatteten Amtsgewalt. Das Imperium ist bei Weber vielfach im Sinne der Quelle des „Amtsrechts" im Unterschied zum „Volksrecht" gemeint.

Improbität (von lat. improbus: schlecht, unanständig). Ehrmindernde Sanktionsform im römischen Recht, bei der die Fähigkeit zur Zeugnisschaft abgesprochen wird; geht auf einen Zwölftafelsatz zurück. → auch: Infamie, Zwölf Tafeln.

Infamie (von lat. infamia: Schande, Schmach). Im römischen Recht gesteigerte Form der → Improbität durch Minderung namentlich des rechtsgeschäftlichen und prozessualen Rechtsstatus.

Interdikt de loco publico fruendo. Ein besonders den römischen Großpächtern von Staatsland für die Nutznießung von öffentlichem Boden gewährter Besitzesschutz durch prätorisches Verbot (interdictum). → auch: Interdiktionsprozeß.

Interdiktionsprozeß (von lat. interdictum: Verbot). Im römischen Recht seit alters die Möglichkeit, außerhalb des Legisaktionenverfahrens liegende Klageansprüche im Wege magistratischen Interdiktenschutzes geltend zu machen. Interdicta sind vorläufige Ge- und Verbote der Gerichtsmagistrate zum Schutze des Rechtsfriedens, insbesondere zum Schutze des tatsächlichen Besitzstandes.

Itschtihad / itschtihad; Tl. (arab.): idtihād; „Anstrengung", „Eifer". Im islamischen Rechtsgebiet die „schöpferische" Rechtsfindung durch das aus Koran- und Traditionskenntnis vor allem mittels Analogie geschöpfte Rechtsurteil. → auch: Mutschtehiden.

iussus. Im römischen Recht: Ermächtigung (zum Abschluß eines Rechtsgeschäfts).

jüdisches Bundesbuch → Bundesbuch, jüdisches.

Jurisprudenz, gemeinrechtliche. Eine gesamteuropäische (neben Italien besonders in Frankreich, Spanien, den Niederlanden und seit dem 15. Jahrhundert verstärkt auch in Deutschland wirkende) Juristen-Bewegung, die ihre Aufgabe darin sieht, das römische Recht in der Tradition der italienischen Kommentatoren des 13. und 14. Jahrhunderts zu einem den jeweiligen Zeitverhältnissen angepaßten und praktikablen Recht durchzubilden.

Kabinettsjustiz. Üblicherweise Bezeichnung für die im Zeitalter des Absolutismus durch die Herrscher selbst oder deren Kabinett ausgeübte Jurisdiktion bzw. von dort ausgehende Eingriffe in die allgemeine Rechtspflege.

Kadi; Tl. (arab.): qâdî. Im islamischen Rechtsgebiet der mit der allgemeinen Rechtsprechung betraute, im Normalfall als Einzelrichter tätige, weltliche Richter. Als Berater steht ihm der Rechtsgelehrte (→ fuqaha), speziell mit dem → mufti ein beamteter Rechtskonsulent zur Seite.

Kadijustiz. Weber meint damit – über ihren islamischen Kontext hinaus – jede an materialen, ethischen oder politischen Maximen orientierte und dadurch unberechenbare Justiz. → demgegenüber: Kadi.

Kalif, Kalifat → Khalif.

Kallah / Kallah-Monat (von hebr. kallah: Gemeinde). Volksversammlungen an den babylonischen Akademien von Sura und Pumbeditha, die die → Gaonen in den Monaten März und April abhielten und auf denen sie öffentlich Rechtsunterricht und Responsen (religiöse Rechtsgutachten) erteilten.

kanonisches Recht → Recht, kanonisches.

Kapitularien (von mittellat. capitulum: Abschnitt, Urkunde). Unter den karolingischen Königen technischer Ausdruck für die königlichen Satzungen.

Khalif; Tl. (arab.): halîfa; „Nachfolger (Muhammeds)", „Stellvertreter". Cäsaropapistischer Nachfolger des Propheten als weltlicher und geistlicher Führer der islamischen Gemeinschaft (arab. umma). Das Amt (*Khalifat)* markiert seit dem 10. Jahrhundert eine zunehmend nominelle Führungsposition und wird später von den Osmanenherrschern als Ehrentitel (neben anderen) geführt.

Khalifat → Khalif.

Kleros (griech.). Im alten Griechenland Äquivalent des römischen → fundus.

Knjäs; Tl. (russ.): knjaz' (m.); „Fürst". Noch zu Zeiten Vladimirs (980–1015) und seines Nachfolgers Jaroslav (1019–1054) üblicher Amts- und Ehrentitel des

Machthabers im russischen Reich. Seit dem Ende des 12. Jahrhunderts wird die Bezeichnung „velikij knjaz"" („Großfürst") als Amtstitel gebräuchlich und in den Redaktionen des russischen Rechts (russ. Russkaja Pravda) entsprechend verwendet.

Kollegium. Im römischen Rechtskreis übliche Bezeichnung des Vereins schlechthin, unabhängig von seiner Rechtsfähigkeit.

Kommanditen. Unternehmens- und Gesellschaftsformen, bei denen ein Konsortium von Geld- und/oder Warengebern einen aus ihrer Mitte mit der Geschäftsführung beauftragen und diesem Kaufmann (tractator) entweder als leitende Unternehmer oder – wenn der Geschäftsbetrieb hauptsächlich am Ort der Sozietät abgewickelt wird – zunehmend als lediglich an Gewinn und Verlust beteiligte, nicht persönlich haftende Partizipanten gegenübertreten. → auch: Commenda.

Konkubinat. Monogamische, eheartige Dauerverbindung minderen Rechts. Gegenüber der legitimen Hauptfrau und den legitimen Kindern innerhalb einer Vollehe genießen Konkubine und Konkubinenkinder einen familien- und erbrechtlich prekären Status.

Konsulenten (von lat. consulere: beraten). In der römischen Rechtsgeschichte: fachkundige Rechtsberater.

Koran; Tl. (arab.): qurʾān; von qaraʾa: „lesen", „rezitieren". Das heilige Buch des Islam und als solches der normative Maßstab des rechten Glaubens und Handelns. Der Koran enthält die von Muhammed in der Zeit seines prophetischen Wirkens (610–632 n.Chr.) als göttliche Offenbarung verkündete religiöse und soziale Ordnung der islamischen Gemeinschaft, und zwar in 114 Abschnitten (→ Sure).

Korrealsponsionen. Bei den römischen Korrealobligationen, den Gesamtschuldverhältnissen des BGB, sind mehrere Schuldner (§§ 421 ff.) bzw. mehrere Gläubiger (§§ 428 ff.) zu derselben einen Leistung verpflichtet bzw. berechtigt. Die Leistung durch einen Schuldner befreit die Mitschuldner (Gesamtschuldnerschaft) ebenso, wie die Befriedigung eines Gläubigers die gleichlautenden Forderungen der Mitgläubiger (Gesamtgläubigerschaft) erledigt.

Landrecht. Im deutschen Mittelalter das neben den verschiedenen Personenverbandsrechten bestehende gebietsbezogene Verbandsrecht. → auch: lex terrae.

leges barbarorum. In der Völkerwanderungszeit Bezeichnung für die germanischen Volksrechte; im Unterschied zu den → leges Romanae, die für die in den jetzigen Germanengebieten lebenden Römer galten.

leges datae. In älterer römischer Zeit die auf allgemeiner Ermächtigung durch das Volk beruhenden magistratischen Gesetze und Verordnungen. Dazu gehörten vor allem die → Zwölf Tafeln und aus späterer Zeit in der Regel die Provinzial- und Gemeindeordnungen. → im Unterschied dazu: lex rogata.

leges Romanae. Bezeichnung für die im späten 5. und 6. Jahrhundert für die unterworfene römische oder romanisierte Bevölkerung erlassenen Kodifikationen fortgeltenden römischen Provinzialrechts. → auch: leges barbarorum.

Legisaktionen (lat. legis actiones: Prozeßvorschriften). Im altrömischen Zivilprozeß eine Reihe von Spruchformeln, die Klage und materiellen Anspruch zugleich enthalten. Der rigide Wortformalismus des altertümlichen Legisaktionenverfahrens bot nur unter vergleichsweise wenig entwickelten wirtschaftlichen und gesellschaftlichen Verhältnissen ausreichenden Rechtsschutz. In spätrepublikanischer Zeit wurde er durch den flexibleren Formularprozeß verdrängt.

Legisten. Spätmittelalterliche weltliche Juristen, die – im Anschluß an das justinianische Recht und die kanonistische Korporationstheorie – die Souveränität des Princeps bei der Anerkennung, Zulassung oder Neubildung von korporativ verfaßten Verbänden propagieren.

Leihezwang. Die im Lehensfeudalismus bestehende Tendenz einer zunächst konventionellen, dann allmählich rechtlichen Verpflichtung zur Wiederverleihung von Lehen (Grundstücke und Ämter) bei Mannfall (Tod des Leheninhabers) oder Herrnfall (Tod des Lehnsherrn).

Leiturgien, leiturgisch (griech. leitourgia: Dienst). Einzelnen oder Verbänden auferlegte öffentliche Leistungspflichten in Form von Kriegs-, Verwaltungs-, Bau- oder Instandhaltungsdiensten. In Rom z.B. die sog. munera.

Leviratsehe. Verpflichtung des Bruders oder nächsten Agnaten zur Ehe und Kinderzeugung mit der Witwe eines kinderlos Verstorbenen.

lex rogata. In der spätrömischen Republik auf magistratische Initiative durch die Volksversammlung beschlossenes Gesetz. Diese kann den Gesetzentwurf nur als Ganzes annehmen oder ablehnen. → im Unterschied dazu: leges datae.

Lex salica / lex Salica. In merowingischem Vulgärlatein verfaßte Sammlung des Gesetzes- und Gewohnheitsrechts der salischen Franken. Der Text wird in seiner ältesten Redaktion auf die letzte Regierungszeit Chlodwigs (zwischen 507 und 511 n.Chr.) zurückgeführt.

Lex terrae / lex terrae (lat.: „Gebietsrecht", Landrecht). Im Unterschied zum *personal* gebundenen Stammes-(Verbands-)recht das für das gesamte Herrschaftsgebiet (als Rechtsgebiet), also *territorial*, verbindliche Recht. → auch: Landrecht.

Liebeshöfe der Trobadors (auch: cours d'amour, cour d'amoureuse, corte d'amore). Im Hoch- und Spätmittelalter vor allem in Italien und Frankreich besungene Gerichtshöfe der Liebe, vor die galante Angelegenheiten der Ritter und ihrer Damen gebracht wurden, deren „Rechts"charakter zweifelhaft ist.

Literalkontrakt. Im römischen Recht Umwandlung einer Realobligation (z.B. einer Kaufgeldschuld) in eine reine Buchschuld bzw. vertragliche Literalobligation. Da mit privaten Forderungen und Zahlungen vorwiegend Bankiers befaßt wurden, heißt der Literalkontrakt auch „Bankiersbuchung". Er liefert für den Wechsel der im Schuldverhältnis stehenden Personen bzw. bei beabsichtigter Änderung des ursprünglichen Schuldgrundes die geeignete Rechtsform.

locatio. Im römischen Recht technisch für: Verpachtung.

Lögsaga / lögsaga (auch: lagsaga). In den nordischen Rechten der regelmäßig vor dem Volk gehaltene, das geltende Recht zusammenfassend darstellende Rechtsvortrag durch einen öffentlichen Beamten, den sog. Gesetzsprecher (Gesetzesmann, Gesetzsprachmann).

Lordkanzler. Der seit der Regierungszeit Edwards I. (1272–1307) vor allem in der Rechtspflege zunehmend wichtige Leiter der königlichen Kanzlei, der die sog. Kanzlergerichtsbarkeit (→ Equity) schuf. Die Equity des englischen Lordkanzlers entwickelte sich im Laufe der Zeit zu einem dem Common Law vielfach parallelen, selbständigen Recht.

madhab; Tl. (arab.): madhab; „Auffassung", „Überzeugung". Islamische Rechtsschule.

magistratische Cognition → Cognition, magistratische.

mandatum (lat.: Auftrag). Im römischen Recht bezeichnet es die vertragliche Übernahme der unentgeltlichen Besorgung eines fremden Rechtsgeschäfts.

Männerhaus. Archaischer Männerbund zu Jagd-, Kriegs- und Kultzwecken mit magischen Aufnahmeprozeduren („Jünglingsweihe"), Noviziat und Verbleib nach bestimmter Altersklassenregelung.

Manu (Skt.: „der Mensch"). Mythischer indischer König und Gesetzgeber. Das „Gesetzbuch des Manu" (Skt.: „Manusmrti") umfaßt 12 Bücher und 2685 Verse, welche soziale und ethische Leitsätze sowie rituelle und zeremonielle Vorschriften beinhalten.

Markgenossenschaft. Im deutschen Mittelalter der mehrere Dörfer umfassende Verband, der als solcher Eigentümerin der „gemeinen Mark" ist. Diese umfaßt insbesondere Wald und Ödland und ist von der Allmende (Weide) des Dorfes zu unterscheiden. Die Markgenossen sind in prinzipiell gleicher Weise Nutzungsberechtigte an der gemeinen Mark. → auch: Hufe, Hufenverfassung.

Merkur (eigentl. mercurius von lat. merx: „Ware"). Römischer Schutzgott der Kaufleute und des Handels. Sehr früh dem griechischen Gott Hermes gleichgesetzt, vielleicht identisch mit diesem unter einem lateinischen Namen.

Metöken (griech. metoikoi: „Mitbewohner"). In den klassischen griechischen Stadtstaaten dauerhaft ansässige, gegenüber der Masse der Fremden im einzelnen bevorrechtete Nichtbürger. Da sie – wie alle Nichtbürger – vom Bodenbesitz und -erwerb ausgeschlossen waren, fanden sie im Handel, Gewerbe und in freien Berufen ihre Hauptbetätigungsfelder; so erscheinen gerade sie als Träger des antiken Vereinswesens.

Mischna; Tl. (hebr.): misnâh: „Wiederholung", „Lehre". Um 200 n.Chr. geschaffene Aufzeichnung des seit dem Ende des 5. Jahrhunderts v.Chr. entwickelten und bis dahin nur mündlich überlieferten Gewohnheitsrechtes. Diese Tradition basierte auf schriftgelehrter Tora-Interpretation und altpalästinischen (Rechts-) Gewohnheiten, welche die Mischna in Form von ethischen Geboten, Ritualvorschriften und zivilrechtlichen Bestimmungen wiedergibt. → auch: Gemara; Talmud.

Mitaksara. Eine im 11. Jahrhundert n.Chr. zustande gekommene indische Rechtskompilation, die zur Zeit der englischen Eroberung im größten Teil Indiens in Gebrauch war.

Mufti; Tl. (arab.): muftî. Staatlich konzessionierter islamischer Rechtsgelehrter. Das Mufti-Amt entstand (zuerst im islamischen Andalusien) aus der Forderung, die Entscheidungen staatlicher Autoritäten auf ihre religiöse Unbedenklichkeit hin zu überprüfen.

munera → Leiturgien.

Municipium. Im Unterschied zu den römischen coloniae die zunächst politisch selbständigen latinischen und mittelitalischen Stadtgemeinden. Zwar wurden sie in der Folge des → Bundesgenossenkrieges massenhaft in den römischen Bürgerschaftsverband aufgenommen, behielten dabei als Munizipien aber ihre korporative Selbständigkeit.

Munifizenzen (von lat. munificentia: Freigebigkeit). Aus Pietäts-, Treue-, Dankbarkeits- oder Mildtätigkeitsmotiven im Testament ausgewiesene Vermögenslegate.

Mutschtehiden; Tl. (arab.): mudtahidîn (m., Pl.; Sg. mudtahîd). Mit dem Recht eigener Lehre ausgestatteter islamischer Theologe. → auch: itschtihad.

Nexum (von lat. nectere: binden, verbinden). Das ursprüngliche bindende Rechtsgeschäft des alten römischen Rechts, namentlich in Gestalt des Darlehens und der Manzipation (des altertümlichen Kaufgeschäfts). Es handelt sich um ein Geldgeschäft, das in Zeiten noch unentwickelter Geldwirtschaft durch Zuwägen ungemünzten Kupfermetalls (per aes et libram) vor Zeugen vollzogen wird und zu Rückzahlung (Darlehensschuldner) bzw. Gewährleistung (Verkäufer) verpflichtet. Gegenstand intensiver rechtshistorischer Auseinandersetzungen.

noxae datio (auch: noxae deditio). Im römischen Recht die Haftung des Eigentümers eines schadenstiftenden Vierfüßlers durch Auslieferung des Tieres. → auch: actio de pauperie.

numina (Pl. von lat. numen: Gottheit, göttliche Macht). In der religiösen Vorstellungswelt der Römer Ausdruck sowohl des göttlichen Willens und der göttlichen Macht wie – in der Kaiserzeit – gleichbedeutend mit „deus".

Nupturienten (von lat. nubere: heiraten). Brautleute.

Obertribunal. Ein von Friedrich II. von Preußen 1703 geschaffener Gerichtshof mit Sitz in Berlin, der durch die allmähliche Erweiterung seines Appellationsprivilegs und sachlichen Zuständigkeitsbereichs zum formell höchsten Gericht des Landes aufstieg. Den Namen führt das Gericht erst seit 1772. Im Zuge der Reichsjustizreform von 1877 gingen seine Zuständigkeiten (und ein Teil seines Personals) an das neugegründete Reichsgericht in Leipzig.

Obligationen-Schutz. Rechtsschutz durch Klagbarkeit von Forderungen.

offene Handelsgesellschaft → Handelsgesellschaft, offene.

Offizialmaxime. Prozeßgrundsatz (vor allem im Strafprozeß), wonach das Gerichtsverfahren unabhängig vom Willen des Verletzten oder Rechtsinhabers eingeleitet wird.

Ordalien (mlat.). Gottesproben oder Gottesurteile, die als Beweismittel oder Beweisurteil in den verschiedensten Formen fast allen primitiven (Prozeß-)Rechten gemeinsam sind.

Pandekten (griech.). Auszüge aus den klassischen römischen Juristenschriften, welche Justinian im Rahmen seines Gesetzgebungswerkes sammeln und aufzeichnen ließ (530–533 n.Chr.). Sie bilden – neben Institutionen, Konstitutionen (*Codex*) und Novellen – den wichtigsten Bestandteil der später als Corpus iuris civilis bezeichneten justinianischen Kodifikation.

Pertinenzen (von lat. pertinere: sich erstrecken, gehören). Bestimmte Hauptrechte, z.B. individuellen Bodenbesitz, ergänzende Berechtigungen; in diesem Sinn: „rechtliches Zubehör".

Phratrien (Pl. von griech. phratria: Bruderschaft). 1. In homerischer und archaischer Zeit wesentlich Kult- und Rechtsgenossenschaften. 2. In der klassischen Zeit der griechischen Polis Umformung zu Bürgerschaftsabteilungen mit starker Disziplinargewalt über ihre Mitglieder und wichtigen Entscheidungskompetenzen in der Frage des Bürgerrechts sowie der familien- und erbrechtlichen Stellung des einzelnen.

Plantagenets. Nach den Normannenkönigen zweites englisches Herrscherhaus beginnend mit Heinrich II. (1154–1189) und endend mit Richard II. (1377–1399).

Podestate (Sg. Podestat, ital.: podestà). In nord- und mittelitalienischen Städten höchstes Verwaltungs-, Justiz- und Militäramt, das zumeist von Stadtfremden bekleidet wurde. → auch: Signorie.

Polis (griech.; Pl. poleis). Ursprünglich Bezeichnung für die Burg, dann seit dem 8. Jahrhundert v.Chr. für den griechischen Stadtstaat. Die antike Polis ist fortan der politisch, wirtschaftlich und religiös autonome und exklusive Bürgerverband auf der Grundlage einer unabhängig von der jeweiligen Staatsform zumeist schriftlich fixierten Verfassung.

Polygamie, patriarchale (griech.: „Vielehe"). Mehrehe des Mannes bzw. Hausvaters, ursprünglich nur innerhalb des eigenen Geschlechterverbandes (Hausverband, Sippe). → auch: Endogamie.

Polygynie (griech.: „Vielweiberei"). Form der → Polygamie, d.h. der gleichzeitigen Dauerverbindung (Ehe) des Mannes mit mehreren Frauen, die eine gebotene, bevorzugte oder bloß erlaubte Form des Zusammenschlusses sein kann.

Possessio / possessio. Römisch-rechtlicher Besitz. Meint die tatsächliche Gewalt über eine Sache, die der rechtlichen Vollherrschaft gegenübergestellt wird und deren Schutz durch Ersitzung und interdicta rechtlich geregelt ist.

potrebitelnaja norma; Tl. (russ.): potrebitel'naja norma (f.). Konsumnorm, die die Grundbesitzgröße nach dem für das Auskommen einer bäuerlichen Familie nötigen Bodenumfang bemißt.

praedium (lat.: Beute, Grundstück). Im römischen Verwaltungsrecht Pfandbestellung zur quasi-hypothekarischen Sicherung einer Forderung (z.B. des populus gegen den Steuerpächter).

praes (lat.: Geisel, Pfand). Bürge, durch den das einseitige Schuldversprechen, die → stipulatio des römischen Rechts, gesichert wird. Der praes haftet für die Pflichterfüllung des Hauptschuldners mit seiner Person.

precarium (von lat. precario: bittweise, auf Widerruf). Bittweiser Besitz, der beliebig widerrufen werden kann und nur Dritten gegenüber Besitzschutz begründet. Ursprung des Prekarium ist vermutlich das römische Klientelverhältnis, in dem der Patron dem Klienten ein Grundstück zur Erwirtschaftung des Lebensunterhalts überläßt.

Preistaxen. Durch den (politischen) Verband regulierte Preisordnung für alle oder bestimmte Güter oder Leistungen.

Primogenitur. Ungeteilter Besitzübergang an den ältesten männlichen Erben.

Prokreation. Schaffung, Errichtung.

Provokation (von lat. provocare: anrufen, appellieren). Anrufung des römischen populus gegen Leib- und Lebensstrafen.

Prozeß, gemeiner. Entstand im Anschluß an das rezipierte römische Recht und den kanonischen Prozeß zunächst in Italien und verbreitete sich von dort über Westeuropa. Der „gemeine" Prozeß war subsidiär gegenüber den partikularen Prozeßordnungen, schriftlich und nicht öffentlich. Das Verfahren verlief zweigeteilt: Im ersten Stadium standen sich die Parteien mit ihren Behauptungen und Einreden gegenüber; es endete mit einem sog. Beweisurteil, in welchem die noch beweisbedürftigen Tatsachen sowie die beweispflichtigen Parteien festgestellt wurden. Daran schloß als zweites Stadium das Beweisverfahren an. Der gesamte Prozeß wurde von den beiden Grundsätzen der Verhandlungs- und der Eventualmaxime beherrscht. Während erstere den Richter in seiner Urteilstätigkeit an die von den Parteien beigebrachten Prozeßmaterialien band, bedrohte letztere die nicht rechtzeitig beigebrachten Beweismittel mit Ausschluß. auch: → Verhandlungsmaxime.

Pseudoisidor (auch: pseudoisidorische Dekretalen). Im 9. Jahrhundert (vermutlich in den Jahren nach 847) entstandene Sammlung gefälschter Papstbriefe, Kapitularien und Verordnungen mit dem Hauptzweck, die Autonomie der Bischöfe gegenüber Metropoliten und Provinzialsynoden, indirekt aber die Machtstellung des Papstes gegenüber Bischöfen und weltlichen Fürsten zu stärken.

Qanun; Tl. (arab.): qânûn (von griech. kanon: Maßeinheit, Regel); „Vorschriften", „Gesetze". Säkulares Gesetzesrecht, das sich in den islamischen Kulturgebieten unter dem Einfluß europäischer Handelsverbindungen und später Kolonialbeziehungen seit der 2. Hälfte des 19. Jahrhunderts in Handels-, Straf- und Zivilrechtskodifikationen niederschlägt.

Rachimburgen (auch Rachineburgen: „Ratgeber"). Im fränkischen Reich ein siebenköpfiges Beratungsgremium der Gerichtsgemeinde, das Rechtsberatung und Urteilsempfehlung geben sollte.

raj; Tl. (arab.): ra y; „überlegte Meinung". Wissenschaftliche Lehrmeinung, der im islamischen Rechtsgebiet vor allem die hanafitische Rechtsschule (→ Hanafitentum; madhab) bedeutendes Gewicht bei der Rechtsfindung einräumt.

Realexekution. Auf Herausgabe einer Sache oder Effektivleistung zielende Vollstreckung im Unterschied zur Personalexekution, bei der der Schuldner mit seiner Person haftet.

receptum (von lat. recipere: annehmen). Im römischen Recht Haftung des Aufbewahrers (Schiffer, Wirt, Stallwirt) für aufgenommene Sachen. Das Bürgerliche Gesetzbuch kennt die Haftung aus receptum nur noch für Gastwirte (§§ 701–703 BGB).

Recht, gemeines. 1. untechnisch: Das für die Angehörigen des politischen Verbandes gesetzte- oder gewohnheitsrechtlich (unter Umständen nur subsidiär) verbindliche Recht, so im römischen Altertum das ius civile, im angelsächsischen Mittelalter das Common Law oder im spätmittelalterlichen Deutschland das rezipierte römische Recht. 2. Im engeren Sinne: Bezeichnung für das seit dem 11./12. Jahrhundert in den europäischen Ländern subsidiär geltende römisch-kanonische Recht.

Recht, kanonisches. Bezeichnung für das nach Art und Umfang höchst heterogenen Rechtsstoff umfassende römisch-katholische Kirchenrecht, das heute in dem 1983 redigierten Codex Iuris Canonici (CIC) gesammelt ist.

Reichskammergericht. Im Zuge der Wormser Reichsreform von 1495 geschaffenes oberstes Reichsgericht, das zugleich als Oberappellationsinstanz fungierte. Es bestand bis zum Untergang des Heiligen Römischen Reiches 1806 und trug maßgeblich zur Herstellung der Rechtseinheit und Professionalisierung der Rechtspflege in Deutschland bei. Durch seine Judikatur beförderte es wesentlich die Rezeption des römischen Rechts in Deutschland.

Rentengüter. Eine im Zuge der preußischen Ansiedelungsgesetzgebung der 90er Jahre des 19. Jahrhunderts neu geschaffene Form (staatlich geförderten) gebundenen Bodenbesitzes. Vorrangiger Zweck des Instituts war die Schaffung wirtschaftlich lebensfähiger Bauerngüter in den östlichen Gebieten Preußens.

Rentenkauf. In den mittelalterlichen deutschen Städten aufkommendes, wesentlich durch die beschränkte Erbenhaftung und das kirchliche Zinsverbot motiviertes Sicherungsgeschäft. Der Rentenkäufer erwirbt bei Zahlung einer bestimmten Geldsumme das Recht auf den regelmäßigen Bezug einer Rente aus einem Grundstück.

Repetundengerichte (von lat. repetere: zurückverlangen). In der spätrömischen Republik (2. Jahrhundert v.Chr.) aus ad hoc eingesetzten Sondergerichten hervorgehende ständige Strafgerichtshöfe mit jährlich wechselnder Geschworenenbank, unter der Leitung eines Prätors oder von ihm beauftragten Quästors. Ursprünglich wurden sie gegen die magistratische Ausbeutung von Provinzen eingerichtet.

Repudiation (lat. repudiatio: Zurückweisung). Weigerung eines Staates, die von ihm kontrahierten Schulden zu begleichen; nicht selten eine verdeckte Form des Staatsbankrotts.

Resch Galuta; Tl. (aram.): res galutâ ; „Haupt der Verbannung". Seit dem 2. Jahrhundert n.Chr. politisches Oberhaupt der jüdischen (Exil-)Gemeinde in Babylonien und als ihr Repräsentant gegenüber dem königlichen Hof unter den neupersischen Sassaniden (seit 227 n.Chr.) zugleich hoher persischer Würdenträger mit Fürstenrang. → auch: Exilarch.

Responsen (lat. responsa: Antworten, Bescheide). In der vorklassischen und klassischen Epoche der römischen Rechtsgeschichte (2. Jahrhundert v.Chr. – 2. Jahrhundert n.Chr.) Rechtsgutachten für Parteien, Magistrate und urteilende Richter.

Rotae (Pl. von lat. rota: Rad). Dem päpstlichen Kuriengericht entlehnte Bezeichnung für die Obergerichte der mittelalterlichen italienischen Städte.

Sabbathjahr (hebr.: semittâh). Alttestamentliche Vorschrift, den Ackerboden im siebten Jahr unbestellt zu lassen; nach ihrer ältesten Fassung (Ex 23,10f.) sollen die Ackerfrüchte in diesem Jahr den „Armen" überlassen werden.

Saboraim (hebr.: „Meinende", „Nachdenkende"). Den → Amoraim nachfolgende Mischna-Kommentatoren, die zusammen mit ihren Nachfolgern, den → Gaonen, zwischen dem 6. und 11. Jahrhundert den nunmehr kanonisierten und autoritativ geltenden → Talmud vereinheitlichten, auch die talmudische Kasuistik vertieften.

Sachsenspiegel. Bedeutendstes deutsches Rechtsbuch des Mittelalters, das um 1230 von Eike von Repgow verfaßt wurde. Im 14. Jahrhundert galt der Sachsenspiegel mit nahezu gesetzesgleicher Kraft in Norddeutschland und Osteuropa, übte aber auch auf die Rechtsbücher Süddeutschlands außerordentlichen Einfluß.

sacra. Private oder amtliche Kulthandlungen der Römer.

Sancho Pansa. Literarische Figur in Cervantes' Ritterroman „Don Quixote". Gegenüber dem in einer Idealwelt ritterlicher Galanterie gefangenen Don Quixote verkörpert der mit dem Witz spanischer Spruchweisheiten auftretende, grobschlächtige Sancho Pansa den dialogischen Kontrapunkt. Er übernimmt schließlich das Gouverneursamt, welches ihm Don Quixote anträgt.

Sanhedrin. Zunächst der nach der zweiten Tempelzerstörung (70 n.Chr.) wieder eingesetzte, nach Jawne verlegte oberste jüdische Gerichtshof. Daneben untergeordnete Strafgerichte.

schafiitische Schule → Schule, schafiitische.

Schah (pers.: König). Seit dem 3. Jahrhundert n.Chr. in Persien und später auch in anderen islamischen Staaten Asiens üblicher Regententitel, besonders schiitischer Herrscher.

Scharia, Schariat; Tl. (arab.): sarîᶜa. Islamische Ordnung im weitesten Sinn, der die Vorstellung einer Einheit von Staat und Religionsgemeinschaft auf der Grundlage von → Koran und → Hadithen zugrunde liegt.

Schia; Tl. (arab.): shîᶜa. Im islamischen Kulturkreis Glaubensrichtung, nach welcher allein die Prophetenfamilie zur legitimen Ausübung des geistlichen und weltlichen Führungsamtes berechtigt ist. Die Anhänger der Schia werden als Schiiten bezeichnet. → auch: Khalif.

Schule, hanbalitische. Islamische Rechtsschule, benannt nach dem Rechtsgelehrten Ahmad b. Hanbal (780–855); sie zeichnet sich durch einen strengen Traditionalismus in der Auslegung von → Koran und Sunna (→ Sunnah) aus.

Schule, schafiitische. Islamische Rechtsschule, benannt nach dem Rechtsgelehrten Muhammad b. Idris al-Shafi (767–820). Ihre Rechtstheorie kanonisiert → Koran, → Hadith, Analogieschluß (→ raj) und Konsens (→ idschma) als die vier allein verbindlichen islamischen Rechtsquellen.

Seedarlehen. Mittelalterliches Seehandelsgeschäft, bei dem ein Geldgeber den reisenden Kaufmann gegen einen tarifierten Zinsfuß mit einem Darlehen ausstattete. Die Geschäftsform war vorteilhaft für den Kaufmann, weil sie das Risiko ganz auf den Gläubiger abwälzte. → auch: Bodmerei.

Seewurf. Überbordwerfen von Teilen der Ladung zur Erleichterung der Schiffslast und dadurch bezweckten Abwendung akuter Gefahr. Die Regeln über den Seewurf, ursprünglich beheimatet im griechischen, speziell rhodischen Recht, haben über die *Lex Rhodia de iactu* Eingang in das römische Recht und von dort in modifizierter Form in das westliche Seehandelsrecht gefunden.

Seisinerecht (von franz. saisir: besetzen, ergreifen). Lehnrechtliches, der deutschen → Gewere bzw. dem juristischen (vor allem Grundstücks-)Besitz entsprechendes Rechtsverhältnis.

Sheikh-ül-Islam; Tl. (arab.): saih al-islâm. Als religiöser Ehrentitel seit dem 10. Jahrhundert nachgewiesen. Im Osmanenreich Amtstitel des Großmufti von Istanbul (Konstantinopel) als höchste religiöse Autorität an der Spitze einer Hierarchie von Richtern und → Muftis, deren Ernennung für die Provinzen des Reiches ihm oblag.

Siete Partidas. Siebenteiliges spanisches Gesetzgebungswerk, das auf Veranlassung von König Alfons X. (1221–1284) um 1260 entstand. Von grundlegender rechtshistorischer Bedeutung sind die Einflüsse römischen und kanonischen Rechts sowie die handelsrechtlichen Partien des Gesetzbuchs.

Signorien. In italienischen mittelalterlichen Städten zumeist aus dem → Podestat hervorgehende dauerhafte (und vererbbare) Einherrschaften.

Sippenexogamie. Magisch-religiöses Verbot der Verheiratung von Angehörigen derselben Sippe. → Gegensatz: Endogamie.

smeti; Tl. (Skt.): smrti (f.); „Tradition". Bezeichnung für die traditionelle religiöse Literatur des Hinduismus.

Societas maris. Form des (See-)Handelsgeschäfts, bei dem im Unterschied zur → Commenda der reisende Kaufmann und der nur mit einer Einlage beteiligte Gesellschafter die Risiken für den gesamten Warenbestand gemeinsam tragen.

socii vectigalium publicorum. Staatspächtervereinigungen, deren bevorzugte Pachtobjekte Steuern, Bergwerke und Staatsland sind.

Sodalitates, Sodalicia (Pl. von lat. sodalitas und sodalicium: Kameradschaft, Geheimbund). In frührepublikanischer Zeit die mit der Pflege staatlicher Kulte

(„sacra publica") betrauten und – während der Zeit des Geschlechterstaats – als Funktion des Gentilverbands auftretenden Religionsgemeinschaften.

Spolienklage (von lat. spolium: Beute, Raub). Ein ursprünglich kanonisch-rechtliches Prozeßmittel zur Wiedereinsetzung in widerrechtlich entzogenen Immobiliar- oder Mobiliarbesitz (actio spolii).

sruti; Tl. (Skt.): œruti (f.). Im Hinduismus das „Hören" heiliger Texte, besonders des Veda (→ Veden). Weber gebraucht den Begriff im Sinne von „Offenbarung".

Status-Klagen. Klagen auf Wiederherstellung der früheren, in alter Zeit primär durch Grundbesitz definierten sozialen Stellung des Genossen innerhalb des Verbandes.

Stipulatio (lat.: Zusage, Vereinbarung). Durch feierliche Spruchformeln in Frage und Antwort abgeschlossenes Verpflichtungsgeschäft des altrömischen Rechts, das den Grundtyp der später sog. „Verbalkontrakte" darstellt, ursprünglich aber streng einseitiges Schuldversprechen ist.

stummer Tausch → Tausch, stummer.

Summariissimum. Im kanonischen und später im gemeinen Prozeß ausgebildetes abgekürztes Verfahren im Interesse der Prozeßbeschleunigung.

Sunnah (Sunna) (arab.: „Weg"). Neben dem → Koran die zweite Traditionsquelle des Islam. Sie bezeichnet wörtlich die religiös vorbildliche Lebensführung des Propheten (oder seiner Genossen), wie sie sich in den → Hadithen der Gewährsleute ausdrückt.

Sure; Tl. (arab.): sûra; „Offenbarung", „Schrift". Selbständige Einzelabschnitte des → Koran, die überwiegend ethisch-ritualistische Gebote für alle Lebensbereiche enthalten.

Talmud; Tl. (hebr.): talmud; „die von der Tora ausgehende Belehrung". Jüdischer Traditionskanon, der → Mischna und → Gemara enthält und in einer palästinischen Redaktion (um 425 n.Chr.) sowie einer babylonischen Redaktion (um 500; Endredaktion im 6. Jahrhundert) vorliegt.

Tannaim (hebr.: „Überlieferer"). Rabbinische Schrift- und Rechtsgelehrte, die seit 70 n.Chr. bis zu Anfang des 3. Jahrhunderts das jüdische heilige Recht sammeln, ordnen und in → Mischna und Tosefta („Hinzufügung") schriftlich fixieren. → auch: Amoraim; Saboraim; Gaonen.

Tausch, stummer. Eine bereits bei Herodot überlieferte archaische Form des Handels, bei der die Tauschpartner wortlos ihr wechselseitiges Warenangebot unterbreiten und durch Rücknahme der eigenen bzw. Mitnahme der fremden Sachen das Tauschgeschäft abschließen.

Thesmotheten (griech. thesmothetai: „Rechtsetzer"). Seit Mitte des 7. Jahrhunderts v.Chr. in Athen fungierendes Beamtenkollegium von sechs Höchstmagistraten mit rechtsaufzeichnenden, rechtsberatenden und prozeßleitenden Funktionen.

Thora; (Tora); Tl. (hebr.): torâh; „Weisung". Allgemein religiöse Unterrichtung und Führung durch die Priester. Besonders Bezeichnung für die nachexilische Fassung des mosaischen Gesetzes in Gestalt des Pentateuchs.

trespass. Im englischen Recht 1. allgemein für Rechtsbruch, Vergehen, speziell: Vertragsbruch. 2. Im technischen Sinn jede vorsätzlich oder fahrlässig rechtswidrige, gewaltsame Einwirkung auf Personen oder Sachen, die eine zivilrechtliche Klage auf Schadenersatz eröffnet.

trudowaja norma; Tl. (russ.): trudovaja norma (f.). Arbeitsnorm, die die Grundbesitzgröße nach dem von einem Bauern mit seiner Familie zu bearbeitenden Boden bemißt.

Tummim → Urim und Tummim.

Urim und Tummim; Tl. (hebr.): ûrîm wattummîm. In Altisrael Kultgegenstände, mit denen die Priester Orakel über die göttliche Entscheidung von Streitigkeiten, besonders *Rechts*streitigkeiten, einholten (vgl. Dtn 33,8; Esra 2,63).

Veden; Tl. (Skt.): **Veda** (m.); „Wissen". Bezeichnung für die vier ältesten religiösen Texte der arischen Inder: Rg-, Atharva-, Sama- und Yajurveda.

venditio. Im römischen Recht: Verkauf.

Verhandlungsmaxime. Verfahrensprinzip (vor allem im Zivilrecht), wonach die Sammlung des entscheidungsrelevanten Tatsachenstoffes grundsätzlich den Prozeßparteien obliegt. Im Gegensatz dazu herrscht im Straf- und Verwaltungsprozeß die Untersuchungs- oder Inquisitionsmaxime, die es dem Gericht zur Pflicht macht, die entscheidungserheblichen Tatsachen selbst festzustellen.

Vindikation, doppelseitige römische. Im römischen Recht zweiseitige Eigentumsklage, bei der beide Parteien vor Gericht als Eigentumsprätendenten auftreten und dadurch jede für sich die doppelte Rolle des Klägers und des Beklagten übernimmt.

Volksrechte. Die nach dem Untergang des weströmischen Reiches zumeist auf königliche Initiative erfolgten Aufzeichnungen der germanischen Stammesrechte. → auch: leges barbarorum.

wadiatio (mlat.: „Wette"). Ursprünglicher germanischer Schuldvertrag in Gestalt des gerichtlichen und außergerichtlichen Bürgschaftsvertrags.

Wakufs; Tl. (arab.): awqâf (m., Pl.; Sg. waqf); „fromme Stiftung". Seit dem 12. Jahrhundert im islamischen Kulturkreis errichtete Stiftungen zugunsten einer Moschee oder eines anderen frommen Zweckes, die aber als Familienstiftungen primär Versorgungszwecke verfolgten.

Wechsel. Schuldrechtliches Wertpapier, das die Anweisung zur Zahlung einer bestimmten Geldsumme enthält.

Wergeld-, Bußtarifierungen (ahd. wër, lat. vir: Mann). Deutschrechtliche Unterscheidung zwischen dem Wergeld als Sühnegeld bei Tötungen und Körperverletzungen und dem Bußgeld (compositio) bei sonstigen Verletzungen. In der fränkischen Zeit wurden unter maßgeblichem Einfluß des Königtums auch Tötungen und Körperverletzungen in Bußgeldern an die Sippe des Getöteten ablösbar.

Willkür. Bezeichnung für die autonomen Rechtssatzungen der Gilden, Zünfte und Städte im Hochmittelalter.

Yasa, Sammlung der. Von Dschingis Khan nach 1206 veranlaßte Sammlung mongolischer Rechtsüberlieferung, die – soweit aus den erhaltenen Fragmenten erkennbar – in erster Linie Verwaltungs- und Militär-, Straf- und Familienrecht enthält.

zarathustrisch. Auf die um die Wende vom 7./8. Jahrhundert v.Chr. gestiftete Religion Zarathustras bezogen (Zoroastrismus, Parsismus), in deren Zentrum eine eschatologische Zwei-Weltenlehre steht mit dem Gott Ahuramazda als Herrscher eines paradiesischen Himmelreiches.

Zensor, zensorisch. Im 4. Jahrhundert v.Chr. gesetzlich eingeführtes römisches Staatsamt. Die wichtigsten Aufgaben der beiden Zensoren lagen in der Bürgerschätzung, die zugleich als Grundlage der Steuerveranlagung und der

Wehrstammrolle fungierte, in der Aufstellung des Staatshaushaltes aus der Verpachtung der Staatsgefälle (Steuern, Zölle, Salinen, Bergwerke, öffentliches Land) und der Vergebung öffentlicher Aufträge, schließlich: in einer allgemeinen Sittenaufsicht mit entsprechender Strafgewalt.

Zession (von lat. cedere: abtreten). Allgemein: Abtretung von Rechten; im Schuldrecht: Abtretung von Forderungsrechten.

Zunft. Im Mittelalter Vereinigung der in einer Stadt dasselbe Handwerk oder Gewerbe betreibenden Personen, die später auch den Anspruch der Zunftgenossen auf Mitwirkung an der politischen Leitung der Stadt in den Ratsgremien durchsetzten. Weber gebraucht den Ausdruck für vergleichbare Einrichtungen auch anderer Länder und Epochen. → auch: Gilde.

Zunftbann. Wichtigstes Mittel der äußeren Zunftpolitik. Zweck ist der erfolgreiche Ausschluß aller nicht-zünftigen Gewerbe vom wirtschaftlichen Verkehr in einem bestimmten Gebiet. Mit diesem Instrument bekämpfte die → Zunft, sobald sie sich der städtischen Wirtschaft bemächtigt hatte, neben den Wandergewerben vor allem die ländliche Konkurrenz.

Zwölf Tafeln / Zwölftafeln (auch: Zwölftafelgesetz) (lat. lex duodecim tabularum). Ältestes näher bekanntes römisches Gesetzgebungswerk aus den Jahren 451/50 v.Chr., so bezeichnet nach seiner Publikation auf zwölf öffentlich aufgestellten Tafeln.

Verzeichnis der von Max Weber zitierten Literatur

Weber hat im Text keine bibliographischen Angaben gemacht, sondern auf benutzte Werke lediglich durch Nennung des Verfassernamens hingewiesen. Die folgende Literaturübersicht enthält nur die Werke, deren Verwendung sich eindeutig oder mit höchster Wahrscheinlichkeit nachweisen läßt.

Bentham, Jeremy, General View of a Complete Code of Laws, in: The Works of Jeremy Bentham, 11 Vols., published under the Superintendence of his Executor, John Bowring, Vol. 3, S. 155–210. – New York: Russel & Russel 1962 [Reprint of the Bowring Ed. of 1838–43].

Binding, Karl, Die Entstehung der öffentlichen Strafe im germanisch-deutschen Recht. Rede, bei Antritt des Rektorats am 31. Oktober 1908 gehalten. – Leipzig: Duncker & Humblot 1909.

Blackstone, William, Commentaries on the Laws of England, in four books, by Thomas M[cIntyre] Cooley, vol. 1: Including books I & II, 3. ed., revised. – Chicago: Callaghan 1884.

Demelius, Gustav, Die Rechtsfiktion in ihrer geschichtlichen und dogmatischen Bedeutung. Eine juristische Untersuchung. – Weimar: Hermann Böhlau 1858.

Ehrlich, Eugen, Grundlegung der Soziologie des Rechts. – München, Leipzig: Duncker & Humblot 1913.

Entscheidungen des Königlichen (bis 1848: Geheimen) Ober-Tribunals, hg. im amtlichen Auftrage von August Heinrich Simon, Heinrich Leopold von Strampff u.a., 83 Bände. – Berlin: Ferdinand Dümmler (seit 1846: Carl Heymann) 1837–1879.

Fichte, Joh[ann] Gottl[ieb], Der geschloßne Handelsstaat, in: ders., Werke. Auswahl in sechs Bänden, Band 3, hg. und eingel. von Fritz Medicus. – Leipzig: Felix Meiner 1910, S. 417–543.

Gierke, Otto, Deutsches Privatrecht (Systematisches Handbuch der Deutschen Rechtswissenschaft, hg. von Karl Binding, Abt. 2, Teil 3), Band 1: Allgemeiner Teil und Personenrecht. – Leipzig: Duncker & Humblot 1895.

Goldschmidt, Levin, Inhaber-, Order- und executorische Urkunden im classischen Alterthum, in: Zeitschrift für Rechtsgeschichte, Rom. Abt., Band 10, 1889, S. 352–396.

–, **Universalgeschichte des Handelsrechts** (Handbuch des Handelsrechts, von L[evin] Goldschmidt, Band 1: Geschichtlich-literärische Einleitung und die Grundlehren, Abt. 1, 1. Lieferung), 3., völlig umgearb. Aufl. – Stuttgart: Ferdinand Enke 1891.

Hatschek, Julius, Englisches Staatsrecht mit Berücksichtigung der für Schottland und Irland geltenden Sonderheiten (Handbuch des Öffentlichen Rechts der Gegenwart, Band 4, 2, Abt. 4), Band 1: Die Verfassung. – Tübingen: J. C. B. Mohr (Paul Siebeck) 1905.

Hellpach, Willy, Die geistigen Epidemien (Die Gesellschaft. Sammlung sozialwissenschaftlicher Monographien, hg. von Martin Buber, Band 11). – Frankfurt a. M.: Rütten und Loening 1906.

Heusler, Andreas, Institutionen des Deutschen Privatrechts (Systematisches Handbuch der Deutschen Rechtswissenschaft, hg. von Karl Binding, Abt. 2, Theil 2), 2 Bände (in 1). – Leipzig: Duncker & Humblot 1885 (Band 1) und 1886 (Band 2).

Ihering, Rudolph von, Geist des römischen Rechts, auf den verschiedenen Stufen seiner Entwicklung, Theil 3, Abt. 1, 4., verb. Aufl. – Leipzig: Breitkopf und Härtel 1888.

Jellinek, Georg, Allgemeine Staatslehre, 3. Aufl., unter Verwertung des handschriftlichen Nachlasses durchges. und erg. von Walter Jellinek. – Berlin: O. Häring 1914.

Jung, Erich, Das Problem des natürlichen Rechts. – Leipzig: Duncker & Humblot 1912.

Knies, Karl, Die politische Ökonomie vom geschichtlichen Standpuncte, 2., verm. Aufl. – Braunschweig: C. A. Schwetschke 1883.

Kohler, Josef und Ungnad, A[rthur], Hammurabi's Gesetz, Band 3: Übersetzte Urkunden. Erläuterungen. – Leipzig: Pfeiffer 1909.

Lambert, Édouard, La fonction du droit civil comparé (Études de droit commun législatif ou de droit civil comparé, tome 1). – Paris: V. Girard et E. Brière 1903.

–, L'histoire traditionelle des XII tables et les critères d'inauthenticité des traditions en usage dans l'école de Mommsen (Mélanges Ch. Appleton). – Lyon: A. Rey 1903.

–, Le problème de l'origine des XII tables. Quelques contributions empruntées a l'histoire comparative et la psychologie des peuples (Extrait de la Revue générale du droit). – Paris: Albert Fontemoing 1902.

–, La question de l'authenticité des XII tables et les annales maximi, in: Nouvelle revue historique de droit français et étranger, 1902, S. 149–200.

Lassalle, Ferdinand, Das System der erworbenen Rechte. Eine Versöhnung des positiven Rechts und der Rechtsphilosophie, in zwei Theilen, hg. von Lothar Bucher, Theil 1: Die Theorie der erworbenen Rechte und der Collision der Gesetze unter besonderer Berücksichtigung des Römischen, Französischen und Preußischen Rechts; Theil 2: Das Wesen des Römischen und Germanischen Erbrechts in historisch-philosophischer Entwickelung, 2. Aufl. – Leipzig: F. A. Brockhaus 1880.

Maitland, Frederic William, Domesday Book and Beyond. Three Essays in the Early History of England. – Cambridge: University Press 1897.

–, Township and borough. – Cambridge: University Press 1898.

Mendelssohn Bartholdy, Albrecht, Das Imperium des Richters. Ein Versuch kasuistischer Darstellung nach dem englischen Rechtsleben im Jahre 1906/07. – Straßburg: Karl J. Trübner 1908.

Mitteis, Ludwig, Römisches Privatrecht bis auf die Zeit Diokletians (Systematisches Handbuch der Deutschen Rechtswissenschaft, hg. von Karl Binding, Abt. 1, Teil 6), Band 1: Grundbegriffe und Lehre von den Juristischen Personen. – Leipzig: Duncker & Humblot 1908.

Mommsen, Theodor, Römisches Staatsrecht (Handbuch der römischen Alterthümer von Joachim Marquardt und Theodor Mommsen), Band 3. – Leipzig: S. Hirzel 1887.

Munzinger, Werner, Ostafrikanische Studien. – Schaffhausen: Fr. Hurter 1864.

Pais, Ettore, Storia di Roma (Storia d'Italia dai tempi più antichi alla fine della guerre Puniche, parte II), vol. 1, 1. – Torino: Carlo Clausen 1898. (*Pais, Storia*)

Radbruch, Gustav, Grundzüge der Rechtsphilosophie. – Leipzig: Quelle & Meyer 1914.

Rosenthal, Eduard, Geschichte des Gerichtswesens und der Verwaltungsorganisation Baierns, Band 1: Vom Ende des 12. bis zum Ende des 16. Jahrhunderts (1180–1598); Band 2: Vom Ende des 16. bis zur Mitte des 18. Jahrhunderts (1598–1745). – Würzburg: A. Stuber (Curt Kabitsch) 1889–1906.

Snouck Hurgronje, C[hristiaan], Mekka, Band 2: Aus dem heutigen Leben. – Den Haag: Martinus Nijhoff 1889.

Sombart, Werner, Die Juden und das Wirtschaftsleben. – Leipzig: Duncker & Humblot 1911.

Stammler, Rudolf, Wirtschaft und Recht nach der materialistischen Geschichtsauffassung. Eine sozialphilosophische Untersuchung, 2., verb. Aufl. – Leipzig: Veit & Co. 1906.

Stölzel, Adolf, Die Entwicklung der gelehrten Rechtsprechung untersucht auf Grund der Akten des Brandenburger Schöppenstuhls, Band 1: Der Brandenburger Schöppenstuhl; Band 2: Billigkeits- und Rechtspflege der Rezeptionszeit in Jülich-Berg, Bayern, Sachsen und Brandenburg. – Berlin: Franz Vahlen 1901–10.

–, Die Entwicklung des gelehrten Richterthums in deutschen Territorien. Eine rechtsgeschichtliche Untersuchung mit vorzugsweiser Berücksichtigung der Verhältnisse im Gebiete des ehemaligen Kurfürstenthums Hessen, 2 Bände. – Stuttgart: J. G. Cotta 1872.

Unger, Joseph, System des österreichischen allgemeinen Privatrechts. – Leipzig: Breitkopf und Härtel 1856–1864.

– Band 1, 1856.

– Band 2, 1857 (Abt. 1), 1859 (Abt. 2).

– Band 6: Das österreichische Erbrecht, systematisch dargestellt, 1864.

Voigt, Andreas, Wirtschaft und Recht, in: Zeitschrift für Socialwissenschaft, N. F. Jg. 2, 1911, S. 1–12, 99–108, 177–182, 238–249, 311–322, 387–397, 439–456.

Windscheid, Bernhard, Lehrbuch des Pandektenrechts, 3 Bände. – Düsseldorf: Julius Buddeus 1862–70.

Zitelmann, Ernst, Gewohnheitsrecht und Irrtum, in: Archiv für die civilistische Praxis, Band 66, 1883, S. 323–468.

Siglen, Zeichen, Abkürzungen

[ ]	Hinzufügung des Editors
&	und
§	Paragraph
→	siehe
Abt.	Abteilung
altägypt.	altägyptisch
ahd.	althochdeutsch
a. M.	am Main
Anm.	Anmerkung
a.o.	außerordentlicher
arab.	arabisch
aram.	aramäisch
Aufl.	Auflage
Ausg.	Ausgabe
b.	ibn
Bd., Bde.	Band, Bände
bearb., Bearb.	bearbeitet(e), Bearbeitung
begr.	begründet
bes.	besonders
BGB	Bürgerliches Gesetzbuch
bzw.	beziehungsweise
Co.	Company, Compagnie
D.	Digesten
ders.	derselbe
DGS	Deutsche Gesellschaft für Soziologie
d. h.	das heißt
dies.	dieselben
Dr.	Doktor
Dr. jur.	Doctor juris
Dr. phil.	Doctor philosophiae
Dtn	Deuteronomium
durchges.	durchgesehen(e)
ebd.	ebenda
ed., Ed.	edited, editor, edition
eigentl.	eigentlich
eingel.	eingeleitet
engl.	Englisch
erg.	ergänzt
erw.	erweitert(e)
etc.	et cetera

Ex	Exodus
f.	femininum
f., ff.	folgend(e), fortfolgend(e)
Fn.	Fußnote
franz.	französisch
GARS I	Weber, Max, Gesammelte Aufsätze zur Religionssoziologie, Band 1. – Tübingen: J.C.B. Mohr (Paul Siebeck) 1920 (MWG I/9, I/18 und I/19)
GdS, G.d.S.Ö.	Grundriß der Sozialökonomik
gem.	gemäß
Germ. Abt.	Germanistische Abteilung
gest.	gestorben
griech.	griechisch
HA	Hauptabteilung
Hab	Habakuk
hebr.	hebräisch
Hes	Hesekiel
hg., Hg.	herausgegeben(e), Herausgeber
Hinduismus	→ Weber, Hinduismus
i.Br.	im Breisgau
i.d.R.	in der Regel
i.e.S.	im engeren Sinne
insbes.	insbesondere
islam.	islamisch
ital.	italienisch
Jg.	Jahrgang
Judentum	→ Weber, Judentum
kelt.	keltisch
Konfuzianismus	→ Weber, Konfuzianismus
lat.	lateinisch
Lev	Leviticus
m.	masculinum
m. a. W.	mit anderen Worten
MdPrAH	Mitglied des preußischen Abgeordnetenhauses
MdPrHH	Mitglied des preußischen Herrenhauses
MdR	Mitglied des Reichstags
mlat.	mittellateinisch
MWG	Max Weber-Gesamtausgabe
n.	neutrum
n.Chr.	nach Christus
Neubearb.	Neubearbeitung
N.F.	Neue Folge
Num	Numeri

o.	ordentlicher
OHG	Offene Handelsgesellschaft
Pl.	Plural
Pomp.	Pomponius
portug.	portugiesisch
reg.	regierte
rev.	revidiert(e)
röm.	römisch
Röm	Römer(brief)
Rom. Abt.	Romanistische Abteilung
Roscher und Knies	→ Weber, Roscher und Knies
russ.	russisch
S.	Seite
sen.	senior
Sg.	Singular
Skt.	Sanskrit
sog.	sogenannt
Stammler, Wirtschaft und Recht	Stammler, Rudolf, Wirtschaft und Recht nach der materialistischen Geschichtsauffassung, 2., verb. Aufl. – Leipzig: Veit & Co. 1906
TH	Technische Hochschule
Tit.	Titel, Titulatur
Tl.	Transliteration
türk.	türkisch
u.a.	und andere(n), unter anderem
u.E.	unseres Erachtens
umgearb.	umgearbeitet
usw.	und so weiter
VA	Verlagsarchiv
v.Chr.	vor Christus
veränd.	verändert(e)
verb.	verbessert(e)
Verhandlungen 1910	Verhandlungen des Ersten Deutschen Soziologentages vom 19.–22. Oktober 1910 in Frankfurt a.M. (Schriften der Deutschen Gesellschaft für Soziologie, Serie I, Band I). – Tübingen: J.C.B. Mohr (Paul Siebeck) 1911
verm.	vermehrt(e)
vgl.	vergleiche
Vol., Vols.	Volume(s)
Weber, Einleitung	Weber, Max, Einleitung [zu: Die Wirtschaftsethik der Weltreligionen], in: AfSSp, Band 41, Heft 1, Okt. 1915, S. 1–30 (MWG I/19, S. 83–127)
Weber, Hinduismus und Buddhismus	Weber, Max, Die Wirtschaftsethik der Weltreligionen. Hinduismus und Buddhismus. Schriften 1916–1920, hg. von Helwig Schmidt-Glintzer in Zusammenarbeit mit Karl-Heinz Golzio (MWG I/20). – Tübingen: J.C.B. Mohr (Paul Siebeck) 1996

Weber, Jugendbriefe	Weber, Max, Jugendbriefe. Mit einer Einführung von Marianne Weber. – Tübingen: J.C.B. Mohr (Paul Siebeck) o.J. [1936] (MWG II/1 und 2)
Weber, Kategorien	Weber, Max, Über einige Kategorien der Verstehenden Soziologie, in: Logos. Internationale Zeitschrift für Philosophie der Kultur, Band 4, 1913, S. 253–294 (MWG I/12)
Weber, Konfuzianismus	Weber, Max, Die Wirtschaftsethik der Weltreligionen. Konfuzianismus und Taoismus. Schriften 1915–1920, hg. von Helwig Schmidt-Glintzer in Zusammenarbeit mit Petra Kolonko (MWG I/19). – Tübingen: J.C.B. Mohr (Paul Siebeck) 1989
Weber, Kritische Studien	Weber, Max, Kritische Studien auf dem Gebiet der kulturwissenschaftlichen Logik, in: Archiv für Sozialwissenschaft und Sozialpolitik, Band 22, 1906, S. 143–207 (MWG I/7)
Weber, Nachtrag	Weber, Max, Nachtrag zu „R. Stammler's ‚Überwindung' der materialistischen Geschichtsauffassung", in: Gesammelte Aufsätze zur Wissenschaftslehre, hg. von Marianne Weber. – Tübingen: J.C.B. Mohr (Paul Siebeck) 1922, S. 556–579 (MWG I/7)
Weber, Objektivität	Weber, Max, Die „Objektivität" sozialwissenschaftlicher und sozialpolitischer Erkenntnis, in: Archiv für Sozialwissenschaft und Sozialpolitik, Band 19, 1904, S. 22–87 (MWG I/7)
Weber, Roscher und Knies I	Weber, Max, Roscher und Knies und die logischen Probleme der historischen Nationalökonomie (1. Artikel), in: Schmollers Jahrbuch für Gesetzgebung, Verwaltung und Volkswirtschaft im Deutschen Reich, Jg. 27, 1903, S. 2–41 (MWG I/7)
Weber, Roscher und Knies II	Weber, Max, Roscher und Knies und die logischen Probleme der historischen Nationalökonomie [2. Artikel], in: Schmollers Jahrbuch für Gesetzgebung, Verwaltung und Volkswirtschaft im Deutschen Reich, Jg. 29, 1905, S. 89–150 (MWG I/7)
Weber, Roscher und Knies III	Weber, Max, Roscher und Knies und die logischen Probleme der historischen Nationalökonomie (3. Artikel), in: Schmollers Jahrbuch für Gesetzgebung, Verwaltung und Volkswirtschaft im Deutschen Reich, Jg. 30, 1906, S. 81–120 (MWG I/7).
Weber, Vorbemerkung	Weber, Max, Vorbemerkung, in: ders., Gesammelte Aufsätze zur Religionssoziologie, Band 1. – Tübingen: J.C.B. Mohr (Paul Siebeck) 1920, S. 1–16 (MWG I/18)
Weber, Überwindung	Weber, Max, R. Stammlers „Überwindung" der materialistischen Geschichtsauffassung, in: Archiv für Sozialwissenschaft und Sozialpolitik, Band 24, 1907, S. 94–151 (MWG I/7)
Weber, Zwischenbetrachtung	Weber, Max, [Die Wirtschaftsethik der Weltreligionen. (Zweiter Artikel).] Zwischenbetrachtung. Stufen und Richtungen der religiösen Weltablehnung, in: AfSSp, 41. Band, Heft 2, 1915, S. 387–421 (MWG I/19, S. 479–522)
Winckelmann, Hauptwerk	Winckelmann, Johannes, Max Webers hinterlassenes Hauptwerk: Die Wirtschaft und die gesellschaftlichen Ordnungen und Mächte. Entstehung und gedanklicher Aufbau. – Tübingen: J.C.B. Mohr (Paul Siebeck) 1986

WuG[1]	Weber, Max, Wirtschaft und Gesellschaft (Grundriß der Sozialökonomik, Abt. III). – Tübingen: J.C.B. Mohr (Paul Siebeck) 1922 (MWG I/22–1 bis 5 und MWG I/23)
z.B.	zum Beispiel
zit.	zitiert
z.T.	zum Teil
zus.	zusammen

Personenregister

Max Weber wird nur im Zusammenhang mit seinen Schriften aufgeführt.

Sachregister

Das Register erfaßt Begriffe sowie Sach- und geographische Angaben, Familienverbände, Dynastien, mythische, rein legendäre und literarische Figuren sowie Gottheiten. Die Schreibweise fremdsprachlicher Ausdrücke folgt in der Regel der von Max Weber verwendeten. Die ältere, von Max Weber teilweise verwendete Orthographie wurde bei den Registereinträgen nicht berücksichtigt (z.B. Casuistik → Kasuistik).